전
쟁
의 문
헌
학

전쟁의 문헌학

15~20세기 동중국해 연안 지역의 국제 전쟁과 문헌의 형성·유통 과정 연구

김시덕 지음

서문

전쟁과 문헌

이 책은 15~20세기까지 6세기에 걸쳐 동중국해 연안 지역에서 문헌이 형성되고 주변 국가로 전래되어 영향을 미치는 과정에 대해 전쟁이라는 관점에 입각하여 어떻게 서술할 수 있을지 시험한 결과물이다. 특히 군사 이론서과 군사사 관계 문헌을 포괄하는 개념으로서의 〈병서(兵書)〉, 〈군서(軍書)〉, 〈병학서(兵學書)〉, 〈군학서(軍學書)〉, 〈군담(軍談)〉, 〈부헨바나시(武辺話)〉가 동중국해 연안 지역 각지에서 형성되고 주변 지역에 전래되어 수용된 양상에 주목하였다.

이 책에서 〈동중국해 연안 지역〉이라는 개념을 이용하는 이유는, 대청-준가르 전쟁, 오호츠크 해 연안에서 전개된 장기간의 저강도 분쟁 등에 따른 해당 지역의 불안정성을 염두에 둘 경우, 조선-청-도쿠가와 일본이 정치 군사적 안정을 유지한 지역이 동중국해 연안 지역 일대로 한정된다고 보이기 때문이다. 한국·중국·일본 등 현재의 국가 명으로 부르면 각 국가 내의 지역적 차이가 드러나지 않는다. 준가르 전쟁은 중앙 유라시아의 유목 집단이 주변부의 농경 집단에 최종적으로 패배한 역사적인 사건이었고,[1] 오호츠크 해 연안의 장기 저강도 분쟁은 네덜란드·러시아·캐나다·미국 등의 서구 세력이 항구적으로 북동 유라시아에 자리잡게 된, 바로 지금도 이 지역의 질서를 규정짓고 있는 현재 진행형의 사건이다. 여전히 연해주(프리모리예)[2]와 쿠릴 열도 남부[3]의 영유권을 둘러싸고 러시아, 일본, 중화 인민 공화국 사이에 잠재적인 분쟁 요소가 존재하기는 하지만, 러시아의 푸틴 대통령이 〈러시아는 다양성이 혼재해 있는 국가지만, 어디까지나 서유럽 문화권의 일부이죠. 이게 바로 우리의 근본적인 가치입니다. 극동 지역이든 남부 지역이든 어디에 살든지 우리는 유럽인입니다〉[4]라고 말한 것처럼, 서구 세력이 16세기 이후 시베리아와 북태평양에 영토를 확보한 이래, 서구적 요소를 제외하고 북동 유라시아에 대해 말할 수 없게 되었다. 한양-베이징-난징-도쿄-교토 축에만 주목해서는 이러한 근본적인 변화를 설명할 수 없다.

기존에도 동중국해 연안의 문헌 교류에 대해서는 방대한 연구 성과가 축적되었다. 특히 이 책과 직접적으로 관련되어서는 피터 고니키 Peter Kornicki의 「1590년대 ── 에도 시대 말기 일본의 한국 문헌Korean books in Japan from the 1590s to the end of the Edo period」, *Journal of the American Oriental Society* Vol. 133, No. 1 (January-March 2013), 「임진왜란 이전 일본의 한국 문헌Korean Books in Japan before Hideyoshi's Invasion」, *Journal of the American Oriental Society* Vol. 135, No. 3 (July-September 2015) 등의 논문이, 국제적 프레임에 입각한 연구로서 주목된다. 또한, 통신사·연행사의 파견과 문헌·정보 교류에 대하여는 이원식(李元植)의『조선 통신사의 연구(朝鮮通信使の研究)』(思文閣出版, 1997), 후지쓰카 지카시(藤塚鄰)의『청조 문화 동전 연구 ── 가경·도광 학단과 이조의 김완당(淸朝文化東伝の研究─嘉慶·道光学壇と李朝の金阮堂)』(国書刊行会, 1975), 이혜순의『조선 통신사의 문학』(이화여자대학교 출판부, 1996), 후마 스스무(夫馬進)의『조선 연행사와 조선 통신사(朝鮮燕行使と朝鮮通信使)』(名古屋大学出版会, 2015). 정민의『18세기 한중 지식인의 문예 공화국』(문학동네, 2015) 등이 이 책을 집필하는 데 준거점이

되었다.

다만 필자는 기존에 동중국해 연안 지역의 관계사와 문헌학이 서로 별개의 차원으로 연구되어 왔고, 더욱이 동중국해 연안 지역의 문헌 이동과 담론 형성에 임진왜란과 같은 국제 전쟁이 결정적이고 지속적인 영향을 미쳤음이 선행 연구에서 충분히 강조되지 않고 있다고 생각한다. 동중국해 연안의 각 지역에서 상대국의 문헌과 상대국에 대한 정보가 수집되고 담론이 형성된 주요한 원동력은 상대국에 대한 단순한 호기심이나 우호적 감정이 아니다. 이 지역에서 과거에 발생했던 전쟁, 그리고 앞으로 일어날 것이 예상되는 전쟁에 대한 경계와 준비, 즉 무비(武備)가 그 근원에 있다. 특히 현대 한국 학계에서는 동중국해 연안 지역의 문헌 교류 및 관계사 연구에서 이러한 관점이 충분히 적용되지 않는 경향이 확인된다. 이는, 1637년의 병자호란 이후 조선 왕조가 후금=대청 제국에 의해 사실상 무장 해제를 당하였고, 1945년까지는 일본의 무력에 굴복하여 식민지가 되었으며, 광복 후의 이념 투쟁과 한국 전쟁, 30년간의 군사 독재를 거치면서, 병학(兵學)과 전쟁사에 대한 사회 일반의 인식이 높지 않거나 부정적인 것이 학계에도 반영된 탓으로 보인다. 전쟁에 대해 연구하는 것이 전쟁을 옹호하는 것이 아님은 홀로코스트를 연구하는 것이 히틀러의 행위를 옹호하는 것이 아닌 것과 같다.[5]

병자호란 이후 오늘날에 이르기까지 조선 왕조와 한국은, 대청 제국, 일본, 북한 등에 의한 군사적 위협은 상시적으로 느끼면서도, 실제로는 수십 년에서 수백 년의 장기적 안정기를 경험하였다. 그 결과, 안정 상태가 정상적인 것이며 전쟁은 비정상적이고 발작적인 현상이라고 간주되기에 이르렀다. 그러나, 안정기와 안정기 사이에 이상(異狀) 현상으로서 전쟁이 발생하는 것이 아니라, 전쟁과 전쟁 사이에 휴지기로서 안정기가 존재한다는 사고방식도 있을 수 있다. 〈평화〉라는 뜻의 영어 단어 〈peace〉는 〈합의하다〉라는 뜻의 라틴어 단어 〈pac-〉, 〈pax〉에서 유래되었으며, 〈협정〉, 〈합의〉라는 뜻의 단어 〈pact〉와 동계어이다(merriam-webster 온라인판). 즉 전쟁과 전쟁 사이에 합의에 의해 초래되는 것이 평화 시기, 안정 시기라는 인식이 확인된다. 이 책은 이처럼 인간 사회를 구성하는 근본적인 요인(要因)인 전쟁에 대한 학문인 군사학military science, 또는 전근대 동중국해 연안 지역에서 널리 쓰이던 용어인 〈병학(兵學)〉을 중심축에 놓았을 경우, 임진왜란 시기부터 한반도가 일본의 식민지였던 즈음까지의 역사와 문화가 어떻게 재해석될 것인가를 검토한 것이다.

이 책에서 필자는 두 가지 관점으로 문제에 접근하였다. 첫 번째는, 전쟁 특히 대외 전쟁에 대한 문헌이 각 지역에서 형성되고 타 지역으로 유통되는 과정에 주목해야 한다는 관점이다. 이 책에서 서술의 출발점이 되는 대외 전쟁은 1592~1598년의 임진왜란이다. 두 번째 관점은, 동중국해 연안 지역의 대외 전쟁 관련 문헌 이동 과정을 한일·한중·중일 등의 양국 관계를 넘어서 유구·네덜란드·미국·영국·러시아 등 더욱 넓은 프레임 안에서 관찰해야 한다는 관점이다.

이 책에서 서술의 주축이 되는 4개의 문헌은 조선에서 만들어진 『동국통감』과 『징비록』, 에도 시대 일본에서 만들어진 『이칭일본전』과 『화한삼재도회』이다.

제1부 「『동국통감』과 『징비록』」에서는 조선에서 일본으로 전해져 지속적인 영향을 미친 두 점의 문헌인 『동국통감』과 『징비록』의 수용사를 검토한다. 제1장 「『동국통감』과 일본」에서는 임진왜란 때 일본으로 약탈된 『동국통감』을 바탕으로 1667년에 『신간동국통감』이 일본에서 제작되고, 그 판목(板木)이 다시 1919년에 조선 총독부에 기증되어 서울대학교 규장각 한국학 연구원에 소장되기에 이르는 600년의 수용사를 검토한다. 제2장 「『징비록』과 세계」에서는, 〈전근대 일본에서 임진왜란 문헌이 이렇게 많이 제작된 이유는 무엇인가?〉라는 질문을 설정하고, 〈일

본인이 주인공인 삼국지 연의·수호전〉을 지향한 전근대 일본인들의 열망이 〈임진왜란 연의〉라 부를 만한 군담 문헌군을 탄생시켰다는 가설을 제시하였다. 일본인과 중국인의 혼혈인 정성공(鄭成功)이 활약하는 명·청·일본의 전쟁을 배경으로 하는 문헌군과 함께, 전근대 일본인들은 일본인이 등장하는 두 개의 삼국지 연의를 탄생시킨 것이다.

제2부 「동중국해 연안 지역의 국제 전쟁과 병학」에서는 임진왜란 및 한일 고대사에 대한 정보와 문헌이 동중국해 연안 지역에서 유통된 양상을 인적 네트워크의 검토를 통해 접근한다. 조선에서 일본으로의 방향성을 중시한 것이 제1장 「일본 지식인 집단과 임진왜란·조선 정보」로, 여기서는 일본 지식 계급이 임진왜란 및 조선에 대한 정보를 수집하여 문헌을 제작하고, 그 문헌이 서구권에 영향을 미친 과정을 검토한다. 일본에서 조선으로의 방향성에 주목한 것이 제2장 「조선 지식인 집단과 임진왜란·일본 정보」로, 여기서는 동중국해 연안의 역대 왕조에서 제작된 문헌을 일본에서 집성한 것으로서는 대표적이라 할 수 있는 마쓰시타 겐린의 『이칭일본전』(1688년 저자 서문, 1693년 간행)과 데라시마 료안의 『화한삼재도회』(1712년 성립)에 주목한다. 조선 지식인 집단은 임진왜란의 상대국이었던 일본, 특히 일본의 병학에 대한 정보를 수집하는 데 관심을 가졌으며, 그 주요한 수집 루트는 일본으로 파견된 통신사, 그리고 『이칭일본전』 및 『화한삼재도회』 등의 문헌이었다. 그리하여 제3장 「일본 병학과 조선」에서는, 16세기 말에서 17세기 전기에 발생한 일본과 후금의 침략이라는 군사적 경험이 한반도에 어떠한 영향을 미쳤는지 확인하고, 그 이후 한반도에서 축적·형성된 일본 병학 지식의 실체와 한계를 검토한다.

일본 문헌이 조선 후기의 지식인 집단에 미친 영향에 대하여는, 한국 학계에 오랜 편견이 존재하였음이 확인된다. 다음 인용문이 그러한 편견을 잘 보여 준다. 〈순수한 일본 서적이 조선에 들어온 것은 극히 그 양이 미미하여 한 장(章)에 기술하기에는 너무나도 자료의 빈약성을 느낀다. 그러므로 이 장에서는 본래의 의도에서 조금 신축성을 가지고, 비록 조선에서 간행된 전적이라도 이미 일본에 넘어가 있었던 것을 역수입하여 들여 온 중요 자료도 여기에 포함시켜 서술하고자 한다.)[6] 이 인용문이 포함된 연구서에서는, 조선 시대 문헌에서 빈번하게 인용되고 이 책에서 비중을 두어 검토하게 될 『격조선론(擊朝鮮論)』, 『이칭일본전(異稱日本傳)』, 『화한삼재도회(和漢三才圖會)』[왜한삼재도회(倭漢三才圖會)] 등의 일본 문헌이 언급되지 않고, 『난포문집(南浦文集)』 등은 서명(書名)이 언급될 뿐이다. 이는 양국 간 학술 교류의 부족, 원전 자료에 접근할 수 있는 환경의 미비, 일본 학술에 대한 경시 등에 기인한 결과로, 한 세대 전의 학술적 분위기를 짐작케 한다.

21세기 들어서는 이상과 같은 세 가지 요인이 모두 개선되고 있으며, 특히, 인터넷의 발달과 세계적인 디지털 아카이브 구축 움직임에 힘입어 두 번째 요인인 원전 자료 접근성에서는 현격한 진보가 이루어지고 있다. 이 책을 집필하는 과정에서는 일본의 국회 도서관,[7] 국립 공문서관,[8] 「와세다 대학 도서관 고전적 종합 데이터베이스」,[9] 「교토 대학 전자 도서관 귀중 자료 화상」[10]을 비롯하여, 「한국 고전 종합 DB」,[11] 「명지대학교 도서관 한국 관련 서양 고서 DB 검색 시스템」,[12] 「전국 한적 데이터베이스」,[13] 「중국 철학서 전자화 계획」,[14] 「한적 리포지토리」,[15] 「인터넷 아카이브」,[16] 「프로젝트 구텐베르크」,[17] 미국 국회 도서관의 「세계 디지털 도서관」,[18] 「하위헌스 네덜란드사 연구소 고문헌 디지털라이징」[19] 등의 오픈 소스 사이트를 활용할 수 있었다. 이들 웹사이트가 제공하는 방대한 고전적의 원문 이미지와 텍스트에 대하여는 당연히 이본 검토 및 원문 교감 작업이 수반되어야 한다. 그러나 이들 웹사이트는 특정한 정보를 1차적으로 확인하는 데 편리하며, 특정한 정보를 기존에 축적된 기억에 의존하여 찾는 것이 아니라, 대규모의 데이터베이스 가운데에서 여타 정보들과 상호 맥락적으로 확인할 수 있게 하므로 생산적이다.

이 책에서는 이상과 같이 동중국해 연안 지역의 전쟁과 문헌의 관계를 검토하는 가운데, 이를 세계와의 관계 속에서 더욱 넓게 파악하기 위한 교두보로서, 전근대 일본에서 발생한 난학(蘭學), 러시아학, 만주학(滿洲學)이라는 세 가지 학문 체계를 언급하였다. 이는 대략 6~7년 뒤를 예상하고 있는 필자의 다음 연구서로 향하기 위한 출발선을 설정하는 의미가 있다. 2010년에 출간된 필자의 박사 논문『이국 정벌 전기의 세계 —— 한반도·유구 열도·에조치(異国征伐戦記の世界—韓半島·琉球列島·蝦夷地』[笠間書院, 2010. 한국어 번역본은『일본의 대외 전쟁 —— 16~19세기 일본 문헌에 나타난 전쟁 정당화 논리』(열린책들, 2016)]과 이『전쟁의 문헌학』, 그리고 다음 연구서가 분절적이지 않은, 상호 긴밀한 연관 관계를 지닌 3부작으로서 읽히기를 바란다. 이 책의 일본어 번역본도 1~2년 내로 가사마쇼인(笠間書院)에서 출간될 예정이다.

필자가 존경하는 두 사람의 일본 연구자가 있다. 나카무라 유키히코(中村幸彦, 1911~1998) 선생은 직접 만난 적은 없으나, 필자가 연구를 시작한 뒤로 어떤 문헌이나 인물에 대해 찾을 때마다 선생의 선행 연구를 확인할 수 있었다. 이런 것을 사숙(私淑)했다고 할 수 있을 터이다. 2011년 1월, 간사이 대학 나카무라 유키히코 문고를 방문하여, 선생의 흔적이 남은 구장본을 일주일에 걸쳐 열람한 것은 뜻깊은 경험이었다.

또 한 사람은 하마다 게이스케(濱田啓介, 1930~) 선생이다. 선생으로부터는 2006년 유학 때부터 지금까지 대화와 편지로 가르침을 받고 있다. 그 가르침 가운데 지금까지도 명심하고 있는 것이 하나 있다. 〈머리좋은 유학생들은 자기 나라 문화가 일본에 미친 영향을 테마로 삼아 손쉽게 박사 논문을 취득한다. 하지만 외국이 일본에 미친 영향을 연구해야 하는 사람은, 영향을 받아 혜택을 입은 일본국의 연구자다. 진정으로 유학생들이 연구해 주었으면 하는 것은, 일본인 연구자가 보지 못하는

일본의 본질적인 부분에 대하여이다.〉

선생의 이러한 생각이 모든 사람의 동의를 얻지는 못하리라는 것을 안다. 하지만 적어도 필자는 10여 년간 이 가르침을 잊지 않고 있다. 그러므로, 이 책 역시 동중국해 연안 국가의 문헌이 상호 어떤 영향을 미쳤는지를 밝히는 것을 목표로 삼지 않는다. 이 책의 목표는, 15~20세기 유라시아 동부 지역에서 발생한 국제 전쟁이 어떻게 동중국해 연안 지역 사람들의 기억을 형성하고, 그 기억이 어떤 과정을 거쳐 다음 전쟁을 탄생시켰는지를 추적하는 것이다. 그렇기에 이 책에서는 상대국으로 건너가고 상호 간에 영향을 미친 문헌을 망라하지 않았으며, 전쟁의 기억이 형성되고 확산되고 또다시 현실화되는 과정을 추적하는 데 필요한 문헌에 한정하여 검토하였다.

이 책을 집필하는 과정에서 필자는 계속하여 기묘한 느낌에 사로잡혀 있었다. 2000년 9월에 대학원 석사 과정에 입학한 이래 작성해 온 메모를 이 책의 집필에 활용하면서, 16년 전의 나와 지금의 내가 서로를 신뢰하고 대화하는 느낌을 받았다. 또한 유학 중이던 2006년, 이세 진구 문고에 소장된 이소베 마사노부(磯邊昌言)의 『독동국통감(読東国通鑑)』을 필사한 적이 있다. 그때는 이 문헌의 집필자가 누구인지도 모르고 무언가의 직감으로 베낀 것이었는데, 이 책을 쓰는 과정에서 이소베 마사노부가 집필자라는 사실을 확인하였다. 그리고 이 책의 최종 검토 과정에서, 수양대군 등이 편찬한 『진법(陣法)』의 일본 필사본이 서울대학교 규장각 한국학 연구원에 소장되어 있다는 사실을 파악하고 열람했는데, 이 『진법』을 필사한 사람이 바로 이소베 마사노부라는 사실을 확인하고 매우 놀랐다. 일본 학계에서도 그 존재가 거의 주목받지 않는 이소베 마사노부라는 사람이, 자신을 조명해 달라고 십여 년 사이에 계속해서 필자에게 말을 걸어온 것이라고 필자는 믿는다. 이리하여 이 책을 집필하면서 필자는 16년 간의 연구를 정리함과 동시에, 다음 연구 주제를 발견할 수 있었다.

귀국한 뒤로 함께한 서울대학교 규장각 한국학 연구원과 문헌과 해석 연구회, 동아시아 문헌학 거점 구축 연구회 그리고 전근대 일본 문헌 강독회 구성원 여러분께 깊이 감사드린다. 이 분들과 함께하였기에 이 책에서 한국학과 중국학에 관한 내용을 양적 질적으로 심화시킬 수 있었다. 또한, 〈김 선생이 문헌에 근거한 실증적인 연구를 하는 한, 언제든지 무엇이든지 도와주겠다〉라고 한 게이오 대학 사도 문고의 이치노혜 와타루(一戶渉) 선생님께 감사드린다. 그의 말을 떠올릴 때마다 문헌학 연구자로서의 정체성을 재확인하게 된다.

결코 시장성이 높다고 할 수 없는 『일본의 대외 전쟁』과 이 책 『전쟁의 문헌학』을 출간하여 주신 김태균 선생님을 비롯한 열린책들의 관계자 분들께도 감사드린다. 마지막으로, 이 책을 집필할 수 있도록 물심양면으로 응원해 준 아내 장누리와 딸 단비, 그리고 아내의 부모님 내외분과 이모님 내외분들께 감사 말씀을 드린다.

2017년 1월, 서울에서

김시덕

차례

삽화 목록

제1부

『동국통감』과 『징비록』

제1장

『동국통감』과 일본

이 장에서는 임진왜란 때 조선에서 일본으로 약탈된 『동국통감』에 의거하여 1667년에 일본에서 『신간동국통감』이 제작되고, 『신간동국통감』의 판목(板木)이 다시 1919년에 조선 총독부에 기증되어 서울대학교 규장각 한국학 연구원에 현존하기에 이르는 600년의 수용사를 검토한다. 이에 대해 필자는 두 개의 논문을 발표한 바 있으나,[1] 그 후, 『신간동국통감』의 판목이 1919년에 구 규장각에 기증된 과정에 대하여 새로운 사항들이 확인되었다. 또한, 17~19세기 일본의 지식인 집단이 『동국통감』 및 『신간동국통감』을 어떠한 방식으로 수용하였는지를 파악할 수 있는 자료가 일본에 많이 존재하는데, 앞서 두 개의 논문에서는 이러한 자료를 충분히 소개할 수 없었다. 이 장에서는 이상의 두 가지 사항에 주목하여 『동국통감』이 일본에서 수용된 전체상을 제시한다.

제1절 조선본 『동국통감』의 일본 유입

1485년에 조선에서 간행된 『동국통감』 56권은, 한편으로는 『동국사

략』의 형태로 요약되어 명나라에 유출된 뒤『조선사략』이 되어 에도 시
대 일본에 전해지고, 또 한편으로는 조선본의 직접적인 약탈을 통해 도
요토미 정권하의 일본에 전해져 도쿠가와 정권하에서『신간동국통감』
의 간행으로 이어졌다.

『동국사략』과 『조선사략』

정구복[2]에 따르면 1485년에『동국통감』이 성립된 뒤에는 국가 차원에
서 대규모로 역사서를 편찬하는 일은 거의 이루어지지 않았으며, 그 대
신 개인들이『동국통감』을 요약 재편하는 움직임이 일어났으니, 박상(朴
祥, 1474~1530)의『동국사략』전6권은 이를 대표하는 문헌이었다. 그
리고 박현규[3]에 따르면, 임진왜란 당시 명나라 군의 일원으로 참전한 풍
중영(馮仲纓)이『동국사략』을 입수하여 귀국하면서 이 책이 명나라에
알려지게 되었다. 박현규는 〈조선사략의 원명은 동국사략이다. 1402년
(태종2) 6월에 권근(權近), 이첨(李詹), 하륜(河崙)등이 왕명을 받들어 편
찬 작업에 착수하여, 이듬해 8월에 완성했다〉라고 서술하고 있지만, 정
구복에 따르면 이는 오류이며, 중국본『조선사략』의 저본이 된『동국사
략』의 편찬자는 박상이다.[4]

풍중영은 1593년 2월에 함경도에서 가토 기요마사와 면담을 갖고 조
선 왕자 임해군·순화군의 석방 문제를 논의한 것으로 유명하다.『동국
사략』은 명나라에 들어간 뒤『조선사략』으로 명칭이 바뀌었으며, 청 건
륭제 때 편찬된 사고 전서(四庫全書)에도 12권본 체제로 수록되었다.[5]
『사고 전서총목제요(四庫全書總目提要)』권66「재기류(載記類) 조선사
략제요(朝鮮史略提要)」에 따르면 〈이 책자의 저본은 절강(浙江) 포사공
(鮑士恭)의 가장본(家藏本)이다. 일명『동국사략(東國史略)』이고, 저자는
미상이나 명나라 때 조선 사람이다. 저본의 서말에는 1610년(경술; 만
력 38)에 조기미(趙琦美) 발문이 있다. 조기미의 발문에 의하면 이 책자

는 풍중영의 집에서 빌려 초록했는데, 당연히 조선 원병에 나섰을 때 입수했던 것이라고 했다〉.[6] 양수경(楊守敬, 1839~1915)의 『일본방서지(日本訪書志)』 권6에도, 성도 양씨 중각본 『동국사략』의 해설이 수록되어 있다.[7] 물론, 청대에는 『조선사략』뿐 아니라 『조선사략』·『동국사략』의 원전에 해당하는 『동국통감』도 유입되어 주이준(朱彝尊, 1626~1709)·오임신(吳任臣)·여악(厲鶚) 등이 주변 국가들의 역사를 고찰하기 위해 이를 중시하였음이 백승호에 의하여 보고되어 있다.[8]

중국에서는 만력 연간의 목판본을 비롯하여 다양한 버전의 『조선사략』이 유통되었는데, 이것이 일본에 유입되어 1822년(文政5)에 막부의 관학교에 해당하는 쇼헤이자카 가쿠몬조(昌平坂学問所)에서 관판(官版)으로서 복각본이 제작되었다. 나가사와 기쿠야에 따르면 일본판 『조선사략』은 명나라 만력 연간의 목판본에 의거한 것이다.[9] 쇼헤이자카 가쿠몬조에서 『조선사략』의 일본판이 간행되기 4년 전인 1818년(文政元)에는 『입재선생표제해주음석 십팔사략(立齋先生標題解註音釋十八史略)』[元·曾先之撰, 明·陳殷音釋, 明·王逢點校, 嚴垣彦明(龍溪)標記, 1781년(天明元) 발문]이 간행되었고, 그 4년 뒤인 1826년(文政9)에는 미토 번의 아오야마 노부유키(青山延于)·노부미쓰(青山延光) 부자가 『황조사략(皇朝史略)』 정편(正編)을 간행하였다[속편은 1831년(天保2) 간행].[10] 일본판 『조선사략』의 간행은 이러한 맥락에서 그 의미를 파악할 수 있다. 이 밖에 유희령(柳希齡, 1480~1552)의 『표제음주동국사략(標題音註東國史略)』도 일본 내에 소장되어 있음이 확인된다.[11] 『동국사략』·『조선사략』의 일본 내 유통 및 수용사에 대하여는 가일층의 검토가 필요하다.

임진왜란 당시 약탈된 조선본 『동국통감』

임진왜란 당시 『동국통감』이 최소한 2부 약탈되었으며 이 두 판본을 교감하여 『신간동국통감』이 간행되었음은 하야시 가호(林鵞峰, 1618~

1688)의『신간동국통감』서문에 나타나 있으며, 하야시 가호가 이용한 두 점의 조선본『동국통감』이 어떤 판본이었는지에 대하여는 이유리의 보고가 있다.[12]

한편, 이 책의 2부 2장에서 상세히 검토하게 될 마쓰시타 겐린(松下見林)의『이칭일본전(異稱日本伝)』의 하지일·이권에는『동국통감』의 초록이 수록되어 있는데, 1688년(元禄元)에 성립하고 1693년에 간행된 이『이칭일본전』의 초록 저본이 된『동국통감』은 1667년에 간행된『신간동국통감』이 아닌, 조선본『동국통감』인 것으로 추정된다. 백승호에 따르면 현존『동국통감』판본 가운데 가장 이른 시기의 것은 1485년에 간행된 갑진자본(甲辰字本)으로, 국립 중앙 도서관에 소장되어 있다(한貴古朝50-147).[13] 그 중 권16에 수록된 1029년(고려 현종 20년) 가을 7월조의 탐라인 표류 기사를 국립 공문서관에 소장된 1667년 간행『신간동국통감』및『이칭일본전』하지일권에 초록된『동국통감』의 해당 대목과 비교한다. 이 세 인용문을 비교하면,『신간동국통감』과『이칭일본전』초록본 본문에는 글자[〈겁(劫)〉과 〈각(却)〉], 훈점, 후리가나에서 차이가 있다. 이를 1485년본『동국통감』본문과 비교하면『동국통감』과『신간동국통감』이 같고『이칭일본전』이 다르다.

[번역] 20년 [할주: 송 천성 7년, 거란 태평 9년] ……(중략)…… 가을 7월. 탐라 백성 정일(貞一) 등이 일본에서 돌아왔다. 처음에 정일 등 21인이 항해를 하다가 바람에 표류하여 동남쪽 아주 먼 섬에 이르렀다. 섬사람들은 몸집이 크고 온 몸에 털이 났으며 쓰는 말이 매우 달랐다. 7개월 동안 억류되어 있었다. 정일 등 일곱 명은 작은 배를 훔쳐서 동북방 일본 나사부(那沙府)에 이르러 마침내 살아서 돌아올 수 있었다.

二十年 [할주: 宋天聖七年契丹太平九年] ……(중략)…… 秋七月 ……(중

락)…… 耽羅民貞一等還自日本初貞一等二十一人泛海漂風到東南極遠島島
人長大遍體生毛語言殊異劫留七月貞一等七人竊小船東北至日本那沙府乃得
生還. (국립 중앙 도서관 소장 1485년본『동국통감』권16, 11앞·뒤)

　二十年 [할주: 宋天聖七年契丹太平九年] ……(중략)…… 秋七月 ……(중
략)…… 耽羅ノ民貞一等還リ自ニ日本ヲ初ニ貞一等二ニ十一人泛ニ海ニ漂レテ風
ニ到ニ東-南極-遠ノ島ニ島ノ人長-大ニシテ遍-體生シ毛語-言殊ニ異ヤ劫-留セラル
ル事七-月貞一等七-人竊テ小-船ヲ東-北ヨリ至ニ日-本ノ那-沙-府ニ乃チ得タリニ
生キテ還事ヲ. (『신간동국통감』권16, 14뒤·15앞)

　二十年 [할주: 宋天聖七年契丹太平九年] 秋七月耽羅ノ民貞一等還ルレ自ニ
日-本ヲ初ニ貞一等二-十-一人泛ニ海ニ漂レテ風ニ到ルレ東南極-遠ノ島ニ島ノ人長-
大遍-體生シ毛ヲ語-言殊ニ異ナリ却留セラルル事七-月貞一等七-人竊ニ小-船ヲ東-
北至ニ日本ノ那沙(ダサ)府ニ乃得ニ生還ルヲ事ニ.

　今按ニ宋ノ天聖七年ハ當ニ日本後一條天皇長元二年ニ那沙府ハ太宰府也(ナ
リ)那沙ノ音近シ太宰ニ. (『이칭일본전』하지일권, 31앞·뒤)

　또, 권31 1227년(고종 14년) 여름 4월 조에서도 흥미로운 사항이 확
인된다. 국립 중앙 도서관 소장 1485년본에는 해당 본문의 중간에 한
줄이 보이지 않기 때문에, 와세다 대학 도서관 소장 무신자본『동국통
감』의 본문을 인용한다. 이 세 본문을 비교하면, 역시 조선본『동국통
감』과『신간동국통감』의 본문이 일치하고『이칭일본전』초록본 본문이
다르다.『신간동국통감』과『이칭일본전』은 글자(〈이(二)〉와 〈삼(三)〉),
훈점, 후리가나에서 차이를 보인다.

[번역] 14년 ……(중략)…… 여름 4월. 왜(倭)가 금주(金州)를 노략질하였다. 방호별감(防護別監) 노단(盧旦)이 군사를 일으켜 적의 배 2척을 잡아 30여 인을 목 베고 노획한 무기를 바쳤다.

十四年 ……(중략)…… 夏四月倭寇金州防護別監盧旦發兵捕賊船二艘斬三十餘一級且獻所獲兵仗. (와세다 대학 도서관 소장 무신자본『동국통감』(ﾘ06 04060) 권31, 14뒤·15앞)

十四年 ……(중략)…… 夏四一月倭寇ㅈ_金一州ニ_防一護別一監盧旦發シテレ兵ヲ捕ㅅ_賊一船二一艘ヲ_斬ル_三一十餘一級ヲ_且ッ獻ㅈ_所ノ獲ル兵一仗ヲ_. (『신간동국통감』 권31, 14뒤·15앞)

十四年 ……(중략)…… 夏四月倭寇ㅈ_金一州ニ_防護別監盧旦發シ_兵ヲ捕_賊一船三一艘ヲ_斬_三一十餘一級ヲ_且獻ㅈ_所ノ獲ル兵一仗ヲ_. (『이칭일본전』 하지일권, 33앞)

현존하는『동국통감』본문을 모두 비교하지 않으면 단언할 수 없지만, 마쓰시타 겐린은『신간동국통감』이 아닌, 인쇄 상태가 좋지 않은 조선본『동국통감』을 별도의 루트로 본 것이 아닐지?『일본의 대외 전쟁』제1부 제1장 제3절「두 번째 충격 ── 한국 문헌」에서 확인한 바와 같이 마쓰시타 겐린은『징비록』을 일본에서 가장 빠른 시기에 완독하고 훈점을 붙인 바 있다. 1683년에 작성된 쓰시마 번 소케 문고 목록인「덴나 3년 목록(天和三年目錄)」의 사부 편년류(編年類)에는『동국통감』32책과 51책이 보이므로,[14]『동국통감』은 임진왜란 당시뿐 아니라 전후에도 일본으로 유출되었을 가능성이 있으며, 장서가로 유명한 그가 새로 전래된『동국통감』을 힘써 입수하여 자신의 저술에 반영하였으리라는 것은 무리한 추정이 아니다.

또는, 최대한 보수적으로 추정하여 마쓰시타 겐린이 조선본『동국통감』을 직접 보지 않고『신간동국통감』을 발췌하여『이칭일본전』에 수록하였다고 하더라도,『신간동국통감』의 훈점을 새로 붙이고 금안(今按)문을 붙이는 등 자기 나름대로의 문헌 고찰을 수행하였다는 점은 말할수 있을 것이다.『이칭일본전』에 초록된 중국과 한국 문헌에는 수백 개의 금안문이 실려 있는데, 그 가운데『동국통감』에 실린 금안문은 여타문헌에 대한 것보다 분량이 많다. 그 대부분은 우로, 박제상 등 신라-일본 관계사상 중요 인물을 다룬『동국통감』기사와 상통한다고 그가 판단한『일본서기』의 해당 대목을 인용하고 의견을 피력한 것이다. 마쓰시타 겐린의 금안문은『동국통감』의 기사에 대하여 일본 지식인이 최초로피력한 견해로서 주목된다.

제2절 『신간동국통감』과 하야시 라잔·가호

하야시 라잔과 독서

후지와라 세이카(藤原惺窩, 1561~1619)의 추천을 받아 도쿠가와 이에야스를 모시게 된 하야시 라잔(林羅山, 1583~1657)은 다독가이자 장서가로 유명했다. 라잔이 명나라 장황(章潢)의『도서편(圖書編)』을 입수했으면서도 스승인 후지와라 세이카에게 빌려주지 않았다는 루머가 에도 시대에 있었을 정도로, 라잔은 17세기 일본을 대표하는 장서가였다. 참고로, 호리 이사오는 전기『하야시 라잔』에서 이 루머를 소개한 뒤, 1607년(慶長12) 9월 7일에 세이카가 라잔에게 〈자네가『도서편』을 입수했다는 이야기를 들었네. 나는 아직 보지 못한 문헌인데 빌려줄 수 있을지? 오래 걸리지 않고 돌려드리겠소〉라는 편지를 보냈는데, 이 뒤에 오고 간 편지는 남아 있지 않아서 루머의 진위는 확인할 수 없지만, 라잔의 품성·인격에 대한 당시 사람들의 평판이 이러한 루머로서 드러난 것이라고 평한 바 있다.[15]

라잔이 읽고 수집한 문헌 가운데에는 조선에서 약탈되어 것도 많았다. 『라잔 하야시 선생집(羅山林先生集)』「부록」권2의 연보 가운데 22세에 해당하는 1604년(慶長9) 조에는, 〈이미 읽은 책의 서목을 기록하는 것은, 아직 읽지 않은 책을 더욱 더 구할 수 있도록 스스로에게 자극을 주기 위함이다〉(국립 공문서관 소장본 263-0058 「부록」권2, 8앞~20뒤)라는 말과 함께 그때까지 그가 읽은 문헌의 목록이 수록되어 있다. 서목 말미의 설명에 따르면 라잔의 친필 문서였다고 한다. 이 목록의 의의에 관하여는 호리 이사오가 하야시 라잔의 전기 중에서 〈라잔의 「기독서목(旣讀書目)」에는 『학부통변(學蔀通辨)』, 『이단변정(異端辨正)』, 『곤지기(困知記)』 등 송명 주자학자의 이단 배격서가 많으며, 특히 주자학 일색으로 도배되어 극단적으로 불교·도교·육왕학을 배척한 조선 유학자의 문헌이 많다. 조선인이 편저한 문헌(목록 생략)이 20책을 헤아리고, 이 밖에도 중국 문헌을 조선에서 다시 찍은 것이 다수 있다〉[16]라고 강조한 바 있다.

이 목록 가운데 호리 이사오가 지적한 조선 문헌, 그리고 이 책과 관련된 문헌을 추리면 아래와 같다. 예를 들어 후계고(侯繼高)가 편찬한 왜구 및 도요토미 정권 관련 문헌 『전절병제(全浙兵制考)』 등이다. 이 문헌에는 임진왜란 이전 및 임진왜란 중에 명나라 사람들이 작성한 기밀 보고서가 다수 포함되어 있어서 역사학계에서 중시되어 왔다.[17] 또한, 호리 이사오는 이 목록 안에 『악학궤범』과 『삼국사기』가 있다고 하지만 국립 공문서관 소장본에서는 확인되지 않는다. 정체를 알 수 없는 『동국사기』라는 문헌이 보이는데, 이것을 가리키는 것인지? 또한, 호리 이사오가 언급한 『속몽구분주(續蒙求分註)』 대신 『속몽구』, 『전등신화구해(剪燈新

話句解)』 대신 『전등신화』와 『전등여화』, 『직해대명률(大明律直解)』 대신 『대명률』이 보인다.

또한, 이 목록에서는 『동국통감』도 보이지 않는데 이는 당연한 것이다. 아래 인용하는 『신간동국통감』 서문에서 하야시 가호는, 자신이 어렸을 때는 『동국통감』 전체를 본 적이 없다고 적고 있다. 그리고, 『자치통감』과 『동국통감』에서 영향을 받아 성립한 『본조통감』의 편찬 과정에서 하야시 가호가 작성한 일지인 『국사관일록(國史館日錄)』에 따르면, 가호는 1664년(寬文4) 10월 19일 조에서 〈중화통감(中華通鑑)〉이라는 이름은 세상에 널리 알려져 있지만, 조선에도 『동국통감』이 있다〉라고 적고 있고, 1665년에는 미토 번에서 『동국통감』을 빌려왔는데 빠진 부분이 있어서, 12월 28일에 가가 번에서 다시 『동국통감』을 빌려왔다고 한다.[18] 그러므로, 1604년 당시 하야시 라잔의 독서 기록에 『동국통감』이 보이지 않는 것은 조리가 맞는다.

다만, 아래 독서 목록에 보이는 『동국사기』를 『동국통감』의 오기라고 보는 주장도 존재하고,[19] 『라잔 하야시 선생집』 권48 『조선고』 서 궐에는 〈선생이 『동국통감』 『동문선』 및 왜·한 간의 시문·서간·증답에 보이는 일본의 사적을 추려 내어 한 권의 책으로 엮은 것이다. 정유년(1657) 재난을 당하였다. 서문 역시 부본이 존재하지 않는다〉[20]라는 구절이 보이기도 한다. 이러한 설명은 라잔 문집 편찬자의 착각일까, 아니면 하야시 라잔이 『동국통감』을 보았다는 증거일까? 이 문제에 대하여는 좀 더 천착이 필요하다. 어느 쪽이든 간에, 하야시 라잔이 본 『동국통감』 판본을 하야시 가호가 이어서 본 것이 아니라는 점은 추정할 수 있다.

『중용구경연의(中庸九經衍義)』 권2, 8뒤 이언적(李彦迪)

『격몽요결(擊蒙要訣)』 권2, 9앞

『춘추집전대전(春秋集全大全)』 권2, 9뒤

『주자서절요(朱子書節要)』권2, 10앞

『양촌입학도설(陽村入學圖說)』권2, 10뒤

『양촌집(陽村集)』권2, 10뒤

『남추강집(南秋江集)』권2, 10뒤 남효온(南孝溫)

『표해록(漂海錄)』권2, 10뒤

『천명도설(天命圖說)』권2, 10뒤

『국조유선록(國朝儒先錄)』권2, 10뒤

『동국사기(東國史記)』권2, 11뒤

『황명통기(皇明通紀)』권2, 11뒤

『속몽구(續蒙求)』권2, 11뒤

『권선서(勸善書)』권2, 13뒤

『천주실의(天主實義)』권2, 13뒤

『동국사략(東國史略)』권2, 13뒤

『진법(陣法)』권2, 13뒤

『전절병제(全浙兵制)』권2, 13뒤

『무경추요(武經樞要)』권2, 13뒤

『무릉잡고(武陵雜稿)』권2, 13뒤

『성학집요(聖學輯要)』권2, 13뒤

『화담문집(花潭文集)』권2, 15앞

『위선음즐(爲善陰騭)』권2, 16앞

『전등신화(剪燈新話)』권2, 16뒤

『전등여화(剪燈餘話)』권2, 16뒤

『대명률(大明律)』권2, 16뒤

『선린국보기(善隣國寶記)』권2, 19뒤

위의 목록에 보이는 문헌 가운데 『표해록』은 최부(崔溥, 1454~1504)

의 표해록을 가리킨다. 하야시 라잔의 스승인 후지와라 세이카의 문집 『세이카 선생 문집(惺窩先生文集)』에는 〈『표해록』전3책은 넓은 견문을 담고 있습니다. 이런 책은 비록 급하게 읽어야 할 것은 아니지만, 변을 당한 저자가 궁리를 다하고 마음을 다한 바가 역시 이 책 안에 있으니, 어찌 학자에게 작은 도움이라도 되지 않는다 하겠습니까?〉[21]라고 하여, 『표해록』이 학문하는 데 도움이 된다고 세이카가 라잔에게 적어 보낸 서한이 수록되어 있다. 여기서 『표해록』전3책이라고 한 것은 임진왜란 이전에 간행되었다가 임진왜란 당시 일본에 약탈되어 현재 동양 문고(東洋文庫), 요메이 문고(陽明文庫), 가나자와 문고(金沢文庫)에 소장되어 있는 판본과 동일하다. 세이카와 라잔은 이 세 판본 가운데 하나를 읽었을 터이다. 그리고, 일본의 유학자인 세이타 단소(清田儋叟, 1719~1785)는 『표해록』을 일본어로 번역하여 1769년에 『당토행정기(唐土行程記)』를 간행하였고, 그의 사후에 제목이 바뀌어 『통속표해록』이라는 제목으로 재간행되었다. 박원호에 따르면 세이타 단소가 번역 저본으로 삼은 것은 초간본인 동양 문고 소장본이라고 한다.[22] 세이타 단소는 『당토행정기』의 곳곳에서 자신의 견해를 주석으로 남기고 있으며, 그 가운데 일부는 『공작루필기(孔雀楼筆記)』, 『공작루문집(孔雀楼文集)』, 『예원담(芸苑談)』, 『예원보(芸苑譜)』 등 그의 저술에서도 확인된다. 또한 그는 후술하는 기무라 겐카도(木村兼葭堂, 1736~1802) 그룹과 친교가 있었음이, 겐카도 그룹의 일원인 다이텐(大典, 1719~1801)이 1763년에 일본으로 파견된 제11회 통신사 일행과의 교섭을 기록한 『평우록(萍遇録)』에서 확인된다. 다음은 추월(秋月) 남옥(南玉)과 다이텐이 세이타 단소에 대하여 나눈 대화이다. 이에 따르면 세이타 단소가 통신사 측에 먼저 연락을 취하였음을 알 수 있으며, 이 접촉으로부터 6년 뒤에 『당토행정기』를 간행한 것이 된다.

남옥: 선사께서는 세이타 군킨과 서로 잘 알고 계실 터인데, 저희들이 그 사람을 보고자 했지만 끝내 한 번 만날 수 있는 기회가 없었습니다. 며칠 전에 이테이안(以酊庵) 도승인 신엔(心緣) 스님을 통하여 백리 먼 곳에서 뜻을 전하면서 본인이 지은 시문과 이도지(二刀紙)를 보내주었습니다. 답장을 보내고 싶지만 문장을 쓰는 것이 금지되어 평소 친분이 없는 분에게 예를 행하기가 어렵습니다. 보낸 종이를 돌려주려고 했지만 신엔 스님이 던져두고 가버렸습니다. 그의 시문은 과연 명불허전이어서 읊조리는 것을 그칠 수 없었습니다. 그쪽에서 보여 주는 뜻이 매우 간곡하니 선사께서 돌아가 세이타 군킨을 보시거든 제가 보고 싶어 하는 마음과 편지를 쓸 수 없었던 이유를 전해 주셨으면 하는데 어떻습니까?

나(다이텐): 말씀대로 하겠습니다. 세이타 군킨은 물론 저와 서로 잘 알고 있고, 또 이것은 세이타 단소가 우잔[羽山: 승려 슈케이(周奎)]에게 부탁하여 공에게 부친 것인데, 우잔은 올 수가 없기 때문에 신엔을 통해 보낸 것입니다.[23]

한편, 『일본수필대성』 제1기에는 하야시 하루노부(林春信) 즉 24세에 요절한 가호의 장남 하야시 바이도(林梅洞, 1643~1666)가 편찬했다고 하는 하야시 라잔의 언행록 『매촌재필(梅村載筆)』이 수록되어 있다. 그 가운데 지권(地卷)에는 『사서』, 『오경』, 『무경칠서』 등 각종 중국 문헌의 목록이 제시된 뒤, 여기에 들어가지 않은 문헌들이 「잡(雜)」 항목에 일괄적으로 배열되어 있다. 『라잔 하야시 선생집』「부록」권2 연보 중 1604년 조에 보이는 독서 목록과도 일부 겹치지만, 그 가운데 주목되는 문헌을 참고삼아 인용한다. 특히 『삼국유사』는 『삼국사기』나 『동국통감』에 비하면 에도 시대 일본에서 수용된 흔적이 잘 확인되지 않는 문헌이어서, 이 목록에 제목이 보이는 것이 의미심장하다. 또한, 『동국병감(東國兵鑑)』도 에도 시대에 그 수용 양상이 거의 확인되지 않고, 「전국

한적 데이터베이스(全國漢籍データベース)」에는 전근대 판본으로서 단
한 점이 오사카 부립 나카노시마 도서관에 소장되어 있음이 확인될 뿐
이다(大阪府立 中之島 佐藤六石氏收集本 韓一一 . 三二).

『전등신화(剪燈新話)』

『전등여화(剪燈餘話)』

『기효신서(紀效新書)』

『삼강행실(三綱行實)』

『이륜행실(二倫行實)』

『서유기(西遊記)』

『열국전(列國傳)』

『삼국지 연의(三國志演義)』

『삼국유사(三國遺事)』

『이상국집(李相國集)』

『동국병감(東國兵鑑)』

『익재난고(益齋亂藁)』

『동국지지(東國地志)』

『사율제강(師律提綱)』

『보한집(補閑集)』

『삼봉집(三峯集)』

『청송제강(聽訟提綱)』

『점필재집(佔畢齋集)』

『동국통감(東國通鑑)』

『추강집(秋江集)』

퇴계(退溪)

서화담(徐花潭)

『악학궤범(樂學軌範)』

『매월당사성통해(梅月堂四聲通解)』

『동문선(東文選)』

『목은집(牧隱集)』

『양촌집(陽村集)』

『경국대전(經國大典)』

『이학지남(吏學指南)』

『속동문선(續東文選)』

『천명도설(天命圖說)』[24]

　『일본수필대성』에 수록된 『매촌재필』은 구내각 문고 소장본을 저본으로 했다고 하는데, 구내각 문고를 계승한 국립 공문서관에 소장된 7점의 『매촌재필』 가운데 유일하게 온라인에 공개 중인 하야시 가문 소장본 『매촌재필』(국립 공문서관 211-0204)에는 이 항목이 보이지 않는다. 이 사본의 뒷표지 안쪽 면에는 〈이 1책은 하야시 하루노부가 적었다고 한다(右一冊林春信雅君記之云)〉라는 지어(識語)가 적혀 있고, 하야시 하루노부라는 이름 옆에는 〈순사이의 장자 42세 병사(春斎長子四十二歳病死)〉라는 문장이 작은 글씨로 적혀 있다. 순사이는 하야시 라잔의 아들인 하야시 가호(林鵞峰, 1618~1680)이고, 하루노부는 24세에 요절한 가호의 장남 하야시 바이도(林梅洞, 1643~1666)[25]이다. 42세라고 한 것은 24세를 잘못 적은 것인지. 하야시 바이도가 요절하였기 때문에 차남인 하야시 호코(林鳳岡, 1645~1732)가 하야시 가문 즉 린케를 잇게 된다. 한편, 같은 면의 가장 왼쪽에 〈나가하시 말하기를, 이 책을 세상에서는 하야시 라잔이 편찬한 것이라고 하고 문류·정사(文類·政事) 등에도 이 책을 라잔의 저술이라며 그 보고 들은 바를 인용한다. 이는 틀림없이 오류일 것이다. 책 속에 라잔자께서 말씀하셨다라는 대목이 보이므로 라잔의 작품이 아님이 분명하다〉[26]라고 적혀 있다. 이들 필체는 모두 동일하므로 구내각 문고 소장본의 필사자는 이 나가하시라는 사람일 터인데, 그 정체는 잘 알 수 없다. 이처럼 『매촌재필』의 저자가 하야시 라잔이 아닌 것은 확실하지만, 하야시 가문의 요절한 후계자가 편찬에 간여했다고 린케 내부에서 믿어졌기에 가문에서 이를 소장했을 터이다. 위에 인용한 문헌을 모두 하야시 라잔이 열람했다고는 단언할 수 없으나, 17세기 중기까지 일본에서 유통된 조선 문헌의 현황을 파악하는 하나의 자료가 된다.

하야시 라잔과 병학

한편, 『라잔 하야시 선생집(羅山林先生集)』 「부록」 권4 전체에는 하야시 라잔의 저술 목록인 「편저서목(編著書目)」이 실려 있다(국립 공문서관 소장본 263-0058). 이 가운데에는 『이칭일본전』의 선구적 문헌인 『일본고(日本考)』, 『조선고(朝鮮考)』와 같은 저술도 포함되어 있는데, 이들 문헌은 1657년(明曆三丁酉)의 대화재로 소실되었다. 즉, 1644년에 3대 쇼군 이에미쓰(家光)로부터 『본조편년록(本朝編年錄)』 편찬을 명받은 라잔은 연대순으로 편찬 작업을 진행했으나, 1651년에 이에미쓰가 죽고, 1657년 1월 19일에 화재로 장서가 모두 소실되었다. 실의로 23일에 사망하였다. 1662년에 아들 가호가 『본조편년록』 편찬 재개를 명받아 1666년에 시작,[27] 1670년에 『본조통감』을 완성하였다. 『본조통감』이 다루는 시기는 1611년까지이다. 이 시기에는 1657년에 『대일본사』의 편찬이 시작되고 1667년에는 『신간동국통감』이 간행되는 등, 이 시기는 관민에서 역사서 편찬이 활발했다.[28]

『본조통감』은 『동국통감』으로부터 영감을 얻었고, 『대일본사』는 『본조통감』으로부터 자극을 받았다. 〈『대일본사』는 『본조통감』과의 차이를 강조함으로써 그 존재 의의를 주장해 왔다〉.[29] 즉, 통감(사실 우선주의) 대 강목(명분 우선주의)의 구도인 것이다. 그리고, 『대일본사』를 만든 미토 번에서는 『신간동국통감』이 나왔다. 이 삼자의 관계에 주목할 필요가 있다. 아래 「편저 목록」에 수록된, 하야시 라잔이 집필한 조선, 중국 관련 문헌, 그리고 전쟁사 관련 문헌을 인용한다.

『손자언해(孫子諺解)』 1권 (권4, 1뒤)

『삼략언해(三略諺解)』 1권 (권4, 1뒤)

『진법초(陣法抄)』 1권: 〈조선의 자양군이 집필한 『진법도서』 1권이 관고에 있다. 어람에 대비하여 (라잔) 선생에게 일본어로 풀이하게 한 것이다.〉[30] (권4, 2앞)

『성적도언해(聖蹟圖諺解)』 1권 〈이미 간행되었다(今旣刊行).〉 (권4, 3앞)

『가마쿠라 쇼군 가보(鎌倉将軍家譜)』 1권 〈이미 간행되었다.〉 (권4, 4앞)

『교토 쇼군 가보(京都将軍家譜)』 1권 〈이미 간행되었다.〉 (권4, 4앞)

『오다 노부나가 보(織田信長譜)』 1권 〈이미 간행되었다.〉 (권4, 4앞)

『도요토미 히데요시 보(豊臣秀吉譜)』 3권 〈이미 간행되었다.〉 (권4, 4앞)

『일본대당왕래(日本大唐往來)』 1권 〈쇼호(正保: 1644~1648) 연간에 대명 복주의 정지룡이 달로(韃虜: 후금)와 싸움에, 우리나라에 서한을 보내 원병을 청하였다. 이에 명을 받아 이를 보냈다.〉[31] (권4, 4뒤)

『손오적어(孫吳摘語)』 1권 (권4, 8앞)

『오자초(吳子抄)』 6권 (권4, 8앞)

『사마법초(司馬法抄)』 5권 (권4, 8앞)

『울료자초(尉繚子抄)』 9권 (권4, 8앞)

『육도초(六韜抄)』 6권 〈『오자』 이하 5부는 앞에 보인 『손자』, 『삼략』과 함께 7서를 이룬다.〉[32] (권4, 8앞)

『군서제설(軍書題說)』 1권 〈『문집』에 수록하였다(載文集).〉 (권4, 8뒤)

『검술언해(劍術諺解)』 1권 (권4, 8뒤)

『백전기법초(百戰奇法抄)』1권 (권4, 8뒤)

『일본고(日本考)』4권 〈정유년 재난을 당했다(罹丁酉之災).〉〈중화의 서적에 보이는 본조의 사적을 뽑아낸 것이다(標出本朝事跡見於中華書者).〉(권4, 11앞). 라잔 문집에는 다음과 같이 보인다. 〈『일본고』서(日本考序) 없음: 선생이 중화의 역대 역사서 및 시문·소설에 보이는 일본의 사적을 추려 내어 4권의 책으로 엮은 것이다. 정유년(1657) 재난을 당하였다. 서문 역시 부본이 존재하지 않는다.〉[33]

『조선고(朝鮮考)』1권 〈정유년 재난을 당했다.〉〈조선의 서적에 보이는 일본의 사적을 뽑아내고, 근세에 두 나라가 증답한 서간을 함께 편찬하여 실었다(標出日本事跡見於朝鮮書者, 具纂載近世兩國贈答書簡).〉(권4, 11앞·뒤). 라잔 문집에는 다음과 같이 보인다. 〈조선고서 궐: 선생이 『동국통감』『동문선』 및 왜·한 간의 시문·서간·증답에 보이는 일본의 사적을 추려 내어 한 권의 책으로 엮은 것이다. 정유년(1657) 재난을 당하였다. 서문 역시 부본이 존재하지 않는다.〉

『조선내공기 겐나 삼년(朝鮮來貢記 元和三年)』1권 (권4, 11뒤)

『또 간에이 원년(又寬永元年)』1권 〈정유년 재난을 당했다.〉(권4, 11뒤)

『이국왕래(異國往來)』1권 〈정유년 재난을 당했다.〉〈게이초 이래 남만 나라들이 조공 바친 일을 기록하였다(記慶長以來南蠻諸國貢獻事).〉(권4, 11뒤)

『겐페이 강요(源平綱要)』1권 〈정유년 재난을 당했다.〉(권4, 14뒤)

『메이토쿠 군지(明德軍志)』1권 〈정유년 재난을 당했다.〉(권4, 14뒤)

『군진행렬(軍陣行列)』1권 〈정유년 재난을 당했다.〉(권4, 14뒤)

『무문성씨고(武門姓氏考)』1권 (권4, 15앞)

의사 마나세 마사요시(曲直瀬正琳)의 료안인(養安院) 등에도 임진왜란 당시 조선에서 일본으로 약탈된 문헌이 다수 소장되었지만, 라잔이 후대 일본 학계에 미친 강력한 영향력을 고려할 때, 그가 어떤 조선 책을 읽고 어떤 의견을 남겼는가 하는 점은 파급력 측면에서 여타 소장처와는 질적으로 다른 평가를 내려야 한다. 또한, 그는 후지와라 세이카와 함께 일본 최초의 주자학자 가운데 한 사람이라는 평가와 함께, 병학자로서의 면모도 주목될 필요가 있다. 예를 들어,『라잔 하야시 선생집』중 권25「칠무여론(七武餘論)」(11뒤~16앞)에는 일본 역사상의 획기를 이룬 장군 6인 즉 〈古將帥(야마토타케루노미코토)〉, 〈平相國(다이라노 기요모리)〉, 〈鎌倉右大將(미나모토노 요리토모)〉, 〈源將軍尊氏(아시카가 다카우지)〉, 〈平信長(오다 노부나가)〉, 〈豊臣大閤(도요토미 히데요시)〉의 인물 평이 실려 있다. 실제로는 7명이 아닌 6명에 대한 논평이 실려 있으며, 하야시 가호는 논문의 말미에서, 원래는 히데요시 뒤에 총론을 붙여서 7단이 되어야 하지만 라잔의 여론이 총론에 이르지 못하였으므로 6단이 되었으나 제목은 그대로 두었다고 적어 두었다(16앞). 이상 6명은 일본 역사상 가장 중요한 장군들임과 동시에 대표적인 정치인들이다. 장군이 곧 주요 정치인이고 무(武)가 곧 정치라는 것이, 12세기 말부터 메이지 유신 전까지 거의 8백 년간 무사 정권 즉 군사 정권이 지속된 일본의 특성이다. 이후 이 책에 등장하는 근세 일본의 거의 모든 지식인의 행적과 저술을 검토할 때에도 이러한 관점은 일관되게 적용될 것이다.

이 밖에『라잔 하야시 선생집』에 수록된 라잔의 문장 가운데 병학과 관련된 것들은 다음과 같다. 권49에는「병법전수서(兵法傳授序)」(17앞~뒤),「상도목록서(相刀目錄序)」(17뒤~19앞),「상도초서(相刀抄書)」(19앞~21앞),「철포서서(鐵炮書序)」(21앞~22앞),「철포서서 2 (又)」(22앞~23뒤),「근대군담서(近代軍談序)」(26앞~27앞)가 수록되어 있다. 권52에는「병서발(兵書跋)」(7앞~7뒤),「철포서발이편(鐵炮書跋二篇)」(7뒤~8앞), 권55에는「손자언해발(孫子諺解跋)」(6뒤~7앞),「삼략언해발(三略諺解跋)」(7앞~7뒤),「오자사마법울료자육도태종문대언해발(吳

子司馬法尉繚子六韜太宗問對諺解跋」(7뒤~8앞)이 수록되어 있다. 나아가, 권62은 권 전체가 「잡저 7 군서제설 십칙(雜著七軍書題說十則)」으로 할당되어 있다. 하야시 라잔의 병학서라 할 수 있는 내용으로, 군례(軍禮), 군제(軍祭), 진법(陣法), 망기(望氣), 오음(五音), 부주(符咒), 단선 부편(團扇附鞭), 갑주 부 병기(甲冑附兵器), 정기 부 막(旌旗附幕), 시일(時日)의 10개 항목으로 구성되어 있다.

한편, 권60에는 「한객필어(韓客筆語)」라는 제목으로 라잔이 조선의 통신사 일원들과 나눈 대화가 여러 편 수록되어 있다. 그 가운데, 1636년에 문홍적과 오고 간 대화를 수록한 「병자납월여조선진사문홍적필어(丙子臘月與朝鮮進士文弘績筆語)」, 그리고 1643년에 박안기와 오고 간 대화를 수록한 「간에이이십년칠월 여조선진사박안기필어(寬永二十年七月與朝鮮進士朴安期筆語)」에 〈자양대군(紫陽大君)〉이 저술한 진법서(陣法書)에 대한 질문이 보인다(9뒤, 17앞~뒤). 두 기사를 보면, 문홍적이 모른다고 했을 때에는 그것으로 대화가 끝나 있지만, 박안기에게 질문할 때에는 자양대군 진법의 구성에 대해 좀 더 상세히 설명하면서 자양대군이 누구인지를 캐묻고 있다. 이 자양대군의 진법서란 훗날 세조가 수양대군 시절에 편찬한 『오위진법』을 가리키며, 앞서 검토한 『라잔 하야시 선생집』「부록」 권4 「편저서목」에는 조선의 자양군이 집필한 『진법도서』 1권을 어람에 대비하여 하야시 라잔이 일본어로 풀이한 『진법초(陣法抄)』를 저술하였다고 적혀 있다(〈官庫有朝鮮紫陽君陣法圖書一卷. 一日備御覽, 乃使先生以倭字解說之〉). 『진법초』는 와가쿠코단조(和學講談所), 구내각 문고를 거쳐 국립 공문서관에 현존한다(189-0336). 막부 탄생 초기에는 무가(武家)의 총수로서의 지위를 과시하고자 막부의 도서관인 모미지야마 문고(紅葉山文庫)에 명·청대 중국의 병학 서적이 적극적으로 수집되었으며, 이러한 수집 노력은 명청 교체가 끝난 호에이 연간(宝永, 1704~1710) 즉 강희제 말년에 마무리

年八月日資憲大夫議政府右參贊兼
知經筵事弘文館大提學藝文館大
提學知成均館事　洪貴達奉
教
謹跋

朝鮮陣法年敘　用徐選集

景泰　明第六主景　二年辛未六月初三日序成花圖院寶德　當本朝後花圖院康正元年二百九十八年近今上皇帝延事平年戌辰八歷

景泰六年七月三十日跋成當本朝後花圖院康正元年二百九十四年近今延享五年乙歷

弘治孝宗之年號五年八月日後跋成隆明應元年壬子明第九主近今兹延享五年乙歷二百五十七年

萬曆神宗當末朝正規町院天正十二年甲申中先重將高世峰當臣秀吉公攻伐之祿元年午戌凡九军運歷一百六十五年

朝鮮陣法跋

陣書一本萬曆十九年辛卯仲夏開刊後當本朝慶天正十九年辛公今兹延享乙年凡百五十八年

朝鮮之為國也盖堯時開於檀君周就封箕子
之滿之孫右渠滅而屬漢為四郡又為二
府初準逃於韓自立為馬韓又劉餘盡
秦之人為卞韓於辰韓於是有三韓名
又為三國曰百濟馬韓也曰新羅卞漢
也曰高勾麗辰韓也顧神功之征

合在此間而彼不記為而應神以後
世有箕子貢獻而彼亦間設之則可知
討代之弗虚也已唐世新羅傳百濟句
高麗而有之朴昔金三姓相傳五十餘
世當五季時王健簒之自號高麗三
十八主而辛禑胤亂李成珪遷大
勲統有全邦以復古號寶明洪武二
十五年而為朝鮮大祖至今英世相
續與我隣親焉按此書則太宗中宗
草創之而文宗命其世子暨重臣所

以立國之大法也嘗觀東國通鑑自其
準入韓之後至高麗歸李之始其君臣
之際英傑偉功莫一人如成珪三國
相擊階侵唐伐之交未有此良法以
敵之則太祖創業之雄太宗父子尊成
不怠苵之志亦可見矣但其定國之後
敢以軍大亦好交隣而無復動于戈
則未知其果用得遺法如拾鹽人如
天正中豐公之後軍拔城如盃且思我
刻彼當其時一陣不行曲方圓之制

一隊不從奇騎戰駐之法爲則足以見其
試之不講其法之爲徒也蓋前有此
法而後不得其人平抑初慮有虞而
終恃苟安平凡治國者亦不可以不
思矣藝州明后氏遠請校正䆠將
還爲書其後
享保二十載季春日
出城州淀磯邊昌言子俞

一右此一卷萬曆年中朝鮮王朝將高峕峕下嫁候陣法此書
今之朝鮮王太祖李成珪之世嗣太宗中宗父宗相續蓋三代
之間致成就候軍候不傷陣法之善元來不知案內之
儀呈座候得兵書中甚增見候趣得豈軍嚴增聞末學之
要候然甚懇禮類刊本末詞後之沒浮祖軍嚴敬之體㳂㳂
深晋等存含候得此類時義不皮宰尔國事生於感
不皮可相考雖然此後博識嫙儍傑之志國天子孫治國者有以此書爲之可
畧考住廉恩之鴬旦見孫治國者有心以此書爲之見其試
不講嗚呼萬世不可夫云

一此陣法吾君吉長公友德治而乱安而
苵被爲恩呂神深慮之萬一可成相
右奉入尊覽珍書也
且思芚世
在京大夫奉長公交禄年中建勲於
彼國事詳于史籍故不候嵩併感於
是遂以爲識
干時又火二壬戌季秋吉旦寫之
源桑

삽화 1 수양대군 편찬 『진법』의 1735년 일본 필사본(왼쪽 위로부터 차례대로).
서울대학교 규장각 한국학 연구원 소장

된다. 하야시 라잔이 조선의 병학서인 수양대군의『오위진법』에 관심을
보인 것 역시 이러한 측면에서 이해할 수 있다.[34] 참고로, 모미지야마 문
고에 소장되어 있던 조선본 가운데『고쇼모쓰가타 일기(御書物方日記)』
1704~1745년 조에서 확인되는 것은『동국여지승람』,『동국통감』,『진
법』,『대명일통지』,『화제국방(和劑局方)』,『당서(唐書)』,『문헌통고』,『건
곤생의(乾坤生意)』이다.[35]

또한, 현재 서울대학교 규장각 한국학 연구원에는 수양대군 등이 편찬
한『진법』을 일본에서 필사한 사본이 소장되어 있다(經古 355.4-J562).
이 문헌에는 1735년(享保20)에 이소베 마사노부(磯邊昌言)라는 사람이
『동국통감』독서를 통해 획득한 한반도 역사 지식을 개괄하며 집필한 지
어(識語)가 수록되어 있는데, 후술하듯이 이소베 마사노부는 1년 전인
1734년에『독동국통감(読東国通鑑)』을 집필하여 하야시 가호를 비판한
바 있다.『진법』의 지어에서 이소베 마나소부는,『진법』과 같은 훌륭한
병학서가 작성된 조선 전기에는 영걸(英傑)이 한두 사람이 아니었던 것
같다고 평하고, 임진왜란 때 조선이 무너진 것을 보면 이렇게 훌륭한 진
법이 당시 조선에서 강설(講說)되지 않았던 것 같다고 서술한다.

이 지어 뒤에는 1862년(文久2)에 정체를 잘 알 수 없는 사람의 지어
가 수록되어 있는데, 필체 등에서 보았을 때 규장각 한국학 연구원 소장
본은 이소베 마사노부의 필사본을 이 사람이 다시 필사한 것으로 보인
다. 1862년 지어에 따르면 그는 아사노 가문(浅野家)이 다스린 히로시
마 번(広島藩)의 가신이었던 것 같고, 지어에 적힌 단편적인 정보에서 추
정해 보면 메이지 유신 당시 활동한 히로시마 번의 무사 고바야시 주키
치(小林柔吉, 1837~1868)일 가능성도 있다. 히로시마 번의 아사노 가
문은 임진왜란 당시 조선에 주둔한 바 있는 아사노 유키나가(浅野幸長,
1576~1613)의 동생 아사노 나가아키라(浅野長晟, 1586~1632)를 시조
로 한다. 1862년 지어에는『진법』이 국가 방어의 일을 논한 진귀한 서적

이라는 논평과 함께, 아사노 유키나가가 임진왜란 당시 훈공을 세웠음이 〈저 나라〉 즉 조선의 역사서에도 실려 있다는 내용이 적혀 있다.

하야시 가호의 『신간동국통감』 서문

하야시 라잔에게는 네 명의 아들이 있었는데, 첫째와 둘째가 요절하였기 때문에 셋째인 하야시 가호(林鵞峰, 1618~1680)가 가문을 이었다. 넷째 아들은 하야시 돗코사이(林読耕斎, 1624?~1661)로, 이 세 부자는 여러 편의 문헌을 공동 집필하였다. 다만, 『신간동국통감』의 경우에는, 하야시 라잔은 조선본 『동국통감』을 보지 못하였거나, 설사 라잔이 보았다고 하더라도 그 판본을 가호가 물려받아 이용한 흔적은 확인되지 않는다. 가호가 『신간동국통감』을 편찬하기 위해 미토 번(水戸藩)과 가가 번(加賀藩)에 소장된 조선본 『동국통감』을 이용하였음은 가호의 『신간동국통감』 서문에 밝혀져 있는 바이며, 이유리에 따르면 미토 번 소장본은 갑인자본이고 마에다 존경각 소장본은 갑진자본이다.[36] 백승호에 따르면, 조선본 『동국통감』의 판본 순서는 다음과 같다.[37]

① 갑진자본(국립 중앙 도서관 소장) → ② 갑인자본 복각본[중종 연간(1506~1544년) 간행. 소수서원 소장] → ③ 4주갑인자본(1703년 간행. 국립 중앙 도서관 일산 문고 소장) → ④ 기타 갑인자 계열 번각본

임진왜란 당시 조선에서 약탈된 문헌은 도요토미 히데요시를 거쳐 도쿠가와 이에야스에게 옮겨간 뒤, 1615년에 이를 분배할 때 그 일부가 미토 번에도 할당되었다. 그 후 미토 번의 제2대 번주 도쿠가와 미쓰쿠니(徳川光圀, 1628~1701)가 『대일본사(大日本史)』 편찬을 시작하면서, 참고 자료로서 조선 문헌을 수집하기 시작하였다.[38] 1973년에 발견된 『스루가 온와케초(駿府御分物帳)』에 『동국통감』 8책이 보이므로, 이 시기에

완질이 아닌 조선본 『동국통감』이 미토 번에 갖춰졌다고 추정된다.[39]

한편, 하야시 가문의 제자로서, 하야시 가문이 막부의 명을 받아 『간에이 제가계도전(寬永諸家系図伝)』을 편찬할 때에도 참여한 쓰지 단테이(辻端亭, 1624~1668)의 훈점을 붙여 1667년에 제작된 『신간동국통감』 판목은, 그 후 여러 차례 인출(引出, 인쇄)되었다. 1919년에 제2대 조선 총독 하세가와 요시미치(長谷川好道, 1850~1924)가 『신간동국통감』 판목 535장을 조선 총독부에 기증하였으며, 그 가운데 533장이 서울대학교 규장각 한국학 연구원에 현존하기에 이르는 과정은 필자의 별도 논문에서 상세히 검토하였다.[40]

2014년 12월에 『신간동국통감』 판목이 재발견된 뒤, 2015년 7월에는 판목에 대한 실사 작업이 이루어졌다. 그 결과, 문서상으로는 확인할 수 없었던 인출 시기와 인출 부수를 판목에 묵서되거나 각인된 각종 기록을 통해 확인할 수 있었다. 이에 따르면, 『신간동국통감』은 1667년에 교토의 쇼하쿠도(松柏堂) 이즈모지 이즈미노조(出雲寺和泉掾, ?~1704)[41]에 의해 제작된 뒤 최소한 8차례 인출되었다. 이즈모지 이즈미노조는 막부의 어용 출판인으로서 교토에 거점을 두고 각종 문헌을 수집하여 하야시 가호에게 전달함으로써 가호가 『본조통감(本朝通鑑)』 등을 편찬하는 데 도움을 주었다. 뒤에서 살펴보듯이 도쿠토미 소호(德富蘇峰, 1863~1957)가 『신간동국통감』 판목을 입수한 곳이 교토라고 한 것을 보면, 이즈모지는 대대로 이 판목을 교토에 보관하고 있었음을 알 수 있다.

① 1667년(寬文7)

② 교호 연간(享保, 1716~1735)

③ 1797년(寬政9)

④ 1810년(文化7)

삽화 2 『신간동국통감』 판목 중 하야시 가호의 서문 부분. 판목의 가로 길이는 약 2미터이다.
서울대학교 규장각 한국학 연구원 소장

⑤ 1826년(文政9)

⑥ 1883년(明治16) 10부 인쇄. 일부 개정판

⑦ 1891년(明治24) 5부 인쇄

⑧ 1911년(明治44) 10부 인쇄[42]

『신간동국통감』에 수록된 하야시 가호의 서문은 『신간동국통감』에
관한 필자의 2개 논문에서 이미 검토한 바 있으나, 이 책에서 거듭 문제
로 삼을 것이기 때문에 여기서 다시 서문 가운데 일부를 인용한다.

> 삼가 우리나라 역사서를 살피니, 삼한은 진구코고의 정벌 이래 모두
> 우리나라에 복종하여 조공을 거르지 않았다. 이에 그곳에 일본부(日本
> 府)를 두고 (신라) 왕자를 인질로 삼았다. 또한 (우리나라에) 한인지(韓
> 人池)라는 연못이 있고, 백제사(百濟寺)라는 절이 있고, 고려군(高麗郡)이
> 라는 군이 있다. 더우기 (백제 왕자) 풍장이 나라를 되살리기 위해 원병을
> 구걸하고, 발해가 옛날대로 (일본 천자의) 명을 받은 등의 사례를 보건대,
> 저 나라가 우리 나라의 부용국이었음이 분명하다. 저 나라 역시 대대로
> 자기들의 역사서를 편찬하였는데, 『동국통감』보다 더 자세하고 볼만한
> 것은 없다. ……(중략)…… 그 책을 보니 우리나라의 일을 대강 싣기는 했
> 지만 (그 나라가 우리나라에) 공물을 바친 일은 모두 생략되어 있다. 자
> 기 나라를 위하여 꺼린 것일지? (그렇다면) 이 또한 신하된 자로서의 마
> 음이니 책망할 수 없다. (2앞~4뒤)[43]

이 서문에서는 흥미로운 대목을 여러 군데 확인할 수 있다. 우선, 삼한
이 일본에 신복하였음을 보여 주는 증거가 한인지, 백제사, 고려군 등이
라는 것이다. 고대 한반도 주민이 일본 열도를 정복한 증거로서 이들 지
명을 거론하는 현대 한국의 일부 민족주의자들과는 정반대의 해석이다.

다음으로, 『일본서기』, 『고사기』 등 고대 일본 역사서에 보이는 이른바 〈진구코고의 삼한 정벌〉 전승과 〈임나일본부〉를 역사적 사실로서 전제한 뒤, 이들 사항에 대한 기록이 『동국통감』에 보이지 않는 것은 조선 측이 이들 사건을 국가의 수치로 생각하여 감춘 것이라는 주장이다. 이와 상통하는 주장이 『가호 선생 하야시학사 전집(鵞峰先生林學士全集)』 권90 「조선왕래외집서(朝鮮往来外集序)」에도 보인다(국립 공문서관 205-0160, 3앞~뒤). 참고로, 같은 하야시 가호의 문집에는 임진왜란에 대한 그의 관점을 보여 주는 「도한창기(倒韓槍記)」(권11, 3뒤~5앞), 「시마즈 히사미치 조선세공비(島津久通祖先世功碑)」(권72, 15앞~23뒤), 「정한록서(征韓錄序)」(권87, 5앞~6뒤) 등의 기사도 수록되어 있다.

또한, 위의 인용문 뒤에는 오나라 태백이 일본 덴노의 조상이 되었다는 하야시 가호의 문장이 실려 있는데, 이규경은 『오주연문장전산고(五洲衍文長箋散稿)』 「인사편(人事篇) 인사류(人事類) 씨성(氏姓) 청제·왜황성씨변증설(淸帝倭皇姓氏辨證說)」에서 그 내용을 언급한다. 내용을 읽어 보면, 이규경은 실제로 하야시 가호의 서문을 접한 것으로 추정된다. 그렇다면 『신간동국통감』의 실물 또는 최소한 하야시 가호의 서문을 포함한 일부라도 조선 후기에 유입되었다는 가설이 성립한다. 이 부분에 대하여 필자는 더이상 고찰할 재료를 찾아내지 못하였으나, 향후 추적이 필요하다.

일본 사람 하야시 기탄(林義端)이 지은 『부상명현문선(榑桑名賢文選)』과 일본 홍문학사(弘文學士) 하야시 가호(春齋林恕)가 지은 『동국통감』 서(序)에 보면, 〈삼가 생각건대, 태백(泰伯)이 지극한 덕으로 우리나라의 왕적(王迹)을 이룩하고, 기자가 삼인[三仁, 미자(微子), 비간(比干), 기자]의 하나로 저쪽의 동토(東土)를 개척하였으므로, 모두 선성(先聖 공자)께서 칭찬한 바이다〉라 하였는데, 이 또한 태백의 후예라 하여 의론이 갖가

지이니, 믿을 수 없다.[44]

한편, 일본의 역사서를 사실이라고 전제하고 조선 측 역사서를 비판하는 방식은 앞서 살펴본『매촌재필』에서도 확인된다.『매촌재필』에 〈권근이 동국사를 편찬할 때〉라고 되어 있는 것은 박상의『동국사략』을 가리키는 것으로 보인다. 널리 읽히는『동국사략』의 저자를 권근으로 비정하는 것이 이미 오래되었음은 정구복의 지적대로이다.[45]

〈고려가 개벽했을 때, 단군이라는 자가 나타나서 천여 년간 죽지 않았다〉라고 옛 기록에 보인다는 것을, 권근이『동국사』를 편찬할 때 고쳐서 〈단군 사후 천여 년의 일은 상세하지 않다. 기자가 와서 조선을 다스렸다〉라고 하였다. 또 옛 기록에는 신라·백제·고려 세 나라가 모두 일본에 귀복(歸服)한 것처럼 적혀 있어서『일본기』의 설과 다르지 않다. 이 또한 권근이 꺼려서 (마치 삼국과 일본이) 적대한 나라처럼 말하였다. 쇼무 덴노 때 고려인 수천 명이 조공하러 왔기에, 무사시 지역으로 옮겨 보냈다. 그곳을 고려군이라고 한다.[46]

이처럼 하야시 가문에서는 고대 일본 역사서의 기록을 전혀 의심하지 않았으며, 이를 근거로『동국사략』,『동국통감』 등의 조선 측 문헌을 진실되지 않다고 비판한다. 하야시 가문이 에도 시대 일본에서 지니는 권위에 힘입어, 이러한 관점은 정설로서 후대에 계승되었다. 하야시 가문과 함께 막부에서 일한 아라이 하쿠세키 역시『오사략(五事略)』「조선빙사후의(朝鮮聘使後議)」에서 〈우리뿐 아니라 중국 기록에도 보이는데, 저들은 마치 우리가 저들에게 신속한 것처럼 적었다〉[47]라고 비판한다. 주자학자들뿐 아니라 쓰루미네 시게노부(鶴峯戊申, 1788~1859)와 같은 국학자도 1853년의『에혼 조선 정벌기(絵本朝鮮征伐記)』서문에서,『삼

국사기』, 『동국통감』 등의 조선 측 역사서에 진구코고 전설이 보이지 않음을 비판하고 있다.[48]

참고로, 삼한이 조공을 바치고 네덜란드가 오는 것은, 지구의 중심이 일본이라는 증거라는 주장이 에도 시대에 있었다.

> 하늘은 왼쪽으로 돌고 땅은 오른쪽으로 도는 것이 천지의 규칙이다. 하늘에서는 일월성신이 동쪽에서 서쪽으로 돌고, 땅에서는 문물이 모두 서쪽에서 동쪽으로 옮겨 온다. 우리나라의 고대에는 처음에 삼한에서 물건을 보냈고, 그 후에 동오(東吳)에서 보냈다. 당나라 때에는 왕래가 빈번해져 문명이 크게 번성하였으며 지금은 네덜란드학(蘭学)이 행해지고 있다. 모든 땅이 오른쪽으로 도는 것은 자연의 이치이다. 하늘의 축은 북극성에 있고 땅의 축은 우리나라일 터이다. 만이(蠻夷)가 해마다 물건을 보내오는 것은 여러 별들이 북극성에 인사하는 것과 같으니, 이 어찌 존귀한 나라가 아니겠는가?[49]

위의 인용문은 소설가 다미야 주센(田宮仲宣, 1753?~1815)의 『도유시(東牖子)』 권3에 보이는 대목으로, 소설가가 흥미를 끌기 위해 만들어 낸 주장이자, 국학자 모토오리 노리나가가 일본의 태양신 아마테라스 오미카미가 세계를 비추는 유일한 신이라고 주장한 이른바 〈태양신 논쟁(日の神論争)〉과도 상통하는 종교적 차원의 언설이라고 하겠다.

하야시 가호의 서문에 대한 비판: 마쓰시타 겐린과 이소베 마사노부

이처럼 하야시 가호의 고대 한일 관계사 해석은 에도 시대 일본에서 널리 받아들여졌으나, 이에 대한 비판도 일부에서 이루어졌다.

우선 마쓰시타 겐린의 경우에는 『이칭일본전』에서 『동국통감』과 『삼국사기』 조에 붙인 금안(今按)을 통해, 고대 일본 역사서에 보이는 진구코고의 삼한 정벌 전설이 이들 한국 역사서에 남아 있음을 증명하려 노력하고 있다. 그리고 『이칭일본전』의 하2 『동국통감』 발췌 말미에는 마쓰시타 겐린의 총평이 실려 있다. 이는 『동국통감』에 대해 에도 시대 일본에서 작성된 평어(評語) 가운데 가장 이른 시기의 문장 가운데 하나로서 주목된다. 여기서 겐린은, 왕인과 같은 사례는 미담이고 그러한 미담은 필시 백제에도 전해졌을 터인데, 『동국통감』과 『삼국사기』에 이런 좋은 이야기도 적혀 있지 않은 것을 보면, 고려와 조선의 편찬자들이 자국의 부끄러움을 숨긴 것이 아니라, 고대 역사를 전하는 문헌이 부족했기 때문에 이처럼 기록이 소략해진 것이라고 주장한다.

『동국통감』 56권은 삼한의 처음부터 끝까지 일어난 것들을 담고 있으며, 그 사이에 일본과 있었던 일, 일본에 바친 국서 등도 왕왕 포함되어 있다. 다만 한스러운 것은, 근대의 작은 일은 번잡하게 싣고 있는 반면에 상세(上世)의 큰 일은 많이 빠져 있다는 사실이다. 옛날에 우리 스사노오노 미코토가 아들 이타케루노카미(五十猛神)를 데리고 신라국 소시모리(曾尸茂梨)에 내려가 살다가, 〈나는 이 땅에 살고 싶지 않다〉라고 말하였다. [아악(雅樂) 중의] 고려곡(高麗曲)에 소시마리(蘇志磨利)[할주: 소시모리와 훈이 비슷하다]가 있고, 어떤 사람은 가이텐라쿠(廻庭楽)를 지은 것이 스사노오노미코토라고 한다. 그 음악은 [헤이안 시대의 아악 쟁보(箏譜)인] 『인지요록(仁智要録)』에 실려 전한다. 삼한 사람이 이 사실을 모른다. 또 백제의 왕인이 와서 크게 유학의 기풍을 일으킨 바 있다. 왕인은 원래 한인(漢人)이다. 최표(崔豹)의 『고금주(古今注)』에 보이는 〈천승왕인(千乘王仁)〉이 바로 이 사람인지? 이즈미(和泉) 지역 모즈노 북릉(百舌鳥野北陵)[할주: 한제이 덴노(反正天皇)의 능이다] 동쪽에 연못이 있는데[할주: 연못 이름은 다데가이 연못(楯井池)이다] 이를 오시노우에(凡人中家)라고 한다[할주: 이즈미 지역의 성씨이다]. 『신찬성씨록(新撰姓氏

錄)』에 보인다]. 그 땅에 왕인사(王仁祠)가 있다. 오진 덴노(応神天皇)의 오지(皇子)인 우지노와키이라쓰코(菟道稚郎子)는 일찌기 왕인을 스승으로 모셨다. 그 후 형 오사자키노미코토(大鷦鷯尊)에게 선양하였으니, 형제의 행위는 백이 숙제와 같다. 오지가 훙거하자 미코토는 슬퍼 마지 않았으니, 이에 왕인이 와카를 지어 즉위할 것을 권하였다. 이에 미코토가 즉위하였으니 이는 우리 조정의 미담(美談)이다. 이는 필시 왕인의 가르침이 효력을 발휘한 것일 터이므로 이를 통해 백제에도 사람이 있었음을 알 수 있다. 그러나 삼한 사람들은 이 소식을 전혀 듣지 못하였으니, 이것이 어찌 (하야시 가호가 말한 것처럼) 자기 나라의 나쁜 역사를 미워하여 감춘 것이겠는가? 아름다운 일이라도 알지 못한 것이 이와 같다. (『동국통감』 총평)[50]

8년 여름 4월에 일본 왕이 사신을 보내 황금 300냥과 구슬 10개를 바쳤다. / 지금 생각건대 이는 일본의 요제이 덴노(陽成天皇) 간교(元慶) 6년에 해당한다. 이 해에 우리가 신라에 사신을 보낸 일이 없다. 『삼대실록(三代実録)』에는, 12월 27일 을미에 가가(加賀) 지역에서 파발을 보내, 이 달 14일에 발해국 입근사(入覲使) 배정(裴頲) 등 150명이 상륙했다고 알렸다. 발해국은 고려의 별종이다. 고려가 쇠하자 그 땅의 많은 부분이 발해에 들어갔다. 『삼국사기』의 제13부터 제22까지 「고려본기(高麗本紀)」인데, 우리나라 일에 대한 언급이 하나도 없다. (이 역사서의) 소략함이 심하다. (『삼국사기』 총평)[51]

마쓰시타 겐린의 이러한 주장은 고립된 것이 아니었다. 병학자가 1734년(享保19)에 겐린과 마찬가지 관점에서 『동국통감』을 논평한 『독동국통감(読東国通鑑)』이라는 문헌이 그것이다. 이세 진구(伊勢神宮)가 관할하는 진구 문고(神宮文庫)에는 1667년(寛文7)과 1883년(明治16)에 간행된『신간동국통감』(신궁 문고 5문 1248, 신궁 문고 5문 1249), 그리고 1734년(享保19)에 성립되고 필사된『독동국통감』1책(신궁 문고 5문 1250) 등『동국통감』과 관련된 3건의 문헌이 소장되어 있다.『독동국통감』에는 〈근사당(勤思堂)〉과 〈하야시자키 문고(林崎文庫)〉 두 개의 장서인이 찍혀 있으며, 본문 21장 뒷면에는 〈국사를 참고하는 것은 『일본서기』「지토 덴노 본기」에서 그친다. 남은 부분의 역사는 후일 완성하겠다. 1734년 음력 4월 그믐, 야마시로 지역 요도의 여택지당에서 미나모토 마사노부 시유가 쓰다(国史参考止于地統天皇本紀. 如余史乃俟他日以竟之 享保十九甲寅孟夏晦書於山城州淀上麗沢之堂源昌言子兪)〉, 〈1734년 가을 7월 하순에 이를 필사하였다. 마스노부(享保甲寅秋七月下旬写之 増信)〉, 〈근사당 무라이 다카요시 소장(勤思堂邑井敬義蔵)〉이라는 세 개의 지어가 적혀 있다.

1734년 음력 4월 그믐에 첫 번째 지어(〈享保十九甲寅孟夏晦書於山城州淀上麗沢之堂源昌言子兪〉)를 쓴『독동국통감』의 원저자인 〈미나모토 마사노부 시유(源昌言子兪)〉와 동일한 인물의 이름이, 이소베 마사노부(磯邊昌言)가 편찬하고 가토리 데루유키(香取明之)가 교열한, 오늘날의 지바 현 일대의 지리지인『소요 개록(総葉概録)』[1715년(正徳5) 저자 서문]의 내제(内題)에 보인다.[52] 이소베 마사노부(1669~1738)는 주자학자였다가 신유습합론(神儒習合論)의 주창자로 전신한 야마자키 안사이(山崎闇斎, 1619~1682)의 제자이다. 원래는 교토 출신이지만 에도로 나갔다가 1701년(元禄14)부터 시모사(下総) 사쿠라 번(佐倉藩)에서 근무하게 되었다. 주군의 명을 받아 번의 지리지인『소요 개록』,『사쿠라 풍토기(佐倉風土記)』 등을 집필하였다. 1723년(享保8)에 번주(藩主) 이나바 마사토모(稲葉正知)의 영지가 서일본 야마시로(山城)의 요도(淀)로 옮겨지자 따라갔다.『독동국통감』의 지어에 야마시로 요도가 등장하는 것과 부합한다.

「일본 고전적 종합 목록」에서는 그의 저작 8편이 검색되는데, 이에 의하면 그의 주 영역은 지리지 집필[『사쿠라 풍토기』, 『소요 개록』, 『마카타 샤 지(麻加多社志)』]이며, 이를 위해서는 여러 학문을 골고루 겸비할 필요가 있었을 터이다. 스승 야마자키 안사이를 본받아 한학[『구유조 고증강의(拘幽操考証講義)』]과 신토[『고어습유찬주(古語拾遺纂註)』]를 겸비한 것 같고, 여기에 『가쓰오리 전투기(勝下合戦記)』, 『오타 산라쿠사이 전쟁 이력(太田三楽斎戦場履歴)』, 『팔진도설요해(八陣図説要解)』, 『팔진요해 구군지법 팔진도(八陣要解九軍之法八陣図)』 등을 집필한 병학자로서의 면모가 보인다는 점이 주목된다. 앞서 언급한 바와 같이, 현재 서울대 규장각 한국학 연구원에는 그가 필사한 수양대군의 『진법』이 소장되어 있으며, 여기에는 『독동국통감』을 집필한 1년 뒤인 1735년(享保20)에 그가 남긴 지어(識語)가 수록되어 있다.[53] 이 지어에서도 그는 『동국통감』을 언급하고 있다.

1734년 음력 7월 하순에 필사했다고 하는 두 번째 지어(〈享保甲寅秋七月下旬写之 増信〉)의 주인공 〈마스노부(増信)〉의 정체는 알 수 없다. 세 번째 지어(〈勤思堂邑井敬義蔵〉)를 썼으며, 『독동국통감』을 진구 문고에 기증한 무라이 다카요시는 흔히 무라이 고간(村井古巖, 1741~1786)이라 불리는 교토의 상인으로, 처음에는 포목상이었으나 책과 학문을 좋아하여 서적상(書籍商)이자 컬렉터로 전신하였다. 1686년에 막부의 하사금을 받아 1690년에 하야시자키(林崎)에 하야시자키 문고(林崎文庫)가 세워졌으나, 그 후 운영 주체가 불분명해서 황폐해지자 무라이 고간은 1784년(天明4)에 수천 부의 문헌을 이곳에 기부하였다. 무라이 고간이 하야시자키 문고와 시오가마 진자에 기증한 문헌 목록인 『하야시자키 문고 시오가마 진자 무라이 고간 봉납서 목록(林崎文庫塩竈神社村井古巖奉納書目錄)』에는 『동국통감』이 보이지 않으므로, 신궁 문고에 소장된 『동국통감』이 무라이 고간의 구소장본일 가능성은 없다.

『독동국통감』에서 『동국통감』의 본문이 시작되기 전에 이소베 마사노부가 자신의 의견을 피력한 부분을 인용한다.

『일본서기』에는 처음 신대권(神代卷)에 신라한향(新羅韓鄕)이라는 이름이 보이고 스이닌(垂仁) 대에 히보코(日槍)가 내귀(來歸)하였다. 삼한은 진구 때 정복되었으며, 이에 백제와 임나 두 나라에 일본부를 설치하였다. 지토(持統) 본기(本紀)까지 그 통치 기사가 실려 있으니, 그들이 대대로 조정에 인사 오고 조공을 바치고 인질을 보내고 구원군을 구걸한 일은 이루 다 적을 수 없다. 대가라(大加羅)[할주: 저들은 가락(駕洛)], 발해[할주: 옛 숙신(肅愼)이다. 말갈의 부류이다], 탐라[할주: 또는 탐모라(耽牟羅)라고 한다], 임나, 탁순(卓淳), 반파(伴跛) 등의 국가 및 이에 속한 나라와 섬들[할주: 『동국통감』에는 발해, 가나(加那), 행인(荇人), 옥저, 예박(濊泊), 부여, 가락, 골포(骨浦), 칠포(漆浦), 고포(古浦), 사벌(沙伐), 말갈, 숙신, 이서(伊西), 우산(于山), 구루(溝婁), 읍루(挹婁), 임나, 탐라 등이 혹은 침략하고 혹은 복속된 일들이 기록되어 있으니, 대개 이들은 바닷가의 섬이나 작은 나라들일 뿐이다. 다만, 우리 기록에 보이는 탁순과 반파에 대해 저들의 기록에서는 언급이 없다]이 대대로 우리에게 조공한 기록은 『백제본기(百濟本紀)』와 『백제신찬(百濟新撰)』의 두 문헌에 의해 증거되므로 믿지 않을 수 없다. 그 밖에 『오국사[五国史:『속일본기(續日本紀)』, 『일본후기(日本後紀)』, 『속일본후기(續日本後紀)』, 『일본 몬토쿠 덴노 실록(日本文德天皇実錄)』, 『일본삼대실록([日本三代実錄)]』』에도 볼만한 기록이 있다. 최근에 『동국통감』을 열람하고 의심을 갖지 않을 수 없었다. 그 책이 우리에 대해 말하는 것은 신라 시조 혁거세 때의 〈왜가 변경에 왔다가 왕에게 신덕(神德)이 있다는 말을 듣고 돌아갔다〉라는 기사를 시작으로[할주: 혁거세의 이 해는 한(漢) 선제(宣帝) 감로(甘露) 4년 신미이며, 스진 덴노(崇神天皇) 48년에 해당한다] 왕씨 고려가 멸망할 때까지 1,900여 년 간에 기사가 많으나 우리 국사와 합치하는 것은 거의 없다. 우리 국사 또한 저들의 기록한 바를 싣지 않은 것이다. 대개 연대가 멀고 거리가 멀기 때문에 보고하고 기록한 것에 자세함과 소략함이 있으니, 세월이 흐르면서 기록이 망실됨을 피할 수 없었다. 진구코고의 정벌 같은 사건은 저 나라의 존망에 관한 일인데, 과연 큰 사건이 아니어서 적지 않은 것이겠는가? 나라가 망할 때 문헌이 상실되어 이렇게 된 것일지? 하야시 라잔은 서문에서 〈자기 나라를 위하여 꺼린 것일지?〉라고 했는데, 이는 그럴듯 하기는 하지만, (그것보다는 『동국통감』 편찬 당시) 문헌을 널리 수집하지 못하여 이 사실이 누락된 것일 터이다. 만약 자기 나라의 큰일을 숨겼다면 이를 정사(正史)라 부를 수 있겠는가? 기록을 적고 뺌에 꺼림이 없음은 『춘추(春秋)』를 보면 알 수 있으니, (만약 이 책에서 자기 나라의 큰일을 숨겼으면서) 〈통감〉이라고 이름 붙였다면 사마온공의 빈축을 살 것이다. 지금 국사를 참고하여 우리 쪽에 기록이 있고 저쪽에 없는 것을 살피면 아직기(阿直岐)가 경전을 읽은 일, 왕인이 경전을 전한 일, 왕진이(王辰爾)·은양이(殷楊爾)·고안무(高安茂) 등의 박사가 온 일 등이다. 이들은 아름다운 사건인데 적혀 있지 않다. 망녕되이 부처를 믿고 당 아래에서 술을 마시는 등으로 인하여 나라가 망하고 왕씨의 고려가 승려 신돈 등에게 넘어간 등의 추한 일을 거론하여 수록하였다. 이것이 과연 나라를 위해 꺼린 것이겠는가? 내가 보건대 기록에 빠짐이 있다고는 할 수 있지만 꺼림이 있다고는 할 수 없다. 다만 국사에서 백제 왕의 이름을 적은 것은 초고(肖古)에서 시작하여 자비왕(慈悲王)에 이르기까지 대대로 연면히 이어지는데 이는 의심할 만한다. 우리 황대(皇代)를 고찰하건대, 전지(腆支)·개로(蓋鹵) 이하는 간신히 우리 황대와 그 연수가 같다. 그러나 배고(背古), 아화(阿花), 직지(直支), 문주(文洲) 등은 글자가 같지 않다. 대개 이는 통역하는 과정에서 저 지역의 말이 변한 것일 터이니 깊이 의심할 필요가 없다. 그러나 이른바 『백제본기』와 『신찬』이

후세에 전하지 않으니 과거를 증명하기에 부족하다. 진구코고의 정벌로부터 지토 본기에 이르기까지 같고 다름과 있고 없음을 아울러 살펴서 역사서를 읽을 때의 자료로 삼는다. (이하, 『동국통감』의 발췌 시작)[54]

문장 중간에 하야시 라잔(정확히는 가호)의 서문을 언급하는 대목이 나오는 것으로 보아서, 이소베 마사노부가 읽은 『동국통감』은 조선본이 아닌 『신간동국통감』이었음을 추정할 수 있다. 『신간동국통감』 서문에는 조선이 자국의 부끄러운 역사를 피휘했을 것이라는 주장이 실려 있지만, 『독동국통감』의 저자는, 아직기·왕인의 도래와 같은 자랑스러운 역사가 없고 신돈의 일과 같은 부끄러운 역사가 실려 있는 것을 보면, 피휘했다기보다는 전쟁과 난리로 인하여 자료가 산일되었기 때문에 진구코고의 정벌과 같은 대사건에 대한 기록이 빠졌을 것이라고 추정한다.

이소베 마사노부가 집필한 『독동국통감』을 소장한 것은 무라이 고간이라는 국학자였다. 즉, 『독동국통감』은 병학자가 쓰고 국학자가 소장한 것이다. 전근대 동중국해 연안 지역에서 외국 문헌을 읽고 재생산한 계층을 넓은 의미의 유학자 및 문학자로 한정하면 안 된다는 사실을 보여 주는 사례이다. 병학자가 『신간동국통감』을 읽었다고 하면, 그것은 단순히 호사가로서의 취미가 아니라, 군사 외교적 관심에서 비롯되었을 것으로 추측할 수 있다. 그리고 병학자인 이소베의 주장은 유학자인 하야시 가호(이소베는 라잔이라고 착각했지만)의 주장보다는 덜 감정적이고 더욱 논리적이다. 물론, 일본 측 고대 사서에 보이는 진구코고의 전승을 실제 일어난 사건으로 믿어 의심치 않는 것은 별개의 차원에서 논할 문제이며, 전근대 일본에서 진구코고 전승을 다룬 저자 가운데 이 전승의 사실성을 의심한 사례를 필자는 접한 적이 없으므로, 이소베가 진구코고 전승을 사실로 믿었다는 것은, 그의 추론이 논리적인지를 따지는 데에는 판단 기준으로서 개입될 필요가 없다.

『동국통감』의 기술과 일본 측 역사서의 기술이 일치하지 않는 이유를 조선 측의 조작으로 보든 한반도의 역사서가 소략했기 때문으로 보든, 대전제는 일본 측의 역사서에 보이는 기술이 정확하다는 신념이었다. 후술하듯이, 도 데이칸(藤貞幹, 1732~1797)이 『동국통감』을 인용하여 일본 고대사를 삼한에서 유래한 것이라고 주장한 『쇼코하쓰(衝口発)』를 간행한 것이 1781년(天明元)이었고, 이 책의 주장에 격분한 모토오리 노리나가가 『간쿄진(鉗狂人)』을 집필하면서 우에다 아키나리(上田秋成, 1734~1809)와 태양신 논쟁을 일으키게 되는 것이 1785년(天明5)이었다[간행은 1821년(文政4)]. 모토오리 노리나가가 도 데이칸을 비판할 때에도 마찬가지의 전제가 있었으며, 이는 이미 하야시 라잔이나 마쓰시타 겐린의 저술에서도 확인되는 것이다. 예를 들어, 중국 측 사서에 보이는 히미코와 일본 측 사서에 보이는 진구코고를 동일 인물로 보았기 때문에 『일본서기』의 기술이 전체적으로 2갑자 앞당겨졌다는 것은 근대 일본의 역사학에서 정설이다. 그러나 마쓰시타 겐린은 『이칭일본전』 상지일권 『후한서』 조의 금안문에서 〈히미코는 진구코고의 이름이신 오키나가타라시히메노미코토이다. 잘못 전달되어서 이렇게 불린 것이다〉[55]라고 적고 있으며, 아래 인용문에서 보듯이, 『삼국사기』에 보이는 히미코 관련 기술과 『일본서기』의 기술이 일치하지 않는다고 비판하기도 한다.

20년 여름 5월에 왜왕 히미코가 사신을 보내어 내빙하였다 / 지금 생각건대 20년은 세이무 덴노 40년에 해당한다. 히미코는 외국에서 진구코고의 이름을 잘못 부른 것이다. 앞에 적었다. 이 해에 진구코고가 태어나셨다. 어찌 사신을 보내어 내빙할 수 있었겠는가? 매우 잘못되었다.[56]

제3절 『신간동국통감』의 일본 내 유통 양상

『동국통감』과 『삼국사기』

『신간동국통감』은 그 제작에 직접 관여한 하야시 가문 및 미토 번의 학자들을 포함하여 에도 시대 일본 학계에서 널리 이용되었다. 에도 시대 일본에서 이용할 수 있었던 한반도에 대한 역사서로는 『(신간)동국통감』, 『삼국사기』, 『조선사략』 등을 들 수 있는데, 고려 시대는 물론이려니와 삼국 시대를 고대 일본사와 비교하고자 할 때에도 『(신간)동국통감』을 『삼국사기』보다 더욱 활발히 이용하였다. 앞서 도 데이칸이 『쇼코하쓰』에서 한일 고대사를 비교할 때 『(신간)동국통감』을 이용한 것이 그 사례 가운데 하나이다. 또한, 『이칭일본전』 하지일·이권에는 『동국통감』, 하지삼권에는 『삼국사기』가 초록되어 있는데, 삼국 시대에 대한 마쓰시타 겐린의 금안문은 『동국통감』 쪽에 집중되어 있다. 『삼국사기』 부분의 금안문에서는 특정 기사가 『동국통감』의 어느 부분과 같다는 지적이 주로 이루어지고, 두 문헌의 서술이 다를 경우에는 다소 길게 금안문을 배치한다. 예를 들어, 탈해 이사금이 원래 다파나국에서 왔다는 『삼국사기』의 기사를 발췌한 뒤, 마쓰시타 겐린은 다음과 같은 금안문을 붙인다.

지금 생각건대 신라 시조 원년은 일본 스이닌 덴노 6년에 해당한다. 다파나국은 왜국 동북쪽 천리 밖에 있다. 『동국통감』에도 이 기사가 있다. (『동국통감』의 기사는) 원래 여기에서 나온 것이다. 왜국 동북쪽이라고 하므로 곧 에조치(蝦夷地)이다. 『삼국사기』 50권은 신라·고려·백제 세 나라의 일을 기록한 것이다. 『동국통감』과 이동이 있으므로 지금 두 기사를 나란히 배치한다.[57]

또한 나고야 시 쓰루마이 도서관에는『삼국사기 잔편(三国史記殘篇)』
(河サ-62)이라는 제목으로『삼국사기』와『동국통감』의 일부를 필사한
소책자가 소장되어 있어서 두 문헌이 나란히 읽혔음을 보여 준다. 필사
된 부분은,『삼국사기』에서는 권34 잡지3 지리1, 권35 잡지4 지리2, 권20
고구려본기8, 권37 잡지6 지리4 고구려, 권23 백제본기1, 권32 잡지1 제
사악, 권37 잡지6 지리4 백제,『동국통감』은 권11 신라 신덕왕, 권49 고
려기 공민왕4, 권27 고려기 명종, 권50 고려기 신우, 권54 (고려기) 공양
왕이다. 그리고 말미에는『신간동국통감』권말의 쓰지 단테이 발문과 간
기(刊記)가 필사되어 있다.

이토 진사이(伊藤仁斎, 1627~1705)의 아들이자 조선 관련 문헌을 다
수 남긴 이토 도가이(伊藤東涯, 1670~1736)도 이 두 가지 문헌을 중시
하였다.[58] 도가이는 일본어 수필인『병촉담(秉燭譚)』(1729년 서문) 권1에
서 한반도의 역사서를 개괄하고 있는데,『백제본기』와『백제신찬』은『일
본서기』에 단편적으로 인용되어 있는 문헌이어서 제외한다면 그가 한반
도의 역사서로서 언급하는 것이『삼국사기』와『동국통감』이다.

삼한의 역사서: 옛날에는『백제본기(百濟本紀)』,『백제신찬(百濟新撰)』
등의 책이 있어서『일본기(日本紀)』도 이를 인용하였음이 확인된다. 신라,
백제, 고구려를 삼국이라고 한다. 기(紀), 지(志), 전(傳)이 있어서『삼국
사(三國史)』라고 한다. 고려 때 김부식이 이를 편찬하였다. 그 뒤『동국통
감』이라는 책이 있다. 삼국에서 고려 말까지를 편년체로 만든 것이다. 조
선의 서거정이 지었다.[59]

아직기: 오진제(応神帝) 때 백제국이 왕자 아직기를 보내어 좋은 말 두
필을 바치게 하였다. 아직기는 경전을 잘 읽었다. 그때 닌토쿠제(仁徳帝)
가 태자가 되어 오사자키 황자(大鷦鷯皇子)라 불렸다. 이 아직기를 스승

으로 삼아 공부하셨다. 이듬해 또 박사 왕인이라는 자가 왔다. 이 사람은 우리나라 학문의 시초로서, 모두들 잘 알고 있기 때문에 길게 설명하지 않는다. 고대에는 삼한에서 왕자를 인질로 보냈다. 아직기도 백제의 왕자이다. 상세하게는 『일본서기』에 실려 있다. 한편, 삼한의 기록인 『삼국사기』 및 『동국통감』을 살피니 아직기를 전지왕(腆支王)이라고 적었다. 『양서(梁書)』 백제전에는 이름을 영(映)이라고 하였다. 둘 다 글자가 바뀐 것일 뿐, 같은 사람이다. 전(腆)은 부전(不腆)의 전(腆)으로, 아쓰시(アツシ)라고 읽는다. 따라서 일본에서 〈아치키(阿直岐)〉라고 쓰고, 전(腆)자가 영(映)자와 비슷해서 『양서』에는 이름을 영(映)이라고 하였다. 또 『고사기』를 살피니 중권에도 이 일이 적혀 있다. 〈백제국주 조고왕(百済国主照古王)〉 ······(중략)······ 왕인에 대한 일은 삼한 역사서에는 보이지 않는다. 왕인은 고대에는 오음(吳音)으로 〈와니(ワニ)〉라고 읽었을 것이다. 이 일을 삼한 역사서에서는 진(晉) 안제(安帝) 의희(義熙) 연간에 실었다. 『일본기』에 수록한 바는 태강(太康) 5년에 해당한다. 햇수로 백여 년의 차이가 있다. 또 『양서』 및 『삼국사기』에서는 양(梁) 시기에 실었다. 오랜 옛날 일이어서 고증하기 어려운 일이 많다. 내가 『삼한기략(三韓紀略)』에서도 자세히 다루었다.[60]

또한, 앞서 언급한 쓰루미네 시게노부(鶴峯戊申) 역시 1853년의 『에혼 조선 정벌기』 서문에서, 『삼국사기』, 『동국통감』 등에 진구코고 전설이 보이지 않는 것은 왕화(王化)를 거부한 것이니 다이코 도요토미 히데요시가 조선을 공격한 것 역시 불가피한 전쟁, 즉 〈정벌〉이었다고 논한다.[61]

(진구코고 삼한 정벌 및 임나일본부 전승을 언급한 뒤) 삼한이 멀리 항해하는 것도 감히 꺼리지 않고 조공하였으나 『삼국사기』, 『동국통감』 등에서 이를 한 마디도 언급하지 않은 이유는 무엇인가. 이 또한 왕화를

거부하는 것이 아니겠는가? 다이코가 조선을 정벌한 것도 부득이한 일이었다.[62]

전근대 일본 문헌에서 임진왜란을 〈정벌〉 전쟁으로서 정당화하는 방식에 대하여는 졸저 『일본의 대외 전쟁』에서 상세히 다룬 바 있다. 여기서는 『삼국사기』와 『동국통감』이 병칭되었다는 사실을 확인하면 족하다. 이처럼 두 문헌은 병칭되는 경우가 많았지만, 실제로 더 널리 읽힌 것은 『동국통감』 쪽이었던 것 같다. 그 이유는 일본판 『신간동국통감』이 간행되었기 때문이다. 『징비록』의 경우에도 1695년에 일본판 『조선징비록』이 간행된 뒤로 일본 사회 깊숙히 수용되는 경향을 보였다.

『신간동국통감』과 미토학

『신간동국통감』 제작의 배경에는 하야시 가문과 함께 미토 번이 존재하였다. 앞에서 언급한 바와 같이 도쿠가와 미쓰쿠니의 뜻에 따라 1657년에 『대일본사』의 편찬이 시작되면서 일본과 외국의 방대한 문헌이 편찬 작업을 위해 수집·필사·간행되었다. 미토 번의 학문에 대하여 상세한 연구를 진행한 아키야마 다카시(秋山高志)는 『대일본사』 편찬을 위해 이용된 『삼국사기』, 『동국통감』 등의 외국 문헌, 그리고 편찬 작업에 참여한 미토 번 학자들이 외국 역사 및 외국과 일본의 관계사에 대해 관심을 갖고 남긴 『원구시말(元寇始末)』, 『정한위략(征韓偉略)』, 『정한잡지(征韓雜志)』, 『가이호닛사쓰(懷宝日札)』, 『겐소쇼겐(諺草小言)』 등의 저술을 검토한 바 있다.[63] 〈정한〉이라는 제목이 붙은 에도 시대의 문헌으로는 사쓰마 번의 『정한록(征韓録)』[1671년(寛文11) 성립]이 유명하지만, 미토 번에서도 임진왜란을 〈정한〉으로 인식하고 있었음이 확인된다.

그래도, 1849년(嘉永2) 단계에서는 한국·중국·동남아시아 등 외국에 관한 『대일본사』 항목에 「외국전(外國傳)」이라는 제목이 붙어 있었으나, 메이지 시대에 최종적으로 완성되었을 때는 이 항목의 제목이 「제번(諸蕃)」으로 바뀐 데서 알 수 있듯이, 메이지 시대에 비하면 에도 시대의 대외 인식은 상대적으로 비적대적 내지는 객관적이었다고 평가할 수 있을 것이다. 또는, 모토오리 노리나가의 제자로서 메이지 유신의 사상적 기반이 되는 〈복고신도(復古神道)〉를 성립시킨 히라타 아쓰타네(平田篤胤, 1776~1843)와 그의 학파의 대외 인식이 그만큼 극단적인 것이었다고 말할 수도 있다. 히라타 아쓰타네는 다수의 저술을 출판의 힘으로 퍼뜨리는 데 익숙한 사람이었는데, 그의 저술 가운데에는 외국에 대한 것도 많다. 그 가운데 이 책과 관련하여 중요한 문헌이, 1806~1807년에 러시아 해군이 사할린과 쿠릴 열도 남부의 일본인·아이누인 거주지를 공격한 흐보스토프Хвостов 사건과 1808년에 영국 해군이 나가사키를 공격한 페이튼 호HMS Phaeton 사건에 대한 각종 기록을 수집한 『지시마노시라나미(千島の白浪)』(1811년 성립)이다. 여기에는 흐보스토프 사건 관련 문헌이 140여 점, 페이튼 호 사건 관련 문헌이 30여 점 수록되어 있다.[64] 남과 북에서 동시에 유럽 세력이 공격하여 둘 다 일본 측이 패배한, 일본판 북로남왜라고 할 만한 이들 사건은 당시 일본 사회에 큰 충격을 주었으며, 이후 일본 지식인들이 작성하는 문헌에서는 외국에 대한 적개감이 두드러지게 나타난다. 이러한 점에서 본다면 미토 번의 학자들이 『대일본사』에서 외국에 대한 기록을 〈제번〉이 아닌 〈외국전〉이라고 부른 것이 오히려 특이하다고 생각되는 것이다.

1787년(天明7)에 『원구시말』을 집필한 고미야마 마사히데(小宮山昌秀, 1764~1840)의 경우, 임진왜란에 대하여 〈도요토미 히데요시가 명목 없는 군사를 일으켜 조선을 정벌하여 피차간에 백만 명의 생령을 살생한 일은 그 죄를 논할 것도 없다〉[65]라는 비판적 입장을 지니고 있었다. 『원구시말』 권두에는 고미야마가 참고한 한중일 삼국의 문헌이 거론되어 있는데, 그 가운데 조선 문헌으로는 『동국통감』, 『동문선』, 『삼한시귀

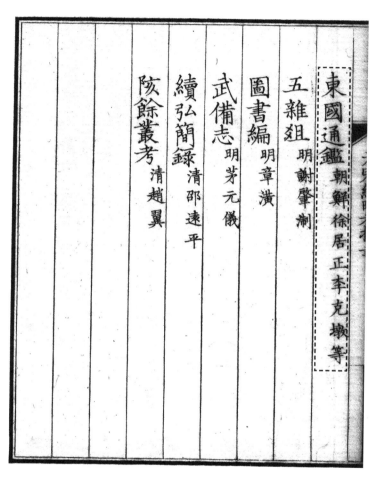

陜餘叢考 清趙翼

續弘簡錄 清邵遠平

武備志 明茅元儀

圖書編 明章潢

五雜俎 明謝肇淛

東國通鑑 朝鮮徐居正李克墩等

삽화 3 『원구시말』 인용 서목에 보이는 『동국통감』(점선 부분). 필자 소장감』의 3점이 보인다. 그리고 이 3점의 아래에는 작은 글씨로 〈이칭일본전 수록본(異称日本伝所載)〉이라고 적혀 있다(국회 도서관 소장본 826-44). 조선판 『동국통감』을 소장하고 있었고, 일본판 『신간동국통감』의 간행에서 결정적인 역할을 한 미토 번의 학자가, 『동국통감』의 본문을 보기 위해 『이칭일본전』을 이용했다는 사실이 쉽게 납득되지 않는다. 같은 인용 서목 리스트에 보이는 『수서』, 『원사』, 『속자치통감』, 『도서편』, 『무비지』, 『창하초』, 『오륜서』, 『속문장정종』 아래에도 같은 문구가 보이는 것에서 미루어 짐작하자면, 『이칭일본전』이 편리하고 신뢰할 만한 유서(類書)라고 판단했기 때문일지도 모르겠다.

1853년(嘉永6)에 간행된 오하시 도쓰안(大橋訥庵, 1816~1862)의 『원구기략(元寇紀略)』에도 비슷한 형식으로 인용 서목이 거론되어 있고 그 인용 목록이 『원구시말』과 대단히 유사한데, 『원구기략』의 인용 목록에는 고미야마의 『원구시말』 및 마쓰시타 겐린의 『이칭일본전』이 들어 있고, 『원구시말』에 거론되어 있던 3점의 조선 문헌 가운데 『동국통감』만 보인다. 그 아래에는 작은 글씨로 〈조선 서거정 이극돈 등(朝鮮徐居正李克墩等)〉이라고 적혀 있어서 마치 저자가 직접 『동국통감』을 인용한 것처럼 보이게 하였으나, 실제로는 『이칭일본전』 내지는 『원구시말』에 인용된 『동국통감』을 재인용하였을 가능성이 있다.

1848년에 요시노 긴료(芳野金陵, 1803~1878)가 서문을 쓴 구마자와 고레오키(熊沢惟興: 1791~1854)의 『해외고증 원구사기(海外考証元寇私記)』의 경우, 〈이미 고미야마 마사히데의 『원구시말』이 더욱 풍부한 자료에 근거하여 출전을 명기하면서 원구(몽골·고려 연합군의 일본 침략)에 대하여 서술한 바 있으나, 이 책은 기술을 간략히 하고, 『동국통감』과 『원사』의 기사를 대조시킨다〉.[66] 이 단계가 되면 몽골·고려의 일본 침략을 다루기 위한 양대 외국 문헌으로 『동국통감』과 『원사』가 거론되기에 이르는 것이다. 이는 야마자키 히사나가가 1796년에 완성한 『양

국임진실기』(1854년에 『조선 정토시말기』라는 제목으로 간행됨)에서
『징비록』과 바바 노부노리의 『조선태평기』의 두 문헌을 양대 축으로 세
워 임진왜란을 서술한 것과 비슷한 방식이다. 『양국임진실기』와 『조선
정토시말기』, 그리고 미토 번의 가와구치 조주가 집필한 『정한위략』, 안
방준 『은봉야사별록』의 1849년 일본판 등에 대하여는 졸저 『일본의 대
외 전쟁』 제1부 제1장 제8절 「19세기의 임진왜란 문헌군 ── 쓰시마 번
과 미토 번」에서 상세히 검토하였으므로 여기서는 자세히 언급하지 않
는다.

가이바라 엣켄, 『화한명수』

후술하듯이 가이바라 엣켄(貝原益軒, 1630~1714)은 임진왜란 이후
조일 양국 간의 문헌 교류에서 선구를 이루는 학자였다. 그는 1687년
(貞享4)에 완성한 『구로다 가보(黑田家譜)』에서 『징비록』을 빈번하게
인용하고 있는데, 현재까지 필자가 확인한 한, 이는 『징비록』이 일본에
서 이용된 최초의 사례이다. 그리고 1695년에 교토에서 간행된 『조선징
비록』에는 그의 서문이 실려 있고 그가 붙인 것으로 보이는 두주(頭註)
가 보인다. 필자는 야마토야 이헤이(大和屋伊兵衛)가 가이바라 엣켄으
로부터 조선본 『징비록』을 전달받아 『조선징비록』을 제작한 것으로 추
측하고 있다. 가이바라 엣켄은 당시 교토의 거물 출판업자 류시켄(柳枝
軒) 제2대 오가와 다자에몬(小川多左衛門)과 긴밀한 관계를 맺으면서 출
판의 힘을 통하여 전국적인 학자로서 인식되기에 이르렀는데, 가이바라
엣켄의 교토 네트워크 안에 야마토야 이헤이도 포함되어 있었을 가능
성을 상정하는 것이다. 또한, 초대 오가와 다자에몬 이래 오가와 가문은
미토 번과도 긴밀한 관계를 맺고 출판을 해주었으며, 출판업자 오가와
가문을 매개로 가이바라 엣켄과 미토 번은 교류 관계를 맺게 된다.[67]

『화한명수(和漢名数)』는 수사(數詞) 어휘집으로, 제1「천문(天文)」,

제2「절서(節序)」, 제3「지리(일본국명 이방명부)[地理(日本国名異国名附)]」, 제4「인기(人紀)」, 제5「인사(人事)」, 제6「신기(神祇)」, 제7「역세(歴世)」, 제8「형체(形体)」, 제9「동식(動植)」, 제10「기복(器服)」, 제11「경적(経籍)」, 제12「관직(官職)」, 제13「수량(数量)」, 제14「의가(医家)」, 제15「불가(仏家)」의 15개 항목으로 구성되어 있다. 이 가운데 제3「지리」에 〈삼한〉 항목이 보인다. 이 책은 1678년(延宝6)에 간행된 뒤로 판을 거듭하며 널리 읽혔다.

삼한[조선이라고도 한다]. 마한[백제라고 한다], 진한[신라라고 한다. 사로 또는 계림이라고도 한다], 변한(弁韓)[변한(卞韓)이라고도 쓴다. 고구려, 고려라고도 한다].『동국통감』[68]

참고로,『화한명수』는 조선 시대 후기에 통신사절을 통해 한반도로 유입되었으며, 안정복(安鼎福, 1712~1791) 등이 이 책의 내용을 거론하면서, 덴노가 대대로 이어지고 있고 봉건 제도가 실시되고 있는 등 일본은 무시할 수 없다고 논한 바 있다. 안정복의 일본관과『화한명수』의 관계에 대하여는 하우봉의 보고가 있다.[69]『순암 선생 문집(順菴先生文集)』제2권「서(書) 성호 선생께 올림 무인년(上星湖先生書 戊寅)」조에 보인다.

왜서(倭書)에 이름이『화한명수』인 책 두 권이 있는데, 바로 우리 숙종(肅宗) 경오년에 가이바라 엣켄이 쓴 책입니다. 제가 사신 갔다가 온 이의 집에서 잠시 빌려 보았는데 금방 찾아가 버렸기 때문에 올려 드릴 수가 없어 한탄스럽습니다. 왜인들이 맨 처음 도읍을 야마토주(太和州)에다 정했기 때문에 화(和)를 자기들 국호로 정한 것이니, 마치 청인(清人)들이 건주(建州)를 가리켜 만주라고 하는 것과 같습니다. 그들의「역세편(歴世

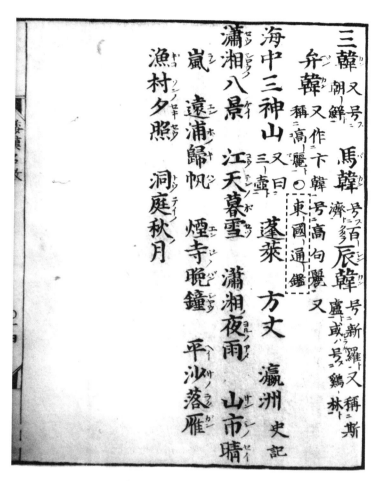

삽화 4 『화한명수』 인용 서목에 보이는 『동국통감』(점선 부분). 국립 중앙 도서관 소장

篇)」을 보면, 오랜 옛날에 천신(天神) 7대와 지신(地神) 5대가 있었다고 했으니, 이는 임금을 일러 신(神)이라고 한 것이고, 사노(狹野)에 와서 인황시조(人皇始祖)가 되었다고 했는데, 그가 바로 이른바 진무 덴노입니다. 그들의 기록으로 상고해 보면 그가 왕위에 오른 것이 우리 숙종 경오년을 정점(定點)으로 1백 14세(世) 2,340년이나 되며 중국 역사와 맞추어 보면 주(周)의 양왕(襄王) 2년 신미에 해당합니다. 이렇게 한 성씨가 지금까지 계속 전해 오고 있는 것은 중국의 성왕(聖王)들로서도 못했던 일인데 그 참 이상한 일입니다. 또 봉건 제도를 실시하고 있으며 그 밖의 기계의 정묘함이라든지 제도가 일정한 점 등은 그냥 오랑캐로 소홀히 대할 존재들이 아니었습니다. 거기에 만약 예악(禮樂)만 더 가미해 놓는다면 참으로 바닷속 낙원이라 할 것입니다.[70]

안정복이 말하는 「역세편(歷世篇)」이란 제7 「역세(歷世)」를 가리킨다. 다만, 천신 7대와 지신 5대에 대한 기술은 원래 제6 「신기(神祇)」에 실려 있다. 그리고 안정복은 진무 덴노(神武天皇)가 왕위에 오른 것이 2,340년이라고 적고 있는데, 일본 국회 도서관 소장 1692년(元祿5)판 『화한명수』에는 〈진무 덴노부터 겐로쿠 3년까지 무릇 2,350년이다(自神武天皇元年至元祿三年凡二千三百五十年)〉(36뒤)라고 되어 있다. 안정복이 다른 방식으로 계산을 한 것일지? 국회 도서관본에서 1847년(弘化4)판에는 이 숫자가 2,463년으로 되어 있는 것으로부터 추측하면, 필자가 아직 확인하지 못한 1678년 초간본 『화한명수』에는 안정복이 본 것과 동일한 숫자가 적혀 있을 가능성도 있다.

그 밖의 『동국통감』 수용 양상

후술하는 데라시마 료안(寺島良安)의 『화한삼재도회(和漢三才図会)』(1712년 성립) 권13 「이국인물」 조에는 「조선국의 유교·불교 기원 —

『동국통감』에 보인다(朝鮮国儒仏始 見于東国通鑑)」(9뒤~10앞)라는 항목이 설정되어 있으며 주로 불교 전래에 대한 사항이 서술된다. 이 기사를 포함하여『화한삼재도회』에서는『동국통감』이 여러 차례 인용된다.

오와리 번의 유학자였던 오카다 신센(岡田新川, 1737~1799)이 1795년(寛政7)·1799년에 간행한『헤이스이로쿠(秉穂録)』에,『동국통감』을 인용하여 각종 사항을 고증하는 대목이 보인다. 본문 중에 추월 남옥(南玉, 1722~1770)이 등장하는 데에서 알 수 있듯이 오카다 신센이 만난 것은 1764년 제11회 통신사행이었다. 조엄의『해사일기』권5의 1764년 6월 15일 조에는 그의 시문(詩文)을 평가하는 대목이 보이며, 국립 중앙 도서관 소장『동사창수집(東槎唱酬集)』에서도 그의 이름이 확인된다.[71]

조선의 남추월이 나에게 답한 시 뒤에 〈갑신유두월(甲申流頭日)〉이라고 적었다. 다른 사람들에게 물었지만 잘 알지 못하였다. 나중에『동국통감』을 보니 ……(중략)…… (갑신유두월이) 6월 15일임이 분명하다. (상권)[72]

『동국통감』에서 〈혼당(魂堂)〉이라고 하는 것은 지금 〈다마야(たまや)〉라고 하는 것과 일치한다. (하권)[73]

간세이 무렵(寛政, 1789~1800)에 성립한 와다 우코(和田烏江)의 『이세쓰마치마치(異説まちまち)』권4에서는 〈일본〉이라는 국호의 유래를 확인하는 과정에서『동국통감』을 인용하고 있다.

〈일본〉이라는 두 글자를 이용한 최초는 덴치 덴노(天智天皇) 때라고 한다[『동국통감』(조선의 책이다)]. 측천무후가 〈왜국〉이라는 말을 꺼려서 〈일본국〉이라고 했다고 중화(中華)의 책에서 말하였다. 하지만 진구코고 때 이미 일본국이라고 칭하지 않았던가?[74]

『일본의 대외 전쟁』제2부 제4장 제3절「『통속 요시쓰네 에조 군담』과 『조선연대기』—— 도 에이쇼의 경우」에서 검토한 바 있는『조선연대기』[1763년(宝暦13) 간행]는 주로『동국통감』과『징비록』을 이용하여 당대까지의 한반도 역사를 편년체로 엮은 문헌인데, 정황상 그는 이 두 조선 문헌을 직접 본 것이 아니라『이칭일본전』을 통하여 재인용한 것으로 보인다. 도 에이쇼는 자신이 고려 김사공(金思恭)의『사략(史略)』을 윤색 증보하였다고 주장하지만, 역사상 확인되는 김사공은 8세기 신라 장군이며『사략』이란 아마도『동국사략』또는『조선사략』을 염두에 두고 지어낸 이름일 것이다.[75]『조선연대기』권두에는 〈원본『사략』이 인용한 서목(旧本史略引用書目)〉과 〈새로 보완한 서목(新補)〉이 보이는데, 여기서 언급되는 문헌은 대부분『이칭일본전』에 보인다.『요사(遼史)』등의 문헌 명은『이칭일본전』에 보이지 않는데, 이들은 도 에이쇼가 임의로 추가한 것 같다.『삼한통고(三韓通考)』등은 저자가『문헌통고』를 본따 지어낸 책 이름이다. 아래 인용하는 문헌 목록에서『동국통감』와『삼국사기』가 병칭되는 현상은 앞에서 살펴본 바와 같이 에도 시대에 여러 사례가 확인되며,『이칭일본전』하지일~이권에『동국통감』, 하지삼권에『삼국사기』가 초록되어 있는 데에서 비롯되었을 가능성도 있다.

[원본『사략』이 인용한 서목]
『사기』,『전한서』,『후한서』,『위지』,『오지』,『진서』,『송서』,『남제서』, 『북제서』,『남사』,『북사』,『양서』,『수서』,『신당서』,『구당서』,『오대사』, 『송사』,『요사』,『금사』,『원사』,『통전』,『문헌통고』,『태평어람』,『태평광기』,『학림옥로』,『황명통기』,『명정통종』,『황명실기』,『양조평양록』,『대명일통지』,『도서편』,『무비지』,『속자치통감』,『황명세법록』,『사림광기』,

『등단필구』, 『창하초』, 『헌징록』, 『동국통감』, 『삼국사기』, 『경국대전』, 『대전속록』, 『해동제국기』, 『징비록』, 『삼한통고』

[새로 보완한 서목]
『명사』, 『명사기사본말』, 『홍간록』, 『송사신편』, 『원사류편』, 『명기강목』

이와 같이 『동국통감』은 일본판 『신간동국통감』의 간행과 함께 에도 시대 일본의 독자들에게 널리 수용되기에 이르렀다. 앞서 언급한 『에혼 조선 정벌기』(1853~1854년 간행)을 간행한 쓰루미네 시게노부는 1841년(天保12)에 『화한군담기략고대성(和漢軍談紀略考大成)』과 『기략고 부록 역대사실출소서목(紀略考歷代事実出所書目)』을 간행하였는데, 이 책은 일본의 각종 역사 사항 및 전쟁을 알기 위해 참고가 되는 서적의 이름을 오늘날의 포켓북 사이즈의 절첩본(折帖本)에 수록하여 역사에 관심을 가진 사람들이 손쉽게 이용할 수 있도록 고안된 것이다. 여기에 『다이코기』, 『에혼 다이코기』, 『기요마사기』, 『조선 정벌기 대전(朝鮮征伐記大全)』, 『고려진일기(高麗陣日記)』, 『조선태평기』, 『조선 정벌기』, 『본조무림전(本朝武林伝)』 등과 함께 『동국통감』이 수록되어 있고, 〈57권. 하야시 가호 서문. 삼한의 정치와 치란을 기록하였다(五十七林春斎序三韓政事治乱を記す)〉라는 설명이 붙어 있다.

『동국통감』과 18세기 국학

『동국통감』은 역사학에 이어 국학(國學)에서도 논쟁의 중심이 된다. 도 데이칸(藤貞幹, 1732~1797)이 1781년(天明元)에 『쇼코하쓰(衝口発)』를 간행하자, 그 내용이 〈신국〉 일본을 모독한다며 모토오리 노리나가(本居宣長, 1730~1801)가 1785년(天明5)에 『간쿄진(鉗狂人)』[1821년(文政4) 간행]을 집필하고, 우에다 아키나리(上田秋成,

1734~1809)가 도 데이칸을 옹호하자 모토오리 노리나가가 이번에는 우에다 아키나리를 비판하는『가카이카(呵刈葭)』를 집필하였다[전편 1787년, 후편 1790년(寬政2) 성립]. 10년간 이어진 이 국학자들의 논쟁에서 중심이 된 것이 바로, 일본의 고대 역사서와 내용이 충돌하는『동국통감』의 기사를 신뢰할 수 있을 것인가의 문제였다. 히노 다쓰오(日野龍夫, 1940~2003)에 따르면 도 데이칸은『동국통감』에 근거하여, 고대 일본의 많은 제도가 삼한에서 왔으므로 이를 제거해야 순수한 고대 일본을 찾을 수 있다는 주장을 전개하였다.[76] 이 논쟁에 대하여는 이노우에 야스시,[77] 강석원[78] 등에 잘 정리되어 있다.

일본의 국어학자 요시자와 요시노리(吉澤義則, 1876~1954)에 따르면, 도 데이칸의 유품 가운데 자필본『동국통감초록(東国通鑑抄録)』1책이 있었다고 하므로 이것이『쇼코하쓰』의 성립과 관련을 맺고 있음을 짐작할 수 있으나, 아쉽게도 도 데이칸의 문헌은 그 후 흩어져 버렸기 때문에 이 초록의 현재 소장처는 알 수 없다.[79]

도 데이칸과 모토오리 노리나가의 논쟁에 대하여는 대체로 도 데이칸이 위서를 만들었다는 부분에 비판이 집중되어, 모토오리 노리나가의 말처럼 도 데이칸은 오늘날까지도 〈광인〉으로 취급되는 경우가 많다. 그런데 최근 이치노헤 와타루는 18세기의 저명한 소설가이가 국학자인 우에다 아키나리가 도 데이칸의 편을 들면서 노리나가와 논쟁을 벌였다는 사실에 주목하여, 도 데이칸은 당대의 학술계에서 고립되어 있던 광인이 아니었으며, 아키나리와 같은 사람은 도 데이칸의 학문 경향에 공감했기 때문에 이와 같은 전선을 형성했다고 주장하였다. 그런데, 아키나리는 현존하는 옛 문헌은 애초에 존재했던 원 모습을 그대로 유지하고 있지도 않고, 또 전부가 전해지지도 않는다는 〈문헌적 니힐리즘〉의 관점을 지니고 있었다. 이러한 관점을 구성하는 두 가지 논리는 〈고문헌 개변설(改變說)〉, 즉 고문헌은 전래 과정에서 개찬되었다는 것 그리고

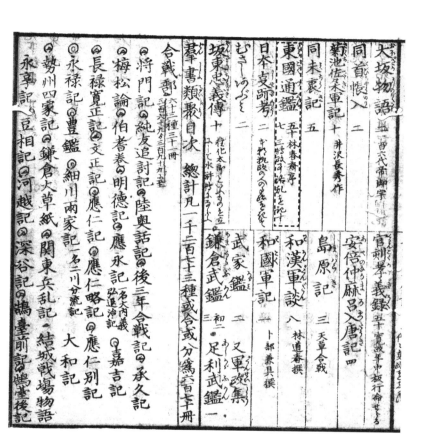

삽화 5 에도 시대의 팸플릿 『화한군담기략고대성』에 보이는 『신간동국통감』(점선 부분).
필자 소장

〈고문헌 소망설(燒亡說)〉 즉 많은 문헌은 화재, 지진, 전쟁 등으로 인해 소실되었다는 것이었다.[80]

특히 이 시기에 도 데이칸이나 우에다 아키나리 등에게 이러한 비관론을 주입하는 동시에, 소실에서 살아남은 문헌을 연구해야 한다는 동기를 부여한 것은 1788년에 발생한 덴메이의 대화재(天明の大火)였다. 〈화재로 인하여 거의 절반이 불타 버린 교토에서, 이미 잃어버린 것을 회복하고 소실을 피한 것을 보호·연구하려는 움직임이 가속화한 것은 당연한 일이기는 했다. 그 방법으로서 유식고실(有職故実) 및 호고(好古)의 학문이 지금까지보다도 더 위력을 발휘할 기회가 도래했다고 느꼈기에, 이들 국학자들은 왕성한 활동을 할 동기를 얻게 되었다.〉[81] 이처럼 위기가 기회로 바뀌어 일본에서도 중국과 거의 동시에 고증학이라 불릴 만한 학문적 움직임이 보이게 되었다. 물론, 그 이전에도 소설가이자 한학자인 쓰가 데이쇼(都賀庭鐘, 1718~1794)가 1716년에 청나라에서 간행된 『강희자전(康熙字典)』을 1780년에 간행하면서, 『강희자전』의 오류 900곳을 지적한 「자전탁설(字典琢屑)」을 첨부하여, 1831년에 청나라에서 간행된 『자전고증(字典考証)』보다 50년 이상 앞서 고증학적 작업을 수행한 바 있다.[82]

흥미롭게도, 이규경(李圭景, 1788~1856)도 『오주연문장전산고』에서 우에다 아키나리와 비슷한 〈고문헌 소망설(燒亡說)〉을 주장하고 있다. 『오주연문장전산고』 「경사편 4 경사잡류 2 전적잡설(典籍雜說) 우리나라 서적의 수난(受難)에 대한 변증설(大東書厄辨證說)」이 그것이다. 유명한 기사이고 또 장문이지만, 이규경이 각종 전란을 길게 사례로 든 것이 〈고문헌 소망설〉을 강조하기 위한 밑 작업이기 때문에 기사 전체를 살펴볼 필요가 있다.

책의 수난이 어찌 중국에만 국한되었겠는가? 책이란 고금의 큰 보배이므로 때로는 조물주의 시기를 받기 때문에 항상 재난이 있는가 보다. 우리나라에도 책의 수난이 있었는데, 대강만 헤아려도 열 가지는 된다.

당 나라 이적(李勣)이 고구려를 침략하고는 국내의 전적(典籍)을 평양에 모아 놓은 다음 고구려의 문물이 중국에 뒤지지 않는 것을 시기하여 모두 불태운 것이 그 하나이다.

신라 말기에 견훤이 완산주에 활거하여 삼국 시대의 전해 내려오던 책을 모조리 옮겨다 두었는데, 그가 패망하자 모조리 불태운 것이 그 둘째이다.

고려 시대에 여러 전쟁을 겪으면서 그때마다 없어진 것이 그 셋째이다.

조선 명종 계축년에 일어난 경복궁의 화재로 사정전 이남이 모조리 탔는데, 그때 역대의 고전(古典)도 함께 탄 것이 그 넷째이다.

선조 임진년에 왜적이 침입할 때 난민(亂民)과 왜적이 방화하여 불태운 것이 그 다섯째이다.

인조 병자년에 청나라 군사가 침입할 때 난민들이 방화하여 대부분 불탄 것이 그 여섯째이다.

임진왜란과 병자호란 때 중국의 장수와 왜적이 경향 각지의 민가에 있던 전적을 모조리 찾아내어 싣고 간 것이 그 일곱째이다.

인조 갑자년에 역적 이괄이 관서 지방의 장수로서 군사를 일으켜 궁궐을 침범하여 그나마 약간 남아 있던 것마저 불태워 없어진 것이 그 여덟째이다.

우리나라 풍속이 책을 귀중하게 여길 줄을 몰라 책을 뜯어 다시 종이를 만들거나 벽을 발라 차츰 없어진 것이 그 아홉째이다.

장서가들이 돈을 주고 사들여 깊숙이 감추어 놓고 자기도 읽지 않으며, 남에게 빌려주지도 않아 한번 넣어 두면 내놓지 않은 채 오랜 세월이 흘러 좀이 슬고 쥐가 갉아먹으며, 종들이 몰래 팔아 먹거나 하여 완질(完帙)이 없는 것이 그 열째이다.

내가 일찍이 탄식을 금치 못하면서 책의 수난 가운데서도 장서가 가장 피해가 크다고 한 것은 이 때문이다.

책을 뜯어 다시 종이를 만들거나 도배를 하는 것도 마땅히 평시의 가장 큰 수난이겠지만 장서가 수난 가운데 가장 심하다는 것은 그 뜻이 간절하다. 책을 뜯어 다시 종이를 만드는 것은 우리나라의 저지(楮紙)가 아니면 만들지 못하며 도배 역시 안 된다. 그러나 장서는, 중국에서 어렵게 구해 온 당장(唐裝)으로 종이의 품질이 나빠 훼손되거나 좀이 슬고 쥐가 쓸기 쉬우며 한번 파손되면 다시 갖추기가 어렵기 때문에 한 말이다.

책 수장하기를 중국 범씨(范氏)의 천일각(天一閣)처럼 해서 역대의 병화(兵火)에도 탈이 없이 깨끗하게 보존하여 서종(書種)이 국내에 전하게 된다면 어찌 경전(經典)을 수장하는 것을 서적의 재난 중 가장 심한 것이라 하겠는가?

사람들은 더러 내 말을 망령된 말이라고 하나 격언(格言)이 아니겠는가?[83]

국학자들이 고대 일본 문헌에 보이는 여신(女神)아마테라스 오미카미와 한일 고대사를 둘러싸고 논쟁하면서 『동국통감』을 이용했다는 사실을 앞서 소개했는데, 이 밖에도 『동국통감』은 에도 시대 일본에 한반도의 신화와 고대사를 전하는 주요한 매개체가 되었다. 특히 주목되는 것이 『이칭일본전』의 금안문이다. 마쓰시타 겐린은 『동국통감』에 보이는 초기 기사를 『일본서기』 등과 비교하면서 두 나라의 신화와 고대사를 상호 일치되는 것으로서 해석하려 한다. 예를 들어, 『이칭일본전』 하지 일권에서 마쓰시타 겐린은 박을 허리에 차고 왜국에서 신라로 건너왔다는 전설의 주인공 호공(瓠公)에 대한 『동국통감』 기사를 초록한 뒤, 같은 시기의 일본 고대 역사서에 호공 전설이 보이지 않으므로 이 기록을 문자 그대로는 믿을 수 없으며, 아마도 진구코고 정벌 전승의 와전일 것이라고 추정한다.

> 지금 생각건대, 홍가 원년은 우리나라 스이닌 덴노 10년에 해당한다. 호공의 일은 (우리나라 역사서의 이때 기록에) 보이지 않는다. 호공이 박을 타고 바다를 건넜다는 말은 잘못되었다. 일본과 신라 사이에는 넓은 바다가 자리하고 있어서 멀리 서로 막혀 있고 바람과 큰 물결이 하늘까지 닿는다. 어찌 박을 타고 이를 이겨 낼 수 있었겠는가? 이는 곧 진구코고의 정벌과 일치한다.[84]

『일본의 대외 전쟁』 제2부 제3장 「진구코고 전승 및 백제 구원 전쟁 담론과 임진왜란 문헌군」에서 상세히 검토한 바와 같이, 전근대 일본에서는 이른바 〈진구코고의 삼한 정벌〉 전설을 역사적 사실로 전제하고, 이 전쟁에 과연 〈정벌〉이라 불릴 만한 정당성이 있는가의 여부를 둘러싸고 논쟁이 치열했다. 하야시 라잔이 진구코고 전승에 보이는 전쟁과 임진왜란을 일본의 의로운 전쟁이라고 주장한 데 대해 반론도 제기되었고, 『대일본사』 등에서는 진구코고가 신라에 죄를 묻기 위해서가 아니라 신라를 정복하여 조공을 바치게 하기 위했을 뿐이라고 보인다.[85] 이에 대해 마쓰시타 겐린은 역시 『이칭일본전』 하지일권 『동국통감』 조의 금안문에서, 스진 덴노(崇神天皇) 때 임나가 일본에 조공하려는 것을 신라가 가로막음으로써 신라가 일본에 득죄했기 때문에 진구코고가 정벌했다는 주장을 펼친다.

> 스진 덴노가 신라를 정벌하지 않았다고 해도 신라가 우리나라에 죄를 저지른 것은 이때였다. 마침내 진구코고가 신라를 정벌하실 수 있었던 것은 임나를 위해서였다.[86]

이와 같이 17세기 후반에 『신간동국통감』과 『이칭일본전』이 간행되자, 그 전까지 한반도의 고중세사 정보를 접하는 것이 어려웠던 지식인들이 이들 문헌을 이용하여 손쉽게 자신들의 주장을 펼칠 수 있게 되었다. 1705년 8월에 간행된 『조선군기대전』 권39~40에는 한국 신화 및 한일 고대사에 대한 기술이 보이는데, 한자와 가타카나를 섞은 통속 군담풍의 번역문은 약간의 학식만 있다면 쉽게 읽힐 수 있을 정도로 평이하였다. 『조선군기대전』의 저자인 세이키(姓貴)는 아마도 선종 승려일 것으로 보이며, 『조선군기대전』에서 『양조평양록』과 『징비록』을 이용하고 있는 수준을 감안하면 조선본 『동국통감』 내지는 교토의 쇼하쿠도가 간행한 『신간동국통감』을 제대로 독해할 수 있었으리라 생각된다. 이런 맥락에서 『조선군기대전』은 졸저 『일본의 대외 전쟁』에서 주장한 바와 같이 일본·명·조선 3국의 임진왜란 문헌을 처음으로 하나의 담론으로 엮어 낸 문헌이라는 사실 이외에, 임진왜란(권1~38)과 임진왜란 이전의 한일 관계(권39~40)를 최초로 하나의 담론으로 엮어 낸 문헌이라고 평가하는 것도 가능하다. 『조선군기대전』에 수록된 한국 신화와 고대 한일 관계사 정보는 이후 1750년(寬延3)에 간행된 기무라 리에몬(木村理右衛門)의 만주 지역 표류기 『조선 이야기(朝鮮物語)』 전5책 가운데 권1~2(일본인 선원들의 1644년 만주 지역 표류기의 제목이 『조선 이야기』인 것은, 만주를 표류했다는 진귀한 이야기를 어떻게든 출판하기 위해 조선이라는 익숙한 지역에 대한 이야기를 권1, 2, 5에 배치하고 그 사이에 만주 이야기를 숨겨 두었기 때문이다.[87] 이를 위해 권1과 2에는 『조선군기대전』 부록에서 가져온, 전근대 일본에서는 〈안전한〉 이야기인 한일 고대사를 배치한 것이다), 『에혼 조선 정벌기』 전편 권1~2, 『진구코고 삼한퇴치도회』 권4의 고(구)려 건국 신화 등으로 계승된다. 이처럼 『조선군기대전』의 부록 2권은 후대에 영향력이 컸으므로, 참고삼아 아래에 목차를 소개한다. 이 목차는 『에혼 조선 정벌기』에도 그대로 실려 있으며, 일본어로 번역만 되어 있다.

[조선군기대전 부록 권상]

조선국의 기원(朝鮮国初事)

위만이 조선왕이 되다(衛満為朝鮮王事)

삼한은 고금에 다름이 있다(三韓古今有分別事)

조선 지방의 대략(朝鮮地方大略事)

일본에서 삼한을 공격한 기원(従日本攻三韓初事)

일본이 대대로 조선을 공격하다(日本代々攻朝鮮事)

[조선군기대전 부록 권하]

신라국의 흥폐. 조선이 계림이라고 칭하다(新羅国興廃並朝鮮号鶏林事)

고구려의 기원과 흥성(高句麗始興事)

백제 시조가 일어나다(百済始祖興事)

당과 신라의 두 군대가 백제를 멸망시키다(唐新羅二兵亡百済事)

일본군이 백제를 구하다(日本勢救百済事)

고구려 멸망(高句麗滅亡事)

신라 멸망. 고려 시조 왕건(新羅滅亡並高麗始祖王建事)

고려의 성쇠. 이성계가 왕위를 훔치다(高麗盛衰並李成桂窃位事)

　이른바 〈진구전설의 삼한 정벌〉에 대해 신라의 책임이 있다고 주장
한 『이칭일본전』의 금안문을 위에서 검토하였는데, 그 후에도 이 전설
을 사실로 인정하면서 전쟁의 원인을 논리적으로 설명하려는 시도가 이
어졌다. 예를 들어, 유학자 야마가타 다이카(山県太華, 1781~1866)는
1846년(弘化3)에 완성한 『국사찬론(国史纂論)』에서, 당시 규슈 남부의
구마소(熊襲)가 신라를 배후에 두고 야마토 조정에 맞섰기 때문에 주아

이 덴노(仲哀天皇)와 진구코고가 배후를 제거하기 위하여 신라를 쳤다는 라이 산요(賴山陽, 1781~1832)의 설을 인용하고, 이에 찬동하고 있다(권1, 7뒤~9앞).

한편, 『국사찬론』의 마지막 권인 권10의 후반 절반에서는 임진왜란과 히데요시 가문의 성쇠에 대한 논평과 인용이 이어지는데, 여기서 야마가타 다이카는 히데요시에 대한 비판적 입장을 보이고, 또 그러한 입장을 보이는 선학들의 문장을 인용한다(15뒤~35앞). 〈명성을 남기려 하다가 병사를 많이 잃었다〉라는 하야시 라잔, 〈아들을 잃은 슬픔에 개전했다는 주장이 여러 책에 보이지만 믿을 수 없다. 『조선 정벌기』에 그 상세가 보인다. 그러나 역시 욕심이었다〉라는 아사카 단파쿠(1656~1738), 〈백성을 괴롭혔다〉라는 나카이 지쿠잔(中井竹山, 1730~1804) 등[88]은, 무조건적으로 전쟁을 반대하는 평화주의자도 아니었고 이른바 친한파도 아니었다. 오히려 이들은 조선에 대한 일본의 우위를 강조하는 입장을 지닌 것으로 잘 알려진 사람들이었다. 이들은 임진왜란이 일본을 포함한 동중국해 연안 국가들에 큰 피해를 입혔으며, 이는 곧 히데요시가 자기 정권의 기반을 스스로 무너뜨린 것이라는 실제적인 계산에 근거하여 이러한 반성을 한 것이다. 이들 선학들의 발언을 인용한 뒤에 놓여 있는 야마가타 다이카의 총평은 이상적인 사해동포주의에서 비롯된 것이 아니라, 실제로 전쟁의 결과가 그러하였고 예측되는 미래가 그러하다는 실제적인 차원에서 비롯된 것이다.

데이(禎, 야마가타 다이카) 말하기를, 우리 일본은 큰 바다로 감싸여 있으니 실로 천험지다. 바다에 연한 지역들이 외국의 침입을 방어함에 빈틈이 없게 한다. 또한 밝은 정치로서 우리나라를 다스리며, 토지가 비옥하여 온갖 곡식이 풍요롭고 맛있다. 금, 철, 생선, 소금, 비단과 무명, 대나무와 나무도 풍부하여 다른 곳에서 찾을 필요가 없다. 왜 굳이 다른 나

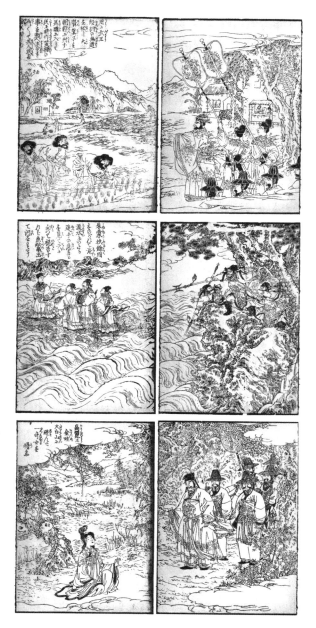

삽화 6 『에혼 조선 정벌기』 권두 삽화에 보이는
기자(상), 고구려 동명왕(중), 부여 금와왕(하) 전설. 해군 사관 학교 소장

라의 토지와 재화를 탐해야 하는가? 그러므로 도요토미 님이 조선을 정벌한 것은 망령된 행동이라 하겠다. 또한 다이코는 이미 노령이었고 히데쓰구는 불초 후계자였으니, 설령 조선을 정복하고 명나라를 멸망시켜 일단은 그 뜻을 이루었다 하더라도, 헛되이 무력으로써 이를 취한 것이므로 (그들 나라의) 민심이 복속하지 않을 터이니, 일단 다이코가 죽고 나면 누가 능히 그 땅을 지킬 것인가? 필시 다시 그 땅을 잃을 것이다. 그 땅을 잃으면 필시 이 땅도 잃을 것이다. 이에 도요토미 님의 영혼은 굶주리고 있을 터이다. 또한 바다 건너 한국으로 가고 명나라를 정복한다 해도 어찌 승리를 유지할 수 있을 것인가. 다이코의 이 행동은 미치고 망령됨이 심하다.[89]

마지막으로, 『동국통감』에 나오는 기사는 아니지만 흥미로운 사례가 있어서 언급해 둔다. 마쓰시타 겐린은 『이칭일본전』 하지삼권에서 『동문선』 권101 「성주고씨가전(星州高氏家傳)」을 초록한 뒤, 일본에서 오곡의 씨앗을 가지고 여성들이 왔다는 전설이, 탐라 왕자 구마기(久麻伎)가 조공을 왔기에 탐라왕에게 오곡 씨앗을 주었다는 『일본서기』의 기술과 상통한다고 지적한다. 다만 일본 여성을 탐라인에게 주었다는 기록은 일본의 사서에 보이지 않는다고 하고, 삼한과 일본이 동종임을 전하는 옛 문서를 간무 덴노(桓武天皇, 737~806)가 싫어하여 불태웠다는 기타바타케 지카후사(北畠親房, 1293~1354)의 『신황정통기(神皇正統記)』 구절을 인용하면서, 덴무 덴노가 싫어했다는 문서가 이러한 종류의 것이었을 것이라고 추정한다.

지금 생각건대, 일본국이 여자 네 명을 단적국(丹狄国)에 보냈다고 하는 기록에 대해서는 고찰할 수 없다. 오곡 씨앗을 가지고 탐라에 갔다는 기록에 대하여는, 『일본서기』 덴치 덴노(天智天皇) 8년 (기축일)에 탐라가 왕자 구마기(久麻伎)를 보내 조공을 바쳤으며 병신일에 탐라왕에게 오곡의 씨앗을 하사했다고 적힌 것과 매우 비슷하다. 그러나 『일본서기』에는 우리나라가 탐라에 여성을 보내 아내 삼게 했다는 내용이 보이지 않는다. 『신황정통기』에 옛날 간무 치세에 〈우리나라와 한(韓)은 동종(同種)이다〉라고 하는 문서가 나와서 이를 미워한 제(帝)가 없었다고 전한다. 고씨 족보와 같은 것이 이에 해당할지? 명백히 밝히기 어렵다. (『이칭일본전』)[90]

외국의 어떤 책에 〈일본은 오나라 태백의 후손이라고 한다〉라고 적혀 있다. 전혀 맞지 않는 일이다. 옛날에 일본은 삼한과 동종(同種)이라고 한 책이 있었는데, 간무 덴노 치세에 불태워 버리셨다. 천지가 개벽한 뒤에 스사노오노미코토께서 삼한 땅에 가셨다는 등의 이야기가 있으므로 그 나라도 신의 후예일 것이라는 이야기는 그다지 이상하지 않을 터. (『신황정통기』)[91]

『신황정통기』의 이 구절은 예로부터 의미 파악이 쉽지 않은데, 마쓰시타 겐린은 자기 나름대로의 해석을 시도한 것이다.

제4절 『신간동국통감』의 근대

윌리엄 애스턴과 『신간동국통감』

앞 절까지 살펴보면서 확인할 수 있었던 것은, 전근대 일본 학계에서는 한반도 역사 내지는 한일 고대사를 연구할 때 『(신간)동국통감』을 가장 중요한 자료로서 이용했다는 사실이다. 이러한 상황은 근대 역사학이 확립되는 19세기 말까지도 지속되었다. 예를 들어 경성제대 예과 교수였던 나고시 나카지로(名越那珂次郎)는 『신간동국통감』 책판에 대해 소개하는 가운데, 〈에도 시대부터 메이지 2~30년대까지 우리나라의 조선 연구는 오로지 이 책에 의거하였다고 해도 좋을 정도로, 그 기념할 만한 판본이 이제 조선에 전해져 보존되고 있는 것은 실로 다행이요, (제2대 조선 총독인) 하세가와 (요시미치) 전 총독의 방지(芳志)에 길이 감사하고 싶다〉[92] 라고 적고 있다.

이처럼 『(신간)동국통감』의 기술에 신빙성을 인정하는 경향은 비단 일본인에게만 한정된 것이 아니었다. 19세기 말에 일본과 한국에 대한 학술적 접근을 시도한 것으로 잘 알려져 있으며, 최초의 『일본서기』 영역본인 『일본기Nihongi』를 1896년에 간행한 윌리엄 애스턴(William George Aston, 1841~1911)에게서도 동일한 경향이 확인된다. 애스턴과 초기의 서구권 〈동양학자〉들에 대하여는 후술할 것이므로, 여기서는 그가 『일본기』를 번역하기 10년 전인 1889년에 집필한 논문 「초기 일본 역사Early Japanese History」의 내용만을 검토한다.

이 논문에서 애스턴은 루이스 프로이스(Luis Frois, 1532~1597)의 『일본사Historia de Iapam』 이후 거의 최초로 일본에 대한 전문적인 연구서인 『일본사The History of Japan』(1727)를 집필한 독일인 엥겔베르트 캠퍼(Engelbert Kaempfer, 1651~1716) 및 『고사기』의 첫 영역본을 1882년에 출판한 바실 홀 챔벌레인(Basil Hall Chamberlain, 1850~1935)을 비롯한 서구의 동양학자들이 주장한 바를 비판적으로 계승하면서 한일 고대사에 대한 자신의 견해를 밝힌다. 이때 일본 측 문헌의 기술을 비판하기 위해 애스턴이 빈번하게 인용하는 한반도 문헌이 『(신간)동국통감』이다. 그는 호공이 박을 허리에 차고 왜국에서 신라로 건너와 고위직에 올랐다는 내용을 『(신간)동국통감』에서 인용한 뒤, 당시 어떤 일본인이 신라 정부에서 고위직을 유지한 것으로 보인다고 추정하면서도 〈이렇게 이른 시기의 한국 역사에 대하여 얼마나 신빙성을 인정할 수 있을지는 의문스럽다〉[93]라고 적고 있어서 고대 문헌의 기술에 대한 신중한 접근을 강조한다.

마찬가지의 관점에서 애스턴은 이른바 〈진구코고의 삼한 정벌〉 전승이 진짜로 일어난 사실이었다면 이토록 중요한 사건에 대하여 중국과 한국 문헌이 완전한 침묵을 지킬 리가 없다고 적은 뒤에,[94] 다음과 같이 시니컬한 결론을 내린다. 〈그녀(진구코고)가 그녀에 대해 가장 작은 잘못조차 저지르지 않은 어떤 나라를 공격하는 사악함의 소유자, 또는 자기 나라가 반란으로 들끓고 있을 때 외국 원정을 떠나는 어리석음의 소유자가 아니었다고 믿는 것이 그녀의 숭배자들에게는 좀 더 만족스러울 터이고 그녀 자신을 위하여도 더욱 영예로운 일일 것이다.〉[95]

또한 애스턴은 백제와 일본의 관계를 기술하면서, 일본 측 문헌과 『(신간)동국통감』에 보이는 기록이 정확히 120년 차이를 두고 일치한다는, 지금은 상식이 되어 있는 사실을 밝혀낸다. 백제와 일본의 관계를 고증하는 부분에서 애스턴은 『(신간)동국통감』 이외에 〈『이칭일본전』에 인용되어 있는 어떤 한국 역사책(『통감』이 아닌)〉[96]을 함께 이용하고 있다. 이 책은 아마도 『삼국사기』를 가리키는 것 같다. 논문의 다른 부분에서 애스턴은 『(신간)동국통감』에 보이지 않는 기사를 『삼국사기』에서 인용하여 논의를 전개하고 있기 때문이다. 〈이 때(서기 476년) 이후 『통감』은 거의 200년간 일본에 대해 거의 아무런 언급을 하지 않는다. 다음 언급들은 이 논문에서 때때로 인용된 바 있는 『삼국사기』라는 한국 문헌에서 가져온 것이다.〉[97] 애스턴이 한일 고대사를 논하면서도 『삼국사기』보다 『(신간)동국통감』을 중시하는 이와 같은 대목에서도 에도 시대 일본 학자들이 두 역사서를 어떠한 방식으로 이용해 왔는지를 짐작할 수 있다.

피터 코니키Peter F. Kornicki의 「The Union Catalogue of Early Japanese Books in Europe: History and Progress(欧州所在日本古書総合目録)」에 의하면 현재 러시아 과학 아카데미 동양학 연구소Институт Востоковедения

에는 1667년(寬文7)에 간행된『동국통감(東国通鑑)』57책이 소장되어 있다. 장서인 가운데「영국 애스턴 장서(英国阿須頓蔵書)」가 확인되고, 코니키 교수에 의하면 애스턴이 연필로 자필 메모를 남겼다고 하는 것으로 보아(〈アストン自筆英語鉛筆書入〉), 애스턴은『이칭일본전』에 초록된『동국통감』이 아니라 1667년에 간행된『신간동국통감』전질을 소장하고 저술에 참고하였음이 확인된다.

『신간동국통감』 판목과 도쿠토미 소호

한편 에도 시대 일본에는, 조선에서『동국통감』이 사라졌고 일본에만 있기 때문에 에도 시대에 번각한『신간동국통감』을 다시 조선에 전해 주었다는 전승이 존재하였다. 시노자키 도카이(篠崎東海, 1687~1740)는『도카이단(東海談)』에서, 순화왕 즉 도요토미 히데요시가 조선을 정벌하여『동국통감』을 가져와서 조선에서는 이 책이 사라졌기 때문에, 일본에서 복각한 것을 조선에 하사했다고 주장한다.

> 『동국통감』서문에 문자 위치가 뒤바뀌는 오류가 많지만, 사람들이 지금껏 알아채지 못한다. [할주:『동국통감』은 조선국의『사기』이다. 순화왕(順化王)이 조선을 정벌하셨을 때 저 나라의 책을 많이 빼앗아 왔는데, 그 가운데 이 책이 전부 포함되어 있었기 때문에 여기서 번각하였다. 그후, 저 나라로부터 청해 왔으므로 새로이 인쇄하여 하사하셨다. 전부 5책으로 (뒷 부분이 소실되어 있음 ── 인용자)][98]

하야시 가호가 1634년에 일본으로 파견된 제5회 통신사절의 박안기(朴安期, 1608~1656)에게『동국통감』의 현존 여부를 물어보았더니 조선에는 없다고 답했다는『신간동국통감』서문의 내용을 보고는 이런 상상을 한 것 같다.[99] 인용문에서 히데요시를 순화왕이라고 부르는 것은,

임진왜란 당시 명나라가 히데요시를 일본국 왕으로 봉하여 전쟁을 끝내려 하였을 때 하사하려 한 호칭이 순화왕이었기 때문이다. 이러한 전승은 당연히 오류이지만, 이규경의 『오주연문장전산고』「인사편(人事篇) 인사류(人事類) 씨성(氏姓) 청제·왜황 성씨변증설(淸帝倭皇姓氏辨證說)」에 하야시 가호의 서문이 보이기 때문에, 실제로 『신간동국통감』의 전체 또는 하야시 가호의 서문이 조선 시대 후기에 일본에서 한반도로 전해졌음은 추정 가능하다. 그리고 기이한 인연으로 『신간동국통감』의 판목은 1919년에 제2대 조선 총독 하세가와 요시미치(長谷川好道, 1850~1924)에 의해 조선 총독부 학무과 분실 구 규장각에 기증되었다. 기증된 판목 535장이 1920년대까지 경성 제국 대학에 현존한다는 사실은 이전에도 알려져 있었으나, 일본 측에서는 광복과 한국 전쟁 등을 거치면서 이 판목들이 소실되었을 것으로 추정해왔다. 그러나 필자는 2014년 12월에, 기증 당시의 535장 가운데 2장이 사라진 533장의 판목이 조선본 『동국통감』의 판목으로 오인된 채로 서울대학교 규장각 한국학 연구원에 소장되어 있음을 확인하고 2개의 논문을 통해 학계에 보고하였다. 이들 논문을 집필하는 단계에는 20세기 초기까지 쇼하쿠도 이즈모지 분지로가 『신간동국통감』의 판목을 소장하고 있었다는 사실, 그리고 1919년에 제2대 조선 총독 하세가와 요시미치가 판목을 기증했다는 사실까지는 밝혀냈으나, 이 판목을 누가 어떻게 일본에서 조선으로 옮겨 왔는지에 대해서는 여전히 알 수 없었다.

그러던 중, 『일선사화(日鮮史話)』의 저자로 유명한 마쓰다 고(松田甲, 1864~1945)의 『조선총화(朝鮮叢話)』(朝鮮總督府, 1929)에서 새로운 사실을 확인하게 되었다. 아마도 쇼하쿠도 이즈모지 분지로가 활자 인쇄술에 밀려 목판에 의한 출판업을 포기하고 판목을 폐기한 뒤, 도쿠토미 소호가 교토에서 이들 판목을 발견해서, 경성일보사(京城日報社) 사장 아베 미쓰이에(阿部充家, 1862~1936)에게서 500금(五百金)을 빌려 구입했다는 것이다.

- 조선 역사를 연구할 때 가장 중시해야 할 문헌들 가운데 하나는『동국통감』이다. 일찍기 일본 내지(內地)에서 조각된 그 거질의『동국통감』56권 판목이 현재 총독부 학무과 분실에 소장되어 있다. 그 출판 및 수입에 대한 일을 듣자니, 더욱 더 귀중히 여겨야 한다는 생각이 든다.

- 우선 출판에 대하여는, 그 판목 중의 서문을 보면 명확하다. (하야시 가호의 서문을 인용한 부분은 생략) 라고 적혀 있다. 이는 하야시 라잔의 아들 가호가 찬한 서문의 한 구절이다. 계미년은 1643년을 말하고, 박진사란 박안기(호는 나산)를 가리킨 것이다. 그리고 미토 삼품 참의라고 하는 것은 도쿠가와 의공(義公) 미쓰쿠니이며, 판목에 적힌 바에 따라 교토 쇼하쿠도가 간행한 것임도 알 수 있다. 즉 공이 이 출판인에게 명하여 각수(刻手)에게 맡겨 후학에게 은혜를 베푸신 것이다.

- 한편 총독부에서 소장하게 된 것은, 왕년에 도쿠토미 소호 님이 교토에서 노닐다가 우연히 이 판목을 발견하였는데, 판목이 헛되이 썩어 없어질 것을 아쉬워하여, 이를 경성일보사 아베 사장과 상담하여 겨우 오백금에 구입, 총독부에 우송했기 때문이라는 것이다. 처음에 조선에서 나온 원본이 내지에서 번각되고, 다시 그 판목이 조선에 온 것은 실로 기이한 인연이다.

- 이『동국통감』은 세조 때 유신(儒臣)들에게 명하여 편찬에 착수, 성종 때 서거정·정효항 등에 의해 완성되었다. 수록한 바는 신라 시조 혁거세부터 고려 공양왕 때까지의 상하 1,400년의 사적을『통감강목』필법에 따라 편차하였는데, 그 체제가 매우 잘 갖춰져 있다.[100]

두 사람이 동향이고, 아베가 소호보다 나이는 조금 많았지만 평생을 그의 보좌관처럼 살았다는 것을 고려하면,[101] 교토의 이즈모지 이즈모노조가 1911년에 10부를 인출한 뒤 방치된 판목을 교토에서 발견한 소호가 아베에게 부탁해서 급전을 조달, 판목을 구입하여 조선으로 실어 온 뒤에 조선 총독부에 보냈다는 것이다. 아마도 아베 또는 소호가 선물(뇌물?) 차원에서 하세가와에게 주었고, 하세가와는 1919년 3.1운동의 책임을 지고 총독직에서 해임되면서 판목을 총독부에 기증한 것으로 추정된다. 현재까지는 소호의 저작에서 이와 관련된 내용을 확인할 수 없었고, 도쿠토미 소호 기념관에 소장된 약 46,000통의 서한 가운데 주요한 것을 수록한 『도쿠토모 소호 관계문서(德富蘇峰関係文書)』전3권(山川出版社, 1982~1987)에서도 도쿠토미 소호와 아베 미쓰이에 간에 『신간 동국통감』 책판 구매와 관련된 내용을 찾을 수 없었다.[102] 그러나 향후 그의 서한을 전체적으로 검토하면 실마리가 확인될 가능성은 여전히 남아 있다.

1919년 이후 『신간동국통감』 판목의 상황을 추정하면 다음과 같다. 우선, 1924년 동양학자 이치무라 산지로(市村瓚次郎, 1864~1947)가 제3대 조선 총독 사이토 마코토(齋藤實, 1858~1936)에게, 자신이 경성에 체류할 때 『동국통감』 한 부를 주어서 고맙다고 적은 서한이 일본 국회도서관 소장 『사이토 마코토 관계문서 목록(斎藤実関係文書目録)』에서 확인된다.[103] 이 『동국통감』이 조선판인지, 또는 총독부에 소장되어 있던 『신간동국통감』 판목을 인출한 것인지는 알 수 없다.

1928년에 나고시 나카지로는 〈도쿠가와 미쓰쿠니가 교토 쇼하쿠도에게 명하여 간행하게 한 『동국통감』의 판목은 1919년에 전 총독 하세가와 대장이 총독부 학무국 학무과 분실(구 규장각)에 기증한 것으로, 현재 완전히 정리 보존되어 있다〉[104]라고 증언하고 있다. 앞서 살펴본 대로 1929년에 간행된 『조선총화』에서 마쓰다 고 역시 이 판목이 조선 총독부 학무과 분실에 소장되어 있다고 증언하고 있다. 그 후 이 판목이 언제 경성 제국 대학 또는 서울대학교로 이관되었는지는 현재까지 잘 알 수 없다.

이와 같이 1485년에 조선에서 간행된『동국통감』이 5백년에 걸쳐 동중국해 연안 지역을 유전(流轉)하는 마지막 단계에 등장하는 도쿠토미 소호는, 평화주의와 제국주의를 넘나든 근대 일본의 저명한 언론인이다. 현재 일본에서 소호에 대한 연구는 주로 1894~1895년 청일 전쟁 이전의 평민주의·평화주의 시절에 집중되어 있고, 그 후 제국주의 일본과 궤적을 함께한 시기에 대하여는 연구가 심화되어 있지 않다. 그의 인생에서 앞부분 삼분의 일에 연구가 집중되어 있고, 나머지 삼분의 이에 해당하는 시기에 대한 연구가 부족한 것이다.[105] 마지막으로 도쿠토미 소호의 일생과 저작에서 확인되는 전쟁과 조선 문제에 대한 사항을 정리한다.

구마모토에서 태어난 소호는 1881년부터 자유 민권 운동에 참가하게 된다. 1887년에는 민우사(民友社)라는 언론 단체와『국민지우(国民之友)』라는 월간지를 만들고, 1890년에는『국민신문(國民新聞)』을 창간하여 이후 장기간에 걸쳐 여론을 조성하는 위치를 유지한다. 초기의 소호는 〈평민주의〉라 불리는 자유주의 사상을 주장하였으나, 1894년의 청일 전쟁 당시에는 이 전쟁을 정의의 전쟁이라고 주장하는 기독교도 우치무라 간조(内村鑑三)의「한국 전쟁의 정당화Justification of Korean War」를『국민지우』에 게재하는 등 우경화하기 시작한다. 1910년에는 초대 조선 총독 데라우치 마사타케(寺内正毅)의 요청에 따라 조선 총독부 기관지『경성일보(京城日報)』를 간행하는 경성일보사의 감독으로 취임한다. 1914년에는 동향 후배인 아베 미쓰이에가 제4대 경성일보 사장으로 취임한다. 1918년, 도쿠토미 소호는『근세일본국민사(近世日本国民史)』의 집필을 선언하고 경성일보사 감독을 퇴직하며, 아베 미쓰이에 역시 사장을 퇴직하여『국민신문』부사장에 취임한다.

그리하여 집필이 시작된『근세일본국민사』전 100권은 1918년부터

1952년까지 집필되었으며, 그 가운데 임진왜란과 관련된 부분은 『도요토미씨 시대 정·무·기 조선역 상·중·하권(豊臣氏時代 丁·戊·己篇 朝鮮役上·中·下卷)』으로, 상권이 1921년, 하권이 1922년에 간행되었다.[106] 이 책은 일본의 임진왜란 연구에서 『조선 왕조 실록』을 사료로서 이용한 극초기 성과에 해당하여 중시된다. 한편 소호는 임진왜란과 관련하여 1930년 5월 24일, 중앙 조선 협회 주최로 도쿄의 아오야마 회관(青山会館)에서 「분로쿠·게이초 이후 일본에 대한 조선의 감화(文錄慶長以後日本に於ける朝鮮の感化)」[107]라는 강연을 가졌다. 강연 서두에서 소호는 자신이 일부러 이러한 제목을 붙였음을 강조한다.

마침 오늘자 『도쿄일일신문』에도 나왔습니다만, 제목이 뒤집어져 있습니다. 「분로쿠·게이초 이후 조선에 대한 일본의 감화」가 아니라, 「분로쿠·게이초 이후 일본에 대한 조선의 감화」입니다. 만약 제가 조선에 대한 일본의 감화라는 주제로 말씀을 드린다면, 그것은 실로 뻔한 이야기일 것입니다. 그것은 누구나 하는 이야기입니다. 제가 말씀드리는 것은 그 반대입니다. 「일본에 대한 조선의 감화」입니다.

일본 사람은 언제나 조선에 대하여 입히지 않아도 좋은 은혜를 입혀 놓고는 뻐기고 있는데, 저는 조선 사람은 아니지만 정말 화가 치밉니다. (박수). 그래서 꼭 저는 좀 더 ─ 결코 조선을 편드는 건 아니지만 ─ 좀 더 올바르게 우리가 사태를 인식해야 한다고 생각합니다. (박수). 그래서 저는 일본이 얼마나 조선에 빚을 졌는지, 또 일본이 얼마나 조선에 빚을 지웠는지, 대차 대조표를 만들어 보려는 생각을 줄곧 하고 있습니다.[108]

이 강연록을 읽으면, 오늘날에도 친한파 일본인, 또는 광복 후 초기에 한일 관계를 연구하던 일본인들이 하던 이야기와 상통하는 부분이 적지 않다. 그리고 강연의 마지막에서는, 일본과 조선은 근원이 같지만 수천 년을 떨어져 있었기 때문에 〈조선을 일본에 동화(同化)시키는 데에는 삼년이면 어떻게든 된다든지, 벌써 십년이 흘렀으니 어떻게든 되면 좋잖아라고 말하는 것은, 아무리 스피드 시대라고 해도 너무나 성급하지 않나 생각〉[109]한다는 이야기로 마무리를 짓고 있어서 과연 프로파간다의 달인답다는 느낌을 받게 된다. 강연 중에는 『신간동국통감』의 판목에 대한 이야기가 나오지 않으며, 강연 당일 전시된 주요 문헌 가운데 『동국통감』이 보이기는 하지만,[110] 이 시점에는 이미 도쿄 제국 대학에 이관되었을 터인 『신간동국통감』 책판일 가능성은 없다.

제5절 한국 문헌 및 한국 관련 중국 문헌의 일본 내 유통

『동국통감』을 비롯하여 임진왜란 및 그 이후에 일본으로 유출되어 유통된 한국 문헌의 수는 수백 점에 이르며, 그 가운데 약 50종 정도는 『신간동국통감』과 같이 일본판[和刻本]으로 간행되었다. 이에 대하여는 야마구치 마사유키(山口正之),[111] 유탁일,[112] 이유리[113] 등의 연구를 참조할 수 있다. 조선 주자학 문헌의 일본판 간행에 대하여는 아베 요시오(阿部吉雄)의 특화된 연구가 있다.[114] 특히 임진왜란 이후에 성립된 『징비록』 등의 일본 유출에는 왜관에서 활동한 조선과 일본의 통역관들이 간여하였을 것으로 추정된다. 이들 간의 교류 내지는 거래를 통해 조선 측의 각종 정보가 일본으로 유출된 현상에 대하여는 다시로 가즈이(田代和生),[115] 허지은[116] 등의 연구가 있으며, 조선 문헌 역시 이러한 관계 속에서 일본에 건너간 것으로 추정된다.

17세기에는 명·청과 일본 사이에 무역 관계가 존재하여 중국 문헌이 다수 일본에 유입되고 있었음에도 불구하고, 이와 같이 일본 측이 조선 문헌을 지속적으로 입수하고 일본판을 내려 한 이유에 대해 이유리는 다음과 같이 추정한다. 〈조선본은 대부분이 관에서 간행되었고, 명나라 말기인 17세기 초 중국에서는 방각본이 특히 성행했기 때문에 중국본은 수입 서적의 많은 부분을 차지했을 것으로 보인다. 따라서 조선본은 이러한 중국본에 비해 오자가 적고 간행 상태가 좋았을 것이기 때문에 일본에서 계속적인 수요가 있었을 것으로 생각된다. 이 외에도 17세기 중·후반에는 명·청 교체기로 인한 중국 내의 정세와 일본의 무역 정책의 변화로 인해 중국의 무역선 수가 불안정했다는 것 등의 사실 또한 그 이유로 생각해 볼 수 있다.〉[117]

한편, 전근대 중국에서는 임진왜란과 같이 한반도에서 발생한 전쟁에 대한 문헌, 그리고 두 지역 간의 외교와 전쟁을 통해 중국에 축적된 한반도 관련 정보를 담은 문헌이 다수 산출되어 일본으로 유통되었다. 여기서는 이들 문헌도 아울러 검토한다. 다만, 여기서는 이들 문헌을 모두 검토하는 것을 목표로 삼지 않으며, 일본의 각종 문헌에서 주목할 만한 수용의 흔적이 확인되는 일부 문헌을 검토하는 데 그친다.

『동국여지승람』

국립 공문서관 구내각 문고에 『신증동국여지승람(新增東国輿地勝覽)』 56책이 소장되어 있다(288-0012). 쓰시마 번의 1683년 장서 현황을 보여 주는 「덴나 3년 목록」 사부 지리류에는 『동국여지승람』 56책, 57책, 46책이 보이는데, 현존본은 없다고 한다.[118] 『이칭일본전』에는 초록되어 있지 않다. 아라이 하쿠세키는 『고사통』에서 『동국통감』의 연오랑세오녀 기사를 교차 검증하기 위해 『여지승람』을 이용하였고,[119] 일본어의 어원을 밝힌 저술 『동아(東雅)』[1717년(享保2) 성립, 1719년 개편]에서도 물고기의 이름을 고증하는 데 이용하고 있으며,[120] 오제 후쿠안(小瀬復庵)과의 사이에 오고 간 서한에서도 서명이 언급된다.[121] 1811년의 제12회 통신사행 당시 마쓰자키 고도(松崎慊堂, 1771~1844)가 『동국여지승람』에 의거하여 조선 측에 금강산에 대한 질문을 하고 있음이 확인된다.[122] 이처럼『동국여지승람』은 조선 측의 역사·지리 상황을 이해하기 위한 기초 문헌으로서 에도 시대 일본에서 활용되고 있었음이 확인된다.

『지봉유설』

「덴나 3년 목록」에는『지봉유설』7책 및 20책이 적혀 있으며 현존본은 없다고 한다.[123] 에도 시대 일본 본토에서는『지봉유설』전체가 유통된 것 같지는 않고, 이토 도가이를 통해 쓰시마에서 들어온 발췌본이 일본 본토에 들어간 것 같다. 1729년에 서문이 성립된『병촉담(秉燭譚)』권4에 수록된 담배 관련 기사에서 이토 도가이는『지봉유설』의 담배 관련 기사 및『지봉유설』이 일본에 소개된 경위를 밝힌다.『병촉담』은 아버지 이토 진사이로부터 들은 내용과 도가이 자신의 설을 합친 것인데, 아래 인용문에서 확인할 수 있듯이, 담배 관련 기사는 이토 도가이의 발언으로 추정된다. 이토 진사이의 제자인 쇼코쿠지 절(相国寺) 하쿠 장로(白長老)의 종자(從子)인 마쓰무라 쇼안(松村昌庵)이『지봉유설』의 해당 구절을 베껴 왔다고 하는데, 아마도 쓰시마에서 가져온 것 같다. 그리고 도가이는 젊은 시절에 이를 베꼈다는 것이다.『병촉담』의 서문이 성립한 1729년으로부터 40~50년 전에『지봉유설』이 일본에 건너왔다고 하고 있으니, 1680~1690년대에 조선에서 일본에 들어온 것으로 인식되었음을 알 수 있고, 「덴나 3년 목록」과도 일치한다. 이후 담바고라는 이름이 일본 내에 널리 퍼졌다고 한다.

연초(烟草, 담배)에 대하여: 담배는 남만(南蠻)에서 난다. 백년 전에 일본에 왔다. 옛날에는 본초에 보이는 낭탕(莨宕)이 이것이라고 했지만 이는 잘못된 주장이다. 그 뒤 심목(沈穆)의『본초동전(本草洞詮)』이라고 하

는 새로운 책이 건너왔는데, 그 제9권에 연초(烟草)가 보인다. 〈연초는 일명 상사초(相思草)라고 한다. 사람이 이를 먹으면 때때로 생각이 나서 떼어 놓을 수 없다〉라고 한다. 그 설이 매우 상세하다. 이때부터 세상 사람들이 다바코(タバコ)가 곧 연초임을 알게 되었다. 4, 50년 전에 조선인이 편찬한 『지봉유설』이라는 책이 있다. 그 제19권에 다음과 같이 보인다. 〈담바고(淡婆姑)는 풀 이름이다. 남령초(南靈草)라고도 한다. 근래에 왜국에서 들어왔다. 운운. 또는 말하기를, 남만국(南蠻國)에 담바고라는 여자가 살았는데, 오랫동안 가래 끓는 병을 앓다가 이 담배를 복용하고 치유되었기 때문에 그의 이름이 붙었다고도 한다〉라고 되어 있다. 이 책은 조선의 누가 편찬했는지 모르겠다. 쇼코쿠지 절 하쿠 장로의 종자인 마쓰무라 쇼안이라는 노인이 있다. 돌아가신 아버지의 옛 문인이다. 이 구절만 베껴서 전해 주었다. 전체는 분량이 얼마나 되는지 모른다. 쓰시마에서 베껴서 가져 왔을 것이다. 나는 젊었을 때 이를 베꼈다. 이때부터 담바고라는 이름이 세상에 퍼져서, 요즘에는 거리의 가게를 보면 간판에 이글자를 써 두었다. 최근에 청나라 사람 진호자(陳淏子)의 『화경(花鏡)』 한 질이 동쪽으로 왔는데, 금사연(金絲烟), 담부소(担不帰) 등의 온갖 이름이 실려 있다. 담부소도 다바코의 중국 발음인 것 같다. 또 『행주집(行厨集)』을 보니 언(蔫) 자를 썼다. 이것도 일본에서 마키 나무(マキノ木)를 〈槙〉이라고 쓰고 두송 나무(ムロノ木)를 실(榁)이라고 쓰는 것처럼 연(烟) 자의 음을 빌려서 초두머리에 따라 언(蔫) 자를 쓴 것 같다. 이 밖에 최근에는 아무리 작은 본초서라도 각종 담배를 상세히 수록하고 있다. 또 옛날에 집필된 『당시기(唐詩紀)』 안에 실린 이백(李白)의 시에 〈그대들에 대한 상사의 정은 마치 우거진 풀과 같이 겨울이든 여름이든 무성하게 자라난다(相思如烟草, 歷乱無冬春)〉라는 구절이 보인다. 상사초(相思草)라는 이름은 여기에서 나온 것인가, 아니면 우연히 부합한 것인가? 이백의 시는 원래 연(烟)과 초(草)를 말하는 것이다.[124]

이 구절이 가쓰키 규잔(香月牛山, 1656~1740)의 휴대용 의학서『권회식경(巻懷食鏡)』[초판은 1716년(正德6) 간행]의 부록「연초 다바코(煙草 多波古)」에 인용되어 있다.『병촉담』에서는『지봉유설』의 담배 기사 중 일부만이 인용되어 있지만,『권회식경』에는『지봉유설』의 담배 기사 전체가 인용되어 있다. 또『병촉담』에서는『지봉유설』에 앞서서『본초동전(本草洞詮)』이 살짝 언급되어 있는 반면,『권회식경』에는『지봉유설』뒤에『본초동전』해당 기사가 길게 인용되어 있어서 차이를 보인다.『권회식경』의 저자가『지봉유설』을 독자적으로 입수하였을 가능성도 배제할 수는 없지만, 그것보다는 원래 마쓰무라 쇼안이 쓰시마에서 필사하여 일본 본토로 가져온『지봉유설』의 담배 관련 구절이 별도로 유통되었을 가능성이 더욱 클 것 같다.

게이에키가 생각건대, 일본에서 흔히 낭탕(莨菪, 미치광이풀)을 담배(多波古, 다바코)라고 풀이하는데, 이는 잘못된 것이다.『지봉유설』제19권에 이르기를, 담바고(淡婆姑)는 풀 이름이다. 남령초(南靈草)라고도 한다. 근래에 외국에서 들어왔다. 잎을 따 말리고 불로 태운 연기를 환자가 대나무 통으로 빨아들인 뒤에 곧 다시 뿜고, 그 연기는 콧구멍으로 내보낸다. 담습(痰濕: 가래로 인한 습기) 및 하기(下氣)에 매우 효과가 좋으며, (술도) 잘 깨게 한다. 요즘 사람들이 이를 많이 심어 그 요법을 써서 효과를 보고 있다. 그러나 담배에는 독이 있으니 가벼이 써서는 안 된다. 남만국에 담바고라는 여자가 살았는데, 오랫동안 가래 끓는 병을 앓다가 이 담배를 복용하고 치유되었기 때문에 그의 이름이 붙었다고도 한다.[125]

한편,『일본의 대외 전쟁』제1부 제1장 제5절「18세기의 임진왜란 문헌군 ── 후쿠오카 번과 쓰시마 번」에서 검토한 바 있는 쓰시마 번 외교 관련 문헌『조선통교대기』권8에서는, 울릉도의 소속 문제가 논해지는

○附錄

煙艸　多波古

欸益䒷倭俗以葭蓙訓多波古非

此芝峯類說十九卷曰淡婆始艸

亦號南靈艸近歲始出倭國採葉曝乾以火爇之

病人用竹筒吸其烟旋即墜之其烟從鼻孔出晶

能袪痰下氣且能醒今人多種之用其烟有劲然

有毒不同輕哉也或傳南蠻國有女人淡婆始者

삽화 7 『권회식경』 부록 「연초 다바코」 항목.
〈지봉유설〉이라는 글자가 보인다(점선 부분). 필자 소장

중에 『지봉유설』이 인용되고 있다.[126] 이토 도가이가 담배 관련 기사를
초록하여 이것이 일본 본토에 유통된 것과는 달리, 쓰시마 번에는 『지봉
유설』의 원본이 소장되어 있었기 때문에 담배 이외의 기사도 열람할 수
있었을 것이다.

한편, 물고기 이름에 대한 『지봉유설』의 설이 국학자 이리에 마사요시
(入江昌喜, 1722~1800)의 『유원수필(幽遠隨筆)』 하권에 인용되어 있는
데, 이는 이토 도가이의 『병촉담』 권4에 담배 기사 다음에 실려 있는 물
고기 대구에 대한 기사를 이어받은 것이다. 도가이는 『동의보감』을 인용
하여 논의를 전개하고 있는데, 이리에 마사요시는 『지봉유설』에 실려 있
다고 전해 들은 구절을 여기에 추가한 것이다.

> 세속의 애들 말에 물고기를 토토(卜卜)라고 한다. 이는 달단 말이다. 원
> 나라 왕미위(王美韋)가 우리나라에 와서 학문을 전한 이래로, 물건을 말
> 할 때 달단음으로 잘못 읽는 일본인이 많아진 것인지. 원나라 태조가 오
> 랑캐였기 때문이다. 이 사람이 온 뒤로 물고기를 토토라고 말하게 되었다
> 고 한다. [두주] 어떤 사람이 말하기를, 『지봉유설』에 〈남쪽 나라 사람은
> 물고기를 두두(斗々)라고 한다〉라고 적혀 있다고 한다.[127]

이처럼 『지봉유설』이 일본에 유출되었음은 조선에도 알려져 있었다.
이덕무의 『청장관전서』 제59권 「앙엽기 6」 「우리나라 책이 일본에 들어
가다(東國書入日本)」의 해당 구절을 인용한다.

> 『동국통감』, 『삼국사』, 『해동제국기』, 『지봉유설』, 『이학통론』, 『주서절
> 요』, 『동의보감』, 『징비록』, 『진산세고』, 『퇴계집』, 『율곡집』이 모두 일본에
> 들어갔다. 무진년, 일본에 통신사가 갔을 때 오사카 사람으로 자가 단장
> (丹藏), 호는 전암(專菴)인 고즈키 노부카타(上月信敬)라는 자가 묻기를,

〈양촌 권근의『입학도설』, 회재 이언적의『구경연의』, 퇴계의『성학십도』,
『계몽전의』,『주서절요』,『천명도』,『자성록』, 율곡 이이의『성학집요』,『격
몽요결』,『계몽보요해』가 모두 귀국 유현(儒賢)의 저서인데, 그 뒤 또 어떤
사람이 저서로 도를 호위했습니까?〉하였다. 이러한 서적들도 이미 일본
에 들어갔기 때문에 단장의 말이 그러했던 것인데, 그 중에『계몽보요해』
란 우리나라에서는 듣지 못한 책이다.『춘관지』에 이렇게 되어 있다. 〈왜
(倭)가 얻고자 청하는 서적은『오경대전』,『사서대전』,『주자대전』,『십삼
경주소』,『퇴계집』,『동문선』,『동의보감』등 이루 헤아릴 수 없었지만『양
성재집』,『오경찬소』,『문체명변』,『주장전서』,『문장변체』,『소학자훈』과
여동래의『속대사기』등 서책은 우리나라에 없는 것이기 때문에 허락하
지 않았다.〉[128]

『경국대전』

『이칭일본전』,『삼한기략』등 에도 시대 일본의 학계 및 민간에서 유
통된 문헌을 살펴보면,『경국대전』자체가 담고 있는 조선의 제도에 대
한 정보 이상으로, 조선 전기에 왜학역관(倭學譯官)이 학습한 일본어 교
과서 가운데『정훈왕래(庭訓往来)』와『오에이기(応永記)』가 포함되어 있
다는 사실이 주목되었음을 알 수 있다.[129] 중세 일본의 초급 교과서와 군
담 소설이 바다 건너 조선에서 읽히고 있다는 사실이 신기하게 느껴졌던
것 같다. 마쓰시타 겐린이『이칭일본전』하지사권에『경국대전』을 초록
한 뒤 금안문에서 이러한 사실을 특필한 것 역시 이러한 확산을 촉진했
을 것으로 추정된다.『이칭일본전』수록 금안문은 한치윤의『해동역사』
제43권 「예문지(藝文志) 2 ○ 경적(經籍) 2 우리나라 서목(書目)」에도 인
용되어 있다. 다만,『이칭일본전』의 문장과『해동역사』의 문장은 약간
다르다.

마쓰시타 겐린이 말하기를, 〈『경국대전』은 조선의 영성부원군(寧城府院君) 최항 등 9인이 찬한 책인데, 제3권 예전(禮典) 사자조(寫字條)에, 《왜학(倭學)은 『이로파(伊路波)』, 『소식(消息)』, 『서격(書格)』, 『노걸대(老乞大)』, 『동자교(童子敎)』, 『잡어(雜語)』, 『본초(本草)』, 『의론(議論)』, 『통신(通信)』, 『구양물어(鳩養物語)』, 『정훈왕래(庭訓往來)』, 『응영기(應永記)』, 『잡필(雜筆)』, 『부사(富士)』로 한다〉 하였다. 지금 살펴보건대, 『이로파』, 『소식』 이하는 대부분 국속(國俗)에 관한 책이고, 호어(胡語)에 관한 책인 『노걸대』가 뒤섞여 있어서 애석하게도 조선 사람들로 하여금 우리 일본의 국사(國史)에 관한 여러 책을 알지 못하게 하였다〉라고 적혀 있다.[130]

다다 난레이(多田南嶺, 1698~1750)의 『난레이시(南嶺子)』[1749년(寛延2) 서문, 1750년 간행],[131] 역시 1750년경 성립한 야마구치 유키미쓰(山口幸充)의 『가라키 수필(嘉良喜随筆)』[132] 등에서도 유사한 언급이 확인된다. 나아가, 1802년(享和2)에 간행된 유명한 서목(書目)인 『군서일람(群書一覽)』 등을 통하여 이러한 사실은 전근대 일본 사회에 널리 알려지게 된다. 『경국대전』을 명나라 장거정(張居正, 1525~1582)이 만들었다는 것은 물론 오류이나, 이러한 기초적인 오류를 저지를 정도로 낮은 수준의 문헌에서까지 『경국대전』이 언급된다는 사실이 중요하다.

> 『오에이기』 ……(중략)…… 생각건대 명나라 장거정 등이 찬술한 『경국대전』에서, 왜학 (교재로는) 『정훈왕래』, 『오에이기』, 『잡필』, 『후지』 등을 수록하였다.[133]

1683년 쓰시마 번의 「덴나 3년 목록」 사부 14 정서류(政書類)에는 『경국대전』 5책이 수록되어 있고, 현존본은 없다고 한다.[134] 쓰시마 번에서 근무한 아메노모리 호슈도 『교린제성(交隣提醒)』에서도 조선 측의 사정을 알기 위하여는 『경국대전』과 『고사찰요』를 늘 잘 살피라고 당부하고 있다.

조선의 사정을 상세히 알지 않으면 일이 닥쳤을 때 뭔가 결단을 내리지 못하게 되며, 뜬소문과 잡다한 얘기만 난무하여 아무런 이익이 되지 못할 터이니, 『경국대전』, 『고사찰요』 등의 책과 아비류 소베에가 쓴 『선린통교』, 마쓰우라 기에몬이 쓴 『통교대기』 그리고 『분류기사』, 『기사대강』을 항상 자세히 살펴보고 앞뒤를 생각하여 처치하여야만 한다. 교호 13년 무신(1728) 12월 20일.[135]

호슈의 선배인 아라이 하쿠세키는 『해동제국기』에서 필요한 부분을 발췌하고 주석을 붙인 『해동제국기초석(海東諸国記抄釈)』의 취지문 가운데, 『해동제국기』의 내용을 『경국대전』, 『고사찰요』 등과 비교 검토했다는 구절이 보인다. 이처럼 기노시타 준안의 제자인 하쿠세키와 호슈가 모두 『경국대전』과 『고사찰요』를 함께 중요한 참고서로 거론하고 있음이 흥미롭다.

이 글은 조선의 신숙주가 편찬한 『해동제국기』에 나왔다. 이 문헌에서 일본국 왕이 보낸 사절을 응대하는 의례만을 초록하고, 『경국대전』, 『고사찰요』 등과 같은 저 나라의 여러 문헌 및 (외교를 담당했던) 우리나라의 오산(五山, 五岳) 승려들이 사신 갔을 적에 남긴 기행문 등을 아울러 참고하고, 우리나라 역사서에서 번국 사신을 응대한 사례를 고찰하여 그 취지를 대강 해석하여 보인 것이다.[136]

『고사찰요』

1683년 쓰시마 번의 「덴나 3년 목록」에는 포함되어 있지 않으나, 쓰시마에 현존하는 문헌 가운데 16세기 전기의 을해자본(목활자가 다수 섞여 있음)『고사촬요』가 소장되어 있다.[137] 이토 도가이는『삼한기략』속에서 조선 왕조에 대한 서술을 하는 중에『경국대전』과『고사촬요』의 차이를 지적하고 그 내용을 반영하고 있다.[138]

앞서 소개한『해동제국기초석』의 서두에 적힌 아라이 하쿠세키의 취지문 가운데,『해동제국기』의 내용을『경국대전』,『고사촬요』등과 비교 검토했다는 구절을 살펴보았다. 하쿠세키와 오제 후쿠안(小瀨復庵, 1669~1718) 사이에 오고 간 서한에서도『고사촬요』가 언급되고 있다.[139] 또한, 하쿠세키는『오사략』중「조선빙사후의」에서도『고사촬요』를 인용하고 있는데,「조선빙사후의」는 출판되어 라이 슌스이(賴春水, 1746~1816), 나카이 지쿠잔(中井竹山, 1730~1804) 등도 읽었으므로,『고사촬요』의 존재가 일본 학계에 알려지는 데 중요한 역할을 한 사람 가운데 하나가 하쿠세키였을 것으로 추정된다.[140] 그런데 하쿠세키는「조선빙사후의」에서, 조선이 무(武)로 일본에 상대할 수 없다는 사실을 깨닫고는 문(文)으로 일본을 누르려 하고 있으며, 통신사를 보내는 목적은 일본을 염탐하는 것으로서 그 정보는 명나라에 전달된다고 지적한다.[141] 오규 소라이(荻生徂徠, 1666~1728)는 하쿠세키의 후배인 아메노모리 호슈에게 보내는 서한(「贈對書記雨伯陽叙」)에서, 조선이 임진왜란의 복수를 노리고 있을 가능성을 지적하였다.[142] 조선이 통신사를 통해 수집한 일본 정보를 중국에 전달한다는 주장은 1764년 조선 사행과의 교섭 기록인 다이텐의『평우록』에도 보인다.

나: 귀국은 지금 중국에 해마다 사절을 보내고 있습니까?

용연(성대중): 관례적으로 매년 동지에 사행을 갑니다.

나: 그렇다면 지금 우리나라에 사절로 오신 것도 중국에 보고를 하겠지요?

용연: 그렇습니다.

나: 그러면 우리나라의 국체에 대해서 반드시 일일이 물어보겠지요? 비록 승려가 관여할 바는 아니지만 역시 느끼는 바가 있습니다.[143]

한편, 하야시 시헤이(林子平, 1738~1793)는 러시아와의 전쟁에 대비하여 병학을 논한 『해국병담(海国兵談)』에서, 만주족이 한족을 통합한 지금, 러시아와 친교를 맺은 청나라가 일본을 노릴 가능성을 상정한다. 하야시 시헤이는 만주족에게 점령되어 만주화한 한족은 예전에 비해 더욱 강한 무력을 지니게 되었다면서, 한족의 무력을 예전처럼 얕보면 안 된다고 주장한다.[144] 『해국병담』은 〈곰곰히 생각건대, 에도의 니혼바시에서 당나라, 네덜란드까지 국경 없는 수로(水路)로 이어져 있다〉[145]라는 말이 당대와 후대의 일본인들에게 통쾌함을 주며 유명세를 탄 병학서이다.

근년 한족과 달단 사람이 유럽 사람과 친교한다고 한다. 더욱 친해지면 한족과 달단의 영웅호걸이 (군사학의) 묘법을 전수받을 것이다. 묘법을 받으면 침략할 마음이 일어날 것이다. 그들이 침략의 마음을 일으켜 일본에 온다면, 바닷길은 가깝고 병마는 많다. 이때에 임하여 방비가 없으면 어찌할 도리가 없을 것이다. 곰곰히 생각건대, 후세에 반드시 한족, 달단 땅으로부터 일본을 침략할 계획을 세우는 자가 나타날 것이다. 방비를 게을리하면 안 된다.[146]

외국으로부터 침략을 받을 것이라는 하야시 시헤이의 우려는 1806~1807년에 러시아 해군이 사할린과 쿠릴 열도 남부의 아이누인·일본인 거주지를 습격하는 흐보스토프 사건, 그리고 1808년에 영국 해군이 나가사키의 네덜란드인 거주지를 습격하는 페이튼 호 사건으로 현실화된다. 이러한 불온한 분위기에서, 조선의 통신사행에 러시아 스파이가 섞여 있으며, 임진왜란의 복수를 꾀하는 조선이 러시아와 함께 일본을 서쪽과 동쪽에서 협공하려 한다는 소문을 다룬 군사 소설『북해이담(北海異談)』이 1808년에 성립하였음을 별도의 논문에서 논한 바 있다.[147]

이 밖에 능력 있는 막부 관료이자 당대를 대표하는 문학자였던 오타 난포(大田南畝, 1749~1823)는 쓰시마로부터 전해 들은 이야기를『증정반일한화(增訂半日閑話)』권18에 기록하는 가운데, 조선에 대한 문헌으로서『홍사촬요(弘事撮要)』,『문관지(文官志)』등이 있다고 언급한다.[148]『홍사촬요(弘事撮要)』와『고사촬요(攷事撮要)』는 일본어로 같은 발음이다. 이에 따르면 오타 난포는『고사촬요』를 직접 보지는 못하고 쓰시마 경유로 그 이름만 전해 들었음을 알 수 있다. 이에 반하여 난학자 아오키 곤요(青木昆陽, 1698~1769)는『곤요 만록(昆陽漫錄)』에서『고사촬요』등 조선에서 전해진 문헌을 다수 인용하고 있는데, 그 가운데 권6에서는『홍사촬요』즉『고사촬요』의 저자가 어숙권이며 명나라 가정 갑인년(33년)에 간행되었다는 정보를 기록하고, 여기에 수록된 각종 정보를 인용하고 있다.[149]

『동의보감』

『동의보감』은『징비록』과 함께, 전쟁이 책을 낳은 전형적인 사례이다. 전쟁은 기술을 혁신시키는 데, 전쟁으로 인하여 혁신되는 기술 속에 의학도 포함된다고 해야 할 것이다.『동의보감』이 동중국해 연안 지역에 확산된 데 대하여는 기존에 많은 연구가 이루어져 있다.[150]

「덴나 3년 목록」자부 의가류(醫家類)에는『동의보감』25책이 수록되어 있으며 현존본은 없다.[151]『동의보감』이 일본에 전해지자 그 안에 기록된 각종 약재의 정체를 확인하기 위해 쓰시마 번이 조선인들의 협력을 얻어 한반도의 동식물 생태를 조사하였고, 그 결과 동식물 도감『약재 금수 조사를 명하신 전말에 대한 비망록(藥材禽獸御吟味被仰出候始終覚書)』이 성립한 과정에 대하여는 다시로 가즈이의 연구가 있다.[152] 또한 이토 도가이는 『병촉담』 권4에서 물고기 대구에 대해 고증하는 가운데 『동의보감』을 인용한다.

대구어(大口魚): 대구(たら, 鱈)는 여러 본초서에 보이지 않는다. 기존에 대구를 가리키는 〈鱈〉라는 글자는 일본에서 만들어진 것이다. 눈 속에서 나기 때문에 이 글자를 만들었을 터이다. 조선에 이 물고기가 많다. 『동의보감』에는 〈대구어(夻魚)는 속명을 대구어(大口魚)라고 한다. 성질이 무던하고 맛이 짜고 독은 없다. 대구를 먹으면 기를 보양한다. 장과 지방이 더 맛있다. 동해와 북해에서 난다〉라고 되어 있다. 일본에서는 북해 에쓰 지방[三越]에서 난다. 대구어(大口魚)가 대구(タラ)임에 분명하다. 『자휘(字彙)』에는, 〈夻〉라는 글자가 있다. 주석에 〈호(胡), 괘(卦)의 절음(切音). 화(話), 화(華)이다. 물고기 가운데 입이 큰 것을 〈夻〉라고 한다. 입 아래 구멍이 있다(從口下穴)〉라고 적혀 있다. 대구어(夻魚)는 이 글자가 잘못 전해진 것일 터이다. 하지만 〈夻〉자도 물고기 가운데 입이 큰 것이라고만 하고 그 모양을 전하지 않으니, 농어(鱸)인지 대구(鱈)인지 확정하기 어렵다. 삼한(三韓)에서 속어로 대구어(大口魚)라 하는 덕분에 다행히 〈夻〉자가 있어서 대구어(夻魚)라고 말하는 것일 터이다. [153]

아라이 하쿠세키는 『동아(東雅)』[1717년(享保2) 성립, 1719년 개편]에서 여러 물고기의 이름을 고증하기 위해 『동의보감』을 이용하고 있다.[154]

『선가귀감』과 『사명당집』, 그리고 니치요 쇼닌 여대남

1763년의 제11회 통신사를 맞이한 승려 다이텐은 근래의 조선 스님들 가운데에는 퇴은 휴정 서산대사(1520~1604)와 송운 유정 사명대사

(1544~1610)를 가장 높이 평가한다는 견해를 밝힌 바 있다.

　　귀국은 예전에는 원효나 혜관 등과 같은 이름난 승려들이 많아서 중국
과 우리나라에 명성이 전해진 분이 적지 않았는데, 최근 백 년간에는 오
로지 퇴은과 송운 스님의 명성만 들을 수 있을 뿐입니다.[155]

　　서산대사와 사명대사는 임진왜란 당시 활동하였기 때문에 일본 측
의 종군 승려들과 접촉이 있었을 뿐 아니라, 서산대사의『선가귀감(禅
家亀鑑)』과 사명대사의 『사명당집(四溟堂集)』이 일본의 불교계에서
도 읽히고 일본판이 여러 차례 간행되기도 했기 때문에 다이텐이 이처
럼 말했을 것이다.『선가귀감』은 1587년 또는 그 이전에 조선에서 간
행된 것이 가장 이른 판본이며, 임진왜란 이후에도 여러 차례 간행되
었다.「일본 고전적 종합 목록 데이터베이스」와 일본 국회 도서관에 의
하면 일본에서는 1635년(寛永12)에『선가귀감』1책, 1677년(延宝5)에
2권 2책, 1678년에 1책 등이 간행되었고, 고린 젠이(虎林全威)라는 임
제종 승려는『선가귀감오가변(禅家亀鑑五家辨)』을 간행하였다. 고린 젠
이는 1689년(元禄2)에『허당화상송고강(虚堂和尚頌古講)』과『허당화상
송고강의초(虚堂和尚頌古講義抄)』를 간행한 바 있다. 또한, 필사본으로
는『선가귀감고(禅家亀鑑考)』와『선가귀감략고기(禅家亀鑑略考記)』등
이 확인되며, 근대 이후에도 조동종 승려로서 고마자와 대학(駒澤大学)
초대 학장을 지낸 누카리야 가이텐(忽滑谷快天, 1867~1934)이『선가
귀감강화(禅家亀鑑講話)』(光融館, 1911)를 간행하고,『선학대계(禅学大
系)』(一喝社, 1915),『국역선종총서(国訳禅宗叢書)』(国訳禅宗叢書刊行会,
1927) 등의 총서에도 포함되는 등, 20세기까지도 선종계에서 널리 받아
들여졌다.
　　한편, 사명대사는 임진왜란 당시 가토 기요마사와 면담을 가졌기 때

문에 에도 시대 일본에서는 불교계 바깥에서도 그에 대해 큰 관심을 보였다. 사명대사의 전쟁 당시 행적을 정리한 『분충서난록(奮忠紓難錄)』을 다시 신유한이 교정 증보한 『사명당집』에는 신유한의 평어(評語)가 곳곳에 섞여 있는데, 여기서 보이는 신유한의 일본관은 그의 유명한 사행록인 『해유록(海遊錄)』에서 보이는 것과 일치한다. 예를 들어, 「갑오 12월에 다시 청정의 진중에 들어가 실정을 탐지한 기록」 중, 가토 기요마사의 종군승이었던 닛신(日真, 1565~1626)이 사명대사에게 함께 조선 유람을 하자고 제안하는 등 친밀함을 표한 데 대해, 신유한은 1719년 제9회 통신사행으로 일본에 갔을 때 자신이 관찰한 바와 일치한다고 논평한다. 아래 닛신의 행동에 대한 신유한의 평어는 『해유록』에서 아메노모리 호슈에 대해 보이는 논평을 연상케 한다.

26일, 일진(日真)·재전(在田)·천우(天祐) 등이 번갈아 출입하며 청정의 아들로 볼모를 삼고 그 교환 조건으로 왕자를 일본에 보내는 것에 대해 문답하다가 해가 저물으매 일진이 우리를 데리고 절로 돌아갔습니다. 손에 시전(詩傳) 10권과 주역 10권과 황산곡시집(黃山谷詩集) 20권을 갖고 나와 보이면서 말하기를,

〈이것은 나의 보물이다〉 하거늘 우리가 펴보니 시전의 풍(風)·아(雅)·송(頌)의 장구의 체가 우리나라의 시전과 소동대이(小同大異)한지라 우리가 묻기를

〈너의 하고자 하는 물건을 주면 바꿀 수 있겠는가?〉 하니 중이 머리를 흔들며 말하기를,

〈비록 만냥의 은을 주어도 나에게는 필요치 않다. 다만 송운과 함께 조선을 유람하기를 요구할 뿐이니 그때를 당하여 전사(傳寫)하여 가도록 하라. 송운에게 마음을 허락한 지 이미 오래라 따라 유람하기를 원하는 바이다. 전일에 이 뜻을 청정에게 청하였더니, 《조선 대장이 반드시 너의

목을 벨 터이니 어찌 하겠는가》고 하였다. 그러나 2, 3월 간에 갑자기 송운과 같이 나가서 유람할 터이니 꼭 송운이 와서 나를 데리고 가도록 해 달라.〉[156] ……(중략)……

[신유한의 논평] 일진의 무리가 송운에게 연연하여 반드시 함께 유람하고 싶다는 말을 한 것을 보면 그 본정에서 우러난 말이라 하겠다. 왜인의 습성이 본래 경박하여 비록 그 독한 창자로 성을 잘 내어 한마디 말이라도 뜻에 거슬리면 칼을 휘두르며 죽음을 겁내지 않는다. 그러나 사람으로 더불어 서로 친밀하게 사랑하는 경우에는 다가 앉아 서로 술잔을 다정하게 나누고 눈물을 흘림이 마치 부녀자와 같은 태도를 하므로 청정과 같이 지독한 자라도 그 말과 접대함을 보면 때로 성의를 보인 것이다.[157]

쓰시마 번 소케의 1683년 소장 문헌 목록인 「덴나 3년 목록」의 집부 별집류에는 『사명집(四溟集)』 4책이 보이며, 이는 현존본 『사명당집』 7권 1책과 일치한다.[158] 사명대사의 문집이 가이바라 엣켄의 저술 『구로다 가보』에서 도요토미 히데요시에 대한 비판 재료로 이용된 사례에 대하여는 『일본의 대외 전쟁』에서 논한 바 있다.[159] 이 밖에 아오키 곤요가 『곤요만록』 권3에 「송운이 기요마사에게 준 서한(松雲与清正書)」이라는 항목을 설정한 데에서 알 수 있듯이, 사명대사와 가토 기요마사 간의 면담은 에도 시대 일본 지식인들에게 관심의 대상이 되었다. 『사명당집』에는 임진왜란 당시와 전후 처리 과정에서 일본 측 종군 승려인 센소, 슈쿠로 등과 주고받은 한시가 다수 수록되어 있는데, 이에 상응하는 내용이 센소의 『센소고』와 슈쿠로의 『슈쿠로고』에서도 확인된다. 슈쿠로가 『슈쿠로고』에서 호전적 감정을 적나라하게 드러내는 데 반해, 센소의 『센소고』에서는 감정의 절제가 확인된다. 전쟁을 한 뒤에도 조선과 관계를 맺고 살아야 하는 쓰시마 번의 승려로서의 현실주의적 태도가 반영된 것이리라.

한편, 닛신은 사명대사와 맺은 관계를 전후에도 잊지 않았을 뿐 아니라, 그에게 보인 호감을 다른 조선인에게도 보였음이 확인된다. 닛신이 가토 기요마사의 청을 받아 구마모토에 조성한 혼묘지 절에는 오늘날까지도 임진왜란 당시 그가 사명대사로부터 받은 서한이 여러 점 남아 있다. 또한, 닛신은 하동 출신 전쟁 포로 여대남(余大男)을 출가시켜, 자신에 이어 혼묘지 절의 주지승으로 삼았으니 그가 니치요(日遙)이다. 니치요는 원래 구마모토 성 안에 있던 혼묘지 절을 가토 기요마사의 무덤 근처로 옮겼으며, 닛신에 이어 혼묘지 절의 제3대 주지가 되었다. 니치요의 행적은 현재 혼묘지 절의 각종 전래 문서에서 확인할 수 있지만,[160] 그의 행적을 정식으로 정리하여 전국적으로 퍼지게 한 문헌은 니치렌슈의 닛초(日潮, 1675~1748)가 편찬한 『본화별두불조통기(本化別頭仏祖統記)』[1731년(享保16) 간행, 38권 목록1권 28책]이다. 이 방대한 문헌의 권20에 니치요의 전기가 수록되어 있다. 한국에는 『본화별두불조통기』의 존재가 잘 알려져 있지 않은 듯하므로, 이 문헌에 수록된 닛신의 전기 가운데 임진왜란 관련 부분과, 니치요 전기의 전체를 소개한다. 참고로, 여대남이 읊었다고 하는 시는 당나라 두목(杜牧, 803~852)의 유명한 「산행(山行)」이라는 칠언절구를 약간 바꾼 것이다. 〈멀리 추운 산 비탈진 돌길을 오르니, 흰 구름 생기는 곳에 인가(人家) 있구나. 수레를 멈추고 비스듬히 기대어 감상하는 단풍나무 숲의 저녁. 서리 내린 잎은 2월의 꽃보다 붉다(遠上寒山石徑斜 / 白雲生處有人家 / 停車坐愛楓林晚 / 霜葉紅於二月花).〉

히고(肥後) 혼묘지(本妙寺) 개산(開山), 사자[賜紫: 고승에게 주어지는 자의(賜紫)를 하사받은] 닛신 쇼닌(日真上人)의 전기

(전략) 1585년. 도요토미 가문의 부장(部将)인 가토 가즈에노카미 기요마사가 셋쓰(摂津)의 난바(難波)에 혼묘지를 짓고 스승을 개산조(開山

祖)로서 모셨다. 1588년. 기요마사가 히고 지역의 절반 25만 석을 식읍으로 받았는데, 그 봉지 내의 호토케자카(仏坂)에서 다행히 승지(勝地)를 얻어 혼묘지를 옮겨 왔다. 처음에는 산명을 홋쇼잔(法性山)이라 했다가, 스승께서 상서로운 꿈을 꾸신 뒤에 홋쇼잔(発星山)으로 바꾸었다. 1592년. 절의 신자인 기요마사가 나라의 명을 받아 조선국을 정벌하였다. 스승께서도 인연에 따라 함께 가서 주문을 외우고 보호하였으니 신의 도움을 받아 기요마사는 개선하였다. (후략)

히고 혼묘지 제3대 니치요 쇼닌(日遥上人)의 전기

스승은 휘를 니치요, 자를 가쿠엔(学淵), 호를 혼교인(本行院)이라고 했다. 조선국 경상도 하동 사람이다. 1581년에 태어났다. 명나라 신종 황제 만력 9년(1581)에 태어났다. 우리나라 오기마치(正親町) 덴노의 덴쇼(天正) 9년이다. 우리나라 분로쿠 2년 계사(1593) 가을에 도요토미 가문의 부장인 가토 가즈에노카미 기요마사가 조선에서 개선했을 때 쌍계동(双渓洞) 보현암(普賢庵)에서 어린 아이를 만나 이름을 물었는데, 묵묵히 아무 말 없이 붓을 들어 〈홀로 추운 산 비탈진 돌길을 오르니, 흰 구름 생기는 곳에 인가(人家) 있구나(獨上寒山石徑斜 / 白雲生處有人家)〉라고 쓸 뿐이었다. 아이는 겨우 10살이었다. 기요마사가 이를 기이하게 여겨 우리나라로 데려왔으니 이 아이가 곧 스승이시다. 스승은 천성이 영리하였고, 스승이 쓴 해서(楷書)는 사람들이 진귀하게 여긴 바였다. 성격은 삼보(三寶)를 중히 여기고 인과의 이치를 알았으니, 이를 본 기요마사는 그를 적소건사[寂照乾師, 훗날의 미노부산(身延山) 구온지(久遠寺) 제21대 닛켄(日乾)]에게 보내어 출가시켰다. 건사는 당시 로쿠조코인(六条講院)의 주지였는데, 스승은 그곳에서 왜어(倭語)에 능통하게 되어 변론함에 막힘이 없었고 행동에는 맹성(猛省)함이 있었다. 스승의 기량을 인정한 적소건사는 그를 이이다카 단린(飯高談林, 지바 현에 있던 니치렌슈 학교)에 보내었으니 그곳에서 십여 년 머물렀으며, 깊은 수행 끝에 이치에 통달하게 되었다. 기요마사가 서거하자 스승은 상복을 입고 장례를 치렀다. 1613년에 절에 화재가 나자 스승은 기요마사의 무덤 위쪽으로 절을 옮겼으니, 절을 중흥시켜 영원히 번창케 하였다. 1659년에 병으로 돌아가셨으니 79세였다. 스승의 아버님은 성을 여(余)라고 하며 이름은 수희(寿禧), 자는 천갑(天甲)이라 하였다. 부모께서 살아 계실 때 서로 슬퍼하며 생이별하였으니 편지로 그 뜻을 서로 주고 받았다. 그 글이 일본에 전하는데, 이를 읽는 이는 한 글자 한 글자 읽을 때마다 눈물 흘린다.[161]

마지막으로, 닛신이 사명대사에게 조선을 유람하고 싶다고 한 것과 마찬가지의 심정을, 동시대 및 후대의 몇몇 일본인이 보인 사례를 소개한다. 가토 기요마사의 부하로서 조선에 건너왔다가 조선에 망명한 김충선도 『모하당문집』 권3 「모하당술회」에서, 일찍이 조선의 문물을 접하고자 한 것을 귀신이 들어주어 이렇게 조선에 건너오게 되었다고 주장하였다.[162] 또한, 선종 승려 후지와라 세이카의 경우에는 학문을 배우기 위해서 사쓰마에서 명나라로 도항하려다 실패하였으므로 (1596~1597)[163] 목표가 조선이 아닌 명나라였지만, 조선에서 주자학자 강항이 일본에 온 것을 자신의 바람이 실현된 것으로 간주하였다. 1763년의 제11회 통신사행을 만난 다이텐은 조선을 여행하고 싶다고 성대중에게 말하였다. 그것이 이별을 앞둔 자리에서 나온 의례적인 표현이라 할지라도, 견수사·견당사·견신라사·견발해사 등 고대로부터 일본 바깥으로 학문을 배우러 가는 전통이 있던 일본 학문계에서 이러한 발상은 결코 이질적인 것이 아니었다.

나: 저는 구름처럼 떠도는 몸인데다, 더구나 부모님께서는 이미 돌아가셨습니다. 다행히 무덤을 보살필 형제가 있기에 갈 수 있는 길만 있다

면 만 리를 떠돈다 한들 무엇을 꺼리겠습니까. 다만 동쪽 일본과 서쪽 조선 양국의 길이 막혀서 갈 방법이 없습니다.

용연(성대중): 방금 야쿠주에게 두 분을 모시고 서쪽으로 돌아가서 향산(香山)의 결사(結社)를 맺고 싶다고 하였습니다. 하지만 나라의 금령이 몹시 엄격하여 국경을 나가는 것을 허락하지 않으니 어찌하겠습니까. 옛날 지장(智藏)이나 조경(晁卿)과 같은 사람들은 어떻게 중국에 갈 수 있었을까요? 사람이 하고자 하는 일은 하늘이 반드시 따라 주기 마련이지만, 이 일만은 결코 이루어질 리가 없습니다. 선사의 말씀을 보니 더욱 슬프고 한스럽습니다.

나: 가로막힌 산천은 넘을 수 있지만 나라의 금령은 넘을 수가 없습니다. 그저 제가 하늘을 날아서 자유롭게 다니지 못하는 것이 한스러울 뿐입니다. 이것이 평소에 항상 옛일을 보며 슬퍼하는 이유입니다.

용연: 옛날 선비들은 거리낌이 없었지만 지금 선비들은 얽매여 있어 나라 안조차 두루 돌아다니기 어려운데, 하물며 국경 밖으로 나가는 것이야 어떻겠습니까?

나: 10만 리 떨어진 서방 정토도 갈 수 있거늘, 하물며 배 한 척으로 건너갈 수 있는 거리이니, 절대로 가지 못한다고 할 수는 없습니다. (가지 못한다고 하는 것은) 스스로 선을 그은 것입니다.[164]

『양조평양록』

명나라 제갈원성(諸葛元聲)이 1606년에 서문을 쓴 『양조평양록(兩朝平攘錄)』은 송응창(宋應昌, 1536~1606)의 『경략복국요편(經略復國要編)』과 함께 임진왜란을 연구하기 위한 중요 문헌이다. 『일본의 대외 전쟁』 제1부 제1장 제2절 「첫 번째 충격 ─ 중국 문헌」 및 그 후에 집필한 논문[165]에서 검토한 바와 같이 『양조평양록』의 기술은 명나라에서는 『무비지』의 임진왜란 관련 기술에 이용되었고, 일본에서는 1632년에 나고야 호사 문고에 구입된 이래, 호리 교안의『조선 정벌기』와 하야시 라잔의『도요토미 히데요시 보』등 임진왜란 문헌의 형성에 큰 영향을 미친다. 한편 조선에서도 한치윤이『해동역사』「본조비어고」편에서 임진왜란에 대해 서술할 때『명사』와 함께 중요하게 활용하는 등,『양조평양록』은 조선 류성룡의『징비록』과 함께 동중국해 연안 지역이 임진왜란에 대한 인식을 공유하는 중요한 매개체가 되었다. 요네야마 히토시(米谷均)는 국립 공문서관 구내각 문고에 소장된 후계고(侯継高)의『전절병제고(全浙兵制考)』(295-0066, 사본 5책)를 고찰하는 가운데, 이 문헌에 담긴 내용이『양조평양록』을 거쳐 후대의 문헌에 계승된 과정에 대하여 다음과 같이 서술한다.

후세에 편찬된 사서에 있어서도「근보왜경(近報倭警)」은 커다란 영향을 미쳤다. 조선 국내에 있어서는 류성룡『징비록』에서 진신(陳申)·허의후(許儀後)의 통보가 조명 관계에 미친 영향에 대해 언급하고[각주55: 단 류성룡은 김응남(金應南)에 의한 왜정상주(倭情上奏) 전에 허의후의 진보가 북경에 도착하였다고 오해하고 있다. 김응남 등 성절사의 사행이 만력 19년 5월부터 11월인 데 비하여 허의후의 진보가 복건에 도착한 것은 이듬해 2월 말이었으므로 시기적으로 보아 있을 수 없는 일이다. 그러나 류성룡에 의한 위의 오해는 그 후의 조선 측 사서에 답습되어 버렸다] 이식(李植)『야사초본(野史初本)』, 신흠『상촌집』, 신령『재조번방지』에서는 [사료 ⑥: 허의후가 1591년에 명나라에 보낸 일본 첩보]를 절략(節略)하여 인용하고 있다. 또 명 측 사서에 있어서는, 제갈원성『양조평양록』권4가 진신과 허의후의 보(報)의 일부를, 전거를 명시할 일 없이 곳곳에 모용(冒用)하고 있고, 또 [사료 ③: 절강성 사람 소팔이 항주에서 심문받은 기록] 소팔(蘇八)의 공술(供述)에 대해서도 언급하고 있다. 더욱 주목할 만한 것은 청대에 편찬된『명사』일본전의 기술 중에 [사료 ⑥] 계통의 정보가 이용되어 있다는 것이다[각주57: 아마 『양조평양록』의 기술을 원용(援用)한 것으로 보인다]. 「근보왜경」은 임진왜란 전후의 시기에 한정되지 않고, 후세의 일본관을 결정짓는 것으로써 먼 훗날까지 오랜 영향력을 계속해서 미쳤던 것이다. 환지나해 지역을 남회하여 경순(經巡)한 일본 정보는 북경을 흔들고 조선을 찌르고, 또 후세의 청사(靑史)까지도 꿰뚫었다. 그 정보는 원래 하교원(何喬遠)이 평한 바 「서민의 사소한 말」에 속하는 풍설에 지나지 않았는데도 불구하고 몇 명의 수신자를 거치는 동안에 흉폭할 정도로 폭주하기 시작하여, 국가를 흔드는 일대 진원(震源)으로 발전하였던 것이다.[166]

마지막으로, 잘 알려진 바와 같이 『양조평양록』에서는 이옥봉(李玉峰), 그리고 허균(許筠, 1569~1618)의 누나였던 허난설헌(許蘭雪軒, 1563~1589), 두 조선 여성에 대한 언급이 확인된다. 『양조평양록』이 일본에서 유통되면서, 두 여성에 대한 이야기가 『규슈 제장군기(九州諸将軍記)』라는 규슈 지역의 군담에 수록되어 알려졌음을 구라카즈 마사에(倉員正江)가 보고한 바 있다.[167] 『이칭일본전』 중지이권에 초록된 『양조평양록』 조에도 허난설헌 기사가 포함되어 있고, 국립 공문서관과 동양 문고[168] 등에도 아래와 같이 조선본 및 일본판 『난설헌시집(蘭雪軒詩集)』이 소장되어 있어서, 허난설헌의 삶과 작품은 여러 경로로 일본에 전해지고 유통되었음을 알 수 있다. 모미지야마 문고(紅葉山文庫)는 막부 도서관이었고, 쇼헤이자카 가쿠몬조(昌平坂学問所)는 하야시 라잔에서 비롯된 막부의 관학(官學)적인 기관이었다.

『난설헌시집(蘭雪軒詩集)』 137-0004 조선. 1606년(萬曆34). 모미지야마 문고 구장(旧蔵).

『난설헌시집(蘭雪軒詩集)』 313-0338 2책. 분다이야 지로베(文臺屋治

郞兵衛) 1711년(正德元) 간행. 쇼헤이자카 가쿠몬조 구장.

『난설헌시집(蘭雪軒詩集)』 313-0339 1책. 분다이야 지로베(文臺屋治
郞兵衛) 1711년 간행. 쇼헤이자카 가쿠몬조 구장.

『무비지』

저자 모원의(茅元儀, 1594~1640)의 할아버지는 고문 작가 모곤(茅
坤, 1512~1601)으로, 호종헌(胡宗憲, 1512~1565)의 막하에서 왜구
의 활동을 상세히 기술한 『서해본말(徐海本末)』의 저자이다. 할아버지
의 영향을 받아 병학을 연구한 모원의는 명나라 말기에 무비가 이완되
고 퇴폐함을 걱정하여, 2천여 종의 자료를 참고하여 15년을 쏟아부어
1621년(天啓元)에 『무비지』를 완성하였다. 청대에는 금서가 되었다. 일
본 관계 기사는 권86, 87, 223, 230, 231, 236, 239 등에 있으며, 『이칭일
본전』 중지육권에 수록되어 있다(『국사대사전』 「무비지」). 『무비지』 전
체의 정리된 목차를 찾기가 어렵기 때문에, 베이징 대학 도서관 소장본
에 의거하여 주석에 권별 목차를 미주에 정리하였다.[169] 한편, 오바 오사
무(大庭脩)에 따르면 일본에 유입된 『무비지』는 다음과 같다.[170]

『외선재래서목(外船齎来書目)』(나가사키 현립 나가사키 도서관 와타나
베 문고 소장. 立原杏所 필기) 중: 「宝暦己卯十番船 / 武備志 四部 三十二套」.
오바 오사무 소장본 ① 『박재서목(舶載書目)』 12 (제8책) 23쪽 (1710,
宝永7): 「武備志 / 二百四十卷 / 茅元儀輯」.
오바 오사무 소장본 ② 『舶載書目』 22 (제15책) 1~18 (1725, 享保10),
19~42 (1726, 享保11): 2쪽 「武備志 全」, 3쪽 「武備志 / 一部 六十冊」.

또한 나가사와 기쿠야[171]에 따르면 다음과 같은 일본판이 간행되었음
이 확인된다.

『무비지』 240권, 우카이 세키사이(鵜飼石齋, 1615~1664) 훈점,
1664년(寬文4) 명 천계(天啓) 연간의 복각본, 大, 100책.

『무비지』 240권, 후인(後印), 大, 81책.

『무비지』 240권, 간세이(寬政) 연간, 河內屋太助宰, 大, 81책.

『무비지』 240권, 후인(後印, 河內屋喜兵衛)大, 81책.

『무비지』 240권, 후인(後印, 秋田屋太右衛門等)大, 81책.

이처럼 중세 동중국해 연안 지역의 공통된 문제였던 왜구에 대한 대
책의 일환으로 제작된 『무비지』는, 그 방대한 내용과 귀중한 정보로 인
하여 일본에서 널리 이용되었다. 이토 도가이는 『병촉담』 권1에서 조선
과 명의 임진왜란 문헌에 보이는 〈심안돈오〉〈석만자〉 등의 단어가 〈시
마즈〉를 가리킴을 고증하는 과정에서 『징비록』과 『무비지』를 이용하
고 있다.[172] 한편, 임진왜란과 도요토미 히데요시에 대한 일본인의 의식
을 형성하는 데 결정적인 역할을 한 『에혼 다이코기』의 초편 권2 삽화에
도 『오월춘추』와 함께 『무비지』가 등장하는 등(2뒤·3앞), 그 방대한 내
용을 읽을 수 없는 서민 계급에게까지도 『무비지』라는 문헌의 존재감만
은 확실히 각인되었을 터이다. 이 삽화는 『일본의 대외 전쟁』 87쪽에 수
록하였다. 이처럼 『무비지』라는 이름이 널리 퍼지자, 『무비지』는 이러한
종류의 문헌을 총칭하는 단어로서 일반 명사화되었다. 예를 들어 『해국
병담』에서 하야시 시헤이는 자신의 책을 『일본무비지(日本武備志)』[173]라
고 부르고, 유럽의 군사 서적을 〈이국의 무비지(異國の武備志)〉,[174] 〈유
럽판 무비지(歐羅巴版の武備志)〉[175]라고 부른다. 〈이국의 무비지〉는 독
일의 빌헬름 딜리히Wilhelm Dilich가 집필하여 1689년 프랑크푸르트
암 마인Franckfurt am Mayn에서 간행된 군사 백과사전 『크리크스부흐
Kriegsbuch』를 가리키며, 『북해이담』에서는 〈러시아의 무비지〉라고도 불
린다.[176]

『기효신서』

척계광(戚繼光, 1528~1588)이 왜구를 물리치기 위해 개발한 전략을 담은『기효신서(紀效新書)』는, 임진왜란 당시 조카 척금(戚金, ?~1621)을 통해 류성룡 등에게 전해졌다.『기효신서』의 중국본과 조선본에 대한 서지학적 검토, 그리고『기효신서』의 내용이 조선 시대 후기의 병학에 미친 영향에 대하여는 노영구[177]의 상세한 연구가 있다. 조선에 소개된『기효신서』이 조선 측에 미친 영향과 그 한계에 대해 한명기는 다음과 같이 지적한다.

잦은 전투를 치르는 가운데 무장들이 칼과 활을 사용할 줄만 알지 병법에는 무지하다는 인식이 확산되면서 병법에 대한 학습의 필요성이 환기되었다. 고상안(高尙顏)은, 무식한 무장들에게『손자』나『오기』등의 병서가 너무 번잡하여 이해하기가 힘들다고 지적하고『손자병법』등에서 중요한 부분만 발췌, 언해하여 그들이 쉽게 습득할 수 있도록 하자는 의견을 제시한 바 있었다.

당시 명군을 통해 들어온 병서 가운데 무엇보다『기효신서』에 대한 관심이 제고되었다. 선조는『기효신서』를 사행편에 구입해 올 것을 지시하는 한편, 그 내용 가운데 모르는 부분을 명군이 철수하기 전에 명군 장교들에게 물어서 알아내도록 강조하였다. 훈련 도감에서는 명군 가운데 병법에 해박한 남방인들을 후대하여 그들을 통해 군사학 전반을 습득하자고 건의한 바 있었다. 또 칼과 창의 사용법을 비롯한 모든 무예를『기효신서』의 내용에 맞추기로 하고, 그를 제대로 하기 위해 과거 시험에도 출제하기로 결정하였다. 이렇게『기효신서』에 수록된 병법에 대한 관심이 높아지면서 훈련 도감 낭청(郞廳) 한교(韓嶠)가 그것을 번역하기에 이르렀다.

진법 등을 습득하고 중국 식으로 조선 병사들을 훈련시키기 위해 명군 가운데 뛰어난 자들을 뽑아 교사(敎師)라는 명칭을 주고 각 지방에서 조선군을 훈련시키도록 조처하였다. 특히 전쟁이 소강 상태에 머물렀던 1595년 후반기부터 중국인 교사를 초빙하여 군사 훈련을 해야 한다는 논의가 제기되어 당시 명의 경략이었던 손광(孫鑛)은 16명의 중국인 교사를 조선에 파견하였다. ……(중략)……

『기효신서』 등에 수록된 중국 식 병법을 습득하는 데 급급했던 것도 부작용이 없지 않았다. 선조나 비변사는 명군의 병법이나 창검술 등을 습득하라고 적극적으로 강조했지만 병력을 실제로 거느리고 있던 지휘관들은 이미 궁시에 익숙해진 조선 실정에서 볼 때 명의 군사 기예는 현실에 맞지 않는다고 비판을 제기하기도 하였다. 또 평양 전투 당시 남병들의 활약상을 보고 조선인 포수들을 절강병법(浙江兵法)에 따라 교련시켜야 한다고 강조하다가 남병이 철수한 뒤 유정(劉挺)이 거느리는 사천병(四川兵)이 주둔하게 되자 다시 사천 식 진법의 습득을 시도하는 등 훈련이 체계적이지 못하여 일관성이 없다는 지적이 나오기도 하였다.[178]

명나라에서 유통된 『기효신서』에는 척계광이 편찬하여 1566년에 간행한 뒤 널리 유통된 18권본과, 이승훈(李承勛)이 이를 재편하여 1588년에 편찬한 14권본이 존재하며, 1664년(현종 5)에 간행된 조선본은 14권본을 증보한 것이다. 이 세 가지 판본의 구성상 차이는 아래와 같다.[179]

	유통본 18권본	이승훈 14권본	조선 현종 5년본
1	속오편(束伍篇)	속오편	속오편
2	조령편(操令篇)	이목편(耳目篇)	이목편
3	진령편(陣令篇)	수족편(手足篇)	수족편
4	유병편(論兵篇)	수족편	수족편
5	법금편(法禁篇)	수족편	수족편
6	비교편(比較篇)	비교편	비교편
7	행영편(行營篇)	영진편(營陣篇)	영진편

8	조련편(操練篇)	행영편	행영편
9	출정편(出征篇)	야영편(野營篇)	야영편
10	장병편(長兵篇)	실전편(實戰篇)	실전편
11	패선편(牌筅篇)	담기편(膽氣篇)	담기편
12	단병편(短兵篇)	주사편(舟師篇)	주사편
13	사법편(射法篇)	수초편	수초편
14	권경편(拳經篇)	연장편(練將篇)	연장편
15	제기편(諸器篇)		별집 진도편(別集 陣圖篇)
16	정기편(旌旗篇)		별집 거영편(別集 車營篇)
17	수초편(守哨篇)		별집 기영편(別集 騎營篇)
18	수병편(水兵篇)		별집 등단구수(別集 登壇口授)

한편, 『기효신서』는 척계광이 이 책을 집필하게 된 원인인 왜구의 발상 지인 일본으로도 유입되었으며, 최근세에 성립한 중요한 병학 문헌으로 서 널리 읽히고 연구되었다. 「전국 한적 데이터베이스」에 따르면 마에다 육덕회(前田育徳会), 국립 공문서관, 도쿄대 종합 도서관 등에 명대 14권 본 및 18권본 『기효신서』가 소장되어 있으며, 『이칭일본전』 중지삼권에 도 그 초록이 포함되어 있다. 마쓰시타 겐린은 기효신서에 대해 〈지금 생 각건대, 척계광은 여러 차례 전공을 세웠으니, 그 공으로 인하여 공덕사 에 모셔짐은 마땅하다. 상세히는 『민서』에 보인다. 그의 군법은 중시할 만하므로 한두 개 조목을 초출하였다〉[180]라고 적고 있어서, 이 책의 병학 서로서의 가치를 높이 평가하고 있음을 알 수 있다. 에도 시대 일본에서 간행된 『기효신서』의 해설서 및 그 이름을 빌려 온 문헌은 다음과 같다

『산정기효신서(刪定紀効新書)』: 6책. 여러 차례 간행되었다.
『기효신서초(紀効新書鈔)』: 『근세한학자저술목록대성(近世漢学者著述 目録大成)』 등에 오규 소라이(荻生徂徠)가 집필했다고 되어 있다.
『산정기효신서촬해(刪定紀効新書撮解)』: 12권 7책. 야스하라 호사이

(安原方斎, 1736~1801) 저, 1853년(嘉永6) 서문, 1854년 간행.

『기효신서정본(紀効新書定本)』: 별칭『기효신서사찬정본(紀効新書私纂定本)』, 9권 6책, 소마 규호(相馬九方, 1802~1879) 저, 1856년(安政3) 간행.

『기효신서화해(紀効新書和解)』: 반 도잔(伴東山, 1773~1834).

『기효신서정본강의(紀効新書定本講義)』: 1책.

『기효신서초해(紀効新書抄解)』: 필사본 1책, 히로사키 시립 도서관.

『기효신서이표(紀効新書耳劋)』: 아사카와 젠안(朝川善庵, 1781~1849) 저, 1848년(嘉永元) 성립, 필사본 1책, 히로사키 시립 도서관.

『기효신서비해(紀効新書秘解)』: 아사카와 도사이(朝川同斎, 1814~ 1857) 저. 필사본 1책 및 4책이 히로사키 시립 도서관에 현존.

마지막 3점은 모두 아오모리 현 히로사키 시립 도서관에만 필사본 형태로 소장되어 있는 점이 특이하고,『양국임진실기』의 간행본인『조선정토시말기』에 서문을 붙이기도 한 아사카와 도사이와 아사카와 젠안이 집필자로 되어 있는 점도 주목된다.

『조선부』

나가사와 기쿠야에 따르면 1488년(弘治元)에 조선에 사신으로 왔다 간 명나라 동월(董越)의『조선부(朝鮮賦)』는 중국 간행본이 가정 연간(嘉靖, 1522~1566)에 조선에서 복각되었고, 이것이 일본으로 유출된 것을 오늘날의 야마구치 현에 자리한 이와쿠니 번(岩国藩)의 유학자 우쓰노미야 게이사이(宇都宮圭斎, 1677~1724)가 1711년(正徳元)에 훈점과 발문을 붙여 간행하였다. 그는 이토 진사이(伊藤仁斎)의 제자로서, 임진왜란 당시 참전한 깃카와 히로이에(吉川広家, 1561~1625)를 초대 번주로 하는 이와쿠니 번(岩国藩)의 학문을 자리잡게 하였다.

우쓰노미야 게이사이의 발문에는 〈나는 일찌기 시중에서『조선부』

1부를 열람하였다. 출판인이 간행하기를 청하기에, 훈점을 붙여 이를 주었다. 1711년 상원일 우쓰노미야 게이사이 씀〉[181]이라고 되어 있다. 정확한 출판 관련 상황이 알려져 있지 않은 이 초판본에 이어, 오사카 세이분도(星文堂) 본, 1717년 교토 린센도(臨泉堂) 본, 「조선국팔도 지도(朝鮮國八道之圖)」를 붙이고 그 앞의 반엽을 개각한 것 등 3종의 후인본이 나타났다.[182]

우쓰노미야 게이사이는 이토 진사이의 제자이며, 그가 모신 이와쿠니 번의 깃카와 가문(吉川家)은 전국 시대 및 임진왜란 당시 자신들의 활동상을 『음덕태평기(陰徳太平記)』로 정리하여 본가(本家)인 모리 가문에 대하여 자기 어필을 꾀하였다. 『음덕태평기』의 전신인 『음덕기』에는 임진왜란 당시 일본군이 한반도에서 이용하던 실용 회화집 『고려말에 대하여(高麗詞之事)』가 수록되어 있다.[183] 이 밖에도 가마쿠라 시대부터 에도 시대 초기까지 형성된 깃카와 가문의 문서를 집성한 「깃카와 가문 문서(吉川家文書)」는 야마구치 현 이와쿠니 시의 깃카와 사료관에 소장되어 있으며 일본 중요 문화재로 지정되었는데, 이 가운데 임진왜란 및 조선에 관한 문헌도 다수 포함되어 있어서 주목된다.

『명사 조선전』

청 장정옥(張廷玉. 1672~1755) 등이 편찬한 『명사(明史)』 가운데 「조선전(朝鮮傳)」은 독립적으로 일본판이 간행되어 유통되었다. 『명사』 권 320의 「외국전 1」에 해당하는 「조선전」을 추려 내어 새기고 교어(校語)·음주(音)를 두서(頭書)한 것이다. 고이케 곤코(小池崑岡)가 훈점을 붙인 초인본 1책이 1761년(宝曆11)에 간행되었고(大本, 韜光齋), 교토의 분쇼도(文昌堂) 나가타 조베(永田調兵衛)와 나고야의 교쿠쇼도(玉昌堂) 기무라 리에몬(木村理衛門)이 합작 간행한 후인본도 존재한다.[184] 고이케 곤코와 나가타 조베는 『중국정통도춘추지도(中國正統圖春秋地圖)』도 간행하였다(표지 「九皐小池鉉訂」 및 「崑岡小池桓識」, 간기 「書林 京師 錦小路新町西江入 永田調兵衛 尾州 本丁一丁目 菱屋利兵衛 合刻」). 여기에는 「동파지장춘추열국도(東坡指掌春秋列國圖)」와 「중화정통십오세육십사국도(中華正統十五世六十四國圖)」가 수록되어 있다.

일본에서는 『명사』 「조선전」의 유입 시기가 늦어서 임진왜란 담론 형성에 별다른 영향을 주지 못한 반면, 조선에서는 한치윤이 『해동역사』에서 『양조평양록』과 함께 임진왜란 서술의 양대 축으로서 이용하고 있다. 일본판 『명사』 「조선전」에는 수십 개의 두주(頭註)가 실려 있는데, 그 내용은 왜구와 임진왜란에 집중되어 있다. 전쟁사적 관점으로 역사를 바라보고 있었음을 잘 보여 준다. 임진왜란 부분의 두주에서는 임진왜란을 명과 일본 간의 충돌로 파악하고 일곱 번의 큰 전투에서 명이 1번, 일본이 6번 이겼다고 적는다.

칠년 사이에 명과 우리 군대가 여러 차례 싸웠지만 큰 전투는 7차례였고, 명군은 6번 패하였다. 그 첫 번째가 평양의 패전이었다.[185]

고이케 곤코가 명나라의 패전으로 거론하는 6개의 전투는 1592년 음력 6월의 평양 전투, 1593년 음력 1월의 벽제관 전투, 1593년 음력 6월의 진주 전투, 1597년 음력 8월의 남원 전투, 1597년 음력 12월에서 1598년 음력 1월 사이의 울산 전투, 1598년 음력 9월의 사천(신채) 전투이다.

제2장
『징비록』과 세계

이 장에서는 〈전근대 일본에서 임진왜란 문헌이 이렇게 많이 제작된 이유는 무엇인가?〉라는 질문을 설정하고, 〈일본인이 주인공인 삼국지연의·수호전〉을 만들고자 한 전근대 일본인들의 열망이 〈임진왜란 연의〉라 부를 만한 군담 문헌군을 탄생시켰다는 가설을 제시하였다. 일본인과 중국인의 혼혈인 정성공(鄭成功, 1624~1662)이 활약하는 명·청·일본의 전쟁을 배경으로 하는 문헌군과 함께, 전근대 일본에서는 일본인이 등장하는 두 개의 삼국지 연의가 탄생한 것이다.

또 한편으로, 『다이코기』로 대표되는 일본 문헌, 『양조평양록』으로 대표되는 명나라 문헌, 『징비록』으로 대표되는 조선 문헌은 17세기 말에서 18세기 초 사이에 일본에서 하나의 스토리로 집성되었다. 『징비록』이 쓰시마 번 소케의 1683년 장서 목록에서 확인되고 『이칭일본전』에 초록되어 1693년에 간행되었으며 1695년에 교토에서 일본판 『조선징비록』으로 간행되었을 시기인 1690~1692년, 독일인 의사 엥겔베르트 캠퍼가 나가사키 데지마에 머물고 있었다. 그가 집필한 『일본사』(1727)는 그 후 서구인이 일본을 이해하는 근원이 되었다. 또한 1823~1829년 사이에는 역시 독일인 의사 필리프 지볼트(Philipp Franz

von Siebold, 1796~1866)가 데지마에 머물렀으며, 그의 저술『일본
Nippon』(1832~1852)은 러시아와 미국을 포함한 서구권 전역에 일본에
대한 정보를 제공하는 역할을 하였다. 이 장에서는 동양학의 초기 저술
이라 할 이들 문헌에서 임진왜란 및 임진왜란 관련 문헌, 그리고 동중국
해 연안 지역의 고대사가 어떤 식으로 서술되고 있는지도 개괄한다.

제1절 『징비록』과 청·일본

『징비록』과 에도 시대 일본

『징비록』이 일본에서 수용된 양상에 대하여는『일본의 대외 전쟁』제
1부 제1장 제3절「두 번째 충격 — 한국 문헌」및『교감 해설 징비록』(아
카넷, 2013) 해제에서 상세히 검토한 바 있다. 당시 검토하지 못한 내용
들을 이 절에서 다루고자 한다.

이토 도가이의『병촉담』권1에는 조선의 2권본『징비록』이 일본에
유입된 초기 상황에 대한 증언이 실려 있다. 1683년 쓰시마 번 소케의
「덴나 3년 목록」이 성립되고, 가이바라 엣켄이 1687년에 완성한『구로
다 가보(黒田家譜)』에서『징비록』을 이용하고, 마쓰시타 겐린이 1692년
에 간행한『이칭일본전』하지사권에『징비록』의 초록본을 수록하고,
1695년에 가이바라 엣켄의 훈점과 두주를 붙인 4권본『조선징비록』
이 간행되기 전, 이토 도가이의 아버지 이토 진사이는 조선 2권본『징
비록』의 존재는 알고 있었으나 누가 썼는지를 알지 못하고 있었다. 그
의 제자인 미야하라 무네키요(宮原宗清)라는 히고 지역(오늘날의 구마
모토 현)의 학자가 1682년 제7회 조선 사행들에게 질문하여, 류성룡이
『징비록』의 저자임을 확인하였다고 한다. 미야하라 무네키요에 대하여
는 잘 알 수 없다.

『징비록』은 조선인의 저술로, 분로쿠 임진년 변(變)을 기록하였으며 상하 2권이다. 옛날에는 저자의 이름을 잘 알지 못하였다. 덴나 연간에 계림의 사절이 (일본을) 방문하였다. 히고의 학자인 미야하라 무네키요는 돌아가신 아버지의 문인인데, 그가 사절을 만나 저자의 성명을 물었다. 류성룡이라는 사람의 저작이라고 답해 주었다. 류는 당시 계림의 재상이었다. 호를 서애라고 하였다. 『서애집』이 있다. 임진년 일도 수록하였다고 들었다. 아직 그 책을 보지 못하였다. 어떤 사람이 말하기를, 『무비지』에는 류승총(柳承寵)과 이덕형(李德馨) 두 사람이 국왕 이연(李昖)을 미혹하였기 때문에 정치가 늘 좋지 않았다고 적혀 있다고 했다. 이 류승총이라는 사람은 곧 류성룡이다. 승(承)과 성(成)은 발음이 비슷하고 룡(龍)과 총(寵)은 모양이 비슷하기 때문에 오인하여 류승총이라고 적었을 법하다. 5, 6년 전에 조선인의 서한을 입수하였다. 즉 류성룡이 일본의 사사키 다이젠이라는 사람에게 공무로 보낸 답신이다. 그 서한은 별도로 실었기 때문에 여기서는 할애한다.[1]

이 인용문에서 이토 도가이가 『무비지』 기사를 논증한 내용은 『정한위략』 권1에 인용된다(『일본의 대외 전쟁』, 278쪽). 또한, 1584년(萬曆 12)에 류성룡이 사사키 다이젠(佐々木大膳)에게 보냈다고 하는 편지가 이토 가문의 장서인 고의당 문고(古義堂文庫)에 소장되어 있으며, 1721년 이토 도가이의 지어가 적혀 있다.[2] 오와리 번의 유학자였던 오카다 신센이 『동국통감』을 인용하여 각종 사항을 고증한 바 있는 『헤이스이로쿠』에서는 류성룡이 빈 책자에 공 있는 사람들의 이름을 적는 고공책(考功冊) 제도를 운영했다는 『징비록』의 구절[3]을 인용하고 이를 고증한다.[4] 그 밖에 18세기의 초기와 말기를 대표하는 두 명의 학자인 이토 도가이[5]와 고가 세이리(古賀精里, 1750~1817)가 『징비록』에 대한 발문을 남기고 있다. 이 두 글의 내용은 기본적으로 가이바라 엣켄의 양비론과 상통하지만 17~18세기의 이행기에 활동한 가이바라·이토와 18~19세기의 이행기에 활동한 고가 세이리의『징비록』및 임진왜란 인식을 비교하면 적지 않은 차이도 확인된다. 아래에 고가 세이리의 글을 인용한다.

조선은 작은 땅으로 진·한·당에게 공격받고 합병된 바이다. 중국에 일이 많을 때 스스로 왕을 세워 다시는 그 판도에 들어가지 않았다. 만약 금·원 등의 제국의 수도가 팔도에 가까웠다면 병탄되고 멸망되어 속국이 되었을 터이다. 어찌 유약하다고 하지 않을 수 있겠는가? 흥망의 때에 태도를 잘 바꾸어, 앞에서는 복종하다가 뒤에 가서는 반역하는 모습을 보였다. 대국이 이를 취하려 하였으나 명분이 없었으므로, 그 사악함으로 인하여 도요토미 씨의 정벌을 받았으나 실처럼 망하지 않고 이어졌다. 그가 명나라와 화의를 논한 일은 피차에 의견이 엇갈렸으니 오랫동안 비웃음거리가 되었으나, 한국으로서는 하늘의 도움이었다. ……(중략)…… 도요토미 씨가 한국을 통해 명나라를 취하려 한 것은 매우 나쁜 전략이었다. 만약 우리가 군대를 온축하면서, 명나라가 반란군에 의한 내홍과 만주 오랑캐에 의한 외침을 겪는 때에 조금 늦게 군대를 보냈다면, 그리고 멀리 요서 지방이 아니라 오회(吳會), 금릉(金陵), 양회(兩淮)를 먼저 취하고 나서 명나라의 내외가 서로 피폐해진 뒤에 서서히 전쟁을 펼쳤다면 어부지리를 거두어 중원을 석권할 수 있었을 것이다.[6]

위의 인용문은 그의 문집인『세이리 전서(精里全書)』권18「징비록후(懲毖録後)」의 첫 구절이다. 도요토미 히데요시가 명분 없는 전쟁을 벌여서 조선이 멸망하지 않았다는 대전제는 이전의 유학자들과 일치하는 주장이자, 도요토미 정권을 비판하는 도쿠가와 가문의 기본적인 역사관에 충실히 따르는 것이지만, 조선이 한족 및 비한족 역대 왕조에 대해 면

종복배하는 태도를 보였다는 주장에서는 조선에 대한 고가 세이리의 경멸감을 확인할 수 있다. 다만, 제12회 통신사와의 교섭 당시 및 그 이후의 관련 기록에서 그가 이러한 조선관을 전면에 내세운 것 같지는 않다.

또한, 조금만 더 전쟁 개시를 늦췄다가 이자성(李自成)의 난과 홍타이지의 공격으로 명나라가 흔들릴 때, 조선을 통해 화북 지역으로 가는 것이 아니라 일본에서 가까운 강남 지역부터 갔더라면 도요토미 히데요시가 충분히 명나라를 정복할 수 있었을 것이라는 주장에서는, 히데요시의 일본군이 기술적인 한계로 동중국해를 건너지 못하고 조선을 교두보삼아 명나라를 공격하려 했던 16세기 말과는 근본적으로 달라진, 서구 세력의 거대한 함선이 세계의 바다를 누비던 18~19세기 전환기의 시대상이 확인된다. 물론, 명나라에서 이자성의 난이 일어나고 홍타이지가 명나라를 공격할 것이라는 것은 히데요시 시대에는 전혀 예측 불가능한 일이었으므로, 고가 세이리의 이러한 주장은 후대의 결과를 통해 선대를 예측하려는 오류라고 하겠다. 명청 교체기에 조선이 중립을 지켰어야 한다는 현대 한국 일각의 조선 왕조 비판 역시 마찬가지의 오류를 저지르고 있는 것임은 물론이다.

『징비록』과 근대

이처럼 『징비록』은 에도 시대 일본에서 광범위하게 읽혔을 뿐 아니라, 메이지 유신 이후에도 여러 차례 간행이 이루어졌으며, 주일 청국 공사관의 멤버들을 통해 일본판 『조선징비록』이 청나라에 알려지게 되었다. 우선, 메이지 유신 이후 일본에서의 『징비록』 출간 및 관련 사항을 『교감해설 징비록』 및 나카노 히토시(中野等)의 논문[7]에 의거하여 정리하면 다음과 같다. 다음의 목록을 일별하면 확연히 드러나듯이, 『징비록』은 1910년 이전에는 강화도 조약, 청일 전쟁 등의 주요 사건에 맞추어 간행되었으며, 1910년 이후에도 조선 문제에 관심을 가진 일반 독자를 대상으로 한 도쿠토미 소호 등의 번역서와 교양서가 지속적으로 간행되는 한편으로, 이케우치 히로시의 주도하에 『징비록』이 본격적으로 연구에 활용되기 시작한다.

[1876년 2월] 『조선 류씨 징비록 대역 권1(朝鮮柳氏懲毖錄對訳卷之一)』 (長内良太郎-鈴木実역, 含英舍, 東京): 강화도 조약이 맺어진 같은 해 같은 달이다.

[1894년 7월] 『조선징비록(朝鮮懲毖錄)』(山口勗역, 蒼竜窟, 東京): 일본군이 조선 왕궁을 점령한 다음 달이다.

[1894년 가을] 하회의 옥연정사에서 『징비록』과 『서애집』이 재간행되다.

[1897년] 청나라의 양수경이 편찬한 『일본방서지(日本訪書志)』 권6에, 1695년에 교토에서 간행된 『조선징비록』의 해설이 실리다.

[1902년] 하야시 다이스케(林泰輔), 「징비록」, 『사학잡지(史学雜誌)』 13-9.

[1911년] 『일한고적(日韓古蹟)』(奥田鯨洋 편저, 京城, 日韓書房)의 부록에 『징비록』이 실려 있다.

[1913년] 『조선군서대계 속속(朝鮮群書大系續々)』 제1권 『징비록』(釈尾春芿編, 朝鮮古書刊行會, 1913, 京城).

[1913년] 가와이 히로타미(河合弘民), 「해정창 전투에 관한 징비록의 오류(海汀倉の戰に関する懲毖録の誤謬)」, 『사학잡지』 24-7.

[1913년] 이케우치 히로시(池内宏), 「함정호의 말에 의거한 징비록 기사를 검토하여 가와이 학사의 교시에 답한다(咸廷虎の言に拠れる懲毖録の記事を検覈して河合学士の示教に答ふ)」, 『사학잡지』 24-8.

[1913년] 가와이 히로타미, 「다시 징비록의 오류에 대하여 이케우치 학사에게 답하다(再び懲毖録の誤謬に就て池内学士に答ふ)」, 『사학잡지』 24-10.

[1914년] 참모 본부 편, 『일본전사 조선역(日本戰史朝鮮役)』(偕行社).

[1914년] 이케우치 히로시, 『분로쿠·게이초의 역 정편 제일(文祿慶長の役 正編第一)』(南滿州鐵道).

[1921년] 『통속조선 문고(通俗朝鮮文庫)』 제5권 『징비록』[나가오 나오히코(長野直彦) 역, 自由討究社, 1921, 東京].

[1921년] 도쿠토미 소호, 『근세 일본 국민사 도요토미씨 시대 조선역 상중하(近世日本国民史 豊臣氏時代 朝鮮役 上中下)』(民友社, 1921~1922).[8]

[1927년] 이나바 이와키치(稻葉岩吉), 「초본징비록에 대하여(草本懲毖録に就て)」, 『사학(史学)』 6-1.

[1931년] 마쓰다 고(松田甲), 『일선사화(日鮮史話)』 2 (朝鮮総督府, 1931)의 부록에 『징비록』이 실려 있다.

[1936년] 이케우치 히로시, 『분로쿠·게이초의 역 별편 제일(文祿慶長の役 別編第一)』(東洋文庫).

[1936년] 『조선사료총간(朝鮮史料叢刊)』 11 (朝鮮総督府, 1936, 京城)에 초본 『징비록』의 영인과 해제가 실리다.

[1936년] 호소이 하지메(細井肇) 편저, 『조선총서(朝鮮叢書)』(朝鮮問題研究会, 1936, 東京) 권2에 『징비록』(나가오 나오히코 역)이 실리다.

한편 위의 리스트 가운데 1897년 항목에는, 1877년에 개설된 청국 공사관의 정사 하여장(何如璋, 1838~1891)을 따라 방일한 주일흠차수원(駐日欽使隨員) 양수경(楊守敬, 1839~1915)의 『일본방서지』가 보인다.[9] 양수경은 가와구치 조주가 『정한위략』에서 안방준의 『은봉야사별록』의 십만양병설 논의를 인용하여 류성룡을 비판한 대목을 끌어 와서는, 명나라 측 문헌이 류성룡을 비판한 것에 이유가 없지는 않았다고 논하는 한편, 1695년 교토에서 간행된 일본판 『조선징비록』에 수록된 류성룡의 서문을 이용하여 『양조평양록』 및 『무비지』의 류성룡·조선 비판을 부정한다. 이는『일본의 대외 전쟁』제1부 제1장 제8절 「19세기의 임진왜란 문헌군 — 쓰시마 번과 미토 번」에서 검토한 바와 같이 큰 틀에서 미토학의 임진왜란·류성룡 논의를 계승하는 것이다. 이와 같은 논의 뒤에 양수경은『조선징비록』에 수록된 가이바라 엣켄의 서문을 인용한다.[10]

『일본방서지』는 동중국해 연안 지역의 문헌 교류사에서 중요한 위치를 점하는 문헌이다. 여기에 수록된 전체 문헌을 소개하는 것은 피하고,[11]『징비록』이외의 조선과 일본 판본, 그리고 조선 판본에 대한 언급이 보이는 문헌만을 추리면 다음과 같다.

  [권2]
  『논어집해(論語集解)』10권 (일본 간본)[12]
  『중용집략(中庸集略)』2권 (조선 간본)[13]

  [권4]
  『괴본배자통병예부음주(魁本排字通併禮部韻注)』5권 (원 간본에 일본인의 발문이 수기되어 있음)[14]
  『용감수감(龍龕手鑒)』8권 (조선 간본)[15]

  [권6]
  『조선국대전통편(朝鮮國大典通編)』6권 (조선 간본)[16]
  『동국사략(東國史略)』6권 (조선 간본의 중국 중각본)[17]

  [권7]
  『승제통변산보(乘除通變算寶)』2권,『법산취용본말(法算取用本末)』1권,『속고전기산법(續古摘奇算法)』2권,『전무비류승제첩법(田畝比類乘除捷法)』2권 (조선 간본)[18]

[권9]

『경사증류대관본초(經史證類大觀本草)』 31권 (원 간본)[19]

『갈선옹주후비급방(葛仙翁肘後備急方)』 8권 (명 간본)[20]

[권10]

『부인대전양방(婦人大全良方)』 24권 (조선 간본의 일본 필사본)[21]

『어약원방(御藥院方)』 11권 (조선 간본)[22]

『전씨소아약증직결(錢氏小兒藥證直訣)』 3권 (송 판본)[23]

[권11]

『부음증광고주몽구(附音增廣古注蒙求)』 3권[24]

[권12]

『이선주문선(李善注文選)』 60권 (송 간본)[25]

[권13]

『문장궤범(文章軌範)』 7권 (조선 간본)[26]

『문장궤범(文章軌範)』 7권 (원 간본의 번각본)[27]

『영규율수(瀛奎律髓)』 49권 (조선 간본)[28]

『당시고취(唐詩鼓吹)』 10권 (조선 간본)[29]

『정선당송천가연주시격(精選唐宋千家聯珠詩格)』 20권 (조선 간본)[30]

[권14]

『번천문집(樊川文集)』 잔본 2권 (조선 간본)[31]

『왕형문공시주(王荊文公詩注)』 50권 (조선 간본)[32]

『산곡시주(山谷詩注)』 20권, 『목록』 1권, 『연보』 부 『외집시주(外集詩

注)』17권, 『서목(序目)』1권, 『연보』부『별집』2권 (조선 간본)[33]

『회암선생주문공시집(晦庵先生朱文公詩集)』10권 (조선 간본)[34]

『조선부(朝鮮賦)』1권 (조선 간본)[35]

[권15]

『고려간본 대장경(高麗刊本大藏經)』 6,467권[36]

북송 시대의 정치가이자 학자였던 구양수(歐陽修, 1007~1072)가 「일본도가(日本刀歌)」에서 〈서복이 일본에 간 것은 아직 분서갱유 이전이어서, 중국에서 잃어버린 책 100편이 여전히 일본에 존재한다. 일본은 법령이 엄하여 이들 책을 중국에 전하게 하지 않으니, 세상 사람들 가운데 고문을 아는 사람이 없다(徐福行時書未焚, 逸書百篇今尚存, 令嚴不許伝中國, 擧世無人識古文)〉라고 읊은 이래,[37] 한인들이 자국에서 소실된 고문헌을 일본 열도에서 찾을 수 있으리라는 기대를 가졌음은 잘 알려진 사실이다. 이처럼 한인(漢人)들이 꿈꾸던 〈일실 문헌의 보고〉 일본의 이미지에 에도 시대 후기의 대표적인 유학자인 하야시 줏사이(林述斎, 1768~1841)가 『일존총서(佚存叢書)』로서 화답하고, 메이지 유신 이후 여서창과 양수경이 일실 문헌을 일본에서 찾겠다는 한인 지식인들의 로망을 『고일총서(古逸叢書)』와 『일본방서지』라는 형태로 실현시키기에 이르렀다.[38] 하야시 줏사이는 1799~1809년 사이에 『일존총서』 17종 60책을 간행하였으며, 여기에 포함된 문헌은 아래와 같다.

[제1질(第一帙)]

『고문효경(古文孝經)』 [一卷 漢 孔安國 傳 寬政十一年 刊]

『오행대의(五行大義)』 [五卷 隋 蕭吉 撰 寬政十一年 刊]

『신궤(臣軌)』 [二卷 唐 則天武后曌 撰 唐 闕名 注 寬政十一年 刊]

『악서요록(樂書要錄)』 [殘三卷 唐 則天武后曌 撰 寬政十一年 刊]

『양경신기(兩京新記)』 [殘一卷 唐 韋述 撰 寬政十一年 刊]

『이교잡영(李嶠雜詠)』 [二卷 唐 李嶠 撰 寬政十一年 刊]

[제2질(第二帙)]

『문관사림(文館詞林)』 [殘四卷 唐 許敬宗 等奉敕輯 寬政十三年 刊]

『문공주선생감흥시(文公朱先生感興詩)』 [一卷 武夷櫂歌一卷 宋 朱熹 撰 宋 蔡模 注 宋 陳普 注武夷櫂歌 寬政十三年 刊]

『태헌역전(泰軒易傳)』 [六卷 宋 李中正 撰 寬政十三年 刊]

『좌씨몽구(左氏蒙求)』 [一卷 元 吳化龍 撰 寬政十三年 刊]

[제3질(第三帙)]

『당재자전(唐才子傳)』 [十卷 元 辛文房 撰 亨和三年 刊]

『왕한림집주황제팔십일난경(王翰林集註黃帝八十一難經)』 [五卷 明 王 九思 集注 亨和三年 刊]

[제4질(第四帙)]

『몽구(蒙求)』 [三卷 唐 李瀚 撰 文化三年 刊]

『최사인옥당류고(崔舍人玉堂類藁)』 [二十卷 西垣類藁二卷 附一卷 宋 崔 敦詩 撰 文化四年 刊]

[제5질(第五帙)]

『주역신강의(周易新講義)』 [十卷 宋 龔原 撰 文化五年 刊]

[제6질(第六帙)]

『송경문공집(宋景文公集)』 [殘三十二卷 宋 宋祁 撰 文化七年 刊]

한편 『고일총서』는, 청나라의 초대 주일공사 하여장(何如璋)에 이어 1881년에 부임한 여서창(黎庶昌, 1837~1897)이, 이전부터 양수경이 수집하고 있던 희귀 문헌 200권 26종을 1884년에 공사관에서 간행한 것이다. 당대 일본 최고의 각수(刻手)라 칭해지던 제4대 기무라 가헤이(木村嘉平)가 글자를 새긴 것으로도 유명하다.[39] 『고일총서』에 수록된 문헌의 목록은 다음과 같다.

[제1책] 『이아(爾雅)』 [影宋蜀大字本]

[제2~3책] 『곡량전(穀梁傳)』 [影宋紹熙本]

[제4~5책] 『논어집해(論語集解)』 [覆正平本]

[제6~7책] 『역정전(易程傳)』 및 『계사정의(繫辭精義)』 [覆元至正本]

[제8책] 『당개원어주효경(唐開元御注孝經)』 [覆舊抄卷子本]

[제9책] 『노자주(老子注)』 [集唐字]

[제10~13책] 『순자(荀子)』 [影宋台州本]

[제14~18책] 『장자주소(莊子注疏)』 [影宋本]

[제19~20책] 『초사집주(楚辭集注)』 [覆元本]

[제21책] 『상서석음(尙書釋音)』 [影宋蜀大字本]

[제22~23책] 『원본옥편영본(原本玉篇零本)』 [影舊抄卷子]

[제24~25책] 『중수광운(重修廣韻)』 [覆宋本]

[제26~27책] 『광운(廣韻)』 [覆元泰定本]

[제28~29책] 『옥촉보전(玉燭寶典)』 [覆舊抄卷子本]

[제30~31책] 『문관사림(文館詞林)』 [影舊抄卷子本]

[제32책] 『조옥집(琱玉集)』 [影舊抄卷子本]

[제33책] 『성해(姓解)』 [影北宋本]

[제34책] 『운경(韻鏡)』 [覆永祿本]

[제35책] 『일본현재서목(日本見在書目)』 [影舊抄卷子本]

[제36책]『사략(史略)』[影宋本]

[제37책]『한서(漢書)』「식화지(食貨志)」[影唐寫本]

[제38책]『급취편(急就篇)』[仿唐石經體寫本]

[제39~46책]『초당시전(草堂詩箋)』,『외집(外集)』,『보유(補遺)』,『전서비명(傳序碑銘)』,『목록(目錄)』,『연보(年譜)』,『시화(詩話)』[覆麻沙本]

[제47책]『갈석조유란(碣石調幽蘭)』[影舊抄卷子本]

[제48책]『천태산기(天台山記)』[影舊抄卷子本]

[제49책]『태평환우기보궐(太平寰宇記補闕)』[影宋本]

이처럼 구양수의 「일본도가」는 700년 만에 청일 양국 지식인 계급에 의해 현실화되었다. 그런데 이익은 『성호사설(星湖僿說)』제26권 「경사문(經史門)」 「일본도가」에서 구양수의 이 시를 소개한 뒤에, 구양수의 기대는 헛된 것이라고 비판하고 있다.

이는 대개 전문(傳問)의 그릇됨이다. 우리나라 지역이 일본과 더불어 접근해 있으므로 그 나라에서 간행된 서적은 왕왕 얻어서 본다. 진북계(陳北溪)의 『성리자의(性理字義)』같은 것도 중국에서는 구득하지 못하는데 일본에서 구득했고, 또 우리나라 『이상국집(李相國集)』같은 것도 본국에서는 유실되었는데 그쪽에는 전해 있다. 그러나 그 풍속이 무비(武備)를 숭상하고 문예를 뒤로 하며 근자에 와서는 지극히 문사(文詞)를 과장하고자 하나 오히려 고경(古經)이 보존되어 있다는 것을 보지 못했다. 만약 있다면 그들이 반드시 청구해 오기를 기다리지 아니하고 자랑삼아 전파한 지가 오래였을 것이다. 그 〈명령이 엄하여 전하지 못한다〉라는 것은 과연 무슨 모계(謀計)이기에 그처럼 단속한 것일까? 중국의 동떨어진 지역과의 유전(流傳)에 대하여 현혹하기 쉬움이 이 같으니 심히 가소로운 일이다.[40]

즉, 한반도에서 유실된 문헌이 간혹 일본에 남아 있다는 사실은 확인되지만, 구양수가 기대하는 것처럼 귀중한 경전이 대량으로 남아 있지는 않다는 것이다. 예전에는 일본인이 문(文)을 천시하고 무(武)만 숭상했기 때문에 이런 귀중한 경전을 보존했을 리가 없다. 최근에는 그러한 책을 해외 국가들에 자랑하는 경향이 있으니, 만약 남아 있다면 이미 자랑했으리라는 것이다. 실제로 아메노모리 호슈도 이와 동일한 논리에서, 중국에서 일실된 문헌이 일본에 남아 있을 리가 없다고 신유한에게 말한 바 있다고, 이덕무가 『청장관전서』 56 「앙엽기 3 일본도가」에서 적고 있다. 다만, 이덕무가 〈한스러운 것은 중국 사람들에게 이것을 알리지 못하는 일이다〉라고까지 분개하는 이유는 잘 알 수 없다.

청천 신유한이 일본에 들어갔을 때에 아메노모리 도[상고하건대 아메노모리(雨森)는 성(姓)이요 도(東)는 이름으로 일본 쓰시마주(對馬州) 서기(書記)였다]에게 묻기를, 〈서복이 바다에 들어간 것은 진시황이 시서(詩書)를 불사르기 전의 일입니다. 그러므로 세상에 전해지기를, 일본에 고문(古文)의 진본(眞本)이 있다고 합니다. 그러나 지금까지 수천 년에 이르도록 그 서적이 천하에 나오지 않는 것은 무슨 이유입니까?〉 하니, 아메노모리 도가 말하기를, 〈구양자(歐陽子)도 말한 바는 있으나 다 이치에 맞지 않습니다. 왜냐하면 성현의 경전(經傳)은 바로 천지 사이의 지극한 보배로서, 귀신도 비밀히 하지 못하는 것입니다. 그러므로 『고문상서』가 노(魯) 나라 공씨벽(孔氏壁)에서 나오기도 하고 뱃머리[舫頭]에서 나오기도 하였습니다. 그러니 일본이 비록 바다 가운데 있는 나라이긴 하지만 그런 것이 세상에 나오지 않을 수는 없습니다. 일본인들은 항상 남에게 자랑하기를 좋아하므로 만약 선성(先聖)의 유적(遺籍)을 이곳에 소장하고 있어 천만세의 기화(奇貨)가 될 수 있다면 비록 특별히 방금(邦禁)을 세웠다 하더라도 반드시 그 전매(專賣)함을 막을 수 없었을 터인데, 더구나 처음부터 금법을 설치하지 않았음에리까〉 하였다. 일본인의 말이 이와 같이 명백하다면 공안(公案)으로 삼을 만하다. 그러나 한스러운 것은 중국 사람들에게 이것을 알리지 못하는 일이다.[41]

에도 시대 중기의 유학자인 야마노이 데이(山井鼎)가 편찬한 『칠경맹자고문(七経孟子考文)』이 청나라에 전해진 사실을 지금까지도 선전하는 일부 일본 학계의 모습을 보면, 이익이나 아메노모리 호슈의 주장에도 일리가 있다. 물론, 중일 문화 교류 연구의 대가인 오바 오사무(大庭修)가 다음과 같이 진솔하게 적고 있듯이, 일본 학계 내에서도 이러한 호들갑에 일침을 가하는 목소리는 당연히 존재한다.

1881년 10월에 주일 전권 공사로서 방일한 여서창은, 일본에 전래되는 중국의 진귀한 서적 26종 200권을 모아 양수경에게 교열시키고, 82~84년 사이의 시간을 들여서 『고일총서』를 간행하였다. 그 가운데에는 구초본(舊鈔本) 『옥촉보전』 11권, 구초권자본(舊鈔卷子本) 『문관사림』 13권 반, 구초권자본 『조옥집』 2권 등도 포함되어 있으므로, 여씨가 그 존재에 놀랐음에는 의문의 여지가 없다. 에도 시대에는 『칠경맹자고문보유』나 다자이 슌다이(太宰春台)의 『고문효경』 등이 주목받았다는 사실 역시 별도로 논한 바이다. 일본에서 고전적이 잘 보존되었다는 것은 확실히 하나의 특색이다. 그러나, 그렇다면 일본에서는 일서(逸書)가 잘 보존되었고, 중국에서는 전적이 상실되었다고 말할 수 있는 것일까?

나는 여서창·양수경 등이 놀란 이유는, 중국이 아닌 지역, 극동의 일개 소국치고는, 굳이 말하자면 〈동이(東夷)〉치고는 잘 남아 있다, 뜻밖에도 잘 남아 있다는 것이 아니었을까 생각한다. 구체적으로 말하면, 중국에는 『사고 전서』를 편찬하기 위해 각 지방에 제출한 『각성진정서목(各省進呈書目)』, 현재의 명칭으로는 『사고채진서목(四庫採進書目)』이 중국에서 고전적이 보존된 증거라는 것이다. 돈황 석실에 남은 문헌은 매우 특수한 사례라고는 해도 역시 중국 내부에서 일어난 현상이며, 마왕퇴 백서를 비롯해서 출토 문물 가운데 보이는 전적은 정말로 놀랍지 않은가.[42]

여기서 문제가 되는 『칠경맹자고문』은 야마노이 데이가 교호(享保, 1716~1736) 연간에 아시카가 학교 유적(足利学校遺跡)에 소장된 고판본을 3년간 교합한 끝에 『역경』, 『서경』, 『시경』, 『예기』, 『춘추』, 『논어』, 『효경』, 『맹자』의 이동(異同)을 밝혀 1726년에 주군에게 헌상한 것이다. 야마노이는 이 작업의 피로로 인하여 2년 뒤에 사망하였으나, 그의 주군으로부터 그의 원고를 헌상받은 막부는 오규 소라이의 동생인 오규 붓칸(荻生物觀)에게 이를 보완하게 하여 1731년에 간행하였다. 이것이 청나라에 건너가서 완원(阮元) 등이 이를 접하였고 『사고 전서(四庫全書)』에도 수록되었다. 『칠경맹자고문』에 대한 완원과 이덕무의 견해를, 이덕무의 손자 이규경이 『오주연문장전산고』「경사편 1 경전류 1 경전총설 역대 석경에 대한 변증설(일본 야마이 곤론이 지은 칠경맹자고문에 대한 변증설을 붙임)[歷代石經辨證說(附日本山井鼎七經孟子考文辨證說)]」에 수록하였다.

청나라 완원(阮元)의 『연경실집(研經室集)』에 실린 「각칠경맹자고문서(刻七經孟子考文序)」에, 〈『사고 전서』에 일본인 야마노이 데이가 지은 『칠경맹자고문』과 『붓칸 보유(物觀補遺)』를 아울러 모두 2백여 권을 새로 더 넣었는데, 내가 경사(京師)에 있을 때 겨우 사본만을 보았고, 절강에 사신으로 가서 양주 강씨(揚州江氏) 수월독서루(隨月讀書樓)의 소장본을 보니, 이는 일본의 원판으로서 태지의 인본(印本)이었다. 나는 그것을 가지고 항주로 돌아와 여러 경서와 비교해 교열한 결과 자못 동이(同異)한 점이 많았다. 야마노이 데이가 말한 송본(宋本)은 더러 한·진(漢晉)의 고적

(古籍) 및 석문별본(釋文別本)·악가제본(岳珂諸本)과 부합되고, 이른바 고본(古本) 및 아시카가본(足利本)을 기타 다른 본과 비교함에 마침내 당 나라 이전 별행본(別行本)이니, 오규 소라이 서(物茂卿序)에, 〈당 나라 이 전 왕 단길(王段吉)이 여러 사람들의 소장인 옛 박사(博士)들의 책을 수집 했다〉고 이른 것이 실로 망언이 아니다. ……(중략)…… 야마노이 데이의 무리가 오직 같고 다른 점을 자세히 기록하기는 했으나 옳고 그른 것을 제대로 분간하지 못했으니 이 모두가 재력에 한계가 있어서이다. 그러나 3년 동안이나 노력하면서 병이 나 사경에 이르렀으니 이와 같이 성경(聖 經)에 공을 들인 것이 또한 가상한 일이다〉하였다.

나는 상고하건대, 경학(經學)에 고심하는 야마노이 데이는 섬 오랑캐 중에 가장 훌륭하다. 일본에 선진(先秦)의 고서가 있다는 것은 대개 진 나 라 사람 서불(徐市)이 왜국에 들어가 머물게 된 까닭이니, 이는 구양공(歐 陽公)의 「일본도가」가 그렇게 만든 것이다. 우리 할아버지 청장공(靑莊 公)이 지은 『앙엽기(盎葉記)』에 이미 역대의 의심나는 것을 풀었는데, 야 마노이 데이의 소장은 역시 선진의 고경이 아니다.[43]

비록 『칠경맹자고문』과 같은 사례가 있었지만, 이른바 서불이 가지고 간 일서가 일본에 많이 있으리라는 믿음의 실상은 오바 오사무가 지적 한 바와 같다. 조선 후기의 이익 역시 마찬가지 관점에서 중국인과 일본 인을 동시에 비판한 뒤, 한반도에 중국의 귀중한 전적이 남아 있었으나 오늘날에는 전하지 않는다고 한탄한다.

한무구(韓無咎)의 말에, 〈고려에서 일찍이 불타지 않은 육경(六經)을 진상하자 신종(神宗)이 곧 발간하여 반포하려고 했는데, 왕개보(王介甫) 가 그 신경(新經)이 파괴될 것을 두려워하여 아뢰어 중지했고 판본도 역 시 전해지지 못했다〉하였다. 주자는 이에 대하여, 반드시 이런 일이 있지 않았다고 했었지만 우연지(尤延之)는 〈『맹자』의 《인(仁)이란 바로 인(人)이다》의 장(章) 아래에, 고려본(高麗本)에는 《의(義)란 의(宜)요, 예(禮)란 이(履)요, 지(智)란 지(知)요, 신(信)이란 실(實)인데, 합하여 말하면 도(道)이다》고 한 바, 주자는 도리어 이 말이 근사하다 하여 금주(今註) 속에 채택해서 기록했다〉고 말했다. 이로써 보면 고려의 진본(眞本)이 반드시 있지 않은 것이 아닌데 지금은 볼 수 없으니 어찌 매우 한탄스러운 일이 아닌가?[44]

잘 알려져 있듯이, 남송의 주희(朱熹)는 『맹자집주(孟子集注)』 권14 「진심장구 하(盡心章句下)」의 〈인야자, 인야. 합이언지, 도야(仁也者, 人也. 合而言之, 道也)〉라는 구절에 대해 〈어떤 주석에는, 외국본 『맹자』에는 《인야(人也)》 뒤에 《의야자, 의야. 예야자, 리야. 지야자, 지야. 신야자, 실야(義也者宜也, 禮也者履也, 智也者知也, 信也者實也)》라는 스무 글자가 보인다, 라고 되어 있다. 생각건대, 이렇게 되면 이치가 매우 분명해지지만, 진위는 잘 알 수 없다〉[45]라는 주석을 붙였다. 이와 호응하는 것이 『주자어류(朱子語類)』 권133 「본조 7(本朝七)」의 다음 구절임도 역시 잘 알려진 사실이다. 〈우연지(尤延之)의 글에 《고려본(高麗本) 『맹자』 「인야자, 인야」 장에는 「의(義)는 의(宜)이고, 예(禮)는 이(履)이고, 지(智)는 지(知)이고, 신(信)은 실(實)이니, 합하여 말하면 도(道)이다」라고 되어 있다》라고 하였다. 이는 그럴 듯하다〉.[46] 이 두 문장을 비교하면, 『맹자집주』에서 말한 어떤 사람이란 곧 주희와 교류가 있었던 우연지이고, 외국본은 곧 고려본임을 알 수 있다.

이러한 사정은 당연히 조선 시대 저술가들의 주목을 받아서, 숱한 문헌에서 관련 언급이 확인되는데, 주희의 『사서집주』가 지니는 권위로 인해, 중국에서 산일된 문헌이 고려에 존재했다는 사실 자체가 부정되는 경우는 거의 없는 것 같다. 예를 들어, 안정복은 『동사강목』 959년(고려

광종 10년) 조에서 위에 인용한 『주자어류』의 구절을 인용한 뒤, 〈지금 『맹자집주』에 그것을 실었는데 지금 그 본이 없으니, 우리 나라 책이 많이 없어졌음이 실로 한탄스럽다〉[47]라고 적고 있다.

이상과 같이 당대 중국에 존재하지 않은 회귀본이 고려에 존재한다는 믿음이 중국 측에 존재했을 가능성을 제기하는 것이, 송나라가 고려에 존재하는 회귀본을 요청하는 『고려사』 1091년(선종 8년) 조의 유명한 기사이다.[48] 『고려사』 기사에 등장하는 책들은, 송나라가 고려에 있으리라고 기대한 것일 뿐, 이들 책이 실제로 고려에 존재한다는 것은 아니다. 그러나, 임동석이 유향 『설원』의 번역본 해제에서 다음과 같이 서술하듯이, 고려에 상당한 수의 일서가 존재하였으며 이들 문헌이 중국으로 역수입되었음은 사실이다.

> 『설원』은 서한 때에 유향(대략 기원전 77~6)이 찬집한 필기류의 역사 고사집이다. ……(중략)…… 『설원』 20권은 북송 초에 잔권 5권만이 남아 있었으나, 증공의 집보로 20권의 639장으로 모습이 복원되었다. ……(중략)…… 육유의 『위남집』에는 이덕추의 말을 인용하여, 증공이 얻은 것은 〈반질편〉이 빠진 것이어서, 〈수문편〉을 상하로 나누어 20권으로 하였던 것이며, 뒤에 〈고려본〉이 들어와서야 비로소 全書의 면모가 갖추어졌다고 하였다. ……(중략)…… 『고려사』에는 1091년에 이자의 등이 송나라로부터 돌아와 송 철종의 요구에 의해 아주 많은 양의 도서를 보낸 기록이 실려 있다. ……(중략)…… 중국에서는 이들을 바탕으로 자신들의 책을 교정, 부사하여 태청루 천장각에 보관하였다고 했다. 따라서 『위남집』에 〈고려본〉이라 한 것은 이때 들어간 것이 아닌가 한다.[49]

이상과 같이, 송대 한인들이 동중국해 연안 지역의 한반도와 일본 열도에 품은 로망은, 한편으로는 〈고려본〉의 역수입을 통해, 또 한편으로는 청·일 양국 지식인의 직간접적 협력으로 탄생한 『일존총서』와 『고일총서』를 통해 실현되었다고 할 수 있다.

청·일 지식인의 교류와 조선

일본에 청국 공사관이 개설된 1877년을 전후로 하여 청나라와 일본의 정치인과 지식인들은 빈번하게 교류를 갖게 되었다. 그 과정에서 주일흠차수원 양수경은 『일본방서지』(1897년 간행)를, 공사관 참찬 황준헌은 『조선 책략(朝鮮策略)』, 『일본국지(日本国志)』(1898년 완성), 『일본잡사시(日本雜事詩)』[50]를 집필하였다. 그런데 잘 알려져 있는 바와 같이, 『고종실록』 1880년(고종 17년) 9월 8일 기사에는 수신사 김홍집이 일본에 있을 때 황준헌으로부터 『조선 책략』을 받았음이 적혀 있다. 아래 대회에서 고종은 청과 일본이 조선으로 하여금 러시아를 경계하라고 하는 진의를 의심하고 있다.

하교하기를, 〈수신사 편에 가지고 온 책자는 청나라 사신이 전한 것이니, 그 후한 뜻이 일본보다 더하다. 그 책자를 대신(大臣)도 보았는가?〉 [김홍집(金弘集)이 수신사로 일본에 갔을 때 청나라 공서 참찬(公署參贊) 황준헌을 만났는데, 그가 쓴 『조선 책략』 1책을 증정하므로 가지고 돌아와 임금이 열람하도록 올렸었다] 하니,

이최응이 아뢰기를, 〈일본이 오히려 이처럼 성의를 다하는데 청나라 사람이야 더 말할 나위가 있겠습니까? 반드시 들은 것이 있었기 때문에 우리나라로 하여금 대비하게 하는 것입니다. 우리나라의 인심은 본래부터 의심이 많아 장차 그 책을 덮어 놓고 연구하지도 않을 것입니다〉 하였다.

하교하기를, 〈그 책을 보니 과연 어떻던가?〉 하니,

이최응이 아뢰기를, 〈신이 과연 그 책을 보았는데, 그가 여러 조항으

로 분석하고 변론한 것이 우리의 심산(心算)과 부합되니, 한 번 보고 묶어서 시렁 높이 얹어 둘 수는 없습니다. 대체로 러시아는 먼 북쪽에 있고 성질이 또 추운 것을 싫어하여 매번 남쪽을 향해 나오려고 합니다. 다른 나라의 경우에는 이득을 보려는 데 지나지 않지만 러시아 사람들이 욕심내는 것은 땅과 백성에 있으며, 우리나라의 백두산(白頭山) 북쪽은 바로 러시아의 국경입니다. 비록 큰 바다를 사이에 둔 먼 곳이라도 한 척의 돛단배로 순풍을 타면 오히려 왕래할 수 있는데, 하물며 두만강(豆滿江)을 사이에 두고 두 나라의 경계가 서로 접한다면 더 말할 것이 있겠습니까? 보통 때에도 숨 쉬는 소리까지 서로 통할 만한데 얼음이 얼어붙으면 비록 걸어서라도 건널 수 있을 것입니다. 바야흐로 지금 러시아 사람들은 병선 16척을 집결시켰는데 배마다 3천 명을 수용할 수 있다고 합니다. 만약 추워지게 되면 그 형세는 틀림없이 남쪽으로 향할 것입니다. 그 의도를 진실로 헤아릴 수 없으니, 어찌 대단히 위태롭지 않겠습니까?〉 하였다.

하교하기를, 〈일본 사람들의 말을 보면, 그들이 두려워하는 바는 러시아로서 조선이 대비하기를 요구하는 듯하지만, 사실은 조선을 위한 것이 아니라 그들 나라를 위한 것이다〉 하니,

이최응이 아뢰기를, 〈사실은 초(楚) 나라를 위한 것이고 조(趙) 나라를 위한 것은 아닌 것 같습니다. 조선이 만일 방비하지 않으면 그들 나라가 반드시 위태롭기 때문입니다. 비록 그렇더라도 우리나라야 어찌 러시아 사람들의 뜻이 일본에 있다고 핑계대면서 심상하게 보고만 있겠습니까? 지금 성곽과 무기, 군사와 군량은 옛날만 못하여 백에 하나도 믿을 것이 없습니다. 마침내 비록 무사하게 되더라도 당장의 방비를 어찌 조금이라도 늦출 수 있겠습니까?〉 하였다.

하교하기를, 〈방비 대책은 어떠한가?〉 하니,

이최응이 아뢰기를, 〈방비 대책에 대하여 우리 스스로가 어찌 강구한 것이 없겠습니까마는, 청나라 사람의 책에서 논한 것이 이처럼 완벽하고

이미 다른 나라에 준 것은 충분한 소견이 있어서 그런 것입니다. 그 중 믿을 만한 것은 믿고 채용해야 할 것입니다. 그러나 우리나라 사람들은 틀림없이 믿지 않을 것이니, 장차 휴지가 되고 말 뿐입니다. 지난 6월에 미국[米利堅] 사람들이 동래부(東萊府)에 왔었는데 본래 원수진 나라가 아니었으므로 그들이 만약 서계(書契)를 동래부에 바친다면 동래부에서 받아도 잘못될 것은 없으며, 예조(禮曹)에 바친다고 한다면 예조에서 받아도 역시 괜찮았을 것입니다. 그러나 서양 나라라고 해서 거절하고 받지 않았기 때문에 이내 신문지상에 널리 전파되어 마침내 수치가 되고 모욕을 당하게 된 것입니다. 미국에 대해 무슨 소문을 들은 것이 있어서 원수진 나라라고 하겠습니까? 먼 지방 사람을 회유하는 의리에 있어서 불화가 생기지 않도록 해야 할 듯합니다〉[51]

당시 조선과 청의 외교관들이 일본에서 접촉한 인사들 중 주목할 만한 인물이, 19~20세기에 걸쳐 한학자·양학자·해방론자·법률가·교육자로 활동한 미시마 주슈(三島中洲, 1831~1919)이다. 현재의 구라시키 시에서 출생한 그는, 빗추 마쓰야마 번(備中松山藩)의 유학자 야마다 호코쿠(山田方谷, 1805~1877)에게 입문하여 한학을 배웠다. 야마다 호코쿠는 〈원래 개국 교역론자였으나, 조정과 막부의 일치 체제를 창출하기 위해 양이(攘夷)를 결행할 것을 주장하게 되었다. 그러나 개국은 피할 수 없다는 고메이 덴노(孝明天皇)의 입장이 밝혀진 뒤에는, 서구 세력을 일방적으로 받아들일 것이 아니라, 무력 행사를 꺼리지 말고 대외 침략을 해야 한다고 주장하였다. 1863년(文久3)에 가쓰로 고고로(桂小五郎) 즉 후일의 기도 다카요시(木戸孝允, 1833~1877)의 소개로 쓰시마 번의 오시마 도모노조(大島友之允, 1826~1882)를 만나 조선 공격에 대해 논의하였다〉.[52] 1847년에 야마다 호코쿠가 서양 포술을 마쓰야마 번에 도입하기 위해 이웃 쓰 번(津藩)에 갔을 때 주슈도 동행하였다. 쓰 번에 유

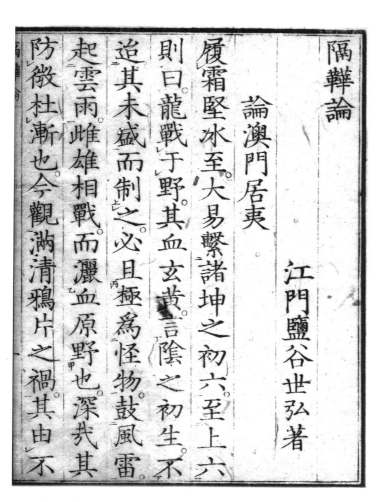

隔鞾論

論澳門居夷

江門鹽谷世弘著

履霜堅冰至。大易繫諸坤之初六至上六
則曰龍戰于野其血玄黄言陰之初生不
迨其未蔵而制之必且極爲怪物鼓風雷
起雲雨雌雄相戰而灑血原野也深我其
防微杜漸也今觀滿清鴉片之禍其由不

삽화 8 시오노야 도인의 해방론 서적인 『격화론(隔鞾論)』. 포르투갈이 마카오를 점령한 사실을 논하고 있다. 필자 소장학 중이던 1855년(26세), 시마 도바(志摩鳥羽)에 표착한 청국 배를 둘러 싼 소문에 대해 자신의 해방론을 기술한 것이 『둔병책(屯兵策)』[53]이다.

이와 같은 수학 기간에 미시마 주슈는 사이토 세쓰도(斎藤拙堂, 1797~1865)의 『해방책(海防策)』과 『러시아기략(魯西亜記略)』, 시오노 야 도인(塩谷宕陰)[54]의 『병정형계록(丙丁炯戒録)』, 『주해사의(籌海私議)』, 『네덜란드 및 아메리카 공시 통절 시말(蘭諳貢市通絶始末)』, 오쓰키 세이 반(大槻西磐)[55]의 『외번략표(外蕃略表)』, 오쓰카 다다스케(大塚唯助)[56]가 호보스토프 사건에 대해 기록한 『북수기우(北陲杞憂)』, 『해국도지발췌(海國圖志拔萃)』, 『하이관진발췌(遐邇貫珍拔萃)』 등의 외교·해방 관계서 를 필사하였다.[57] 미시마 주슈가 이러한 문헌들을 필사한 행위가 의미하 는 바에 대하여, 니쇼가쿠샤 대학에서 열린 미시마 주슈 특별전 도록에 서는 다음과 같이 설명한다.

문장가로서 저명한 이세 쓰 번 번유인 사이토 세쓰도는, 한편으로 아편 전쟁에 충격을 받고 해방(海防) 및 경세에 관한 저작을 간행한 측면도 지 니는, 국제 정세에 높은 관심을 보인 유학자이다. 주슈가 빗추 마쓰야마 번에서 수학하던 시기에 이미 사이토 세쓰도의 『해방책』을 필사하고 있는 것을 보면, 주슈가 세쓰도에게서 수학한 이유를 그 문명(文名)에 이끌려 서만으로 이해하면 안 됨을 알 수 있다. 세쓰도의 저작 이외에, 주슈 및 그 주변[사카타니 로로(阪谷朗廬) 등]에서 필사된 시오노야 도인, 오쓰키 다 다스케 등 일본인의 저술은 미간행된 것이 많아서, 막부 말기 서생들 사이 에서 이들 해외 정보가 사본으로 공유되고 있었음을 보여 준다.[58]

같은 특별전 도록에는 미시마 주슈와 비슷한 시기에 활동한 유학자 이자 1868년에 쇼헤이자카 가쿠몬조의 교수가 된 요시노 긴료(芳野金 陵, 1803~1878)가 소장한 『조선 징비록』도 소개되어 있다.[59] 청국 공사관이 개설된 이듬해인 1878년 4월 20일에는 황준헌 등이 요시노 긴료를 찾아갔으며, 이날 방문하지 못한 정사 하여장과 부사 장사계도 근일중 방문하고 싶다는 내용의 전갈을 보내는 등, 요시노 긴료 역시 청국 공사관의 외교관들과 긴밀한 관계를 맺었다.[60]

미시마 주슈는 1852~1856년에 사이토 세쓰도에게 유학하여 주자학 이외에 절충학, 고증학을 학습하고, 1858~1861년에는 쇼헤이자카 가쿠몬조에서도 공부하였다. 그 후 1873~1875년에는 니하리 재판소(新治裁判所) 소장을 역임하고, 1875년에는 도쿄 재판소 판사로 임명되었으며, 이 기간에 어용 외국인 브와소나드(Gustave Émile Boissonade de Fontarabie, 1825~1910), 부스케(Georges Hilaire Bousquet, 1846~1937)로부터 프랑스 민법을 공부하였다. 판사에서 해임된 뒤에는 1877년에 니쇼가쿠샤를 개설하는 한편, 1879~1886년 사이에 도쿄 대학에서 한문을 강의하였는데, 이 시기에 조선 시찰단과 필담하고 청국 공사관원들과도 시문을 응수하였다. 1905년에는 7절시 2편을 읊어, 이토 히로부미를 평가하고 스승 야마다의 선견지명을 찬탄하였으며,[61] 1909년 10월 26일에는 이토 히로부미의 사망을 애통하는 시 「곡이토공(哭伊藤公)」을 읊었다.[62] 1913년에 김윤식이 스에마쓰 겐초에게 보낸 편저를 전해 받고는 이에 대한 감상을 적었다.[63] 1916년에는 일본이 청일 전쟁·러일 전쟁·제1차 세계 대전에서 청·러시아·독일에 이겼음을 기뻐하고, 대외 전쟁의 승리를 〈인생의 지대한 행복〉이라고 설하는 저서『삼역삼개(三役三凱)』를 간행하였다.[64]

1881년에 일본을 방문한 신사 유람단 일행 가운데 무관인 최성대가 미시마 주슈와 만난 기록이 남아 있다.『미시마 주슈, 가와키타 바이잔, 최성대 필담록(三島中洲·川北梅山·崔成大筆談録)』라 불리는 이 기록에 대하여는 2013년에 전문 판독 및 현대 일본어 번역이 공개되었다.[65] 그 가운데 이 책의 주제와 관계된 부분을 인용한다.

[21 미시마] 귀국에서는 어떤 문헌을 정사(正史)로 삼습니까? 제도(制度)를 기록한 문헌에는 어떤 것이 있습니까?

[22 최] 저희 나라에 『국조보감(國朝寶鑑)』이 있습니다. 이 문헌은 한 사람의 저술이 아니라, 국조 이래 이를 기록하는 근신(近臣)이 있습니다.

[23 미시마] 『국조보감』은 아마도 제도를 기록한 문헌이겠군요. 군신(君臣)의 언행을 기록한 문헌은 없습니까?

[24 최] 비단 언행뿐 아니라 온갖 일에 대하여 그때마다 기록한 것이 있습니다.

[25 미시마] 권수는 얼마나 됩니까?

[26 최] 30권 정도입니다.

[27 미시마] 언제부터 언제까지가 기록되어 있습니까?

[28 최] 건국으로부터 지금까지 500년인데, 그 문헌에 기록된 것은 300여 년입니다.

[29 미시마] 출판해서 판매하고 있습니까?

[30 최] 그럴지도 모르겠습니다.

[31 미시마] 외방인(外邦人)이 보는 것도 허락됩니까?

[32 최] 고개를 저었다(掉頭).

[33 미시마] 서점에서 공공연히 판매하는 역사서로는 무엇이 있습니까?

[34 최] 경사(經史), 제자백가(諸子百家) 및 저희 나라의 문장, 서고(書稿), 이언(俚語), 야담, 언서(諺書) 등입니다.

[35 미시마] 고금에 귀국의 문장 대가(大家)로는 몇 사람을 꼽습니까?

[36 최] 이루 셀 수 없습니다. 최근에는 탁월한 사람이 없습니다.

[37 미시마] (황준헌의 신작 『일본잡사시』를 가리키며) 선생님은 이 책을 보셨습니까?

[38 최] 여기 와서 또 보게 되는군요.

[39 최] [『일본잡사시』의 발문을 쓴 이시카와 고사이(石川鴻齋, 1833~1918)를 가리키며] 이 사람은 지금 어디에 있습니까?

[40 미시마] 저[弟]는 이 사람과 소원하므로 그 거처를 알지 못합니다.

[41 최] (발문을 가리키며) 망라하여 남김이 없다는 것은 정말입니까?

[42 미시마] 아부하는 말일 뿐이지요.

[43 미시마] 청나라에서 온 사람들은 아부의 말을 잘합니다. 그래서 우리나라 사람들이 이들과 교제하면 빈축을 삽니다.

[44 최] 무릇 황씨와 아호(阿好)합니까?

[45 최] 그렇다면 왜 이렇게 귀국에서 간행하는 것입니까?

[46 미시마] 세상 사람들이 새로운 이야기를 좋아하므로, 출판인이 이를 간행하여 이득을 취하려 하는 것일 뿐입니다.

……(중략)……

[80 미시마] 폐국(弊國) 서적 가운데 귀국에 전해진 것이 있습니까?

[81 최] 없는 것은 아니지만 저는 고루하여서 아직 이를 보지 못하였습니다.

……(중략)……

[129 미시마] 제가 일본사를 드리려 합니다. 선생께서는 『국조보감』을 선물로 주시겠습니까?

[130 최] 그 책에 담긴 것이 옛날 일이기는 하지만, 드려도 괜찮은지 어떤지에 대하여는 조정의 분부가 없으니 지금 답을 드릴 수가 없습니다. 만약 드려도 괜찮다고 한다면 부산항에서 가까우니 무슨 어려울 것이 있겠습니까?[66]

미시마와 최성대 사이에 오고가는 대화 중에서, 『동국통감』 및 『삼국사기』가 이미 임진왜란 이후부터 일본에서 읽히고 일본판도 제작되었는데 미시마가 다시 새로운 역사서가 있는지를 집요하게 확인한 이유는, 자신이 파악하지 못한 역사서가 있는지 알고 싶었거나 임진왜란 이후에 만들어진 역사서를 읽고자 했던 것일 터이다.

제2절 에도 시대 일본과 〈임진왜란 연의〉의 탄생

중국의 장편 장회 소설과 〈임진왜란 연의〉의 탄생

임진왜란이 시작된 1592년부터 1945년의 패전까지, 일본에서는 임진왜란을 다루는 각종 형태의 문헌이 지속적으로 형성되었다. 상업적인 목적으로 출판되거나 필사되어 유통된 문헌에 대하여는 2010년에 『임진왜란 관련 일본 문헌 해제』에서 200여 점을 소개한 바 있거니와, 이는 빙산의 일각이라고 판단되며 특히 서일본 일대의 조사를 진행할수록 그 수는 계속 늘어날 것으로 예상된다. 마찬가지로 한반도에서도 임진왜란 당시부터 지금까지 관련 문헌은 지속적으로 축적되었다.

그런데, 동중국해에 연한 한반도 일대와 일본 열도(주로 서일본)의 주민이 임진왜란에 대한 문헌을 축적한 이유는 서로 다른 것 같다. 한반도에 축적된 임진왜란 문헌은, 일방적이고 명분 없는 침략에 대한 저항과 침략군을 물리친 승리의 기억을 기록으로 남기고자 한 결과 형성된 것이라고 말할 수 있다. 이에 비해 일본 열도의 주민이 임진왜란에 대한 문헌을 작성하고 유통시킬 수 있었던 이유는 좀 더 다층적이다. 사실상 도요토미 정권을 찬탈하는 형태로 등장한 도쿠가와 쇼군 가문과 각 다이묘들 간의 관점 차이, 가토 기요마사 같은 전국적 규모의 영웅의 존재, 상업 출판의 탄생 등을 우선 그 요인으로 들 수 있다.

임진왜란을 전후한 150년간, 일본인들은 전례 없는 역사적 경험을 하였다. 무로마치 막부 세력의 약화와 함께 시작된 100년 간의 전국 시대의 종말기에는 오다 노부나가의 암살, 도요토미 히데요시의 일본 통일, 전국 시대에 서로 세력을 겨루던 대부분의 가문들이 7년 동안 외국에 체류한다는 이례적 사태, 왜국군이 백제를 구원하기 위해 당나라 군대와 충돌한 이래 직간접적으로 경쟁 상대이자 가상 적국으로 간주한 중국과의 전면전, 세키가하라 전투와 오사카 전투를 통한 극적인 세력 교체, 유럽 가톨릭 국가들과 연계된 가톨릭 신자들이 주축이 되어 일으킨 시마바라 봉기에 이르기까지, 현재 일본을 지배하는 쇼군과 다이묘들이 탄생한 강렬한 역사적 시기에 대한 일본인들의 관심이 임진왜란을 포함한 이 시기의 각종 사건에 대한 문헌이 형성된 배경에 있다. 따라서 에도 시대 일본에서는 이들 사건 각각에 대해 방대한 문헌이 만들어졌다.

그 가운데 임진왜란이 독특한 이유는 조선과 명나라라는 두 외국과의 전면전이었다는 것이다. 신라·당 연합군으로부터 백제를 지키기 위하여 일으킨 663년의 백촌강 전투, 몽골·고려 연합군의 침략에 맞선 1274·1281년 두 차례의 전쟁, 16세기 말의 임진왜란, 그리고 달단(韃靼)이라 통칭된 만주·몽골 세력과 명나라와의 전면전에 직간접적으로 휘말린 17세기의 명청 교체 및 정성공의 활동, 동중국해에서 발생한 이 네 번의 국제 전쟁은, 일본이 국가적 차원에서 참전한 것인지 아니면 개별적으로 일본인들이 참가한 것인지와는 관계 없이 후세의 일본인들에게 강렬한 인상을 남겼다. 이들 네 번의 전쟁 가운데 임진왜란과 명청 교체는, 사건 그 자체로서는 앞의 두 전쟁과 공통성을 지니고 있었으나 에도 시대의 일본인들은 이 두 전쟁을 파악하고 표현하는 새로운 방식을 만들어 냈다. 17~18세기의 전환기에 다수 간행된 통속 군담(通俗軍談) 및 에도 시대 전시기에 걸쳐 일본인들에게 강한 인상을 남긴『삼국지 연의』·『수호전』이라는 두 편의 장편 장회 소설(長篇章回小說)이 제시하는 세계관과 표현 방식이었다.

임진왜란 이후 명·청대에는 이 전쟁을 직간접적으로 다룬 소설과 연극이 약간수 간행되었다. 청대 초기에 제작된 『수호후전(水滸後傳)』을 비롯하여 『참교기(斬蛟記)』, 『연낭기(蓮囊記)』, 『야수폭언(野叟曝言)』, 『고금소설(古今小說)』에 수록된 「양팔로월국기봉(楊八老越國奇逢)」, 최근 서울대학교 규장각 한국학 연구원에서 그 소재가 확인된 세계 유일본 『형세언(型世言)』에 수록된 「호총제교용화체경 왕취교사보서명산(胡總制巧用華棣卿 王翠翹死報徐明山)」, 『서호이집(西湖二集)』의 「유백온천현평절중(劉伯溫薦賢平浙中)」과 「호소보평왜전공(胡小保平倭戰功)」, 『호소보평왜기(胡小保平倭記)』, 『척남당초평왜구지전(戚南塘勦平倭寇志傳)』, 『금운교전(金雲翹傳)』, 『녹야선종(綠野仙縱)』, 『설월매전(雪月梅傳)』 등이다.[67] 이들 가운데 「유백온천현평절중」과 『척남당초평왜구지전』은 중국의 반란자와 일본 측이 연합해서 중국을 침략한다는 스토리를 지니고 있어서, 섬라 반란군의 요청으로 일본 관백(関白) 즉 히데요시가 섬라를 침공하고 이를 섬라의 양산박 세력과 고려의 연합군이 막아낸다는 『수호후전』의 구성과 상통한다. 그러나 『수호후전』을 제외한 다른 문헌들이 직접적으로 에도 시대 일본의 임진왜란 문헌에 영향을 준 것 같지는 않다. 참고로, 왕취교의 이야기는 에도 시대 일본에서는 『통속금교전(通俗金翹伝)』(1763년), 『아사가오닛키(朝顔日記)』(1812), 『통속금어전(通俗金魚伝)』(1829), 베트남 응우옌(阮) 왕조에서는 『금운교신전(金雲翹新傳)』, 『금운교록(金雲翹錄)』 등으로 문학화되는 등 별도의 계보를 이루지만,[68] 임진왜란 문헌과 직접적인 관계는 없다.

일본의 임진왜란 문헌이 중국 문헌과 직접적인 관련을 맺은 첫 사례는 호리 교안의 『조선 정벌기』와 후지와라 세이카의 『도요토미 히데요시보』가 『양조평양록』을 『다이코기』와 교합하여 임진왜란 문헌을 집필한 것이다. 그 후, 후쿠오카 번의 가이바라 엣켄은 일본과 중국 문헌에 『징비록』을 더하여 1687년 『구로다 가보』를 저술하였고, 1695년에 교

삽화 9 메이지 유신기를 전후하여 활동한 소설가 가나가키 로분(仮名垣魯文)의 1855년 소설
『아버지는 중국 어머니는 일본 / 국성야일대기(父漢土母和朝 / 国姓爺一代記)』권두 삽화.
필자 소장

토에『조선징비록』을 간행하였다. 그런데『조선징비록』의 간행 6년 전인 1689년(元禄2), 역시 교토에서『통속삼국지(通俗三国志)』50권 수권 전 51책이 간행되었다. 승려로 추정되는 고난 분잔(湖南文山)이라는 사람이 중국의『삼국지 연의』를 한자와 가타카나를 섞은 한문 훈독체로 번역한 이 문헌이 출간된 이후, 일본에서는 중국의 각종 군담 소설이 동일한 형태로 번역되어 베스트셀러가 되었다. 이 장르의 문헌을 〈통속 군담〉[69]이라고 하며, 와세다 대학에 소장된『통속이십일사(通俗二十一史)』를 통하여 이들 통속 군담의 전모를 확인할 수 있다.『통속이십일사』21종 172책의 목록은 다음과 같다.

『통속열국지십이조군담(通俗列国志十二朝軍談)』

『통속열국지(通俗列国志)』

『통속열국지오월군담(通俗列国志呉越軍談)』

『통속한초군담(通俗漢楚軍談)』

『통속양한기사(通俗両漢紀事)』

『통속삼국지(通俗三国志)』

『통속속삼국지(通俗続三国志)』

『통속속후삼국지(通俗続後三国志)』

『속후통속삼국지 후편(続後通俗三国志 / 後編)』

『통속남북조양무제군담(通俗南北朝梁武帝軍談)』

『통속북위남량군담(通俗北魏南梁軍談)』

『통속당태종군감(通俗唐太宗軍鑑)』

『통속당현종군담(通俗唐玄宗軍談)』

『통속통감오대군담(通俗通鑑五代軍談)』

『통속송사태조군담(通俗宋史太祖軍談)』

『통속양국지(通俗両国志)』

『통속황명영렬전(通俗皇明英烈伝)』

『명청군담 국성야충의전(明清軍談国姓爺忠義伝)』

『통속전국책(通俗戦国策)』

『통속타이완군담(通俗台湾軍談)』

에도 시대 최대의 군담 소설 작가인 바바 노부노리,[70] 그리고 역시 승려로 추정되는 세이키는 통속 군담의 형태를 임진왜란 문헌에 적용하여 1705년 8월에 『조선태평기』와 『조선군기대전』을 동시에 간행하였다. 이미 17세기 후반에도 호리 교안의 『조선 정벌기』에 중국풍 인명과 장편 장회 소설적인 묘사 방식을 약간 가미한 오제키 사다스케의 『증보 조선 정벌기』가 성립하였지만, 이 문헌이 장편 장회 소설을 이용한 방식은 상대적으로 미숙하였고, 더우기 에도 시대에 걸쳐 소수만이 필사본으로 유통되었기 때문에 그 영향력은 미미하였다. 따라서, 임진왜란 문헌이 장편 장회 소설과 본격적으로 결합한 것은 역시 1705년부터라고 할 수 있다.

『통속삼국지』가 번역되어 널리 읽히자, 1719년(享保4)에 초연(初演)된 지카마쓰 몬자에몬(近松門左衛門, 1653~1724)의 닌교조루리(人形浄瑠璃) 연극 『본조삼국지(本朝三国志)』가 상징하듯이, 일본인은 일본·명·조선이 충돌한 임진왜란이라는 국제 전쟁을, 일본인이 한 축을 이루는 본조 즉 일본의 『삼국지』라는 틀로서 이해하는 방식을 새로이 획득하게 되었다. 그 이전에도 일본에는 전쟁을 이해하기 위한 여러 방식의 틀이 제안되어 있었다. 주군을 중심으로 부하들이 결집하여 역경을 뚫고 목표를 향해 전진하는 형태의 『기케이기(義経記)』, 일본의 패권을 두고 두 명의 덴노와 두 명의 쇼군이 충돌하는 『헤이케 이야기(平家物語)』와 『태평기(太平記)』, 그리고 미천한 인물이 역경을 딛고 최고의 자리까지 올라가는 『다이코기(太閤記)』 등으로 그 유형을 구분할 수 있다. 그리고 임진왜란과 명청 교체를 전후한 시기에 명·청대 중국에서 일본으로『삼국지 연의』가 유입되었다. 세 나라가 뒤엉켜 충돌한다는 국제적인 틀과 각각의 나라에서 영웅들이 집결하고 갈등한다는 국내적인 틀이 유기적으로 결합된『삼국지 연의』는 일본인들에게 전쟁을 이해하고 서술하는 새로운 방식을 제공하여 주었다. 그리고, 일본과 관계 없는 먼 나라에서 옛날에 일어난 세 나라의 전쟁이 아닌, 일본인이 한 축을 이루는『삼국지 연의』를 만들고 읽고 싶어하는 욕망이 임진왜란을 다루는 에도 시대 일본인들을 자극했다. 일본판〈임진왜란 연의〉의 탄생이다.

도요토미 히데요시와 정성공

일본판『수호전』을 탄생시키고자 하는 수많은 일본인들의 시도 끝에 교쿠테이 바킨(曲亭馬琴, 1767~1848)은 1814년(文化11)~1842년(天保13)의 28년간 연재 중 실명(失明)하면서까지『난소사토미핫켄덴(南総里見八犬伝)』9집(集) 98권 106책을 완성하였다.『난소사토미핫켄덴』이『수호전』의 일본화를 꾀한 것이라면, 그가『난소사토미핫켄덴』에 앞서서 1807년(文化4)~1811년(文化8) 사이에 연재를 완성한『진세쓰 유미하리즈키(椿説弓張月)』5편(篇) 29책은『수호후전』의 세계관을 유구 왕국의 고대사에 대입시켰음을『일본의 대외 전쟁』제2부 제2장 제2절「『진세쓰 유미하리즈키』와 이국 정벌 전쟁」에서 검토한 바 있다.

『삼국지 연의』의 경우, 임진왜란, 명청 교체, 그리고 18세기 이후 오호츠크 해 연안 지역 즉 에조치(蝦夷地)에서 전개된 영토 분쟁을 서술하기 위한 틀로서 기능하였다. 에조치에서 아이누·일본·몽골(또는 러시아)이 전개한 장기간의 저강도 분쟁을 서술하는 장편 소설들이『삼국지 연의』의 틀과 묘사 방식을 빌려왔음은『일본의 대외 전쟁』제2부 제4장「요시쓰네 에조 도해설과 임진왜란 문헌군」에서 검토하였다.

임진왜란과 명청 교체를 다루는 문헌들 역시, 명나라의『양조평양록』, 조선의 『징비록』, 일본의 『다이코기』를 주요한 정보원으로 삼으면서 세 나라의 충돌을 장편 장회 소설풍으로 설명하려 하였다. 임진왜란의 경우는 1633년 호리 교안의 『조선 정벌기』, 1665년 오제키 사다스케의 『증보 조선 정벌기』, 1705년 세이키의 『조선군기대전』과 바바 노부노리의 『조선태평기』, 1757년 무렵 『조선 정벌 군기강』과 『조선 정벌기 평판』, 1797~1802년 오카다 교쿠잔과 다케우치 가쿠사이의 『에혼 다이코기』, 1800년 아키자토 리토의 『에혼 조선군기』, 1853~1854년 쓰루미네 시게노부와 하시모토 교쿠란의 『에혼 조선 정벌기』[71]가 이에 해당한다.

명청 교체의 경우, 명나라의 정지룡(鄭芝龍, 1604~1661)과 일본의 다가와 마쓰(田川マツ, 1601~1646)가 낳은 정성공(鄭成功, 1624~1662)의 명 부흥 운동과 타이완 독립 전쟁을 일본인들은 자신들의 이야기로 인식하였다. 즉, 한인·달단인·일본인이 활약하는 또 하나의 『삼국지 연의』의 세계가 탄생한 것이다. 명청 교체기 당시 일본 측에 전달된 각종 정보는 하야시 가호 등에 의해 『화이변태(華夷変態)』[72]로 엮였으며, 앞서 『무비지』 240권에 훈점을 붙여 일본판을 간행한 우카이 세키사이(鵜飼石斎)가 1661년(寛文元)에 『명청투기(明淸鬪記)』 10권 10책을 출판하면서 관련 정보가 확산되기 시작하였다. 그리고, 지카마쓰 몬자에몬의 닌교조루리 『국성야합전(国性爺合戦)』[1715년(正徳5) 초연]과 후속편 『국성야후일합전(国性爺後日合戦)』[1717년(享保2) 초연], 그리고 소설 『통속명청군담 국성야충의전(通俗明淸軍談国姓爺忠義伝)』(1717년, 19권 목록1권 20책)과 『국성야명청태평기(国姓爺明朝太平記)』(1717)가 거의 동시에 간행되면서, 명청 교체와 국성야 정성공의 이야기는 에도 시대 일본의 전 계급으로 확산되었다.

특히 1717년에 상연된 닌교조루리 『국성야후일합전』에서는 일본인이 한 축을 이루는 두 개의 『삼국지 연의』의 세계인 임진왜란과 명청 교체

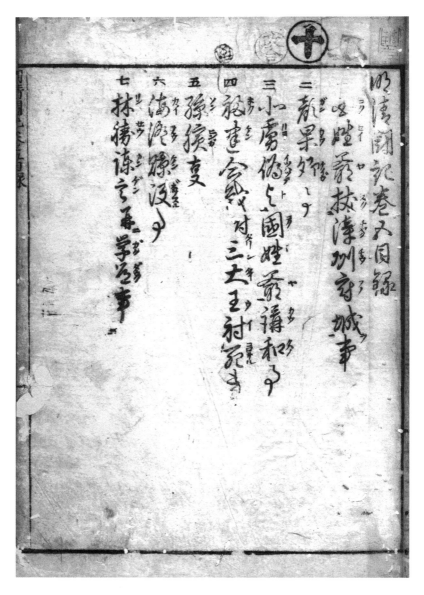

삽화 10 우카이 세키사이 『명청투기』. 필자 소장

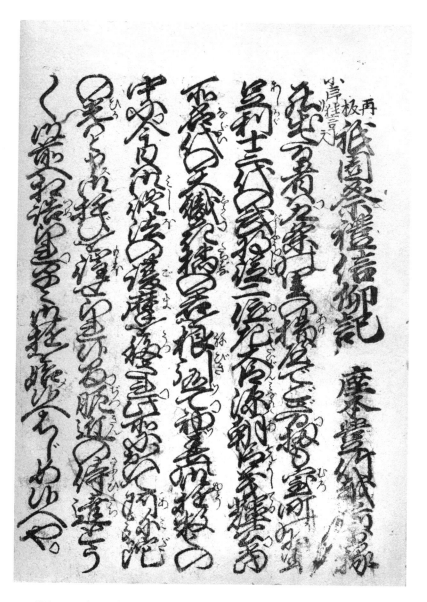

삽화 11 오다 노부나가와 도요토미 히데요시, 가토 기요마사 등이 전국 시대 일본을
배경으로 갈등 양상을 보이는 닌교조루리 『기온 사이레이 신코키(祇園祭礼信仰記)』
(1757년 초연)의 대본. 필자 소장

·정성공의 이야기가 결합되는 세계관을 구현하고, 소설『통속명청군담국성야충의전』에서는 여기에 시마바라 봉기까지 결합시킨다. 일본을 위협하는 모든 〈악〉이 하나로 결집되는 것이다. 참고로, 1763년(宝暦13)에 상연된 지카마쓰 한지(近松半二, 1725~1783)의 닌교조루리『야마시로노쿠니 지쿠쇼즈카(山城の国畜生塚)』는 임진왜란의 복수를 꿈꾸는 조선인 모쿠소칸(木曽官)과 덴지쿠토쿠베(天竺徳兵衛)가 마시바 히사요시(真柴久吉) 즉 도요토미 히데요시 정권의 전복을 노린다는 스토리이다. 이 연극의 제1막에서는 일본에 조공을 바치라는 히데요시의 요구에 대해 성종 황제(成宗皇帝) 치하의 조선 조정에서 찬반 양론이 전개되는 장면이 그려진다. 우선, 강경파 번문추(番文騶)가 〈우리나라에서 저 왜국에 공물을 바치라는 이 서한의 내용은 참으로 희한하구나. 무릇 왜국과 조선은 똑같이 구이(九夷)나 우리나라는 중화 다음으로 이학(理學)을 존중하는 성인의 나라. 우리를 모욕한 이 사신을 당장 죽여라!〉라고 주장한다. 여기에 류성룡이 등장하여 〈아니 아니 그것은 짧은 식견. 저 왜국은 신국으로서 이자나기 이자나미 두 명의 신이 개국한 이래로 정직을 근본으로 하는 군자국이라고『일본기』에 적혀 있습니다. 그러기에 천리 떨어진 중화와도 교류를 끊는 일 없었으며, 해 뜨는 나라라고 하여 당나라 측천무후가 처음에 일본이라고 이름 붙이셨습니다. 이처럼 존귀한 이웃 나라와 관계 맺는 일은 우리나라의 자랑거리이니 서둘러 답신을 보내심이 가할 것입니다〉라고 말한다. 두 사람의 주장을 들은 성종 황제는 〈옛날에 우리가 삼한이라 불렸을 때, 왜조(倭朝)의 진구코고가 우리 수도를 공격하여 《일본의 개다》라고 돌에 새겼을 정도로 일본은 맹성한 나라이다. 주나라 때의 훈육(獯鬻), 한나라 때의 흉노와 같은 사례이다. 모쿠소칸, 그대가 부산포로 가서 상황을 살피시오〉라고 명령한다.[73] 류성룡이 일본을 깊이 이해하고 경외하는 듯한 발언을 한다는 위와 같은 내용으로부터, 조루리를 관람하는 에도 시대 서민 계급에게도

『징비록』이 깊은 인상을 남겼음을 짐작할 수 있다.

여기서 번문추와 류성룡이 일본을 〈구이〉와 〈군자국〉이라고 하는 것은, 예를 들어 기타바타케 지카후사(北畠親房)『신황정통기(神皇正統記)』에 보이는 아래 구절과 같이 일본에서 자주 이야기되는 개념이다. 『이칭일본전』 상지일권『산해경』 조에서 마쓰시타 겐린이『논어』「자한(子罕)」 장의 〈공자가 아홉 오랑캐 사이에서 살고자 했다. 누군가 《누추한 곳에서 어찌 살려 하십니까?》라고 하자, 공자가 《군자가 거처하니 누추할 것이 있겠는가?》라고 말했다(子欲居九夷. 或曰陋如之何. 子曰. 君子居之. 何陋之有)〉라는 구절을 끌어 와, 공자가 떠나겠다고 한 아홉 오랑캐 속 〈군자국(君子國)〉이 일본을 가리킨다고 적고 있듯이(2앞~뒤), 조선과 마찬가지로 에도 시대 일본에서도 자국을 구이(九夷) 중의 으뜸인 〈군자국〉이라고 칭한 사례가 확인된다.

무릇 이 나라를 군자불사국이라고도 한다. 세상이 어지러워짐을 한탄한 공자가 〈구이 속에 있겠다〉라고 말씀하셨다. 일본은 구이 가운데 하나일 터이다.[74]

후술하는 아메노모리 호슈 역시 수필『다와레구사(たはれ草)』에서, 〈동이(東夷)〉나 〈구이(九夷)〉는 일본을 가리키는 말이라고 추정한다.

일본처럼 큰 활을 쓰는 나라가 달리 없으니, 중국인들이 말하는 〈이(夷)〉는 원래 일본을 가리키는 것이었을 듯하다. 제사를 정성스럽게 지낸다고 전하는『예기(禮記)』「잡기하(雜記下)」의 대련(大連)·소련(小連)이라는 말은 일본 사람을 가리키는 것이리라 오무라지(大連)라는 고대 일본의 관직 명이 있어서 이런 추측을 한 것 같다. 공자가 아홉 동쪽 오랑캐[九夷]들과 살고 싶다고 생각하신 것 역시, 일본 사람들이 효성스럽고 순종적이라는 소문을 들으셨기 때문이리라고 말하는 사람이 있었다.

중국인들은 국경 바깥 북쪽·서쪽·남쪽의 나라들을 가리키는 문자에 〈적(狄)〉·〈강(羌)〉·〈만(蠻)〉이니 하는 식으로 개사슴록 변(犭)이나 벌레 훼 받침(虫)을 붙였지만, 동쪽 나라는 인(仁)이 있고 장수하기 때문에 그런 식의 이름을 붙이지 않은 것이라고 하는 중국인의 말이 있다. 중국 대대의 기록을 열람하고 한국의 풍습도 가까이서 보니, 과연 그러하다고 생각하는 경우가 많다. 하지만 인(仁)이라는 것도 그 도리를 깨닫지 못하면 진실된 인(仁)이 아니다. 장수(長壽)도 개개인의 마음가짐에 달린 것이리라. 고마운 나라에 태어난 사람은 그 도리를 다하여, 중국인들의 말이 거짓이 아님을 보여야 할 것이다.[75]

중국 동쪽에서 〈큰 활 쏘는 오랑캐〉와 군자국을 자칭하는 것은 한반도 국가들뿐만이 아니었던 것이다.

19세기 중기 일본의 위기와 『에혼 다이코기』의 재출판

『삼국지 연의』와 『수호전』 및 그 일본 번안 문헌들, 그리고 정성공 이야기는 그 자체로도 성립 이래로 에도 시대 일본인들의 관심을 끌었지만, 1804년에 막부가 『에혼 다이코기』의 절판 처분을 내리면서 임진왜란 문헌의 간행이 타격을 받자 임진왜란 문헌의 대체물로서 주목받게 된다. 1804년의 『에혼 다이코기』 절판 사건 이후 〈덴쇼(天正, 1573~1592) 이래의 무사〉를 그리면 안 된다는 막부의 방침이 확립되자, 한동안 우키요에(浮世繪)의 소재로 무사들이 등장하는 일이 뜸해졌다. 그러다가, 분세이(文政, 1818~1830) 말기가 되면 『수호전』 시리즈 우키요에가 등장한다. 〈덴쇼 이래의 무사〉를 그리면 안 된다는 법령에 저촉되지 않는 중국의 호걸들을 그리는 유행이 시작된 것이다.[76] 또한, 임진왜란 문헌의 간행이 금지되어 있던 19세기 전기, 『에혼 다이코기』의 삽화를 그렸던 오

카다 교쿠잔(岡田玉山)과 그의 제자 이시다 교쿠잔(石田玉山)이『에혼
국성야충의전(絵本国姓爺忠義伝)』전편[1804년(文化元)]·후편[1834년
(天保5)]을 출판하고,『정한위략』을 집필한 미토학자 가와구치 조주가
1818년(文政元)에『타이완 정씨 기사(臺灣鄭氏記事)』를 간행하는 등,[77]
임진왜란 문헌이 일시 사라진 일본 출판계에서는 여러 군담 문헌과 병학
서가 경합을 벌이고 있었다. 이상의 상황과 관련하여 18세기 말에서 메
이지 유신 직전까지의 주요한 사항을 연표로 정리한다.

　1791년. 러시아의 침략에 대비할 것을 주장한 하야시 시헤이의『해국
병담』이 막부로부터 판금 처분을 받다.
　1801년. 시즈키 다다오(志筑忠雄, 1760~1806)가 캠퍼의『일본사』를
『쇄국론』이라는 제목으로 번역.[78]
　1804년. 러시아의 레자노프 사절단이 나가사키 입항.[79]
　1806~1807년. 흐보스토프 사건.
　1806년. 나가사키 등에 외국 배가 들어올 경우, 적대적이 아닌 한 땔감
과 물을 제공하는 등 우호적으로 대처하라는 〈무휼령(撫恤令)〉 발령.
　1808년. 페이튼 호 사건.
　1813~1825년. 영국 배의 입항이 계속됨.
　1825년. 이국선 퇴치령 〈무니넨 우치하라이레이(無二念打払令)〉 발령.
　1840~1842년. 청과 영국 간의 아편 전쟁.
　1842년. 〈신수급여령(薪水給与令)〉을 발령하고, 외국과의 관계 설정에
도움을 줄 것을 네덜란드 국왕에게 의뢰.
　1843년. 네덜란드 국왕이 개국 권고.
　1851년. 태평천국의 난 발발.
　1852년. 사가 번이 독자적으로 대포와 포대를 완성.
　1853년. 1832년에 표류해서 미국, 영국을 거쳐 상하이에서 무역업을

하던 닛폰 오토키치(にっぽん音吉: 1818?~1867)가 이 무렵에 태평천국에 관한 소식을 일본에 전달하자, 막부는 10년 뒤인 1862년에 다카스기 신사쿠(高杉晋作, 1839~1867)를 센자이마루(千歳丸) 호에 태워 상하이에 파견하여 이 전쟁이 만주인에 대한 한인의 저항인지를 확인케 함. 다카스기는 혼란에 빠진 청나라의 상황에 충격을 받고, 태평천국의 난을 1637~1638년의 가톨릭 반란인 시마바라 봉기와 유사한 것으로 판단했다. 동시에, 청나라 측 입장을 전하는 문헌이 일본에 전래됨으로써 태평천국의 난을 반청복명 운동으로 간주하는 시각은 사라졌다.[80] 한편, 조선에서도 태평천국의 난을 반청복명으로 보려는 움직임이 있었으나, 청나라 정부와의 교섭을 통해 이러한 관점은 소멸했다.[81]

1853년. 6월에 미국의 페리(Matthew Calbraith Perry, 1794~1858), 7월에 러시아의 푸차친(Евфимий Васильевич Путятин, 1803~1883)이 방일.

1854년 6월. 미일 화친 조약.

1858년(安政5). 안세이 오개국 조약에 따라 대(對) 서구 쇄국 체제가 붕괴하다.

1858~1859년. 막부 다이로 이이 나오스케(井伊直弼, 1815~1860)에 의한 안세이의 대옥(安政の大獄).

1860년. 이이 나오스케가 암살된 사쿠라다 문밖의 변(桜田門外の変) 사건.

1862년. 공무합체를 추진하던 막부 관료들이 암살된 사카시카 문밖의 변(坂下門外の変) 사건. 사쓰마 번 무사들이 영국인을 살해한 나마무기 사건(生麦事件).

1863년. 나마무기 사건에 대한 배상을 요구하는 영국군과 사쓰마 번 사이의 전쟁(薩英戦争).

1863~1864년. 조슈 번(長州藩)과 영국·프랑스·네덜란드·미국 연합군 간의 전쟁(下関戦争).

1864년. 태평천국의 난 종결.

이처럼 서구 세력 간의 잇따른 전쟁 속에서 시국이 불온해지고 막부의 통제력이 약화되자, 이 틈을 타고 임진왜란 관련 문헌의 출판이 재개된다. 정유재란 당시의 상황을 전하는 오코치 히데모토의 『조선이야기』가 필사본으로 유통되다가 1849년(嘉永2)에 처음으로 출판되었다.[82] 10년 뒤인 1857년(安政4)에는 『에혼 도요토미 훈공기(絵本豊臣勲功記)』 출간이 허가되고, 1859년(安政6)에는 거의 반세기 전에 절판을 명받았던 『에혼 다이코기』와 『에혼 습유 신초기(絵本拾遺信長記)』의 재간행도 허가되었다.[83] 이제 도쿠가와 막부로서는 250년 전의 정적이었던 히데요시가 문제가 아니라, 현실화되고 있는 서구 세력이 문제였던 것이다. 이리하여 금단의 베스트셀러였던 『에혼 다이코기』는 1861년(文久1), 1863년(文久3), 1879년(明治12), 1882년(明治15) 등 연이어 재간행된다. 동시에, 『에혼 다이코기』와 임진왜란 문헌의 공백기를 메워준 『삼국지 연의』의 인기도 지속되어, 『삼국지 연의』의 등장인물을 연상케 하는 심유경과 이여송의 권두 삽화가 실린 『에혼 조선 정벌기』(1853~1854)나, 전국 시대와 삼국 시대를 견주는 『영걸삼국지전(英傑三国志伝)』과 같은 소설도 등장하였다. 그리고 태평천국과 아편 전쟁의 상황을 담은 문헌들이 청나라에서 일본으로 전해지자, 사이토 지쿠도(斎藤竹堂, 1815~1852)의 『아편시말(鴉片始末)』(1843), 시오노야 도인(塩谷宕陰, 1809~1867)의 『아부용휘문(阿芙蓉彙聞)』(1847년 저자 서문), 미네타 후코(嶺田楓江, 1817~1883)의 『해외신화(海外新話)』(1849), 『해외신화습유(海外新話拾遺)』(1849), 마쓰우라 다케시로(松浦武四郎, 1818~1888)의 『표충숭의전(表忠崇義集)』(1850), 반조켄슈진(磐上軒主人) 『외방태평기(外邦太平記)』(1854년 저자 서문) 등이 성립·간행되었다.[84] 1811년의 제12회 통신사행을 맞이한 일본 측의 최고위 인사였던

삽화 12 『에혼 조선 정벌기』 권1에 그려진 연의 소설풍의 조선 국왕 선조(상),
이여송과 가토 기요마사(중), 심유경과 고니시 유키나가(하)

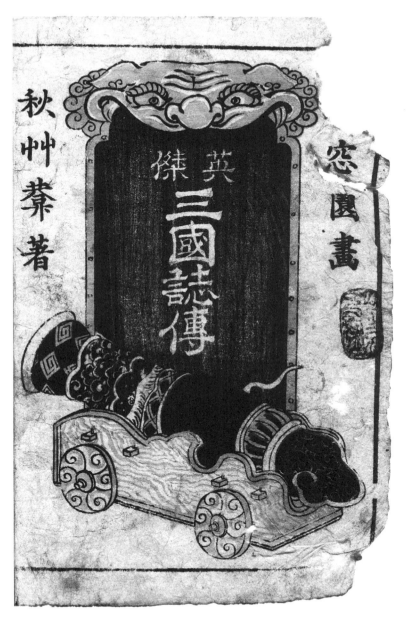

삽화 13 일본의 전국 시대와 중국의 삼국 시대를 비교하는 취향의 『영걸삼국지전』속표지 그림. 중국풍의 불랑기포가 그려져 있다. 필자 소장

고가 세이리에게 사사한 사이토 지쿠도는 『아편시말(鴉片始末)』에서, 중국이 중화니 오랑캐니 하면서 외부의 위협을 무시하다가 이런 일을 당했다고 중국을 비판한다.[85] 이러한 중국 비판은 당연히 자국 일본에 대한 경고이기도 하였다.

제3절 서구권의 임진왜란·조선 정보

제3절에서는 유럽 문헌에 보이는 동중국해 연안 지역과 임진왜란에 대한 언급을 몇 가지 살펴본다. 필자는 아직 유럽 문헌을 널리 살피지는 못하였기 때문에 심도 깊은 논의는 전개할 수는 없으나, 니콜라스 비천의 『북동 타타르지』나 엥겔베르트 캠퍼의 『일본사』와 같이 기존에 한국 학계에서 거의 소개된 바가 없는 문헌에서 이 문제를 어떻게 다루고 있는지를 소개하는 것은 의미가 있을 것으로 생각된다.

예수회 문헌

동중국해 연안 지역 바깥에서 임진왜란에 대한 정보가 최초로 축적된 지역은, 오다 노부나가와 도요토미 히데요시를 직접 접촉한 유럽이었다. 유럽에 임진왜란 정보를 전달한 것은 〈아시아〉 지역에 파견된 예수회 선교사들의 순찰사였던 발리냐노(Alessandro Valignano: 1539~1606), 일본에 파견되어 있던 프로이스(Luis Frois, 1532~1597), 임진왜란 당시 조선에 종군 신부로서 파견되어 있던 세스페데스 (Gregorio de Cespedes, 1551~1611)의 저술, 아시아 지역의 예수회 회원들이 1549~1580년 사이에 작성한 서한인 『예수회 일본 서한Cartas do Japão』(1598년 출간), 1579년에 방일한 발리냐노가 『예수회 일본 서한』의 작성 형식을 변경하여 일 년에 한 번씩 공식 연차 보고를 로마에 보내게 한 『예수회 일본 연보*Lettera annua del Giappone*』 등이었다.[86] 이 시기의 문헌을 포함하여 이른바 대항해 시대에 저술된 방대한 탐험기류에 대하여는 일본에서 1960년대부터 수집 번역이 시작된 대규모 시리즈에서 확인할 수 있다[대항해 시대 총서 제1기(1965~1970), 대항해 시대 총서 제2기(1979~1992), 대항해 시대 총서 엑스트라 시리즈, 17·18세기 대여행기 총서 제1기(1990~1994), 앤솔로지 신세계의 도전(1992~1995), 유토피아 여행기 총서(1996~2002), 17·18세기 대여행기 총서 제2기(2001~2004), 시리즈 세계 주항기(2006~2007)].[87]

여기서는 두 가지 기사를 인용한다. 우선, 임진왜란 당시 고니시 유키나가 군의 군종 사제로서 한반도에 체류하였던 세스페데스에 대한 박철의 연구서에 수록된 『1592년 예수회 연례 보고서』에 보이는 거북선에 대한 묘사이다. 거북선이 포탄 대신 거대한 화살을 쏜다는 묘사가, 임진왜란 당시 조선 수군과 전투를 벌인 일본 수군 측에서 드물게 기록한 『고려선전기』 속 거북선의 묘사와 상통한다.

그들의 배는 매우 견고하고 거대하며 윗부분을 덮은 배들을 갖고 있는데 이 배들은 접전 시에는 불을 내뿜는 장치를 하고 있었다. 그들은 또한, 일종의 철포를 사용하고 있는데 이는 포탄을 쏘는 것이 아니라, 그 대신에 물고기의 꼬리 부분과 똑같은 형태인 끝이 뾰족하고 어른의 다리만큼 굵은 화살을 발사했다. 배의 상단은 덮개로 덮여 있는데, 매우 크고 튼튼한 선박이며 화력이 좋은 무기들을 장비하고 있다. 적과 조우할 때에는 고기의 꼬리 부분같이 끝이 뾰족하며 사람의 다리 두께만 한 화살을 쏜다. (『1592년 예수회 연례 보고서』)[88]

와키사카님의 전투 소식을 들으신 구키·가토 님은 같은 달(1592년 7월) 6일에 부산포에서 그 해협 어귀로 출발하여 7일에 가덕도로 향하고

8일에는 고려에 있는 오도(烏島)라는 곳의 항구에 들어가셨다. 9일 오전 8시 경(辰ノ刻)부터 적의 큰 배 58척, 작은 배 50척 가량이 공격해 왔다. 큰 배 가운데 세 척은 장님배(目クラ船)로, 쇠로 방어를 하고 대포, 불화살, 끝이 둘로 갈라진 화살(大狩俣) 등을 쏘았다. 오전 8시 경부터 오후 9시 경(酉ノ刻)까지 번갈아 공격하여 (아군 배의) 고루(高楼)며 통로며 발을 보호해 주는 방어 시설까지 모두 부수었다. 그 대포는 약 150cm(5尺) 길이의 단단한 나무 끝을 철로 두르고 철로 된 날개도 삼면에 붙이고, 적으로 향하는 끝쪽에는 폭이 약 36cm(1尺 2~3寸) 되는 끝이 둘로 갈라진 화살을 붙인 무기이다. 불화살은 끝에 철을 둥글고 튼튼하게 붙인 것이다. 이런 화살을 약 6~10m(3~5間) 거리까지 다가와 쏘았다. 구키 님은 니혼마루(日本丸) 배의 고루에서 조총(鉄砲)을 쏘셨는데, (적이 쏜) 대포를 한 발도 맞지 않았으니 불가사의한 일이라 하겠다. (구키 요시타카의) 기슈쿠(鬼宿) 배가 가토 요시아키의 큰 배와 마주하고 작은 배들이 그 사이에 위치하여 조총을 쏘았다. 기슈쿠 배와 가토 요시아키의 큰 배에서 대포(大筒)를 쏘아 대니 (적군은) 부상자·전사자가 다수 발생하여 섬들로 후퇴하였다. 기슈쿠 배에서도 부상자·전사자가 다수 발생했기 때문에 그 날 밤에 부산포로 후퇴하셨다. (『고려해전기(高麗船戦記)』)[89]

다음으로 루이스 프로이스의 『일본사Historia de Iapam』에 보이는 관련 기록이다. 『일본사』는 1597년에 프로이스가 사망한 뒤 마카오로 보내졌다가 그 존재가 잊혀졌고 1742년에 그 필사본이 작성되었다. 원본이 소장되어 있던 마카오의 성당에서 1835년에 화재가 나면서 원본은 소실되었고, 그 후 필사본도 흩어졌다가 20세기 이후 필사본의 재집결이 이루어졌다. 현존하는 필사본을 일본어로 번역한 것이 『일본사(日本史)』전 12권 (松田毅一·川崎桃太 譯, 中央公論社, 1977~1980)이며, 그 가운데 임진왜란 부분을 발췌 번역한 것이 정성화·양윤선 역 『루이스 프로이스의 임진난의 기록: 루이스 프로이스가 본 임진왜란』(살림, 2008)이다. 일본어 번역본 제2권에 수록된 조선국에 대한 일반적 서술 가운데 일부를 인용한다.

제36장 (제3부 47장) 조선국의 묘사 및 아고스티뇨 고니시 유키나가가 그 함대를 이끌고 선발로 출발한 상황.
……(중략)……
(조선 지방은) 3, 4개국과 국경을 맞대고 있으며, 서쪽으로는 중국인과 접촉하여 조공국으로서 그들에 대하여 매년 공납하고 있다. 북부 및 북동부에서는 타타르[韃靼]인과 오랑카이인의 땅에 접하고 있다. 오랑카이인의 토지는 일본의 북쪽과 큰 만(灣)을 이루고 있으며, 에조 섬의 윗부분에서 북방으로 향하여 뻗어 있는 돌출된 육지이다. 오랑카이인은 에조와도 교역하고 있다. 오랑카이인은 몇 년 전에 타타르인 및, 조선인이 이시모쿠yximocu 즉 태양도 달도 모르는 사람들이라고 부르는 북방 민족같은 별도의 한 국민과 동맹을 맺었다. 이들 세 민족은 협력하여 조선인을 습격하였으나, 큰 손해만을 입혔을 뿐 정복은 하지 못하였다.
조선국은 남쪽으로 섬을 하나 가지고 있는데, 별로 멀리 떨어져 있지는 않으나 해로 50리 정도 거리라고 한다. 그 섬에는 매우 높아서 눈이 쌓여 있는 것으로 유명한 산악이 있으며, 이 섬은 코라이산Coraisan이라고 불린다.
……(중략)……
그들은 중국인에게 공납하고는 있지만 그들로부터 두려움의 대상이 되고 있으며, 역대 조선 국왕들은 가장 고귀하고 주요한 도시에 궁전을 짓고 다수의 가신단을 거느린 정청(政廳)이 그곳에 설치되어 있다.
……(중략)……
내륙부에 있는 몇 곳의 성채는 방비가 허술하지만, 일본과의 경계를 이루는 해변 일대의 성채만은 방비가 견고하며, 그들은 그곳에 가능한 한 많은 탄약을 비축해 두었다.

　조선인은 다음과 같은 사항을 매우 중시한다. 즉, 매년 무역하러 오는 상기(上記) 300명의 일본인 이외에는 어떠한 경우에도 국내에 외국인이 무역하러 오는 것을 허락하지 않는다.

　……(중략)……

　작년, 그러니까 1591년에 조선 국왕은 쓰시마를 지배하는 관리의 간청과 설득에 따라 관백님에게 2백 명을 동반한 2명의 사절을 파견하였다. 일본인들은 이들을 별달리 평가하지 않았으나, 늙은 관백은 그들을 정중하게 대하고 명예롭게 영접하였다. 그 후 늙은 관백은 새로운 사절을 조선 국왕에게 보내어, 중국을 정복하기로 결정하였으므로 귀국을 통과하게 해달라고 간청하였다. 이에 대하여 조선 국왕은, 짐 및 선제(先帝)들은 처음부터 중국과 견고한 인연과 우정으로 엮여 있으며, 중국인에 대하여 조공국의 입장에서 어떠한 경우에도 그와 같은 부정과 배신은 행할 수 없으므로, 일본군이 통과하는 데 동의할 수 없다라고 답하였다. 늙은 관백은 이 건에 이상할 정도로 관심을 보이고 있었으므로, 이 답신을 접하자마자 조선에 대하여 서둘러 치열한 전쟁을 치러 중국을 침략하는 단초를 열었다.[90]

　코라이산은 임진왜란 당시 일본 측 문헌에서 거제도를 가리키는 명칭이지만, 프로이스가 묘사하고 있는 것은 제주도로 보인다. 『에혼 다이코기』에는 이순신의 명량 해전이 제주도에서 발생했다는 묘사가 보이는데, 프로이스의 서술에 반영되어 있듯이 임진왜란 당시 일본인들이 거제도와 제주도를 혼동했기 때문에 이와 같은 묘사가 이루어진 것으로 추정된다. 또한 임진왜란 개전을 히데요시 곁에서 목격한 그가, 길을 열어주면 명나라를 칠 것이라고 조선 측에 요청했다는 증언을 남긴 것은 임진왜란의 발발 원인을 추정할 때 중요한 근거가 된다.

니콜라스 비천, 『북동 타타르지』

오늘날까지 이어지는 서구권의 임진왜란 및 조선 정보의 직접적인 근원은 히라도(平戶)·데지마(出島)에 거점을 두고 일본 측과 교섭한 네덜란드인 및 독일인들의 기록이다. 그 가운데 〈조선은 일본에 조공 의무를 진 종속국〉[91]이라는 이들의 기술은 러일 전쟁에 이르기까지 서구인들의 동중국해 연안 지역에 대한 인식을 결정지었다.

조선에 대한 네덜란드 측의 첫 언급이 확인되는 것은 얀 호이헨 반 린스호텐(Jan Huyghen van Linschoten, 1563~1611)의 여행기인 『기행집. 얀 호이헨 반 린스호텐의 동방 여행 혹은 포르투갈령 동인도 항해 *Itinerario. Voyage ofte Schipvaert van Jan Huygen van Linschoten naer Oost ofte Portugaels Indien*』(1596)이며, 일본 히라도에 거점을 둔 네덜란드 상관의 초대 상관장인 자크 스펙스(Jacques Specx, 1585~?)는 조선과의 직거래 루트를 개척하기 위해 노력하기도 하였다. 나아가, 1622~1624년 사이에는 한반도를 포함한 동중국해 연안 지역을 정복하기 위한 군사 원정이 시도되었으나, 이 원정은 타이완 정복으로 그쳤다.[92] 이후 하멜 일행이 조선에서 탈출하여 귀국하자 조선과의 무역을 실현시키고자 하는 시도가 다시 한 번 이루어졌다. 그것이 1669년에 네덜란드에서 건조된 무역선 코레아Corea였으며 코레아 호는 1669년 5월에 출항하여 12월에 바타비아에 도착하였다. 그러나, 〈조선이 조공을 바치고 있는 막강한 두 군주 청나라와 일본의 황제가 그곳에 이방인이 왕래하는 것을 순순히 응낙하지 않을 것〉[93]이라는 데지마의 상관장 식스D. Six의 견해에 따라 이 계획은 무산되었다.

한편 네덜란드 세력은 동중국해를 넘어 북태평양 어딘가에 있다고 상정된 금과 은의 섬Goud-en Zilvereilanden을 찾기 위해 이 지역에 탐험대를 파견하였다. 1639년, 1642년, 1643년의 세 차례 원정은 금과 은의 섬의 발견 대신 쿠릴 열도의 발견이라는 성과를 올렸다. 제3차 탐험을 이끈 마르턴 프리스(Maarten Gerritszoon Vries, 1589~1647)의 탐험 내용은 니콜라스 비천(Nicolaas Witsen, 1641~1717)이 1692년에 간행한『북동 타타르지Noord en Oost Tartarye』[94]에 포함되어 유럽 사회에 널리 알려졌을 뿐 아니라, 이 문헌 가운데 동중국해 연안 지역에 대한 기술을 발췌 번역한 바바 사다요시(馬場貞由, 1787~1822)의『동북 달단제국도지 에조잡기 역설(東北韃靼諸国図誌野作雑記訳説)』(1809)을 통하여 일본에도 알려지게 되었다.

비천의『북동 타타르지』에는 니우헤Niuche, 코레아Korea, 다우리아Dauria, 만리장성Groote Sineesche Muur, 에조Jesso, Jezo, Ezo anders Yeco, 몽골Het Land Mugalia, Moegalie, of Mongal, 칼묵Kalmakkia of Kalmakken-Land, 탕구트Tangut, anders Tanyu of Tannu, 카스카르Caskar, 우즈벡Uzbek of Zagatay, 소그드Alsogd of Sogd, 부하라Buchara, 호라산Chorasan, 투르케스탄Turkestan, 호와레즈미아Chowarezmia, 카블레스탄Kablestan, 세게스탄Segestan, 타베리스탄Taberistan, 헤라트Herat, 파르가나Fargana, 알사가리얀Alsagarijan, 조지아Georgia of Iberia, 밍그렐리아Mingrelia, 치르카시아Cirkassia, 크림Crim, 나가이아Nagaia, 체레미센Ceremissen, 모르두이넨Morduinen, 키르기센과 바스키렌Kirgisen. Baskiren, 아스타키아Astakkia, 알틴Altin, 틴고에시아Tingoesia, of Tungoesia, 아스트라칸Astrakan, 위아트카Wiatka, 시베리아Siberia, 사모예디아Samojedia 등의 항목이 설정되어 있다.

이 가운데 한국 항목에서 임진왜란에 대한 서술이 확인된다. 이 항목은 네덜란드의 저술가 아르놀두스 몬타누스(Arnoldus Montanus, 1625~1683)가 1669년에 간행한『일본지Gesantschappen der Oost-Indische Maetschappy in't Vereenigde Nederland, aen de Kaisaren van Japan.

Getrokken uit de Geschriften en Reiseaentekeninge der zelver Gesanten』에 근거하고 있다. 이는 예수회 선교사 및 일본에 체류하는 네덜란드 상관에서 생산된 정보에 의거하여 작성된 것이다. 몬타누스의 저작은 1670년에 *Atlas Japannensis being remarkable addresses by way of embassy from the East-India Company of the United Provinces to the Emperor of Japan*으로, 1925년에 『モンタヌス日本誌』(和田萬吉 역, 丙午出版社)로 번역되었다. 아래 게재한 『북동 타타르지』의 임진왜란 관련 기사에 해당하는 『일본지』의 내용은 1669년 네덜란드어본에서는 159~163쪽,[95] 1670년 영역본에서는 183~188쪽[96]에 해당하지만, 상당히 축약되어 있다. 여기에서 도요토미 히데요시는 자신보다 신분이 높은 다이묘들이 자신의 정권을 전복시키는 일을 막기 위해 그들을 조선으로 파견했다고 서술된다.

이것은 아르놀두스 몬타누스의 『일본에 대한 묘사』에서 인용한 것이다. 이제 다이코사마(도요토미 히데요시)가 일본을 차지하기는 했지만, 그는 고귀한 혈통의 왕들이 자신들보다 낮은 혈통의 황제에게 저항할 것을 계속하여 우려했다. 만약 그들 중 누군가가 봉기하여 다른 사람들이 참가한다면, 다이코사마는 이에 대응할 수 없을 것이었다. 그러므로 이러한 위협을 제거하기 위하여 주의할 필요가 있었다. 깊은 숙고 끝에 다이코사마는 이 강력한 왕들, 자신이 가장 두려워한 왕들을 고향에서 먼 곳으로 보내는 것이 가장 좋은 방법이라는 사실을 깨달았다. 이웃한 코리아는 그에게 쉬운 목표물로 보였다. 이 반도는 여덟 개 지역으로 나뉘어 있다: 킨키(Kinki, 경기도), 호안하이(Hoanhay, 황해도), 키앙이우엔(Kiangiuen, 강원도), 시우엔로(Siuenlo, 전라도), 킹산(Kingksan, 경상도), 창오잉(Changoing, 충청도?), 카오키울리(Kaokiuli, 함경도?), 핑알라(Pingala, 평안도). 북쪽으로는 타타르의 니우헤와 접하고 있고, 남쪽으로는 풍마 Fungma라는 커다란 섬이 있고, 서쪽으로는 압록강이 있으며, 나머지 부분은 바다에 접한다. 길이는 270 독일 마일이고 폭은 30 독일 마일이다. 킨키 지역은 대도시 평양Pingyang으로 인하여 유명하다. 나라 전체에 인구가 많으며 많은 도시가 있다. 도시들 대부분은 중국 방식으로 구획지어져 있으며, 의복, 언어, 문학, 종교, 국가 통치 모두를 중국에서 빌려왔다. 이미 200년쯤 전에 중국의 홍무제(洪武帝, Hiaovus)에 의해 정복되었으므로 이는 놀라운 일이 아니다. ……(중략)……

다이코사마는 자신보다 고귀한 신분의 왕들이 자신의 정권을 전복시킬 위험을 제거하기 위하여 그들을 자신의 나라에서 이 반도로 파견하였다. 그는 만약 코리아가 자신의 지배하에 놓인다면 일본은 더욱 더 부유한 나라가 될 것처럼 묘사하였다. 강한 군대를 충분히 보낼 것이므로 코리아의 정복은 쉽게 이루어질 터였다. 그가 가장 두려워했던 왕들은 6만 명이 탈 배를 만들어 코리아에 상륙할 것을 명받았다. 상륙한 뒤에 그들은 이 일이 당초 예상보다 힘들다는 사실을 깨달았고, 오랜 전쟁이었음이 증명되었다. 동시에 다이코사마는 그들에게 친절한 내용의 편지와 새로운 부대를 보냈다. 그들은 자신들이 오랫동안 가족들로부터 떨어져 적들 사이에 자리한 채로 퇴각을 허락받지 못한다는 사실에 우울해하였다. 처음에 6만 명이 파견된 뒤 14만 명이 뒤따랐다. 코리아에 상륙한 이들 군대는 빠르게 이동하여 대도시 평양은 곧 일본인의 손에 넘어갔다. 중국의 대군이 한국인을 도우러 왔기 때문에 몇몇 장소에서 일본군의 진격이 저지되었다. 거의 6년 뒤에 일본군은 바다로 퇴각하였다. 마침내 평화가 찾아왔고, 코리아는 계속하여 중국 제국에 부속될 것이었다. 이로써 전쟁이 끝났고, 일본은 거의 10만 명을 잃었다. (50~52쪽)[97]

엥겔베르트 캠퍼, 『일본사』

1690~1692년 사이에 데지마에 체류한 엥겔베르트 캠퍼(Engelbert Kaempfer 1651~1716)의 저술은 가장 먼저 영국에서 1727년에 『일본사

History of Japan』[98]로서 출판되었고, 이어서 1729년에 프랑스어판과 네덜란드어판, 1747년에 독일어판이 간행되었다. 〈특히 프랑스어판은 계몽주의 시대 유럽에서 일본관의 기반이 되었으며, 19세기까지 일본 관계 집필의 기준점 가운데 하나로서 이용되었다.〉[99] 이 책에서는 덴노 및 쇼군에 대한 기술, 및 일본과 주변 지역의 역사 지리적 상황을 설명하는 중에 한반도에 대한 내용도 확인된다. 캠퍼는 이른바 진구코고의 삼한 정벌과 도요토미 히데요시의 임진왜란을 명백하게 연속된 두 개의 전쟁으로서 인식하고 있었음을 알 수 있다. 『일본사』의 원본에 해당하는 영어판의 한일 관계사 기술을 아래에 번역한다.

    II. 코레Corey 또는 코래아Coræa는 중국의 해안과 마주하고 있는 일본을 향해 타타르Tartary에서 튀어나온 반도이다. 일본인들의 말에 따르면 이 지역은 오래전부터 세 지역으로 나뉘어져 왔다고 한다. 가장 낮은 지역으로서 일본에 가장 가까운 곳을 일본인들은 쵸셴Tsosijn이라고 부른다. 반도 전체의 가운데 위치한 두 번째 지역은 코레Corey이고, 타타르와의 경계를 이루며 가장 높은 지역인 세 번째는 팍쿠사이라 불린다. 이 세 이름 가운데 어느 하나가 반도 전체를 가리키는 경우도 있다. 일본인들의 기록에 따르면 이 지역의 주민은 중국에서 왔다. 그들은 여러 주군을 섬기거나 그 지배를 받았다. 그들의 이웃인 타타르인들은 그들과 동맹을 맺을 때도 있고 침략해서 지배할 때도 있었다. 일본 황제인 미카도 치우 아이(Mikaddo Tsiuu Ai, 주아이 덴노)는 전쟁으로서 그들을 벌주려 했지만 이 일을 끝내기 전에 죽었다. 위대한 공주이자 용맹한 사람이었던 과부 진구(Dsin Gu, 진구코고)는 남편인 죽은 황제의 갑옷을 입고 매우 용맹하게 이 일을 추진하여, 마침내 서력 201년에 그들이 일본에 공물을 바치게 만들었다. 그 후 그들은 이웃 타타르인들과 새로운 동맹 관계를 맺었으므로, 타이코Taiko가 스스로 일본의 세속 황제로 즉위할 때까지는 일본인들의 공격을 받지 않을 수 있었다. 이 용감한 왕자는 코리안들이 자신의 전임자들 가운데 한 사람에게 굴복하여 일본에 조공을 바쳤다는 사실이 자기 제국의 역사서에 적혀 있는 것을 확인하였다. 최근에 즉위한 그는 자신도 이와 똑같이 할 수 있음을 의심하지 않았지만, 제국 안의 가장 강력한 왕자들 가운데 몇에게 이와 같은 군사 원정을 하게 하여 그들을 궁정과 이 나라에서 제거함으로써 일본을 확고히 지배하고 스스로의 안전을 확보할 때까지는 충분한 시간이 필요했다. 그는 기꺼이 이 기회를 이용하여 코리아 왕국에 대한 자신의 주장을 갱신하고 지원받고자 하였으며, 이 왕국을 통과하여 위대한 중국 제국 그 자체를 정복할 길을 여는 것이 자신의 주요한 목표라고 밝혔다. 이에 따라 그는 몇 명의 외교관을 코레로 보내, 주민들이 일본 황제의 우위를 인정하고 충성과 복종의 상징을 바칠 것을 희망한다고 전했다. 그러나 코레안들은 대답 대신에 황제의 외교관을 살해하였으며, 이 적대적인 행위는 그에게 전쟁을 치를 정당한 이유를 제공하였다. 이에 따라 타이코가 가장 두려워하는 제국 내의 이들 왕자들의 지휘하에 지체없이 다수의 군대가 파견되었다. 7년 동안 계속된 이 전쟁에서 그의 장군들은 주민들과 그들의 동맹인 타타르인들의 강력한 저항을 끝내 무너뜨렸으며, 그 나라는 용맹한 방어전 끝에 다시 일본에 조공을 바치게 되었다. 타이코가 죽고 군대가 돌아올 때, 그의 후계자인 이에야스Ijejas는 그들(코리안)이 삼 년에 한 번씩 (일본) 조정에 사신을 보내어 자신의 우월한 위치를 인정할 것을 명하였다. 그때 이래로 그들은 서서히 다시금 타타르인의 지배하에 놓이게 되었으며, 일본인들이 남겨 놓은 요새들을 쵸셴 지방의 바닷가까지 밀어붙였다. 코레아 전체를 정복했던 그들에게 현재 남은 것은 이것(왜관을 가리킨다 — 인용자)이 유일하다.[100]

필리프 지볼트, 『일본』

1822~1826년에 나가사키 데지마에 체류한 독일인 필리프 지볼트[101]의 저술 『일본』은 서유럽뿐 아니라 러시아와 미국에까지 영향을 미쳤다. 지볼트는 귀국 후 1852~1853년 사이에 일본 전문가로서 러시아 측에 일본과 관계를 맺도록 조언하고 페리 제독으로부터도 일본에 관한 조언을 요청받은 바 있다.[102] 그러한 의미에서 캠퍼가 18~19세기 서유럽의 동중국해 연안 지역 담론 형성에 영향을 미쳤다 한다면, 지볼트는 19세기 서구 세계 전체에 영향을 미쳤다고 할 수 있다. 이 책에서 한반도와 관련하여 가장 유명한 내용은, 나가사키에 표류한 조선인들을 지볼트가 1828년 3월 17일에 방문하여 취재한 대목이다. 이 대목은 보드윈 왈라번에 의해 영역(英譯)되어 있다.[103] 또한, 『일본』의 일본어역이 저본으로 삼은 프랑스어판에는 지볼트와 함께 일본 연구를 진행하고 『일본』의 간행을 보조한 요한 요제프 호프만(Johann Joseph Hoffmann, 1805~1878)이 집필한 한일 관계사 논문이 수록되어 있다. 그 가운데 이 책과 관련된 대목을 인용한다.

(서기) 200년에 일본인은 아시아 대륙에 발을 디뎌, 신라를 습격했다. 이것이 해 뜨는 나라의 모험가들이 대륙의 이웃 나라를 원정하여 승리를 거둔 최초의 기획이었다. 일본은 반도에 확고한 발판을 마련하고 백제를 충실한 동맹국으로 삼았으나, 이에 반하여 처음부터 적대적 태도를 보이고 있던 신라는 증대하는 일본의 압박에 대해, 어떤 때는 공공연하게 무력으로, 또 어떤 때에는 책략으로 저항했다. 그럴수록 한족(韓族)은 이른바 임나(미마나)에서 더욱 더 일본과의 연계를 강화하고, 일본에서 파견되어 현지의 왕과 함께 국정을 관할하는 일본의 관리 또는 총독에게 의존하게 되었다.

……(중략)……

히데요시가 천하를 차지했다. 확실히 자존(自尊)과 명예는 히데요시가 스스로 말한 조선 출병의 동기였다. 그러나 조선 출병의 경과에서 보자면, 그가 그 사이에 자신의 지위와 국내 안정을 가능한 한 오래 유지하기 위해 호전적인 가신들을 국외로 원정 보내려 한 것임에 틀림없다.

제1차 원정(1592~1593년)에서는 일본군이 조선의 거의 전역을 석권하였으며, 특히 북부의 2개 도(道)에서는 파죽지세였다. 중국은 반도를 해방시키기 위해 군대를 보냈다. 그러나 간신히 두 번째 출병 때 ── 첫 번째는 평양 상류에서 격퇴되었다 ── 일본군을 수도 부근으로 몰아 놓고, 여기서 두 군대 사이에 휴전 협상이 체결되었다. 이어서 1593년에 형식적인 화의가 성립하였다.

제2차 원정(1597~1598년)은 중국의 명나라를 향한 것이었다. 명의 거만함이 히데요시의 자존심을 크게 자극하였기 때문이다. 이번에는 일본군은 경상도와 전라도 남쪽 끝의 몇 개 요충지를 점령했을 뿐이었다. 그러나 즉시 조선을 구원하러 나선 명군의 공격도, 2년간에 걸친 일본군의 교묘함과 용감함에 의해 효과를 발휘하지 못했다. 그때, 뜻밖에 다이코 히데요시의 죽음이 또다시 전쟁에 종지부를 찍었다. 일본군은 승자로서 철수했다. 이들 사건이 있은 뒤, 조선의 이씨 왕조는 명과의 관계를 더욱 심화시켰다.

만주는 중국에 발판을 마련하자 1627년에 군대를 보내 평양까지 압박했다. 국왕 인조는 이에 대해 화의를 청하여 만주와의 동맹에 응했다. 그러나 1637년에 조선의 배신에 화를 낸 만주는 또다시 조선에 출병했다. 왕궁도 적의 수중에 떨어졌으므로 인조는 관대한 승자에게 항복을 청하여 만주 왕조와의 동맹을 재확인했다. 만주 왕조는 인조와 그 자손들에게 조선 왕국의 영유권을 보증했다.[104]

또한, 이 논문의 앞에는 호프만이 참조한 문헌이 소개되어 있는데, 여기에는 『동국통감』, 『삼국사기』는 물론 『이칭일본전』도 보이지 않는 대신, 『일본(서)기』, 『화한삼재도회』, 『삼국통람도설』[105] 등이 보인다. 후자에 실려 있는 임진왜란 정보는 극히 제한적이기 때문에, 위에서 인용한 대로 임진왜란에 대한 호프만의 기술도 간단했을 것이다.[106] 왈라번은 호프만이 『동국통감』을 간접적으로 인용하여 이 논문 모두의 단군 신화 부분을 집필하였을 것으로 추정하는데,[107] 호프만이 제시한 논문에는 『동국통감』이 언급되어 있지 않으며, 『동국통감』을 이용했다면 고려 시대까지의 한반도 역사가 좀 더 상세히 서술되었을 터이다. 일본어판의 주석에서는 단군 신화 서술의 참고 자료로서 『삼국통람도설』을 제시하고 있다.[108]

윌리엄 애스턴과 라프카디오 헌

윌리엄 애스턴(William George Aston, 1841~1911)은 일본과 조선에 부임한 영국 외교관이다. 그가 1889년에 집필한 논문 「초기 일본 역사 Early Japanese History」에서 『신간동국통감』과 『삼국사기』를 이용하여 『일본서기』를 비판적으로 고찰하였으며, 그가 이용한 『신간동국통감』이 러시아 과학 아카데미 동양학 연구소에 현존한다는 사실을 앞서 살폈다. 또한 애스턴은 「Early Japanese History」와 마찬가지로 *Transactions of the Asiatic Society of Japan*의 vol.6(1878), vol.9(1881), vol.11(1883)에 수록한 논문 「히데요시의 한국 침략Hideyoshi's Invasion of Korea」에서 임진왜란 통사의 서술을 시도한다. 애스턴은 논문 말미에서 자신이 참조한 문헌들의 리스트를 제시한다.

『정한위략』 A compilation from numerous sources not readily accessible.

『징비록』 The Korean history of the war.

『에혼 조선 정벌기』 A popular account mostly derived from the above.

『조선 이야기 (부) 야나가와 시말(朝鮮物語(附)柳川始末)』 MS. account of negotiations after the war.

『조선 이야기』 History of the second invasion.

『외번통서(外番通書)』 MS. collection of Royal letters to and from foreign potentates.

『일본외사』 Vol. XVI.

『오사략(五事略)』 MS. work by Arai Hakuseki.[109]

이 리스트를 통하여, 그가 주로 가와구치 조주의 『정한위략』과 라이 산요의 『일본외사』를 이용하여 임진왜란 서술의 틀을 잡고, 아마도 『조선징비록』을 이용하여 조선 측의 입장을 투영했음을 짐작할 수 있다. 오코치 히데모토의 『조선 이야기』는 정유재란의 기록이고, 『에혼 조선 정벌기』는 1853~1854년에 쓰루미네 시게노부와 하시모토 교쿠란이 간행한 삽화본 임진왜란 군담이다. 임진왜란 이후의 교섭에 대하여는 아라이 하쿠세키의 『오사략』과 곤도 주조(近藤重蔵, 1771~1829)의 『외번통서(外蕃通書)』에 의거하면서 『조선 이야기 (부) 야나가와 시말(朝鮮物語(附)柳川始末)』을 참조했을 것이다. 이 밖에도 논문의 주석에서는 조선의 『국조정토록(國朝征討錄)』과 일본의 『선린국보기(善隣国宝記)』가 확인된다. 한일 고대사와 근세사에 대한 애스턴의 논문은 후술하는 윌리엄 그리피스의 『한국: 은자의 나라 Corea: the Hermit Nation』와 동시기에 집필된 영어 문헌으로서 후세에 큰 영향을 미쳤다.

한편, 「히데요시의 한국 침략」은 영일 대역판 『도요토미 다이코 정한사(豊太閤征韓史)』(増田藤之助訳, 隆文館, 1907)[110]로 간행되었는데, 이 책의 권두 삽화인 도요토미 히데요시 초상 위에 라프카디오 헌(Patrick Lafcadio Hearn, 1850~1904)의 말이 인용되어 있다.

삽화 14 도쿄 조시가야레이엔(雜司ヶ谷霊園)의 라프카디오 헌 무덤. (Wikimedia Commons)

위대한 다이코…… 농부의 아들, 그는 체스 놀이와 같은 전쟁을 수행하기 위한 영리함과 용맹함, 타고난 군사 기술, 그리고 거대한 천성의 능력을 구사하여 고위 지휘관의 자리를 획득한, 정식 교육을 받지 않은 천재였다. ……그는 자신이 이제까지 태어난 가장 위대한 병사들 가운데 하나임을 증명하였다. 만약 그가 한국에서의 전쟁을 직접 지휘했다면 그 전쟁에는 좀 더 행운이 뒤따랐을 터이다.[111]

라프카디오 헌은 아일랜드계 일본인으로서 일본에서는 고이즈미 야쿠모(小泉八雲)라는 이름으로 알려져 있다. 1890년에 일본에 입국하여 1891년에 고이즈미 세쓰(小泉セツ)와 결혼, 1896년에 도쿄 제국 대학 문과 대학 영문학 강사로 부임하여 1902년까지 재직하였고, 1904년 3월에 와세다 대학 강사가 되었으나 그 해 9월에 사망하였다. 일본어를 듣고 말할 수는 있었지만 고문헌을 읽을 줄은 몰랐던 그가 아내인 고이즈미 세쓰의 도움을 받아 집필한 『괴담Kwaidan: Stories and Studies of Strange Things』(1904)[112]은 세계적인 베스트셀러가 되었다. 헌은 많은 저술을 남겼으나, 직접적으로 조선의 전설이나 조선의 역사를 다룬 문헌은 거의 확인되지 않는다. 그런 의미에서 이 짧은 문장은 도요토미 히데요시와 임진왜란에 대한 헌의 관점을 보여 주는 드문 자료이다.

윌리엄 그리피스

윌리엄 그리피스(William Elliot Griffis, 1843~1928)는 한국에서는 『한국: 은자의 나라』(1882)의 저자로 알려져 있지만 사실은 한국에 한 번도 와 본 적이 없고, 1871~1875년 사이에 일본에서 선교사·교사로서 체류하였으며 귀국 후에는 『미카도의 제국The Mikado's Empire』(1876)을 비롯하여 일본에 대한 저술을 주로 남겼다. 판을 거듭한 『한국: 은자의 나라』에 대하여는 서지적인 검토를 통한 주목할 만한 재해석이 최근에 이루어졌다.[113] 〈한국사를 서술함에 있어서 일본을 제외한다는 것은 영국의 중세사를 쓰면서 프랑스를 제외하는 것만큼이나 불가능한 일이다〉[114]라는 문장을 포함하여 이 책에서는 한일 관계사에 대해 상세한 서술이 이루어지고 있지만, 너무나도 유명한 저술이기 때문에 여기서 깊이 살필 필요는 없을 것이다. 여기서는 이른바 〈진구코고의 삼한 정벌〉에 대한 기술과 『징비록』에 대한 기술만을 인용한다. 그리피스는 구마소와 신라가 연결되어 있다는 라이 산요, 야마가타 다이카 등의 주장을 계승한다.

일본 고대사에서 그토록 빈번하게 논의되고 있는 소위 규슈의 반도(叛徒)들은 단순히 한족(韓族)이거나 그들의 후손이었으리라고 여겨지는데 규슈 지방 주민들 대부분이 원천적으로는 한족이었음이 거의 틀림없기 때문이다.

일본에서 점차로 우위를 차지하게 된 야마토족은 고대 고구려의 부족, 즉 부여족의 이민으로 보여지는데, 색슨족과 앵글족이 북해를 건너 영국으로 이주한 것과 똑같이 그들은 한국 북부 지방에서 동해를 건너 〈해가 뜨는 나라〉로 건너갔던 것이다. 그들은 한반도의 서쪽 또는 남쪽으로부터 온 이주민들로 인해 주로 말썽을 일으키고 있는 구마소 즉 규슈의 반도들을 만났다. 이들은 자기들이 오히려 야마토족보다는 이 섬나라의 정당한 주인이라고 생각했다. 서기 192년부터 200년까지 일본을 통치했다고 하는 주아이 덴노가 번번이 이주민에게 쳐들어갔던 구실은 규슈에 살고 있는 그들이 자신의 권위에 승복하지 않는다는 것이었다.

그의 황후인 여걸 진구코고는 이 분쟁의 원인이 반도에 그 뿌리를 두고 있기 때문에 바다 건너로 군대를 파견해야 한다는 의견을 가지고 있었다. 그의 남편이 전쟁에서 죽자 그는 자신의 목적을 자유롭게 수행할 수 있었는데, 전하는 바에 의하면 그는 서기 202년에 그 과업을 수행했다고 한다. ……(중략)…… 일본은 항상 한반도, 그 중에서도 신라가 자신의 속방이었다고 주장한다는 사실을 기억해 두는 것이 좋을 것이다. 그들은 중국의 조정에서 양국의 사신들이 만날 때마다 이와 같은 주장을 내세웠을 뿐만 아니라 1876년 이후에는 그들이 국가 정책의 일환으로 다소 적극적으로 이를 주장했다.[115]

조선 지도에 대한 설명이 있는 것을 보면, 그는 1695년에 교토에서 간행된 『조선징비록』을 참고로 하였음을 알 수 있다. 다만, 임진왜란에 대한 조선 문헌으로는 안방준의 『은봉야사별록』도 에도 시대에 일본판이 간행된 바 있으므로, 이러한 종류의 문헌은 『징비록』이 유일하리라는 그리피스의 설명은 정확하지 않다.

시간적인 여유가 생김에 따라서 많은 기록들이 나타났는데 그 중에서는 조정의 한 고위 관리가 1586년부터 1598년에 이르기까지의 기간 동안 임진왜란으로 이끈 여러 가지 사실들을 한문으로 기록한 것이 있다. 이 책은 아마 조선의 입장에서 전쟁을 기술한 것으로 일본에서 복간된 유일한 책인 것 같다. 지나치리만큼 겸손한 유성룡은 그의 서문에서 〈인간은 과거에 비추어 현재를 돌아보아야 하기 때문에〉 그 책을 썼노라고 말하고 있다. 한문으로 씌어진 이 책은 일본의 일반 독자로서는 읽기가 어렵다. 이 『징비록』에는 신기한 8도의 지도가 수록되어 있다. ……(중략)…… 이에야스는 자기의 손자인 도쿠가와 이에미쓰에게 자리를 물려주었다. 이에미쓰는 즉시 조선에 조공을 재개하도록 요구하고 에도로 사신을 보내어 신하의 예를 드리도록 했다. [116]

이상, 예수회 선교사, 네덜란드인, 독일인, 영국인, 미국인의 저술에서 확인되는 임진왜란과 한일 관계에 대한 기술을 검토하였다. 이 밖

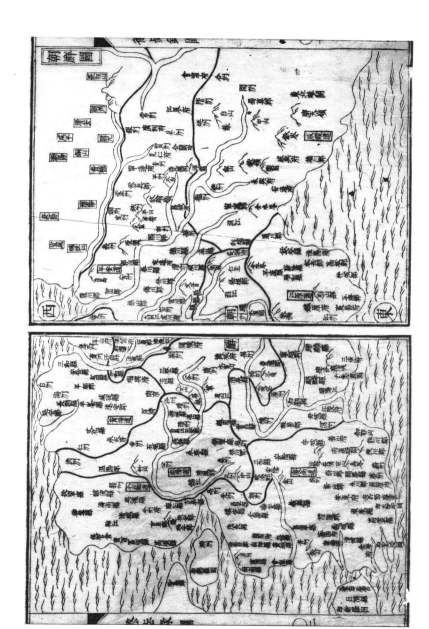

삽화 15 『조선징비록』 수록 조선 팔도 지도. 필자 소장

에 러시아에서는 곤차로프(Иван Александрович Гончаров, 1812~1891) 의 『전함 팔라다Фрегат «Паллада»』(1858),[117] 블라디미르Vladimir의 『청일 전쟁The China-Japan War Compiled from Japanese, Chinese, and Foreign Sources』(1896),[118] 바츨라프 세로셰프스키(Wacław Sieroszewski, 1858~1945)의 『코레야 1903년 가을Korea』(1906),[119] 쿠로파트킨(Алексей Николаевич Куропаткин, 1828~1925)의 『러일 전쟁의 결과에 대한 쿠로파트킨 장군의 노트Записки генерала Куропаткина о русско-японской войне. Итоги войны』(1906)[120] 등의 저술에서 이른바 〈진구코고의 삼한 정벌〉에서 임진왜란을 거쳐 청일 전쟁·러일 전쟁에 이르는 시기에 대한 기술이 확인된다. 곤차로프는 19세기 중기에 일본과 조선을 방문한 푸차친의 세계 일주에 동행한 작가이고, 블라디미르는 청일 전쟁에 대한 저술이 영어판으로 간행되어 히트하자, 1899년에는 Russia on the Pacific, and the Siberian railway(London: S. Low, Marston & company, limited)[121]도 출판하였다. 이들 문헌을 포함한 러시아 측의 정보에 대한 심층적인 검토는 필자의 다음 저술에서 이루어질 것이다.

제2부

동중국해 연안 지역의 국제 전쟁과 병학

제1장

일본 지식인 집단과 임진왜란·조선 정보

이 장에서는 일본 지식 계급이 임진왜란 및 조선에 대한 정보를 수집하여 문헌을 제작하는 과정을 검토한다. 여기서는 특히 가이바라 엣켄(貝原益軒)과 아메노모리 호슈(雨森芳洲) 두 사람에 주목한다. 이 두 사람의 활동을 따라가다 보면, 〈외교와 전쟁은 어떤 관계를 맺는가?〉 〈조선 후기에 일본에 파견된 통신사란 결국 무엇이었는가?〉라는 문제에 맞닥뜨리게 된다. 17세기 서일본을 대표하는 학자인 가이바라 엣켄은 조선 문헌을 일본에서 출판하고 일본의 병학 문헌을 조선에 전달하였다. 아메노모리 호슈는 한·중·일 3개 국어를 자유로이 구사한 인물로, 당대 동중국해 연안 지역에서 가장 개명한 인물이었다. 이들은 자신들이 놓인 정치 경제적 상황에서 가능한 한 객관적 인간이고자 하였다. 특히 아메노모리 호슈에 대해 한국 학계의 일각에서는 통신사들의 기록에 근거하여 그의 인간성을 비판하거나, 그가 국경 지역의 외교관으로 삶을 마치지 않고 일본 중앙에서 출세했다면 전혀 다른 인간성을 발현하였을 것이라고 추정하는 경우가 있다. 그러나, 역사에서 가정은 무의미하다.

제1절 가이바라 엣켄 그룹

『조선징비록』 서문과 병학

후쿠오카 번의 유학자 가이바라 엣켄(貝原益軒, 1630~1714)은 조선에서 일본으로 유출된 한자 입문서『유합(類合)』및『징비록』등의 문헌을 일본에서 가장 이른 시기에 입수하여 자신의 집필 작업에 활용하고, 그 일본판을 간행하는 데 관여한 인물이다. 가이바라 엣켄은 자신의 학문 그룹에서 형성된 일본 측의 병학 문헌인『격조선론』과『일본지세변』을 조선에서 온 통신사 측에 전달하였으며, 이들 문헌은 이익의『성호사설』및 이익으로부터 학문을 배운 이중환의『택리지』(서울대학교 규장각 한국학 연구원 소장본), 한치윤의『해동역사』등에 수록되어 있다. 또한, 그의 저술인『화한명수』도 함께 조선으로 건너와 읽혔다. 이상의 상황에 대하여는 별고에서 검토하였거니와,[1] 이와 같이 그는 전근대 조·일 양국 간의 정보 교류에서 두드러진 활동상을 보이는 인물이다.

임진왜란에 대한 가이바라 엣켄의 관점을 가장 잘 보여 주는 것은 1695년에 교토에서 간행된『조선 징비록』에 수록된 가이바라 엣켄의 서문이다. 이 서문에서 가이바라 엣켄은 히데요시의 전쟁에 명분이 없다고 비판하는 동시에, 조선 측이 전쟁에 대비하지 않은 것 역시 잘못이라고 비판한다. 가이바라 엣켄이 이와 같이 조선 측을 비판하는 논리는 제갈원성『양조평양록』에 보이는 조선 비판에 근거한 것이다. 이 서문의 전체 번역은 졸저『교감 해설 징비록 — 한국의 고전에서 동아시아의 고전으로』(아카넷, 2013)에 수록하였고, 이 서문의 내용을 문제 삼아 국학자들이 가이바라 엣켄을 비판한 데 대하여는『일본의 대외 전쟁』제1부 제1장 제5절「18세기의 임진왜란 문헌군 — 후쿠오카 번과 쓰시마 번」에서 검토하였으나, 이 책에서의 논의를 전개하기 위하여 다시 한 번 서문의 전반부를 인용한다.

『전(傳)』에 다음과 같은 구절이 있다. 〈군대를 쓰는 데에는 다섯 가지 종류가 있는데, 의병(義兵), 응병(應兵), 탐병(貪兵), 교병(驕兵), 분병(忿兵)이다. 의병과 응병이 군자(君子)가 쓰는 군대이다.〉 또 『전』에 이러한 구절이 있다. 〈비록 나라가 커도 전쟁을 좋아하면 반드시 망한다. 비록 천하가 평안하더라도 전쟁을 잊으면 반드시 위험하다. 전쟁을 좋아하고 잊는 두 가지를 어찌 경계하지 않겠는가?〉 예전에 도요토미 히데요시가 조선을 정벌한 것은 탐병이라 할 수 있으며, 여기에 교병과 분병을 더하였다. 의병이라 할 수 없다. 또한 부득이하게 군대를 쓴 것이 아니니 응병도 아니다. 그는 전쟁을 좋아하였다고 할 수 있으니, 이는 천도(天道)가 미워하는 바이다. 그의 집안이 망한 것은 이 때문이다. 한인은 무력하여 기왓장이 깨지고 흙이 무너지듯 순식간에 패하였다. 이는 평상시에 수비하는 방법을 훈련하지 않았기 때문에, 일본군에 응전하여 싸울 수 없었던 것이다. 이를 이른바 〈전쟁을 잊음(忘戰)〉이라고 한다. 아아, 조선이 위험해지고 거의 멸망 직전까지 간 것은 오로지 이 때문이다. 지당하도다, 상국 류성룡이 『징비록』을 저술한 것은. 이는 전날의 실수를 되돌아보아 훗날의 실수를 경계한다는 뜻이다.[2]

가이바라 엣켄이 인용하고 있는 두 개의 문헌 가운데, 첫 번째는 『문자(文子)』 「도덕(道德)」 편이고, 두 번째는 『사마법』이다. 특히 『사마법』의 해당 구절은 〈전쟁〉과 〈평화〉라는 두 가지 개념을 어떻게 조화시킬 것인가를 간결하게 설명하는 내용으로서 동중국해 연안 지역에서 널리 고찰의 대상이 되었다. 예를 들어 고려 말에서 조선 초기에 활동한 변계량(卞季良, 1369~1430)의 『춘정 선생 문집(春亭先生文集)』 권5 「잡저 진설문답(雜著 陣說問答)」 가운데에도 아래와 같은 구절이 보인다. 아래 보이는 호씨는 『독사관견(讀史管見)』의 저자인 호인(胡寅)을 가리킨다.

『사마법』에 이르기를, 〈천하가 비록 평안하여도 전쟁을 잊으면 반드시 위태롭게 되고, 나라가 비록 강대하여도 전쟁을 좋아하면 반드시 망한다〉라고 하였고, 호씨는 말하기를, 〈전쟁을 좋아해서는 안 된다. 전쟁을 좋아하면 반드시 싸우지 않아도 자멸하는 재앙이 있고, 또한 싫어해서도 안 되니 전쟁을 싫어하면 반드시 남에게 전쟁의 명분을 주는 화가 있게 된다〉라고 하였습니다.[3]

『일본의 대외 전쟁』에서 검토한 바와 같이 이 서문에 대하여 1802년에 간행된 『에혼 다이코기』 제7편 서문 등에서는, 가이바라 엣켄의 히데요시 비판은 영웅의 뜻을 알아보지 못하는 썩은 유학자의 좁은 식견일 뿐이라는 반론이 이루어졌다. 그러나, 가이바라 엣켄의 관점을 계승한 인물도 많지는 않지만 확인된다. 19세기 전기에 약종상(藥種商)이자 저술가로 활동한 야마자키 요시시게(山崎美成, 1796~1856)는 『세사백담(世事百談)』에서 아래 인용문과 같이 가이바라 엣켄의 서문을 인용하면서 도요토미 히데요시를 비판한다. 야마자키 요시시게는 국학자 야시로 히로카타(屋代弘賢, 1758~1841), 소설가 교쿠테이 바킨 등과 함께 탐기회(耽奇会)라는 호고(好古) 모임을 결성하여 『탐기만록(耽奇漫録)』, 『토원소설(兎園小説)』 등을 저술한 것으로 유명하다.

도요토미 다이코의 출신은 알 수 없다. 『신켄 다이코기(真顕太閤記)』 등에 어머니가 모치하기 주나곤(持萩中納言)의 딸이라고 적혀 있는 것은 전혀 근거 없는 주장이다. 모치하기라는 이름의 공경(公卿) 가문은 존재한 적이 없다. 『도요카가미(豊鑑)』는 호타이코(豊太閤)가 아직 살아 계실 때 기록한 문헌인데, 부모님은 알려져 있지 않다고 적혀 있다. 성장 과정에 대하여는 『유로 이야기(遺老物語)』에 수록된 『다이코 출생기(太閤出生記)』가 다소 사실에 가까울 것이다.

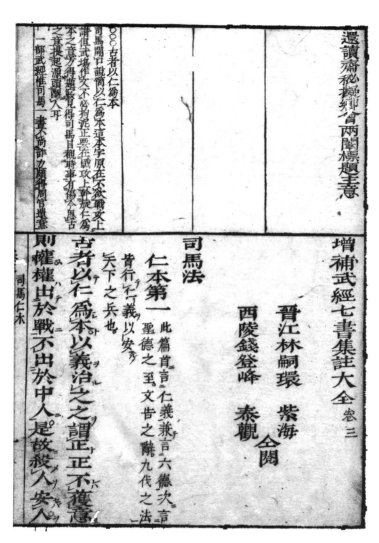

삽화 16 『무경찬서칠서대전집주(武經纂序七書大全集註)』
(간행 연대 미상)에 수록된 『사마법』. 필자 소장

한편, 조선을 공격한 뒤에 대명(大明)을 취하려 한 것은 기량이 큰 사람이라고 칭송하는 사람이 많지만, 야마자키 안사이는 다음과 같이 말했다. 〈기량(器量)이 큰 사람이 아니다. 기량이 작으면서 욕심이 대단히 많은 사람이다. 기량이란 재능과 지혜를 가리킨다. 호타이코는 무식하고 문맹이었으며, 나쁜 재능과 사악한 지혜를 지녔다. 좋은 재능과 올바른 지혜는 없었다. 그저 호랑이 늑대처럼 무위(武威)를 떨쳐서 사람을 겁주는 것으로 나라를 다스리려 하였다. 설령 조선을 정복했다고 해도 무슨 덕이 있어서 그 후에 잘 통치하였겠는가? 하물며 대명국이야. 통치술을 모르면서 큰 나라를 취할 것만 생각하였으니, 욕심은 한없이 크고 기량은 대단히 작은 사람이다.〉 이 논의가 사실에 가깝다. 일찌기 가이바라 엣켄도 『징비록』 서문에서 〈조선 정벌은 이른바 탐병(忿兵), 분병(貪兵)이다〉라고 말했다.[4]

한편, 1791년에 하야시 시헤이가 간행한 『해국병담』 권16 「약서(略書)」는 다른 의미에서 흥미롭다. 하야시 시헤이는 히데요시의 전쟁을 진무 덴노(神武天皇), 진구코고(神功皇后)에 이은 빛나는 무덕이라고 칭송하고 있어서, 하야시 라잔의 『라잔 선생 문집(羅山先生文集)』 권65 「수필 1」에서 보이는 인식과 상통한다(『일본의 대외 전쟁』, 358쪽). 그와 동시에 하야시 시헤이는 국가를 위한 무력 동원과 사리 사욕을 위한 무력 동원을 구분하면서 〈비록 천하가 평안하더라도 전쟁을 잊으면 반드시 위험하다〉라는 『사마법』의 구절을 인용하는 등, 가이바라 엣켄의 『조선징비록』 서문과 마찬가지 논법을 전개하고 있다.

문(文)과 무(武)는 천하의 큰 덕이므로 어느 한쪽을 폐하면 안 된다. 예악과 형정(刑政)은 국가를 경영하는 것이므로 문이 없으면 적절한 통치가 불가능하다. 포악한 자를 토벌하여 국가의 해악을 제거하는 일은 무가 아니면 이루기 어렵다. 무릇 국가를 경영하는 자는 형(刑)으로써 비(非)를 금한다. 무릇 우리 나라의 진무 덴노가 처음으로 나라를 통일하는 위업을 달성하시고 인간에 의한 통치를 확립하신 이래, 진구코고가 삼한을 신복(臣服)시키고, 다이코가 조선을 토벌하여 오늘날까지도 우리나라에 복종케 한 일 등은 모두 무덕(武德)이 빛나는 바이다.

그런데 일에는 본(本)과 말(末)이 있다. 문은 무의 본이다. 문을 모르면 무의 본체를 깨닫기 어렵다. 근래에 이마가와 료준(今川了俊)이 〈문도(文道)를 모르고 무도(武道)만 있으면 끝내 승리를 얻을 수 없다〉라고 한 것은 문무일치의 취지를 깨달은 말로서, 여타 속된 논의보다 탁월하다. 무릇 병(兵)에는 두 가지가 있다. 국가를 평안하게 하기 위하여 병을 이용하는 자가 있고, 자기 마음대로 이욕(利欲)을 취하기 위하여 병을 이용하는 자가 있다. 무릇 난폭하게 난을 일으키는 자가 나타나 백성을 괴롭히고 국가를 어지럽힐 때에는 군대를 일으켜 무위를 보임으로써 폭객(暴客)을 토벌하고 국가의 해를 제거한다. 이것이 다스림을 위하여 군대를 이용하는 것이다. 그 밖에 반란자들이 나타나므로 군대를 일으키는 경우가 있다. 또는 원한으로 인하여 불시에 군대를 일으키거나, 외국에서 쳐들어오는 경우가 있다. 이 모두 뜻하지 않은 동란이기 때문에, 평소에 무를 잊지 않는 것은 국가의 주인된 자가 마음에 두고 있어야 하는 것으로, 이것이 군대의 본질, 무비(武備)의 핵심이다. 때문에 『사마법』에서 〈천하가 비록 평안하여도 전쟁을 잊으면 반드시 위태롭다〉라고 말한 것이다. 그러므로 생각하면 무가 천하의 큰 덕임은 분명하다. 이러한 취지를 잘 익혀서 각기 자신의 본분에 따라 무비를 게을리 하지 않는 것을 진정한 무장(武將)이라고 한다. 또한 자기 마음대로 이욕을 취하여 남의 땅을 빼앗거나 자신의 원한 때문에 군사를 일으키거나 남의 부귀함을 탐내어 망령되이 군사를 일으켜 함부로 사람을 살육하고 국가의 우환을 만드는 것, 이를 국적(國賊)이라고 한다. 나라의 주군된 자는 이 두 가지를 잘 익혀서 무의 본체를 잃으면 안 된다. 무릇 무의 본체를 익히기 위하여는 무에 근거해야 한다. 문은 책 읽는 것을 근본으로 한다. 널리 책을 읽으면 일본과 중국의 옛날과 지금[和漢古今] 사정에 정통하게 되고 손익(損益)과 특질(特質)을 이해할 수 있으므로, 누가 가르쳐 주지 않아도 자연히 문무의 본체를 깨닫는 것이다. 이는 나의 틀린 말이 아니라 일본과 중국의 영웅들이 남긴 교훈이다. 이 이치에 의거하여 생각한다면, 한 나라 한 고을의 주인된 자가 문무의 도에 어두우면 재덕이 없으면서 자리에 오르는 것[尸位素餐]이 된다. 삼가할지어다.[5]

『조선국 정본 천자유합』

가이바라 엣켄은 『조선징비록』의 일본 내 유통에 깊이 간여한 점이 중시되지만, 천자문을 본떠 4자 1구, 390구로 이루어진 한반도의 문헌 『유합』을 『조선국 정본 천자유합(朝鮮国正本千字類合)』이라는 제목으로 간행하였고, 이것이 나가사키 데지마에 체류한 독일인 필리프 지볼트를 통해 유럽에 전달되었다는 점에서도 주목된다. 『조선국 정본 천자유합』은 『조선징비록』보다 3년 앞선 1692년(元禄5)에 서문이 성립하였고, 「일본 고전적 종합 목록」에 의하면 교토의 야쿠리도(躍鯉堂)와 사카이야 진베이(堺屋仁兵衛) 등에서 간행되었다. 한편, 이세진구 부속 신궁 문고에는 『조선음문(朝鮮音文)』(神宮4門-727) 1권 1책이 소장되어 있는데, 필자가 열람한 결과 이 문헌은 조선판 『유합』이었다. 『조선음문』에는 〈御巫書蔵〉라는 장서인이 찍혀 있고, 마지막 장 뒷면에 〈昭和二十一 ……(중략) …… 新宮文庫御巫清白〉라고 적혀 있다. 이로써 『조선음문』이 1946년 시점에서 이세진구의 신관이었던 미칸나기 기요아키라(御巫清白)의 소장본이었으며, 이 문헌이 『유합』이라는 사실이 인지되지 않았음을 알 수 있다. 이 문헌이 에도 시대에 유통되었다고 단정할 수는 없다.

그런데, 필리프 지볼트가 『유합』을 소장하고 있었음이 선행 연구에 의

해 확인되어 있다. 특히 스벤 오스터캄프Sven Osterkamp의 일련의 연구가 참고가 된다.[6] 지볼트는 『일본』이라는 저술로 유명한데, 지볼트가 나가사키의 조선 〈표류민〉으로부터 입수한 조선의 『천자문』과 『유합』이 실려 있다.[7] 왈라번은 지볼트 문서 중에 포함되어 있는, 나가사키의 조선 〈표류민〉이 가지고 있던 『천자문 가사』를 소개한 바 있다.[8] 지볼트가 『일본』과 별도로 간행한 『일본도서록(日本圖書錄)』 6책 가운데에도 조선의 『천자문』과 『유합』에 대한 기술이 보인다.[9] 외국인이 일본의 문헌에 대한 기록을 남기면서 조선의 문헌을 포함시키는 것은 양수경의 『일본방서지』에서도 확인되는 현상이다. 구레 슈조(吳秀三, 1865~1932)의 『시볼트 선생: 그 생애와 업적(シーボルト先生: 其生涯及功業)』에 의하면 『일본도서록』은 다음의 6개 문헌에 대한 기술로 이루어져 있다.

　　第1집 『신증자림옥편(新增字林玉篇)』
　　第2집 『화한음석 서언자고(和漢音釋書言字考)』
　　第3집 『천자문』
　　第4집 『유합』
　　第5집 『일본여지노정도전도(日本輿地路程度全圖)』
　　第6집 『왜년계(倭年契)』[10]

　지볼트가 나루타키 학원(鳴滝塾)의 일본인 제자들에게 제출하게 한 네덜란드어 논문은 후일 『일본』의 집필 자료가 된다.[11] 논문들의 원본은 독일 보쿰 대학의 지볼트 아르키브SIEBOLD-ARCHIV에 소장되어 있으며, 미야자키 가쓰노리(宮崎克則)·고가 야스토(古賀康士)가 개설한 사이트 「시볼트 문인들의 네덜란드어 논문(シーボルト門人によるオランダ語論文)」에서 그 리스트를 확인할 수 있다.[12]

　이들 논문 가운데 이 책과 관련하여 주목되는 것은 세 편이다. 우선, 후일 난학 의사가 되는 미마 준조(美馬順三, 1795~1825)의 「일본 고대사(Oudeste Geschiedenis, Mythologie, van het Japansche Ryk en Levensbeschryving van den ersten Mikado, 日本古代史)」는 『일본서기』 권 1·2의 신화 시대 기술을 가리키는 신대권(神代卷)과 권3의 진무 덴노 부분을 풀어 쓴 것이다. 이 논문은 지볼트의 『일본』 제3부 중 역사부 초입 부분의 집필에 이용되었다. 오카 겐스케(岡研介, 1799~1839)의 「일본 사물 기원(Oorsprong van alle de zaaken[, Kunsten en Wetenschappen etc op Japan], 大和事始)」은 가이바라 엣켄의 『일본 사물 기원(大和事始, 야마토 코토하지메)』[1683년(天和3) 서문, 1697년(元禄10) 간행]을 발췌 번역한 것이다.

다카노 조에이(高野長英, 1804~1850)의 「유구에 대한 묘사Land-beschrýving van lúú kúú (Ryū-kyū)」는 아라이 하쿠세키가 유구 왕국에 대해 집필한 『남도지(南島志)』 등을 참고로 하여 집필한 것이다. 『일본』의 유구 관련 기술의 기초가 되었다.[13] 다카노 조에이는 막부가 일본에 접근하는 외국 선박을 무찌를 것을 명한 데 대해(「異国船打払令」) 비판하고 개국을 주장하다가 1839년에 만사의 옥(蛮社の獄) 사건으로 체포되어 투옥되었다가 탈출, 그 뒤에 1850년에 다시 체포되어 사망했다.

이외에 「진무 덴노 치세(기원전 661년)부터 닌토쿠 덴노 치세(기원후 313년)까지에 대한 중국 기록에 대한 요시오 주지로의 일본어 번역 [Uebersetzung der schinesischen Geschite von der Zeit des Zinmu ten wo(661 vor Chr.) bis zur Regierung des Mikado Nintok tenwo (313 nach Chr.) vom japanischen Dollmetscher Josiwo Tsusiro]」을 작성한 요시오 주지로(吉雄忠次郎, 1787~1833)는 나가사키의 네덜란드어 통역관이었다.

또한, 네덜란드 국립 문서관에 소장된 지볼트 관계 문서(K.A.11801) 중에 포함된 지볼트의 일본 조사 보고서에서도 〈조선에 관현 연대별 기술〉, 〈한반도에 관한 기술을 위해〉, 〈조선에 관한 잡기〉, 조선인들의 초상, 선박, 도기, 복장 등이 확인된다.[14] 이들 내용은『일본』의 조선 관련 기술로 이어진다.

고사이 시게스케의『격조선론』·『일본지세변』과 조선

가이바라 엣켄과 학술적 관계를 맺고 있던 고슈류(甲州流) 병학자 고사이 시게스케(香西成資, 1632~?)는 자신의 병학 이론을 정리한『다케다 병술 문고(武田兵術文稿)』를 1708년(宝永5)에 간행하였다. 『다케다 병술 문고』에는 가이바라 엣켄의 서문이 수록되어 있는데, 여기서도 가이바라 엣켄은『사마법』을 인용하여 자신의 병학 이론을 설하고, 도요토미 히데요시를 비판하고 있다. 『다케다 병술 문고』의 목차는 다음과 같다.

[권상]
왜방진법전래설(倭邦陳法伝来説)
중하진법전래설(中夏陳法伝来説)
방원진설(方円陳説)
삼재오행진설(三才五行陳説)
육화진설(六花陳説)
팔진설(八陳説)
팔진육화진포열설(八陳六花陳布列説)
팔진기정변병찬(八陳奇正弁並賛)
제갈무후오진설(諸葛武侯五陳説)
제갈무후팔변진설(諸葛武侯八変陳説)
동변(同弁)
왜방팔진설(倭邦八陳説)
명유태유방원이형진설(明儒太猷方円二形陳説)

동변(同弁)

방원이루원서병찬(方円二塁円序並贊)

명유태유방삼루탈전진설(明兪太猷三塁奪前陳説)

동변(同弁)

[권중]

학문무양도변(学文武両道弁)

병법무왕패변(兵法無王覇弁)

다케다 사다나오 병학론(竹田定直兵学論)

병법실학변(兵法実学弁)

진법교열변(陳法教閲弁)

훼방축성루방술변(毀謗築城塁方術弁)

병법조기조변(兵法祖其祖弁)

다치바나 마스하루 성루병영도자서(立花増春城塁兵営図自序)

동후서(同後序)

사이토 사다노리 병영포진도자서(斎藤貞則兵営布陳図自序)

동후서(同後序)

히사노 가즈미치 보장도서(久野一通堡障図序)

동발(同跋)

다케다 병법전서 서(武田兵法全書序)

병법강기십사장(兵法綱紀十四章)

[권하]

병조신령상기(兵祖神霊像記)

봉게신호문(奉揭神号文)

다케다 진법 유래기(武田陳法由来記)

병설문대(兵說問対)

본방지세변(本邦地勢弁)

왜구침대명국설(倭寇侵大明国説)

병 해도호가기(並海島豪家記)

명유대유거왜적설(明兪大猷拒倭賊説)

동수병변(同水兵弁)

도요토미 각하 격조선국론(豊臣閣下撃朝鮮国論)

　그런데 이 가운데 권하에 수록된 「본방지세변」과 「히데요시 각하 격조선국론」이 이익(李瀷, 1681~1763)의 『성호사설(星湖僿說)』 12 「인사문(人事門) 일본지세변급격조선론(日本地勢辨及撃朝鮮論)」과 한치윤(韓致奫, 1765~1814)의 『해동역사(海東繹史)』 65 「본조비어고 5(本朝備禦考五)」의 부록, 그리고 이익으로부터 학문을 배운 이중환(李重煥, 1690~1753)의 『택리지(擇里誌)』 서울대학교 규장각 한국학 연구원 소장본(古 4790~4755)에 수록되어 있다. 참고로, 한치윤의 『해동역사』 「본조비어고」에는 두 가지의 『정벌기』가 인용되어 있는데, 『일본인 정벌기』는 호리 교안의 『조선 정벌기』이고, 나머지 하나가 고사이 시게스케의 『격조선론』이다. 『격조선론』을 왜 『정벌기』라고 불렀는지는 잘 알 수 없다.

　고사이 시게스케의 저술인 『일본지세변』과 『격조선론』이 아마도 가이바라 엣켄을 경유하여 조선의 통신사 일행에게 전달되었으리라는 점에 대하여는 필자의 추론이 있었고,[15] 이를 이어받아 이노우에 야스시(井上泰至)가 고사이 시게스케의 『다케다 병술 문고』에서 동일한 기사가 확인된다는 사실을 보고하였다.[16] 고사이 시게스케의 초고가 가이바라 엣켄을 통해 조선 측에 전달되고, 시게스케는 그 후 원고를 완성하여 자신의 병학 이론서에 삽입한 것이다. 이로써 국제 전쟁에 대한 조·일 양국 간

정보 교류의 숨겨진 사례가 발굴되었으며, 통신사의 근본 목적이 창화와 같은 문화 교류가 아니라 일본의 국정을 탐색하고 군사 정보를 수집하는 것이었음을 증명하는 하나의 사례를 추가할 수 있었다. 조선이 일본에 통신사를 파견한 정치 군사적 맥락과 그 성취를 도외시하고 통신사와 일본 측 파트너 간의 〈문화·학술〉 교류에만 주목해서는 통신사의 존재 의미를 온전히 파악할 수 없을 뿐더러, 17세기 이래로 조선과 일본이 상대국에 대해 쌓아 온 오해와 혐오감을 재확인함으로써 허무주의에 빠질 우려조차 있다. 청대에 피지배층이 된 한인 지식 계급이 조선에서 온 연행사들과 비교적 동등한 입장에서 교류한 데 반해, 조선 후기와 에도 시대의 양국 지식 계급은 결국 한 번도 온전하게 학술적 교류를 하지 못했기 때문이다. 이러한 양국의 엇갈림에 대해 함영대는 다음과 같이 지적한다. 〈한·일간의 학술 교류를 전근대의 시기, 구체적으로는 임란 이후부터 개항 이전으로 시기를 한정할 경우 학술 교류의 구체적인 면목을 확인하기란 그리 쉬운 일이 아니다. 무엇보다도 그 시기에 과연 두 나라 사이에 학술 교류라고 할 만한 것이 뚜렷하게 있었는가부터 의문시된다. 양국 간의 교류가 전면적이지 않았을 뿐 아니라, 간헐적으로 운영된 통신사를 통한 교류도 학술사의 측면에서 보았을 때, 상호의 학술에 대하여 《어떠한 인식을 했다》고는 할 수 있지만 《교류했다》고 볼 만한 뚜렷하고 주목할 만한 증표는 잘 발견되지 않는 것이 현실이기 때문이다.〉[17]

조선 측에 전해진 초고 상태의 『격조선론』의 원본과 번역은 필자의 이전 논문에 게재하였으며,[18] 『다케다 병술 문고』에 수록된 「본방지세변」과 「히데요시 각하 격조선국론」은 일본의 고슈류 병학서 총서인 『가이 총서(甲斐叢書)』의 제9권에 활자화되어 수록되었으며 일본 국회 도서관에서 이미지 파일을 열람할 수 있다.[19] 조선에 전해진 초고와 『다케다 병술 문고』에 수록된 최종본에는 큰 차이가 없으므로 반복을 피하여 인용하지 않는다. 또한, 가이바라 엣켄과 고사이 시게스케 사이에 오고 간 등의 서한 1통이, 엣켄의 제자인 다케다 슌안(竹田春庵, 1661~1745) 가문의 전래 문헌인 규슈 대학 도서관의 다케다 문고(竹田文庫)에 포함되어 있으며 해당 대학 홈페이지에서 이 서한의 원본 이미지를 확인할 수 있다.[20]

제2절 기노시타 준안 그룹

기노시타 준안

교토에서 태어난 기노시타 준안(木下順庵, 1621~1698)은, 후지와라 세이카의 4천왕 가운데 하나인 마쓰나가 세키고(松永尺五, 1592~1557)에게서 수학하였다. 동문으로는 가이바라 엣켄, 그리고 『조선부』의 화각본을 간행한 우쓰노미야 게이사이의 아버지 우쓰노미야 돈안(宇都宮遯庵, 1633~1707) 등이 있다. 기노시타 준안은 17세기를 대표하는 유학자로서 전국적으로 활동하였으며, 아라이 하쿠세키, 아메노모리 호슈, 마쓰우라 가쇼(松浦允任), 무로 규소(室鳩巢, 1658~1734), 기온 난카이(祇園南海, 1676~1751) 등의 저명한 학자를 배출하였다. 이덕무의 『청장관전서』64 「청령국지 1 인물조」에 기노시타 준안, 아라이 하쿠세키, 아메노모리 호슈 등 기노시타 그룹에 대한 인품을 평가한 대목이 보인다. 기노시타 준안에 대하여는 순일한 주자학자로서 비교적 높게 평가하고 있으나, 그의 유명한 두 제자인 아라이 하쿠세키와 아메노모리 호슈에 대하여는 비판적이다. 실제로 통신사 일행이 접촉해야 했던 인물들이기 때문에 감정적인 평가가 개입되었을 터이다.

목정간(木貞幹, 기노시타 준안)의 호는 순암(順庵)이다. 박학하고 시

(詩)에 능하였으며, 문인(門人)이 모여들었는데, 이학(理學)으로 이름났다. 문인 원여(源璵)의 호는 백석(白石, 아라이 하쿠세키)이고, 우삼동(雨森東)의 호는 방주(芳洲, 아메노모리 호슈)이다. 목정간이 나라의 풍속을 고쳐 머리를 깎지 않고 화장(火葬)을 하지 않고서 중국 제도를 따르게 하려 하였으나, 그 말이 행해지지 않고 귀양가서 죽었다. 원여는 재주가 있으나 경박하여, 스승의 학설을 준수하되 자기를 뽐내고 남에게 오만하였는데, 역시 버림받아서 죽었다. 우삼동도 직소(職所)를 잃고 쓰시마주의 기실(記室)에서 불만스럽게 죽었다. 임신독[林信篤, 하야시 가호의 아들인 하야시 호코(林鳳岡)]과 원여가 문파(門派)를 나눠 서로 맞섰는데, 임신독은 온후하고 남을 사랑하였으나, 여는 강퍅(剛愎)하고 제 고집을 세웠다. 그가 하야시 가문의 직권(職權)을 빼앗으려 하였으나 이 때문에 실패하였다.[21]

아라이 하쿠세키

기노시타 준안의 제자 가운데 조선 측에 가장 잘 알려진 인물은 아라이 하쿠세키(新井白石, 1657~1725)이다. 모시던 주군이 1709년에 제6대 쇼군 도쿠가와 이에노부(德川家宣, 1662~1712)로서 즉위하자 통신사 접대에 대한 규정 개정을 포함하여 각종 정치 경제적 개혁을 추진하였으나 말년에는 권력을 잃고 몰락하였다. 그의 수많은 저술 가운데 시집 『하쿠세키시초(白石詩草)』에 1711년 통신사행에 참가한 이현·조태억의 서문과 임수간·이방언이 발문에 실려 있고, 이 시집이 조선에 건너와 비교적 존재감을 나타냈음에 대하여는 최근 보고된 조영심의 연구[22]를 비롯하여 기존에 많은 연구가 이루어졌다. 성대중(成大中)의 『청성잡기(靑城雜記)』4「성언(醒言)」에 아라이 하쿠세키의 거친 성격에 대한 묘사와, 그럼에도 불구하고 조선에서 그의 추종자가 생겨났음을 알려 주는 내용이 실려 있다.

일본 사람 원여는 호가 백석(白石)으로 어려서 신동이라 칭해졌으며 원
가선(源家宣)과 함께 목정간(木貞幹) 문하에서 공부하였다. 우리 증백조
부(曾伯祖父) 취허공[翠虛公 성완(成琬)]께서 일본에 가셨을 때 원여가 시
를 들고 찾아오자, 취허공께서 그 책에 서문을 써 주시며 이태백(李太白)
과 같은 재주라고 인정하셨다. 이에 원여의 이름이 나라 안에 떠들썩하게
알려지니, 마침내 관백(關白)이 이태백의 금란전(金鑾殿) 고사를 따라 그
를 초빙하였다. 그러나 일본의 관직은 모두 세습이었고 원여는 원씨(源
氏)의 서자였으므로 관직에는 오를 수가 없었다. 뒤에 원가선이 관백이
되자 원여를 특진시켜 막부에 두었다. 원여가 비록 재주는 뛰어났으나 갑
자기 높은 자리에 올라 권력을 독차지하자 무리들이 모두 그를 시기하였
다. 임도춘(林道春)이 처음 일본의 문직(文職)을 맡은 이후로 그의 자손들
이 대대로 문병(文柄)을 쥐고 있어 온 나라의 문사들이 모두 그 문하에서
배출되었는데, 그 역시 원여에게 문병을 빼앗기고도 대항할 수 없었다.

조태억(趙泰億)이 사신으로 일본에 갔을 때에 원여가 그를 접대하였
다. 그와 필담을 나누었는데, 조태억 역시 그의 재빠른 솜씨에 혀를 내둘
렀다. 그런데 필담을 나누는 사이 어쩌다 그의 기휘(忌諱)를 건드리자 그
가 노하여 나가 버리는 바람에 결국 사신 간 일에 지장을 초래하였다. 우
리 측 국서(國書)가 우연히 원씨의 휘자를 범하자 원여가 고의로 우리의
휘자를 범해서 맞받아쳤다. 조태억이 이를 따지자 우리 측의 국서를 내
보이며 버티고선 가라고 압박하였다. 조태억은 귀국한 다음 결국 나라를
욕보였다 하여 처벌을 받았다.

원가선이 죽자 원여도 관직에서 쫓겨나 죽을 때까지 배척을 당하였고,
임씨가 다시 문병을 독점하게 되었다. 그러나 원여의 제자들은 모두 재주
있는 문사들로서 지금까지도 원여를 종주로 추존하여 그의 글을 송독하
기를 그치지 않는다. 그의 문집이 우리나라에 전해졌는데, 사천(槎川) 이
병연(李秉淵, 1671~1751)도 그의 시가 당시(唐詩)의 격조가 있음을 좋아

하여 본뜨곤 하였다.[23]

　1719년에 제9회 통신사행으로 참가한 신유한도 출발 전에 최창대(崔
昌大)로부터『하쿠세키 시초』를 소개받고 〈이것은 신묘년에 갔던 사신
이 얻어 온 일동(日東, 일본) 원여(源璵)란 사람의 작품인데, 말이 저속
스럽고 연약한 것이 많으나 비교적 성향(聲響)은 있으니, 군이 지금 이
사람과 상대한다면 한쪽 팔로 대적할 수 있을 것이네〉[24]라는 말을 들
었음이『해유록』1718년 정월조에 보인다. 신유한은 또 기노시타 준안
의 제자들인 아라이 하쿠세키 및 기온 난카이 등과 가까운 사이였던 이
즈미(和泉) 사노(佐野) 지역의 부유한 상인 가라카네 바이쇼(唐金梅所,
1675~1739)의 시집『바이쇼 시고(梅所詩稿)』에 서문을 싣기도 하였
다.[25]『계림창화집』에도 그의 시문이 실려 있다. 18~19세기의 전환기에
조선 측에 깊은 인상을 남긴 오사카의 거상 기무라 겐카도보다 100년
앞서 조선 측에 알려진 오사카의 상인 출신 학자였다고 하겠다.

　아라이 하쿠세키는 자신의 회심작인『하쿠세키 시초』를 조선뿐 아니
라 유구 사절을 통해 청나라에도 전달하였고, 한림원편주 정임약(鄭任
鑰)이 이 시집에 대한 서문을 보냈다. 나가오 히로시(仲尾宏)는 청나라
에 보내진 것이『백석여고』라고 하지만,[26] 정약임의 서문을 보면『하쿠
세키 시초』를 읽은 것으로 되어 있다.

　한편,『하쿠세키 시초』에 서문을 쓴 동곽 이현(1653~1718)은 기묘
한 형태로 에도 시대 일본에서 기억된다. 이현은 라쿠게쓰도 소시(落月
堂操厄)가 1713년(正德3)에 간행한 소설『와칸노리아이부네(和漢乘合
船)』(또는『怪談乘合船』)에서 기이한 이야기를 들려주는 인물로 등장하
고,[27] 기온 난카이와 시 짓기를 겨루다가 패하자 충격을 받고 사망했다
는 전설이 니시야마 셋사이(西山拙齋, 1735~1798)의『간창쇄언(間窓瑣
言)』(1768년 성립)에 남아 있는 등,[28] 조선 사행 가운데 특히 글재주로

일본 유학자들에게 깊은 인상을 남겼음이 확인된다. 그래서 마쓰다 고(松田甲)와 이혜순의 저작을 비롯하여 한일 양국에서 연구 성과가 많이 축적되어 있다.[29]

아라이 하쿠세키는 당시 일본에서 입수할 수 있던 전세계의 문헌을 가능한 폭넓게 읽은 것으로 잘 알려져 있다. 그가 일본어의 어원을 밝힌 저술 『동아(東雅)』[1717년(享保2) 성립, 1719년 개편]에는 『여지승람』, 『동의보감』 등의 한국 문헌 및 『계림유사』와 같은 한반도 관련 중국 문헌이 이용되고 있다. 『고사통혹문』에서는 『동국통감』에 수록된 연오랑 세오녀 전설을 인용하고 있는 것으로 보아,[30] 『삼국유사』는 접하지 않았음이 확인된다. 아래에 인용한 바와 같이 그는 일본이 고대에 삼한을 복속시킨 뒤로 두 지역 간에 교류가 활발했기 때문에 삼한의 여러 단어가 일본어에 섞이게 된 것은 당연하다고 논한다. 이러한 주장이 더욱 발전하면, 일본의 고대 문화 속에는 삼한에서 전래된 것이 많으며, 이를 제거해야 순수한 고대 일본을 복원할 수 있다고 주장하는 도 데이칸(藤貞幹)의 『쇼코하쓰(衝口発)』[1781년(天明元) 간행]에 다다르게 된다.

한지의 여러 나라가 본조에 복속한 뒤로 그 땅 사람들이 이쪽으로 건너왔을 뿐 아니라 그 나라에 설치한 관부를 관할하며 다스린 본조 사람들도 많았기 때문에 이쪽 저쪽의 방언이 서로 섞일 수 밖에 없었다.[31]

다나카 다케오(田中健夫)는 아라이 하쿠세키가 『해동제국기』 중, 조일 통교 관련 규정을 집성한 「조빙응접기(朝聘應接紀)」 부분을 중시하여, 통신사 응접 방식을 개정코자 이 부분에 대한 주석서 『해동제국기초석(海東諸国記抄釋)』를 집필했다고 서술한 바 있다. 다나카가 의거한 저본은 『아라이 하쿠세키 전집(新井白石全集)』 제4권(1906년)이다.[32] 그런데, 일본의 「고전적 종합 목록 데이터베이스」에는 『해동제국기초석』

을 오치 나오즈미(越智直澄)라는 사람이 집필했다고 되어 있고, 궁내청 서릉부 소장『진테이 총서(椿亭叢書)』에는『조빙응접기』와『해동제국기초석』이 나란히 수록되어 있다. 실제로『진테이 총서』권18을 확인하면, 본문 부분에는 저자의 이름이 보이지 않지만 목차면에『조빙응접기』와 『해동제국기초석』을 모두 아라이 하쿠세키가 집필한 것으로 표기되어 있어서 다나카 다케오의 서술과 일치한다. 「고전적 종합 목록 데이터베이스」및 그 근본이 되는『국서총목록』의 기술에 착오가 있었던 것으로 추정된다. 이런 착오가 발생한 이유는 잘 알 수 없다.

참고로,『진테이 총서』권18에는 아라이 하쿠세키가 조선과의 관계에 대해 집필한『이테이안 주의(以酊菴奏議)』,『교령객사(敎領客使)』,『조빙응접기』,『해동제국기초석』,『도료도모 고조가키 후신노조조(棟梁共口上書不審條々)』,『오다이카타 우카가이노기니쓰키 오보에(御臺所方伺之儀ニ付覚)』, 그리고 시바노 리쓰잔(柴野栗山)이 집필한『제술관 남(南)에게 드리는 시[贈製述官南(원문에 두 글자 정도의 공백이 있다)詩]』가 수록되어 있다. 본문 제목은 「조선 제술관 남(옥) 군 및 서기 성(대중), (종사관 서기) 김(인겸) 3군에게 드리는 시 180운[奉贈朝鮮製述官南君及(한 글자 공백)書記成(한 글자 공백)之(한 글자 공백)金三君詩一百八十韻]」이다. 시바노 리쓰잔은 비토 니슈(尾藤二洲, 1745~1814) 및 후술하는 고가 세이리와 함께 〈간세이(1789~1801)의 3박사(寬政の三博士)〉로 불리는 인물로, 이 세 사람은 쇼헤이자카 가쿠몬조(昌平坂学問所)의 교관을 담당한 주자학자였다. 시바노 리쓰잔의 작품에 등장하는 〈제술관 남〉이란 1764년(영조 40, 明和元)의 제11회 통신사절에 참가한 제술관 추월(秋月) 남옥(南玉)을 가리킨다.

『진테이 총서』권18에 수록된『조빙응접기』는『해동제국기』에 수록된 『조빙응접기』의 본문 가운데 「(제사)영송((諸使)迎送)」, 「삼포숙공(三浦熟供)」, 「삼포연(三浦宴)」, 「노연(路宴)」, 「경중영전연(京中迎餞宴)」, 「주

봉배(畫奉盃)」, 「경중일공(京中日供)」, 「궐내연(闕內宴)」, 「예조연(禮曹
宴)」, 「명일연(名日宴)」, 「하정(下程)」, 「예사(例賜)」, 「별사(別賜)」, 「상경
도로(上京道路)」, 「급료(給料)」, 「제도(연)의[諸道(宴)儀]」, 「예조연의(禮
曹宴儀)」를 발췌한 것이며, 『해동제국기초석』은 이에 대한 번역·주석에
해당한다. 『해동제국기초석』의 서두에는 아라이 하쿠세키의 취지문이
적혀 있다.

이 기록은 조선의 신숙주가 편찬한 『해동제국기』 중에 보인다. 그 가운
데 일본국 왕 사절을 응접하는 사례만을 발췌하여 『경국대전』, 『고사촬
요』 등 저 나라의 여러 문헌 및 우리 나라 오산(五山) 승려들이 사절로 갔
을 때 기록한 기행문을 아울러 고찰하고, 우리나라 국사 가운데 번국 사
절을 응대한 사례를 감안하여 그 취지를 대강 기록하여 보인다. (『진테이
총서』 본 『해동제국기초석』)[33]

아메노모리 호슈

아메노모리 호슈는 한국에서는 조일 관계를 담당한 외교관이자 조선
어 교재를 제작한 사람으로 주로 알려져 있고, 당대 일본에는 주로 해외
정보통으로서 인식되었다. 『일본의 대외 전쟁』 제1부 제1장 제4절 「가
토 기요마사 문헌군」에서 검토한 바와 같이, 에도 시대 중기의 유학자인
가와구치 세이사이(河口静斎, 1703~1754)의 『세이사이 선생 수필(静
斎先生随筆)』에는 두만강 너머 야인여진을 가리키는 임진왜란 당시 일
본 측의 용어 〈오랑카이(オランカイ)〉에 대한 아메노모리 호슈의 말이 실
려 있다. 아사카와 젠안(朝川善庵, 1781~1849) 역시 비슷한 내용을 전
한다.[34] 이토 도가이는 『병촉담(秉燭譚)』(1729년 서문) 권1에서, 임진왜
란에 관한 조선·명 측 문헌에 등장하는 〈소서비(小西飛)〉가 누구인지를
고증하는 과정에서 아메노모리 호슈와 접촉하였다는 내용을 기록한다.

또한, 1590~1591년에 일본으로 사행간 김성일이 도요토미 히데요시의 국서를 수정한 과정에 아메노모리 호슈에게 질의하니, 삼한 사람들은 지금까지도 김성일의 의열을 칭송한다고 그가 말해 주었다고 한다.[35] 이토 도가이는 아라이 하쿠세키와는 면식이 없었던 듯하지만, 아메노모리 호슈와는 여러 차례 만났음이 확인된다. 앞서 이덕무의 『청장관전서』 「앙엽기 3 일본도가」에서, 중국의 산일된 귀중서가 일본에 남아 있으리라는 구양수의 희망이 헛된 것임을 조선 측에 확인해 주었다는 대목을 인용했거니와, 아메노모리 호슈는 조선과 일본 사이에서 상대국에 대한 정보를 제공하고 확인해 주는 역할을 하였음을 알 수 있다.

한편으로, 당대 일본에서는 아메노모리 호슈의 교양인으로서의 입장이 중시되는 경향도 확인된다. 미쿠마 시코(三熊思孝, 1730~1794)가 집필하고 교토 출신의 국학자 반 고케이(伴蒿蹊, 1733~1806)가 교정한 『속근세기인전(続近世畸人伝)』[1793년(寬政5) 서문, 1798년 간행]에는 아메노모리 호슈의 전기가 수록되어 있다. 여기에서 저자들은 우선 그가 일본어·중국어·한국어에 모두 능통했다는 점을 거론한 뒤, 그는 독실하고 박식한 유학자였다고 칭송을 아끼지 않아서, 아래에서 살펴볼 조선 측의 아메노모리 호슈 인물 평과는 큰 차이를 보인다.

호슈 아메노모리 님. 이름은 노부키요(誠清), 자(字)는 하쿠요(伯陽), 통칭 도고로(東五郎). 기노시타 준안의 문하로서, 아라이 하쿠세키, 무로 규소, 기온 난카이 등의 선인들과 함께 그 이름을 천하에 떨쳤다. 교토 사람으로서 쓰시마의 학문을 담당하며 승진하였다. 어학을 잘 하여 중국어[唐音], 한국어[韓音]에 모두 능통하였다. 한인이 이 분과 이야기하며 〈공은 세 나라 말 가운데 특히 일본어를 잘 한다〉라고 말했으니, 이는 우스운 이야기이지만 이로써 그가 외국어를 그 나라 사람을 방불케 할 정도였음을 알 수 있다. 독실한 석유(碩儒)이므로, 그가 남긴 말은 정치에 도

움이 되는 바가 많다. 근년에 간행된 『귤창다화(橘窓茶話)』, 『다와레구사(たはれぐさ)』 등은 한때의 무료함을 달래는 수필이기는 해도 그의 박학다식함을 이로써 알 수 있다.

특히 고케이가 감탄하는 바는, 사가(嵯峨) 덴류지(天竜寺) 절의 스이간(翠巖) 장로 및 쇼오(松翁) 장로에게 보내신 서한이 두 스님이 거처했던 산슈인(三秀院)에 있는데, 연로해진 뒤 와카에 뜻을 품고 온 정성을 다하셨다는 내용이 담겨 있다. 내가 와카를 좋아하기 때문에 찬미하는 것이 아니라, 나이가 들수록 더욱 정진해야 한다는 옛 사람의 마음가짐과도 비슷하고, 아침에 도를 들으면 저녁에 죽어도 좋다는 성인의 말씀과도 합치한다고 하겠다. 와카에 대해서도 이러하므로, 하물며 젊은 시절부터 그의 본령인 한학(漢學)을 힘써 근면히 익혔음은 미루어 짐작할 수 있다. 이 서한을 왼쪽에 소개한다. 나의 친구인 가스가가메 란슈(春日龜蘭州)가 말하기를, 이 선생은 『장자』도 천 번 읽으셨다고 한다. 그렇다면 경서(經書)는 말할 필요도 없을 것이다. 〈천 번 읽으면 책의 뜻이 저절로 통한다〉라는 말이 바로 이것이겠다.[36]

아메노모리 호슈의 어학 능력을 조선의 통신사가 칭찬했다는 것은 일본 측의 유학자 전기집인 하라 넨사이(原念斎, 1774~1820)의 『선철총담(先哲叢談)』(1814년 출판 허가, 1816년 간행)과 조명채(曺命采) 『봉사일본시문견록(奉使日本時聞見錄)』 중 「문견총록·대마도」에 공통적으로 확인된다. 『선철총담』 정편(正編) 권6 「호슈」 조에는 〈일찌기 한인이 장난 삼아 말했다. 그대는 여러 나라의 말을 잘 하는데 특히 일본어에 능숙하다(韓人嘗戱謂曰, 君善操諸邦音, 而殊熟日本)〉라는 구절이 보인다.[37] 1748년의 통신사행에 포함된 조명채(曺命采)가 그때의 견문을 기록한 『봉사일본시문견록』 「문견총록 쓰시마 섬(聞見總錄 對馬島)」 중에서도 다음과 같이 상통하는 대목이 확인된다.

섬 안에 아메노모리 호슈란 자가 있어 호는 방포(芳浦)인데, 시문에 능하고 3국의 말을 잘 하며, 하쿠세키(白石) 원여(源璵)와 동문생(同門生)이다. 관백 이에노부(家宣) 때에 원여가 득지(得志)하여, 아메노모리 호슈와 더불어 개연히 풍속을 변혁할 뜻이 있어 한 세상을 고매하게 살아서 국중의 호걸로 자처하였다. 원여가 패하게 되자, 아메노모리 호슈가 고향에 돌아와서 불우한 처지에 빠졌다. 쓰시마 도주가 교린(交隣)의 책임이 중하다 하여 문사(文士)를 얻어 부중(府中)에 두려고 에도에 주문하여 기실(記室)로 맞아오매, 아메노모리 호슈가 드디어 집을 쓰시마로 옮겼다. 그러나 항상 답답해하며 즐거운 의사가 없어 무릇 시를 읊을 때에 개탄하는 말이 많이 있었다. 그리고 섬 안에서 용사(用事)하는데, 위인이 음험하니 섬 안의 사람이 매우 미워하였다. 문자로 섬 안의 사장(師長)이 되어 청(廳) 하나를 설치하여 숭신청(崇信廳)이라 하고 문생 제자로 하여금 살게 하니, 늠료(廩料)를 받아먹는 자가 10여 인이나 되었다. 지금은 늙어서 집에 물러나와 있으나, 문부(文簿)에 관계되는 섬 안의 일은 아직도 모두 참여한다. 어떤 사람은 아메노모리 호슈는 나가사키 섬(長崎島) 창녀의 소생이고 중국 사람의 후손이라고 한다. 금번 쓰시마 도주의 부중에 연회 참석하러 갈 때에 길이 아메노모리 호슈의 집 앞을 지나게 되었는데, 문 안에 선 그를 보았더니, 키가 거의 7척은 되고 얼굴은 풍만하고 길어서 족히 섬 오랑캐 중의 위인이라 할 만하였다.[38]

아메노모리 호슈를 유녀의 아들이라고 하는 소문을 기록한 데에서도 그에 대한 조선 측 인사들의 좋지 않은 감정이 짐작되는 한편으로, 〈섬 오랑캐〉 중에는 나은 편이라는 평가를 내리는 데에서는 그의 학문이 조선 측에 얕보이지는 않았음을 알 수 있다. 1763~1764년 제11회 통신사행에 참가한 성대중이 아메노모리 호슈의 학문을 어떻게 평가하느냐는 다이텐의 질문에 대해 〈철 중에 쟁쟁한 자〉[39]라고 답한 것도 상통하는 태도이다. 아래 소개한 『조선풍속고(朝鮮風俗考)』에서 알 수 있듯이 호슈는 조선과 일본에 대해 모두 제3자적 태도를 지니고 있었다. 그렇기에 조선 측에서 그를 좋게 보지 않은 것은 당연하고, 일본에서도 하쿠세키 같은 〈애국자〉와 비교되어 상대적으로 그 존재가 묻혀 버렸다.

일본인들은 흔히 조선국을 예의의 나라라고 하거나 약한 나라라고 말하는데, 이는 착각에 따른 것이라 생각됩니다. 천지간에 그 어느 나라라도 예가 없고 의가 없으면 국내가 평화롭게 다스려질 리가 없으니, 세계 그 어느 나라보다도 조선이 예의가 뛰어나다고는 할 수 없는 것입니다.

원래 이적(夷狄) 중에서 조선만이 예로부터 한토(漢土)를 존숭하여 왔으며, 특히 명나라에 이르러서는 특히 군신의 예를 폐하지 않았으므로, 한토가 〈조선보다 더 예의 있는 나라는 없다〉라고 칭송한 것입니다.

물론, 위아래 모두 관혼상제의 예에서 문공가례(文公家禮)를 따르고 학문을 좋아하며 문자를 즐기는 등 여타 이적보다는 낫지만, 모든 일에 대한 예의나 풍속이 딱히 다른 나라들보다 낫다고 말할 수는 없습니다.

또, 약한 나라라고들 하는 것은 도요토미 다이코가 조선을 공격하여 조선인이 많이 살해된 일을 전해 듣고 그렇게 말하는 것이지만, 그 무렵 저 나라는 태평한 나날이 오래되어 사람들이 무비(武備)를 잊고 있었던 반면, 우리 나라는 난세가 이어져 국내의 장병들이 무예의 극치를 달하였으므로, 불의의 공격을 받아 일단은 무인지경에 들어가듯이 패하였지만, 그조차도 상호 간에 사상자 수가 똑같이 많았으며, 일본인도 퇴각할 때 매우 고생한 것 같습니다.

대체로 조선인은 그 성격이 끈질기고 계획 세우는 것을 좋아하니, 격하게 싸우는 것은 일본에 미치지 못하지만 오랫동안 계획하는 일에서는 일본인이 오히려 상대하지 못합니다.

옛날 신라가 매번 일본을 공격하여 우리나라가 곤란해한 것이 옛 일본

기록에 보이는 것은, 오로지 그 성격이 강인하고 계획 세우는 것을 좋아하기 때문이었습니다. 대체로 그 어느 나라도 이 나라는 강한 나라, 이 나라는 약한 나라라고 언제까지나 정해져 있는 것이 아니니, 일본의 무비가 쇠하는 때가 온다면, 반드시 그 모욕을 받게 되리라 생각합니다.[40]

일본에서도 두 사람 간의 관계를 경쟁 내지는 갈등하는 것으로 파악하는 경향이 있으나, 아래 인용한 『교린제성』의 유명한 구절에서 보듯이, 두 사람 모두 조선 사행을 상대할 때에는 의식적으로 강경한 입장을 보이면서도 일본 국내적으로는 합리적인 대외 정책을 관철시키고자 하는 데 의견이 일치하고 있었다.

통신사 일행에게 대불전(大佛殿)에 들르도록 전에는 미리 조선 쪽에 알려 두었는데, 앞으로 그런 일이 없도록 해야 한다. 그 이유는 교호 통신사(1719) 기록에 자세하게 나와 있다.

메이레키 연간(1655년 통신사)에 일본 측이 통신사 일행에게 닛코로 참배하러 가도록 한 것은 묘당의 화려함을 드러내 보이기 위한 것으로 알고 있다. 대불전에 들르도록 한 이유는 크게 두 가지로 볼 수 있다. 첫째는 일본에 진귀한 대불이 있음을 알리자는 것이고, 둘째로 이총을 통신사 일행에게 보여 줌으로써 일본의 〈무위(武威)〉를 나타내려는 것으로 이해된다.

그러나 그것은 매우 안일한 생각이었다. 묘제(廟制)는 검약을 중요하게 생각하기 때문에, 기둥에 붉은 색을 칠한다든지 서까래에 조각을 새기는 것은 『춘추』에서도 비난받을 일이므로, 묘제의 화려함에 조선인들이 감탄할 리 없다. 부처의 공덕은 묘제의 대소에 있지 않으니, 귀중한 재화를 들여 쓸데없는 대불을 만드는 것 역시 남의 비웃음을 살 것이다.

또 이총을 보더라도 그것은 도요토미 가문이 명분 없는 전쟁을 일으켜 양국의 무수한 인민을 살해한 것이다. 그러므로 이총 방문은 그 포악함을 거듭 드러내는 것으로 그 어느 것도 일본의 화려함을 표시하는 데 도움이 되지 않고, 오히려 일본의 〈무학무의(無學無義)〉를 나타내는 것일 뿐이다. 쇼토쿠 연간(1711년) 통신사 일행이 대불전에 들렀을 때 이총을 숨겨 두고 보이지 않은 적이 있는데, 교호 연간(1719)에도 그러한 선례를 들어 조선인에게 보이지 않았다고 한다. 이것은 정말 덕이 넘치는 일이었다고 해야 할 것이다. 이 점도 오래 전부터 아라이 지쿠고 태수(아라이 하쿠세키)에게 속마음을 전달하여 서로 마음이 통했기에 숨길 수 있었던 것이다. 사정이 이러하니 앞으로 또 통신사가 오더라도 〈교토 숙박〉과 〈대불 참관〉을 삼가야 한다.[41]

위의 인용문을 통해, 아메노모리 호슈가 선배인 아라이 하쿠세키를 인간적으로 신뢰하고 있었음을 확인할 수 있다. 시오무라 고(塩村耕)에 따르면, 1711년 제8회 통신사 일행이 아라이 하쿠세키에게 아메노모리 호슈를 추천하면서 막부에서 일할 수 있게 주선해 달라고 부탁했으나, 아라이 하쿠세키가 〈결국은 쓸모 있는 유학자는 아니고, 임시로나 쓸 만한 자〉[42]라고 호슈의 실력을 폄하하는 바람에 이 추천이 성사되지 않았다고 한다. 그럼에도 불구하고 호슈는 하쿠세키가 권력의 핵심에 있을 때나 권력에서 물러났을 때나 그와 우호적 관계를 유지하였다.

뜨거운 여름날에 (초량 왜관 옆) 사카노시타에서 귀가해서 배운 말을 베끼고 있을 때면 눈앞이 어질어질해지기도 했지만, 목숨을 5년 줄이겠다고 생각하면 이루지 못할 도리야 있겠는가 하고 밤낮없이 쉼없이 노력하던 일은 지금도 잊히지 않습니다.[43]

위의 인용문은 그가 초량 왜관에서 조선어를 배울 때의 심정을 기록한 유명한 글이다. 호슈는 쓰시마를 벗어난다는 젊은 시절의 바람을 달성하지는 못하였으나, 그러한 꿈이 좌절된 뒤에는 학문과 교류에 침잠하여 큰 학술적 성취를 이루었다. 앞서 반 고케이가 『속근세기인전』에서 위의 인용문에 보이는 것과 같은 그의 독실한 학습 자세를 칭송한 대목을 인용하였다. 시오무라 고는 호슈가 만년에 중국어 학습을 하면서 임제종 승려 게이슈 도린(桂洲道倫, 1747~1794)에게 보낸 서한들의 분석을 통하여 〈호슈가 자족(自足)의 경지에 임하였다〉[44]라고 평하였다. 앞서 조명채가 만년의 호슈에 대해 남긴 증언의 내용으로부터도 한 인간의 복잡한 내면을 엿볼 수 있지만, 성인군자가 아닌 인간이 도달할 수 있는 하나의 정점이 그러한 모습이 아니었겠는가 하는 생각을 필자는 하고 있다. 앞서 동곽 이현에 대해 살펴보았는데, 아메노모리 호슈는 1713년에 이현으로부터 받은 시를 70세 되던 1737년에 표구하면서 이현의 덕을 추모하는 글을 남긴 바 있다. 그 안에서 아메노모리 호슈는 두 사람이 절친한 사이임을 후세에 전하고 싶다고 말하고 있는데,[45] 이러한 아메노모리 호슈의 심정이 당대의 조선인이나 현대의 한국인에게 왜곡되어 이해되고 있다면 그것은 쓸쓸한 일이다.

마지막으로, 아메노모리 호슈는 『다와레구사(たはれ草)』에서 일본·조선·청 세 나라의 성곽 제도가 서로 다르다고 하면서, 세 나라에는 각각 그렇게 성을 쌓는 이유가 있다는 상대주의적 입장을 취한다. 하야시 시헤이도 『해국병담』에서 그와 비슷한 관점을 보이고 있는데, 하야시 시헤이의 경우는 일본의 성 제도가 불합리하다고 비판한다.

작은 것을 담장[牆]이라고 하고 큰 것을 성(城)이라고 한다. 중국에서 성이라고 하면, 큰 돌로 벽을 만들어 두르고 사대부를 포함해서 상인과 공인(工人), 천민에 이르기까지 그 안에 살게 한다. 장안성(長安城) 등을 보면 알 것이다. 성이 정해진 뒤에 백성들이 늘어나면 성 밖에 사는 경우도 있지만, 성을 쌓는 원래 뜻은 백성들을 모두 성 안에 살게 해서 적이 쳐들어와도 다치지 않게 하려는 것이다.

일본은 그 지역의 주인이 사는 곳을 성이라고 하고 그 바깥에 니노마루[二の丸], 산노마루[三の丸] 등을 차례로 쌓지만, 그 안에는 사무라이 계급만 살고 그 밖의 계급은 모두 돌 벽 바깥에 살기 때문에 전쟁이 일어나면 이들 집이 모두 불타고 주민들은 많이 다치고 굶주린다. 이런 제도는 중국을 배우고 싶지만, 한편으로는 여기에도 장점과 단점은 있다. (『다와레구사』)[46]

성곽을 쌓는 방식은 일본과 이국이 서로 다르다. 그 제도가 다르기 때문에 농성 방법도 다르다. 이국의 방식은 위에서도 말한 것처럼, 곽(郭)을 튼튼히 쌓아서 백성을 지키며, 곽 바깥에는 인가(人家)가 없다. 그렇기 때문에 농성전에 들어가도 본성 바깥의 민간인, 장사치 등이 방황하여 도망쳐 숨는 일이 없으며, 윗사람과 함께 곽을 지킨다. 일본류의 축성법은 해자라는 것을 모른다. 설령 곽이 있다고 해도 백성을 지키는 일을 중시하지 않고 성 바깥의 거리를 대단히 넓게 만들기 때문에 성 바깥에 민가가 많고, 농성 때에는 성 바깥의 민간인, 장사치들은 버림받으므로 도망하는 사람이 매우 많이 발생한다. 이들이 도망쳐 헤멜 뿐 아니라, 하늘을 원망하고 주군을 원망하며 우는 소리가 거리에 가득하다. 이는 해자가 없기 때문임을 알아야 한다. (『해국병담』)[47]

아메노모리 호슈를 연구할 때에는 간사이 대학에서 간행된 4권의 전집이 편리하며,[48] 일반적인 전기로는 이즈미 조이치(泉澄一, 1932~2015)[49] 및 가미가이토 겐이치(上垣外憲一)의 저작이 있다.[50] 필자도 그의 문집인 『다와레구사』를 번역한 바 있다.[51]

아메노모리 호슈의 오랑캐 의식과 오에 게이잔의 『금원청시류선』

아메노모리 호슈의 최만년 저술 『다와레구사』는, 기노시타 준안 문하의 선배이자 학문적 동료이자 정치적 경쟁자였던 아라이 하쿠세키가 사망한 뒤에도 30년을 쓰시마에 살면서 학습과 교류에 매진한 결과 그가 도달한 지점을 잘 보여 주는 저술이다.[52] 그 안에는 당대 동중국해 연안 지역의 그 누구보다도 객관적으로 자국과 타국을 바라보려한 그의 관점이 확인된다.

> 중국은 이 세상 많은 나라 가운데 인의예악(仁義禮樂)이 일어난 성인의 나라이므로 〈중국(中國)〉이라 칭하는 것은 당연하다는 주장도 있는한편, 〈자기 나라에서 보면 그 어디가 《중국(中國)》이 아니겠는가〉라는 주장도 있다. 한국인들도 중국을 숭앙해서, 자신들은 오랑캐가 아니라는 마음에서 〈동쪽 중화(東華)〉라고 칭하고 오랑캐라 불리면 기분나빠한다.
>
> 동서남북 각국의 언어는 모두 목적어가 먼저 나오고 동사가 나중에 나오는데, 중국의 언어만이 동사가 먼저 나오고 목적어가 나중에 나오는 것은 불가사의한 일이다. 한국어도 북로(北虜)·남만(南蠻)·서역(西域)의 언어와 다를 바 없다는 말에, 한시중(韓時中)이라는 한인이 〈그러니 우리 한국도 《오랑캐 이(夷)》라는 글자를 먼키 어렵다〉고 답했다.[53]

난학이 발생하기 이전에 일본에서 가장 외국어 학습에 깨어 있던 아메노모리 호슈는, 한국어와 일본어는 중국어와 문장 순서가 다르기 때문에 아무리 〈동쪽 중화〉라고 스스로 믿어도 결국은 중국인의 입장에서는 오랑캐일 뿐이라고 말한다. 일본에서 만주어가 판독되는 것은 이로부터 100년쯤 뒤인 『만문강해(滿文強解)』[1810년(文化7) 성립]에 이르러서였지만, 아메노모리 호슈는 날카로운 어학 감각으로 이러한 통찰을 제시하였다. 필자는 이 대목에서 조선 시대 전기의 백호 임제가 보

闕可知夫霧唐明、流弊之元金元
者非撥金之穢唐人之繼縟淸酒人淸詩
世焉無氏遂元故人之之弊罷可類
之比元餘詩亦之李可蓋
權比人才闕五違弊淸東
擢詩之仕乾勢將靡人朱
有之宦而起人善新
者唐其纏觀尚趨亦前
唐其氏戎長務其纏來
稍
新朝

삽화 17 『금원청시류선』 서문. 필자 소장

여 준 문제의식이 아메노모리 호슈와 상통한다는 생각을 하게 된다. 이익의 『성호사설』 9 「인사문(人事門) 선희학(善戱謔)」에 수록된 유명한 대목이다.

임백호(林白湖) 제(悌)는 기개가 호방하여 예법의 구속을 받지 않았다. 그가 병이 들어 장차 죽게 되자 여러 아들들이 슬피 부르짖으니 그가 말하기를 〈사해(四海) 안의 모든 나라가 제(帝)를 일컫지 않는 자 없는데, 유독 우리나라만이 예부터 그렇지 못했으니 이와 같은 누방(陋邦)에 사는 신세로서 그 죽음을 애석히 여길 것이 있겠느냐?〉 하며, 명하여 곡(哭)하지 말라고 하였다. 그는 또 항상 희롱조로 하는 말이 〈내가 만약 오대(五代)나 육조(六朝) 같은 시대를 만났다면 돌려가면서 하는 천자(天子)쯤은 의당 되고도 남았을 것이다〉 하였다. 그래서 한 세상의 웃음거리로 전했었다.

임진의 변란에 이르러, 한음(漢陰) 이 정승(李政丞)이 명나라 장수 이여송을 반접(伴接)하자, 그는 한음의 인물을 대단히 추앙하여 심지어는 감히 말하지 못할 말까지 하는 것이어서, 일은 비록 진정이 아닐지라도 역시 스스로 편안하지 못했다.

이백사(李白沙)는 회해(詼諧)를 잘하는데 어느 날 야대(夜對, 밤에 경연을 베푸는 일)가 있어 시골 구석의 누한 습속까지도 기탄없이 다 아뢰는 것을 즐겁게 여겼으며 마침내 임(林, 임백호)의 일에까지 미치자 주상은 듣고서 웃음을 터뜨렸다. 백사는 또 아뢰기를 〈근세에 또 웃기는 사람이 있습니다〉 하니 주상이 〈누구인가?〉고 묻자, 대하기를 〈이덕형(李德馨)이 왕의 물망에 올랐답니다〉 하여, 상은 크게 웃었다. 백사는 이어 아뢰기를 〈성상의 큰 덕량이 아니시라면 제놈이 어찌 감히 천지의 사이에 용납되오리까?〉 하자, 상은 〈내 어찌 가슴속에 두겠느냐?〉 하고 드디어 빨리 불러오게 하여 술을 내려 주며 실컷 즐기고 파했다. 『시경』에 이르기를

〈희학(戲謔)을 잘하도다〉하였는데 백사가 그 재주를 지녔다 하겠다.[54]

임제의 주변 사람이나 이익이 임제의 말을 진지하게 받아들이지 않고 〈농담〉으로 치부하였다는 대목에서, 임제가 품었을 고독감, 고립감을 떠올린다. 마찬가지로 조선 전기에 고립된 인물이었던 허균은 임제의 마음을 읽었던 것이 아닌가 상상한다. 『성소부부고』 26 「부록 1 학산초담(鶴山樵談)」에서 인용한다.

임제의 자는 자순(子順)이니 나주 사람이다. 만력(萬曆) 정축년(1577)에 진사가 되었다. 본성이 의협심이 있고 얽매이질 않아서 세속과 맞질 않았으므로 불우했고 일찍 죽었다. 벼슬은 의제 낭중(儀制郞中)에 그쳤다. 죽은 뒤에 어떤 이가 〈역괴[逆魁, 정여립(鄭汝立)]와 더불어 시사를 논하면서, 항우는 천하의 영웅인데 성공치 못한 것이 애달프다 말하고 나서 마주 보며 눈물을 흘렸다〉라고 무함했는데 그 말이 삼성(三省)에 전해지자 그 아들 지(地)를 국문하니, 지(地)가 그의 선친이 지은 오강(烏江)에서 항우를 조상한다는 부(賦)를 올리므로 인하여 용서받아 변방에 귀양 가게 되었다. 그의 「평사 이영을 보내는 시(送李評事瑩詩)」는 다음과 같다.

북방 눈 내리는 용황의 길 / 朔雪龍荒道
음산한 바람 부는 발해 바닷가 / 陰風渤澥涯
원융의 서기를 맡은 이는 / 元戎掌書記
일대의 미남아로다 / 一代美男兒
칼집엔 별을 찌르는 칼 있고 / 匣有干星劍
주머니엔 귀신도 울릴 시가 들었네 / 囊留泣鬼詩
변방 모래 바람 금갑옷에 자욱한데 / 邊沙暗金甲
쪽문 위의 달 홍기를 비치누나 / 闒月照紅旗
옥문관 걸음 어딘들 안 가리오 / 玉塞行應遍

공신각에 화상 걸기 머지 않으리 / 雲臺畫未遲

바라보니 머리카락 곤두세우고 / 相看豎壯髮

먼 길 떠날 슬픈 빛 짓지 않네 / 不作遠遊悲

시격(詩格)이 양영천[楊盈川 당(唐)의 양형(楊炯)]과 매우 비슷하다.[55]

임제의 말을 농담이 아니라 진지한 통찰이자 조선의 체제에 대한 비판으로 받아들인 사람은 허균 뿐이 아니었다. 대한 제국기에 이르러 황현은 다음과 같은 시를 남겼다. 『매천집』 4 「시(詩) ○ 임인고(壬寅稿) 회진촌에 있는 임백호의 옛 거처에서 감회가 있어 읊다(會津村林白湖故居感賦)」에서 인용한다.

천리 가는 명마요, 백번 단련한 칼이거늘 / 千里名駒百鍊刀

강호에서 자적하며 시문이나 읊으셨지 / 翩翩湖海弄吟毫

풍진 속 책사는 용천처럼 늙어 갔고 / 風塵策士龍川老

막부의 시재는 두목처럼 호방했네 / 幕府詩才杜牧豪

미끄러운 둑 푸른 이끼는 묵은 길에 생기고 / 油圬蒼苔成廢徑

낚시터 단풍잎은 찬 물결에 떨어지네 / 釣磯楓樹落寒濤

영웅이여, 구천에서 한스러워 마소서 / 九原莫抱英雄恨

오늘날 조정에는 황제의 의자 드높나니 / 今日朝廷帝座高[56]

앞서 인용한 1763년 상연 닌교조루리 『야마시로노쿠니 지쿠쇼즈카』에서도 〈왜국과 조선은 똑같이 구이(九夷)나 우리나라는 중화 다음으로 이학(理學)을 존중하는 성인의 나라〉라는 대사를 조선 조정의 대일 강경파인 번문추(番文騶)가 발언한 바 있다. 〈동쪽 중화〉를 자칭하는 조선 후기의 한반도를 에도 시대 일본인들이 어떻게 바라보았는지 이로써 짐작할 수 있다.

이 시기 일본의 오랑캐 의식을 보여 주는 『금원청시류선(金元清詩類選)』이라는 시선집을 여기서 검토한다. 8권 3책으로 된 이 시선집을 편집한 것은 교토 사람 오에 게이잔(大江荊山, 1763~1811)으로, 『시련국자해(詩聯国字解)』[1804년(文化元) 간행], 『시운국자해(詩韻国字解)』[1807년(文化4) 간행], 『영물입문(咏物入門)』[1813년(文化10) 간행] 등을 간행하여 생계를 유지한 거리의 학자[町学者]였다. 과거 제도가 없는 에도 시대 일본에서 학자들은 유력자의 비서로 근무하거나 의사업을 본업으로 삼거나, 오에 게이잔과 같이 상업 출판의 힘에 의지하여 생활하는 경우가 대부분이었다.[57]

학자로서 크게 이름을 떨치지 못하고 사망한 그가 편찬해 둔 시선집이 간행된 것은 그의 사후 40여 년 뒤인 1856년(安政3)이었다. 간기에 따르면 관에서 간행 허가를 받은 것은 1810년(文化7)이었지만, 그로부터 46년이 걸린 것이다. 교토·오사카·에도의 출판인 10명이 공동 투자하였지만, 리쓰메이칸 대학 소장본의 간기(刊記)에는 교토의 제니야 소시로(錢屋惣四郎) 이름 위에만 도장이 찍혀 있는 것으로 보아, 그가 출판을 주도하였음을 알 수 있다. 현재 리쓰메이칸 대학에서는 이 문헌의 판목 12장에 대한 고화질 이미지를 공개하고 있어서 판목학적 고찰도 가능하다.[58]

[금원청시류선 서문]

원나라 사람의 시는 송나라 말기의 폐습을 갱신하여 청려하므로 좋지만 약간 섬약하다. 청나라 사람의 시도 명나라 말기의 폐습을 갱신하였으니, 시대를 뛰어넘어 당나라 사람의 시를 계승할 뻔 했으나, 그 정기가 느슨하므로 섬약함을 면치 못하였다. 원나라의 시와 비교하면 각각 장단점이 있다. 금·원의 경우는 정통 왕조는 아니었지만 간혹 굳세기가 원나라 사람에 근접하였다. 요컨대, 이들 왕조가 존속한 중에 그 시의 맛이 당송의 것에 비견될 만한 것이 없지 않았다. 세상에서 편찬되는 시에는 주로 당·송·명의 것이 채택되며, 원·금·요·청의 것이 포함되는 것은 드물다. 이슈(오에 게이잔)가 이 책을 편찬한 뜻이 여기에 있을 것인지!

이슈의 자는 주키이다. 아버지 스케히라는 자를 지케이라고 하고, 류소로에게서 학문을 배웠으며, 시로서 크게 이름을 날렸다. 아들이 둘 있었다. 형인 이칸은 일찍기 청출어람의 명성이 있었으나, 안타깝게도 도중에 죽었다. 이슈 또한 뒤이어 죽었다. 이번 임신년에 서사가 이 책을 얻어 출판하려 하여 나에게 제사(題辭)를 청하였다. 나는 지케이를 조금 알았다. 지금, 오에 님의 서향(書香)이 인멸되려 함을 슬퍼하여 한탄하며 이 글을 써서 준다.

1810년 겨울 12월 기미일

무라세 고테이 미나모토 유키히로 찬함[59]

[부언]

― 당·송·명의 시는 여러 사람들이 모두 정선(精選)하였으니 내가 또 무엇을 말하랴. 왕조가 바뀜에 따라 그 시가 변천하였음은 굳이 내가 말하지 않아도 분명하다. 그러나 금·원이 금·원인 까닭과 청나라가 청나라인 까닭은 작가들이 알지 않으면 안 되는 것이다. 이 책을 편찬하는 이유가 이것이다.

― 금·원·청으로부터 조선·유구·베트남에 이르기까지 널리 좋은 작품을 채록하여 분류하니 8권이 되었다. 주제가 신기한 이들 시 가운데, 세상이 채록한 것은 약간에 그친다. 이 책에서는 전체를 실었다고 할 수 있다.

― 근체시를 많이 모았지만 고체시 가운데 신기하고 민활한 것은 열 개 중 한두 개를 남겼으니, 이는 후세 사람이 모범으로 삼게 하려 함이다.

― 간혹 근체시 중에 같은 글자가 중복된 경우가 있는데, 이는 동자중출의 원칙을 어긴 것처럼 보이지만 어긴 것이 아니다. 옛 사람들은 반드

시 이 규칙에 구애되지 않았다. 작은 잘못을 가지고 완벽하지 않다고 하면 안 된다.

ㅡ 글자를 작게 한 작은 책을 만들어, 시인들이 멀리 갈 때 지닐 수 있도록 하였다.

오에 이슈 적음[60]

이것은 저자의 아버지인 오에 겐포(大江玄圃, 1729~1794)의 지인인 당대 교토의 저명한 저술가 무라세 고테이(村瀨栲亭, 1744~1818)가 붙인 서문과 오에 게이잔의 부언(附言)이다. 오에 게이잔은 세상 사람들이 비(非) 한족 정권을 홀대하는 데 대해 뚜렷한 문제의식을 표명하고 있으며, 비한족인 금, 원, 청, 조선, 유구, 베트남의 한시에도 볼 것이 있다고 강조한다. 아메노모리 호슈의 오랑캐 의식에 상통하는 관점이 여기에서 확인된다. 또한, 시인들이 휴대하기 편하도록 책을 작게 만들었다는 데에서는, 상업 출판과 함께 살아간 거리의 학자 오에 게이잔의 직업의식이 느껴진다.

[8권의 구성]

권1 천문류(天文類), 세시류(歲時類)

권2 지리류(地理類), 산류(山類), 수류(水類)

권3 인품류(人品類), 선석류(仙釋類), 여인류(麗人類), 조방류(造訪類), 송별류(送別類), 기려류(羈旅類), 도망류(悼亡類)

권4 궁실류(宮室類), 사관류(寺觀類), 문예류(文藝類), 무공류(武功類), 음악류(音樂類), 공예류(功藝類), 잡완류(雜玩類)

권5 기용류(器用類), 옥백류(玉帛類), 관복류(冠服類), 음식류(飮食類), 곡소류(穀蔬類), 과실류(果實類)

권6 백화류(百花類)

권7 죽목류(竹木類), 빈초류(蘋草類)

권8 비금류(飛禽類), 주수류(走獸類), 곤충류(昆蟲類), 수족류(水族類)

권1을 여는 건륭제의 시를 포함하여, 선택된 시의 출전은 나오지 않는
다. 청대·원대·금대의 순으로 수록된 시가 많고, 그 밖에는 조선 7수[어
무적, 백원항, 신광한, 권응수, 성운(실제로는 임억령), 김종직, 정몽주],
중산 즉 유구 7수(정순칙, 주신명, 증익, 양진, 완유신), 넓은 의미의 안
남 즉 베트남에 들어가는 교지왕의 1수와 안남 진수의 1수가 실려 있다.
조선인의 시는 왕사정(王士禛)의 『지북우담(池北偶谈)』 소재 「조선채풍
록(朝鮮採風錄)」과 『어선송금원명사조시(御選宋金元明四朝詩)』 중 「어선
명시(御選明詩)」에서 인용한 것으로 보인다. 중국에 들어간 한국인의 시
에 대해서는 이종묵(2009)[61] 등 선행 연구가 많으므로 여기서는 깊이 들
어가지 않는다.

『금원청시류선』에 수록된 조선인들의 시는 1709년(강희 48)에 성립
한 『어선 송금원명 사조시(御選宋金元明四朝詩)』 중 『어선명시(御選明
詩)』에 수록된 조선인 시와 중복된다. 『어선명시』 「성명작리 8 속국(姓名
爵里八 屬國)」에 비(非) 중국인의 명단[62]이 실려 있어서 시인의 국적을 확
인할 수 있다. 다만, 『금원청시류선』에 수록된 싯구의 일부 글자가 『어선
송금원명 사조시』와 완벽하게 일치하지는 않는다. 유구인의 시는 『황청
시선(皇清詩選)』에서 인용한 것 같다. 일본이 빠져 있는 것으로 보아서
는, 일본 한시는 넣지 않겠다는 의도로 보인다. 그런 의미에서 유구가 포
함된 것은, 명청대에 유구가 중국에 조공한 국가라는 점을 감안하더라
도, 일본과는 다른 국가라는 의식이 편찬자에게 있었음을 짐작케 한다.
아래에 『금원청시류선』에 수록된 한반도 출신자의 시와 그 출전으로 추
정되는 중국 문헌에 수록된 시를 게재한다. 시의 번역은 「한국 고전 종
합 DB」에 의한다.

조선, 어무적(魚無迹)「봉설(逢雪)」

馬上逢新雪, 孤城欲閉時, 漸能消酒力, 渾欲凍吟髭, 落日無留景, 栖禽不定枝, 灞橋驢背興, 應與故人期 (『금원청시류선』권1, 21앞)

魚無迹詩 馬上逢新雪 孤城欲閉時 漸能消酒力 渾欲凍吟髭 落日無留景 栖禽不定枝 灞橋驢背興 應與故人期 逢/雪 (흠정사고 전서『지북우담』권18「조선채풍록」)

말 위에서 내리는 눈을 맞으니 외로운 성 문 닫으려 하는 때이네. 차츰 차츰 술기운이 사라져 가서, 시 읊는 나의 수염 얼려고 하네. 지는 해는 석양빛을 못 남기었고 깃든 새는 편안하게 가지 못 앉네. 파교에서 나귀 타고 가는 흥취를, 내 응당 옛사람과 기약하리라.

조선, 백원항(白元恒)「추야(秋夜)」

草堂清夜雨初收, 小雨寒螢濕不流, 獨臥牀頭思往事, 砌蟲啼破一簾秋 (『금원청시류선』, 권1 42뒤)

草堂清夜雨初收, 小雨寒螢濕不流, 獨臥牀頭思往事, 砌蟲啼破一簾秋 [흠정사고 전서『어선송금원명사조시(御選宋金元明四朝詩)』중『어선명시』권116]

집을 생각하고 달 아래 거닐면서 돌아가지 못하는데, 뜰 나무에 가을이 깊어 비단잎이 날으네. 고국은 여기서 3천8백 리. 밤이 깊은데 집에서는 두 방망이로 겨울옷을 다듬질하리.

조선, 신광한(申光漢)「모경(暮景)」

樹密深濃翠, 孤煙淡作雲, 前村聞犬吠, 暗路草中分 (『금원청시류선』권1, 47앞)

樹密深濃翠, 孤煙淡作雲, 前村聞犬吠, 暗路草中分 [흠정사고 전서『어선송금원명사조시(御選宋金元明四朝詩)』중『어선명시』권100]

숲나무는 빽빽하여 짙게 푸르고 외로운 연기 담박하여 구름 되누나. 앞마을선 개 짖는 소리 들리고, 어둔 길은 풀밭을 갈라놓았네.

조선, 권응인(權應仁)「산거(山居)」

結屋倚青嶂, 攜瓶盛碧溪, 徑因穿竹細, 籬為見山低, 枕石巾黏蘚, 栽花屐印泥, 繁華夢不到, 閑味在幽栖 (『금원청시류선』권2, 8뒤)

結屋倚青嶂, 攜瓶盛碧溪, 徑因穿竹細, 籬為見山低, 枕石巾黏(또는 粘)蘚, 栽花屐印泥, 繁華夢不到, 閑(또는 閒)味在幽栖 (흠정사고 전서『지북우담』권18「조선채풍록」)

푸른 산 모퉁이에 집을 짓고는 병 가져가 푸른 시내 물을 담누나. 오솔길은 대숲 뚫어 가느다랗고, 울타리는 산 보려고 낮게 둘렀네. 돌 위에서 잠자 옷엔 이끼 붙었고, 꽃 꺾느라 나막신엔 진흙 묻었네. 번화한 덴 꿈속서도 가지 않나니, 한가한 맛 그윽하게 사는 데 있네

조선, 성운(成運)「죽서루(竹西樓)」
:『지북우담』에 있으나 한 글자가 〈旗〉와 〈筵〉으로 다르게 되어 있다. 한국에서는 임억령(林億齡)의 시로 알려져 있다.

江觸春樓走, 天和雪嶺圍, 雲從詩筆染, 鳥拂酒旗飛, 浮海知今是, 趨名悟昨非, 松風當夕起, 蕭颯動荷衣 (『금원청시류선』권4, 1뒤)

成運詩 江觸春樓走 天和雪嶺圍 雲從詩筆染 鳥拂酒筵飛 浮海知今是 趨名悟昨非 松風當夕起 蕭颯動荷衣 竹西/樓 (흠정사고 전서『지북우담』권18「조선채풍록」)

강물은 봄 누각을 스쳐 흐르고 하늘은 눈 덮인 고개 감쌌네. 구름은 붓을 따라 물들어 가고 새들은 술자리를 스치고 나네. 바다에 뜬 지금이 옳은 것이고, 명리 쫓던 지난날이 잘못인 거네. 저녁 되자 솔바람 살살 일더니 소슬하게 하의에 불어 오누나.

조선, 김종직(金宗直)「불국사(佛國寺)」

爲訪招提境 松間紫翠重 青山半邊雨 落日上方鐘 語共居僧軟 杯隨客意濃
頹然一榻上 相對鬢鬆鬆 (『금원청시류선』권4, 12뒤)

爲訪招提境 松間紫翠重 青山半邊雨 落日上方鐘 語共居僧軟 杯隨客意濃
頹然一榻上 相對鬢鬆鬆 (흠정사고 전서『지북우담』권18「조선채풍록」)

절집의 경내로 찾아와 보니 솔숲 사이 산빛이 무거웁구나. 푸르른 산
한쪽에는 비 내리는데 저물녘에 산사에선 종이 울리네. 산승과의 이야기
는 부드러웁고 나그네의 정취 따라 술잔 진하네. 술에 취해 대마루 위 쓰
러진 채로 마주 보니 머리털이 듬성하구려.

조선, 정몽주「여야문안(旅夜聞雁)」
: 『어선명시』와 비교하면 제목인 「聞雁」 앞에 「旅夜」 두 글자가 추가되
어 있다

行旅忽聞雁 仰看天宇清 數聲和月落 一點入雲橫 錦字回燕塞 新愁滿洛城
疏燈孤館夜 何限故園情 (『금원청시류선』권8, 9앞)

行旅忽聞雁 仰看天宇清 數聲和月落 一點入雲橫 錦字回燕塞 新愁滿洛城
疏燈孤館夜 何限故園情 [흠정사고 전서『어선송금원명사조시(御選宋金元
明四朝詩)』중『어선명시』권67]

가는 길손 기러기 소리를 듣고 고개 들어 하늘 보니 맑기도 하네. 두어
소리 지는 달에 어울리는데, 한 개 점이 빗긴 구름 속으로 드네. 금자는
북방으로 돌아가는데 새 시름은 서울에 가득하구나. 등불 조는 외로운
여관의 이 밤, 고향 땅을 그리는 정 어찌 금하랴.

한편, 중산(中山) 즉 유구인의 시는 다음과 같다.

중산, 정순칙(程順則)「강랑적설(江郎積雪)」(권1, 22앞)

중산, 주신명(周新命)「모춘즉사(暮春卽事)」(권1, 35앞)

중산, 주신명「추흥(秋興)」(권1, 39뒤)

중산, 주신명「조룡대회고(釣龍臺懷古)」(권2, 6뒤)

중산, 정순칙「무성회고(蕪城懷古)」(권2, 6뒤)

중산, 증익(曾益)「과암담탄(過黯淡灘)」(권2, 22앞)

중산, 주신명「한거(閑居)」(권4, 9뒤)

중산, 정순칙「광릉월야문적(廣陵月夜聞笛)」(권4, 31앞)

중산, 정순칙「선하야관매(仙霞夜觀梅)」(권6, 4뒤)

중산, 양진(梁津)「봉미초(鳳尾蕉)」(권7, 18앞)

중산, 완유신(阮維新)「봉미초(鳳尾蕉)」(권7, 18앞)

마지막으로, 넓은 의미의 베트남인의 시는 두 편 수록되어 있다.

교지왕(交趾王)「악관서회(鄂館書懷)」(권3, 25뒤)

안남(安南), 진수(陳璹)「분매(盆梅)」(권6, 7앞)

마쓰우라 가쇼와 조선 문헌

규슈 대학 오카무라 시게루(岡村繁) 등이 쓰시마 소케 문고 및 2개 집안의 현존 문헌을 조사한 결과 보고서『쓰시마 번 현존 한적 분류 목록 전편(対馬藩現存漢籍分類目録 前編)』(규슈 대학 문학부, 1980)[63]에는 쓰시마 번 시대의 소케 문고 장서 목록 및 출납 기록 16점이 실려 있다. 이들 문서를 통해 17세기 말부터 19세기 말 사이 쓰시마 번의 문헌 소장 및 이동 현황을 추정할 수 있다. 그 목록은 다음과 같다.

1.『어서물장(御書物帳)』1683년(天和3) 7월, 1책 86장.

2.『어서물장([御掛物方]御書物帳)』1771년(明和8) 5월, 1책 10장.

3. 『어서물장([御奧上リ]御書物帳)』1827년(文政) 7월~1832년(天保3) 5월, 1책 15장.

4. 『어서물장』 1831년(天保2) 9월, 1책 50장.

5. 『어서물출입장([御形御用]御書物出入帳)』 1833년(天保4) 7월~ 1838년(天保9) 8월, 1책 13장.

6. 『어 문고어서(御文庫御書)』 1837년(天保8) 9월, 아사오카 오이노스케(朝岡老之助) 편, 화판(和板) 1책 57장, 조선판[헌상본, 어고용본(御考用本), 조선판]·당판(唐板) 1책 40장.

7. 『어서물 참고장(御書物引合帳)』 1837년(天保8) 10월, 1책 83장.

8. 『어서물 비망록[(御小納戸)御書物控]』 1845년(弘化2), 1책 27장.

9. 『어서물 참고장(御書物引合帳)』 1851년(嘉永4) 10월, 1책 81장. 7번 『어서물 참고장』의 개정본.

10. 『어서물 대출장(御書物拜借帳)』 1865년(慶應元) 8월, 1책 18장.

11. 『어서물 대출장(御書物拜借帳)』 1866년(慶應2) 9월, 1책 14장.

12. 『신판 어서물장(新板御書物帳)』 1866년, 1책 8장.

13. 『발췌 총목록(書拔惣目録)』 연대 미상, 1책 13장.

14. 『어서물장([奧]御書物帳)』 메이지 초기, 1책 115장. 1871년(明治 4)~1896년(明治29) 사이에 도쿄로 이관된 서적에는 그 연월이 표기되어 있다.

15. 『서적목록(書籍目録)』 메이지, 1책 23장.

16. 『서양 어서적(西洋御書籍)』 연대 미상, 1책 4장.

이들 16종의 목록류 가운데 유일하게 편찬자가 알려진 것은 1837년에 편찬된 6번 『어 문고어서』이다. 이 목록을 편찬한 아사오카 오이노스케는 이보다 1년전인 1836년 11월 12일에 조선인 남응중(南膺中)이 일으킨 왜관 망명 미수 사건에 관계되었음이 선행 연구에서 확인되어 있다. 이에 따르면, 남응중이 다음과 같은 내용의 서한을 아사오카의 부하에게 건넸다는 것이다. 〈조선 조정의 권력자[김유근(金逌根)]가 모반을 일으키려다 사전 누설되자 병사를 돌려 어영대장 및 우의정[박종훈(朴宗薰)]의 협력하에 일본을 정벌하려 한다. 경상도를 제외한 전국의 병사를 충청도 및 강원도 영동에서 회합시켜 일본을 치려는 것은 임진왜란의 원수를 갚고자 함이며 옛부터 소중화를 외쳐 온 조선 사대부의 사명이다. 조선은 이 계획의 사전 누설을 막기 위해 왜관의 대마도인들을 하룻밤 사이에 모조리 살해해 버릴 생각으로 있다. 그러니 남필선 자신이 이를 사전에 일본에 알림으로써 그의 조상이 임진왜란 당시 포로로 끌려가 일본에서 받은 은혜를 갚으려 한다.〉[64] 이를 수상쩍게 여긴 왜관 측이 사건을 신속히 조선 측에 알림으로써 남응중의 망명 시도는 좌절되고 처형되었다. 비록 망명을 꿈꾼 어떤 사람의 몽상에서 나온 것이기는 하지만, 19세기 전기의 조선에서도 임진왜란의 복수가 구상되었다는 사실은 주목할 만하다.

한편, 이 16종의 목록집 가운데 가장 이른 시기의 것으로서 일찍부터 주목되어 온 것이 1번의 『어서물장(御書物帳)』이다. 후지모토 유키오(藤本幸夫)가 「덴나 3년 목록」이라 부른 것이 이것이다. 「덴나 3년 목록」의 성립에 대해 후지모토 유키오는 다음과 같이 추정한다. 〈1683년(덴나3) 이전의 17세기 간본이 많은 것은, 조선과 에도 막부 간에 화의가 성립하여 사신(使臣)이 방일한 1607년(慶長12), 1617년(元和3), 1624년(寬永元), 1636년(寬永13), 1643년(寬永20), 1655년(明曆元), 1682년(天和2)의 일곱 번에 걸쳐 조선국에서 보낸 선물, 또는 사신의 선물로서 소케에 들어온 것으로 생각된다. 또한 부산에 있던 왜관을 통해서도 입수되었으리라고 생각된다.〉[65]

1637년(인조15)~1724년(경종4) 사이에 왜관의 일본인들이 조선 정부에 요청한 각종 물품을 기록한 『왜인구청등록(倭人求請謄錄)』에 나타나는 서적의 검토를 통해, 이들이 소케 및 마에다 가문 등의 다이묘, 그리고 막부의 요청을 받아 지속적으로 조선 정부에 서적을 요구하였음을 알 수 있다.[66] 또한, 1693년에 간행된 마쓰시타 겐린의 『이칭일본전』 전체 14권 중 후반부 4권에는 『동국통감』, 『삼국사기』, 『동문선』, 『삼강행실도』, 『속삼강행실도』, 『경국대전』, 『해동제국기』, 『징비록』 등 한국의 문헌이 대량으로 초록되어 있다. 이들 대부분은 임진왜란 당시 약탈되어 일본 각지에 소장되어 있던 문헌에 기반한 것일 터이다. 그러나, 『징비록』과 같이 명백하게 임진왜란 이후에 성립한 한국 문헌의 경우에는 쓰시마를 경유하여 교토까지 흘러들어갔을 것으로 추정된다. 물론, 귀족이나 다이묘 신분이 아닌 마쓰시타 겐린이 「덴나 3년 목록」의 대상이 된 소케 문고 소장본을 열람했을 가능성은 높지 않을 터이지만, 17세기에 한국 문헌이 일본으로 유입되어 유통되던 상황을 이로써 짐작할 수는 있다. 「덴나 3년 목록」 가운데 필자가 주목한 문헌은 다음과 같다. 문헌 이름 뒤에 페이지 번호가 붙은 것은 후지모토 유키오 논문의 페이지이다.

A 경부(經部) 4 예류(禮類) 『국조오례의(國朝五禮儀)』19책: 현존본 『국조오례의』9책 (200쪽).

B 사부(史部) 1 정사류(正史類) 『고려사기(高麗史記)』70책, 71책, 74책, 91책: 현존본 『고려사(高麗史)』 발췌 25책. 정인지 등 편찬본의 사본 (203쪽).

B 사부 2 편년류(編年類) 『동국통감』32책, 51책: 현존본 없음 (204쪽).

B 사부 4 별사류 『황명기략(皇明紀略)』2책, 3책: 현존본 『황명기략』6권 3책 및 후인본 1책 (204쪽).

B 사부 5 잡사류 『징비록』1책, 2책: 현존본 없음 (204쪽).

B 사부 5 잡사류 『은봉야사별록』1책: 현존본 1권 1책. 강희 2년 홍양 현향교 간행 (204쪽).

B 사부 8 전기류『해동명신언행록(海東名臣言行錄)』9책: 현존본 없음 (205쪽).

B 사부 11 지리류『동국여지승람』56책, 57책, 46책: 현존본 없음 (205쪽).

B 사부 14 정서류(政書類)『경국대전』5책: 현존본 없음 (206쪽).

B 사부 14 정서류『통문관지』8권은 목록에는 없으나 현존본이 존재함 (206쪽).

C 자부 1 유가류『삼강행실(三綱行實)』3책: 현존본『삼강행실』3권 1책 (208쪽).

C 자부 1 유가류 목록에는 없으나 박세무『동몽선습』1권 1책이 현존함 (208쪽).

C 자부 2 병가류『백장전』7책: 현존본은『신간관판비평백장전(新刊官板批評百將傳)』10권 속 4권 7책 (209쪽). 정확히는『신간관판비평 정백장전(新刊官板批評正百將傳)』임. 정편은 송나라 장예(張預) 찬, 속편은 명나라 하교신(何喬新) 찬, 조광유(趙光裕) 평(評).

C 자부 5 의가류(醫家類)『동의보감』25책: 현존본 없음 (210쪽).

C 자부 10 잡가류『명심초(明心抄)』1책 및『명심보감초략(明心寶鑑抄略)』:『명심보감초략』2권 1책이 2점 있음 (211쪽).

C 자부 10 잡가류『지봉유설』7책 및 20책: 현존본 없음 (211쪽).

C 자부 11 소설가류『전등신화』2책: 현존본『전등신화구해』2권 2책 (211쪽).

C 자부 12 유서류(類書類)『고사촬요』2권은 목록에는 없으나 현존본이 존재함 (211쪽).

D 집부 2 별집류『계원필경』4책 및 20책: 현존본『계원필경집』20권 4책 (214쪽).

D 집부 2 별집류『파한집』1책: 현존본 없음 (214쪽).

D 집부 2 별집류『보한집』1책: 현존본 없음 (214쪽).

D 집부 2 별집류『포은집』10책: 현존본 없음 (214쪽).

D 집부 2 별집류『점필재집(佔畢齋集)』8책: 현존본 없음 (215쪽).

D 집부 2 별집류『이퇴계문집』24책: 현존본『퇴계 선생 문집』49권(결 권 1~6, 48, 49) 14책 (215쪽).

D 집부 2 별집류『고봉집(高峰集)』5책: 현존본 없음 (216쪽).

D 집부 2 별집류『율곡집』7책: 현존본 없음 (216쪽).

D 집부 2 별집류『중봉 선생집』12책: 현존본 없음 (216쪽).

D 집부 2 별집류『학봉문집』10책: 현존본 없음 (216쪽).

D 집부 2 별집류『서애문집』10책: 현존본『서애 선생 문집』20권 10책 (216쪽).

D 집부 2 별집류『서애 선생 문집』24책: 현존본『서애 선생 문집』20권 (결권 1~8) 5책 (216쪽).

D 집부 2 별집류『서애집』10책: 현존본 없음 (217쪽).

D 집부 2 별집류『사명집(四溟集)』4책: 현존본『사명당대사집』7권 1책 (217쪽).

D 집부 2 별집류『한음집』6책: 현존본 없음 (217쪽).

D 집부 2 별집류『백사집(白砂集)』3책: 현존본 없음 (217쪽).

D 집부 2 별집류『지봉집』34책: 현존본 없음 (217쪽).

D 집부 2 별집류『청륙집(靑陸集)』7책: 현존본 없음 (218쪽).

D 집부 2 별집류『계곡집(谿谷集)』15책: 현존본 없음 (218쪽).

D 집부 2 별집류『남파문집(南坡文集)』6책: 현존본 없음 (218쪽).

D 집부 2 별집류『청은집(淸隱集)』13책: 현존본 없음. 김상헌(金尙憲) 의 문집인『청음집(淸陰集)』을 가리키는 듯 (218쪽).

D 집부 3 총집류(總集類)『동문선』134책: 현존본『동문선』130권 44책 (219쪽).

이 목록에서 가장 의아한 것은 신숙주의『해동제국기』와 김성일의
『해사록』이 보이지 않는다는 사실이다. 『일본의 대외 전쟁』제1부 제1장
제5절「18세기의 임진왜란 문헌군 ― 후쿠오카 번과 쓰시마 번」에서 상
세히 검토한 바와 같이, 아메노모리 호슈의 후배인 마쓰우라 가쇼(松浦
霞沼, 1676~1728)는 쓰시마 번의 대(對) 조선 외교 문헌집인『조선통교
대기(朝鮮通交大紀)』를 편찬하였다. 여기에는 1683년 시점에 쓰시마 번
에 소장되어 있던 문헌들의 현황을 전해 주는「덴나 3년 목록」에 보이
는 조선 문헌이 다수 이용되고 있다. 그런데『조선통교대기』전체 10권
가운데 권9와 10에『해사록』이 발췌되어 있고, 현재 국사 편찬 위원회
가 소장하고 있는『해동제국기』는 쓰시마 소케(宗家)가 소장하던 것으
로 알려져 있기 때문이다. 한편,「덴나 3년 목록」에『학봉문집』이 보이고
『학봉집』에는『해사록』이 포함되어 있으므로, 마쓰우라 가쇼는 이를 이
용한 것으로 추정된다. 이에 대하여는 별고에서 논한 바 있다.[67]

『조선통교대기』에 인용된 한·중·일 삼국 문헌을 아래에 게재한다.
『조선통교대기』의 기사 중 흥미로운 것을 아울러 표기해 두었으며, 페이
지 번호는 다나카 다케오(田中健夫)·다시로 가즈이(田代和生) 편『조선
통교대기(朝鮮通交大紀)』(名著出版, 1978) 및 후지모토 유키오 논문에
의거한다. 각 권에서 처음 등장하는 페이지 번호만을 표기했다.

[서문]
김성일『해사록』(田中田代·47)
[범례]
조헌『중봉집』비판(田中田代·49): 〈두 나라 사이의 일을 고증할 때에
는 저 나라 책만한 것이 없지만,『조중봉집』같은 것은 오류가 많고 망령
되니 의거할 수 없다〉[68]

[권1]

• 고려·조선의 쓰시마 공격 사건에 대한 검토(田中田代·54~55)

『고려사』(田中田代·54, 藤本·203)

『소씨 가보(宗氏家譜)』(田中田代·54)

『고사촬요』(田中田代·56, 藤本·211)

『해동명신록』(田中田代·56, 藤本·205)

『교토 장군(가)보(京都将軍[家]譜)』(田中田代·56)

『해동제국기』(田中田代·56)

『(동국)여지승람』(田中田代·56, 藤本·205)

기하쿠 겐포(規伯玄方)『호 장로기(方長老記)』[田中田代·57. 다나카·다시로는 이 문헌이 국사 편찬 위원회에 소장되어 있는 『도요토미 히데요시의 조선 정토 시작 및 중국 사신의 입조에 관한 기록(太閤秀吉朝鮮征討起本並天使来朝記録)』을 가리킬 가능성이 있다고 한다][69]

『동문선』(田中田代·62, 藤本·219)

• 쓰시마가 조선의 속령이라는 『동국여지승람』 등의 설에 대한 부정(田中田代·63)

『해동제국기』 신숙주 서문(田中田代·76~79)

『일본기(日本記)』(田中田代·78, 『일본서기(日本書紀)』를 가리킴)

[권2]

• 삼포의 난(田中田代·88~)

『여지승람』(田中田代·88, 藤本·205)

『호 장로기』(田中田代·88)

『(이칭)일본전(異称日本伝)』(田中田代·90)

『고사촬요』(田中田代·94)

『소씨 가보』(田中田代·97)

『고봉집』(田中田代·112, 藤本·216)

『교토 장군 가보』(田中田代·120)

『선린국보기(善隣国宝記)』(田中田代·120)

[권3]

『고사찰요』(田中田代·125)

『징비록』(田中田代·125, 藤本·204)

『은봉야사별록』(田中田代·125, 藤本·204)

『서애집』(田中田代·126, 藤本·216)

『학봉집』(田中田代·126, 藤本·216)

『해사록』(田中田代·126)

『해동제국기』(田中田代·126)

『소씨 가보』(田中田代·130)

『조중봉집』(田中田代·131, 藤本·216)

　• 1590년 통신사를 맞이하기 위해 쓰시마 측에서 조선에 조총을 바쳤다는 『징비록』기사의 비판(田中田代·131)

『호 장로기』(田中田代·131)

『영조역(令条訳)』[田中田代·131. 1597~1696년 사이의 막부 법령 해설집인 『어당가령조(御当家令条)』를 가리키는 것 같다]

『서국태평기』(田中田代·134)

『양조평양록』(田中田代·141)

　• 화의 협상에 임한 고니시의 입장을 옹호(田中田代·143)

[권4]

『호 장로기』(田中田代·147)

『간에이 십삼년 신사록(寛永十三年信使録)』(田中田代·147)

『소씨 가보』(田中田代·147)

『한음집』(田中田代·148, 156, 161, 163, 藤本·217)

『삼국사(기)』(田中田代·148)

김덕겸『청륙집(靑陸集)』(田中田代·149, 藤本·218)

『고사촬요』(田中田代·150)

• 임진왜란 포로 김광(金光)이 조선 왕족을 자칭한 사건(田中田代·153)

• 양국 간의 국교 교섭에서 보인 이덕형의 전략을 평가(田中田代·156~158)

[권5]

• 야나가와 사건과 관련하여 쓰시마 측을 옹호하는 기사(田中田代·173)

아라이 하쿠세키『수호사략(殊号事略)』(田中田代·173)

『호 장로기』(田中田代·173)

『고사촬요』(田中田代·173)

『간에이 13년 신사기록』(田中田代·174)

『소씨 가보』(田中田代·174)

『은봉야사별록』(田中田代·175)

「김상헌이 지은 이정구의 신도비문(金尙憲李廷龜か神道の碑)」[田中田代·178. 해당 인용문은『월사집(月沙集)』권5와『청음집(淸陰集)』권25 「의정부좌의정 월사 이문충공 신도비명(議政府左議政月沙李文忠公神道碑銘)」에 모두 보인다.「덴나 3년 목록」에『월사집』은 없고,『청음집(淸陰集)』과 글자가 비슷한『청은집(淸隱集)』이 보인다.[70] 陰과 隱의 모양이 비슷해서 오기된 것인지? 권6에도『청음집』이 보인다]

「이덕형의 소(李德馨か疏)」(田中田代·182, 중간본『한음집』권6에 보

인다)

아히루 쓰네히사(阿比留恒久) 『선린 통서(善隣通書)』(田中田代·183)

『황명종신록(皇明從信錄)』(田中田代·185)

『해동제국기』(田中田代·193)

『징비록』(田中田代·196)

• 임진왜란 당시 쓰시마 측이 전쟁의 목적을 명나라에의 조공이라고
주장한 일에 대한 고찰(田中田代·196~)

• 울릉도 사건(田中田代·197)

[권6]

『고사촬요』(田中田代·212)

『야나가와 일건 기록(柳川一件記錄)』(田中田代·212)

『선린통서』(田中田代·212)

『쇼토쿠 신사록(正德信使錄)』[田中田代·213, 1711년(숙종37, 正德元)
에 파견된 제8회 통신사 관련 기록]

『청음집』(田中田代·216)

• 1627년 정묘호란 당시 일본이 후방을 지원하겠다고 제의한 일에 대
한 고찰(田中田代·222~224)

『소씨 가보』(田中田代·225)

『간에이 13년 신사기록』(田中田代·225)

『활곡집(豁谷集)』(田中田代·226, 「덴나 3년 목록」에 보이는 장유 『계곡
집』의 오자인 듯하다)

[권7]

『사이반 아리타 모쿠헤이의 기록(裁判有田杢兵衛記錄)』(田中田代·242)

『간에이 13년 신사기록』(田中田代·242)

『남파(상국문)집(南坡[相國文]集)』(田中田代·244, 藤本·218)

• 닛코궁이 완성되어 조선 국왕이 편액을 보내다(田中田代·248)

『덴류인공 실록(天龍院公実録)』[田中田代·248, 쓰시마 후추 번(対馬府中藩) 제3대 다이묘인 소 요시자네(宗義真)의 실록]

『선린통서』(田中田代·249)

• 1644년에 연해주 포시에트 만에 표류한 에치젠 지역 일본인 선원들이 베이징을 거쳐 1645년에 조선으로부터 일본으로 송환되자 감사를 표하다(田中田代·252). 이들의 표류 및 송환에 대한 기록은 『달단 표류기(韃靼漂流記)』, 『이국 이야기(異国物語)』 등으로 불리며 청나라의 초기 상황을 보여 주는 자료로서 중시된다.

『소씨 가보』(田中田代·252)

『간에이 13년 신사록』(田中田代·254)

『학봉집』 및 『해사록』(田中田代·254)

『분류기사(대강)(分類記事[大綱])』(田中田代·255)

『한음집』(田中田代·265)

[권8]

• 울릉도 문제(田中田代·288)

『지봉유설』(田中田代·288, 藤本·211)

『소씨 가보』(田中田代·288)

『도서편』일본국 지도(田中田代·288)

『덴류인공 실록』(田中田代·289)

『시말기록(始末記録)』(田中田代·289)

『간에이 13년 신사기록』(田中田代·292)

『쇼토쿠 신사록』(田中田代·294)

『해동제국기』(田中田代·296)

[권9: 『해사록』권3 초록]

『징비록』(田中田代·316)

『고려사』(田中田代·316)

『장군보』(田中田代·316)

『해동제국기』(田中田代·342).

[권10: 『해사록』권4 초록]

『점필재집』(田中田代·353, 藤本·215)

『국조오례의』(田中田代·369, 藤本·200),

    이 중 특기할 만한 것이 권2에 인용된 『이칭일본전』이다. 다나카·다시로는 『조선통교대기』해제에서 『조선통교대기』의 편찬에 이용된 한중일 삼국의 문헌을 거론하고 있으나 『이칭일본전』은 언급하지 않으며, 『징비록』이 『이칭일본전』에도 인용되어 있다고 언급하는 데 그친다.[71] 해당 대목은 1510년 삼포 왜란 이후 사태 수습을 위해 승려 호추(弸中)가 조선에 파견되었다는 기사 중, 〈『일본전』에, 호추는 도카이 세키킨(東海碩昕) 선사의 상족(上足)으로, 도토쿠 선사(道徳禅師)라고 칭했다, 라고 보인다〉[72]라는 구절이다. 이에 해당하는 『이칭일본전』의 안문(按文)은 권하3에 수록된 김안국 『모재집』권1 「일본 승려 호추 등을 송별하다(送別日本僧弸中等)」에 보인다.

    또한, 권4에는 『삼국사(三國史)』라는 제목으로, 신라 조분왕 7년에 석우로(昔于老)가 왜국 사신 갈나고(葛那古)를 희롱하자 분노한 왜국 국왕이 군대를 보내 신라를 쳤다는 대목이 인용되어 있다.[73] 이 구절은 『삼국사기』권45 석우로 열전에 보이는데, 문제는 「덴나 3년 목록」에 『삼국사기』가 보이지 않는다는 것이다. 역시 『이칭일본전』권하3, 10뒤에 발췌된 『삼국사기』중에 이 대목이 보인다. 『조선통교대기』에 인용되고 일본어 번역이 실려 있는 조선 문헌의 기사들은 대부분은 쓰시마 소케 문고 등에 소장된 조선 책으로부터 직접 인용된 것임이 분명하지만, 이상의 사례에서 보듯이 『이칭일본전』에 발췌된 조선 문헌도 참고 및 인용했을 가능성을 배제할 수는 없다.

한편, 권4에는 이덕형의 『한음집』이 네 번 인용되는데, 여기에 보이는 인용 구절은 1634년(인조 12)에 간행된 초간본(6권 4책)에는 없고 1668년(현종 9)에 간행된 중간본(12권 6책)에만 보인다. 즉, 권11 「답왜장서(答倭將書)」,[74] 권6 「진왜정내사직차(陳倭情仍辭職箚)」,[75] 권9 「정어왜감군문(呈禦倭監軍文)」[76]이다. 권5와 권7에도 〈이덕형의 소〉라는 제목으로 권6 「진왜정내사직차」가 인용된다.[77] 이를 통해 쓰시마에 전해진 『한음집』은 초간본이 아니라 중간본임이 확인되며, 「덴나 3년 목록」 집부 별집류에 기록된 6책의 『한음집』과도 일치한다.

또한, 『조선통교대기』에서는 김성일의 『학봉집』 및 이에 포함된 『해사록』이 중요한 자료로서 이용되고 있다. 이에 대하여는 별고에서 논한 바있다.[78] 『이칭일본전』에는 김성일의 저작이 포함되어 있지 않으므로, 쓰시마 번에 소장되어 있던 조선본을 이용하였음이 확실하다. 『조선통교대기』 권9 서두의 총평은 김성일의 행적 및 그의 저작에 대한 쓰시마 측의 평가로서 주목된다.[79] 마쓰우라 가쇼는 김성일이 1590~1591년 사행에 실패해서 임진왜란이 발발했다는 『은봉야사별록』 기사를 인용하여 김성일을 비판한다.[80] 또, 〈성일의 인물됨은 황윤길·허성 등의 부류와는 다르다고 해도 매우 오만하여, 스스로 옳다고 여겨 다른 사람의 말을 받아들이지 않았으므로 사정에 어둡게 되었다. 그 공과 죄가 상쇄된다〉[81]고 하여, 임진왜란 발발의 책임이 이들 1590~1591년 사행에 있다는 관점을 보인다.

호슈의 쓰시마 선배 스야마 도쓰안

스야마 도쓰안(陶山訥庵, 1657~1732)은 쓰시마 번의 번의(藩医) 가문에서 태어나, 11살에 에도에서 기노시타 준안에게 배웠다. 18세에 쓰시마로 돌아와 조선 관계 업무를 맡았으며, 1682년 통신사행에도 동반했다. 아메노모리 호슈 및 마쓰우라 가쇼와는 밀무역 상인을 처벌하는 문제에서 관대한 조치를 주장하다가 갈등을 빚기도 하였으나, 기본적으로는 스야마 도쓰안이 이 두 사람을 관대하게 받아들이고 협력을 제공하는 입장이었다고 한다.[82]

고구마를 도입하고 멧돼지 사냥을 권장하는 등 농정가로서 활동한 스야마 도쓰안의 학문은 〈실학〉〈심학(心學)〉 등으로 평가되며, 〈쓰시마 성인(対馬聖人)〉이라 불렸다. 그는 쓰시마 농업의 최대 장애물인 멧돼지를 퇴치할 것을 16세 때부터 주장하여 끝내 이를 관철시켰는데, 그가 이 문제에 집착한 것은 쓰시마가 일본과 조선 사이에 끼어 있으면서 조선으로부터 식량을 의존하고 있기 때문에 식량 자급이 절실하다고 보았기 때문이다.[83] 나아가 그는 몽골·고려의 일본 침공 당시 쓰시마군이 전멸한 일을 언급하면서, 조선으로부터의 침략을 방어하기 위해 쓰시마 섬의 전 주민이 군사학에 익숙해져야 한다는 논지를 전개하기도 하였다.[84] 에도 시대에는 조선이 임진왜란의 복수를 위해 일본을 침공할지도 모른다는 주장이 간혹 제시되었지만, 스야마 도쓰안과 같이 이를 진지하게 정책 차원까지 현실화시킨 사례는 거의 없다.

제3절 이토 진사이 그룹

〈해동부자(海東夫子)〉 이토 진사이

일본에서 주자의 유학 경전 해석을 벗어나 주체적인 해석을 하고자 한 유학의 흐름을 고학(古學)이라고 한다. 고학을 주도한 인물 가운데 한 사람이 이토 진사이(伊藤仁斎, 1627~1705)로서, 마치 한국 지식인 들이 가장 존경하는 인물로 정약용을 꼽듯이, 오늘날까지 그는 일본 지 식인들이 가장 존경하는 역사 인물로서 살아 있다. 그의 대표적 저술인 『동자문(童子問)』[85]이 조선에 유입되어 정약용·이덕무 등의 주목을 받 았다는 사실은 하우봉,[86] 후마 스스무,[87] 함영대[88]를 비롯한 다수의 연구 자에 의해 이미 밝혀져 있기 때문에 여기서 재론하지 않는다.

정약용의 『다산시문집』 21 「서(書) 두 아들에게 보여 줌(示二兒)」에는 이토 진사이가 〈해동부자(海東夫子)〉라고 일컬어진다는 대목이 보인다. 함영대가 지적한 바와 같이 정약용은 이러한 인물이 일본에서 탄생한 배경으로, 중국 남부와 직접 교류하면서 중국의 좋은 책을 직수입하는 경제적 구조, 그리고 과거 제도가 없기 때문에 〈출세를 위한 학문〉이 아 니라 〈학문을 위한 학문〉을 할 수 밖에 없는 사회적 구조를 든다.[89]

일본에는 근래에 명유(名儒)들이 많이 배출되고 있는데 호를 조래(徂 徠)라고 하는 물부쌍백(物部雙柏, 雙柏은 雙松의 잘못인 듯함) 같은 사람 은 해동부자(海東夫子)라고 일컬어지고 있으며 그 제자들도 매우 많다. 지난번 신사(信使)가 다녀오는 길에 조본렴(篠本廉)의 글 세 통을 얻어 가 지고 왔는데, 그 문장이 모두 정밀하고 날카로왔다. 대저 일본은 본래 백 제를 통해서 서적을 얻어 보게 되었으므로 과거에는 몹시 몽매하였는데, 그 후에 직접 중국의 절강 지방과 교역을 트면서부터 중국의 좋은 서적은 사 가지 않은 것이 없었다. 또 과거 공부의 누가 없으므로 지금 그들의 문 학이 우리나라보다 훨씬 앞서 있으니, 매우 부끄러운 일이다. 옹담계[翁 覃溪, 옹방강(翁方剛)]의 경설(經說)은 대략 그 한두 가지를 보았는데, 상 당히 소암(疏闇)한 듯하다. 그의 제자에 섭동경(葉東卿)이란 사람 역시 고 증학을 주장하였는데, 태극도(太極圖), 역구도(易九圖), 『황극경세서(皇

極經世書)』, 오행설(五行說) 같은 것들은 모두 명백히 분석하였다. 아마도 그의 박식은 모서하[毛西河, 모기령(毛奇齡)]에 못지 않으며, 정밀하게 연구한 점은 그보다 낫다고 할 수 있을 것이다.[90]

정약용은 이토 진사이가 일본에서 〈해동부자〉 즉 바다 동쪽의 공자라고 불린다는 증언을 소개한다. 일본 측 문헌에서는 이토 진사이가 〈해동부자〉라고 칭해졌다거나 자국을 〈해동〉으로 칭한 사례를 찾기 어렵지만, 자국을 〈대동〉으로 칭한 사례는 특히 유학자들 사이에서 적지 않게 확인된다. 핫토리 난카쿠(服部南郭, 1683~1759)의 『대동세어(大東世語)』[1750년(寬延3) 간행], 지쓰준(實順)의 한시집 『대동명승시집 기나이부(大東名勝詩集畿內部)』[1767년(明和4) 간행], 핫토리 난카쿠 저서의 제목을 패러디하고 시바타 로슈(柴田芦洲)가 삽화를 그린 염본(艶本) 『대동계어(大東閨語)』[1867년(慶応3) 간행], 가이치 니쿄초(悔遅二橋長)의 『대동보감(大東宝鑑)』[1872년(明治5) 간행], 히라이 다다시(平井正)의 『대동사략(大東史略)』(1872년 간행) 및 『속대동사략(続大東史略)』(1874년 간행) 등, 「일본 고전적 종합 목록 데이터베이스」에는 〈대동〉이라는 단어가 들어간 문헌이 40여 종 등록되어 있다. 아시아주의자 다루이 도키치(樽井藤吉, 1850~1922)의 『대동합방론(大東合邦論)』은 〈대동〉이라는 개념을 〈오리엔트〉로 확장시킨 사례다. 이들은 모두 불교에 입각한 〈천축(天竺, 인도)〉, 〈진단(震旦, 중국)〉, 〈본조(本朝, 일본)〉의 삼국 세계관과는 다른, 주자학의 영향으로 근세 이래 형성된 새로운 세계관이다.

이토 도가이

이토 진사이가 창설한 학교 고의당(古義堂)은 그의 아들 이토 도가이(伊藤東涯, 1670~1736) 이래 메이지 시대 말기까지 호리카와 학파(堀川

学派) 즉 이토 진사이의 고문사학파(古文辞学派)의 거점으로 기능하였다. 에도 시대 전기의 유학자인 야마자키 안사이의 학교에서 출판물의 표지를 붉게 한 데 대하여, 고의당에서는 남색(藍色) 표지를 써서 학파 의식을 드러냈다[91] 이토 일족이 경영한 고의당에 소장되어 있던 문헌은 현재 덴리 대학(天理大学) 고의당 문고로서 보존되어 있으며, 그 내역은 『고의당 문고 목록(古義堂文庫目録)』(天理大学出版部, 1956)에 정리되어 있다. 고의당 문고 소장 문헌 가운데 동중국해 연안 지역의 대외 전쟁과 교류사에 관한 것은 대개 이토 도가이와 관련을 갖는데, 이는 역사·제도사·언어학 등이 그의 주된 연구 분야였기 때문이다. 〈도가이를 중심으로 한 고의당 학파의 조선 연구는 문학, 제도, 통교 측면에 집중되어 있었음을 알 수 있다.〉[92] 『고의당 문고 목록』에는 2차 대전 중에 덴리 대학에 수장된 고의당 문고 소장본을 정리한 나카무라 유키히코 등에 의한 해제가 첨부되어 있다.[93]

이 책과 관련하여 주목할 만한 문헌은 다음과 같다. 『선린국보기』,[94] 『상한훈지집(桑韓塤篪集)』,[95] 『외교서간집』,[96] 『쇼토쿠 원년 신묘 조선인 내빙지차제(正徳元辛卯朝鮮人来聘之次第)』,[97] 『조선인 내빙 어요리식단(朝鮮人来聘御料理献立)』,[98] 『강희봉유구국왕칙·유구표문·복건포정사자·유구 국왕자(康熙奉琉球国王勅·琉球表文·福建布政司咨·琉球国王咨)』,[99] 『가마쿠라 쇼군 가보』·『교토 쇼군 가보』·『오다 노부나가 보』·『도요토미 히데요시 보』,[100] 『히데요시 공이 가토 기요마사에게 보내는 감사장(秀吉公ヨリ加藤主計頭清正感状)』,[101] 『천축 도천 해륙 이야기(天竺渡天海陸物語)』,[102] 『무인도국기(無人島国記)』,[103] 『조선팔도도(朝鮮八道図)』,[104] 『조선괴추지지(朝鮮壊墜之地)』,[105] 『조선국회도(朝鮮国絵図)』,[106] 『야마토 본초(大和本草)』,[107] 『황명통기통종(皇明通紀統宗)』,[108] 『대청 강희제유조·신제등극조(大清康熙帝遺詔·新帝登極詔)』,[109] 『일본고(日本考)』,[110] 『일본풍토기초(日本風土記抄)』,[111] 『해동제국기』,[112] 『경국대전』,[113]『대전속록』,[114]『신주무원록』,[115]『조선 류성룡이 사사키 다이젠에게 답한 서한(朝鮮柳西崖復佐々木大膳書)』,[116]『간세이 오년 계축 러시아 사건(寬政五年癸丑ヲロシヤ一件)』,[117]『분카 팔년 신미 조선빙소기(文化八辛未朝鮮聘小記)』,[118]『조선국무기도(朝鮮国武器図)』,[119]『조선징비록』,[120]『한객창화(韓客唱和)』[121] 등이다.

이 가운데『조선 류성룡이 사사키 다이젠에게 답한 서한(朝鮮柳西崖復佐々木大膳書)』의 뒷면에는 이토 도가이의 글이 적혀 있다. 여기서 그는 일본을 번국처럼 대하던 임진왜란 이전 조선 측의 인식을 강하게 비판한다. 류성룡에 대한 이토 도가이의 비판적 관점은 미토 번의 가와구치 조주가 저술한『정한위략』으로 계승되지만, 가와구치 조주는『서애집』에서 두보와 같은 풍격을 느꼈다고 하여 이토 도가이의 류성룡 평가를 전적으로 받아들이지는 않고 있다. 이에 대하여는『일본의 대외 전쟁』에서 논한 바 있다(278쪽).

류성룡은 호를 서애라고 한다. 호타이코가 한국을 벌하여 공격했을 때의 총애받는 신하였다. 관은 의정이었다.『무비지』에서 류소총이라고 한 것이 곧 이 사람이다. 일찌기『징비록』2권을 지었다. 이 서한은 임진지역(壬辰之役) 10년 전에 작성된 것인데, 그 문체가 거의 중국이 번신을 대하는 예와 같다. 아, 힘써 덕을 쌓지 않고 이처럼 망령되이 거만한 답신을 보냈으니 사태가 그에 이름이 당연하다. 1721년 5월에 이토 도가이가 적다.[122]

이토 도가이의 저술은 대부분 출판되어 후대의 일본에서 널리 읽혔고 그 영향력도 큰데, 그의 저술 속에는 위에서 보는 것과 같은 관점에 입각한 조선 정보도 다수 수록되어 있다. 우선, 한문으로 기록한『합잠록(盍簪録)』과 일본어로 기록한『병촉담(秉燭譚)』은 그의 저서 가운데 가장 널리 읽힌 두 편의 수필이다. 『합잠록』은 『병촉담』과 겹치는 내용이 많지만,[123] 『동국통감』을 인용하여 왜구 문제를 검토한 「본국인이 삼한을 침략하다(本国之人侵掠三韓)」[124] 등의 기사는 『병촉담』에 보이지 않는 독자적인 것이다. 따라서, 『합잠록』과 『병촉담』은 비교하면서 검토할 필요가 있다. 한편 『병촉담』은 성립 시기를 잘 알 수 없으나, 이후 세대까지 회자되는 각종 흥미로운 정보를 원출처와 함께 밝히고 있어서 널리 이용되었다.

다음으로, 『삼한기략』[125]은 이토 도가이의 조선 지지(地志)라고 할 만한 저작이다. 〈조선에 대한 간략하지만 요령 있는 지지(地誌)이다. 군장략(君長略, 삼한·발해·고려·조선의 역대를 포함한다), 기호략(紀號略), 토지략(土地略), 직품략(職品略), 족망략(族望略), 문적략(門籍略), 방언략(方諺略)의 7문(門)으로 나뉘어져 있어서 작은 백과사전과 같은 느낌을 준다. 《일본국 호에이 원년 갑신지하 이토 나가타네 겐조 편찬하다(日本国宝永元年甲申之夏伊藤長胤源蔵編次)》라고 되어 있으므로, 1704년에 대략이 갖추어지고 호에 연간에 완비되었을 터이다. 이 중 「직품략」의 대부분은 『조선관직고(朝鮮官職考)』로서 1711년(正徳元)에 간행되었다.〉[126] 그 밖에 한글의 구조를 설명한 『조선국언문자모(朝鮮国諺文子母)』[127]도 『삼한기략』에 삽입하기 위해 작성되었으며, 독자적으로도 유통되었다. 류상희는 에도 시대의 한국어·한글 자료 가운데 하나로 이 『조선국언문자모』와 이토 도가이의 제자인 아오키 곤요의 『곤요만록』에 수록된 한글 자료를 검토한다.[128] 다만, 그 연구에서 〈조선의 언문을 설명한 것이 『삼한기략』이다〉라고 한 것은 조선지지로서의 성격을 지닌 『삼한기략』을 지나치게 협소하게 정의한 것이다. 다음 인용문에서 아오키 곤요는 이토 도가이의 『조선국언문자모』를 전제로 하면서, 근세 일본에서 한문 문헌의 일본어 번역을 〈언해(諺解)〉라고 부르는 것은 잘못된 관습이라고 비판한다. 이 관습을 시작한 것은 하야시 라잔이다.[129]

조선 언문: 조선의 언문은 왼쪽에 제시한 바와 같다. 이용 방법은 (이토 도가이의)『조선 언문자모』에 자세하다. 조선의 일반에서 글을 읽기 쉽도록 언문으로 책을 번역한다. 우리나라에서 이로하(伊呂波)로 책을 번역한 것을 언해(諺解)라고 부르는 것은 잘못된 것일 터이다. (아오키 곤요,『곤요만록』권1)[130]

『삼한기략』을 교정하고 훈점 붙인 것은『일본외사(日本外史)』를 집필한 라이 산요(賴山陽, 1780~1832)의 아버지 라이 슌스이였으며,『슌스이 일기』에서『삼한기략』에 대한 언급이 발견되는 등 라이 부자 주변에서는『삼한기략』이 읽혔음이 확인된다.[131] 또한 오늘날의 효고 현에 존재한 이즈시 번(出石藩)의 번교(藩校)에서는『해국도지(海國圖志)』,『러시아지(魯西亞志)』,『대영국지(大英國誌)』,『만국공법(萬國公法)』등과 함께 메이지 초까지 교재로 이용되고,[132] 홋카이도라는 이름을 창안한 것으로 유명한 탐험가임과 동시에 울릉도 문제에 대한 저작『죽도잡지(竹島雜誌)』을 남긴 국학자 마쓰우라 다케시로(松浦武四郎, 1818~1888)도 소장하는 등,[133] 19세기 전 시기에 걸쳐 일본 내에서 수용 흔적이 확인된다.
이처럼『삼한기략』이 메이지 유신 이후까지도 일본에서 읽힌 결과, 19세기 중후기에 일본 지식인들과 교유한 청나라 학자들 역시『삼한기략』을 접하게 되었다. 양수경의『일본방서지』에는『삼한기략』에 대한 언급이 보이지 않으나,『조선 책략』의 저자로 유명한 황준헌(黃遵憲, 1848~1905)의『일본국지(日本國志)』하권3에『삼한기략』을 인용한 대목이 보이며,[134] 금석문 연구의 일인자인 나진옥(羅振玉, 1866~1940)도 소장하였다.[135] 이처럼 청나라의 일부 인사들은『동국사략』의 중국판인『조선사략』처럼 한반도에서 직접 유래한 역사서 이외에,『삼한기략』과 같이 조선에 결코 우호적이지 않은 일본의 지식인이 집필한 문헌도 읽고 있었다.『징비록』의 경우도, 가와구치 조주의『정한위략』을 통해 『징비록』의 가치를 알게 된 양수경이 1695년의 교토판 『조선징비록』을 청나라에 소개하였고, 그 뒤로도 이 『조선징비록』이 중국 내에서 유통된 것으로 보인다. 1990년에 간행된 『임진지역사료회편(壬辰之役史料汇辑)』(北京大学朝鲜文化研究所; 中国社会科学院中国边疆史地研究中心主编, 全国图书馆文献缩微复制中心, 1990)에도 조선판 2권본 『징비록』이 아닌 일본판 4권본 『조선징비록』, 그리고 『정한위략』이 수록되어 있다.

마지막으로 검토할 문헌은 이토 도가이의 문집인 『소술잡기(紹述雜抄)』 권13~15에 수록된 『계림군기(鷄林軍記)』[136]이다. 이토 도가이는 아버지 이토 진사이의 뜻을 잇는다는 취지에서 이 문집의 제목에 〈소술(紹述)〉을 붙인 것 같다. 『소술잡기』는 미정리되거나 미간행된 이토 도가이의 글을 아들 이토 도쇼(伊藤東所, 1730~1804)가 정리하였으며 1803년(享和3)의 서문이 붙어 있다.[137] 여기에 수록된 문헌은 아래와 같으며, 열세 번째로 임진왜란을 다룬 『계림군기』가 수록되어 있다.

1. 『선유전(先游伝)』
2. 『시경요령(詩經要領)』
3. 『점필만초(佔俾漫鈔)』
4. 『집어초(集語鈔)』
5. 『고관(古官)』
6. 『궁전문고(宮殿門考)』
7. 『궁실명호(宮室名号)』
8. 『열사수초(閲史随抄)』
9. 『국사잡지(国事雜誌)』
10. 『고고잡편(考古雜庫)』
11. 『왜한통신잡지(倭韓通信雜誌)』
12. 『조선잡지(朝鮮雜誌)』

13. 『계림군기(鷄林軍記)』

14. 『조선언문자모(朝鮮諺文字母)』

15. 『문장변략(文章弁略)』

16. 『잡준수록(雜雋手録)』

17. 『사언류준(肆言類雋)』

18. 『간독투어(柬牘套語)』

19. 『좌씨숙어(左氏熟語)』

20. 『수기시선(須記詩選)』

21. 『명시절기(明詩絶奇)』

22. 『도가이 시화(東涯詩話)』

23. 『도가이 담총(東涯譚叢)』

24. 『성림전서(姓林全書)』

25. 『오음오위구결(五音五位口訣)』

26. 『피휘서(避諱書)』

27. 『이명고(異名考)』

28. 『조야통재(朝野通載)』

29. 『조야통재속집(朝野通載續集)』

30. 『조야통재신집(朝野通載新集)』

31. 『당세시림(當世詩林)』

32. 『당세시림속편(當世詩林續編)』

33. 『당세시림신편(當世詩林新編)』

34. 『시영문준(時英文雋)』

35. 『시영문준속편(時英文雋續編)』

『계림군기』는 신숙주의 유언부터 이순신의 죽음까지 『징비록』의 순서에 의거하면서 『징비록』의 본문을 느슨하게 번역하는 형태로 기사를

서술하고, 그 뒤에 『징비록』의 본문, 하야시 라잔의 『도요토미 히데요시 보』, 『양조평양록』, 『다이코기』, 『무비지』, 『황명실기』, 『갑을잉언(甲乙剩言)』 등의 선행 문헌에서 관련 대목을 인용하고, 자신의 견해[권2 중 「고니시 유키나가의 군대가 부산포에서 동래로 나아가다(行長兵釜山浦ヨリ東萊ヘ進ム事)」 등]를 적은 임진왜란 관련 문헌이다. 1796년에 쓰시마번에서 성립한 『양국임진실기』도 이와 마찬가지로 『징비록』의 순서를 따르면서 1705년에 바바 노부노리가 집필한 군담 『조선태평기』에서 대응하는 기사를 덧붙이는 체제를 보인다. 1945년 8월 6일에 미군이 투하한 원자 폭탄으로 인해 소실된 1783년 성립 『통속징비록』까지 포함하여, 전근대 일본에서 류성룡의 『징비록』은 최소한 세 가지의 일본어 번역본이 만들어진 셈이다.

『계림군기』에 대하여는 기존에 거의 연구된 바가 없었으며 필자도 『임진왜란 관련 일본 문헌해제』에서 언급하지 못하였으나, 최근 아베 미쓰마로에 의해 개요가 소개되었다.[138] 덴리 대학에는 이토 도가이 자필본 『소술잡기』가 소장되어 있는데, 필자는 이를 열람하지 못하였고 대신 국회 도서관 소장 전사본을 이용하였다(국회 189-242). 국회 도서관 소장본은 조선 국왕의 서한 및 『징비록』에서의 직접 인용 몇 대목이 생략되어 있고 본문이 없는 기사도 여럿 확인되며, 본문에서 수정한 흔적도 다수 확인되는 등 여러가지로 불완전한 면모를 보인다. 향후 고의당 문고 소장 이토 도가이 자필본 『계림군기』의 연구를 추진할 것을 기약하며, 불완전하나마 국회 도서관 소장본의 목차를 옮긴다.[139]

[권1]
- 전기 조선국대서강역관직(前記 朝鮮国代序彊域官職ノ事)
- 조선 신숙주의 유언(朝鮮申叔舟遺言ノ事)
- 다치바나 야스히로가 조선으로 사신오다(橘康広使朝鮮事)

• 다이라노 요시토시(소 요시토시)의 가신인 야나가와 시게노부와 승려 겐소가 조선에 들어가다(平義智家人調信玄蘇朝鮮へ入ル事)

• 조선 통신사 황윤길 등이 오다(朝鮮通信使黃允吉等来事)

• 조선에서 베이징에 주문하다(朝鮮ヨリ北京へ奏聞スル事)

• 조선국이 무신을 선발하여 성과 해자를 수리하다(朝鮮国選武臣修城池事)

• 조선으로 건너가는 장군들의 인원구성(朝鮮渡海諸将人数軍列ノ事)

[권2]

• 조선국이 신립 등을 순변사로서 파견하다(朝鮮国申砬等ヲ遣巡辺使トスル事)

• 고니시 유키나가가 부산포를 함락시키다(小西摂津守行長陥釜山浦事)

• 고니시 유키나가의 군대가 부산포에서 동래로 나아가다(行長兵釜山浦ヨリ東萊へ進ム事)

• 고니시 유키나가의 군대가 동래, 양산, 김해를 함락시키다(行長ノ兵東萊梁山金海ヲ陥ル事)

• 변경의 보고가 나라 수도에 도착하다(辺報国都ニ到ル事)

• 일본 군대가 상주를 함락시키다. 순변사 이일이 패주하다(日本兵尚州ヲ陥巡辺使李鎰敗走ノ事)

• 가토 기요마사가 웅천에 도착하다(賀藤主計頭清正着熊川事)

• 장군들이 웅천에 모이다. 가토 기요마사와 고니시 유키나가가 선봉을 다투다(諸将忠州会附清正行長争先鋒事)

• 고니시 유키나가가 충주를 함락시키다. 순변사 신립이 패하여 전사하다(行長陥忠州附巡辺使申砬敗死之事)

• 조선 국왕 이연이 도성에서 후퇴하다(朝鮮国王李昖都城落去之事)

• 고니시 유키나가가 조선 왕성에 들어가다(行長朝鮮ノ王城ニ入ル事)

- 용인현에서 삼도순찰사 군대가 궤멸되다(龍仁縣ニテ三道巡察使ノ軍潰事)
- 왕성에 남은 장군 이양원 등이 도주하다. 신각의 일(王城留将李陽元等遁走事附申恪事)
- 임진에서 한인·김명원의 군대가 궤멸되다(臨津ニテ韓寅金命元師潰ル事)

[권3]
- 가토 기요마사가 함경도로 가서 경성에서 한극함을 생포하다(清正赴咸鏡道鏡城ニテ擒韓克諴事)
- 가토 기요마사가 함경도에서 두 왕자와 종신들을 생포하다(清正咸鏡道捕二王子従臣事)
- 요동진무 임세록이 평양에 와서 왜인의 동정을 탐색하다(遼東鎮撫林世禄平壤ニ来リ倭情探事)
- 국왕이 평양에서 탈출하여 의주로 향하다(国王平壤ヲ遁義州ヘ発向ノ事)
- 베이징 조정의 논의(北京廷議ノ事)
- 대명의 구원군이 안정관에 이르다. 사유가 공격받다(大明援兵至安定館史儒見打事)
- 절도사 이순신이 거제 앞 먼바다에서 일본군을 무찌르다(節度使李舜臣巨済洋中破日本勢事)
- 일본군이 전라도를 침범하여 군수 정담 등이 전사하다(日本兵犯全羅道郡守鄭湛等戦死ノ事)
- 이원익이 평양을 공격했지만 불리하여 퇴각하다(李元翼攻平壤不利而退事)
- 병부상서 석성이 심유경을 유세로 천거하다(兵部尙書石星挙沈惟敬遊説事)
- 심유경이 조선에 들어가 강복산에서 고니시 유키나가와 회동하다

(沈惟敬入朝鮮降福山会平行長事)

- 심유경이 평양에서 베이징에 회보하다(沈惟敬自平壤回報北京ノ事)
- 경기 감사 심대가 삭녕에서 습격당하여 전사하다(京畿監司沈岱朔寧襲死事)
- 강원도 조방장 원호가 패하여 전사하다(江原道助防將元豪敗死ノ事)
- 권응수, 정대임, 박진이 공을 세우다(権応銖鄭大任並朴晋有功事)
- 명이 병부시랑 송응창을 경략으로 삼아 준비하다(明以兵部侍郎宋応昌為経略用意ノ事)
- 심유경이 다시 조선에 오다(沈惟敬再往平壤事)
- 대명이 다시 군대를 보내다. 경략 송응창, 제독 이여송 등이 압록강을 건너다(大明再発兵経略宋応昌提督李如松等渡鴨緑江事)
- 송응창이 맹세하고 군대가 도강하다(宋応昌誓師渡江事)

[권4]
- 명 구원군 장군이 일본 장군을 유인하다(明援将誘日本将事)
- 명 장군이 평양을 공격하다. 도주로를 열어 일본군을 도망하게 하다(明将攻平壤開走路日本勢ヲ遁レシムル事)
- 이여송이 벽제관에서 맞서 싸우다(李如松碧蹄館相戦事)
- 가토 기요마사 등의 장군들이 진주성을 함락시키다. 부하들이 공을 다투다(清正等諸将晋州城ヲ陥家人争功事)
- 송응창이 경략에서 파면되고 고양겸과 손광이 뒤이어 부임하다(宋応昌経略ヲ罷ラレテ顧養謙孫鑛相継代任事)
- 명이 이종성을 파견하여 다이코 도요토미 히데요시를 책봉하다(明遣李宗城封大閤ノ事)
- 이원익이 방어전을 청하다(李元翼請防戦事)
- 책사 이종성이 부산포에서 도망쳐 돌아가다(冊使李宗城自釜山浦逃回事)

• 명의 책사 양방형과 심유경이 후시미에 오다. 조선 사신 황신과 박홍장이 따라 오다(明冊使楊方亨沈惟敬伏見来朝鮮使黄慎朴弘長随到事)

• 고명을 읽은 뒤 다시 군대를 일으키다(誥命披読後再軍興事)

• 한산도에서 수사 원균이 패배하다(閑山島ニシテ水使元均敗軍ノ事)

[권5]

• 가토 기요마사와 고니시 유키나가가 먼저 출발하여 바다를 건너다(清正行長先発渡海ノ事)

• 장군들이 조선에 들어가 곳곳에 성을 쌓다(諸将入朝鮮処々築城事)

• 심유경이 명에 돌아가 음모를 꾸미다(沈惟敬回明詐謀ノ事)

• 조선국의 소동. 국왕이 해주로 이주하다(朝鮮国騒動国王海州移住ノ事)

• 일본군이 남원을 함락시키다. 명군 장수 양원이 패주하다(日本兵陥南原明将楊元敗走ノ事)

• 명군 장수들이 기요마사의 울산성을 공격했으나 이기지 못하고 수도로 되돌아가다(明将攻清正蔚山城不克シテ京師ニ回事)

• 명의 원병이 모두 베이징에 돌아가다. 양호가 파면되다(明ノ援兵悉回北京楊鎬罷ラルル事)

• 가토 요시아키의 절의. 고바야카와 히데아키, 모리 히데모토 등의 장군이 귀국하다. 귀 무덤에 대하여(賀藤左馬助嘉明節義ノ事附秀秋秀元等諸将帰朝耳塚ノ事)

• 명이 만세덕을 경리로 임명하다. 장군들이 나누어 일본군을 막다(明以万世徳為経理諸将分防日本兵事)

• 명 장군 유정이 고니시 유키나가의 순천영을 공격하다. 조선 통제사 이순신이 전사하다(明将劉綎攻行長順天営朝鮮統制李舜臣打死ノ事)

아오키 곤요

일본에 고구마 재배법을 퍼뜨려 〈고구마 선생〉으로 유명한 아오키 곤요(靑木昆陽, 1698~1769)는 에도 상인 집안에 태어나 1719년에 교토의 이토 도가이 문하에 들어갔다. 그러나 1, 2년 사이에 에도로 돌아와 학자로서 활동하던 중, 1735년에 『번저고(蕃藷考)』를 집필하여 막부로부터 인정을 받고 일본에 고구마 재배를 확신시키는 데 공헌하였다. 1739년부터는 막부의 도서관인 모미지야마 문고에서 근무하게 되었는데, 그 사이에 난학을 연구하고 관련서를 집필하였다.

에도 시대 유학자의 평전인 『선철총담』을 쓴 하라 넨사이는 아오키 곤요가 이토 도가이의 고의당에서 공부하기는 했지만 경향은 달랐다고 적고 있다(국문학 연구 자료관 소장본 권8, 3앞). 또 난학계의 거물 오쓰키 겐타쿠(大槻玄沢, 1757~1827)의 『육물신지(六物新志)』를 인용하여 아오키 곤요를 아라이 하쿠세키에 이어 난학을 중흥한 사람이라고 칭송한다(동 권8, 4앞). 난학이 아라이 하쿠세키에서 발생했다는 것은 미야자키 미치오(宮崎道生)와 같은 아라이 하쿠세키 연구자들이 강조하는 바이며,[140] 난학을 의학뿐 아니라 지리학, 언어학 등을 포함하는 넓은 의미의 서양 학문으로 파악한다면, 이탈리아 선교사 시도티를 심문하고 각종 서양 문헌을 연구한 결과를 『채람이언(采覧異言)』(1713년 서문)과 『서양기문(西洋紀聞)』(1715년 무렵)으로 정리한 하쿠세키는 난학자라고 불릴 만하다. 그러나, 『해체신서(解体新書)』[141]의 번역에 참가한 스기타 겐파쿠(杉田玄白, 1733~1817)는 『난동사시(蘭東事始)』(1815)에서 협의의 에도 난학의 시작을 곤요로 보고 있으며, 이것이 현재 일본 학계의 일반적인 관점이기도 하다.[142]

이로부터 문자를 익히는 일이 시작되었다. 니시 젠자부로 등이 우선 「콘스트보르트Konstwoord」라는 사전을 네덜란드인에게서 빌려 세 번이

삽화 18 도쿄의 아오키 곤요 무덤. 〈고구마 선생 묘〉라고 적혀 있다. 필자 촬영

나 베꼈는데, 이를 본 네덜란드인이 그 정성에 감탄하며 원본을 니시 님께 주었다. 이 소식을 들으신 쇼군께서 〈네덜란드 책이라는 것은 이제까지 본 적이 없다. 아무 책이라도 좋으니 한 권 올려 보내라〉라고 분부하신 바, 무슨 책인지는 모르겠지만 삽화가 들어간 책을 제출하니 이를 보시고는 〈이 책은 삽화만 보아도 지극히 정교하구나. 책에 적힌 내용을 읽을 수 있다면 필시 자세히 이해하여 활용할 수 있을 것이다. 에도에서도 누군가 배우도록 하라〉라고 하시며, 처음에 막부 의사이신 노로 겐조(野呂玄丈) 옹과 막부 유학자 아오키 곤요 님께 명하셨다. 그리하여 이 두 사람이 이 학문에 몰두하시게 되었다. 하지만 매년 봄에 쇼군께 인사하러 오는 네덜란드인을 따라오는 통역관들이 체류하는 동안에 조금씩 배우시는 정도였고 공사다망했기 때문에 깊이 배우시지는 못하였다. 몇 년이 지나도 간신히 〈zon(해)〉, 〈maand(달)〉, 〈ster(별)〉, 〈hemel(하늘)〉, 〈aarde(땅)〉, 〈mensen(사람)〉, 〈draak(용)〉, 〈tijger(호랑이)〉, 〈pruim van(매화)〉, 〈bamboe(대나무)〉 등의 단어에서 25개 문자를 익히셨을 뿐이다. 그래도 이것이 에도에서 네덜란드학이 시작된 남상이다.[143]

난학은 어학 학습에서 시작하여 1774년에 번역된 『해체신서(解体新書)』로 대표되는 의학으로 전개되었다가, 지리학을 거쳐 1806~1807년의 흐보스토프 사건과 1808년의 페이튼 호 사건을 계기로 군사학으로 확장되었다.[144] 이처럼 학문 영역이 확대되면서 네덜란드어만으로는 대응이 곤란해지자 프랑스어·영어·러시아어에 대한 수요를 느낀 막부는 난학자들에게 이들 언어의 습득을 명하였다. 다음 인용문에서 보듯이, 이 시기 일본의 외국어 학습은 단순한 지적 호기심을 넘어 외국과의 경쟁에서 일본이 밀리면 안 된다는 국가적 의지에서 이루어졌다.

역관의 집에 태어나 외국어 학습의 명을 받았으면서, 새로운 외국어 학

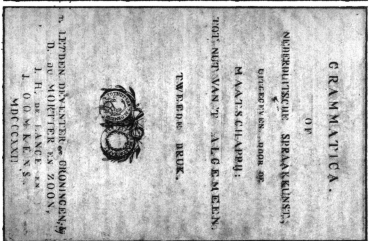

삽화 19 에도 시대의 난학 교과서 『화란문전(和蘭文典)』.
근세 네덜란드의 〈공공복리협회Maatschappij tot Nut van 't Algemeen〉가 간행한
네덜란드어 문법 책(*Grammatica of Nederduitsche spraakkunst*)을 미쓰쿠리 겐포
(箕作阮甫, 1799~1863)가 번역한 것이다. 필자 소장

습이 어렵다고 해서 포기해 버리면 국가의 이익이 되지 않을 것임을 우려하여, 밤낮없이 전심했습니다. [모토키 쇼에이(本木正栄, 1767~1822), 『아메리카 흥학소전(諳厄利亜興学小筌)』(1811) 범례][145]

국가에 충성을 하려는 자는 중국·네덜란드·프랑스·영국 등의 외국어를 무조건 선택해서, 하늘의 이치를 설하는 것이 깊은가 얕은가를 잘 살피고 그 기술의 교묘함과 유치함을 파악해서, 힘써 그들보다 앞설 수 있도록 공부해야 한다. 우리 일본인은 이제까지 서구인이 천리를 논하거나 그들의 기계가 정교한 것을 견문하면, 그 근본을 확인하려고는 하지 않고 그저 기괴하다면서 거부하기만 했다. 이는 일본인의 지식이 그들에게 미치지 못해서가 아니라, 일본인이 묵수해 온 이제까지의 학문의 흐름이 그렇게 만든 것이다. [오바 셋사이(大庭雪斎, 1805~1873), 『역화란문어(訳和蘭文語)』(1857) 중][146]

이처럼 아오키 곤요는 고구마 재배 및 난학의 창시자로서 기억되는 경우가 많으나, 그의 학문, 특히 동중국해 연안 지역의 교류에 대한 그의 관심을 보여 주는 자료 역시 적지 않다. 우선, 그의 장서 목록인 『곤요굴 장서 목록(昆陽窟蔵書目録)』에는 국학자 모토오리 노리나가의 대외관계사 논문인 『어융개언(馭戎慨言)』(1778년 성립, 1796년 간행)이 보인다. 또한, 그의 수필인 『곤요만록(昆陽漫録)』에서는 한글에 대해 설명하면서 이토 도가이의 「조선국언문자모」를 언급한 기사, 사명대사가 가토 기요마사에게 보낸 편지에 대한 기사, 임진왜란 당시 조선 소년이 한시를 지어 보였다는 전승을 의심하는 「7세 아이의 시(七歳児詩)」(권4), 『홍사촬요(弘事撮要: 고사촬요)』(권6), 『충주구황절요(忠州救荒切要)』(권6),[147] 『금양잡록(衿陽雑録)』(권6), 『천전사송류취(天典詞訟類聚)』(권6), 『사율제강(師律提綱)』(권6), 『경민편(敬民編)』(『속곤요만록』)을 언

삽화 20 오제 호안의 『다이코기』 권13에 보이는 조선 소년 포로 기사(점선 부분). 필자 소장

급하는 등, 에도 시대의 지식인이 일반적으로 이용한 흔적이 보이지 않는 조선 문헌을 폭넓게 읽었음을 짐작할 수 있다. 「7세 아이의 시」는 오제 호안의 『다이코기』 등에 보이는 조선 소년 포로에 대한 전승을 의심하면서, 실제로는 명나라 소년이었으리라는 추론을 제시하는 내용이다. 이 소년의 모델은 오제 호안이 근무한 가가 번(加賀藩)에 실재했던 소년 포로 와키타 나오카타(脇田直賢), 즉 김여철(金如鐵)[148]인 것으로 보이는데, 이 전승이 에도 시대에 널리 퍼지면서 『곤요만록』 단계에서는 이미 역사에서 전설로 바뀌고 있음이 확인된다.

　　『금양잡록』(조선 책)에 곡물 이름이 실려 있다. 우리나라에 없는 것들이다. 조선에서 조공 바치게 하여 시험 삼아 재배한다면 백성에게 도움되는 바가 있을 것이다. 그 내용은 다음과 같다.[149]

또한, 위의 인용문에서 보듯이 『금양잡록』을 인용한 부분에서는 곡물 이름을 한글로 적고 있어서 주목되며, 해당 곡물을 조선에 명하여 조공 바치게 하라는 표현에서는 조선에 대한 아오키 곤요의 관점을 확인할 수 있다.

제2장

조선 지식인 집단과 임진왜란·일본 정보

여기서는 동중국해 연안 지역의 역대 왕조에서 제작된 문헌을 일본에서 집성한 마쓰시타 겐린(松下見林, 1637~1703)의 『이칭일본전』(1688년 저자 서문, 1693년 간행)과 데라시마 료안(寺島良安, 1654~?)의 『화한삼재도회(和漢三才図会)』(1712년 성립)에 주목한다. 조선 지식인 집단은 임진왜란의 상대국이었던 일본, 특히 일본의 병학에 대한 정보를 수집하는 데 관심을 가졌으며, 그 주요한 수집 루트는 일본으로 파견된 통신사, 그리고 『이칭일본전』 및 『화한삼재도회』 등의 문헌이었다.

제1절 『이칭일본전』과 『화한삼재도회』

『이칭일본전』

『이칭일본전』에 대한 연구는 이시하라 미치히로(石原道博: 1910~2010)의 일련의 논저가 기본이 된다. 이시하라가 집필한 『정성공(鄭成功)』(三省堂, 1942), 『명말 청초 일본 걸사 연구(明末清初日本乞師の研究)』(冨山房, 1945), 『국성야(国姓爺)』(吉川弘文館, 1959), 『주순수(朱舜

水)』(吉川弘文館, 1961), 『분로쿠·게이초의 역(文禄·慶長の役)』(塙選書, 1963), 『왜구(倭寇)』(吉川弘文館, 1964) 등의 저서를 조망하면, 그의 연구는 명말 청초에 명나라인 아버지와 일본인 어머니 사이에서 태어난 국성야 정성공의 동향에 대한 연구에서 출발하여, 임진왜란을 거쳐 왜구 문제에 이르기까지 중일 관계의 역사적 연원을 거슬러 올라갔음을 확인할 수 있다. 이들 문헌의 집필을 마친 뒤, 이시하라는 1966년에 문부성 과학 연구비 수혜를 받아 수행한 연구 『이칭일본전의 유서·속편 연구(異称日本伝の類書·続編の研究)』의 각 장을 여러 학술지 및 편저에 게재하였다. 그 리스트는 다음과 같다.

1. 「중국 사서 일본 관계 기사의 집록에 관하여(中国史書日本関係記事の集録について)」, 山崎先生退官記念 『東洋史学論集』(1967·12)

2. 「조선 사서 일본 관계 기사의 집록에 관하여(朝鮮史書日本関係記事の収録について)」, 『朝鮮学報』 48 (1968·7)

3. 「내각 문고 소장 『국사외고』와 『본조외고』에 관하여(内閣文庫蔵の国史外考と本朝外考について)」, 『茨城大学人文学部紀要 文学科論集』 3 (茨城大学人文学部, 1969·12)

4. 「『일본외지』 사본 4종에 관하여(日本外志の写本四種について)」, 『茨城大学人文学部紀要 文学科論集』 4 (茨城大学人文学部, 1970·12)

5. 「『보이칭일본전』의 연구(補異称日本伝の研究)」, 『茨城大学人文学部紀要 文学科論集』 5 (茨城大学人文学部, 1972·12)

6. 「찬자 불상의 『이칭일본전보유』에 관하여(撰者不詳の異称日本伝補遺について)」, 『日本歴史』 275 (吉川弘文館, 1971·4)

7. 「동명이서의 『속이칭일본전』 5종(同名異書の『続異称日本伝』五種)」, 『史学論集対外関係と政治文化 1 対外関係編』(吉川弘文館, 1974)

8. 「오하라 요시나오의 『속이칭일본전』에 관하여(小原良直の続異称日

本伝について)」,『米寿記念石原道博選集』(国書刊行会, 1999)

9.「오자키 마사요시의『속이칭일본전』에 관하여(尾崎雅嘉の続異称日本伝の写本七種)」,『茨城大学人文学部紀要 文学科論集』6 (茨城大学人文学部, 1973)

이 중 제1부에 해당하는「중국 사서 일본 관계 기사의 집록에 관하여」에서, 이시하라는 1466년의 저자 서문을 지니는『선린국보기(善隣国宝記)』, 1688년의 저자 서문을 지니는『이칭일본전』, 1838년의 서문을 지니는『인교징서(隣交徴書)』의 세 문헌에 주목하여, 각각의 구성 및 후속 문헌들을 개괄하고 있다. 또한 이시하라는 이들 간행 문헌 이외에 필사본으로 전하는 유사한 성격의 집록을 조사한 결과를 다음과 같이 소개하고 있다.

[국립 공문서관]『국사외고』23책 하야시 가호 편찬,『본조외고』5책 스즈키 나가요리(鈴木長頼) 편찬,『일본외사(日本外史)』4책 15권 야마모토 호쿠잔(山本北山) 편찬,『일본고략(日本考略)』2책 2권 오센 게이잔(横川景三) 편찬,『역대일본전』1책,『속이칭일본전』2책.

[세이카도 문고]『역사일본전고주(歷史日本伝考注)』1책 1권,『역사일본전략주(歷史日本伝略注)』1책 1권. 두 점 모두 도 데이칸(藤貞幹) 편찬 자필본.

[손케이카쿠 문고]『이칭속일본전』5책 19권,『속이칭일본전』5책 오카모토 야스타카(岡本保孝) 편찬 자필본,『일본외지(日本外志)』13책 15권 야마모토 호쿠잔 편찬,『국조기사(国朝紀事)』1책,『일본고(日本考)』1책.

[도쿄 대학 도서관]『보이칭일본전(補異称日本伝)』5책 10권 고미야마 마사히데(小宮山昌秀) 편찬,『이칭일본전보유(異称日本伝補遺)』1책,『일

본외지』 6책 15권 야마모토 호쿠잔 편찬.

　[도쿄 대학 사료편찬소]『속이칭일본전』 315책 오자키 마사요시 편찬.

　[국회 도서관]『속이칭일본전』 105책 오자키 마사요시 편찬.

　[와세다 대학 도서관]『일본외지』 15책 15권.[1]

『이칭일본전』에 발췌된 중국과 한국 문헌의 목록은 다음과 같다. 마쓰시타 겐린의 금안문 가운데 이 책과 관련하여 주목할 만한 대목을 함께 소개한다.

　[상지일권]

　『산해경(山海經)』:『산해경』에 보이는 〈남왜〉와 〈북왜〉가 유구와 일본이라는 마쓰시타 겐린의 유명한 〈남왜북왜설〉. 마쓰시타 겐린이『산해경』 12「해내북경(海內北經)」의 〈개국은 거연의 남쪽이고 왜의 북쪽이다. 왜는 연에 속한다(蓋國在鉅燕南倭北倭屬燕)〉라는 구절을 잘못 끊어 읽어서 발생한 오류이며, 아라이 하쿠세키가 마쓰시타 겐린의 이 주장을 표절하였음은 잘 알려진 사실이다.[2]

　『사기(史記)』: 서불이 일본으로 건너갔다는 설을 논증.

　『후한서(後漢書)』

　『논형(論衡)』

　『위지(魏志)』

　『오지(吳志)』

　『진서(晉書)』: 오나라 태백이 일본의 덴노의 조상이 되었다는 주장을 반박.

　『속박물지(續博物志)』

　『송서(宋書)』

　『남제서(南齊書)』

『남사(南史)』

『북사(北史)』: 히미코가 곧 진구코고라는 논증.

『양서(梁書)』

『문선(文選)』

『술이기(述異記)』

『옥편(玉篇)』

『수서(隋書)』

『신당서(新唐書)』

[상지이권]

『구당서(舊唐書)』

『곡강집(曲江集)』

『두우통전(杜佑通典)』

『주례주소(周禮註疏)』

『당시고취(唐詩鼓吹)』

『유양잡조(酉陽雜俎)』

『이태백시(李太白詩)』

『두자미시(杜子美詩)』

『백씨장경집후서(白氏長慶集後序)』

『법원주림(法苑珠林)』

『선월집(禪月集)』

『의초육첩(義楚六帖)』

『송사(宋史)』: 조넨(奝然, 938~1016)이 송나라에 들어간 일에 대한 논증.

『문헌통고(文獻通考)』

『운급칠첨(雲笈七籤)』

[상지삼권]

『태평어람(太平御覽)』

『태평광기(太平廣記)』

『문원영화(文苑英華)』

『황조류원(皇朝類苑)』

『구양전집(歐陽全集)』

『옥해(玉海)』

『서언고사(書言故事)』

『미원장서사(米元章書史)』

『중화고금주(中華古今注)』

『서박(鼠璞)』

『국보(菊譜)』: 신라 국화라고 적혀 있는 것이 사실은 일본 국화라는 주장.

『학림옥로(鶴林玉露)』

『승사략(僧史略)』

『석씨자감(釋氏資鑑)』

『교행록(敎行錄)』

『석문정통(釋門正統)』

『송고승전(宋高僧傳)』

『전등록(傳燈錄)』: 쇼토쿠 태자(聖德太子)의 전생이라고 칭해지는 중국 승려들에 대한 논증.

『보등록(普燈錄)』

『불조통기(佛祖統紀)』

『원사(元史)』: 몽골·고려의 일본 침공 당시 사용된 대포에 대한 논증.

『거가필용사류(居家必用事類)』

『살천석잡시(薩天錫雜詩)』

『서사회요(書史會要)』: 이 책에 수록된 히라가나(平仮名)에 대한 논증.

『도회보감(圖繪寶鑑)』

『영규율수(瀛奎律髓)』

『운부군옥(韻府群玉)』

『사문유취(事文類聚)』

[중지일권]

『황명자치통감(皇明資治通鑑)』: 왜구의 기원에 대한 논증. 일본의 남북조 시대에 대한 평가. 명일 무역에 종사한 송소경(宋素卿)에 대한 논증.

『명정통종(明政統宗)』

『황명실기(皇明實紀)』: 도요토미 히데요시의 성씨에 대한 논증. 승려 세이칸(淸韓)의 『기요마사 만사(淸正挽詞)』를 인용하면서 가토 기요마사가 조선의 두 왕자 임해군·순화군을 생포한 사실을 검토한다. 조승훈 군의 평양 공격을 고니시 유키나가 군이 막아 낸 사실을 칭송.『모리가기(毛利家記)』등의 병학서를 인용하여 1593년 1월 벽제관 전투 당시 일본측의 활약을 강조. 1596년에 명나라에서 도요토미 히데요시에게 보낸 일본국 왕 책봉 국서에 대한 검토.『황명실기』에 보이는 석만자(石曼子)가 시마즈(島津)라는 주장과 함께 『난포문집』의 대응 구절을 인용한다. 1596년 윤7월의 후시미 지진에 대해 병학서『기요마사기(淸正記)』에서 인용. 유구·명·일본 관계사를 서술하면서『난포문집』을 언급.

[중지이권]

『양조평양록(兩朝平攘錄)』: 선조가 도요토미 히데요시에게 보낸 국서와 히데요시가 유구 국왕에게 보낸 국서를 호리 교안의『조선 정벌기』에서 인용. 1594~1595년에 베이징에서 신종 황제의 질문에 대해 나이토 조안(內藤如安)이 답한 내용을 비판.

[중지삼권]

『고황제어제문집(高皇帝御製文集)』

『나산집(蘿山集)』

『대명일통지(大明一統志)』

『대명회전(大明會典)』

『기효신서(紀效新書)』

『속설부(續說郛)』

『당시훈해(唐詩訓解)』

『월령광의(月令廣義)』

『유씨홍서(劉氏鴻書)』: 왕인을 〈만세의 유종(萬世之儒宗)〉이라고 평가.

『만성통보(萬姓統譜)』

『낭야대취편(琅琊代醉編)』

『삼재도회(三才圖會)』

『오등회원속략(五燈會元續略)』

『속석감계고략(續釋鑑稽古略)』

『몽관집(夢觀集)』

『적정록(適情錄)』

『옥연당(玉煙堂)』

『의학강목(醫學綱目)』

『문방기구전(文房器具箋)』: 임진왜란 당시 포로가 되었다가 돌아온 절강 사람 반철(潘鐵)의 기사에 대해, 1606년에 조선의 송운대사 즉 사명대사가 일본에 와서 〈화의를 청하자(請和)〉 일본 측이 이에 응하여 포로를 돌려보냈다고 하고, 이때 돌아간 포로들 가운데 그도 포함되었으리라고 추정.

『본초강목(本草綱目)』

『오잡조(五雜組)』: 역대 중일 간의 무역에 대한 서술. 남왜북로(南倭北

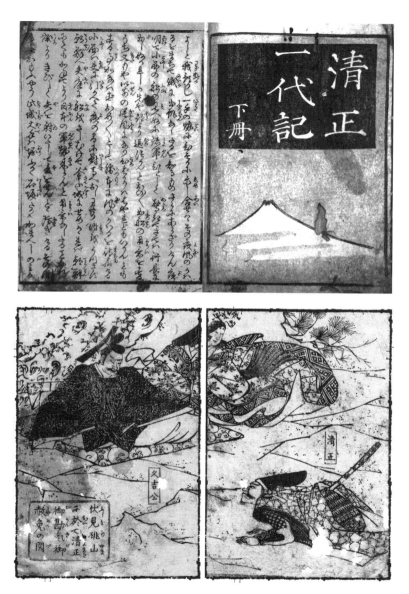

삽화 21 19세기 중기에 간행된 『기요마사 일대기(清正一代記)』에 수록된 삽화.
「후시미 지진이 나자 가토 기요마사가 가장 먼저 달려오다.」 필자 소장

虜)에 대한 서술. 역성 혁명론을 담고 있는『맹자』를 싣고 일본에 가는 중국 배는 모두 동중국해에서 침몰한다는『오잡조』의 기사를 비판. 중일 양국의 장수한 사람을 열거한『오잡조』의 기사에 보이는 다케우치노 스쿠네(武內宿禰)에 대한 설명.

『잠확류서(潛確類書)』

[중지사권]

『민서(閩書)』: 권4「방역지(方域志)」복주부(福州府) 조에 실린 고려국왕 전설을 초록.

[중지오권]

『도서편(圖書編)』: 병학서『규슈군기(九州軍記)』또는『(규슈)치란기(治乱記)』를 이용하여 전국 시대 서일본의 상황을 개설. 임진왜란에 대한 마쓰시타 겐린의 총평.

[중지육권]

『무비지(武備志)』: 척계광이 왜구와의 전투 중에 얻어서『무비지』에 수록한 병학서『가게류의 목록(影流之目録)』에 대한 고증. 하타 가문(秦氏)의 유래에 대해 고증. 임진왜란에 대해 알고자 할 때 도움이 되는 문헌으로『무비지』,『도서편』,『황명실기』,『조선징비록』,『(조선)정벌기』, 오제씨『(다이코)기』,『(도요토미) 가보』를 열거. 어왜총병관 이 모가 일본 장군들에게 보낸 서한을 입수하였다면서 소개하였는데, 한치윤은『해동역사』「본조비어고 4」에서 이 서한을 이승훈이 보낸 것으로서 재인용하고 있다.

[중지칠권]

『속문장정종(續文章正宗)』:『일본서기』에 보이는 〈아리나레 강(阿利那

礼河)》이 압록강이라고 주장. 현재 일반적으로는 〈아리나례〉를 신라 경주의 〈알천(閼川)〉으로 비정하지만, 중세 이후 일부 일본 학자는 이를 압록강으로 비정하고 진구코고가 이른바 〈삼한 정벌〉 당시 한반도 전체를 정복했다는 증거로 든다.

『속자치통감강목(續資治通鑑綱目)』

『대학연의보(大學衍義補)』

『청용기담(聽用紀談)』

『오륜서(五倫書)』

『불구인(不求人)』

『황명세법록(皇明世法錄)』: 유구·중국·일본 세 나라의 관계를 집중적으로 서술.

『보타산지(普陀山志)』

『준생팔전(遵生八牋)』

『사림광기(事林廣記)』

『당시귀(唐詩歸)』

『명시선(明詩選)』

『당류함(唐類函)』

『박물전휘(博物典彙)』

『음운자해(音韻字海)』

『대명일통부(大明一統賦)』

『여어편류(儷語編類)』

『엄주고선(弇州稿選)』

[중지팔권]

『창하초(蒼霞草)』

『국조헌징록(國朝獻徵錄)』: 가토 기요마사에게 생포되어 있던 조선의 두 왕자가 생환한 것이 심유경의 공인가 아닌가에 대한 검토. 명나라 동해안에 왜구가 창궐했을 당시, 중국인 도적들이 왜구를 자칭하기도 했다고 주장.

『등단필구(登壇必究)』: 여기서 중국 문헌의 초록이 끝나며, 『이칭일본전』의 편찬 방침 및 중일 교섭사에 대한 마쓰시타 겐린 자신의 견해가 피력된다.

[하지일권]

『동국통감(東國通鑑)』: 스진 덴노 때 임나가 일본에 조공하려는 것을 신라가 막음으로써 신라가 일본에 득죄(得罪)하였으므로 진구코고가 이를 벌한 것이 이른바 〈삼한 정벌〉이라는 정당화 논리를 전개한다. 일본에서 박을 타고 바다를 건너 신라에 왔다는 호공(瓠公) 전설은 〈진구코고의 삼한 정벌〉 전승의 왜곡된 형태이리라는 논증. 석우로(昔于老) 전설과 〈진구코고의 삼한 정벌〉 전승의 접합을 시도. 무쿠리·고쿠리라는 말이 몽골·고려 침략군을 가리킨다는 논증.

[하지이권]

『동국통감』: 이마가와 료준과 오우치 요시히로(大內義弘)에 대한 서술. 양수척(楊水尺)과 같이 왜인을 사칭한 고려인이 있었다고 주장하고, 고려가 망하기에 이르러 신우 같은 폭군이 나타났고 일본도 난리가 심했다며 한탄한다. 『동국통감』에 대해 총평하며, 조선의 편찬자들이 자국에 불리한 일을 숨겼기 때문에 〈진구코고의 삼한 정벌〉 전승 등이 빠진 것이 아니라 고대사를 전하는 문헌이 산일되었기에 좋은 일 나쁜 일이 모두 빠져 있는 것이라고 주장.

[하지삼권]

『삼국사기』: 석탈해(昔脫解)의 고향이라고 하는 다파나국(多婆那國)은 위치상 에조(蝦夷)라고 논증하고, 『동국통감』과 『삼국사기』의 기사에는 이동(異同)이 있다고 적는다. 지마이사금(祗摩泥師今) 20년 기사에 보이는 왜의 여왕 히미코 기사를 비판. 『삼국사기』에 발해와 일본의 관계에 대한 기술이 없음을 비판.

『삼한시귀감(三韓詩龜鑑)』

『모재집(慕齋集)』: 오우치 가문(大內氏)과 조선의 관계에 대한 서술.

『동문선(東文選)』: 정몽주(鄭夢周)에 대한 서술.「성주고씨가전(星州高氏家傳)」에 보이는 제주도 창세 신화와 『일본서기』, 『신황정통기(神皇正統記)』등의 기사를 비교.

『진산세고(晉山世稿)』

『동인시화(東人詩話)』

『삼강행실도(三綱行實圖)』

『속삼강행실도(續三綱行實圖)』

『대평통재(大平通載)』:『태평통재(太平通載)』를 가리킨다.

[하지사권]

『경국대전(經國大典)』:『정훈왕래(庭訓往来)』와『오에이기(応永記)』에 대한 서술.

『대전속록(大典續錄)』

『신응경서(神應經序)』

『해동제국기(海東諸國記)』: 아소 가문(麻生氏)에 대해『규슈군기(九州軍記)』를 보라고 언급.

『징비록(懲毖錄)』: 도요토미 히데요시는 중국인이 아니라 일본 오와리 출신이라는 것을『도키거사집(道喜居士記)』, 즉 오제 호안의『다이코기』에서 인용하고, 승려 겐소에 대하여는『센소고(仙巢稿)』를 보라고 언급. 선조의 국서에 대한 히데요시의 답서를 인용. 후시미 지진에 대해『기요마사기』를 보라고 언급.

이 가운데 중지오권『도서편』조에는 임진왜란에 대한 마쓰시타 겐린의 총평이 수록되어 있다. 여기서 그는 왜구가 명나라를 약탈한 것과 도요토미 히데요시가 명을 공격한 것은 전혀 다른 성격이며, 명나라가 목표였기 때문에 조선에 대하여는 영토 욕심이 없었다고 주장한다. 그러나 말년에 아들이 태어나면서 애초에 후계자로 지목해 두었던 도요토미 히데쓰구(豊臣秀次, 1568~1595)를 죽이고, 일본 장군들이 천하 만민을 괴롭혔으니, 이는 히데요시에게 배움이 없었기 때문이라고 강설한다. 이는 하야시 시헤이가『해국병담』권16「약서(略書)」에서 전국 시대의 장군들이 용감하기는 했지만[무(武)] 학문이 없었으므로[문(文)] 천하를 안정시킬 수 없었다고 평가한 것과 상통한다.[3]

1564년(가정 43)에 왜구가 종식되고 28년이 지난 뒤에 도요토미 히데요시가 사해를 통일하고 팔황을 병탄할 뜻을 일으켜 명을 공격하려 했으니, 이는 당당한 전쟁으로서 해적질하는 오합지졸들과는 동일 선상에서 논할 수 없다. 조선을 공격하여 장차 압록강 건너 일거에 명나라로 들어가려 한 그 뜻을 어찌 구구히 논할 수 있겠는가? 명나라 사람들은 〈남왜북로〉라든지 〈중외흉흉〉이라는 말을 했으니, 외촉여호(畏蜀如虎)라는 말처럼 일본군 보기를 호랑이 보듯 무서워한 것도 지나친 일이 아니었다. 히데요시는 조선을 일고의 가치도 없다고 생각하였으므로 (8도 가운데) 4도를 채읍으로 삼지 않은 것이니 그 큰 뜻을 알 만하다. 그러나 나이가 들어서도 맏아들이 없고 믿을 만한 신하들이 없다가 만년에 어린 아들이 태어나니, 그를 후사로 삼고자 조카 히데쓰구를 죽이고 머지 않아 자신도 병에 걸려 죽었다. 이 전쟁은 장군들(의 난행으)로 인하여 만민이 피와 땀을 흘리고 해골이 들판에 가득했으니, 전공으로 덮기에는 재앙이 너무

컸다. 이에 천하 인심을 잃은 것이니, 이는 히데요시가 계책을 잘못 세운 것이오, 이는 그에게 배움이 없었기 때문이다. 명나라 또한 일본군의 공격을 받아 깨지지는 않았으니 마침내 큰 상처를 입었다.[4]

한편, 이 총평 가운데 도요토미 히데요시가 명나라를 목표로 했기 때문에 조선 4도를 채읍으로 삼는 데에는 관심이 없었다는 마쓰시타 겐린의 추정은, 1592년 개전 시에는 적용 가능하지만 심유경과의 화의 협상이 본격화된 1593년 이후에는 적용될 수 없다. 사지마 아키코(佐島顕子)등이 최근 지적한 바와 같이, 이 시점에 도요토미 정권은 한반도 분할을 전제로 하여 도요토미 히데요시의 일본국 왕 책봉을 위한 조건을 협상하고 있었기 때문이다.[5]

『이칭일본전』에 인용된 병학 문헌과 한치윤 『해동역사』

한치윤(1765~1814)이 『해동역사』를 편찬하면서 『이칭일본전』, 『화한삼재도회』와 같은 일본 문헌도 인용하고 있다는 사실은 이전부터 알려져 있는 사실인데, 로널드 토비는 한치윤이 『이칭일본전』을 인용하고 있을 뿐 아니라, 『해동역사』라는 책의 체제 자체가 『이칭일본전』의 영향을 받았을 가능성이 있다는 지적을 하고 있다. 해당 대목을 인용한다.

이 『이칭일본전』은 어느새 조선에 건너갔고, 아마도 중국에도 건너갔다. 중국은 차치하고, 조선 후기 특히 18세기 조선에서 실학이 발달하였는데, 실학자들은 거의 전부라고 해도 좋을 정도로 이 책을 읽고 있으며, 의거하는 바도 많았다. 특히 흥미로운 것이 1814년에 사망한 한치윤이다. 그는 『해동역사』라는 책을 집필했는데, 이 책은 『이칭일본전』과 마찬가지로 다양한 자료에 나오는 기술을 수록하고 자기 자신의 코멘트를 덧붙이는 형식인데, 그 중요한 원천 가운데 하나가 마쓰시타 겐린의 『이칭일본전』일 뿐 아니라, 실은 『이칭일본전』이 그러한 체제의 모델이 된 것이 아닐까 추정된다. 흥미롭게도, 경우에 따라서는 『이칭일본전』을 인용하고 마쓰시타 겐린의 「지금 생각건대(今案)」를 인용한 뒤에 또 한 글자 내려서 「가만히 생각건대(竊案)」, 즉 한치윤이 마쓰시타 겐린의 코멘트에 자신의 코멘트를 덧붙이고 있다. 따라서, 『이칭일본전』은 대단히 큰 영향력을 지닌 역사서라고 할 수 있다. 일본 대외 관계사를 연구하는 우리들은 누구나가 알고 있고 이용하는 텍스트이지만, 이상하게도 사학사(史學史)나 사상사 분야에서는 거의 잊혀져 버린, 대단히 흥미로운 문헌인 것이다.[6]

『해동역사』에 인용된 문헌들 가운데 『이칭일본전』을 제외하고 이 책과 관계된 문헌의 목록은 다음과 같다.

[교빙지 8] 『도서편』, 『섭창하집(葉蒼霞集)』, 『일본기』(제목으로는 『일본서기』를 떠올리게 되지만, 『해동역사』에 인용된 내용은 조선에서 일본으로 건너가는 경로에 대한 것으로, 한국이나 중국에서 만들어진 문헌으로 보인다), 『황명세법록』.

[교빙지 9] 『일본서기』, 『화한삼재도회』, 『이칭일본전』, 『인지요록(仁智要錄)』[1171년에 편찬된 일본의 쟁보집(錚譜集)], 『일본풍토기』(중국), 『속일본기』, 『일본일사(日本逸史)』, 『일본삼대실록』, 『유취국사』, 『제왕편년집성』.

[비어고 1] 〈일본인의 정벌기〉(호리 교안 『조선 정벌기』), 『화한삼재도회』, 『난포문집(南浦文集)』.

[비어고 2] 『일본무림전』(원제는 『본조무림전』이며 권5 상의 「구로다」에서 인용한 것이다), 『섭창하집』[조선인 정문동(鄭文同)에 대한 기사], 『도키거사집(道喜居士記)』(『이칭일본전』 금안문 중에 오제 호안의 『다이

코기』를『도키거사집』이라는 제목으로 한문 번역하여 인용한 것을 재인
용하였다),『난포문집』[분시 겐쇼(文之玄昌, 1555~1620)의 문집],『(조
선) 정벌기』,『화한삼재도회』,『모리씨가기(毛利氏家記)』.

　　[비어고 3]『화한삼재도회』.

　　[비어고 4]『화한삼재도회』,〈일본의『난포집』〉.

　　[비어고 5]〈일본의 격조선론〉(『정벌기』에서 인용한 것으로 되어 있으
나 실제로는 앞서 살핀 가이바라 엣켄의 제자 고사이 시게스케의『격조선
론』이다)

　　이 가운데 특히 주목되는 것은『이칭일본전』을 통해 간접 인용된 병학
문헌이다. 여기서는『다이코기』,『조선 정벌기』,『모리가기』의 세 문헌에
주목한다.

　　오제 호안이 집필한『다이코기』는 임진왜란 7년의 전체상을 최초로
제시한 병학서이자 주자학 이론서로서,『일본의 대외 전쟁』제1부 제1장
제1절「초기 문헌과『다이코기』」에서 상세히 검토하였다. 한자·가타카
나·히라나가로 집필되었기 때문에 조선 측이 읽을 수 있는 상태가 아니
지만, 마쓰시타 겐린이『이칭일본전』하지사권『징비록』조에서 히데요
시의 출생에 대한 부분을 한문으로 요약하여 인용한 부분이 조선 측에
서 읽혔음이 확인된다.『해동역사』「본조비어고 1」에 보이는「도키거사
기」가 바로『다이코기』이다. 중지육권『무비지』조의 금안문에도〈오제
씨의 기록(小瀨氏記)〉이라는 제목으로 등장하지만, 일본 측 문헌의 유통
상황을 파악하지 않고 있다면『도키거사기』와〈오제씨의 기록〉이 같은
문헌임을 깨닫는 것은 불가능하다

　　진서(鎭書: 한치윤의 조카 한진서)가 삼가 살펴보건대, 일본의『도키거
사기』에 이르기를〈다이라 히데요시는 오와리국(尾張國) 아이쿠군(阿育

郡) 사람이며, 아버지의 이름은 지쿠아미(筑阿彌)로 하찮은 백성이다〉라고 하였다. (『해동역사』)

(『징비록』에) 秀吉者或云華人流入倭国非也秀吉尾張国阿育郡人父名筑阿弥小民也詳見道喜居士記. (『이칭일본전』)[7]

후지와라 세이카의 4대 제자 가운데 한 사람인 호리 교안의 『조선 정벌기』는 『양조평양록』을 이용하여 임진왜란을 서술한 최초의 임진왜란 문헌으로서, 『일본의 대외 전쟁』 제1부 제1장 제2절 「첫 번째 충격 —— 중국 문헌」에서 상세히 검토하였다. 원래는 일본어이지만, 『이칭일본전』 중지이권 『양조평양록』 조 금안문에 한문 형태로 바뀌어 인용되어 있다. 『해동역사』 「본조비어고 1」에 간접 인용되었다.

1590년(天正18)에 조선국에서 사신을 파견하여 와서 일본국 왕에게 국서를 올렸는데, 그 국서에 이르기를 〈봄철이라 날씨가 화창한데 잘 지내고 계실 것입니다. 멀리서 듣건대, 왕께서 60여 주(州)를 통일하였다고 하기에 통신사(通信使)를 보내 수호(修好)를 맺어 우호 관계를 도타이 하고 싶었습니다. 그러나 가는 길이 흐릿해서 사신들이 길을 잃고 지체할까 걱정스러웠기에, 몇 년 동안 생각만 하다가 그만두었습니다. 이제 귀국(貴國)에서 보낸 사신과 함께 황윤길(黃允吉), 김성일(金誠一), 허잠(許箴)[삼가 살펴보건대, 허잠(許箴)은 허성(許筬)으로 되어야 한다] 등 세 사신을 파견하여 축하의 말을 올립니다〉 하였다. (이에 대한 내용은 예문지에 상세하게 나온다.) 별폭(別幅)은 다음과 같다.

양마(良馬) 2필(匹), 대응자(大鷹子) 15연(連), 안자(鞍子) 2면(面), 안자에 따른 여러 가지 기구, 흑마포(黑麻布) 30필(疋), 백면주(白綿紬) 50필, 청사피(靑斜皮) 10장(張), 인삼(人蔘) 100근(觔), 표피(豹皮) 20장,

호피(虎皮) 25장, 채화석(彩花席) 10장, 홍면주(紅綿紬) 10필, 청밀(淸蜜) 11석(碩), 해송자(海松子) 6석(碩), 표피(豹皮)로 바탕을 하고 아호피(兒虎皮)로 가를 두르고 전피(㺚皮)로 속을 한 아다개(阿多介) 1좌(座). 『일본인의 정벌기(日本人征伐記)』

『모리가기(毛利家記)』는 미요시 노리타메(三吉規為)가 집필하였으며 1651년(慶安4)에 성립하였다. 모리 데루모토(毛利輝元, 1553~1625)의 제7군에 속한 모리 히데모토(毛利秀元, 1579~1650)를 중심으로 한 모리 가문의 전기(戰記)이다. 『모리 히데모토기(毛利秀元記)』, 『모리 3장군전(毛利三将伝)』 등으로도 불리며, 『임진왜란 관련 일본 문헌 해제』 181~182쪽에서 개괄한 바 있다. 『이칭일본전』 중지일권 「황명실기」 조의 금안문에 인용되어 있으며, 『해동역사』 「본조비어고 2」에서 벽제관 전투를 서술할 때 『모리씨가기』라는 제목으로 인용된다. 『이칭일본전』의 금안문에서는 이여송을 공격한 금 갑옷 입은 장군이 이노우에 고로베라는 것을 먼저 설명한 뒤에 『모리가기』의 해당 대목을 인용하는데, 『해동역사』에서는 이 두 기사의 순서가 거꾸로 되어 있다.

당초 모란봉(牧丹峯)의 싸움에서 패할 때 여러 장수들이 왕경으로 들어가면서 고바야카와 다카카게에게도 왕경으로 들어가기를 권하였는데, 고바야카와 다카카게는 그래서는 안 된다고 하면서 개성에 주둔하였다. 이에 이시다 미쓰나리(石田三成), 마시타 나가모리(增田長盛), 오타니 요시쓰구(大谷吉継) 및 다치바나 무네시게, 구루메 히데카네(久留米秀包) 등이 그를 따랐다. 고바야카와 다카카게는 거느리고 있는 군대를 3열(列)로 나누었다. 제1열은 아와야 가게카쓰(粟屋 景雄, 원본에는 粟屋四郎兵衛)로 군사의 수는 3,000명이고, 제2열은 이노우에 고로(井上五郎)의 병위로 군사의 수는 3,000명이고, 제3열은 고바야카와 다카카게로 군사의 수는 1만 명이었다. 그다음은 다치바나 무네시게로 군사의 수는 2,500명이었으며, 구루메 히데카네와 모리 모토야스(毛利大藏少輔元康)는 군사가 6,000명이었는데, 고바야카와 다카카게의 진(陣) 곁에 있었다. 얼마 뒤에 고바야카와 다카카게가 아와야 가게카쓰과 이노우에 고로의 군대를 제1열로 삼아 다치바나 무네시게의 뒤를 따르게 하였다. 이여송의 선두 진(陣)이 다치바나 무네시게, 아와야 가게카쓰, 이노우에 고로 및 도토키 덴에몬(十時傳右衛門) 등과 교전하였는데, 도토키 덴에몬이 전사하였으며, 명나라 군사 역시 많이 죽었다. 이여송이 장사들을 독려하면서 결사적으로 싸웠는데, 고바야카와 다카카게가 그의 군사들을 지휘하여 번개가 치듯이 내달리면서 종횡으로 적들을 치자, 여러 군사들이 크게 일어나 싸웠다. 이곳에서 왕경에 이르기까지에는 깃카와 히로이에(吉川廣家), 구로다 나가마사(黑田長政), 오타니 요시쓰구, 마시타 나가모리, 이시다 미쓰나리가 서로 힘을 합해 싸우면서 남아 있었는데, 이어서 우키타(宇嘉田) 등 8만여 명이 이여송을 포위하니 명나라의 군사가 대패하였다. 이여송이 말에서 떨어지자, 이노우에 고로베가 그것을 보고는 그가 명나라 대장인 줄 알아채고서 말을 달려 앞으로 나아가 치려고 하였다. 그런데 마침 이유승(李有昇)의 구원에 힘입어서 이여송이 다른 말을 타고 도망쳐 달아났다. 이노우에는 자신의 뜻을 이루지 못하게 되자 이를 갈면서 분노하였다. (『이칭일본전』에 이르기를 〈여러 책에서 말한 금빛 갑옷을 입은 어떤 왜적이 앞으로 나와 이여송을 치려고 하였다는 것은 바로 이노우에 고로이다〉 하였다.) 여러 장수들이 이여송을 추격하려고 하였는데, 고바야카와 다카카게가 제지시키고 즉시 왕경으로 돌아왔다. 『모리씨가기(毛利氏家記)』[8]

今按万曆二十一年当日本文禄二年一金甲倭前搏李将軍急毛利家記等書曰小早川隆景屯開城初牡丹峯之敗諸将入王京諸将亦勸隆景入王京隆景不可於

是石田三成増田長盛大谷吉隆及立花宗茂久留目秀包等從之隆景乃分所率兵
為三列一列者粟屋四郎兵衛其兵三千二列者井上五郎兵衛其兵三千三列者隆
景其兵一万次立花宗茂其兵二千五百久留米秀包毛利大藏少輔元康其兵六千
在隆景陣旁既隆景以粟屋井上兵為一列從立花宗茂後李如松先陣与宗茂郎等
十時伝右衛門交鋒伝右衛門死之明人亦多死李如松督将士殊死戦隆景指揮其
兵雷奔雷激縦横衝戦諸軍大挑戦此地至王京吉川黒田大谷増田石田戮力在焉
次宇喜田等凡八万余囲李如松明兵大破如松落馬井上五郎兵衛見之知其為大
将駆馬前搏之急頼李有昇護扶如松乗之於他馬而逃去井上不得遂其志切歯悔
怒一金甲乃井上也諸将欲追如松隆景制之既帰王京. (『이칭일본전』)

그 밖에, 『이칭일본전』에는 왜구와 관련하여 『태평기』, 전국 시대 및
임진왜란과 관련하여 승려 세이칸(淸韓)의 『기요마사 만사(淸正挽詞)』,
『기요마사기』, 『규슈군기』, 『(규슈)치란기』, 『(도요토미 히데요시) 가보』
등이 인용되어 있다. 『규슈군기』, 『(규슈)치란기』는 진구코고의 삼한 정
벌 전설부터 히데요시의 규슈 정복까지를 다룬 군담인 『호쿠히 전지(北
肥戰誌)』를 가리키는 것 같다.

또한, 분에이 세이칸(文英淸韓, 1568~1621)은 에도 시대 초기 임제종
(臨濟宗) 승려로, 임진왜란 당시 가토 기요마사를 수행하였다. 1614년
에 도요토미 히데요리(豊臣秀賴)의 의뢰를 받아 호코지 절(方広寺)의 종
명(鐘銘)을 쓰면서 〈국가안강(国家安康)〉과 〈군신풍락(君臣豊樂)〉이라
는 구절을 넣었는데, 하야시 라잔이 이 구절은 도쿠가와 이에야스를 저
주하고 도요토미 가문의 재흥을 노리는 것이라고 문제 삼았다. 그 결과
1614년 겨울과 1615년 여름의 오사카 전투가 발발하여 도요토미 가문
이 멸망하게 된다. 「일본 고전적 종합 데이터베이스」에 따르면 『분에이
칸 장로집(文英韓長老集)』 별칭 『간 장로 시문집(韓長老詩文集)』, 1597년
에 조선 장계인(蔣啓仁)과 오고 간 서한으로서 국립 공문서관(290-

0074)에 소장되어 있는 『분에이 세이칸 장로기록(文英清韓長老記録)』
등의 저술이 확인된다.

조선 시대 후기에 읽힌 일본의 병학 문헌: 『난포문집』과 『본조무림전』

조선 시대 후기의 문헌에는 『난포문집』과 『무림전(武林傳)』 또는 『일
본무림전(日本武林傳)』이라는 제목의 일본 문헌이 종종 인용된다. 이들
문헌이 인용된다는 사실 자체는 익히 알려져 있었으나, 이들 문헌의 정
체가 무엇이고 일본 원본과 조선 후기 문헌에 인용되어 있는 대목 간에
어떤 차이가 있는지에 대하여는 기존에 언급이 전무하거나 지나치듯이
서술될 뿐이었다. 더우기 『난포문집』은 그 자체로 조선 후기에 유통되기
보다는 『이칭일본전』 등에 인용된 대목이 재인용되는 형태로 수용된 것
같으나, 이에 대하여도 기존 연구가 없다.

우선, 『난포문집』은 사쓰마 번의 승려 분시 겐쇼(文之玄昌, 1555~
1620)의 문집이다. 1625년(寬永2) 고활자판(국회 도서관 소장본 WA7-
81)과 1649년(慶安2) 후쇄 목판본(국문학 연구 자료관 소장본 등)은
체제가 약간 다르다. 쓰시마 번의 종군 승려 게이테쓰 겐소(景轍玄蘇,
1537~1611)와 사쓰마 번의 분시 겐쇼 모두 임진왜란을 체험했거나 당대
를 살았지만, 1650년(慶安3)에 간행된 겐소의 문집 『센소고(仙巣稿)』[9]에
서 전쟁에 대한 찬미가 거의 확인되지 않는 반면, 『난포문집』에서는 도
요토미 히데요시의 전쟁과 주군 시마즈 가문의 활약에 대한 무조건적
인 칭송이 두드러진다. 또한 그 안에 포함된 조총 전래 기사 「철포기(鐵
砲記)」는 에도 시대 일본과 조선 후기에 널리 인용되었다. 『동사록(東槎
錄)』의 1624년 12월 23일 기사에 따르면, 강홍중은 문집 전체를 읽었음
을 알 수 있는데, 그 가운데 「철포기」에 대한 언급이 보인다.

역관 등이 두 권 서적을 가지고 와서 보이는데, 이름은 『난포문집(南浦

文集)』으로 사쓰마주(薩摩州)의 중 다이류 겐쇼(大龍玄昌)가 저술한 것이었다. 널리 여러 서적을 보았고 문사(文辭) 또한 아름다워, 일본 다른 중들의 비교가 아니었다. 저술한 「철포기」를 보니, 〈조총이 원래 일본에서 창조한 것이 아니요, 70~80년 전에 남만(이베리아 반도 사람을 가리킴) 사람에게 배워서 묘기(妙技)를 전했다〉라고 하였다. 그 문집 가운데에 도요토미 히데요시의 공적을 지극히 찬양하고, 조선을 정벌하여 8도가 모두 일본의 봉강(封疆)에 들어왔는데, 홀로 전라도 한 지방이 외면(外面)으로는 순종하는 듯하나 마음으로는 복종하지 않으니, 크게 군사를 일으켜 적을 토벌하겠다는 말이 있는데, 그 논설이 극히 패만하였다. 또 「전장문(戰場文)」에, 〈서정(西征)에 종사한 사졸이 전장에서 죽은 자가 몇만 명인지 알지 못한다〉 하였다. 이로 살펴보건대, 우리나라가 비록 도처에서 패전하였으나 왜인의 죽은 자도 또한 많았으니, 전사자가 비등하였던 것을 알 수 있다.[10]

강홍중이 『난포문집』에 대해 언급하는 세 문장 가운데, 첫 번째는 국회 도서관 소장 1625년 고활자판 상권의 「철포기」, 나머지 두 개는 중권의 「조전망문(弔戰亡文)」의 중권 8뒤~9앞에 해당한다. 강홍중이 「전장문」이라고 한 것은 국회본의 해당 대목에는 〈서정(西征)에 종사한 사졸이 전장에서 죽은 자가 몇만 명인지 알지 못한다(西征士卒, 死於戰場者, 不知其幾萬)〉라는 말 대신 〈임진년부터 무술년까지 조선에서 겨울과 여름을 보낸 것이 7년. 그 사이에 사망한 우리 사졸이 몇 백 천 명인지 알지 못한다(自壬辰至戊戌, 在朝鮮經寒暑者七, 其間我士卒之死者, 不知幾百千)〉라는 표현이 보여서 약간의 차이가 있다. 강홍중은 1625년에 고활자본 『난포문집』이 출간되기 전단계의 초본을 1624년에 받아 본 것인지? 그렇게 되면, 가이바라 엣켄이 출판 전의 『격조선론』을 조선 측에 보여 준 것과도 상통하는 행동이라 할 수 있다. 일본 측의 누가 조선 측의 누구를 통해 강홍중에게 『난포문집』을 전달한 것일까? 의문은 그치지 않는다.

한편, 한치윤의 『해동역사』 「본조비어고 1」에도 『난포문집』이 단편적으로 인용되어 있다. 사쓰마의 장군들이 출병했다고 하는 내용의 아래 인용문은 국회본 『난포문집』 「20 요시히로 계도 옆에 쓰다」의 해당 구절(상권, 36뒤~37앞)이 아닌, 『이칭일본전』 중지이권 『양조평양록』 조의 금안문에 요약 인용된 『난포문집』의 내용과 일치한다. 두 인용문의 내용이 일치하므로 『이칭일본전』은 원문만 인용한다.

일본의 『난포문집』에 이르기를 〈사쓰마노카미(薩摩守) 시마즈 요시히사(島津義久)가 슈고직(守護職)을 그의 동생인 효고노카미(兵庫頭) 시마즈 요시히로(島津義弘)에게 양위(讓位)하였는데, 시마즈 요시히로는 그의 아들인 시마즈 다다쓰네(島津忠恒)과 함께 조선에서 종군(從軍)하였다〉하였다. (『해동역사』)

南浦文集曰義久依無世子讓守護職於舍弟兵庫頭義弘義弘与其子忠恒[後改名家久]從朝鮮軍 (『이칭일본전』 중지이권 『양조평양록』 금안문 중의 『난포문집』 중지2권, 11앞)

국회본 『난포문집』 「20 요시히로 계도 옆에 쓰다」에는, 시마즈 요시히사가 슈고직을 동생 시마즈 요시히로에게 양위하였다는 내용과, 시마즈 요시히로가 아들인 시마즈 다다쓰네과 함께 조선에서 종군하였다는 구절 사이에 시마즈 요시히로의 인물됨을 칭송하는 내용이 길게 서술되어 있다.

「본조비어고 4」에 인용된 『난포문집』의 내용도 국회본 『난포문집』 「20 요시히로 계도 옆에 쓰다」(상권, 37앞뒤)에 보이지만, 『이칭일본전』

중지일권 『황명실기』 조 금안문에 인용되어 있는 대목과 정확하게 같은 부분이 확인되므로, 아마도 『이칭일본전』의 인용문을 재인용한 것 같다.

이 당시에 시마즈 요시히로와 그의 아들 시마즈 다다쓰네가 사천에 주둔하고 있었다. 이해 가을에 대명 장군이 수십만 명의 군사를 거느리고 와서 화친을 요구하였다. 일본의 여러 군사들 역시 화친을 하기로 상의하였으므로 사천에 있던 우리 군사들도 날짜를 택해 회맹(會盟)하려고 하였다. 10월 초하루에 대명의 군사들이 우리의 사천 성채를 공격하였다. 우리 군사들은 부득이하여 1만여 명의 군사를 가지고 서로 싸웠다. 접전이 시작된 뒤에 명나라 군사들이 무기를 버리고서 달아났다. 우리 일본의 군사들이 승세를 타고 적병을 추격하여 많은 숫자를 참획하였다. 대명의 참모대부(參謀大夫) 용애(龍涯)가 항복을 요청해 오자, 도진의홍 부자가 의논하기를, 〈무기를 어찌 오래도록 더럽히겠는가〉하고는, 마침내 참모의 요구에 응한 다음, 명나라의 장수 모국과(茅國科)를 인질로 잡고서 전 군사가 일본으로 귀환하였다. 『일본의 남포집(南浦集)』(『해동역사』)

『이칭일본전』 『황명실기』 초록문 중 금안문, 중지일권, 39뒤 396쪽

마지막으로, 아래 인용한 대목은 「본조비어고 1」에 『난포문집』에서 가져왔다고 하는데, 국회 도서관·국문학 연구 자료관 소장본 『난포문집』에는 해당하는 대목이 보이지 않는다. 시마즈 가문을 섬긴 난포 분시의 문집에 하치스카 가문(蜂須賀家)의 이야기가 적혀 있다는 것도 이해하기 어렵다. 무언가 다른 문헌과 착오가 생긴 것 같은데, 너무 일반적인 서술이어서 현재로서는 추적이 어렵다.

『난포문집』에 또 이르기를, 〈봉수하 하원씨 정승(蜂須賀源氏正勝)은 분로쿠(文祿) 연간에 평수길이 조선을 정벌하는 데 따라가 군사 4,500명

을 거느리고 그곳에서 전투를 하여 크게 군공(軍功)을 세웠다〉 하였다.

이규경의 『오주연문장전산고』「인사편(人事篇) 기용류(器用類) 병기(兵器)」에도 『난포문집』의 일반 사항과 「철포기」에서 인용한 대목이 보인다. 이는 『이칭일본전』의 금안문에는 보이지 않는 대목이므로, 『난포문집』 전체 또는 「철포기」 부분이 조선 후기에 유통되었음을 추정할 수 있게 하는 증거인 듯하다. 그러나, 이규경은 하야시 기탄(林義端)이 1698년(元禄11)에 간행한 『부상명현문집(搏桑名賢文集)』[11]의 권1에 수록된 「철포기」를 함께 언급하고 있는데, 『난포문집』과 『부상명현문집』에 수록된 「철포기」는 동일하고, 이규경이 「철포기」를 요약 발췌했기 때문에, 이규경이 본 「철포기」가 『난포문집』과 『부상명현문집』 가운데 어느 쪽에 수록되어 있던 것인지 밝히기 어렵다. 참고로, 하야시 기탄이 편찬한 괴담집 『다마쿠시게(玉櫛笥)』(1695년 저자 서문)는 『전등신화(剪燈新話)』의 영향을 받은 작품으로 알려져 있다.[12]

일본인의 『난포문집』에 말하기를 (중략: 조총이 일본에 전래된 기원) 〈일찌기 우연히 『부상명현집(扶桑名賢集)』이라는 책을 보았다. 이는 왜인들이 자기 나라 사람들의 글을 엮은 책인데 그 안에 다네가시마에 조총이 전래된 데 대한 글이 보인다. 이는 곧 『난포집』에 기록된 바이다〉.[13]

한편, 제1부 제1장에서 언급한 바와 같이 이규경은 같은 『오주연문장전산고』「인사편(人事篇) 인사류(人事類) 씨성(氏姓) 청제·왜황 성씨변증설(淸帝倭皇姓氏辨證說)」에서 『부상명현집』과 하야시 가호의 『동국통감』 서문을 인용하고 있다. 『신간동국통감』의 실물 또는 최소한 하야시 가호의 서문 등 그 일부라도 조선 후기에 유입되었다는 가설을 세울 수밖에 없다.

한편, 『남포문집』과 함께 스와 다다하루(諏訪忠晴)의 『본조무림전(本朝武林伝)』[1679년(延宝7) 서문]도 조선 후기의 저술에서 종종 이용되고 있음이 확인된다. 이규경의 할아버지인 이덕무의 『청장관전서』 59 「앙엽기 6 평수길 사주(平秀吉四柱)」에 아래와 같은 대목이 보인다.

세상에 전하기를, 남사고(南師古)는 천지 운기를 내다보고 평수길이 태어날 줄을 알았고, 임진왜란의 액운(厄運)을 미리 알았다고 한다. 『무림전(武林傳)』[왜인(倭人)이 지었다]에, 〈천문(天文) 5년(1536) 병신(丙申) 정월 삭일(朔日) 정사(丁巳)에 해가 동해에 뜰 때에 났기 때문에 이름을 히요시마루(日吉丸)라 했다〉 하였다. 상고하건대, 바로 명(明) 나라 가정(嘉靖) 15년이다. 이제 그 사주(四柱)를 추산해 보면 병신(丙申)·경인(庚寅)·정사(丁巳)·계묘(癸卯)가 된다.[14]

이와 일치하는 문장이 『본조무림전』 권76의 「기노시타(木下)」 조에 보인다.

天文五年丙申正月朔日丁巳日光出東海時生故名日吉丸. (『본조무림전』 권76, 2앞)[15]

또, 한치윤의 『해동역사』 권62 「본조비어고 2」에서는 『일본무림전(日本武林傳)』이라는 제목으로 『본조무림전』 권5하와 권5상의 「구로다(黒田)」 조가 인용된다. 제2차 진주 전투에서 구로다 나가마사와 가토 기요마사가 공훈을 다투었다는 기사, 그리고 구로다 조스이가 전쟁을 그만두도록 도요토미 히데요시에게 간언했다는 내용이다. 이덕무에 비하면 한치윤은 『본조무림전』의 본문을 느슨하게 인용한다. 이러한 경향은 『난포문집』에 대하여도 마찬가지로 지적할 수 있다.

분로쿠 연간에 조선에 군사를 파견할 적에 구로다 나가마사가 5천 명의 군사를 거느리고 조선으로 건너가 여러 장수들과 의논하여 진주성을 공격하였는데, 진주성의 장수인 목사(牧司)가 강력하게 항거하여 함락시키지 못하였다. 대개 진주는 조선에서 제일가는 요충지였으며, 또 명나라 군사들이 구원하러 온 것을 믿고서 항복하려고 하지 않았다. 이때 구로다 나가마사가 가토 기요마사와 상의한 다음 나아가서 쳤는데, 구로다 나가마사의 용맹한 신하인 굴평[堀平, 호리 헤이에몬 사다노리(堀平右衛門定則)]이 먼저 성 위로 올라가 격파하였다. 그 뒤에 여러 장수들이 서로 모여서 진주성 싸움에서 선봉이 된 일에 대해 이야기할 적에 구로다 나가마사가 앞으로 나서서 말하기를, 〈내가 앞장서서 올라갔다. 어느 누가 나와 다투겠는가〉 하니 가토 기요마사가 참으로 그렇다고 하였다.

　　분로쿠 2년(1593)에 평수길이 대명에서 화의(和議)에 대한 회답이 오지 않았으므로 자신을 속인 것이라고 여기고는 대신군(大神君, 도쿠가와 이에야스) 및 마에다 도시이에(前田利家)와 군사 계책을 의논하였다. 그러자 구로다 조스이(黑田如水)[살펴보건대, 구로다 나가마사(黑田長政)는 바로 구로다 조스이의 아들이다]가 들어가서 아뢰기를, 〈지금 가토 기요마사와 고니시 유키나가는 오직 무용(武勇)이 뛰어날 뿐인데 군려(軍旅)가 충분치 않습니다. 그리고 가토 기요마사와 고니시 유키나가는 서로 친하게 지내지 못하는 탓에 가토 기요마사가 명령을 내리면 고니시 유키나가가 그것을 깨뜨리고, 고니시 유키나가가 명령을 내리면 가토 기요마사가 그것을 쓰지 않고 있습니다. 이러한 까닭에 조선의 인민들이 믿고 의지할 바가 없어서 오직 산속으로 도망쳐 숨기만 하고 있습니다. 이 때문에 우리 일본인이 지나간 조선의 세 도에는 봄인데도 들판에는 푸른 풀이라곤 한 포기도 없고, 오직 붉은 흙뿐입니다. 이렇게 하다가는 필시 큰 공을 이루지 못할 것입니다〉 하였다. 그러자 도요토미 히데요시가 이 말을 믿어 대신군(도쿠가와 이에야스)을 일본에 남겨 두고 스스로 군사를 거느리고 바다를 건너가려고 하였는데, 아사노 유키나가(浅野幸長)와 구로다 나가마사가 굳게 간하였으므로 끝내 그렇게 하지 않았다. (이상 모두『일본무림전』) (『해동역사』)

文禄中遣軍於朝鮮之時長政帥五千兵渡彼地与諸将議攻晋州城城将牧司拒之厳密而不抜蓋晋州朝鮮第一之要害且憑明兵之於援救不肯屈時黒田長政与加藤清正相議而進衆攻入于城中此時長政之勇臣堀平右衛門後藤又兵衛先登時清正臣飯田覚兵衛同進各揮勇武使衆得乘入于城中城破潰之後諸将相会談晋州先鋒之事時長政前席曰我為先登何人相争乎清正召其臣飯田覚兵衛而問之飯田曰我先入城斬一首而出時与長政始相逢何為長政可為先登乎長政徐曰為軍将者之先登非我而誰歟清正曰信然諸将僉感長政有威不猛.(『본조무림전』5상, 3앞~3뒤)

同(文禄二)年秀吉以大明和議之報問未至故以為欺我也依之日夜与大神君及利家議軍謀黒田如水隔壁聞之入日去歳遣大軍於朝鮮之時大神君利家両卿内一人督軍渡海政刑軍令通無滞矣若不然則遣知軍道如我者則朝鮮征伐何難有之方今清正行長唯以武勇為善而其年齢尚壮也故軍旅今練熟且清正行長不相善清正出法則行長破之行長下令則清正不用之是故朝鮮之人民若無依憑唯遁匿于山林有萍梗之思無土着之情是以日本人所経歴之朝鮮三道春野無青草唯赤土而已朝鮮已為廃虚諸将之在陣其困労可想若如此而止則大功必不成矣秀吉甚信於此言而以為久羸軍而勢屈則恐有其内訌也留大神君於日本自帥軍欲渡海浅野長政因諫終未果.(『본조무림전』5상, 6뒤~7앞)

이상과 같이『청장관전서』와『해동역사』에는『본조무림전』의 권76과 권5 기사가 채택되어 있다. 이들 기사는『이칭일본전』에는 보이지 않으므로, 조선 시대에『본조무림전』의 전체 또는 최소한 임진왜란 대목만이

라도 유통되었으리라는 추측이 가능해진다. 참고로, 현재 국립 중앙 도
서관에는『본조무림전』1질이 소장되어 있으나(古古6-42-248), 이것
이 조선 시대 후기로부터 전해진 바로 그『본조무림전』인지는 단언할 수
없다. 조선 시대 후기에 유통된 일본 고문헌의 현존 상태를 파악하는 작
업이 필요하지만, 식민지 시대에 조선 총독부 도서관(현 국립 중앙 박물
관) 등에 유입된 일본 고문헌과 뒤섞여 버려서 실체를 잘 알 수 없게 되
어 버린 것이 현실이다.

『화한삼재도회』와 조선

　의사로서 그 능력을 인정받은 데라시마 료안(寺島良安)이 1712년에
간행한 일본 최초의 삽화식 백과사전『화한삼재도회』는, 명나라의 왕
기(王圻)와 왕사의(王思義)가 편찬한『삼재도회(三才圖會)』(1609)에 일
본에 대한 사항을 대폭 추가하고 삽화를 새로 수록한 전105권의 방대
한 저술이다. 중일 양국의 관련 사항이 한문으로 정밀하게 기록되어 있
고 삽화도 정교하여 그 후 일본에서 널리 읽혔을 뿐 아니라, 조선에 전
래되어 남인계 학자들에게 적지 않은 영향을 미쳤음이 안대회 등의 연
구에 의해 확인되어 있다.[16] 제11회 통신사로 일본에 간 남옥의『일관기』
1764년 3월 27일자에 따르면, 슈고(周宏)라는 승려가 조선 측에『왜한
삼재도회』즉『화한삼재도회』를 구해 주었다고 한다.[17] 통신사 일행이
이 책의 소문을 듣고 입수를 부탁했을 터이다. 북학파 또는 백과전서파
지식인이라 불리는 사람들이『화한삼재도회』를 저술의 자료로 이용한
시기는 대체로 이 시기 이후이지만, 이때 입수된 것이 조선에 전해진 최
초의『화한삼재도회』인지에 대하여는 더욱 고찰이 필요할 터이다. 또한,
윤행임(1762~1801)이『석재고』에서 임진왜란 당시의 전승과 네덜란드
인들의 조선 표착을 다루면서『화한삼재도회』권56「산류」중 후지산
기사를 인용한 사실에 대하여는 별도로 논한 바 있다.[18] 아래에서는『화

한삼재도회』의 조선 유통에 대한 일반적인 서술은 피하고, 이 책과 관련된 사항을 중심으로 검토한다. 우선, 『화한삼재도회』의 구성은 다음과 같다. 각권의 제목은 앞표지에 제시된 제목을 기준으로 삼았다.[19]

수권(首卷) 서문, 범례, 목록

권1 천문(天文)

권2 천문 28수(天文二十八宿)

권3 천상(天象)

권4 시후(時候)

권5 역점(曆占)

권6 역일길흉(曆日吉凶)

권7 인륜(人倫)

권8 친속(親屬)

권9 관위(官位)

권10 인륜지용(人倫之用)

권11 경락(經絡)

권12 지체(支體)

권13 이국인물(異國人物): 진단(震旦), 조선, 탐라, 오랑카이(兀良哈), 유구, 에조, 달단, 여진, 타이완(大寃), 코친(交趾, 베트남 남부), 통킹(東京, 베트남 북부)

권14 외이인물(外夷人物): 참파(占城) 이하 네덜란드(阿蘭陀) 및 『산해경』에 나오는 상상적인 6개 지역을 포함한 178개국

권15 예재(藝財)

권16 예능(藝能)

권17 희희(嬉戯)

권18 악기(樂器)

권19 신제(神祭), 불구(佛具)

권20 병기방비(兵器防備)

권21 병기정벌(兵器征伐)

권22 형벌구(刑罰具)

권23 어렵구(漁獵具)

권24 백공구(百工具)

권25 용식구(容飾具)

권26 복완구(服玩具)

권27 견포(絹布)

권28 의복(衣服)

권29 관모(冠帽)

권30 이말(履襪)

권31 포주구(庖廚具)

권32 가식구(家飾具)

권33 거가구(車駕具)

권34 선교류(船橋類)

권35 농구(農具)

권36 여공구(女工具)

권37 축류(畜類)

권38 수류(獸類)

권39 서류(鼠類)

권40 우류 및 괴류(寓類附リ恠類)

권41 수금(水禽)

권42 원금(原禽)

권43 임금(林禽)

권44 산금(山禽)

권45 용사류(龍蛇類)

권46 개갑류 귀해속(介甲部龜蟹属)

권47 개패류 복합속(介貝部鰒蛤属)

권48 하호유린어(河湖有鱗魚)

권49 강해유린어(江海有鱗魚)

권50 하호무린어(河湖無鱗魚)

권51 강해무린어(江海無鱗魚)

권52 난생충(卵生蟲)

권53 화생충(化生蟲)

권54 습생충(濕生蟲)

권55 토지류(土地類)

권56 산류(山類)

권57 수류(水類)

권58 화류(火類)

권59 금류(金類)

권60 옥석류(玉石類)

권61 잡석류(雜石類)

권62지본 [중화지리] 북경, 남경, 산동, 산서[(中華地理) 北京, 南京, 山東, 山西]

권62지말 [중화지리] 하남, 섬서, 호광[(中華地理) 河南, 陝西, 湖廣]

권63 [중화지리] 강서, 절강, 복건, 광동, 광서, 귀주, 사천, 운남[(中華地理) 江西, 浙江, 福建, 廣東, 廣西, 貴州, 四川, 雲南]

권64 [지리] 일본, 조선, 유구, 에조, 서역천축, 북지제적, 서남제번[(地理) 日本, 朝鮮, 琉球, 蝦夷, 西域天竺, 北地諸狄, 西南諸蠻]

권65 무쓰, 데와(陸奧, 出羽)

권66 고즈케, 시모쓰케, 히타치, 가즈사, 시모우사, 아와(上野, 下野, 常

陸, 上總, 下總, 安房)

권67 무사시, 사가미, 이즈(武藏, 相模, 伊豆)

권68 에치고, 사도, 엣추, 시나노(越後, 佐渡, 越中, 信濃)

권69 가이, 스루가, 도토미, 미카와(甲斐, 駿河, 遠江, 參河)

권70 노토, 가가, 에치젠, 히다, 미노(能登, 加賀, 越前, 飛驒, 美濃)

권71 와카사, 오미, 오와리, 이세, 시마, 이가(若狹, 近江, 尾張, 伊勢, 志
摩, 伊賀)

권72지본 야마시로 진자 구적(山城 神社 舊跡)

권72지말 야마시로 불각(山城 佛閣)

권73 야마토(大和)

권74 셋쓰(摂津)

권75 가와치(河內)

권76 이즈미(和泉), 기이(紀伊), 아와지(淡路)

권77 단바(丹波), 단고(丹後), 다지마(但馬), 하리마(播磨), 이나바(因幡)

권78 미마사카(美作), 호키(伯耆), 이즈모(出雲), 오키(隱岐), 비젠(備
前), 빗추(備中), 빈고(備後)

권79 아와(阿波), 도사(土佐), 사누키(讚岐), 이요(伊予), 아키(安芸), 이
와미(石見), 스오(周防), 나가코(長門)

권80 부젠(豊前), 분고(豊後), 지쿠젠(筑前), 지쿠고(筑後), 휴가(日向),
히고(肥後), 오스미(大隅), 사쓰마(薩摩), 히젠(肥前), 이키(壹岐), 쓰시마
(對馬)

권81 가택류(家宅類)

권82 향목류(香木類)

권83 교목류(喬木類)

권84 관목류(灌木類)

권85 우목류 및 포목(寓木類附リ苞木)

권86 오과류(五果類)

권87 산과류(山果類)

권88 이과류(夷果類)

권89 미과류(味果類)

권90 나과류(蓏果類)

권91 수과류(水果類)

권92지본 산초류 약품(山草類藥品)

권92지말 산초류

권93 방초류(芳草類)

권94지본 습초류(湿草類)

권94지말 습초류

권95 독초류(毒草類)

권96 만초류(蔓草類)

권97 수초류(水草類)

권98 석초류(石草類)

권99 훈초류(葷草類)

권100 나채류(蓏菜類)

권101 지이류 버섯속(芝栭類 茸之属)

권102 유활채(柔滑菜)

권103 곡류(穀類)

권104 숙두류(菽豆類)

권105 양조 술, 과자, 소금, 식초, 간장류(造醸 酒, 果子, 塩, 醬油之類)

권13 「이국인물」에서는 대청(大清)에 이르는 중국의 역대 왕조가 개설된 뒤, 「몽골과 고구려가 일본국을 공격하려 하다(蒙古高句麗将攻日本国)」(6앞~7뒤)에서 13세기에 발생한 몽골·고려의 일본 침략 사건이 서술되고 그 뒤의 반 페이지에서는 남북조 시대 및 무로마치 시대의 명일 교섭이 서술된다(8앞). 그 뒤에는 「조선」 항목에서는 삼한, 기자 등에 대한 설명이 『삼재도회』와 『오잡조』에 근거하여 제시되고, 백제, 고구려, 신라, 후백제, 후고려에 대한 사항이 간략히 언급된다(8뒤~9뒤). 이어서 「조선국의 유교·불교 기원 ——『동국통감』에 보인다(朝鮮国儒仏始 見于東国通鑑)」(9뒤~10앞)에서는 삼국 시대에 불교가 전래된 과정이 설명된다. 그 뒤에는 「조선이 일본에 조공을 바친 기원(朝鮮来貢于日本之始)」 (10앞~10뒤), 「진구코고가 삼한을 정벌하다(神功皇后征三韓)」(10뒤 ~13뒤), 「히데요시가 조선을 정벌하다(秀吉征朝鮮)」(13뒤~16뒤)와 같이 한반도와 일본의 관계사가 일본의 관점에서 개설된다. 아래 인용문에서는, 임진왜란 이후에 조선 측이 먼저 화의를 〈구걸했다〉라는 에도 시대의 일반적인 관점에 입각하여, 조선이 파견하는 통신사가 임나, 삼한, 임진왜란으로 이어지는 한반도에 대한 일본의 우위적 입장을 보여 주는 증거이며, 쓰시마 번이 조선을 관리한다고 주장된다.

겐나 원년. 도쇼 신쿤이 천하를 통일한 이래 조선이 화의를 구걸하니, 쇼군이 대를 이을 때마다 반드시 세 명의 사신이 내빙한다. 그 증답 서한은 아시카가 막부 때에 준한다. 소 쓰시마노카미가 조선국을 관장한다.[20]

위의 인용문 뒤에는 「조선국어(朝鮮国語)」(16뒤~18뒤)가 이어진다. 그 뒤에는 「탐라」에 대한 기사가 『동국통감』과 일본 역사서에 의거하여 설명되고(18뒤~19앞), 1592년 7월에 가토 기요마사가 두만강 너머 충돌한 야인여진을 가리키는 「오랑카이(兀良哈)」에 대한 설명이 『대명일통지(大明一統志)』에서 인용된다(19앞~뒤). 뒤따르는 「유구(琉球)」 (19뒤~22뒤)에 대한 설명은 『이칭일본전』 중지칠권 『황명세법록』 조의 금안문 등에서 가져온 것 같다. 아이누에 대한 항목인 「에조(蝦夷)」

(22뒤~25앞), 「달단(韃靼)」(25앞~26뒤), 「여진(女眞)」(27앞~28앞), 「타이완(大寃)」(28앞~뒤), 「교지(交趾)」(29앞~뒤), 「통킹(東京)」(30앞)이 이어진다. 이상과 같이 권13 「이국인물」의 거의 절반이 한반도 및 한일 관계사에 할당되어 있으며 철저하게 일본적 관점에서 서술되고 있어서, 『이칭일본전』이 조선 후기에 한반도에 전래되었을 때 조선의 지식인들이 이 부분을 읽고 황당해했으리라는 것은 능히 짐작할 수 있다.

18~19세기 전환기 조선에서 이루어진 임진왜란 7년의 집성 작업

이덕무의 『청장관전서』 55권 「앙엽기 2 왜란과 호란 때의 적장(南北敵將)」 및 『해동역사』 「본조비어고 1」에서는, 임진왜란 당시 침략한 일본 장군들의 이름을 『화한삼재도회』에서 인용하고 있다. 성해응(成海應, 1760~1839)도 1840년경에 성립된 『연경재전집(研經齋全集)』 외집 권58 「필기류(筆記類)」에서 『화한삼재도회』와 『대청일통지』를 이용하여 일본과 후금군의 장군들에 대해 고찰한다.[21] 한편, 한치윤은 『해동역사』 「본조비어고 1」에서 『양조평양록』·『명사』 등의 중국 문헌과 함께 『이칭일본전』과 『화한삼재도회』의 임진왜란 정보를 이용하고 있다. 주로 『양조평양록』과 『명사』를 인용하여 전쟁의 큰 틀을 제시하고, 보조적으로 『이칭일본전』과 『화한삼재도회』를 이용하는 방식을 취한다. 임진왜란에 대한 일본 측의 병학 문헌 가운데 조선 후기에 알려진 것은, 『이칭일본전』을 통하여 간접 인용되는 『조선 정벌기』, 『난포문집』, 『모리가기』 등과, 『이칭일본전』과는 별도의 경로로 입수되어 독자적으로 직접 인용되는 『격조선론』, 『본조무림전』 등으로 구분할 수 있다.

『이칭일본전』은 가이바라 엣켄의 『구로다가보』와 함께 『징비록』을 초기에 이용한 문헌이며, 『화한삼재도회』의 임진왜란 정보는 『다이코기』, 『양조평양록』, 『징비록』으로 대표되는 세 나라의 문헌이 17~18세기 전환기에 일본에서 집성된 것을 요약한 것이다. 그러므로 『이칭일본전』과

『화한삼재도회』를 읽는 조선 후기의 지식인은, 자국에서 집필된 『징비록』에 실린 정보와 동시에, 명나라 및 일본 문헌의 정보와 융합되어 변용된 『징비록』 발(發) 정보를 동시에 접한 것이다. 이리하여, 일본에서 17~18세기의 전환기에 한·중·일 삼국 문헌을 이용해서 임진왜란 7년사를 정리하고자 한 움직임과 상통하는 움직임이, 조선에서는 18~19세기의 전환기에 일어났다. 이러한 움직임을 대표하는 것이 이덕무의 『청장관전서』 「앙엽기 2 왜란과 호란 때의 적장」과 한치윤의 『해동역사』 「본조비어고 1-5」라고 할 수 있다. 이덕무와 한치윤 모두 조선 측의 임진왜란 인식을 기본으로 하면서 중국과 일본 기록을 인용함으로써 국제 전쟁의 전체상을 드러내고자 한 데에서 공통점을 보인다. 『해동역사』 「본조비어고」의 임진왜란 기사는 위에서 검토하였고, 한편으로 이덕무는 상대국의 정보를 정리하여 국제 전쟁의 전모를 간결히 드러내는 데 힘썼으므로 아래에 『청장관전서』 「앙엽기 2 왜란과 호란 때의 적장」의 해당 대목을 인용한다. 이는 『화한삼재도회』 권13 「이국인물」의 「히데요시가 조선을 정벌하다(秀吉征朝鮮)」를 거의 그대로 옮기고 이덕무 자신의 견해를 앞 뒤에 덧붙인 것이다.

　　무릇 승리를 거두는 책략으로 많이 첩자를 이용하여 적국 장수의 성명·관직·연령·용모·용맹·재략부터 안 뒤에야 임기응변할 수 있다. 그런데 우리나라는 병법을 전혀 몰라서 일본의 침입과 만주의 내침에 그 장수들이 누구인지를 멍하니 모르고 있었으니, 기병과 보병이 얼마나 되는가를 어찌 알았겠는가. 이제 일본의 데라시마 료안이 기록한 것(『화한삼재도회』를 가리킴 ── 인용자)과 『대청일통지(大淸一統志)』에 실린 것을 참고해서 여기에 기록하여 둔다.
　　다이코 히데요시 공이, 자신이 천하를 장악하여 최고의 자리에 이르렀으나 중화는 손대지 못했다 하고는, 급히 대명을 멸망시키고 외국 황제가 되고자 하였다. 이에 조선을 선봉으로 삼으려고 조선에 그 일을 말하였으나 조선이 응하지 않으므로 히데요시 공이 크게 분노하여 먼저 조선을 치기로 하고, 1592년에 장군들을 거느리고 히젠주 나고야에 진을 치니, 장병 10만 명이 종군했다(상고하건대, 왜의 관호와 성명이 서로 혼동되어 분별하기 어렵기 때문에 다 동그라미를 쳐서 구별하였다).

1번

- 소 요시토시(宗對馬侍從義智)
- 고니시 유키나가(小西攝津守行長)
- 마쓰라 시게노부(松浦刑部卿)
- 아리마 하루노부有馬修理大夫)
- 오무라 요시아키(大村新八郎)

도합 1만 8천7백여 명

2번

- 가토 기요마사(加藤主計頭淸正)
- 나베시마 나오시게(鍋島加賀守直茂)
- 사가라 요리후사(相良宮內太輔長安)

도합 1만 8백 명

3번

- 구로다 나가마사(黑田甲斐守長政)
- 오토모 요시무네(大友馮後侍從義統)

도합 1만 1천 명

4번

- 모리 모토야스(毛利壹岐守元康)
- 시마즈 요시히로(島津薩摩侍從義弘)
- 다카하시 모토타네(高橋九郎)
- 아키즈키 다네나가(秋月三郎)

- 이토 스케타카(伊藤民部太輔)
- 시마즈 다다토요(島津又七郎)

도합 1만 4천 명

5번

- 후쿠시마 마사노리(左衛門大夫正則)
- 도다 가쓰타카(戶田民部少輔)
- 조소카베 모토치카(長曾我部土佐守)
- 하치스카 이에마사(蜂須賀阿波守)
- 이코마 지카마사(生駒雅樂頭)
- 구루시마(來島) 형제

도합 2만 5천 명.

6번

- 고바야카와 다카카게(小早川侍從隆景)
- 모리 히데카쓰(久留米侍從秀包)
- 다치바나 무네시게(立花飛驒守宗茂)
- 다카하시 나오쓰구(高橋主膳)
- 쓰쿠시 히로카도(筑紫上野介)

도합 1만 5천7백 명

7번

- 모리 데루모토(安藝宰相)

도합 3만 명

8번

- 우키타 히데이에(備前宰相)

도합 1만 명으로 쓰시마에 진을 쳤다.

9번

- 하시바 히데카쓰(岐阜宰相)

• 호소카와 다다오키(丹波小將)

도합 1만 1천5백 명으로 쓰시마에 진을 쳤다.

• 도합 15만 8천7백 명이라 하나 상고해 보면 인원수가 맞지 않는다.

4월 12일에 선박을 출발시켰는데, 3부교(三奉行)는 마시타 나가모리 (增田長盛), 이시다 미쓰나리(石田三成), 오타니 요시쓰구(大谷吉繼)이다 (상고하건대, 이 세 사람은 혼동을 일으키지 않으므로 동그라미를 치지 않았다). 제1군이 일찍 도착하여 고니시 유키나가와 소 요시토시가 먼저 부산포의 성을, 다음에 동래성을 빼앗고 이어 충주성을 빼앗았다. 제2군 의 가토 기요마사 등은 충주에 모였는데 가토 기요마사는 늦어서 참전하 지 못한 것을 분하게 여겼다. 충주에서 왕성으로 가는 두 길이 있는데, 하 나는 남문으로 통하는 길로 험난했고 하나는 동문으로 통하는 길로 평탄 했다. 이에 가토 기요마사 등은 남문쪽으로, 고니시 유키나가 등은 동문 쪽으로 향했는데, 대왕은 3일 전에 의주로 달아났고 왕자 임해군과 순화 군이 오랑카이 부락으로 도망치자, 가토 기요마사가 사로잡고자 하여 함 경도로 향했고 나베시마 나오시게가 그 뒤를 따랐다.

고니시 유키나가와 소 요시토시는 평양에 주둔하고 오토모 요시무네 는 봉산에, 구로다 나가마사는 배천에, 고바야카와 다카카게와 모리 히 데카쓰 등은 그 다음에다 진을 쳤다.

명의 조승훈과 사유가 군사 3천을 거느리고 평양의 안정관에 주둔하 였다가 고니시 유키나가가 진군하여 공격하자, 명군이 패주하였다. 가토 기요마사와 나베시마 나오시게는 개성까지 전진하였다가 6월 18일에 안 변에 도착하여서는 두 장수가 두 길로 갈라져, 가토 기요마사는 오랑카 이 부락으로 향하고 나베시마 나오시게는 길주로 전진하였다. 이에 먼저 평양성을 도륙하여 머리 6백을 베고 북단(北丹)[상고하건대, 북청(北靑) 의 잘못이다]과 홍원(洪原)을 공략한 다음 안평부(安平府)[상고하건대, 안평부(安平府)는 곧 정평(定平)의 잘못이다]에 진을 치고 나베시마 나오시게의 5남(男) 나베시마 시게사토(鍋島茂里)를 홍원에 배치시켰다.

가토 기요마사가 오랑카이 부락에 당도하여 두 왕자와 대신을 사로잡고 안변으로 돌아가려 하였는데, 7월 24일에 오랑카이 사람과 가구나미(漢南, 명나라 강남 출신 군대) 사람이 추격하고 또 길주의 대군이 참가하므로 가토 기요마사가 나베시마 나오시게에게 원병을 청했다. 그래서 나베시마 나오시게가 나루토미[成富, 나루토미 시게야스(成富茂安)를 가리킴]와 모치나가[持永, 모치나가 시게나리(持永茂成)를 가리킴] 두 사람을 시켜 그를 구원하게 하자, 가토 기요마사가 함흥에 당도하여 나베시마 나오시게를 찾아 보고 원병을 보내준 데 대해 사의를 표했다. 나루토미 시게야스[상고하건대, 모치나가(持永)를 말하지 않고 시게야스(茂安)를 칭하니 의아하다]의 용맹은 이국에도 알려졌다. 이윽고 가토 기요마사와 나베시마 나오시게가 함경도 22군을 토평하고 나베시마 나오시게가 영강산(永岡山)[본주(本註)에 〈함흥의 변두리다〉 하였다]에 진을 쳤다. 매천(梅天)·매백(梅白) 형제가 군사를 일으켰는데, 나베시마 나오시게가 그것을 토벌하여 1천5백의 수급(首級)을 얻었다. 또 올평산(兀平山)(본주에 〈함흥의 북쪽 80리에 있다〉 하였다)에 관찰사가 수만의 군사를 일으켰는데 나베시마 나오시게가 3천여 기로 그것을 토벌하여 1천3백여의 머리를 베고 귀를 잘라 일본으로 보내왔다.

명나라의 장군 이여송이 군사 5만을 거느리고 안정관에 당도하여 조선군과 합세하니, 도합 20만이었다. 고니시 유키나가가 평양에 있다가 군사가 겨우 8천이어서 왕도(王都)로 퇴각하자 적이 추격하였고 구로다 나가마사가 그 후미를 지켰다. 나베시마 나오시게가 얻은 8개의 성(城)은 덕원·문천·고원·영흥·정평·홍원·금산·함흥이다. 이여송이 10만의 군사를 거느리고 개성부에 주둔하였는데, 고바야카와 다카카게, 다치바나 무네시게, 모리 모토야스가 이를 쳐부쉈다.

1593년 4월에 명나라의 심유경·서일관·사용재 세 사신이 나고야에 와서 강화(講和)하자, 다이코가 승락하고 포로해 온 것을 사과한 다음 왕자를 조선으로 보내고, 또 강화를 서약한 혈서를 가토 기요마사에게 보냈다.

1596년 9월에 명나라의 정사 양방형과 부사 유격(遊擊, 심유경) 등이 내공(來貢)하여 화의(和議)의 예를 체결했다. 이에 중 쇼타이(承兌)를 시켜 신종 황제의 글을 읽게 하였는데 다이코가 〈히데요시를 일본국 왕에 봉한다〉라는 말을 듣고는 노하여 〈나는 성왕(成王)과 같이 스스로 왕이 되었는데, 어찌 중국의 힘이 필요하겠는가〉라고 했다. 이리하여 화의는 갑작스럽게 결렬되어 버렸다.

1597년 2월에 다시 대군을 보내 조선과 대명을 쳤는데, 적 역시 병선 수백 척으로 이를 막아 왜군이 매우 위태했다. 나베시마 가쓰시게(鍋島勝茂)[본주에 〈직무의 아들로 호는 시나노노카미(信濃守)이다〉라고 했다]가 크게 처부숴 7백여의 머리를 베었다. 가토 기요마사, 나베시마 나오시게, 나베시마 가쓰시게가 전라도 가야산의 성을 공격하자, 명나라 형개가 수만의 군사를 거느리고 와서 습격하므로 금구와 김제에서 고전하여 3,369의 머리를 베고 코를 베어 일본으로 보내왔다.

가토 기요마사와 아사노 유키나가(淺野幸長)[본주에 〈아사노 나가마사(淺野長政)의 아들로 어린 나이에 용기가 있었다〉라고 했다]가 울산성에 여러 달 동안 있다가 명나라 군사가 그곳을 포위하자, 고니시 유키나가 등이 머리 수천 급을 베었다. 이리하여 고토 이에노부(後藤家信)가 말을 몰아 큰 강을 건너고 사졸들이 개울을 건너왔으며, 구로다 나가마사도 달려와 합세하여 마침내 한 방면을 격파하였다.

1598년 3월에 명나라 진린이 당도(唐島, 거제도)에 수백 척의 병선을 보내므로 도도 다카토라(藤堂高虎), 후쿠시마 마사노리, 구키 (요시타카), 와키사카 (요시하루) 등이 이를 맞아 크게 싸웠고, 가토 요시아키(加藤左馬介)가 역전하여 공을 세웠다.

시마즈 요시히로(島津義弘)와 다다쓰네(忠恒) 등이 사주(泗州, 사천)

신채(新寨)에 있다가 명나라의 동일원이 군사 수십만을 거느리고 와서 포위하자, 시마즈 요시히로가 포위망을 뚫고 나와서 적 3만 8천을 토멸하고 코를 베어 일본으로 보내왔으므로, 이국인이 시마즈를 귀사만자(鬼思蠻子)라 부르고 가토 기요마사는 귀장군(鬼將軍)이라 불렀다. 이윽고 다이코가 훙거하자, 일본 군사가 서서히 철수하였고 얻은 귀와 코를 대불전(大佛殿)가에 묻었다[본주에 〈지금 이총(耳塚)이라 하는 것이 바로 그것이다〉라고 했다].

겐나 원년. 도쇼 신쿤이 천하를 통일한 이래 조선이 화의를 구걸하니, 쇼군이 대를 이을 때마다 반드시 세 명의 사신이 내빙한다. 그 증답 서한은 아시카가 막부 때에 준한다.

상고하건대, 이 글에 참람됨이 많고 말이 간혹 틀린 데가 있으나 왕왕 사실대로 기록된 곳이 있기에 그 대략을 기록하였다. 아무튼 당시를 상상해 보면, 분노가 저절로 끓어오른다.[22]

한편, 정유재란 당시 포로가 되었다가 탈출하는 데 성공한 강항은『간양록』「적중 봉소(賊中封疏) 왜국 팔도 육십육주도(倭國八道六十六州圖)」에서 임진왜란 당시 침략군의 구성을 상세히 소개하고 있다.[23] 이는 생생한 자료이지만 이덕무나 한치윤 등은『간양록』이 아닌『화한삼재도회』를 이용하여 임진왜란 당시 일본 측의 부대 상황을 서술하였다. 일본 측의 자료이기 때문에 더욱 신뢰한 것일 수도 있고, 조선 후기의『간양록』유포 범위가 한정적이었기 때문에 입수하지 못한 것일지도 모르겠다.

참고로, 한치윤은『해동역사』41「교빙지 9 일본(日本)과 통교(通交)한 시말(始末)」에서『일본서기』의 내용을 인용하는 한편으로, 아래와 같이『일본서기』에 보이는 기사를『화한삼재도회』에 인용된 데에서 재인용하는 경우가 있다.

[한나라 원제 경녕(竟寧) 원년이다.] 스진 덴노 65년 가을 7월에 임나 국에서 소나카시치(蘇那曷叱智)를 파견하여 조공하게 하였다. 임나국은 쓰쿠시 지역(筑紫國)에서 2천여 리 떨어진 곳에 있는데, 북으로는 바다가 가로막고 있고 계림(鷄林, 신라)의 서남쪽에 있다.『일본서기』

이 해에 임라국(任羅國) 사람이 왔는데, 이것이 다른 나라 사람이 와서 조공을 바친 시초이다. 임라의 본 이름은 가라(加羅)이다. 그 사람은 이마 에 튀어나온 것이 있었는데, 말하기를, 〈나는 오호카라국(意富加羅國)의 왕자로, 이름은 쓰누가아라시토(都怒我阿羅斯等)이다〉 하였다. 에치젠 (越前)의 게히우라(笥飯浦)에 도착하였는데, 3년간 머물러 살았다.『화한 삼재도회』

위에 언급된 소나카시치와 쓰누가아라시토 관련 기사는 다음에 인 용한『일본서기』스진 덴노(崇神天皇) 65년 조와 스이닌 덴노(垂仁天皇) 2년 조에 보인다. 그러니까, 만약『일본서기』의 완질을 가지고 있었다면 두 기사 모두『일본서기』에서 인용하는 것이 가능했다.

(스진 덴노) 65년 가을 7월. 임나국이 소나카시치를 보내 조공하였다. 임나는 쓰쿠시 지역에서 2천여 리 떨어져 있다. 북쪽으로 바다를 두고 계 림의 서남쪽에 위치한다.[24]

(스이닌 덴노 2년) 이 해, 임나인 소나카시치가 〈나라에 돌아가고 싶 다〉라고 말하였다. 지난 덴노(스진) 때 내조하였다가 아직 돌아가지 않 은 것인가. 그리하여 소나카시치에게 후하게 상을 주고, 그를 통하여 붉 은 비단 100필을 임나의 왕에게 주었다. 그러나 신라인이 길을 막고 빼앗 았다. 두 나라의 원한이 이때부터 시작되었다. [어떤 책에는 다음과 같이

적혀 있다. 스진 덴노 치세에 이마에 뿔이 난 사람이 배를 타고 에쓰 지역 (越国)의 게히우라(笥飯浦) 항에 정박하였다. 그래서 이곳을 쓰누가(角鹿) 라고 부른다.][25]

한치윤이 이런 방식으로 인용을 한 데에는 몇 가지 이유를 추정할 수 있다. 인용 서목을 다양하게 하기 위해서였을 수도 있고, 아니면 실은 『일본서기』의 일부만을 열람했기 때문일 수도 있다. 조선 시대 후기의 일본 관련 문헌에 보이는 일본 문헌이, 실제로는 이름만 전해진 경우가 있다. 그러나, 한치윤이 『해동역사』에서 『일본서기』를 이용하는 방식을 검토하면 그는 『일본서기』의 상당 부분을 읽었으리라는 추측이 가능하다. 그렇기 때문에 이와 같이 인용한 이유를 잘 알 수 없다.

제2절 기무라 겐카도 그룹

기무라 겐카도와 조선

에도 시대 오사카의 거상(巨商)이었던 기무라 겐카도(木村蒹葭堂, 1736~1802)는 당시 일본 문화의 거점이 된 인물 가운데 하나였으며, 18세기 오사카의 한시(漢詩) 그룹인 혼돈시사(混沌詩社)의 원형도 기무라 겐카도가 주최한 겐카도회(蒹葭堂会)였다. 또한 그는 『에혼 다이코 기』의 삽화를 그린 오카다 교쿠잔(岡田玉山, 1737~1808)에게 청나라에 서 수입한 최신 문헌을 다수 제공하여 『당토명승도회(唐土名勝図会)』을 제작하게 하는 등[26] 출판 문화의 패트런(후원자)으로서도 역할하였다. 기무라 겐카도에 대하여는 미즈키 노리히사(水田紀久, 1926~)의 연구 가 대표적이며,[27] 기무라 겐카도의 활동 거점이었던 오사카 지역에서도 그에 대해 주목하고 있다.[28] 미즈키 노리히사 등은 기무라 겐카도가 약

9만 명과의 교류에 대해 기록한 『겐카도 일기(兼葭堂日記)』도 활자화하였으므로 이용에 편리하다.[29]

기무라 겐카도의 평판은 1764~1765년의 제11회 통신사를 통해 조선에도 전해졌다. 겐카도 그룹의 모임을 그린 『겐카도아집도』 역시 조선에 전해진 뒤 한동안 행방불명 상태로 있다가 전 교토대 김문경 교수에 의해 국립 중앙 박물관에서 재발견되었다. 이 역사적 사건을 증언한 다이텐의 『평우록』을 번역한 김문경은, 겐카도 그룹이 조선 지식인들에게 준 충격과 영향을 다음과 같이 요약한다. 〈계미 통신사절은 이전에 일본에 대한 문화적 우위를 자랑했던 조선 지식인의 대일 인식에 적지 않은 변화를 가져다주었다. 계미 통신사절에 참여한 남옥처럼 일본 문인과의 응수시를 자세히 남긴 사람은 그 이전에는 없었으며, 일본을 왜가 아닌 화국이라고 부른 것도 이전에는 생각하기 어려웠을 것이다. 나아가 실학파의 대표적 인물인 이덕무는 『화국지』를 바탕으로 『청령국지』를 저술한 바 있다. 《청령국》은 『일본서기』 등에 보이는 일본의 옛날 아호인 아키츠시마에 의거한 것인바, 이러한 명명에서는 일본에 대한 일종의 동경마저 느껴진다.〉[30]

방일 당시 성대중은 기무라 겐카도가 상인 출신으로 높은 학문적 명성을 얻었음을 기이하게 여긴 바 있다.

용연(성대중): 세숙은 어떻게 양(梁)과 초(楚) 사이 같은 (상업지 오사카에서) 이러한 (문인으로서의) 명성을 얻었습니까? 듣자하니 그는 술을 팔아 책을 사서 집 안에 책이 가득 차 넘친다던데, 매우 기이한 일입니다. 오사카 한 지역이 세숙으로 인해 값어치가 올랐음이 틀림없겠습니다.
……(중략)……
추월(남옥): 상인들의 고장에서 세숙이 뛰어나 스님께서 칭송하는 바가 되니, 참으로 진흙 속의 한 떨기 연꽃입니다. 이 말을 그에게 전해 주십

시오.[31]

이로부터 겐카도의 명성이 조선에 전파되어 박지원을 비롯한 북학파 지식인들의 저술에 그들의 글과 그들에 대한 정보가 실리게 되었다. 통신사행을 통해 전해진 기무라 겐카도의 소문을, 박지원은 『열하일기』 「동란섭필」에서 다음과 같이 기술하고, 한반도 역시 고려 왕조 때는 무역을 통해 중국의 최신 사정을 잘 파악하고 있었으나 지금은 그렇지 못하다며 아쉬워한다.

> 고려 때는 송의 장삿배들이 해마다 자주 예성강에 닿았으며, 백화(百貨)가 몰려들었다. 고려 왕은 예절을 차려서 대우했으므로, 당시에 서적들은 훌륭히 갖추어졌고, 중국의 기물(器物)로서 안 들어온 것이 없었다. 오늘날 우리나라는 뱃길로 중국 남방과 통상을 하지 못하므로 문헌에는 더구나 캄캄하며, 삼왕(三王)의 일을 몰랐던 것도 모두 이 때문이다. 그러나 일본은 중국 강남과 통하므로, 명나라 말년에 고기(古器)와 서화와 서적과 약료(藥料)가 나가사키(長崎) 지방에 폭주(輻輳)하여, 지금의 겐카도 주인 목씨(木氏, 기무라) 고쿄(弘恭, 실제로는 孔恭)의 자는 세슈쿠(世肅)인데, 3만 권의 책을 가지고 중국의 명사와도 많은 교제가 있다고 한다.[32]

한편, 정민은 일본과 조선의 두 지식인 그룹이 원격 접촉한 사건의 중요성과 한계를 다음과 같이 서술한다. 조선 후기에 일본에 대한 정보가 어떻게 수용되었는지를 잘 정리한 글이므로 길지만 인용한다.

> 이덕무는 성대중이 가져왔다는 「겸가당아집도」에 대한 소문을 듣고 ……(중략)…… 이 그림을 빌려 보고 난 이덕무는 「겸가당아집도」에 수록

된 시문 전체를 자신의 『이목구심서』에 옮겨 적고, 『청비록(淸脾錄)』 권
1에 「겸가당」이란 항목을 따로 두어 겐카도 그룹을 소개하는 데 열을 올
렸다. (인용문 생략) 1763년의 통신사행을 계기로 조선 지식인이 일본을
보는 눈은 확실히 달라졌다. 그들은 결코 얕잡아 볼 수 없을 정도의 학문
수준과 창작 능력, 게다가 왕성하고 활발한 지적 욕구와 예술 품격을 지
니고 있었다. 두려움을 느낄 정도였다.

홍대용이 북경으로 떠난 것은 1765년 10월이었다. 홍대용 또한 출국
전에 성대중 등이 일본에 가서 그곳의 문사들과 천애지기의 우정을 쌓고
온 일에 깊은 인상을 받았다. 그는 일본인들의 증별 시문을 원중거가 두
권으로 엮어 묶은 『일동조아(日東藻雅)』란 책에 발문을 썼다. 그는 이 책
에 실린 여러 사람의 이름을 하나하나 나열한 후 이들의 풍치가 우리나
라뿐 아니라 중국에서도 쉽게 얻을 수 있는 게 아니며, 게다가 이들은 작
정하고 선발한 인재가 아니라 우연히 만났던 사람들이라고 감탄했다. 그
는 한발 더 나아가 우리나라 사람이 일본에 가서 정학(正學)을 밝히고 사
설(邪說)을 꺾겠다며 망령되이 성명(性命)을 말하고 제멋대로 불로(佛老)
를 배척하며 허세를 부리는 것은 우리 학문에 아무 보탬이 안 될 뿐 아니
라 급선무도 아니라고 잘라 말했다. 저들을 배우자는 말을 돌려서 한 것
이다. 홍대용이 그 이듬해 북경에 가서 엄성, 육비, 반정균 등과의 만남에
그토록 갈급했던 데에는 성대중, 원중거 등과 겐카도 그룹의 만남에서 자
극을 받은 지점이 분명히 있다.

한편 겐카도 그룹은 성대중에게 선물한 「겸가당아집도」로 인해 자신
들의 존재가 조선 지식인 사회에 널리 알려지고 중국에까지 전파될 줄은
생각지도 못했을 것이다. 이들의 존재를 세상에 알린 것은 이들과 직접
교유한 당사자였던 성대중이나 원중거 등이 아닌 연암 그룹이었다. 연암
그룹과 가까웠던 원중거는 일본에 다녀온 후 자신이 엮은 『일동조아』 두
책을 이들에게 보여 주었다. 이서구가 이 가운데 67수를 가려 뽑아 『청령

국시선(蜻蛉國詩選)』이란 제목을 달았다. 유득공은 이 시집에 서문을 썼다. 뿐만 아니라 그는 이 가운데 몇 수를 뽑아『건연외집(巾衍外集)』에 수록했고, 뒤에『병세집(幷世集)』을 엮으면서 역시 일본 항목을 따로 마련해 동시대 문인으로 그들을 나란히 세웠다. 박제가는 자신의〈장난 삼아 왕어양의 세모회인시를 본떠 짓다〉60수 연작 끝 부분에 만난 적도 없는 이들 5인의 이름으로 각각 한 수씩 시를 지었다. 그리고 이덕무가『청비록』에 소개한「겸가당」항목은 이조원이 엮어 펴낸『속함해(續函海)』에 수록되어 중국에 이들의 존재를 알리는 데 기여했다.

이 일을 계기로 조선 지식인의 일본에 대한 관심이 부쩍 높아졌다. 이덕무는 가보지도 않고『청령국지』를 엮었다. 청령은 잠자리인데 일본의 영토가 잠자리 모양이라 해서 붙은 이름이다. 일본 입문서의 성격이 짙다. 원중거(元重擧)가『화국지(和國志)』를 엮고, 질세라 성대중(成大中)은『일본록(日本錄)』을 펴냈다. 현재 실물은 남아 있지 않지만 이서구(李書九)도 일본 풍물지인『하이국기(遐夷國記)』를 지었던 것으로 알려져 있다. 확실히 이 시기에 불어닥친 일본 알기 열풍은 전에 없던 특별한 현상이었다. 그 중심에 기무라 겐카도가 있었다.

겐카도 그룹은 2년 뒤 부산 왜관을 통해 성대중과 원중거 등에게 안부를 묻고 지속적인 교류를 청하는 편지를 보내와 조야를 한번 더 놀라게 했다. 전에 없던 개방적이고 활달한 태도에 모두 당황했다. 한편 일본인과의 사적 교유를 삐딱하게 바라보던 주변을 의식한 나머지 성대중 등은 이들의 편지에 답장조차 하지 못했다. 아쉬운 대목이다.

성대중은 자신이 간직했던「겸가당아집도」첫머리에 친필로 다음의 시한 수만을 남겼을 뿐이다. (인용 생략)〈사신이 돌아온 지 2년 만에 아집중의 사람들이 편지를 보내 문안하였다〉고 시 끝에 적혀 있다.「겸가당아집도」를 펼치기만 하면 일본제 등전지(藤箋紙)에 적힌 시문에서 환한 빛이 쏟아져 나오고 밝은 달 뜬 가을과 꽃 난만한 나니와 강변 겸가당의 풍경이 떠오른다는 사연이다. 매년 여러 차례 사행이 오간 중국과 달리 일본은 고작 십수 년에 한 번씩, 임란 이후 통틀어 열두 차례밖에 통신사를 보내지 못해 사적 교유의 통로가 꽉 막혀 있었다.[33]

이와 같이 정민은 18세기 말 조일 양국 간 교류의 핵심 가운데 하나가 기무라 겐카도 그룹이었음을 지적하고, 귀국 2년 뒤에 이들이 왜관을 통해 통신사 일행에게 연락을 취해 왔으나 조선 측이 답신을 보내지 않았음을 아쉬워하였다. 제11회 통신사가 귀국한 2년 뒤인 1766년 7월에 겐카도, 다이텐(大典), 야쿠주(薬樹), 슈케이(周奎) 네 사람이 시와 편지를 초량 왜관을 통해 서울의 남옥에게 전달하였으나, 남옥이 조정의 뜻에 따라 답신하지 않은 사건을 가리킨다.[34] 이 사건은 물론 대단히 아쉬운 일이나, 전근대 동중국해 연안 지역에서는 표류를 제외하고 민간인이 국경을 넘는 일이 제한받았으며 국가의 방침에 따라 외국과의 교류에 제한을 받은 것은 일본도 마찬가지였다.

예를 들어, 대대로 네덜란드어 통역관을 역임한 가쓰라가와 집안의 제6대 가쓰라가와 호켄(桂川甫賢, 1797~1845)의 경우. 나가사키 데지마에 와 있던 독일인 지볼트와 교류하면서 유럽에 명성이 알려져, 식물학자 라인바르트(Caspar Georg Carl Reinwardt, 1773~1854)의 추천으로[35] 바타비아 예술 과학 협회 통신원으로 임명되고, 〈전의(典醫)인 식물학자 가쓰라가와 호켄Botanicus W. eigenlijk Katsira Gawa Hoken〉이라는 호칭을 얻었다.[36] 이처럼 국제적 명성을 얻은 호켄이었으나, 네덜란드 동인도 회사의 식물학자가 보낸 편지와 식물 씨앗을 국가의 상황 때문에 받을 수 없다고 거절했다는 내용이 이마이즈미 미네(今泉みね)의 『추억의 꿈 ― 난의 가쓰라가와 집안에 태어나서(名ごりの夢 ― 蘭医桂川家に生まれて)』(平凡社, 2003)에 수록되어 있다. 호켄에게 편지와 씨를 보낸 이 식물학자는 아마도 1823~1826년 사이에 인도네시아 자카르타의 보고

르 식물원(Kebun Raya Bogor, The Bogor Botanical Gardens)의 제2대 원장을 역임한 독일인 식물학자 블루메(Carl Ludwig Blume, 1789~1862)였던 것 같다. 호켄이 편지 수령을 거절한 것은, 1828년에 지볼트가 귀국길에 이노 다다타카(伊能忠敬)의『대일본연해여지전도(大日本沿海輿地全図)』를 가져가려다가 배가 난파하는 바람에 들켜서 막부가 관련자를 일대 검거한 지볼트 사건과 관련이 있을 가능성이 있다. 이상과 같이, 전근대 동중국해 연안 지역에서는 민간 차원의 국제적 교류가 기본적으로 금지되었기 때문에 외교 사절의 일원으로서 출국한 차에 간헐적으로 이루어진 교류, 그리고 뜻하지 않게 발생한 표류 체험이 중시되는 것이지만, 그러한 공적 교류와 표류 체험에 지나치게 의미를 부여할 필요는 없을 것이다. 메이지 시대 일본에서 표류기에 대한 연구가 본격화되고 이시이 겐도(石井研堂, 1865~1943)[37] 등으로 대표되는 대중 저술가들이 작품을 양산한 것이나, 21세기 들어서 한국 내에서 문순득 등의 표류민에 대한 관심이 커지는 것에서는, 국제적으로 양국의 국세(國勢)가 팽창해 감에 따라 국민들 사이에 해외 진출의 선례(先例)를 찾고자 하는 정치적 욕망이 읽힌다.

아무튼, 기존에 지적되어 왔듯이 제11회 통신사행 이후 일본의 학문에 대한 조선 지식인들의 관점에 큰 변화가 일어났다. 통신사행에 참여한 사람들이 일본에 대한 문헌을 남긴 것은 물론, 직접 일본에 가지 않은 이덕무와 같은 사람도 중요한 문헌을 생산하였다. 나아가, 후지쓰카 지카시,[38] 정민,[39] 다카하시 히로미,[40] 후마 스스무[41] 등이 지적한 바와 같이 조선이 일본과 청나라에 보낸 외교 사절을 통해 세 국가가 간접적으로 학술적 성과를 교류하기도 하였다. 다카하시 히로미와 정민은 이를 〈문예 공화국〉이라고 부른 바 있다. 물론 유럽이나 이슬람권에서와 같이 민간 차원의 긴밀한 교류가 동중국해 연안 지역에서 장기적으로 이루어진 것은 아니고, 중국 강남 지역과 일본의 나가사키처럼 조선을 경유하지 않은 중요한 교류 루트가 별도로 존재하기도 하였지만, 〈문예 공화국〉이라 불리는 현상이 특기할 만한 사건이었음에는 분명하다. 주지하다시피 이러한 현상의 한 측면을 보여 주는 조선 후기의 문헌으로서는 남옥(南玉)의 『일관기(日觀記)』, 원중거의 『화국지』와 『일동조아』, 이서구의 『청령국시선』과 『하이국기』, 성대중의 『일본록』, 일본에 관한 독립된 문헌은 남기지 않았으나 통신사행 당시 일본에서 주목받은 이언진의 저작,[42] 그리고 유득공(柳得恭, 1748~1807)의 『건연외집』, 『병세집』 등을 들 수 있다. 이들 문헌 가운데 기무라 겐카도의 시가 실린 『병세집』은 특히 주목받아 왔다. 〈유득공은 『중주십일가시선(中州十一家詩選)』을 엮은 지 19년 뒤인 1796년에 『병세집』을 엮는다. 그후 자신과 이덕무, 박제가 등이 연행에 참여해서 직접 만났던 인물들을 대거 보충하고, 1764년에 조선 통신사행으로 일본에 갔던 원중거가 일본 문사들에게서 받은 시를 첨가해서 말 그대로 한중일 세 나라 동시대 문인들의 시집으로 확장해 묶었다.〉[43]

박제가는 『북학의』의 유명한 「강남 절강 상선과의 통상론」에서 아래와 같이 중국과의 적극적인 무역을 개시하자고 제안한다. 인용문에서 보듯이 박제가는 송나라와 직접 무역하여 부강해진 고려와 함께, 나가사키를 통해 청나라와 직접 교역을 하면서 부유해진 일본을 중요한 선례로 내세운다. 그리고, 조선 전기에 활동한 토정 이지함의 대(對) 중국무역론을 끌어들여 자신의 주장을 보강한다. 박제가는 1778년에 청나라에 다녀온 뒤에 『북학의』를 집필했지만, 그 배경에 1764~1764년 제11회 통신사가 견문한 일본의 발전상, 특히 무역을 통해 부유해진 기무라 겐카도와 같은 중인 계급이 학문을 주도한다는 사실이 있었음은 새삼 강조할 필요가 없을 것이다.

우리나라는 삼면이 바다로 둘러싸여 있다. 서쪽으로는 등주 내주와 직선 거리가 600여 리에 지나지 않고, 남해 바다의 남단은 오 땅의 머리쪽과 초 땅의 꼬리쪽에 위치한 강서 지역과 서로 바라보고 있다. 송나라 배가 고려와 통상하던 시절에는 명주로부터 이레 만에 예성강에 정박했으므로 가까운 거리라 할 만하다. 그러나 조선이 건국 이래로 거의 400년 동안 다른 나라와 배 한 척 왕래한 일이 없다.

어린아이가 낯선 손님을 보면 부끄러워하고 쭈뼛쭈뼛하다가 삐쭉거리며 운다. 본래 성품이 그래서가 아니라 보고 들은 것이 적어 의심이 많아서다. 그렇듯이 우리나라 사람은 두려움을 쉽게 느끼고 꺼리는 것이 많으며, 풍속과 기운이 투박하고 재능과 식견이 시원하게 트이지 못했다. 오로지 외국과 통상이 없는 것이 그 이유다. 황차(黃茶)를 실은 배 한 척이 표류하여 남해에 정박한 일이 있다. 온 나라가 10여 년 동안 사용했는데도 여전히 황차가 남아 있다. 어떤 물건이고 그렇지 않은 것이 없다. ……(중략)……

지난날 왜국이 중국과 통상하지 않았을 때에는 우리나라의 중개를 통해 연경에서 실을 무역해 갔다. 그래서 우리나라 사람이 중간 이익을 차지했다. 그 같은 무역이 그다지 이익을 얻지 못한다는 사실을 알아차린 왜국이 중국과 직접 통상한 이후로 새로 교역한 나라가 30여 개국에 이른다. 그들 가운데는 중국어를 잘하는 자가 간혹 있어서 천태산과 안탕산의 기이한 경치를 술술 말한다. 천하의 진귀한 물건과 중국의 골동품 서화가 나가사키에 폭주하고 있다. 그 뒤로 다시는 우리에게 물건을 요청하지 않는다. ……(중략)…… 자기 나라가 부유하고 강하게 되기를 바라지 않는 사람은 없다. 그런데 부강하게 만드는 방법은 어째서 남에게 양보를 한단 말인가?

이제 장사하는 배를 외국과 유통시키고자 한다면 이렇게 하면 된다. 왜국놈들은 약삭빨라서 늘 이웃 나라의 틈새를 엿본다. 그렇다고 안남, 유구, 대만과 같은 나라는 뱃길이 험하기도 하고 또 너무 멀어서 그들 나라와는 모두 통상하기가 어렵다. 그러니 오직 중국밖에 없다. 중국은 태평을 누린 지가 100여 년이다. 우리나라가 공순하고 다른 마음을 품지 않는다고 판단하고 있으므로 논리를 잘 펴서 이렇게 말하면 된다.

〈일본과 유구, 안남, 서양의 나라조차도 모두 민과 절강, 교주, 광주 등지에서 교역한다. 저 여러 나라들과 함께 끼고 싶다.〉

이렇게 한다면 저들은 반드시 우리를 의심하지 않고 허락하며 특별한 일이 일어날 것을 우려하지 않을 것이다. 그렇게 하여 나라 안의 재능이 빼어난 공장(工匠)을 모아서 선박을 만들되 중국의 선박 제조술을 채택하여 견고하고 치밀하게 만들기에 힘쓴다. ……(중략)……

토정 이지함 선생이 옛날 외국의 상선 여러 척과 통상하여 전라도의 가난을 구제하고자 했는데 선생의 식견이 탁월하여 미칠 수가 없다. 『시경』에서 〈내 옛 사람을 그리워하네. 참으로 내 마음을 알고 있으니〉라고 말했다.

중국의 배하고만 통상하고 해외의 많은 나라와는 통상하지 않는다고 했는데 이것은 일시적인 임시변통의 책략에 불과하고 정론(定論)은 아니다. 국력이 조금 강성해지고 백성들의 생업이 안정을 얻은 상황에 이르면 마땅히 차례대로 다른 나라와도 통상을 맺어야 한다.[44]

유득공은 『발해고(渤海考)』에서도 『속일본기』와 『일본일사(日本逸史)』를 이용하여 발해의 지지 편찬을 시도하고 있다.[45] 「한국 고전 종합 DB」에 의하면 『속일본기』와 『일본일사』 모두 『청장관전서』, 『해동역사』, 『오주연문장전산고』, 『연경재전집』 등에서 이용이 확인된다. 이들이 중국 문헌과 함께 일본 문헌을 다수 활용하여 발해 역사를 편찬한 것은, 일본 측에 관련 문헌이 다수 남아 있기 때문에 자연스럽다고 하겠으나, 제11차 통신사행을 즈음하여 일본에 대한 관점이 변화한 때문에 일본 문헌을 이용하는 데 대한 심리적 저항이 줄어든 탓도 있을 터이다. 유득공과는 달리 정약용은 『아방강역고(我邦疆域考)』에서 일본 문헌을 이용하지 않아서, 유득공의 『발해고』 및 이덕무 『청장관전서』 「앙엽기」와 대조된다.[46] 『속일본기』 등에 보이는 신라 및 발해 기사를 비판하는 형태로라도 언급할 만한데 전혀 언급하지 않은 이유는 무엇일까? 동시대의 주변 학자들이 모두 접하고 있던 일본 문헌을 정약용만 접하지 못했다고 추정하기보다는, 정약용이 일본 역사서의 가치를 인정하지 않았기 때문에 그 속에 실린 기사를 채택하지 않았다고 추정하는 편이 온당한 것 같다. 이렇게 생각하면, 그가 『논어고금주(論語古今注)』에서 오규 소라이(荻生徂徠, 1666~1728)의 『논어징(論語徵)』을 평가한 것을 너무 과대해석할 필요가 없을지도 모르겠다.

이덕무와 『화한역대비고』, 그리고 『아즈마카가미』

조선 시대 후기의 일본 문헌 수용사 연구에서는 특히 이덕무가 주목된다. 그가 당시 조선에서 열람 가능한 일본 문헌을 거의 모두 활용하여 『무예도보통지』, 「청령국지」, 「청비록」, 「앙엽기」 등의 관련 사항을 집필하였다는 것은 주지의 사실이다. 여기서는 그가 활용한 일본 문헌 가운데 『화한역대비고(和漢歷代備考)』와 『아즈마카가미』를 검토한다. 『청장관전서』 59 「앙엽기 6 일본이 중국을 높이다(日本尊周)」에는 국학자 미야케 간스이(三宅環翠)가 1687년(貞享4)에 간행한 『화한역대비고』라는 책이 이용되고 있다. 현존하는 『화한역대비고』를 살펴보면 아래 인용한 이덕무의 묘사와 정확히 일치하므로, 이 문헌은 실제로 조선에 들어와서 유통되었음을 알 수 있다.[47] 함께 인용한 『화한삼재도회』의 대청 제국 건국 기사는 권13 「이국인물」의 6앞 「대청」 조와 일치한다.

『화한삼재도회』[일본 료안 쇼준(良安尙順)이 지었다]에는 이렇게 되어 있다. 〈대청의 황제는 달단 사람이다(상고하건대 달단은 몽고인데 일본 사람이 잘 몰랐던 것이다). 북경에다가 성을 쌓고[構城] [상고하건대, 구성(構城)이란 두 자는 매우 생소하다] 청 황제라 일컫고 참람하게 연호를 고쳐 순치(順治)라 했다. 남경 백성의 머리털을 깎아 달단 풍속으로 만들었다. 영력(永曆) 15년에 청제(清帝)가 죽자 태자가 즉위하여 천하를 통일했다. 지금의 연호는 강희(康熙)이다[상고하건대 일본인이 비로소 강희가 통일한 줄 알았다].〉

『화한역대비고』(저자의 성명은 상고를 기다린다)에는 이렇게 되어 있다. 〈신축년에 대청 황제가 순행을 나갔다가 죽고 태자가 즉위하니 그때 나이 5세였는데(상고하건대, 5세가 아니라 8세이다) 신하에게 피살되었다.〉[상고하건대, 정성공이 대만에 웅거해 있었으니 일본과 통교하면서 말을 퍼뜨려 섬 사람을 속였던가.] 또 『화한역대비고』에는 대명의 여러 황제를 써 나가다가 사종(思宗)에 이르러 한 자를 낮춰 달단 대청이라 부기하고, 또 줄을 올려서 복왕(福王)과 당왕(唐王)을 쓰고는 당왕 아래는 황제라고 썼으니 대개 영력[永曆, 영명왕(永明王)의 연호]을 지칭한 것이다.[48]

또한, 이덕무는 같은 「앙엽기」 권6에 「아즈마카가미(吾妻鏡)」 항목을 설정하였다. 『아즈마카가미(吾妻鏡, 東鑑)』는 일본 역사상 최초의 군사 정권인 가마쿠라 막부의 초대 쇼군 미나모토노 요리토모(源賴朝, 1147~1199)의 치세인 1180년부터 제6대 쇼군 무네타카 신노(宗尊親王, 1242~1274)의 치세인 1266년 사이를 대상으로 한 편년체 역사서이다. 일본 식의 독특한 문어(文語) 중국어로 기록되었으며 막부 말기인 1300년경에 성립하였다. 그런데 이 문헌이 명말 청초에 중국으로 건너가자 중국 지식인들의 관심을 끌었고, 그 관심이 조선으로 전파되었음은 이미 조선 시대부터 잘 알려져 있었다. 조선 측에서 『아즈마카가미』를 언급한 사례로서 「앙엽기 6 아즈마카가미」와, 그의 손자인 이규경의

『오주연문장전산고』 58 「경사편 4 경사잡류 2 전적잡설(典籍雜說) 고금 서적 명목 변증설(古今書籍名目辨證說)」을 인용한다.

『아즈마카가미』는 일본 역사책의 이름이다. 『간양록』[강항(姜沆)이 지었다]에는 〈『아즈마카가미』란 내가 세력을 얻고 잃음에 대한 영향이 나의 아내에게 나타나니 아내를 보면 나의 득실을 알 수 있기 때문에 역사책 이름으로 했다〉 하였다[상고하건대, 또 일본에 오처(吾妻)라는 고을 이름이 있다]. (『청장관전서』 「앙엽기 6」)[49]

『아즈마카가미』: 일본의 역사서 이름이다. 사관이 선악을 분별하는 것이 자기 아내가 거울에 미추(美醜)를 분별하는 것과 같다는 뜻이다. 혹은 군(郡)의 이름이라고도 한다. (『오주연문장전산고』 58 「고금 서적 명목 변증설」)[50]

이규경의 『오주연문장전산고』 50 「경사편 4 사적류 1 사적총설(史籍總說) 고사·통사·통감강목·제가 사류·사론, 중국 사람이 기록한 동국의 사실, 동국 제가의 사류에 대한 변증설 부 유구·일본·안남·회부 등 여러 나라 역사의 변증설[古史, 通史, 通鑑綱目, 諸家史類, 史論, 中原記東事, 東國諸家史類辨證說(附外國琉球, 日本, 安南, 回部等國史記事辨證)]」에는 당시까지 조선 측이 파악하고 있던 중국 이외 지역의 역사서가 망라되어 있어서 흥미로운데, 이 가운데에도 『아즈마카가미』가 보인다.[51] 이 기사에 따르면 청나라를 통해 아즈마카가미가 들어오기 전에, 이미 강항의 『간양록』을 통해 그 이름이 조선 측에 알려져 있었음이 확인된다. 이에 해당하는 대목은 『간양록』 「적중 봉소(賊中封疏) 왜국 팔도 육십육주도(倭國八道六十六州圖)」이다.[52]

청대가 안정기에 접어들고 고증학이 발생하자, 몇몇 청조 학자는 청

제국 내의 유산만을 다루는 데에서 그 범위를 넓혀 조선, 일본 등도 자신들의 연구 시야에 넣기 시작하였다. 김정희가 조선의 금석문을 이러한 청조 학자들에게 제공하였다는 사실, 일본의 고대에 세워진 다코비가 통신사·연행사를 통해 이들에게 전해졌다는 사실[53] 등은 수많은 선행 연구에 의해 잘 알려진 사실이다. 또한 허경진은 조선에서 일본에 전해졌던 『고려사』의 불완전본을 옹방강(翁方綱, 1733~1818)의 아들 옹수곤(翁樹崑, 1786~1815)이 구입하였으며, 영국 케임브리지 대학에 소장되어 있는 『고려사』의 필사본은 김정희를 통해 금석학자 유희해(劉喜海, 1793~1852)에게 전해져 옹수곤이 교정한 것으로 보인다고 보고하였다. 〈이 책은 청나라의 대표적인 금석문 학자 유희해가 소장하고 옹소곤이 교감했다는 점에서 귀중하다. 이들은 당시에 조선 금석문을 연구하면서 상당한 분량의 탑본을 수집해서 원문을 해독하고 제작 배경을 고증하고 있었으므로, 유희해가 『해동금석원』을 집필하는 과정에서 이 책을 한 글자 한 글자 대조해 가면서 널리 활용했음을 알 수 있다. 소장자 유희해보다도 교감자 옹수곤의 자취가 더 많은 책이다. 그는 이 책을 자신의 서재로 빌려와서 자신의 소장본 『고려사』와 한 글자 한 글자 대조하여 빠진 부분을 채워넣고, 틀린 글자들을 고쳐 놓았다. 옹방강과 옹수곤 부자 역시 조선 금석문을 연구하기 위해 『고려사』를 열심히 읽었으니, 『해동금석영기』에서 그 성과의 일부를 확인할 수 있다.〉[54] 이처럼 『고려사』가 청나라에 전해진 사실은 주이준의 문집인 『폭서정집(曝書亭集)』 권44 「서고려사후(書高麗史後)」에 의해 조선 시대부터 알려져 있었다.

그런데 같은 『폭서정집』 권44에 「서해동제국기후(書海東諸國紀後)」,[55] 「발오처경(跋吾妻鏡)」[56]이 수록되어 있다. 이 글에 따르면, 주이준이 『해동제국기』를 열람한 이유는 일본 역사를 연구하기 위해서였으며, 특히 『동감』 즉 『아즈마카가미』를 보완하기 위해서였다. 『아즈마카가미』는 일본 식 문어 중국어로 기록되었고, 가마쿠라 막부 초기의 사실만을 담고 있기 때문에, 주이준이 당혹스러워한 것도 당연한 일이었다. 두 문헌에 대한 주이준의 코멘트는 앞서 미주에 인용한 이규경의『오주연문장전산고』의 번역문에 함께 포함되어 있으므로, 여기서는 거듭 인용하지 않는다. 이처럼『아즈마카가미』의 내용이 청나라 사람들에게는 지극히 난해한 것이었기 때문에, 옹수곤이『고려사』를 교감한 것과 마찬가지로『아즈마카가미』를 교감하려는 움직임이 일어났다. 그 결과가 옹광평(翁廣平)의『오처경보(吾妻鏡補)』이다. 이상의 사정에 대하여는 오바 오사무(大庭脩)와 왕용(王勇)의 연구에 자세하다.[57]

『칠경맹자고문보유』와 『고금도서집성』

한편,『아즈마카가미』와 함께 일본 문헌이 중국을 거쳐 한국에 들어온 또 다른 사례가 야마노이 곤론(山井崑崙, ?~1728)의『칠경맹자고문보유(七經孟子考文補遺)』이다. 이 책에 대해 정민은 다음과 같이 서술한다. 〈『황청경해(皇淸經解)』를 펴낸 완원(阮元)은 누구인가? 그는 조선의 완당 김정희가 1809년 아버지 김노경(金魯敬)을 수행해 북경에 갔을 때 직접 만나 가르침을 받았던 인물이다. 완원은 자신이 번각한 일본판『칠경맹자고문보유』를 완당에게 보여 주었고, 자신이 지은『연경실문집(揅經室文集)』 등을 선물로 주기까지 했다. 훗날 조선에서『황청경해』의 완각 소식을 들은 완당은 완원의 아들 완상생(阮常生)에게 직접 편지를 보내 책을 보내줄 것을 간청했다. 마침내 산더미처럼 묶인『황청경해』 1,400권이 바리바리 수레에 실려 1832년 조선으로 들어왔다. 여타『고금도서집성』과 같은 대규모 전서의 경우 조선이 일본보다 전래가 한결 늦었던 데 반해, 이『황청경해』만큼은 일본보다 조선에 14년이나 앞서 들어오게 된 연유가 여기에 있다.〉[58] 이처럼 연행사로 청나라에 간 조선인들은 완원으로부터 일본인의 저작인『칠경맹자고문보유』와 완원 자신의 저서『황청경해』를 선물받았다. 홍한주(洪翰周)의『지수념필(智水

拈筆)』에 보이듯이, 당시 조선 측은 일본이 조선보다 먼저『고금도서집성』을 구입했다는 사실에 충격을 받았던 것 같다.

대개 풍석(楓石, 서유구)의 부친인 판서 서호수가 정조 원년(1776)에 부사로 연경에 갔을 때 청나라 고종이 바야흐로 여러 신하들에게 명하여 『사고전서』를 찬수하게 하였는데 아직 완성되지는 않았다. 정조가 서호수에게 만일『사고전서』의 공역이 끝났으면 한 질을 사오도록 하라고 일렀다. 서호수가 명을 받고 가서 사려고 하니 아직 완성되지 않았다. 결국 별비은(別備銀) 몇천 냥을 써서『도서집성』한 부를 사왔는데, 이는 유서(類書)로서 목록을 합해 5,020권이었다.

상이 열람하고 크게 기뻐하여 당장 우리나라 종이로 개장하라고 명을 내리고 또 내규장각 검서관 이덕무·박제가·유득공 등으로 하여금 먼저 작은 제목을 쓰게 하고, 글씨를 잘 쓰는 지사(知事) 조윤형(曹允亨)에게 그 바깥 제목을 쓰도록 명하였다. 주합루(宙合樓)에 보관하였는데 각신(閣臣)이 아니면 감히 내어 달라고 청할 수 없었다. 보배처럼 매우 중요하게 여겨 각신 이외의 신하들과 서생(書生)들 중에는 구경해 본 자가 없었다.

내가 듣건대 병신년(1776)에 사올 때 연경의 시장 사람들이 비웃으며 우리나라 사람들에게 말하기를, 〈이 책이 간행된 지는 거의 50년이 지났는데, 귀국은 문(文)을 숭상한다고 하면서 어째서 이제야 사 가는지요. 일본은 나가사키에서 1부, 에도에서 2부 등 이미 3부를 구해 갔습니다〉라고 하니, 우리나라 사람들이 부끄러워 대답을 못했다고 한다.[59]

여기서 주목할 점은,『고금도서집성』이 조선으로 들어왔지만 그 내용을 접할 수 있었던 사람은 극히 제한적이었다는 것, 그리고 일본에 3부가 들어갔다고 하는 청나라 상인의 말이다. 조선에서는 일본에 3부의 『고금도서집성』이 들어갔다고 알려진 것 같지만, 오바 오사무(大庭脩)에 따르면 실은 일본에도 1760년에 단 1부 1만 4권이 건너가서 은화 25칸메(貫目)에 구입되어 막부의 모미지야마 문고에 수납되었고, 그 뒤에 한 번 더 청나라 상인이 가지고 왔지만 가격을 5백금으로 불러서 아무도 구입하지 못했다고 한다. 그리고 이 한 부의 『고금도서집성』은 메이지 유신 이후에 도쿄 제국 대학 도서관에 들어갔다가 1923년 9월 11일의 간토 대지진으로 소실되었다.[60]

이처럼 『고금도서집성』은 조선과 마찬가지로 일본에도 단 한 부 유입 되어 막부 도서관에 수납되었기 때문에, 일반인은 물론 왠만한 학자들 도 접할 수 없는 것이었다. 그러다 보니, 이 책의 내용을 둘러싸고 온갖 소문이 만들어졌다. 그 가운데 가장 유명한 것이, 청나라는 일본인 미나 모토노 요시쓰네(源義経, 1159~1189)의 후손이라는 것을 청나라 황제 가 직접 말했다고 하는 소문이었다. 이 소문을 담고 있는 문헌으로서 현 재 일본에서 가장 유명한 것은 모리 나가미(森長見)의 『국학망패(国学忘 貝)』(1783)이다.

서토(西土) 즉 지금의 청나라에서 편집한 『도서집성』이라는 문헌은 1만 권이다. 이번에 새로이 일본으로 건너온 그 문헌 중에 『도서집감(図 書輯勘)』이라고 불리는 130권 짜리 책이 있다. 청나라 황제가 친히 서문 을 지었다. 그 중에 〈짐의 일족은 원의경(源義経, 미나모토노 요시쓰네) 의 후예이다. 원의경은 청화(清和, 세이와)에서 나왔으므로 국호를 청국 (清国)이라 하였다〉라는 문장이 보인다. 청나라라고 한 것은 청화제(清和 帝, 세이와 덴노)의 청(清)이라는 것이다. 운운.[61]

이 말인즉슨, 겐지(源氏) 즉 미나모토씨는 제56대 세이와 덴노(清和天 皇)의 후손들이 신하의 지위로 내려오면서 형성된 집안이기 때문에 이들 을 세이와 겐지(清和源氏)라 불렀고, 그 후손 가운데 하나인 미나모토노 요시쓰네가 형의 추적을 피해 에조치를 거쳐 대륙으로 건너가 왕이 되었으며 그 후손이 아이신 기오로 집안이기 때문에 그들이 대청 제국을 세울 때 세이와 겐지에서 〈청(淸)〉이라는 글자를 가져와 국호로 삼았다는 것이다. 국학자 반 노부토모(伴信友, 1773~1846) 역시, 캠퍼의 『일본사』 가운데 일부를 난학자 시즈키 다다오(志筑忠雄, 1760~1806)가 번역한 『쇄국론』에서 일본인이 중국에서 유래된 것처럼 적혀 있는 것에 대하여, 〈달단부의 주인이, 자기 조상 가운데 황국(일본)에서 온 사람이 있다고 말한 것을, (캠퍼나 마르코 폴로가) 거꾸로 들어서 왜곡시킨 것이리라〉라고 『중외경위전초고(中外経緯伝草稿)』 권2에서 주장한다.[62]

『일본의 대외 전쟁』의 제2부 제4장 「요시쓰네 에조 도해설과 임진왜란 문헌군」에서 상세히 검토한 바와 같이, 이 전설은 1669년에 아이누 샤크샤인이 일본인의 마쓰마에 번에 저항하여 봉기하였다가 진압된 이후에 아이누인에 대한 동화 정책의 일환으로 일본 본토에서 만들어졌으며, 그 출발은 하야시 가호의 『속본조통감』으로 추정된다. 처음에는 아이누의 왕이 되었다는 것이었다가, 일본인이 점차 북진(北進)하면서 요시쓰네의 흔적이 발견되지 않자, 요시쓰네가 연해주의 금나라로 들어갔다는 주장을 담은 중국의 『금사별본(金史別本)』을 인용한 『가마쿠라실기(鎌倉実記)』가 1717년에 등장한다. 당연히 『금사별본』은 존재하지 않는 책이고, 『가마쿠라실기』는 위서(偽書)이다. 하지만, 오늘날 한국에서도 『환단고기(桓檀古記)』, 『규원사화(揆園史話)』, 『부도지(符都誌)』, 『단기고사(檀奇古史)』, 『신단실기(神檀實記)』, 『화랑세기(花郎世記)』, 『원효결서(元曉訣書)』, 『격암유록(格庵遺錄)』과 같은 위서가 끊임없이 만들어지고 있듯이, 에도 시대 내내 요시쓰네 전설은 사람들의 마음을 사로잡았고 관련된 위서도 계속 만들어졌다. 그 가운데 요시쓰네가 여진족의 금나라로 들어갔다는 소문의 계보를 잇는 것이, 여진족 아이신 기오로 집안이 세운 대청 제국이 요시쓰네의 후손이라는 내용이 『고금도서집성』에 실려 있다더라는 소문이었다.

> 나(다이텐): (전략) 미나모토노 요시쓰네가 병사를 쓰는 법은 처음부
> 터 절제가 없었고, 다만 천운(天運)이 도와줬을 뿐인데, 일본 고금의 병가
> (兵家)들은 미나모토노 요시쓰네를 제일로 여깁니다. 후에 형 미나모토
> 노 요리토모에 의해 살해되었다고 하나, 사실은 에조(蝦夷)로 달아난 것
> 입니다. 근래에 또 기이한 소문이 있는데, 지금 청조(淸朝)의 천자는 미나
> 모토노 요시쓰네의 후손이라는 것입니다. 이 사실이 『고금도서집성』에
> 나온다고 하는데, 그 책은 제가 아직 보지 못했습니다. 세숙이 저에게 이
> 렇게 말해 주었으나, 그 또한 전해 들었을 뿐입니다.
> 추월(남옥): 아닙니다. 청나라 황실의 혈통은 명백히 미나모토노 요시
> 쓰네의 후손이 아닙니다. 그들은 건주여진의 누르하치에서부터 일어난
> 것입니다.
> 나: 청조의 천자가 미나모토노 요시쓰네의 후손이라는 것은 다만 그
> 럴듯하게 상상했을 뿐이겠지요.[63]

위의 인용문은 성대중이 다이텐으로부터 요시쓰네의 사실과 전설에
대해 상세한 설명을 듣는 『평우록』의 일절이다. 요시쓰네가 죽지 않았다
는 전설, 청의 조상이 되었다는 내용이 『고금도서집성』에 보인다더라 하
는 내용이 나온다. 이에 따르면 다이텐은 기무라 겐카도로부터 그 소문
을 들었고, 기무라 겐카도 역시 『고금도서집성』를 직접 본 것이 아니라
소문을 들었다는 것이다. 박학가이자 희귀본의 컬렉터였던 겐카도가 말
한 것이니 일말의 신빙성이 있다고 다이텐은 생각한 것이 아니었을지.

제3절 고가 세이리 그룹

제11회 통신사행이 이루어진 1763~1764년은 조일 양국 모두에 있어
서 평화의 절정기였다. 조선은 병자호란 백여 년 뒤, 일본은 전국 시대의
마지막 전쟁이라고도 할 수 있는 1637~1638년 시마바라 봉기 후 백여
년 뒤인 시점이었다. 그러나 이후 1811년에 제12회 통신사가 일본에 파
견되기까지의 48년 사이에 상황은 급변하였다. 제 12회 통신사행이 있
었던 1811년의 5년 전인 1806~1807년에는 오호츠크 해에서 흐보스토
프 사건이, 1808년에는 나가사키에서 페이튼 호 사건이 있었다. 페이튼
호 사건의 책임을 지고 다수의 사가 번 무사들이 할복을 명받은 사태는,
같은 사가 번 출신의 고가 세이리(古賀精里, 1750~1817)에게 충격을 주
었다. 고가 세이리의 3남 고가 도안(古賀侗庵, 1788~1847)은 러시아의
위협에 대비하여 『아라사기문(俄羅斯紀聞)』을 편찬했다. 흐보스토프 사
건의 주모자들은 러시아 당국에 의해 해적 행위로 처벌 받을 상황에 놓
였으나 1808~1809년에 러시아와 스웨덴이 충돌한 핀란드 전쟁에서 활
약한 공으로 처벌을 피했다.[64] 한편 페이튼 호 사건은 나폴레옹 전쟁 와
중에 네덜란드가 프랑스에 정복당하자, 영국에 망명한 네덜란드 세력의
요청에 의해 영국이 세계 각지의 네덜란드 동인도 회사를 공격하는 과
정에서 나가사키 데지마도 공격한 것이다. 이와 같이 바야흐로 일본은
유럽이 주도하는 근대사의 격변에 휘말려 들어가기 시작하였다. 이러한
상황이 도래하리라는 것을 예견이라도 한 듯이 하야시 시헤이가 『해국
병담』과 『삼국통람도설』을 집필한 이후, 일본에서는 유럽 세력으로부터
의 압박에 저항하는 한편으로, 선제적으로 주변국에서 우위를 차지해야
한다고 주장하는 인사들이 나타나게 되었다.[65] 나폴레옹 전쟁이 끝나고
유럽에서는 구질서가 〈회복〉[66]되었으나, 일본에서는 바야흐로 구질서의
붕괴가 예언되고 준비되기 시작하였다.

제12회 통신사 방일 전후의 일본: 북로남왜적 상황

고가 세이리·도안 부자 모두 조선에 대해 표면적으로는 경계심 내지는 적개감을 드러내지 않았으나, 19세기 일본판 북로남왜(北虜南倭)라 할 이러한 상황이 언제 끝날지 모르는 상황에서 방일한 통신사행을 바라보는 일본 측의 입장이 이전과 같을 수 없음은 분명했다. 이 시기에는 러시아와 일본이 협공하리라는 루머가 일본 전역에 퍼졌고, 통신사 속에 러시아 스파이가 섞여 있을 것이기 때문에 막부가 통신사의 방일을 막고 있다는 주장을 담은 『북해이담』과 같은 문헌이 나타나기도 했다.[67] 실제로 이 시기에 거의 50년간 통신사의 방일이 이루어지지 않자 조선 조정과 에도 막부 사이에서 쓰시마 번 및 제11회 통신사 일행과 교류한 바 있는 다이텐(大典) 등이 끈질기게 교섭에 임하였으며,[68] 두 나라의 통역관들 사이에 오간 비밀 서한 100여 통이 나가사키 현립 쓰시마 역사민속 자료관에서 확인되어 주목받기도 하였다.[69] 특히 1811년 5월의 제12회 통신사 방문 직후인 1811년 5월 27일에 러시아 해군의 바실린 골로브닌(Василий Михайлович Головнин, 1776~1831)이 쿠릴 열도 남부의 쿠나쉬르 섬에 상륙했다가 일본 측에 체포되어 1813년까지 홋카이도 남단 마쓰마에(松前)에 억류된 〈골로브닌 사건〉이 발생했는데, 막부를 비롯한 일본의 지배층은 이 사건을 흐보스토프 사건의 연장선상에서 이해하고 있었다. 이처럼 유럽 세력과의 외교 군사적 긴장 관계가 최고조에 달한 1811년에, 고가 부자를 비롯한 막부 여론 층이 조선에 큰 관심을 기울일 수가 없었음은 쉽게 짐작할 수 있다. 이상과 같이 양국 인사들 간에 최초로 진지한 소통이 실현될 가능성을 보여 주었던 제11회 통신사행과, 일본이 전세계적 변화 속에 휘말려 들어간 시기에 이루어진 제12회 통신사행은 여러가지로 다른 양상을 보여 준다.

1806~1808년 사이에 일본이 남북에서 경험한 유럽으로부터의 위협은 나폴레옹 전쟁에 촉발된 바였는데, 이와 같이 간접적으로 일본에 충

격을 준 나폴레옹은 한편으로 19세기 전기 일본에서 영웅화되고 있었다. 그 전체상은 이와시타 데쓰노리(岩下哲典)의『에도의 나폴레옹 전설 ── 서양 영웅전은 어떻게 읽혔는가(江戸のナポレオン伝説 ── 西洋英雄伝はどう読まれたか)』(中公新書, 1999)에 개설되어 있으므로 여기서 자세한 내용을 논하는 것은 피하고,「일본 고전적 종합 목록 데이터베이스」에 보이는 에도 시대에서 메이지 초기에 번역 및 집필된 나폴레옹 전기의 리스트를 제시하는 데 그치기로 한다.

『나폴레옹전(那波列翁伝)』. 별칭『나폴레옹 보나파르트전(那波列翁勃納把爾的伝)』. 1837년(天保8) 성립. 3권 4책. 에도 시대의 난학자 고제키 산에이(小関三英, 1787~1839)가 네덜란드인 요하네스 린덴(J. van der Linden, 1756~1835)의 전기『보나파르트의 생애Het leven van Bonaparte』를 번역한 것으로 추정된다.

『프랑스 위제 나폴레옹 일대기(仏蘭西偽帝那波列翁一代記)』. 2권 2책. 1854년(嘉永7) 간행.

『나폴레옹 병법(那破倫兵法)』2권 2책, 1867년(慶応3) 성립. 조지 다길러George C. D'Aguilar의『장교의 매뉴얼: 나폴레옹의 군사 격언The Officer's Manual: Military Maxims of Napoleon』을 후쿠치 겐이치로(福地源一郎, 1841~1906)가 번역한 것이다.

『서양제국전쟁기(西洋諸国戦争記)』. 별칭『나폴레옹 전기(ナポレオン戦記)』.『네덜란드 1815년 군공기사(和蘭一千八百十五年軍功紀事)』와 합본. 사본 1책.

『나폴레옹 귀장기 번역(那波礼翁帰葬記訳)』. 사본 1책.

『프랑스 나폴레옹 약전(仏朗西那波烈翁略伝)』. 사본 1책.

『일본국자 서양 문고(倭国字西洋文庫)』. 고칸(合巻). 가나가키 로분(仮名垣魯文) 저, 우타가와 요시토라(歌川芳虎) 그림, 1872년(明治5) 서문.

메이지 시대에도 나폴레옹에 대한 숭앙은 이어져, 도요토미 히데요시를 알렉산더, 카이사르, 징기스탄, 티무르, 나폴레옹에 비견되는 세계 6대 영웅이라고 주장하는 스기야마 도지로(杉山藤次郞)의 『가년위업 도요토미 재흥기(仮年偉業豊臣再興記)』(自由閣, 1887)와 같은 소설도 탄생한다.[70] 스기야마 도지로는 『통속 삽화본 나폴레옹 군담(通俗絵入拿破崙軍談)』(前橋書店, 1886), 『통속 나폴레옹 군기(通俗那波列翁軍記)』(望月誠, 1887)와 같은 나폴레옹 관련 문헌을 집필하여 메이지 시대 일본의 나폴레옹 붐을 주도하였다.

한편, 조선인들에게도 나폴레옹의 일대기가 영향을 미친 사례가 확인된다. 김경천 장군이 1921년에 연해주에서 작성한 『경천아일록』 제1호에는, 1904년 8월에 도쿄에 도착한 그가 간다 진보초의 서점에서 나폴레옹의 전기를 접하고는 자극을 받아, 1905년 9월 1일에 도쿄 육군 중앙 유년 학교 예과 2학년으로 입학하게 되었다는 기사가 보인다. 그 후 그가 육군 사관 학교를 졸업하고 연해주로 망명하여 독립 전쟁을 시작하게 되었다는 것은 잘 알려진 사실이다.

다른 학생들은 일본어를 배우고 나는 정규 예비 학교에 다니면서 보통과를 이수하고 장차 무슨 공부를 할까 고민한다. 아버지와 형은 공업을 배우라 하셨다. 나는 모르겠다. 무엇을 배울지…….

그럭저럭 4238년(1905년) 봄이 다다라 하루는 한적하므로 일생에 귀감이 될 고대 영웅을 택하여 그를 본받고자 하여 그날 신전대통(神田大通)의 각 서점에 다니면서 고대 영웅걸사의 전기를 찾으니 별별 것들이 많으나 마음에 흔쾌히 드는 것이 없었다. 수십 군데의 서점을 뒤지다가 한 작은 서점에 가서 그 주인을 보고 동서고금에 제일가는 영웅걸사의 전기를 물으니 주인이 살며시 웃으면서 오래된 작은 책을 한 권 주면서 보시오 한다.

분연히 떨치고 일어남!

그 작은 책은 헌 책이며 받아 보니 책 표지에 한 청년 군인의 모습이 있는데 두 눈이 형형하고 코가 아름답고 얼굴이 밝으며 장발을 늘어뜨린 고대 서양 군인이었다. 그 군인 얼굴 윗부분에 「ボナパート・ナポレオン」(보나파르트 나폴레옹)이라 씌어 있다. 이는 약 백 년 전 프랑스 남쪽 바다의 작은 섬 코르시카 아작시오시에서 태어난, 천고에 그와 비교할 인물을 찾지 못한 대 영걸 나폴레옹의 약사였다. 이 헌 책자를 13전에 사서 외로이 등불 밝혀 밤을 새우고 혼자 연일 애독하였다. 나의 정신에 일대 변동이 일었다. 다른 일을 하라는 아버지와 형의 가르침에도 불구하고 군인이 되겠다고 다짐하고 나도 그러한 대활동가[大事業家]가 되고자 하며 심지어 일거수일투족이라도 그와 함께하고자 한다. 나폴레옹이 겪은 슬픔의 지경을 볼 때마다 나도 그같이 슬퍼하며 운다. 아마도 나는 그때에 나폴레옹에 미친 사람이 되었다고 할 수 있다.

우선 나폴레옹과 같이 유년 학교에 입학하기로 한다. 공사를 찾아가 뵙고 일본에도 육군 유년 학교가 있으니 한국인 중에 나 혼자라도 입학하여 선량한 군인이 되겠다고 청하였더니 공사는 나를 일본 외무성으로 초청하였고 일본 육군 대신은 일본 황제의 칙허를 받아 그해 가을 9월에 입학하게 되었다. 이번 여름에 형이 일본 육군 시찰 위원으로 동경에 들어왔으므로 기쁘게 상봉하였는데 형은 내가 군인이 되는 것을 찬성하지 않았다. 그러나 나는 단호히 불응하였다.[71]

김경천이 나폴레옹에 심취하게 된 것이 비록 일본을 경유한 것이었고, 나폴레옹의 영웅담이 한반도 전체에 얼마나 확산되었는지는 확인하기 어려우나, 망국을 전후한 시기의 한반도 주민이 베트남이나 폴란드의 망국사뿐 아니라, 미국이 독립한 역사, 태국이 국토의 거의 절반을 내주면서도 독립을 유지한 이야기, 그리고 국세를 세계에 떨친 나폴레옹의 이야기도 읽고 있었다는 사실은, 한반도와 병학의 관계를 논할 때 놓칠 수 없는 대목이다.

고가 세이리와 구사바 하이센

고가 세이리는 1781년부터 사가 번의 번교(藩校)인 고도칸(弘道館)의 교수를 역임하다가 1796년에 쇼헤이자카 가쿠몬조(昌平坂学問所)의 교수로 임용되어 에도로 갔다. 오규 소라이 등의 학문을 배척하고 주자학에 의한 교육을 이상으로 삼았으며, 막부의 로주(老中)인 마쓰다이라 사다노부(松平定信, 1758~1829)가 간세이의 개혁(寬政の改革) 기간인 1790년에 소라이학 등을 금하고 주자학에 의한 사상 통제를 추진한 〈간세이 이학 금지령(寬政異学の禁)〉에서 주된 역할을 맡았다.

그가 사가 번에 머물 당시의 대(對) 유럽 인식을 잘 보여 주는 「제삼국통람(題三国通覽)」이라는 글이 『세이리 전서(精里全書)』 권18에 수록되어 있다. 이 글을 쓰기 3년 전에 업무로 에도에 가는 길에 오사카의 가이토쿠도 주인(懷德堂主人)을 만났는데, 그 사람이 〈네덜란드(応蘭土)가 조선을 공격한다는 소문이 민간에 자자한데, 그대는 서일본 사람이니 분명히 사정을 잘 알 것이다(民間藉藉伝応蘭土攻朝鮮至上徹鈞聴子西州人必知其詳)〉라고 말했다고 한다. 가이토쿠도 주인이란 고가 세이리의 지인인 나카이 지쿠잔(中井竹山)을 가리키는 것 같다. 이 질문에 대해 고가 세이리는, 네덜란드는 대륙 서쪽 끝에 있는 나라이기 때문에 조선을 공격할 수가 없다고 말했다. 그 후 에도에서 하야시 시헤이의 『삼국통람도설』과 『해국병담』을 읽었는데, 네덜란드 세력이 표류민을 송환하기 위해 일본에 접근한 것은 하야시 시헤이의 예언대로이지만, 청나라와 감히 싸우지도 못하고 쓸모없는 땅만 점령하고 있는 네덜란드가 무슨 위협이 되겠냐면서 하야시 라잔을 비판한다. 고가 세이리가 말하는 사건은 정황상, 1792년에 아담 락스만(Адам Кириллович Лаксман,

1766~1806?)이 다이코쿠야 고다유(大黒屋光太夫) 일행을 송환한 일을 가리키는 것 같다. 단, 여기서 네덜란드라고 하는 것은 사실 러시아가 되어야 한다.

그리하여 본문이 끝난 뒤에는 아들 고가 도안의 할주(割註)가 실려 있다. 고가 도안은 당시 일본인들이 네덜란드와 러시아를 혼동할 정도로 북방 정세에 어두웠다고 지적하고, 그러나 당시 사람들이 이런 식으로 인식하고 있었음을 보여 주는 것이니 문장을 손대지 않고 그대로 문집에 수록한다고 적는다(煜按当時北陸地形未晰故混和蘭俄羅斯為一此篇盖姑仍世人所言而改也).[72] 이를 통해, 러시아라는 나라가 일본에 현실적인 위협이 되지 못하던 시점에서, 사가 번 최고의 학자였던 고가 세이리 조차 러시아와 네덜란드를 혼동했을 정도로 당시 일본인들은 유럽 사정에 둔감했음을 알 수 있다. 1806~1807년의 호보스토프 사건을 겪은 뒤에 『아라사기문』을 편찬한 고가 도안이 활동한 시대는, 이 글이 기록된 시대와 근본적으로 달라져 버렸다.

고가 세이리, 그의 세 아들인 고가 고쿠도(古賀穀堂),[73] 고 신조(洪晋城: 1781~1832. 고씨 집안의 양자로 들어감), 고가 도안, 그리고 세이리의 손자인 고가 긴이치로(古賀謹一郎) 등 고가 집안이 에도 시대 후기의 정치와 외교에 어떻게 간여했는지에 대하여는 마카베 진(眞壁仁)의 종합적인 연구가 있다.[74] 고가 세이리는 이 시기 일본을 대표하는 학자로서, 1811년 제12회 사행에서 고가 세이리 그룹을 만나고 그들에 대한 정보를 들은 조선 측 인사들이 강한 지적 자극을 받은 사실에 대하여 정민은 다음과 같이 설명한다.

19세기로 접어들며 고가 세이리의 유학 관련 저술을 앞에 놓고 추사 김정희는 감탄을 거듭했다. 다산 정약용은 일본 학자들의 유학 연구 성과에 놀란 나머지 이제 일본은 무를 버려 문이 이토록 성하니 마음을 놓아도 되겠다고 섣불리 낙관했을 정도였다. 그의 경학 관련 저술에도 일본 학자들의 견해가 자주 인용되었다. 하찮은 섬 오랑캐가 배워야 할 학문적 상대로 승격되었다. 〈다호비(多胡碑)〉 같은 일본 고대 금석문의 탁본이 조선을 통해 중국 학계로 건네져서 놀라운 반응을 불러온 것은 그다지 놀랄 일도 못 되었다.[75]

1811년의 제12회 통신사행과 관련된 문헌에 대하여는 신로사[76]가 종합적으로 검토하고 있다. 한편, 마카베 진의 연구서에서는 임진왜란 당시 산청에서 납치되어 사가 번에 정착하게 된 홍호연[77]의 후손과 고가 가문이 맺고 있는 관계에 대하여도 상세히 검토되고 있다. 고가 세이리는 『홍호연전』을 집필하였으며, 이는 『세이리 전서』 권13에 수록되어 있다. 사가 번에는 메이지 시대 이후 니토베 이나조에 의해 의미가 부여되어 무사도의 바이블이 된 『하가쿠레(葉隱)』라는 문헌이 있는데, 이 문헌을 지은 야마모토 쓰네토모(山本常朝, 1659~1719)의 할아버지에 해당하는 나카노 진에몬(中野神右衛門, 淸明)이 조선에서 소년을 포로로 잡아 온 사실이 이 문헌에 기록되어 있기도 하다.[78]

고가 세이리의 제자 구사바 하이센(草場佩川, 1787~1867)이 집필한 주요 저서 3종 『쓰시마 일기(津島日記)』, 『대례여조(対礼餘藻)』, 『창수필어 병 시고(唱酬筆語併詩稿)』가 사가 대학 홈페이지에 공개되어 있어서 편리하게 이용할 수 있다.[79] 『쓰시마 일기』는 마지막 통신사를 쓰시마에서 맞이하기 위해 고가 세이리를 모시고 갔을 때의 기록이다. 1811년의 제12회 통신사행 당시 조선 측에 대해 경계심과 혐오감을 드러낸 하야시 줏사이(林述斎, 1768~1841)나 마쓰자키 고도(松崎慊堂)와는 달리, 고가 세이리의 손자인 고가 긴이치로(古賀謹一郎) 및 구사바 하이센은 온건한 외교 관계자로서의 모습을 보였음이 확인된다.[80] 구사바 하이센의 이러한 측면에 대하여는 다카하시 히로미(高橋博巳)가 집필한 전기에 잘 드러나 있다.[81] 현재 다카하시 히로미는 구사바 하이센을 중심으로 한 고가 세이리 그룹과 조선 측 인사들 간의 관계에 대한 연구를 진행 중이며, 그 중간 경과에 대하여는 정민의 보고에 상세하다.[82] 또한, 신로사는 구사바 하이센이 고가 세이리의 아들 고가 도안과 1811년 통신사행과의 만남에 대비하여 작성한 예상 문답집 『의답의문(擬答擬問)』을 소개하고 있다.[83]

고가 도안과 러시아학·만주학

고가 세이리의 3남인 고가 도안은 쇼헤이자카 가쿠몬조의 교수가 되어 아버지의 대를 이었다. 고향 사가 번에는 맏형 고가 고쿠도가 자리잡고 있었다. 도안 역시 제12회 통신사와의 예상 문답집인 『의답의문』을 제작하는 등 통신사행과 관련을 맺고 있다. 또한 그의 대표적인 저술 가운데 하나인 『금제해(今齊諧)』 권4에 수록된 「한아환원(韓兒還寃)」이라는 기사는 사가 번의 다쿠(多久) 집안을 모시던 소에지마(副島) 모 씨가 조선인 소년 포로를 데려와서 그 재능을 아끼다가 변심하여 그를 살해하자, 소년의 원혼이 소에지마의 적통을 대대로 죽였다는 이야기이다. 언젠가 소년의 영혼이 사람에게 씌어서 자신의 한스러움을 문서로 남겼다고 다쿠 지역의 구사바 하이센이 들려주었다고 하는 것을 보면, 홍호연 이외에도 여러 명의 조선 소년 포로가 사가로 끌려왔고, 그 가운데 일본인 주인에게 살해된 소년이 원한을 갚았다는 전설이 존재했던 것 같다.[84] 전설을 전하는 고가 도안의 논조는 소년에게 동정적이다.

그러나 고가 도안의 핵심적인 관심사는 1811년 통신사로 상징되는 조선 문제가 아니라, 1806~1807년 흐보스토프 사건으로 상징되는 러시아라는 새로운 위협으로부터 일본을 방어하는 문제였다. 그의 대표적인 저술로 간주되는 『해방억측(海防臆測)』(1838)이라는 해방론(海防論) 문헌이 그의 이러한 관심을 보여 준다. 또한, 와세다 대학 도서관에는 고가 도안이 당시까지 일본에 모여 있던 러시아 관련 역사서·지리지·표류기 등을 1812년(文化9)에 편찬한 총서 『아라사기문(俄羅斯紀聞)』이 현존한다.[85] 1812년이라고 하면, 제12회 조선 사행이 방문한 이듬해이다. 당시 그의 주된 관심, 바꾸어 말하면 주된 경계의 대상이 어디였는지를 알 수 있다. 필자는 『아라사기문』이, 유사한 총서로서 1847년 이후 성립한 『해표이문』 79책(도시샤 대학 소장)[86]과 함께 19세기 전기 일본 지식인들의 주된 관심이 동중국해 연안 지역 이상으로 오호츠크 해 연안 지역으로 옮겨갔음을 보여 주는 상징적인 문헌이라고 생각한다.

명청 교체기 이래로 도쿠가와 막부와 일본의 학자들은 만주·몽골, 즉 달단(韃靼)이라고 자신들이 부르는 세력이 건립한 대청 제국의 실체에 관심을 가져 왔으며, 그 총체는 『화이변태』에 수록되어 있다. 청이 안정기에 접어든 뒤, 일본 측의 관심은 청과의 무역 관계에 있었으며, 외교 관계가 존재하지 않는 상황에서 유지된 청일 양국 간의 무역에 대하여는 펑하오(彭浩)의 최근 연구[87]가 참고가 된다. 이 두 시대와 고가 도안의 『아라사기문』이 상징하는 19세기 초가 구분되는 것은, 이 시기에 막부가 보인 만주학에 대한 관심은 러시아로부터 촉발되었다는 것이다. 러시아에 표류한 소자(ソーザ)와 곤자(ゴンザ)가 1734년에 최초의 러시아 일본어 학교 교사로 부임하고 1754년에 학교가 이르쿠츠크로 이전된 이후, 러시아에서는 일본인 표류민을 교사로 삼아 러시아인 일본어 통역관을 양성하여 장차 실현되기를 희망하는 일본과의 교섭에 대비하였다.[88] 그리하여 아담 락스만에 이어 두 번째로 1804년에 일본에 내항한 니콜라이 레자노프(Николай Петрович Резанов, 1764~1807)가 러시아어·일본어와 함께 만주어로 적힌 러시아 황제의 국서를 가져오자, 막부는 호보스토프 사건이 일단 종결된 뒤인 1808년에 바바 사주로(馬場佐十郎, 1787~1822), 다카하시 가게야스(高橋景保, 1785~1829) 등에게 이 국서의 만주어 부분을 번역할 것을 명하였다. 이들은 모미지야마

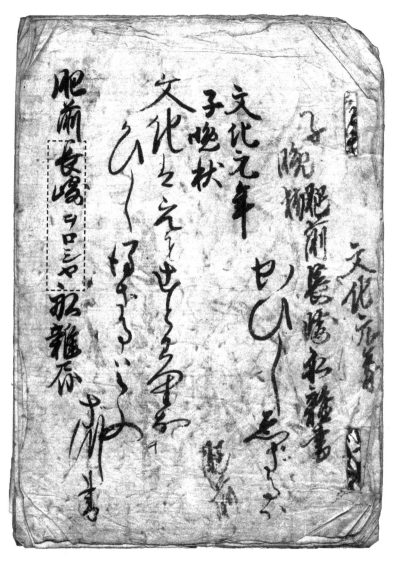

삽화 22 1804년 러시아(ヲロシヤ) 레자노프 일행의 나가사키(長崎) 방문을 전하는 당시 일본의 필사본. 필자 소장

문고에 소장된 『어제증정청문감(御製增訂清文鑑)』에 의지하여 2년만인 1810년에 이를 번역하여 『만문강해(滿文強解)』(1810)라는 제목으로 보고하였다.[89] 러시아 측이 일본에 만주어 국서를 가져온 것은, 1689년에 대청 제국과 네르친스크 조약을 맺을 당시 한문 즉 문어 중국어를 배제하고 라틴어를 공통 언어 삼아 러시아어와 만주어로 조약문을 작성한 경험에 의한 것이다.[90]

김문경은 1763~1764년 제11회 통신사 일행과 교섭한 바 있는 다이텐이 그 후 쓰시마 번 이테이안(以酊庵)에서 가타야마 홋카이(片山北海, 1723~1790)[91]에게 보낸 편지의 내용을 소개하고 있다. 여기서 보이는 청에 대한 경계감은 하야시 시헤이가 『해국병담』에서 한인과 비한인이 협력하여 일본을 침공할지도 모른다고 주장한 것, 그리고 『일본의 대외 전쟁』 제1부 제1장 제8절 「19세기의 임진왜란 문헌군 — 쓰시마 번과 미토 번」에서 검토한 바와 같이 미토학자 아오야마 노부미쓰(青山延光, 1807~1871)가 『육웅팔장론(六雄八將論)』[1848년(嘉永元) 성립]에서 아이신 기오로 가문이 일본을 침략하려 했으나 도요토미 히데요시가 임진왜란이라는 예방 전쟁을 전개하였기 때문에 저지된 것이라고 한 주장[92]과 상통한다.

조선은 아주 작은 나라이지만 남쪽은 중국과 접하고, 북쪽은 여직, 건주와 이웃하고 있다. 지금의 중화는 기실 건주에서 나와 조선을 신복시킨 것이다. 〈나라를 지킴은 사방의 오랑캐에 있다〉라는 것은 예부터 경계해 온 바이다. 근심을 막는 것은 근심하기 이전에 해야 하고 멀리 헤아리는 것은 멀지 않은 데부터 해야 한다. 듣건대 조선 사절이 일본에 올 때마다 꼭 일행으로 하여금 우리나라의 정보를 살피도록 명령을 내려 귀국한 후에 국왕이 친히 물어보아 그 살펴본 것이 이치에 맞는 자는 반드시 승진을 시켜 준다고 한다. 그들의 마음씀이 이와 같으니, 우리나라의 정보

가 그들에 의해서 살펴지면 그것이 또 중국에 전달됨이 옛날 여직, 건주와 같을지도 모를 일이다[93]

다이텐은 53세 때 쇼코쿠지 절(相国寺) 주지가 되었으며, 62세 때 이테이안 주지가 되었으니, 위에 인용한 편지는 이 시기에 작성한 것이다. 그로부터 2년 뒤에는 난젠지 절(南禅寺)의 주지가 되었으며, 1788년 덴메이의 대화재(天明の大火) 때에는 쇼코쿠지 절의 복구에 진력하였다. 앞서 언급한 바와 같이, 덴메이의 대화재를 전후하여 일본에서 고증학이 발생하였다.[94]

여기서 다이텐이 편지를 보낸 가타야마 홋카이는 막말 유신기에 일본의 〈지사〉들에게 큰 영향을 준 『일본외사』의 저자 라이 산요[95]의 아버지 라이 슌스이, 나카이 지쿠잔, 나카이 리켄(中井履軒), 1791년에 쇼헤이자카 가쿠몬조의 교관(教官)이 된 비토 니슈, 1796년에 쇼헤이자카 유관에 임명된 고가 세이리 등의 스승이다. 또한, 그는 1764년에 창립된 혼돈시사의 맹주로 추대되었는데, 앞서 기무라 겐카도에 대해 서술할 때 언급한 바와 같이 혼돈시사의 전신은 기무라 겐카도의 겐카도회(蒹葭堂会)였으며, 이 모임에는 라이 슌스이, 기무라 겐카도, 비토 니슈, 고가 세이리, 간 자잔(菅茶山, 1748~1827), 『평우록』의 저자 다이텐, 나카이 지쿠잔 등이 참가하였다. 그가 혼돈시사의 맹주로 추대된 1764년은 제11회 통신사가 방일한 1763~1764년과 일치한다.

제3장
일본 병학과 조선

일본 병학에 대하여

조선 시대 후기의 일본 병학·군사사 연구를 언급하기 전에, 일본 병학의 일반적인 상황을 살펴본다. 일본 병학사를 파악하기 위한 가장 중요한 연구서는 이시오카 히사오(石岡久夫, 1905~2000)의 『일본병법사 ── 병법학의 원류와 전개(日本兵法史 ── 兵法学の源流と展開)』(雄山閣, 1972)이다. 그 밖에 노구치 다케히코(野口武彦)의 『에도의 병학사상(江戸の兵学思想)』(中央公論社, 1991), 사에키 신이치(佐伯真一)의 『전쟁터의 정신사 ── 무사도라고 하는 환상(戰場の精神史 ── 武士道という幻影)』(NHK出版, 2004) 등도 참고할 만하다. 이들 문헌 가운데 『일본병법사』의 목차만 일별하여도 일본 병학의 역사적 전개를 파악할 수 있으므로, 절 제목 수준까지 번역 수록한다.

서론 일본 병학법의 원류(日本兵学法の源流)
제1장 서설(序説)
제2장 고전 병법학의 성립과 전류(古伝兵法学の成立と伝流) 1
　제1절 고전 병법의 원류(古伝兵法の源流)

또한, 노구치 다케히코(野口武彦, 1937~)의 『에도의 병학사상(江戸の兵学思想)』(中央公論社, 1991)은, 한국 학계에 주자학자·고학자·역사학자 등으로만 알려진 에도 시대의 지식인들이, 사실은 병학이라는 프레임을 통해 해석 가능한 활동을 전개하고 있었으며, 조선에서 파견된 통신사 일행 가운데 이들의 병학자로서의 측면을 파악한 경우가 거의 없었음을 잘 알게 해준다. 이 책의 목차를 보면, 한국에서 이해되고 있는 에도 시대의 학술이 전혀 다른 관점에서 해석될 여지가 있음을 깨닫게 된다.

제6장 〈군략〉과 〈군법〉――오규 소라이의 『검록』(「軍略」と「軍法」―荻生徂徠の『鈐録』について)

제7장 세계사 속의 에도 병학――라이 산요, 하야시 시헤이, 가모 군페이(世界史の中の江戸兵学―頼山陽·林子平·蒲生君平)

제8장 병학의 계절, 에도(兵学の季節としての江戸)

제9장 유신 전야의 병학(維新前夜の兵学)

제10장 위기의 병학과 병학의 위기――요시다 쇼인(危機の兵学と兵学の危機―吉田松陰)

이상, 패전 이후 간행된 병학 연구서의 바이블 두 권의 목차를 통해 확인할 수 있듯이, 일본에는 중국에서 건너간 각종 병학 서적과 헤이안 시대 이래로 활동한 군사 전문가들의 이론·실전이 결합하여 다양한 병학 유파가 성립하였다. 이 가운데에는 야마가 소코와 같이 조선 시대 후기 이래 유학자로서 인식되었지만 실제로는 병학자로서의 면모가 오늘날까지 기억되는 인물도 있다. 이 책에서 종종 언급한 『해국병담』과 『삼국통람도설』의 저자 하야시 시헤이는 유럽의 병학 서적을 통해 얻은 식견을 전통적인 중국·일본 병학과 결합시켰다는 점에서 획기적이다. 특히 1806~1807년의 호보스토프 사건 이후, 일본에서 해방(海防)을 논하는 사람이나 번(藩)은 유럽 병학서의 연구에 몰두하게 된다. 이 시기에 저술된 해방서(海防書)는 스미다 쇼이치(住田正一, 1893~1968)의 『일본해방사료총서(日本海防史料叢書)』전5책 (海防史料刊行会, 1932~1933) 등으로 활자화되어 있다.[1]

조선 시대 후기에 축적된 일본 병학 정보

에도 시대에 경쟁적으로 등장한 여러 병학 유파 가운데, 이익의 『성호사설』에 실려 있는 「일본지세변」과 『격조선론』을 집필한 것은 고슈류 병학의 흐름을 잇는 고사이 시게스케라는 병학자였다. 이처럼 조선 시대 후기의 조선 지식인들은 여러 경로로 에도 시대 일본 병학의 동향과 성과물을 접하고 있었다. 현재까지 필자가 확인한 바에 따르면, 조선 시대 후기에 한반도에 축적된 에도 시대 일본의 병학 정보를 다음과 같다.

① 『오에이기』는 조선 후기 목록류에서는 거의 확인되지 않지만,『경국대전』, 그리고『이칭일본전』에 수록된 내용을 통해 그 존재를 알 수 있었다. (일본어)

② 『가게류의 목록(陰流之目錄)』은『무비지』와『이칭일본전』을 통해 접할 수 있었다. (한문 및 일본어)

③ 『난포문집』은 원래 난포 분시의 문집이지만,「철포기」를 비롯하여 그 안에 수록된 전국 시대·임진왜란 관련 정보로 인해 병학 관련서로서 읽혔다. (한문)

④ 『격조선론』은 고슈류 병학서이다. (한문)

⑤ 전국 시대·임진왜란 관련 정보를 담은『다이코기』·『조선 정벌기』·『모리가기』는『이칭일본전』에 수록된 마쓰시타 겐린의 금안문을 통해 조선 시대 후기에 알려졌다. (일본어)

⑥ 『본조무림전』은 17~18세기 전환기에 활발히 간행된 통속 군담류에 속하는 문헌으로, 전국 시대·임진왜란 관련 정보를 풍부하게 담고 있다. (한문)

⑦ 『난설헌시집』은 조선에서 통신사가 방일하면서, 전국 시대·임진왜란 관련 정보를 담고 있는『규슈 제장군기(九州諸将軍記)』에 덧붙여져 간행되었다.

⑧ 『난바센키』는 정치적으로 민감한 대상을 다루는 실록체 소설. 일본어. 직접 조선인에게 보여지지는 않았으나 그 존재는 알려졌다.

이 가운데 ③『가게류의 목록』은 척계광이 왜구로부터 입수한 신카게류 유파의 병학서로서, 명나라의『무비지』와 에도 시대 일본의『이칭일본전』을 통해 조선에 알려졌다. 가게류는 15세기에 아이스 히사타다(愛洲久忠, 1452~1538)가 창안한 일본의 저명한 병법 유파로, 척계광은 왜구와 싸우는 중에『가게류의 목록』을 입수했다고 한다.『무비지』에서 가게류 검법에 대한 언급이 보이는 것은 권86「진련제 련 교예 3 검(陣練制練 教藝 3 劍)」이다.『무비지』에는『가게류의 목록』앞에 다음과 같은 설명이 실려 있다.

모자(茅子, 모원의) 말하기를,『무경총요(武經総要)』에 실린 칼은 8종이다. 약간의 차이가 있는 것은 나열하지 않는다. 그 습법(習法)은 모두 전하지 않는다. 지금 익히고 있는 것은 장도(長刀)와 요도(腰刀) 뿐이다. 요도는 단패(団牌)가 있어야만 쓸 수 있다. 단패 속에 놓는다. 장도는 곧 왜놈[倭奴]이 익히는 검법이다. 세종(世宗, 1522~1567) 때 왜놈이 나타나 동해안과 남해안을 범하였다. 이때 처음으로 이를 얻었다. 척소보(戚少保, 척계광)가 신유년(1561)에 진중에서 그 습법을 얻었다. 이에 따라 이를 연습하여 뒤에 수록하였다. 이 습법이 전해지기 전에 익히던 장도 제법과 거의 같다. 그러나 조금 짧고 무겁다. 폐지해야 한다.[2]

그리고『가게류의 목록』에 적혀 있던 일본어 설명과, 원숭이로 그려진 병사들이 검술의 각 동작을 보여 주는 그림 등을 실었다. 일본어 설명은 다음과 같으나, 말미에 마쓰시타 겐린이〈무비지〉에 실려 있는 글에는 빠진 곳과 잘못된 곳이 있다. 대략 이와 같을 것이다〉라고 적은 것처럼 그 뜻을 잘 알 수 없기 때문에 번역은 하지 않았다.

影流之目録

猿飛

流之目録 猿飛 此手ハテキニスキレハ意分太刀タリ 虎飛青岸陰見 又敵ノ太刀
ヲ取候ハンカヽリ何造作モナウ先直偏カラス彼以大事子切ヲ意婦偏幾ナリイカヽ
ニモ法ニニキリテ有偏シ 猿囘 此手モ敵多チイタス時ワカ太刀ヲテキノ太刀ア者ス
時取偏ナリ初段ノコトク心得ヘシ 第三山陰 蓋武備志所載有欠誤大抵應如是

이에 대해 마쓰시타 겐린은 다음과 같이 해설하고, 일본어 설명 부분
을 판독한다(789쪽).

생각건대, 청소보는 척계광이다. 신유 40년은 일본 오기마치 덴노(正
親町天皇)의 에이로쿠(永禄) 4년에 해당한다. 가게류는 일본 검술 유파의
이름이다. 영(影)은 음(陰)이라고 써야 한다. 자고로 일본에 검을 쓰는 자
가 많았지만, 미나모토노 요시쓰네는 누구와도 비교할 데 없는 달인이
었다. 구라마데라 절(鞍馬寺)에 소조가다니(僧正谷)라고 하는 계곡이 있
다. 적막하여 무인지경이다. 옛날에 곤노소조(権僧正) 이치엔(壱演)이 여
기서 불도를 닦았기 때문에 소조가다니라 불리게 되었다[『진언전(真言
伝)』에 보인다]. 세상 사람들이 말하기를 요시쓰네가 소년 시절에 헤이지
의 난(平治之乱)을 피하여 소조가다니에 왔다가 이인(異人)을 만났다. 이
인이 그에게 검술을 가르쳤으니, 요시쓰네가 찌르고 베는 법을 잘 배웠
다. 그 후로 검객(剣客)이 많아졌다. 아시카가 씨 말기(전국 시대)에 이르
러 휴가노카미(日向守) 아이스 이코(愛洲移香)라는 사람이 나타났다. 오
랫동안 상인(霜刃)을 연마하였다. 우도 곤겐(鵜戸権現)을 참배하여 검술
에 능해지기를 기원하였다. 꿈에 신이 원숭이 모양으로 나타나시어 비법
을 전해 주셨다. 그의 이름이 세상에 널리 알려졌으니, 유파를 가게류라
이름 붙였다. 그 제자인 가미이즈미 노부쓰나(上泉信綱)가 그 좋고 나쁜
점을 가감하여 신카게류라 이름 붙였다. 사루토비(猿飛), 사루마와시(猿

回), 야마카게(山影), 쓰키카게(月影), 우키부네(浮船), 우라나미(浦波) 남행(覽行), 마쓰카제(松風), 하나구루마(花車), 장단(長短), 철저(徹底), 이소나미(礒波) 등의 수법이 있다. 모원의 선생은 사루토비, 야마카게, 도라토비(虎飛), 아오기시(青岸), 가게미(陰見) 등의 이름을 열거하고 일본어를 넣었다. 베껴 전해지는 가운데 발생한 오류와 결획이 있다.[3]

그리고 ⑧『난바센키』는 1763년에 파견된 제11회 통신사 일행이었던 성대중과 다이텐의 대화 중에 등장한 군담 소설이다.

> 용연(성대중): 마키가타(牧方)의 강가는 바로 곤겐(權現: 도쿠가와 이에야스)이 주둔했던 곳이라 하는데, 지금 그 무너진 보루와 버려진 우물이 어디인지 알 수 있겠습니까?
> 나(다이텐): 대체로 오사카 수십 리 근방에는 옛날 전쟁터가 많습니다. 제가 세세한 것까지 모두 알 수는 없지만, 『난바센키(難波戰記)』라는 책에 도요토미(히데요시)와 마쓰다이라(松平: 도쿠가와 이에야스)의 혁명에 관한 일들이 자세히 기록되어 있습니다.
> 용연: 『난바센키』를 한 번 볼 수 있겠습니까?
> 나: 지금 간행을 허락하지 않으니 구해드릴 수가 없습니다.
> 용연: 『난바센키』는 누가 저술한 것입니까?
> 나: 그 작자가 기록되어 있지 않습니다. 수십 권이 있는데 일본어로 기록되어 있어, 비록 여러분이 보신다고 해도 이해할 수 없을 것이고, 저도 자세히는 읽지 못했습니다.[4]

이 대화가 수록된 다이텐의 『평우록』을 번역한 김문경은 해당 구절의 주석에서 〈성대중이 이 소설을 보고자 한 것은 보통 조선 지식인들이 일본 역사에 관심이 없는 것을 고려할 때 특기할 만하다〉[5]라고 평가하고 있다. 조선 시대 전기에『오에이기』가 전해져서 어학 교재로 쓰이고, 조선 후기에『격조선론』과『본조무림전』이 전해져서 임진왜란의 일본 측 관점을 전해 주었지만, 이들 가운데 많은 수는 문어 중국어 즉 한문으로 적힌 군담이자 병학서였다. 역사적이거나 학술적인 문헌은 한문으로 기록되어야 한다는 의식이 강한 조선 시대와는 달리, 전근대 일본에서는 일본어로 적힌 병학서가 한문으로 적힌 문헌 이상으로 제작되었다.『무예도보통지』의 경우에도 실제로 이 책을 읽어야 할 무사들을 위해 언해본이 나온 것과 마찬가지로, 실제로 군사사를 배우고 병학을 익혀야 할 일본 무사 집단의 어학 수준이 고려된 결과였을 터이다.

처음에는 이렇게 실용적인 목적이었겠지만, 에도 시대가 되면 도요토미 가문의 멸망을 다룬『난바센키』와 같이 정치적으로 민감한 소재를 다룬 군담은 출판되지 않았으며, 한문 대신 일본어로 집필되어 필사본의 형태로 대본소를 통해 유통되었다.『난바센키』는 문학 용어로는 실록체 소설이라는 장르에 속한다. 실록과 같이 진실된 이야기를 담은 문헌이라는 설정이지만, 실제로는 정치적인 음모론이나 허구적인 내용도 많이 포함되었다. 실록체 소설과 간행되는 군담 간의 관계, 그리고 실록체 소설이 지닌 정치적 민감성에 대하여는 약간의 연구가 있으며,[6] 필자도 별도의 논문에서 다룬 바 있다.[7]『난바센키』는 출판되지도 않았으며 일본어로 적혔으므로 보여 드릴 수 없다고 한 다이텐의 말은 실록체 소설의 특성을 정확히 반영하고 있다.

기존에도 조선 후기의 주로 남인계 지식인들이 남긴『해동역사』등의 문헌에『화한삼재도회』와『이칭일본전』의 인용이 다수 확인된다는 사실은 지적된 바 있다. 그러나『화한삼재도회』와『이칭일본전』이외에도,『본조무림전』과『격조선론』이 독립된 형태의 문헌으로서 읽히고,『이칭일본전』에 포함된 인용문을 간접 인용하는 형태로『조선 정벌기』,『모리가기(毛利家記: 해동역서 62 본조비어고 2 / 48쪽)』,『난포문집』등 병학서 및 병학 관련 정보를 지닌 서적 역시 조선 시대 후기에 (비록 제한적이었지만) 읽히고 있었음에 주목하고 싶다.

일본 병학 연구자로서의 이덕무

조선 시대 후기에는 한치윤의 『해동역사』 「본조비어고」나 정약용의 『일본고』와 같이 일본의 군사 정보를 수록한 문헌이 적지 않게 나타났지만, 그 가운데에서도 특히 주목되는 것이 이덕무의 『청장관전서』 65 「청령국지 2 병전(兵戰)」에 수록된 일본의 대외 전쟁사와 병학을 개설한 논문이다. 물론 일본 병학사의 양적인 규모를 고려한다면 이덕무의 논문이 커버하는 범위는 넓지 않고, 특히 「병법」 항목에서 가게류가 언급되는 데에서 알 수 있듯이 『무비지』의 영향을 강하게 받았음도 확인되지만, 그래도 전근대 일본 병학에 대해 이 정도로 체계적으로 정리된 논문이 조선에서 탄생할 수 있었다는 사실은 주목된다.

병법(兵法). 일본에 전해오는 팔진(八陣)은 첫째 어린(魚鱗), 둘째 학익(鶴翼), 셋째 안행(雁行), 넷째 만월(彎月), 다섯째 봉시(鋒矢), 여섯째 형액(衡軛), 일곱째 장사(長蛇), 여덟째 방원(方圓)이다. 천평보자(天平寶字) 4년(760)에 제갈량(諸葛亮)의 팔진(八陣)과 손자(孫子)의 구지(九地), 그리고 병영(兵營)을 꾸미는 데에 있어서의 향배(向背)를 익히게 하였다. 기비노 마키비(吉備眞備)는 중국 병법의 오지(奧旨)를 전하였고, 오에노 마사후사(大江匡房)는 병술에 가장 능하였고, 미나모토노 요시이에(源義家)는 그 구수(口授)를 받았고, 미나모토노 요시쓰네, 구스노기 마사시게(楠正成)도 그 묘법을 터득하였다. 미나모토노 요시쓰네는 검술(劍術)을 중흥(中興)한 시조인데, 이인(異人)에게서 배웠으며, 그 검술을 세칭 신도류(神道流)라 한다. 휴가노카미 아이스 이코는 일찍이 우도곤겐에게 가서 수업(授業)을 빌었더니, 꿈에 원숭이 형상으로 나타나서 비술(祕術)을 가르쳐 주었으므로 그 검술을 가게류라 하는데, 세상에서 전해오기는 어린아이 때부터 목도(木刀)로 치고 찌르는 법을 배워 익혔다고 한다.

군병(軍兵). 여력(輿力)이란 기병(騎兵)이고, 동심(同心)이란 보군(步軍)이다. 온 나라 안의 내직(內職)·외직(外職)을 막론하고 녹(祿)이 있는 사람은 다 스스로 하인을 두고 봉료(俸料)를 줄 수 있으며, 그 하인은 다 창검(槍劍)을 익혀서, 사변이 일어나면 다 가병(家兵)이 된다. 보군 1인에게 해마다 주는 쌀은 25석인데, 1석은 24두이며, 달마다 6차 조련(組練)한다. 에도(江戶)·오사카(大阪)에는 따로 무직(武職)을 두는데, 이를테면 하치오지 센닌가시라(八王子千人頭), 하타부교(旗奉行), 야리부교(槍奉行), 모치유미가시라(持弓頭), 모치즈쯔가시라(持筒頭), 뎃포카타(鐵砲方) 등의 벼슬이 그것이다. 가이(甲斐)의 기사(騎士), 사쓰마(薩摩)의 검술(劍術), 무쓰(陸奧)의 말[馬], 부젠(豐前)·분고(豐後)의 쇠[鐵]는 그 중에서 유명한 것이다. 대저 온 나라 안에서 병사(兵事)를 꺼리므로, 평시에는 감히 병기의 날을 드러내거나 화포의 소리를 내지 못한다.

상벌(賞罰). 싸움에 공이 있는 사람에게는 땅을 상으로 주므로, 공이 많으면 몇 주(州)나 몇 성(城)을 이어 차지하기도 하고, 그 다음은 오로지 한 성이나 한 주를 차지한다. 공이 없으면 땅을 빼앗기고 사람 축에 끼지 못하므로, 싸워 이기지 못하면 사형당하기를 기다리지 않고 인책하여 자결한다. 싸움에서 죽으면 그 자제가 그 벼슬을 이어받는다. 분노하여 싸우다가 그 원수를 찔러 죽이고 또 따라서 제 목을 자르거나 배를 갈라 죽으면, 뭇 사람이 다 애석히 여기지 않고 참다운 장부라 하며, 그 자손은 문득 귀한 집과 혼인하게 된다. 봉토(封土)가 있는 사람은 또 그 땅을 나누어 부곡(部曲)에서 공이 있는 사람에게 주고, 부곡에서는 또 그 땅에서 나는 곡식으로 정예화하고 용맹한 군사를 거두어 기른다.

전장(戰裝). 전장으로는 흔히 호랑이 가죽과 닭꼬리 깃털로 옷을 만들고, 금은으로 꾸민 가면을 쓰며, 말 머리에 사람의 얼굴을 장식하여, 몹시

해괴하게 한다. 싸울 때에는 사람마다 새로 간[磨] 거울을 가지고 햇빛을 비추어 사람의 눈을 어지럽힌다.

여몽정벌(麗蒙征伐). 원 세조(元世祖)가 일본에 조서(詔書)를 내려 통화(通和)하라 하였으나, 일본에서는 답례가 없었다. 그래서 원 나라는 도원수(都元帥) 홀돈(忽敦), 부원수(副元帥) 홍다구(洪茶丘) 등과 병선 9백 척, 군사 2만 5천 명을 보내고, 고려에서는 김방경(金方慶) 등등이 고려 군사 8천 명, 사공(沙工), 수부(水夫) 6천 명, 배 7백 척을 거느리고서, 합포(合浦)를 떠나 이키노시마(壹岐島)로 갔으나, 밤에 비바람이 크게 일어 싸움배가 암벽에 부딪혀 군사가 다 도망하였으며 빠져 죽고 돌아오지 못한 사람이 무려 1만 3천5백여 인이었는데, 이때는 우다(宇多)의 분에이(文永) 11년(1274)이었다. 이듬해 겐지(建治) 원년에 원 나라가 두세충(杜世忠)을 사자로 보내어 가마쿠라에 왔는데 왜인이 효수(梟首)하였다. 4년에 원 나라의 아자한(阿剌罕), 범문호(范文虎)가 만군(蠻軍) 10만을 거느리고 홍다구가 몽골·고려인·한인 군대 4만을 거느리고 일본을 정벌하였으나 모두 함몰하고 3인만이 원 나라로 돌아갔다.

나왜(羅倭) 싸움. 주아이(仲哀) 8년에 주아이가 친히 구마소(熊襲)를 치러 갔다가 쓰쿠시(筑紫)에 이르러 죽었다. 가짜 덴노인 진구코고(僞神功皇后)가 다케우치노 스쿠네를 거느리고 와니우라(鰐浦)로부터 신라를 습격하였는데, 신라의 신하 복이지(復以之)가 항거하여 싸웠으나, 왜장(倭將) 다케이나다네(建稲種)가 크게 싸워서 수백 인을 죽이매 신라왕이 강화(講和)하고, 드디어 미시코치하토리칸키(微叱己知波珍干岐)를 볼모로 보내고 늘 80척의 물건을 가지고 일본을 빙문(聘問)하였다. 49년에 신라가 오래 통신(通信)하지 않으므로, 아라타와케(荒田別)과 가가와케(鹿我別)를 장군(將軍)으로 삼고 백제의 구저(久氐) 등을 길잡이로 삼아 신라를 격파하고, 이어서 비자본(比自㶱), 남가라(南加羅), 녹국(㖨國), 안라(安羅), 다라(多羅), 탁순(卓淳), 가라(加羅) 7국을 평정하고, 서쪽으로 돌아 고계진(古溪津)에 이르러 남만(南蠻)의 침미다례(忱彌多禮)를 도륙하여 백제에 주니, 그 왕 초고(肖古)와 왕자 귀수(貴須) 등이 와서 모여 고계진에서 군사를 거느렸다. 그때 비리(比利), 벽중(辟中), 포미지(布彌支), 반고(半古) 4읍(邑)이 항복하였다. 이듬해 봄에 군사를 거느리고 일본으로 돌아왔는데, 백제의 구저 등이 내빙(來聘)하니, 신공이 매우 기뻐하여 다사성(多沙城)을 내려 주어 왕래할 때의 역(驛)으로 삼게 하였고, 임나왕(任那王)을 궁창(宮倉)으로 삼고 7국, 4읍을 임나에 붙여 궁장(宮藏)으로 삼았다.

오진 22년에 신라의 군사가 오사카에서 1백 리 떨어진 아카시(明石) 항구까지 깊이 들어오니, 일본이 강화하고 아카마카세키(赤間關) 동쪽 땅에서 백마(白馬)를 죽여 맹약(盟約)하였는데, 지금도 그 백마총(白馬塚)이 있다. 긴메이(欽命) 때에 신라가 일본을 치고 임나를 멸망시켰다. 이보다 앞서 센카(宣化) 2년에 신라가 임나와 싸우므로 일본이 사데히코(狹手彦)를 보내어 진수(鎭守)하게 하였는데, 임나(任那)는 가락국(加洛國)이다. 사이메이(齊明) 때에 백제의 왕자 풍장(豊璋)이 일본에 볼모 잡혀 있었는데, 사이메이 6년에 신라가 백제를 토벌하고 그 왕을 사로잡아 가니, 백제의 신하 복신(福信)이 사자(使者)를 보내어 왕자를 돌려보내고 구원병을 보내 주기를 청하니, 제명이 왕자를 돌려보내며 왕이 되게 하였고 대장군(大將軍) 아즈미노 히라후(阿曇比邏夫)를 시켜 병선(兵船) 1백 70척을 거느리고 백제에 가게 하였다. 그 뒤에 풍장이 복신과 사이가 벌어져서 복신을 죽였다. 신라와 당(唐) 나라 군사가 백제에 들어가니, 백제 사람 수천 명이 일본으로 달아나서 살았다.

정벌(征伐). 게이초(慶長) 14년(1609)에 시마즈 이에히사(島津家久)가 간토(關東)에 아뢰고는 수천의 군사를 보내어 유구(琉球)를 치고 왕 상영(尙寧)을 사로잡아 와서 사쓰마(薩摩)에 3년 동안 두었다가 용서하여 유구로 돌려보냈다. 명(明) 나라 만력(萬曆) 40년(1612)에 상영이 복건(福

建 중국 복건성)의 군문(軍門)에 글을 보내어, 일본을 위하여 상선(商船)이 왕래하며 서로 교역(交易)하게 해주기를 청하였다. 게이코(景行) 때에 야마토 다케루노미코토(日本武尊)가 에조(蝦夷) 땅을 토벌하였고, 사이메이(齊明) 때와 간무(桓武) 때에 에조를 토벌하였으며, 사이메이 4년에 아베노 히라후(阿部比羅夫)를 보내어 숙신국(肅愼國)을 토벌하여 산 큰 곰[羆] 두 마리와 큰곰 가죽[羆皮] 70장을 얻었다.

왜구(倭寇). 명나라 홍치(弘治) 2년(1489)에 명나라의 정순후(鄭舜侯) 등 세 사신이 하카타(博多)에 왔는데, 그때 부젠(豊前)의 오토모 요시시게(大友義鎭)의 군사가 중국을 침구(侵寇)하였으므로, 정순후가 오토모 요시시게를 일본 국왕으로 알고, 드디어 부젠의 부내(府內)에 들어가 새서(璽書)를 전하였다. 새서의 뜻은 대체로 다음과 같다. 〈중국에서 일본에 감합(勘合)을 주어 교통하게 하여 온 지 오래 되었는데, 요즈음 교호(交好)를 잃고 또 근년에는 왜적이 여러 번 변경을 침범하니, 노략질을 금지하여 백성을 편안하게 하고 옛 교호를 다시 닦기 바란다〉하였는데, 오토모 요시시게가 말하기를, 〈일본 왕이란 왕기(王畿)의 임금이고, 나는 서쪽 고을의 번병(藩屛)이다. 그런데 우리나라에서는 여러해 동안 병란(兵亂)이 있으므로 장수로서는 전쟁하기에 바빠서 외국에 군사를 내보낼 겨를이 없다. 나가서 해를 끼치는 섬의 떼도둑은 좀도둑에 불과하니, 제지할 수 있는 것도 아니며 반드시 우리 조정(朝廷)에 알릴 것도 아니다〉하므로, 정순후가 변란이 있을까 염려하여 다시 왜경(倭京)으로 가지 않고 바로 돌아갔다. 그 뒤에 중국을 침구한 왜노(倭奴)는 또한 유대유(兪大猷)에게 쫓겨났다. 명나라 가정(嘉靖 1552~1566) 때에 왜노가 여러 번 변경을 침범하였다. 대저 일본은 그때 크게 어지러워서 제주(諸州)가 서로 다투므로 군사를 정비하여 서로 공격하느라고 외국에 군사를 내보낼 겨를이 없었으나, 이요예(伊豫)의 해적 노시마 가문[能島氏, 무라카미 수군(村上水軍)]이 큰 괴수가 되어 몰래 제주의 적선(賊船)을 꾀었는데, 외

양(外洋)에 나가 노략한 것은 다 사쓰마, 히젠, 히고, 하카타, 나가토(長門), 이와미(石見), 이요, 이즈미, 기이(紀伊)의 도둑들과 서남 변방 사람들의 짓이었다.[8]

일본 병학과 전쟁사에 대해 이덕무가 이 정도로 상세한 논문을 작성할 수 있었던 것은, 여기까지 살펴본 바와 같이 중일 양국의 문헌을 통해 일본 병학 정보가 조선에 축적되고 관심이 생긴 결과에 따른 것이었다. 이덕무가 정조의 명을 받아 백동수·박제가 등과 함께 편찬한『무예도보통지(武藝圖譜通志)』에도 일본 검법에 대한 항목을 마련한 것 역시 이와 관계되어 있다. 『무예도보통지』에 인용된 문헌 가운데 일본 문헌 및 일본 관련 문헌은 이일화(李日華)의『왜지(倭志)』,『일본후기』를 편찬한 후지와라노 오쓰구(藤原緒嗣)의『일본기(日本記)』, 데라시마 료안의『화한삼재도회』, 류성룡의『징비록』과『서애집』, 그리고『기효신서』와『무비지』이다. 일본 병학서가 직접적으로 인용된 흔적은 없고,『이칭일본전』대신『화한삼재도회』가 이용되고 있다. 권2 22~57에는 왜검 항목이 마련되어 있고, 23앞부터는『화한삼재도회』에 근거하여 일본 검법의 근원이 기술되고 있는데, 이는『화한삼재도회』권20 병기류에 해당한다. 다만『화한삼재도회』에는 구체적인 검술 수련 방법에 대한 설명이나 삽화는 실려 있지 않다. 그리고 54앞부터는「왜검총보(倭劍總譜)」가 수록되어 있고 일본 검법의 4대 유파로서 토유류(土由流), 운광류(運光流), 천류류(千柳流), 유피류(柳彼流)를 거론하는데, 이들 이름이 실제 일본의 어느 유파를 가리키는지는 불확실하다.

권5『무예도보통지언해(武藝圖譜通志諺解)』26~31에도「왜검보」가 마련되어 있다. 여기에는 권2의「왜검총보」에 실려 있는 일본 검법의 역사는 언해되지 않고, 4개 유파의 검법만이 설명되어 있어서, 언해 부분이 실용적 목적으로 제작되었음을 알게 한다. 『무예도보통지』의 성립에 대하여는 박금수 등의 연구가 있고,[9] 『무예도보통지』에 수록된 일본 검법에 대하여는 야마모토 준코(山本純子) 등 일본 측의 연구가 있다.[10] 『청장관전서』 65 「청령국지 2 병전」에 수록된 이덕무의 논문은 주로 『화한삼재도회』의 기술에 의거한 것이고, 이 논문은 『무예도보통지』의 편찬과 관련 있을 터이다. 『무예도보통지』에 일본 검법의 역사와 이론이 수록되고, 이덕무가 일본 병학사를 개설하게 된 배경에, 조선 시대 후기에 존재한 일본 병학에 대한 관심이 있었다고 할 수 있다.

일본의 문과 무에 대한 정약용의 견해

정약용이 『논어고금주』(1813)에서 오규 소라이의 『논어징』(1737)을 빈번하게 인용하였다는 사실은 널리 알려져 있다. 이와 관련하여 『다산시문집』 권12에 실린 두 편의 「일본론」에는, 정약용의 유명한 일본 낙관론이 보인다. 김문경은 〈당시의 조선 지식인들이 계미 통신사를 통해서 얻은 지식을 바탕으로 생각해 낸 일본관의 대표적 논의는 아마 정약용의 「일본론」일 것이다〉[11]라고 평한 바 있다.

지금은 일본에 대해 걱정할 것이 없다. 내가 이른바 고학 선생(古學先生) 이토 도가이 씨가 지은 글과 오기 선생(荻先生), 다자이 슌다이(太宰純) 등이 논한 경의(經義)를 읽어 보니 모두 찬란한 문채가 있었다. 이 때문에 지금은 일본에 대해서 걱정할 것이 없음을 알겠다. 비록 그들의 의론이 간혹 오활한 점이 있기는 하나, 그 문채가 질(質)보다 나은 면은 대단한 바 있다. 대체로 오랑캐를 방어하기가 어려운 것은 문물이 없기 때문이다. 문물이 없으면, 예의염치로 사나운 마음 분발함을 부끄러워하게 할 수 없고, 원대한 계책으로 무턱대고 뺏으려는 욕심을 중지시킬 수 없다. 그리하여 표범과 시랑(豺狼) 같은 사나운 짐승처럼 성나면 물어뜯고 탐나면 먹어치우게 되니, 어떻게 옳고 그름을 헤아릴 수가 있겠는가. 이

것이 방어하기 어려운 이유이다.

옛날 우리나라에 문물이 없을 적에는 수양제가 백만 대군을 이끌고 쳐들어 왔지만 한 치의 땅도 못 얻었고, 당태종은 온 나라의 군사력을 총동원하였으나 한쪽 눈이 먼 채 되돌아갔고, 고려 때에는 여진을 굴복시켰고 유구국을 위력으로 제재했었다. 문물이 점차 성해지고 예의를 숭상함으로부터는 외적이 침입해 오면 두 손을 마주잡고 공물을 바칠 줄만 알 뿐이었다. 이것이 명백한 증거다.

일본의 풍속은 불교를 좋아하고 무력을 숭상하기 때문에 연해(沿海)의 여러 나라를 침략하여 보화(寶貨)와 식량과 포백(布帛)을 약탈, 눈앞의 욕심만 채웠다. 때문에 우리나라의 근심거리가 되어온 바 신라 때부터 일찍이 사고 없이 몇십 년을 지낸 적이 없었고, 중국은 강소성과 절강성 지방이 해마다 노략질 당하여 온 바 명나라 말기에 이르기까지도 노략질의 걱정이 그치지 않았었다.

지금은 우리나라의 주현(州縣)이 일본과 싸우지 않은 지가 이미 2백여 년이나 되었고, 중국도 서로 물화(物貨)를 매매하는 배[舟航]들의 왕래가 끊이지 않고 있다. 진실로 예의와 문물이 그들의 천박하고 탐욕스러운 풍속을 대폭 혁신시키지 않았다면, 어떻게 수 백 천 년 동안 고칠 수 없었던 것을 이렇게 하루아침에 거부 반응도 없어 그치게 할 수 있었겠는가.

노략질하기 위해 군사를 일으키려는 자가 있으면 그 측근의 신하가 간하기를, 〈그 땅은 얻어도 지킬 수가 없고 재물을 노략질하면 도적이란 이름만 남을 뿐입니다〉 하고, 싸우기 위해 군대를 동원하려는 자가 있으면 그 측근의 신하가 간하기를, 〈아무 때 군대를 동원하여 공격했다가 단 한 사람의 군졸도 돌아오지 못했고, 아무 때에는 군대를 동원하여 공격했다가 그 여파로 나라도 따라서 망했습니다〉 하니, 이에 중지하게 되었다. 이는 모두 문채가 실질보다 나은 효과이다. 문채가 실질보다 나아지면 무사(武事)를 힘쓰지 않기 때문에 망령되이 이익을 노려 움직이지 않는 법이다. 위에 열거한 몇 사람들이 경의와 예의를 말한 것이 이러니 그 나라는 반드시 예의를 숭상하고 나라의 원대한 장래를 생각하는 사람이 있을 것이다. 때문에 지금은 일본에 대해서 걱정할 것이 없다고 한 것이다. 「일본론 1」[12]

여기서 보이는 정약용의 주장과 상통하는 것이 일본의 소설가이자 국학자인 우에다 아키나리(上田秋成, 1734~1809)의 주장이다. 그는 『야스미고토(安安言)』[1792년(寬政4) 저자 서문]에서 다음과 같이 주장한다. 〈전세계는 인간의 구장(九臟)과 같이 구분되어 있으므로, 한때 다른 나라를 약탈했다고 하더라도 결국은 내 것이 아니므로 또다시 나뉘어서 원래의 분할 상태로 돌아갈 것이다. 진구코고께서 삼한을 공격하신 뒤, 덴치 덴노 치세 때 끝내 떨어져 나갔다. ……(중략)…… 지금 청나라가 명나라를 멸망시키고 본곡과 합쳐 발호하고 있지만, 반드시 몇천 년 씩 유지할 것으로는 생각되지 않는다〉.[13] 물론, 역사적으로 주변 지역을 무력으로 병합하며 오늘날의 넓은 영토를 갖게 된 미국과 러시아, 중국 등을 생각하면 우에다 아키나리의 주장에 회의를 느끼게 된다.

도요토미 히데요시가 백만 대군을 동원하고 십주(十州)의 재력을 다 기울여 두 번이나 큰 전쟁을 일으켰지만 화살 한 개도 돌아가지 못했음은 물론 나라도 따라서 망했다. 그래서 백성들이 지금까지 원망하고 있으니, 그들이 다시 전철(前轍)을 밟지 않을 것이 명백하다. 이것이 일본에 대해 걱정할 것이 없다는 첫째 이유이다.

영남(嶺南)에서 해마다 쌀 수만 곡(數萬斛)을 운반하여 1주(州)의 생명을 살리고 있다. 지금 그들이 대대적인 약탈을 감행하더라도 반드시 이 쌀의 이익과 맞먹을 수가 없음은 물론 맹약(盟約)만 깨질 것이니, 그들이 흔단을 유발시키려 하지 않을 것이 명백하다. 이것이 일본에 대해 걱정할 것이 없다는 둘째 이유이다.

청(淸) 나라 사람은 우리나라를 왼팔로 여기고 있고, 우리나라의 북쪽 경계가 또 그들의 근거지와 아주 가까이 서로 맞붙어 있다. 따라서 청나라 사람이 결단코 싸움에 익숙한 사나운 오랑캐들로 하여금 자기들의 왼팔을 점거하게 하지 않을 것이거니와, 일본도 우리나라를 얻어 봤자 소유할 수 없다는 것을 명백히 알고 있다. 이것이 일본에 대해 걱정할 것이 없다는 셋째 이유이다.

일본이 옛날에는 여러 주(州)를 통합하지 못했기 때문에 교활한 무리들이 각기 제 뜻대로 군사를 일으켜 노략질을 자행했었다. 때문에 신라(新羅)와 고려(高麗) 때에는 침략이 빈번하였었으나, 지금은 섬 하나라도 임금에게 통할되지 않은 곳이 없다. 그러므로 그들이 감히 멋대로 병화(兵禍)를 일으키지 않을 것은 명백하다. 이것이 일본에 대해 걱정할 것이 없다는 넷째 이유이다.

일본이 중국과 교통하지 못할 적에는 중국의 비단과 보물들을 모두 우리에게서 얻어갔고, 또 고루한 우리나라 사람의 시문(詩文)과 서화(書畫)를 얻어도 귀중한 보물로 여겼었다. 그러나 지금은 그들의 배가 바로 강소성과 절강성까지 교통하여 중국의 물건만 얻어갈 뿐 아니라, 여러 물건을 제조하는 방법가지도 배워가지고 돌아가서 스스로 제조하여 넉넉하게 사용하고 있다. 이런데 어찌 이웃 나라를 약탈하여 도적질했다는 명칭을 얻어 가면서 겨우 거칠고 나쁜 물건을 얻으려 하겠는가. 이것이 일본에 대해 걱정할 것이 없다는 다섯째 이유이다.

대저 국력(國力)의 허실(虛實)과 무비(武備)의 소밀(疏密)을 살펴 승패의 형세를 헤아린 다음 도모해 왔다면, 저들이 이미 백 번 왔을 것이고 우리는 이미 백 번 패하여 씨도 없어졌을 것이다. 어떻게 지금까지 무사히 편안할 수 있겠는가. 「일본론 2」[14]

이처럼 일본과의 관계의 미래에 대해 낙관적 입장을 보인 바 있는 정약용은, 말년에는 이러한 견해를 수정하여 일본의 재침략에 대한 경계심을 갖게 된다. 그러한 변화를 보여 주는 문헌이 『일본고(日本考)』, 『비어고(備禦考)』, 『민보의(民堡議)』이다. 하우봉이 지적한 바와 같이, 이들 정약용의 논고는 한치윤이 『해동역사』에 「본조비어고」라는 항목을 설정한 것과 마찬가지로 19세기 남인계 실학파의 국방에 대한 관심을 보여 주는 사례이며, 이들은 결코 일본에 대한 근거 없는 낙관론만을 품고 있었던 것은 아니었다.[15] 일본과 국방에 관한 정약용의 3개 논고 가운데 「일본고」에 인용된 서목은 다음과 같다.

[권1] 『후한서』, 『삼국지』, 『진서(晉書)』, 『북사(北史)』, 『당서(唐書)』, 『통전(通典)』, 『문헌통고(文獻通考)』, 『대명일통지(大明一統志)』, 보유(補遺: 『한서』 「지리지」, 『위략(魏略)』, 『산해경』)

[권2] 『무비지』 1, 2

[권3] 『무비지』 3

[권4] 『삼국사기』 「신라사」, 정인지 『고려사』, 『여지승람』, 『무술변무주(戊戌辨誣奏)』

전근대 일본의 가상 적국

이상과 같이, 18~19세기 조선에서는 일본의 학술과 병학 두 분야의 정보가 모두 축적되고 있었다. 이들 정보를 수집하고 정리한 조선의 인사들은 일본에 대해, 학술에 대한 평가와 군사력에 대한 위협감이라는 두 가지 견해를 보였다. 그리고 정약용의 경우에는 문이 강해지면 무가 약화될 것으로 기대했다.

그러나, 일본적 맥락에서 보자면, 학술과 군사라는 두 가지 요소는 상반되는 것이 아니라 병존 가능한 것이고 또 병존해야 하는 것으로서 받아들여졌다. 즉 문이 강해지면 무 또한 강해지고, 진정으로 무가 강하려면 문도 강해져야 한다는 것이었다. 이는 중세 이래 일본인들이 중국, 한국에 비해 자국이 우위를 지니는 이유로서 폭넓게 주장하던 인식이기도 하다. 예를 들어, 몽골·고려 연합군의 일본 침공 이래 500년만에 러시아라는 새로운 외국 세력이 일본을 위협하고 있다고 주장하여 파문을 일으킨 하야시 시헤이는 『해국병담』이라는 병학 문헌을 집필하여 새로운 전법을 시행해야 한다고 주장하였다. 하야시 시헤이는 이 책의 서문에서 무(武)에만 치중하지 않고 문(文)을 갖추어야 일본이 청나라와 러시아의 위협으로부터 안전할 수 있다고 주장한다.

명나라 세종이 원나라를 멸망시키고 당나라(唐山)를 재흥하였으니 그 정치는 유약하지 않아서 능히 통일의 위업을 이루었다. 당시 일본을 침략하자는 논의가 있었으나, 북방의 강한 적국이 날마다 쳐들어왔기 때문에, 먼 바다를 건너 일본으로 올 여유가 없었다. 게다가 다이코가 맹위를 떨쳐 조선을 무너뜨리고 베이징으로 들어갈 기세였으므로 겁을 먹어 우리를 침략할 틈이 없었는데, 그 사이에 또다시 달단에게 멸망되었다. 강희 이래 한인과 달단이 또 일체가 되어 지금은 통일이 완료되어 북방이 태평하다. 이 때문에 멀리 군대를 보내더라도 후환이 없다. 게다가 강희, 옹정, 건륭 세 군주는 모두 문과 무를 겸비한 강적(剛敵)으로서, 시세를 잘 깨닫고 능히 한인의 땅을 판도에 넣었다. 그러니 명나라때까지의 당나라 사람들과 같으리라 생각하면 안 된다. 우선 지금의 청나라와 옛날의 당나라를 비교한다면, 땅도 옛날 당나라 때보다 두 배로 넓어졌고, 무예도 북방의 기풍을 전수받아 잘 단련되었고, 욕망도 북방을 본받아 강해졌으므로, 마침내 북방 오랑캐의 욕심스러운 마음이 차차 당나라 사람들에게 옮아서 원래 있던 인후한 기풍도 점차 소멸하고 대대로 이어져 온 병학 서적들도 점차 그 내용이 정교해지고 있다. 또한 일본과의 왕래도 빈번해지고 사람들의 마음도 나날이 계발되어서, 이제는 당나라 사람들도 일본의 해로와 지역 국군(国郡) 등을 자세히 깨닫고 있다. 가만히 생각건대, 만약 앞으로 청나라 군주가 국내에 어려움이 없는 틈을 타서, 또 옛날 원나라의 위업을 생각하여 무슨 뜻을 품을지 모른다. 그때에 이르러 저들이 탐욕을 앞세운다면 일본의 인정(仁政)으로도 이를 막을 수 없을 것이다. 또 군사가 수없이 많으므로 일본의 무위(武威)도 두려워하지 않을 것이다. 그러므로 이제까지의 당나라와 다르다는 것이다. 한편 최근에는 유럽의 모스코비아(莫斯哥未亜)가 유일무이한 세력을 키워 멀리 달단의 북쪽 땅을 침략했으며, 요즘에는 실위(室韋) 땅을 약탈하여 동쪽 끝 캄차트카(加模西葛杜加)[할주: 즉 캄차트카이다. 에조의 동북쪽에 있다]까지 점령하였다. 그런데 캄차트카 동쪽으로는 더이상 차지할 땅이 없으므로 다시 서쪽을 되돌아보고 에조국의 동쪽에 해당하는 쿠릴 열도를 차지할 기미가 있다는 소문이 요즘 들려온다. 이미 1771년(明和9)에 모스코비아에서 캄차트카로 파견한 바롬마오리츠 알라다르한 한벤고로라는 호걸이 캄차트카에서 배를 타고 일본으로 접근해서는 항구마다 밧줄을 내려 수심을 측량하면서 일본의 거진 절반을 돌아 본 일이 있다. 특히 도사 지역에서는 일본에 머무는 네덜란드인에게 편지를 써두기도 했다. 그 마음이 참으로 얄밉고 증오스럽다. 이는 우리나라가 해국(海国)이기 때문에, 원래는 오지 못할 배도 승선한 사람의 의지에 따라 쉽게 올 수 있는 것이다. 이를 깨달아야 한다. 그리하여, 우리나라가 해국이라는 사실과 당나라의 시세를 잘 깨닫고 나서, 또 한 가지 깨달아야 하는 것이 있다. 그것이 뭔고 하니, 오로지 무(武)에만 몰입하지 말고 문과 무를 모두 갖추어야 한다(文武両全)는 사실을 깨달아야 한다. 무에만 몰입하면 야(野)하고 무지(無智)하다. 원래 병이란 흉기이다(兵者凶器也). 그렇지만 사생존망과 관계된 것으로서 국가에서 이보다 더 중요한 일은 없기 때문에, 야하고 무지한, 무에만 몰입한 자들에게만 맡길 수는 없는 것이다.[16]

하야시 시헤이는 이 책을 간행했다는 이유로 칩거를 명받고 목판은 압수되었다. 당시 막부 역시 러시아의 접근에 주의를 기울이던 상황이었기 때문에, 하야시 시헤이의 섣부른 주장이 일본 사회에 혼란을 초래할 수 있음을 우려한 것이다. 그리고 이 책이 간행된 1791년으로부터 25년 뒤인 1806년, 러시아 해군이 사할린 남부 쿠슌코탄의 아이누·일본인 거주지를 습격하였다. 하야시 시헤이의 예언이 실현된 것이다. 인용문에 등장하는 〈한벤고로〉란 폴란드계 베뇨프스키(Benyovszky, 1746~1786) 공작을 가리키며, 캄차카 반도에 억류되어 있던 중 1771년 5월에 반란을 일으켜 탈출, 일본에 접근하여 네덜란드인들에게 편지를 전달하였다. 그 편지에는 러시아가 일본을 침략하기 위해 쿠릴 열도에 요새를 건설 중이라는 내용이 적혀 있어서 일본을 소란케 하였으나, 사실무근의 정보였다. 훗날 그는 미국 혁명에 가담하기도 하였으며, 1785년에 마다가스카르에서 독립을 선언하였다가 프랑스군의 공격으로 전사하였다. 그의 허풍 가득한 세계 여행기 『마우리티우스 아우구스투스 베뇨프스키 공작의 회고와 여행: 폴란드 군사 원정, 캄차카 반도로의 유형, 반도에서 북태평양을 거쳐 일본과 타이완을 지나 중국 광동으로의 탈출과 항해. 그에게 부여된 마다가스카르 섬의 프랑스 식민지 건설 임무에 대한 기술을 포함Memoirs and Travels of Mauritius Augustus Count de Benyowsky』이 프랑스어에서 영어로 번역되어 출판된 것이 1790년이었으니,[17] 마찬가지로 허풍선이라고 비판받은 하야시 시헤이의 『해국병담』이 출간된 1791년과 거의 같은 시기였다.

한편 하야시 시헤이는 지리지 『삼국통람도설』의 서문에서, 일본의 인접 지역인 조선·유구·에조(아이누)·무인도(오가사와라 열도)에 대한 지식은 일본인이라면 누구나 알고 있어야 하기 때문에 자신이 이 책을 썼다고 주장한다.[18] 그러므로, 정약용이 기대한 것처럼 일본이 주자학을 배웠다고 해서 조선에 대한 군사적 위협을 하지 않게 되는 것은 오류였다. 오히려 문과 무가 균형 있게 갖추어져야 일본의 안전이 지키질 것이며, 나아가 이것이 한국이나 중국보다 일본의 우월한 점이라고 생각하는 것이 근세 일본 지식 계급의 일반적인 인식이었다. 다만, 중세 일본 지식인들이 인도(천축)·중국(진단)에 비해 일본의 강점으로 신들의 보호와 군사적 우위를 내세우고, 근세 일본 지식인들의 대부분이 한국·중국에 비해 문무 양도(兩道)가 갖추어져 있는 것이 일본의 강점이라고 생각한 데 반해, 하야시 시헤이의 경우는 문약한 명나라가 군사적으로 강성한 청나라로 바뀌었으니 중국을 무시할 수 없다고 생각하는 것, 그리고 한국·중국과 더불어 러시아라고 하는 또 하나의 팩터를 늘 염두에 두고 있었다는 점이 독특하다.

고대로부터 에도 시대에 이르기까지 일본인이 침략을 상정한 가상 적국은 다양하다.

① 첫 번째는 한반도다. 9세기에 이른바 〈신라 해적〉이 일본 서해안의 치안을 위협하고, 13세기에 고려가 몽골과 연합하여 일본을 침공한 이후, 신라가 철인을 보내서 일본을 위협했기 때문에 진구코고가 신라를 정복한 것이라는 변형된 〈진구코고의 삼한 정벌〉 전승이 『하치만 구도쿤(八幡愚童訓)』 갑류(甲類) 등에 보인다.[19] 이에 대하여는 마쓰모토 신스케(松本真輔),[20] 사에키 신이치(佐伯真一)[21] 등의 연구에 자세하다. 아메노모리 호슈의 선배인 스야마 도쓰안이 몽골·고려 연합군의 일본 침공을 상기시키며 쓰시마 번의 방위 계획을 수립하였음은 앞서 살펴보았다. 또한, 임진왜란의 복수를 위해 조선이 일본을 쳐들어올 것이라는 주장은 진주목사 김시민을 모델로 한 모쿠소칸(木曽官)과 그의 아들인 가톨릭 마술사 덴지쿠 도쿠베이(天竺德兵衛)를 주인공으로 하는 일련의 연극과 소설로 구현되었다.

② 두 번째는 한족의 중국이다. 755~763년 사이에 발생한 안사의 난 초기에, 이들 봉기군의 일본 침략 가능성이 일본 조정에서 논의되었다

는 기사가 『속일본기(續日本紀)』 758년 12월 10일 조에 보인다.[22] 또한, 백락천이 한시(漢詩)의 힘으로 일본을 제압하려고 쳐들어왔다가, 스미요시 묘진(住吉明神)이 와카의 힘으로 물리친다는 요쿄쿠(謠曲) 「백락천(白楽天)」과 같은 독특한 문헌도 중세에 제작되었다.[23] 하야시 시혜이는 『해국병담』에서 명나라가 일본을 노렸지만 히데요시의 전쟁을 본 뒤로 겁먹어서 틈을 찾지 못한 채로 멸망했다고 주장한다.

③ 세 번째는 비한족의 중국이다. 제12회 통신사와 교섭한 바 있는 구사바 하이센은 『하이센 시초(珮川詩鈔)』의 권1 「울산성 수도를 보다(蔚山城守図を視る)」[24]와 권2 「나고야 회고(那古邪懷古)」[25]에서 임진왜란과 진구코고 전승을 결합시킨다. 그리고 〈오래도록 바깥 오랑캐를 진압하기에 족하였다(長足壓外夷)〉[26]라고 하여, 임진왜란 덕분에 아이신 기오로 가문의 청나라가 일본을 겁내어 공격하지 않았다고 언급한다. 이는 『육웅팔장론』의 주장과도 상통한다.

④ 네 번째는 러시아를 비롯한 서구 세력이다. 사이토 지쿠도(斎藤竹堂)는 임진왜란이 백성을 괴롭힌 전쟁이기는 하지만, 그 덕분에 외국의 멸시받음을 피할 수 있게 했다고 주장했다. 또한, 고대(古代)에 있었다고 믿어져 온 아베노 히라후의 에도 원정 역시, 이때 잘 했으면 오늘날 러시아의 압력을 누그러뜨릴 수 있었을 것이라고 주장했다.[27] 참고로, 하타 소로(秦滄浪)의 『히토요바나시(一宵話)』 권3에는 타이완 및 네덜란드 관련 기사에 이어 「조선 정벌(朝鮮征伐)」이라는 기사가 보인다. 임진왜란 당시 히데요시의 위업이 네덜란드까지 전해져서 데지마의 네덜란드인들이 히데요시에 관한 이야기를 듣고 싶어하더라는 내용인데, 아마도 캠퍼나 지볼트 같은 사람을 의식하여 만들어진 전설일 터이다.

조선 정벌: 다이코의 조선 전쟁 당시 명나라 대신들이 천자에게 급보를 아뢰기를, 〈왜왕 관백이 대군을 일으켰으니 10만 명석 광(廣)·민(閩)·

회(淮)·산동(山東)·천진(天津)으로 보내면 어찌 할까요?〉라고 하니 임금과 신하가 모두 사색이 되었는데, 한 사람이 〈관백은 60여 주(六十余州)의 군주이지만, 짐승은 자기 동굴에서 떨어져 나오면 잡는다고 했습니다. 생각들 해보시오. 한 주(州)에서 1만 명씩 인원을 착출했으면 성은 누가 지키고 집은 누가 보고 논밭은 누가 갈겠습니까. 60만 명씩이나 바다 건너 올 리가 있겠습니까〉라고 했다. 적이지만 약삭빠르도다. 다이코께서 들으셨다면 분히 여기셨을 것이다[『용동소품(湧幢小品)』]. 또 그때 한 사람이 있어서 〈조선은 조선대로 두고, 우리는 병선 2천 척을 만들어 정병 20만 명을 골라 일본이 빈틈에 그들의 허를 찔러 요충지에서 군대를 모아 곧바로 관백의 거처로 향해야 합니다〉라고 청하였다. 실로 비항도허(批亢擣虛)의 책략으로서, 적이지만 현명하였다. 다이코께서 들으셨다면 증오하셨으리라(『도서편』). 이때 명나라에서는 우리의 군대를 두려워하여 군신이 모두 경악하여 어찌할 바를 모르고 수도에 계엄령이 내렸다는 등의 이야기가 저 나라 책에 많이 보인다[할주: 계엄이란 적이 쳐들어 올 것을 대비하여 성문을 닫고 병졸을 수비시키는 등의 일을 말한다]. 히데요시의 병위(兵威)는 물론이요 유럽에까지 울려퍼진 것 같으니, 최근에 온 그 지역 사람도 히데요시 공의 위명(威名)을 거론하면서 더 자세한 이야기를 들려 달라고 간청했다고 한다. 공의 대무(大武)가 참으로 고원하다[할주: 이 명성이 조선을 거쳐 달단을 진동시키고, 달단에서 유럽 동쪽 국가들까지 진동시킨 것이리라].[28]

이 4개의 가상 적국 가운데, 실제로 일본이 공격받은 것으로 기억되는 전쟁은 ① 신라 해적, ② 몽골·고려 연합군의 13세기 침략, ③ 조선 전기 이종무의 쓰시마 정벌, ④ 호보스토프 사건, ⑤ 페이튼 호 사건이다. 이처럼 19세기 전기 일본의 지식 계급은 실재했던 전쟁과 허구의 전쟁을 모두 거론하면서 국가 방위와 외국에 대한 영향력 확대를 위한 논의를

삽화 23 러일 화친 조약이 맺어진 이즈반도 시모다의 조라쿠지 절(長樂寺), 필자 촬영

이어 갔으며, 전근대판 러일 전쟁이라 불릴 호보스토프 사건에서의 패배는 이러한 논의에 긴박함을 제공하였다.

일본이 페리와 푸차친의 개국 요구라는 사태를 맞이하여 국가 멸망에 이르지 않고 근대 국가로 전환할 수 있었던 배경에는, 문과 무를 결합한 이들의 이론과 실천이 존재하였다. 특히 푸차친의 경우는 1853년 8월에 페리 제독보다 한 달 반 늦게 나가사키에 도착한 뒤, 일본과 상하이와 마닐라를 오가며 일본 측과 협상을 진행하는 한편으로 영국군의 공격에 대비하는 과정에서 1854년 4월에 거문도와 한반도 동해안에 접근하였다. 그의 주목적은 러시아와 일본의 조약 체결에 있었으며 1855년 2월에 러일 화친 조약, 즉 시모다 조약Симодский трактат을 맺는데 성공하였으나, 이와 같은 일본과의 협상 중에 거문도에 기착하여 러시아 선박에 대한 지원과 보호를 요청한 것이다. 1854년 4월 당시 푸차친 일행과 필담을 주고받은 거문도의 김유(金瀏, 1814~1884)가 남긴『해상기문(海上奇聞)』에는 푸차친의 서한이 한문으로 번역되어 수록되어 있는데, 그 내용은 러시아·미국 등이 1854년에 일본과 정식 국교를 맺기 이전 단계에 자국 선박이 사고를 당하였을 때 지원과 보호를 요청하던 수준의 것이었다.

대 러시아 어전대신 동해수사장군(東海水師將軍)은 글로서 고함
대조선 지방관 태하(台下)
귀 동국(東國)이 원래 서쪽 나라와 통하지 않음은 동서의 사이에 서로 교섭이 없는 때문입니다. 근년에 중국은 이미 다섯 항구를 열고 호시(互市)의 장정(章程)을 세워서, 열국이 뒤를 이어 내왕하고 있으나 오직 바다를 건넘에는 풍향에 따르지 않을 수 없어, 때에 따라서는 귀국의 주변을 피해가기 어렵습니다. 우리 러시아는 나라 땅이 매우 넓은 데다 또 중국과 교섭하는 까닭에 몇 사람의 〈관원이〉 늘 중국의 서울 안에 머물러 있

음은 귀국의 관원과 상인이 모두 알고 있습니다. 귀국의 북계(北界)는 곧 러시아의 동남쪽 경계로서, 물길로 사흘 거리에 불과하나 본국 배가 때에 있어서는 귀국의 항구에 이르러, 혹시 손상을 수리하거나 또 혹시 물자를 갖추지 않음을 단정할 수 없습니다. 엎드려 바라건대, 귀국에서는 굳이 거절하지 마시고 수요(需要)의 물자를 공급하여 주신다면 반드시 약조대로 대가를 지불하겠습니다. 이를 위하여 청나라 정부에 알려 귀국의 대헌령(大憲令, 국왕)께 전보(轉報)케 하였습니다. 일본 같은 나라는 현재 이미 여러 항구를 열어서 러시아 배가 모두 와서 정박하는데, 귀국은 어찌하여 본받지 않고 이를 어렵게 여긴단 말입니까? 이는 이미 호의가 있어 두 나라의 화호를 오래도록 굳게 하려는 것이니, 귀국의 대헌령께서는 물리치지 말아 주시기를 간절히 바라나이다.

대러시아국 어전대신 동해수사장군

대조선국 지방관 태하

이곳에 온 것은 대러시아국의 병선이며, 배 위에는 대포 50문과 병정 500명을 싣고 있습니다. 배는 본국 땅으로 가는 도중 이곳에 잠시 정박하였을 뿐으로, 조금도 해를 끼칠 뜻을 품지 않고 인심을 동요시키지도 않았습니다. 그러나 이곳의 간민(奸民)이 사람을 해칠 뜻을 내어, 어제 우리가 이곳에 당도하자 돌을 던져 우리를 해치고자 하였으므로, 우리는 곧 형벌을 써서 엄히 책하였습니다. 본 고장의 두목이 어디에 있는지? 이를 위하여 고시(告示)합니다.

갑인년(1854) 4월 일[29]

이는 조선과 일본이 동일한 서양 세력으로부터 동시기에 접근당한 드문 사례이다. 이때 일본은 러시아와 정식 외교 관계를 맺었고, 조선은 30년 뒤인 1885년에 영국군이 거문도에 상륙하는 거문도 사건Port

Hamilton incident을 경험하게 된다. 조선이 중국과 일본을 본받아서 새로운 세계 질서에 편입되어야 한다는 푸차친의 요구가 인상적이다.

동중국해 연안 지역에서 예외적이었던 17~19세기 한반도

정약용은 말년에 일본에 대한 경계심을 보이며 『일본고』, 『비어고』, 『민보의』 등 3개 논고를 작성하지만, 이러한 그의 생각은 당대나 후대에 구체적으로 외교나 국방 분야에 영향을 미치지 못한 것 같다. 한치윤도 『해동역사』에 「교빙지」와 「본조비어고」 항목을 설정하여 외교사와 전쟁사적 관점에서 한일 관계사를 체계화하려 했으나, 그 관점은 변함없이 조선의 문화적 우위를 강조하는 데 있었다. 〈그에 못지않게 그가 중시한 것은 양국 간의 문화 교류였다. 조일 간의 문물 교류 내지는 일본에 대한 문화 전파에 대한 한치윤의 관심은 「예문지」, 「교빙지」, 「악지」, 「인물고」 등 『해동역사』 전편에 일관되게 보인다. 여기에서 그는 조일 간의 문화 교류사에서 조선 측으로부터의 일방적인 문화 전파 내지는 우위성을 강조하고 있다.〉[30] 문화와 무력이 결합된 일본이 어떠한 일을 할 수 있을 것인지에 대한 관심은 이들 문헌에서 보이지 않는다.

일본이 문을 배우므로 그들의 무가 약화될 것이라는, 일본에 대한 조선 지식 계급의 낙관론이 오류였던 것은 사실이다(여기에서 〈문〉이란 주자학만이 아닌, 정약용이 평가한 오규 소라이의 고학을 비롯한 비 주자학적 유학까지도 포함한다). 그러나, 그것이 오류인 까닭은 단순히 일본의 천성이 야만스럽다거나, 일본이 문을 잘못 배웠기 때문이 아니다. 그런 것이 아니라, 중근세 일본의 지배 집단이 지향한 국가 이미지가, 문을 배움으로써 무가 약해지는 것이 아니라 문을 배움으로써 무를 강화하고 지지한다는 문과 무의 병존 상태였기 때문이다. 국가의 주축은 어디까지나 군사 집단이고 유학자와 병학자가 이를 보조하는 형태. 과거 제도가 없는 근세 일본에서 지식인 집단이 사회적으로 활동할 수 있는

가능성은 이것뿐이었다. 주자학이 확산되면서 메이지 유신을 촉발했다는 박훈의 주장이 납득되는 것은 이러한 논리에서이다.[31]

　19~20세기에 서구의 식민지가 되지 않고 살아남은 국가는, 에티오피아·타이·일본과 같이 군사 집단이 국가 내에서 우위를 차지한 국가였거나 이미 지역 강국의 수준에 도달한 국가였다. 심지어 청나라 역시 만주·몽골 연합 정권이 정권을 장악한 군사 국가였으며 이러한 군사력이 중화민국 성립 이후에도 소멸되지 않았으므로, 일본을 포함한 열강이 중화민국의 분할을 꾀하였음에도 불구하고 오늘날의 중화 인민 공화국으로 계승되는 영토에서 중국인들의 주권이 완전히 소멸되는 일은 겪지 않았다. 군사 정권 내지는 무가 문에 대해 우위에 선 국가들이 근대에 모두 살아남았다는 것이 아니라, 그것이 망국을 피하기 위한 최소한의 조건이었다는 것이다. 미국의 제26대 대통령 시어도어 루즈벨트(Theodore Roosevelt. Jr., 1858~1919)는 존 헤이(John Hay)에게 보낸 편지에서, 한국이 자신을 정복하려 하는 일본에 군사적으로 제대로 저항하지 못했으므로 미국은 한국을 도울 수 없으며, 자신은 일본이 한국을 완전히 정복하는 것을 보고 싶다고 말한 바 있다.

　이 두 전쟁 중에 미국은, 한국인들이 로버트 슈펠트에게 기대를 품었음에도 불구하고 한국이 독립을 유지하는 것을 거의 돕지 않았다. 대통령 시어도어 루즈벨트는 한국의 자주권보다는, 커져 가는 러시아 제국의 위협을 저지하는 데 더욱 관심을 가졌다. 사실 루즈벨트는 일본인의 정치·경제·군사적 성취를 매우 존경하였으며, 그들이 아시아에서 러시아의 확장을 저지할 수 있으리라 희망하였다. 〈나는 일본이 한국을 차지하는 것을 보고 싶소. 일본은 러시아를 저지할 것이오. 그리고 일본은 자신이 한일에 대한 보상을 받을 자격이 있소.〉 나아가 루즈벨트는 한국인들에 대해 매우 낮은 평가를 내렸는데, 이는 부분적으로 한국에 있는 미국 관료들이 보낸 보고서에 기초한 것이었다. 루즈벨트는 국무부 장관 존 헤이에게 보낸 편지의 밑부분에 다음과 같은 메모를 손으로 적었다. 〈우리는 한국인을 위해 일본인을 방해하지 않을 것이오. 한국인들은 자기 스스로를 방어하기 위한 펀치 한 방조차 날리지 못했으니까.〉[32]

가이바라 엣켄이 『조선징비록』 서문에서 〈도요토미 히데요시가 조선을 정벌한 것은 탐병이라 할 수 있으며, 여기에 교병과 분병을 더하였다. 의병이라 할 수 없다. 또한 부득이하게 군대를 쓴 것이 아니니 응병도 아니다. 그는 전쟁을 좋아하였다고 할 수 있으니, 이는 천도(天道)가 미워하는 바이다. 그의 집안이 망한 것은 이 때문이다. 한인은 무력하여 기왓장이 깨지고 흙이 무너지듯 순식간에 패하였다. 이는 평상시에 수비하는 방법을 훈련하지 않았기 때문에, 일본군에 응전하여 싸울 수 없었던 것이다. 이를 이른바 〈전쟁을 잊음(忘戰)〉이라고 한다. 아, 조선이 위험해지고 거의 멸망 직전까지 간 것은 오로지 이 때문이다〉라고 한 것은, 조선·명·히데요시 정권 모두의 상황을 알고 있는 지금으로서는 양비론이라고 평가할 수 있지만, 이 서문을 쓸 당시 가이바라 엣켄에게는 임진왜란 당시 조선에 원군을 보낸 명나라에서 작성된 『양조평양록』의 강렬한 조선 폄하 기사가 큰 영향을 주었을 것이다. 그리고 조선에서 제작된 『징비록』에서도 임진왜란 초기 조선 측의 무력함이 강조되므로, 가이바라 엣켄에게는 조선의 군사적 무력함을 비판할 여지가 존재했다고 하겠다. 가이바라 엣켄에게는, 제대로 된 나라라면 문과 무가 모두 서야 한다는 것이 국가 존속의 대전제였다.

가이바라 엣켄이 이와 같은 논평을 한 것은 명나라의 『양조평양록』과 『무비지』 등에 보이는 조선 비하적인 서술에 의한 바가 크지만, 이러한 서술은 명나라 측이 원군 파병의 명분을 쌓기 위하여 과장한 측면이 크다. 임진왜란 이전의 조선이 몽골·명·무로마치 일본에 비해 군사적으로 열세였다는 것이, 조선의 민과 관이 전쟁을 준비하지 않고 평화에 빠져 있었다는 것을 의미하는 것은 아니다. 조선이라는 국가 자체가 고려 왕조에 대한 군사 쿠데타로 성립하였고, 건국 후에는 북방의 여진 세력과 남방의 일본 세력을 동시에 무력으로 견제하는 데 성공하였으며, 명나라와도 군사적 긴장 관계를 이어 갔다. 필자는 류성룡이 조선 전기의 숱한 재상들 가운데 신숙주와 김종서(金宗瑞)를 특히 높이 평가한 것을 이러한 맥락에서 파악한다. 신숙주가 죽음을 앞두고 성종에게, 일본과의 화의를 잃지 말라고 유언했다는 징비록의 유명한 첫 대목은 굳이 인용할 필요가 없을 터이다. 여기서는 『서애 선생 문집(西厓先生文集)』18「발(跋) 좌상 김종서의 건치육진소(建置六鎭疏) 뒤에 씀(書金左相建置六鎭疏後)」을 인용한다.

조선의 이름난 재상으로서 공적이 두드러진 인물은 김종서 뿐이다. 공의 공적은 육진을 설치한 것보다 더한 것이 없다. 지금 이 상소를 보니 배치가 굉장하고 논의가 광범위하여, 세상의 범부나 어린아이의 적은 지혜와 얕은꾀로 입만 가지고 때워 국가의 일을 망친 자들이 기가 막혀 주둥이를 감히 벌리지 못하게 하였으니, 또한 일대의 뛰어난 인재라 할 수 있다. 그런데 사실은 세종이 사람을 잘 선임하여 이룩하도록 함이 있었기 때문이다. 말년이 되어서는 재상의 공적이 위태로움에 도움 없고 헛되이 죽었으니 어찌된 일인가? 옛말에 이르기를, 〈자[尺]도 짧은 데가 있고 치[寸]도 긴 데가 있다〉 하더니 정말 그런 것이다. 그러나 가령 공의 재주가 오늘날에 있었다면 볼만한 것이 있으리라. 남긴 글을 세 번쯤 되풀이하여 보면 구원(九原)에서 살아나기 어려운 탄식이 있다.[33]

이러한 분위기에서 세조는 『오위진법(五衛陣法)』과 『병장설(兵將說)』이라는 병학의 이론·실제를 다룬 문헌을 편찬하였다.[34] 수양대군 시절에 편찬한『오위진법』의 서문에서, 훗날의 세조는 조선 왕조의 건국자인 이성계를 마치『만주실록(manju i yargiyan kooli, 滿洲實錄)』[35]의 아이신 기오로 누르하치aisin gioro nurhaci와 같은 군사 지도자로 묘사하고, 자기 자신이 병학에 조예가 깊다는 점을 자부한다.

우리 태조(이성계)께서는 뛰어나신 무덕으로 화란을 평정하시고 백성을 도탄에서 구원하여 온 나라를 평안하게 하셨다. 몸소 활을 메고 천하를 정벌하실 당시에, 어느 시간에 옛 글의 남겨진 병법을 연구하셨겠는가. 타고난 슬기와 지략으로 신출귀몰한 계책이 무궁하고 변화를 헤아릴 수 없었다. 이리하여 바람과 번개처럼 휩쓸고 치달아 가는 곳마다 격파하시되, 진실로 대를 쪼개듯 스스로 무너지게 하시고, 대자연의 조화에 자취가 없는 것과 같게 하셨다. 그리하여 신하들은 힘을 펴면서도, 그 힘이 펼쳐지는 까닭은 모르고 있었다. 이러므로 태조께서 진(陣)을 설치한 절목(節目)이 세상에 전하지 않는 것이다. 태종과 세종께서는 국운이 창성한 시대를 만났어도 평안함 속에서 위태로움을 생각하시고, 하륜과 변계량, 하경복, 정흠지, 정초 등에게 명을 내려 진설(陣說)을 수집 편찬하게 하시어 군사 교련의 정식(定式)으로 삼으셨다. 그러나 하륜 등이 만든 진법은 단지 옛 글만을 의거한 것이어서 조목에 미진한 점이 있었다. 이에 우리 주상 전하(문종)께오서 열성조(列聖祖)에 짝할 만한 덕으로써 창성한 국가의 기반을 유지하고 잘 지키시고, 선왕들이 환란에 미리 대비하신 뜻을 잘 계승하여 진법을 개정하셨는데, 번병(藩兵: 여진인)과 한병(漢兵: 한족)의 장점을 겸하고, 기(奇)와 정(正)의 변화를 다하셨다. 하늘과 땅을 본받고 인륜을 밝히시어, 옛 철인들이 남기신 교훈을 집대성하시고, 후세에 큰 법규를 수립하셨다. 비록 하늘이 내린 훌륭한 지혜로서 뭇 임금을 초월하셨지만, 오히려 남에게 묻기를 좋아하고 남의 좋은 점을 받아들이셨다. 이리하여 신(臣: 수양대군)이 일찌기 무예를 많이 익혔다 하여 특별히 고문(顧問)해 주시니, 신 같이 우둔한 자가 어찌 한 가지 모책(謀策)인들 도울 수 있겠는가. 그저 정해 놓으신 계획을 받들고, 임금의 명령을 출납할 따름이었다. 이에 신과 공조판서 정인지, 중추원사 김효성, 병조참판 황수신, 첨지중추원사 조유례, 호군 김유선, 병조정랑 송처검, 수교서교리 권람, 승문원정자 홍윤성 등에게 명하시어 병조에서 회의를 열어 이 진법을 확정하게 하시고 다시 신에게 서문을 지으라 하셨다.[36]

이처럼 대군 시절에 실전 병학서인 『오위진법』을 편찬한 세조는, 자신이 국왕으로 있으면서는 이론편인 『병장설』을 편찬하고 『해동제국기』의 편찬자인 신숙주에게 서문을 쓰게 했다. 아래 인용하는 서문에서 신숙주는, 국가의 안녕을 위해서는 문과 무가 병립해야 한다고 설한다.

　　성인은 문무를 모두 갖추어 한편으로는 문을, 또 한편으로는 무를 가지고서 다스리되, 문의 예약으로써 백성을 교화하고, 무의 병형(兵刑)으로써 징토(懲討)하였으니, 이 중에 하나만 없어도 다스림을 이룰 수 없다 하였습니다. 이러므로 옛날의 제왕들은 모두 문무를 병용(倂用)하여 태평성세를 이루었던 것입니다. 그러나 후세의 군주 중에는 이 길을 따른 이가 적어 문만을 너무 지나치게 우대하거나, 무만을 힘씀으로써 인의(仁義)가 부족하여, 천하가 잘 다스려진 날이 항상 적게 되었으니, 참으로 애석한 일이 아닐 수 없습니다.
　　우리 성상께서는 진실로 문무를 모두 갖추시어, 뛰어난 안목으로 사리의 기미를 환히 아시고, 두 번이나 내란(1453년에 김종서 등을 제거한 사건과 1455년에 단종 복위 운동을 좌절시킨 사건 — 원 인용문 주석)을 평정하시니, 정치의 교화가 이미 이루어지고 위엄과 덕택이 널리 입혀져, 사방에서 민심이 바람에 휩쓸리듯 호응하고 있습니다. 그리하여 나라 안이 평화롭고 한가하여 문예를 강구하고 도덕을 논하는 시대를 맞이하게 되었는데도, 성상께서는 오히려 병기를 수선하고 군대를 훈련하는 일에 마음을 쓰시어, 일찍이 손수『역대병요(歷代兵要)』를 편찬하시었고, 또 병서를 주해하셨으며, 그리고『진설(陣說)』과『병정(兵政)』을 지어, 배우지 않은 사람이 없고 훈련하지 않는 군사가 없게 하셨습니다. 열병(閱兵)과 강무(講武)에 이르러서도 친히 이를 지휘하시고, 변방을 지키는 임무를 맡은 장수에게 비록 천 리 밖 먼 곳에 있더라도 친서를 내리신 바, 모두가 기요(機要)에 합당한 것이었습니다. 이제 또 전하께서 친히 장수와 병사가 하는 일에 따라『병설(兵說)』과『장설(將說)』두 가지를 지으셨으니, ……(중략)…… 이는 진실로 성인의 도가 하늘과 부합하여 자연히 그렇게 된 것으로서, 말과 글로 나타내고 일을 시행함에 있어 그 행동 하나 하나가 모두 제왕의 문무가 되어 있습니다. 음양이 본래 한 이치이고, 문무 또한 두 가지가 아니니, 성인의 문은 바로 성인의 무이기도 합니다.[37]

이처럼 세조는 실전적 차원의『오위진법』과 이론적 차원의『병장설』을 편찬하는 등 병학 연구에 큰 관심을 보였다.[38] 이긍익(李肯翊, 1736~1806)의『연려실기술(燃藜室記述)』별집 14「문예전고(文藝典故) 병서류(兵書類)」에는 세조 및 그 밖의 국왕들이 편찬에 간여한 병학서가 잘 정리되어 있다.[39] 또한,『연려실기술』별집 12「정교전고(政敎典故) 강무(講武)」에는, 한반도 내외에 위세를 떨치던 왕조의 군사력을 유지하고자 한 조선 전기 국왕들의 의지가 간명하게 요약되어 있다. 세종이〈진도(陣圖)〉의 법을 제정하고 실행케 하였음은『세종실록』3년 4월 14일조에 보이고,『병장설』을 편찬한 것은 세조이다. 아래 인용문이 문종대의『오위진법(五衛陣法)』편찬과 성종대의 군대 사열 기사 사이에 놓여 있으며, 세종대의 사항들은 이 기사의 앞부분에 별도로 묶여서 배치되어 있으므로, 아래 인용문에 등장하는〈세종〉이란 제4대 국왕 세종이 아니라 제7대 국왕 세조를 가리키는 것으로 보아도 무방할 것이다.

세종은『병장설』을 친히 지어 모든 장수들에게 가르치기를 장려하고, 또 나라의 태평이 오래 계속하면 병비(兵備)가 반드시 이완된다 하여, 매월 두 번씩 친히 진(陣)을 사열하고 춘추로 강무를 행하였다. 일찍이 이르기를, 〈병진(兵陣)은 우리 집안의 본래의 업이니 알지 않으면 안 된다〉 하면서『황석공소서(黃石公素書)』등의 서책을 친히 세자에게 주었다.[40]

이처럼 군사력을 가업(家業)으로 간주한 국왕 세조와 중신들이 병학서를 편찬하고 전쟁을 논의하는 모습은, 하야시 라잔이 병학서를 편찬하여 도쿠가와 이에야스와 의논하는 모습을 떠올리게 한다. 문과 무가 병립하는, 왕조가 시작된 지 얼마 되지 않은 때의 국가는 이런 모습일 터이다. 이와 관련하여, 하야시 라잔이 조선의 〈자양대군〉이 집필한『진법』에 대해 조선의 통신사 일행에게 질문하고, 이 책을 일본어로 번역하였음은 앞에서 검토하였다. 하야시 라잔이 〈자양대군〉의 정체를 궁금해한 것은, 조선의 최고 지배 집단인 왕족으로 추정되는 인물이 병학서를 집필한 점에 주목하였기 때문인 것으로 추측된다. 또한 앞서 검토한 바와 같이『독동국통감』을 집필한 병학자 이소베 마사노부 역시 1735년에『진법』을 전체 필사하고,『진법』과 같은 훌륭한 병학서가 만들어진 조선 전기에는 영걸(英傑)이 한두 사람 있었던 게 아닌 듯하지만, 그 뒤로 이 병법이 제대로 학습되지 않았던 것 같다고 평한 바 있다.

이처럼 병자호란 이전의 조선 왕조에는, 중국이나 일본에 비하면 그 절대적인 수준에서는 차이가 있다고 하더라도 군사·병학에 대한 관심이 적지 않았다. 국경을 넘어선 공격과 국경을 방어하기 위한 수비를 모두 수행하여야 하던 조선 전기의 상황에서는 당연한 일이었다. 앞서 이덕무의 일본 병학 관련 논문이나 정조대의『무예도보통지』편찬에서 보았듯이 조선 후기에도 군사·병학에 대한 관심이 사라진 것은 아니었다. 그러나 조선 전기의 한반도에서는 북쪽의 여진, 남쪽의 일본과의 군사적 충돌이 현실적으로 존재하는 문제였지만, 조선 시대 후기에는 도쿠가와 막부의 출현으로 인해 남쪽 국경에서 군사적 위협이 사라지고, 병자호란을 통해 최종적으로 여진-몽골 세력에 패배한 뒤, 그리고 대청 제국이 삼번의 난을 진압함으로써 동중국해 연안 지역에 군사적 안정이 도래하였다는 근본적인 차이가 있다.

임진왜란이라는 남쪽에서의 도전을 물리치는 데 성공하였기 때문에 국가적 차원에서 선조 정권은 존속을 승인받을 수 있었다. 그러나 정묘·병자호란이라는 북쪽으로부터의 군사적 도전에 실패함으로써 조선 건국 이래 지속되던 여진 세력에 대한 조선국의 우위는 뒤집어졌으며, 후금-대청 제국에 일체의 처분을 맡기게 된 인조 정권은 그 지배의 정당성을 의심받게 되었다.[41] 병자호란 이후 새로운 성을 짓거나 기존의 성을 수리하는 것을 금지당하는 등 국가적 차원에서 무장 해제를 당하였으며, 효종조에 〈북벌론〉이라는 명분을 세워 일본에서 유황과 무기를 밀무역하는 등의 시도를 하였으나,[42] 이 역시 삼번의 난이 종결되면서 무의미해졌다. 이후 대청 제국의 질서 속에서 동중국해 연안 지역에 200여 년간 국제 전쟁이 발발하지 않은 상황에서, 임진왜란 직후부터 병자호란 즈음까지 재편 강화되어가던 조선 왕조의 국방 체제는 군사적 의미보다는 정치·경제적 의미를 강화하는 방향으로 나아게 되었다.[43]

영조의 경우 세조가 편찬한 『진법(陣法)』의 제목을 『병장도설(兵將圖說)』로 바꾸어 1742년에 간행하고, 『효경』과 쌍을 이루는 『충경』을 간행하는 등 군사적 측면에 관심을 보이는 모습을 보였다. 그러나 『병장도설』이 실제 군사 제도에 미친 영향은 크지 않았으며, 『충경』의 간행도 군사 제도 정비 및 국가 방위보다는 국왕권 확립이라는 측면에 중점이 놓여 있었다.[44] 정조 역시 『무예도보통지(武藝圖譜通志)』를 간행하는 등 병서 간행에 관심을 기울였고 군제 개혁도 추진하였지만, 정조의 이러한 군사적 관심 역시 국가 방위보다는 국내에서의 무력 독점이라는 측

면에 중점이 놓여 있었다.[45] 〈국가란 일정한 영토 ─ 이것, 즉 이 〈영토〉
가 (국가라는 개념의) 특징 중의 하나입니다만 ─ 안에서 정당한 물리
적 강제력의 독점을 자신에게 (성공적으로) 요구하는 인간 공동체입니
다〉[46]라는 막스 베버의 정의와 같이, 조선 후기의 군사 체제는 영토 바깥
으로의 군사력 동원 가능성이 배제된 상태에서, 조선국 내부에서 무력을
독점함으로써 정권에 대한 도전을 차단한다는 성격만을 띠게 되었다.
영고탑(寧古塔) 회귀설[47]과 타이완 정씨 왕조에서 비롯된 것으로 보이는
정도령 전설[48] 등 북로남왜적 상황이 상상적으로 설정되기는 하였으나,
실제로 외국군과의 전쟁을 지속적으로든 간헐적으로든 경험하고 있던
대청 제국 및 도쿠가와 일본과는 근본적으로 다른 상황이었다.

　이 시기, 대청 제국은 17세기에서 18세기에 걸쳐 국가의 서북부에
서 100년간 대청-준가르 전쟁을 치렀고, 이 전쟁이 끝난 뒤 채 백 년
이 지나지 않은 상황에서 1840년의 제1차 아편 전쟁과 1857년의 제
2차 아편 전쟁(애로 전쟁)을 겪었으며, 백련교도의 난(1796~1804), 태
평천국의 난(1850~1864), 염군 봉기(捻軍, 1851~1868), 이슬람 반란
(1864~1877) 등의 내전을 여러 차례 경험하였다. 이 과정에서 태평천
국군에 대항하여 상군(湘軍)과 회군(淮軍)을 조직하여 전공을 세운 증국
번(曾國藩, 1811~1872)과 이홍장(李鴻章, 1823~1901)이 그 업적을 인
정받아 한족이라는 핸디캡을 극복하고 출세 가도에 오르는 등, 학자이
자 동시에 군사 지도자로서의 인물들이 대두하였다.

　일본의 경우에는 1806~1807년에 북방에서 러시아에게 패하고(호보
스토프 사건), 1808년에 남방에서 영국에 패하는 등(페이튼 호 사건) 일
본판 북로남왜 상황에 빠졌다. 거기에다 일본의 지배 계급·지식인 계
급은 대청 제국이 경험한 국내외의 전쟁에도 민감하게 반응하고 있었
다. 호보스토프 사건부터 페이튼 호 사건, 1863년의 사쓰마-영국 전쟁
(薩英戰爭), 1863~1864년의 시모노세키 전쟁(조슈 번[長州藩] 대 영국

·프랑스·네덜란드·미국)에 이르기까지 일본은 서구 세력과의 크고 작은 전쟁에서 모두 패했다. 이러한 연패의 배경에는 일본의 국내 사정이 있었다. 중세에는 당대 세계 어디에 견주어도 부족하지 않은 숙련된 조총 부대를 보유하던 일본은, 도쿠가와 막부 이후 조총 위주의 군사학에서 칼 위주의 군사학으로 퇴화해 버렸다. 이는 무사 계급의 무력 독점을 꾀하고, 조총 위주의 군사학이 초래할 수 있는 〈군사 혁명Military revolution〉적 상황을 회피하기 위해서였다.[49] 이처럼 병학이 실제에서 멀어져 퇴화해 버린 결과, 에도 시대에 명성을 떨친 기슈(紀州) 우사미 가문(宇佐美氏)의 에치고류 병학(越後流兵学)과 같이 허구에 기반한 병학 유파까지 탄생했고, 페리 제독이 일본에 등장하면서 이들 유파들은 공허한 실상을 드러내 버리고 말았다.[50]

그리하여 시대 회귀적인 군사학의 정체가 탄로나자, 사가 번(佐賀藩), 막부령 이즈 니라야마(伊豆韮山) 등은 네덜란드군의 포병 부대를 창시한 울리히 후후에닌(Ulrich Huguenin, 1755~1833)이 집필한 대포 주조서를 번역하여 자체적으로 반사로(反射爐)를 제작하는 등, 본격적으로 유럽 병학을 받아들이게 된다.

1854년 1월 21일, 페리 제독의 한 달 뒤에 일본에 들어온 러시아의 푸차친을 맞이하기 위해 막부가 파견한 가와지 도시아키라(川路聖謨, 1801~1868)는, 나가사키 항 방어를 담당한 사가 번에 들어가서 받은 인상을 다음과 같이 서술한다. 〈비단 옷을 입은 사람은 한 명도 없고, 나베시마 영내에 들어온 지 벌써 사흘이 되었지만 적동(赤銅)같은 금속제 화로는 좀처럼 볼 수 없고, 90퍼센트는 도자기이다. 영주가 외국 배의 침략에 대비해서 대포를 많이 주조하고 있어서, 민간에서는 동 제품 사용이 금지되어 있다고 한다.〉[51] 메이지 유신이라는 정치적 사건을 일으킨 4개 번(藩)만이 오늘날에는 기억되고 있지만, 서구가 주도하는 새로운 세계 질서에 대응하려는 움직임은 사가 번 등 19세기 중기 일본 곳

삽화 24 이즈 니라야마의 반사로. 필자 촬영

삽화 25 도쿄 오다이바(お台場)의 포대(砲臺). 니라야마에서 주조된 대포는 에도를 해상 방어
하기 위해 오다이바로 옮겨졌다. 오다이바는 포대라는 뜻이다. 필자 촬영

곳에서 확인된다. 그럼에도 불구하고 당시 일본의 정치·경제·기술적 한계로 인하여 일본이 서구를 따라잡을 수 있던 것은 대포 뿐이었고, 그나마 사쓰마 번과 조슈 번이 서구 세력과 정면 충돌했다가 패하면서 국산 대포의 한계도 명백해졌다.[52] 이후 일본은 철저하게 서구를 추종함으로써 살아남는다는 현실적 노선을 택하게 된다. 이런 의미에서, 메이지 유신은 군사적 승리가 아닌 패배가 초래한 사건이었다.

국방을 걱정하여 병학을 논한다는 것과, 실제로 외국과 전쟁을 치르기 위해 준비하고 패배를 경험함으로써 자국의 한계와 가능성을 체감한다는 것은 근본적으로 다른 차원의 일이다. 이처럼 17~19세기 동중국해 주변 국가들 가운데 대청 제국과 도쿠가와 일본은 지속적으로 실전 경험을 쌓았고 잇따른 군사적 패배에서 비롯된 위기감을 키워 나갔다. 17세기 말기 이후 조선 왕조를 지배한 비(非)무사적 지배 집단이, 무사 집단이 국가를 방어한다는 명분을 실제로 발휘하고 있던 대청 제국과 도쿠가와 일본을 이해하는 것은 쉽지 않았을 터이다. 조선 측이 나름대로 태평천국의 상황을 파악하고자 노력하였으나 실패하였고, 결국은 동중국해 연안 지역에서 군사적 긴장이 높아지던 흐름을 놓친 데 대하여는 하정식의 연구에 상세하다.[53]

대청 제국과 도쿠가와 일본이 소농 사회(小農社會), 주자학 이념과 함께 신흥 군사 정권(新興軍事政權)이라는 공통점을 공유하고 있었다는 점에 착안한 동중국해 연안 지역의 〈근세화〉론이 최근 제안되었다.[54] 특히 스기야마 기요히코(杉山清彦)[55]가 에도 시대 일본의 막부 체제를 마크 엘리엇의 대청 제국 팔기(八旗) 체제론[56]과 비교한 바와 같이, 17~19세기 동중국해 연안 지역에는 대청 제국과 도쿠가와 일본이라는 양대 군사 정권에 의한 지배 체제가 존재하였으며, 이러한 맥락에서 후기 조선 왕조는 예외적이었다. 스기야마가 조선과 유사한 사례로 드는 유구 왕국은 1609년에 사쓰마 번에 정복당한 뒤로 사실상 독립국으로서의 지위를 상실한 상태였다. 또한 대청 제국과 도쿠가와 일본이라는 양대 군사 정권 가운데, 팔기 체제로 표현되는 대청 제국은 지배 집단의 주류를 이루는 만주인·몽골인과 피지배 집단의 주류를 이루는 한인 간의 갈등으로 인하여 19세기 중기 이후의 정치·군사·외교적 위기를 끝내 극복하지 못하고 멸망한 반면, 지배 집단과 피지배 집단이 상대적으로 동일한 아이덴티티를 공유한 도쿠가와 일본은 대청 제국과 마찬가지로 밀어닥친 위기 속에서 비교적 순탄하게 근대 국가로 이행하였다.

1945년 8월 식민지 시기의 종결에 뒤이어 국제적 갈등의 결과 초래된 분단, 1950년 6월 이전 남한 내부의 무력 충돌, 1950~1953년 남북한 간의 무력 충돌, 1961~1987년의 두 차례에 걸친 군사 독재 등 다양한 형태의 전쟁사적 상황을 경험하였으며, 현재도 세계 10위권의 군사력을 보유한 한국은, 조선 시대 전기까지의 한반도 역대 왕조들이나 17~19세기 주변 지역과도 이질적이었던 조선 시대 후기와는 질적으로 전혀 다른 상황에 놓여 있다. 그럼에도 불구하고 이러한 이질적인 상황이 초래한 기억은 현재까지도 한국 시민 사회와 학계에 남아 있어서, 여타 국가들에 비하여 군사학·전쟁사는 군 관계자들에게만 의미를 지니는 비주류적인 학문으로 인식되는 경향이 크다. 이 책에서는 15세기 이래 동중국해 연안 지역에서 발생한 대외 전쟁의 기억과 정보가 한 지역에서 축적되고 다른 지역으로 유통된 과정을 고찰함으로써, 17세기 중기에서 20세기 초까지 한반도에 존재한 비(非) 군사적 상황은 한반도의 역사에서는 물론이려니와, 여타 동중국해 연안 지역에서도 전례가 없으며, 향후 반복될 수 없는 특수한 사례였음을 확인하였다.

참고 문헌

[1차 문헌]

김경천, 『경천아일록』(학고방, 2012).

金瀏, 『橘隱齋集』, 『국역 해상기문: 러시아의 첫 외교 문서(1854)』(세종대학교 출판부, 1988).

金忠善, 『慕夏堂文集』, 국립 중앙 도서관(고3648~10-1).

南玉, 『日觀記』, 국립 중앙 도서관(古2707~1).

柳成龍, 『懲毖錄』, 김시덕 역, 『교감 해설 징비록』(아카넷, 2013).

朴齊家, 『北學議』, 안대회 역, 『북학의』(돌베개, 2013).

四溟堂, 『四溟堂集』, 『한글대장경 152 한국고승 1·2 합본 사명대사집』(동국역경원, 1970).

世祖, 『陣法』(조선 전기 간본) 서울대학교 규장각 한국학 연구원 소장(奎 1100).

世祖, 『陣法』(일본 필사본) 서울대학교 규장각 한국학 연구원 소장(經古 355.4-J562).

世祖, 『兵將說』, 『군사 문헌집 1 병장설·진법』(국방부 전사 편찬 위원회, 1983).

申叔舟, 『海東諸国紀』, 田中健夫, 『海東諸国紀』(岩波書店, 1991).

柳得恭, 『渤海考』, 송기호, 『발해고』(홍익출판사, 2013년 7쇄).

李重煥, 『擇里誌』, 서울대학교 규장각 한국학 연구원(古 4790~55).

崔溥, 『漂海錄』, 박원호, 『최부 표해록 연구』(고려대학교 출판문화원, 2006).

『三国史記殘篇』, 나고야 시 쓰루마이 도서관. 국문학 연구 자료관(89-133-10-1).

『忠州救荒切要』, 시즈오카 현립 도서관. 국문학 연구 자료관 마이크로필름(204-101-1).

青木昆陽,『昆陽漫録』,『日本随筆大成』10(吉川弘文館, 1928).

青木昆陽,『昆陽漫録』, 사카타시 고큐 문고 소장본. 국문학 연구 자료관 소장 마이크로필름(26-106-6).

朝川鼎,『善庵随筆』,『日本随筆大成』5(吉川弘文館, 1928).

雨森芳洲,『詞稽古之者仕立記録』, 泉澄一·中村幸彦·水田紀久,『芳洲外交関係資料集書翰』(関西大学出版部, 1982).

雨森芳洲,『交隣提醒』, 한일 관계사학회,『교린제성』(국학 자료원, 2001).

雨森芳洲,『たはれ草』, 김시덕,『한 경계인의 고독과 중얼거림』(태학사, 2012).

雨森芳洲,『朝鮮風俗考』, 泉澄一·中村幸彦·水田紀久編,『関西大学東西学術研究所資料集刊 11-3 芳洲外交関係資料·書翰集 ── 雨森芳洲全書三 ──』(関西大学出版部, 1982).

新井白石,『東雅』, 杉本つとむ,『東雅』(早稲田大学出版部, 1994).

磯邊昌言,『読東国通鑑』, 진구 문고(5문 1250).

伊藤東涯,『盍簪録』, 히로시마 현 光藤益子. 국문학 연구 자료관 소장 마이크로필름(ミ2-87-2).

伊藤東涯,『紹述先生文集』, 국문학 연구 자료관(87-32).

伊藤東涯,『秉燭譚』, 국회 도서관(847-147).

伊藤東涯,『鶏林軍記』, 국회 도서관(189-242).

入江昌喜,『幽遠随筆』, 국문학 연구 자료관(96-968).

上田秋成,『安安言』,『上田秋成全集』(国書刊行会, 1923).

大江荊山,『金元清詩類選』, 김시덕 소장.

大田南畝,『増訂半日閑話』,『日本随筆大成』4(吉川弘文館, 1928).

岡田玉山,『唐土名勝図会原稿』, 와세다 대학(ル05 01995).

岡田新川,『秉穂録』,『日本随筆大成』10(吉川弘文館, 1928).

貝原益軒,『和漢名数』, 국립 중앙 도서관 소장본.

香月牛山,『巻懐食鏡』, 김시덕.

北畠親房,『神皇正統記』,『日本古典文学大系 87 神皇正統記·増鏡』(岩波書店, 1965).

木村兼葭堂,『兼葭堂日記』, 水田紀久·野口隆·有坂道子,『兼葭堂日記: 完本』(藝華書院, 2009).

木村理右衛門,『朝鮮物語』, 京都大学文学部国語学国文学研究室,『木村理右衛門著

朝鮮物語』(京都大学国文学会, 1970).

　草場佩川, 『珮川詩鈔』, 국문학 연구 자료관(国文研日本漢詩文 87-365).

　景徹玄蘇, 『仙巣稿』, 국회 도서관(詩文-2203).

　香西成資, 『豊臣閣下撃朝鮮国論』, 『甲斐叢書』9(甲斐叢書刊行会, 1934).

　香西成資, 『本邦地勢弁』, 『甲斐叢書』9(甲斐叢書刊行会, 1934).

　古賀精里, 『精里全書』, 국립 공문서관(206-0189).

　古賀侗庵, 『今斉諧』, 高橋明彦, 「翻刻・古賀侗庵『今斉諧』(乾)」, 『金沢美術工芸大学紀要』44(2000・3).

　古賀侗庵, 『俄羅斯紀聞』, 와세다 대학(ル08 02994 0001).

　塩谷宕陰, 『隔鞾論』, 김시덕.

　篠崎東海, 『東海談』, 시즈오카 현립 도서관 아오이 문고. 국문학 연구 자료관 마이크로필름(204-38-5).

　杉田玄白, 『蘭東事始』, 와세다 대학(文庫08 A0212).

　諏訪忠晴, 『本朝武林伝』, 국문학 연구 자료관(ヤ1-6).

　大典, 『萍遇録』, 김문경 외 옮김, 『평우록 ── 18세기 일본 지식인, 조선을 엿보다』(성균관대학교 출판부, 2013).

　田宮仲宣, 『東牖子』, 와세다 대학(文庫08 C0242).

　近松半二, 『山城の国畜生塚』, 『近松半二浄瑠璃集』2(国書刊行会, 1987).

　鶴峯戊申, 『和漢軍談紀略考大成/紀略考歴代事実出所書目』, 김시덕.

　鶴峯戊申校・歌川貞秀画, 『絵本朝鮮征伐記』, 해군 사관 학교.

　秦滄浪, 『一宵話』, 『日本随筆大成』10(吉川弘文館, 1928).

　馬場貞由, 『東北韃靼諸國圖誌野作雑記譯説』, 도사 야마노우치케 보물 자료관. 국문학 연구 자료관(99-493-4).

　原念斎, 『先哲叢談』, 국문학 연구 자료관(ヤ1-160).

　林鵞峰, 『華夷変態』, 국립 공문서관(184-0273).

　林鵞峰, 『新刊東國通鑑』, 국립 공문서관(285-0029).

　林義端, 『搏桑名賢文集』, 국문학 연구 자료관(国文研鵜飼 96-375).

　林子平, 『海国兵談』, 山岸徳平, 『新編林子平全集 1 兵学』(第一書房, 1978).

　林子平, 『三国通覧図説』, 山岸徳平, 『新編林子平全集 2 地理』(第一書房, 1979).

　林梅洞, 『梅村載筆』, 국립 공문서관(211-0204).

　林梅洞, 『梅村載筆』, 『日本随筆大成』1(吉川弘文館, 1928).

　林羅山, 『羅山林先生集』, 국립 공문서관(263-0058).

　伴信友, 『中外経緯伝』, 『中外経緯伝』(近藤活版所, 1881).

藤原惺窩,『惺窩先生文集』, 국문학 연구 자료관(ナ6-8-11).

文之玄昌,『南浦文集』, 국회 도서관(WA7-81).

前野良沢・杉田玄白,『解体新書』, 김성수역,『해체신서』(한길사, 2014).

松浦霞沼,『朝鮮通交大紀』, 田中健夫・田代和生,『朝鮮通交大紀』(名著出版, 1978).

松下見林,『異称日本伝』, 와세다 대학(リ05 02260).

三宅環翠,『和漢歴代備考』, 사카타시 고큐 문고. 국문학 연구 자료관 소장 마이크로필름(26-111-1).

森長見,『国学忘貝』, 국문학 연구 자료관(国文研鵜飼, 96-966).

柳成龍,『朝鮮懲毖録』, 김시덕.

山県太華,『国史纂論』, 와세다 대학(リ04 04250).

山口幸充,『嘉良喜随筆』,『日本随筆大成』11(吉川弘文館, 1928).

山崎美成,『世事百談』,『日本随筆大成』9(吉川弘文館, 1928).

和田烏江,『異説まちまち』,『日本随筆大成』9(吉川弘文館, 1928).

日潮,『本化別頭仏祖統記』, 니시오시 이와세 문고. 국문학 연구 자료관 소장 마이크로필름(214-298-2).

林嗣環,『武經纂序七書大全集註』, 김시덕.

『群書一覧』,『日本書目大成』1(汲古書院, 1979).

『椿亭叢書』, 궁내청 서릉부. 국문학 연구 자료관 소장 마이크로필름(20-83-1-70).

『新編日本古典文学全集 2 日本書紀 1』(小学館, 1994).

『八幡愚童訓 甲』,『日本思想大系 20 寺社縁起』(岩波書店, 1978년 제4쇄).

William George Aston, *Collected works of William George Aston vol.1 Collected Papers*(Ganesha Publishing Ltd. & Oxford University Press Japan, 1997).

William George Aston, 増田藤之助訳,『豊太閤征韓史』(隆文館, 1907).

Luis Frois,『日本史』2(中央公論社, 1977~80).

W.E. Griffis, *Corea: The Hermit Nation*, 신복룡 역주,『은자의 나라 한국』(집문당, 1999).

И.А. Гончаро́в, *И.А. Гончаров*, 문준일 역,『전함 팔라다』(동북아 역사 재단, 2014).

Lafcadio Hearn, *Kwaidan*, 김시덕 역,『일본괴담집』(도서출판문, 2010).

А. Н. Куропаткин, *Записки генерала Куропаткина о русско-японской войне. Итоги войны*, 심국웅 역,『러일 전쟁 — 러시아 군사령관 쿠로파트킨 장군 회고록』(한국외국어대학교 출판부 지식출판원, 2007).

Николай Петрович Резанов, 大島幹雄訳, 『日本滞在日記—1804年~1805年』(岩波文庫, 2008년 제2쇄).

Philipp Franz von Siebold, 尾崎賢治 역, 『日本』, 5 (雄松堂書店, 1978).

Wacław Sieroszewski, *Korea*, 김진영 역, 『코레야 1903년 가을』(개마고원, 2006).

『明史朝鮮傳』, 長澤規矩也, 『和刻本正史 諸史抄 附 和刻本漢籍史部目錄』(汲古書院, 1983).

劉向, 『說苑』, 임동석 역, 『설원』(동문선, 1996).

楊守敬, 『日本訪書志』, 오타루 상과 대학.

侯継高, 『全浙兵制考』, 국립 공문서관 (295-0066).

董越, 『朝鮮賦』, 長沢規矩也, 『和刻本漢詩集成』(汲古書院, 1977).

동월, 『조선부』, 와세다 대학 (ヘ18 02663).

『*manju i yargiyan kooli*(滿洲實錄)』, 고려대학교 민족 문화 연구원 만주학센터 만주실록 역주회, 『만주실록 역주』(소명출판, 2014)

[한국 고전 종합 DB]

姜沆, 『看羊錄』.

姜弘重, 『東槎錄』.

柳成龍, 『西厓先生文集』.

朴趾源, 『熱河日記』.

卞季良, 『春亭先生文集』.

成大中, 『青城雜記』.

成海應, 『研經齋全集』.

申維翰, 『海遊錄』.

安鼎福, 『東史綱目』.

安鼎福, 『順菴先生文集』.

李圭景, 『五洲衍文長箋散稿』.

李肯翊, 『燃藜室記述』.

李德懋, 『青莊館全書』.

李瀷, 『星湖僿說』.

丁若鏞, 『茶山詩文集』.

丁若鏞, 『我邦疆域考』.

曺命采, 『奉使日本時聞見錄』.

許筠, 『惺所覆瓿藁』.

黃玹, 『梅泉集』.

노대환, 「18세기 동아시아의 백과전서『고금도서집성古今圖書集成』」, 『서울대 뉴스』(서울대학교 홍보팀, 2015·8·24). http://www.snu.ac.kr/news?bm=v&bbsidx=121997&.

宮崎克則·古賀康士, 「シーボルト門人によるオランダ語論文」. http://archive.fo/YumS.

『續日本紀』. http://db.history.go.kr/item/level.do?levelId=jm_002_0220_0040.

「白楽天」, 野々村戒三校訂, 『日本名著全集 謡曲三百五十番集』(日本名著全集刊行会, 1928). http://www.kanazawa-bidai.ac.jp/~hangyo/utahi/text/yo014.txt.

九州大学図書館·竹田文庫. https://www.lib.kyushu-u.ac.jp/ja/collections/takeda.

神戸大学附属図書館 2006년 전시회 「東アジアのなかの日本」(2006). http://lib.kobe-u.ac.jp/www/html/tenjikai/2006tenjikai/catalog/kindai-1.html.

佐賀大学電子図書館, 『津島日記』. http://www.dl.saga-u.ac.jp/OgiNabesima/tusima.htm.

島根大学, 『和漢三才図会』. http://www.lib.shimane-u.ac.jp/0/collection/da/da.asp?mode=vt&id=1317.

東京海洋大学·石井研堂漂流記コレクション. lib.s.kaiyodai.ac.jp/library/daigakushi/kendo/.

東京都立図書館特別コレクション 第54回 特別文庫室所蔵·井上哲次郎旧蔵資料から. http://www.library.metro.tokyo.jp/digital_library/collectionthe45/tabid/4131/Default.aspx.

同志社大学小室·沢辺紀念文庫, 『海表異聞』. http://library.doshisha.ac.jp/ir/digital/komuro_sawabe_kinen_bunko/kaihyo_detail.html.

日文研データベース, 『近世畸人伝(正·続)』. http://tois.nichibun.ac.jp/database/html2/kijinden/index_appearance.html.

立命館大学·板木閲覧システム. http://www.dh-jac.net/db/hangi/results.php?f2=T1116&-format=results-1.htm&-max=10&enter=default.

Engelbert Kaempfer, *History of Japan*. https://archive.org/details/historyjapantog05kaemgoog.

Maurice, Count de Benyovszky, *Memoirs and Travels of Mauritius Augustus Count de Benyowsky: Consisting of His Military Operations in Poland, His Exile into Kamchatka, His Escape and Voyage from that Peninsula through the Northern Pacific Ocean, Touching* at Japan and Formosa, to Canton in China, with an Account of the French Settlement He Was Appointed to Form upon the Island of Madagascar. https://www.wdl.org/en/item/2547/.

M. Weber, *Politik als Beruf*. http://anthropos-lab.net/wp/wp-content/uploads/2011/12/Weber-Politics-as-a-Vocation.pdf.

Nicolaas Witsen, *Noord en Oost Tartarye, Ofte Bondig Ontwerp Van eenig dier Landen en Volken Welke voormaels bekent zijn geweest. Beneffens verscheide tot noch toe onbekende, en meest nooit voorheen beschreve Tartersche en Nabuurige Gewesten, Landstreeken, Steden, Rivieren, en Plaetzen, in de Noorder en Oosterlykste Gedeelten Van Asia En Europa Verdeelt in twee Stukken, Met der zelviger Land-kaerten: mitsgaders, onderscheide Afbeeldingen van Steden, Drachten, enz. Zedert naeuwkeurig onderzoek van veele Jaren, door eigen ondervondinge ontworpen, beschreven, geteekent, en in 't licht gegeven.*

네덜란드어 원본 이미지: / 네덜란드어/러시아어 대조. http://resources.huygens.knaw.nl/witsen.

Vladimir, *Russia on the Pacific, and the Siberian railway*(London: S. Low, Marston & company, limited, 1856). https://archive.org/details/russiaonpacifics00volp.

Vladimir, *The China-Japan War Compiled from Japanese, Chinese, and Foreign Sources*(S. Low, Marston and company limited, 1896). https://archive.org/details/chinajapanwarco00volgoog.

[단행본]

N. 게보르캰, N. 티마코바, A. 콜레스니코프 편저, 표윤경 역, 『푸틴 자서전』(문학사상사, 2001).

구범진, 『청나라, 키메라의 제국』(민음사, 2012).

국립 진주 박물관, 『2010 국제교류전 —— 임진왜란 조선인 포로의 기억』(국립 진주 박물관, 2010).

국립 한글 박물관, 『대마도 종가문서 한글서간 국제학술대회』(국립 한글 박물관 주최, 2015.9.11).

國防部軍史編纂研究所, 『한국전통병서의 이해』(國防部軍史編纂研究所, 2004).

국방부 전사 편찬 위원회, 『군사 문헌집(1) —— 병장설·진법』(국방부 전사 편찬 위원회, 1983).

김시덕 외, 『임진왜란 관련 일본 문헌 해제 — 근세편』(도서출판 문, 2010).

김시덕, 『일본의 대외 전쟁』(열린책들, 2016).

김영호, 『조선의 협객 백동수』(푸른역사, 2011).

마크 엘리엇 지음, 이훈·김선민 옮김, 『만주족의 청제국』(푸른역사, 2009).

막스 베버 지음, 이상률 옮김, 『직업으로서의 학문』(문예출판사, 2004).

박양자, 『일본 키리시탄 순교사와 조선인』(도서출판 순교의 맥, 2008).

박철, 『16세기 서구인이 본 꼬라이』(한국외국어대학교 출판부, 2011년 수정판).

박훈, 『메이지 유신은 어떻게 가능했는가』(민음사, 2014).

박희병, 『저항과 아만 — 호동거실 평설』(돌베개, 2009).

배우성, 『조선과 중화』(돌베개, 2014).

卞麟錫, 『四庫全書朝鮮史料의 研究』(嶺南大學校出版部, 1977).

신동원, 『동의보감과 동아시아 의학사』(들녘, 2015).

이유리 외, 『동아시아의 문헌 교류 — 16~18세기 한·중·일 서적의 전파와 수용』(소명출판, 2014).

이준걸, 『조선 시대 일본과 서적교류연구』(홍익재, 1986).

이혜순, 『조선 통신사의 문학』(이화여자대학교 출판부, 1996).

정광, 『사역원 왜학연구』(태학사, 1988).

정민, 『18세기 한중 지식인의 문예 공화국』(문학동네, 2015).

지명숙·왈라번, 『보물섬은 어디에 — 네델란드 고문서를 통해 본 한국과의 교류사』(연세대학교 출판부, 2003).

헨리 키신저, *A World Restored: Metternich, Castlereagh And The Problems Of Peace, 1812~1822*, 박용민 역, 『회복된 세계』(북앤피플, 2014).

B.I. 트카첸코, 『쿠릴 문제 — 역사, 법, 정책 그리고 경제』(동북아 역사 재단, 2014)..

B.I. 트카첸코, 『러시아-중국 문서와 사실에 나타난 동부 국경』(동북아 역사 재단, 2010).

피터 C. 퍼듀 저, 공원국 역, 『중국의 서진 — 청의 중앙유라시아 정복사』(길, 2014).

하정식, 『태평천국과 조선 왕조』(지식산업사, 2008).

허지은, 『왜관의 조선어통사와 정보유통』(경인문화사, 2013년 2쇄).

한명기, 『임진왜란과 한중관계』(역사비평사, 1999).

한명기, 『정묘 병자호란과 동아시아』(푸른역사, 2009).

함영대,『성호학파의 맹자학』(태학사, 2011).

후지와라 아키라 저, 서영식 역,『일본군사사 상』(제이앤씨, 2013).

秋山高志,『近世日本の学府一水戸の文人』(ぺりかん社, 2009).

阿部吉雄,『日本朱子学と朝鮮』(東京大学出版会, 1965).

新井白石,『新井白石全集』(国書刊行会, 1905~1907).

生馬寛信,『佐賀偉人伝 15 古賀穀堂』(佐賀県立佐賀城本丸歴史館, 2015).

石井慎二,『[異説]もうひとつの川中島合戦一紀州本「川中島合戦図屏風」の発見一』(洋泉社, 2007).

泉澄一,『対馬藩藩儒雨森芳洲の基礎的研究 (関西大学東西学術研究所研究叢刊10)』(関西大学出版部, 1997).

板沢武雄,『シーボルト』(吉川弘文館, 1988).

一戸渉,『上田秋成の時代』(ぺりかん社, 2012).

今泉みね,『名ごりの夢 —— 蘭医桂川家に生まれて』(平凡社, 2003).

王勇,『中国史のなかの日本像』(農文協, 2000).

大阪歴史博物館,『特別展没後200年記念: 木村蒹葭堂——なにわ知の巨人』(思文閣出版, 2003).

大島昭秀,『「鎖国」という言説ーケンペル著・志筑忠雄訳,『鎖国論』の受容史一』(ミネルヴァ書房, 2009).

大庭脩・王勇,『日中文化交流史叢書 9 典籍』(大修館書店).

上垣外憲一,『雨森芳洲 元禄享保の国際人』(中公新書, 1989).

강석원,『上田秋成の研究 —— 朝鮮をめぐる秋成国学の世界』(제이앤씨, 2002).

菊地英明,『太平天国にみる異文化受容』(山川出版社, 2010년 1판 2쇄).

菊池庸介,『近世実録の研究 成長と展開』(汲古書院, 2008).

木村嘉次,『字彫り版木師木村嘉平とその刻本』(青裳堂書店, 1980).

京都大学総合博物館,『貝原益軒没後三百年記念・京都大学総合博物館平成26年度特別展一学ぶ楽しみを多くの人にー』

金時徳・井上泰至,『秀吉の対外戦争 変容する語りとイメージ 前近代日朝の言説空間』(笠間書院, 2011).

金時徳・濱野靖一郎,『アジア遊学 198: 海を渡る史書 —— 東アジアの「通鑑」』(勉誠出版, 2016).

熊本県立美術館 編,『本妙寺歴史資料調査報告書 古文書篇・美術工芸品篇』(熊本県立美術館, 1981).

呉秀三,『シーボルト先生: 其生涯及功業』(吐鳳堂, 1926년 제2판).

合山林太郎, 『幕末・明治期における日本漢詩文の研究』(和泉書院, 2014).

杉下元明, 『江戸漢詩: 影響と変容の系譜』(ぺりかん社, 2004).

杉谷昭, 『鍋島直正』(佐賀県立佐賀城本丸歴史館, 2012년 2쇄).

杉仁, 『近世の地域と在村文化: 技術と商品と風雅の交流』(吉川弘文館, 2001).

杉本つとむ, 『西洋文化事始め十講』(スリーエーネットワーク, 1996).

住田正一, 『日本海防史料叢書』(海防史料刊行会, 1932~1933).

園田一亀, 『韃靼漂流記の研究』(満鉄・鉄道総局庶務課, 1939).

高橋圭一, 『実録研究 ── 筋を通す文学 ── 』(清文堂出版, 2002).

高橋博巳, 『東アジアの文芸共和国──通信使・北学派・蒹葭堂──』(新典社, 2009).

高橋博巳, 『草場佩川』(佐賀県立佐賀城本丸歴史館, 2013).

田代和生, 『江戸時代朝鮮薬材調査の研究』(慶應義塾大学出版会, 1999).

対馬芳洲会, 『雨森芳洲先生』(芳洲会事務局, 2004).

鶴園裕, 『日本近世初期における渡来朝鮮人の研究─加賀藩を中心に─』(1990年度科学研究費助成金研究成果報告書, 1991・3).

天理図書館, 『古義堂文庫目録』(天理大学出版部, 1956).

徳富蘇峰, 『文録慶長以後日本に於ける朝鮮の感化』(朝鮮中央協会, 1930.9.18).

徳富蘇峰, 『徳富蘇峰関係文書』전3권(山川出版社, 1982~1987).

長沢規矩也, 『倭刻本漢籍分類目録』(汲古書院, 1978).

中村幸彦, 『中村幸彦著述集 10 舌耕文学談』(中央公論社, 1983).

二松学舎大学資料展示室運営委員会 편, 『三島中洲と近代 其1』(二松学舎大学附属図書館, 2013).

二松学舎大学資料展示室運営委員会 편, 『三島中洲と近代 其2』(二松学舎大学附属図書館, 2014).

二松学舎大学資料展示室運営委員会 편, 『芳野金陵と幕末日本の儒学』(二松学舎大学附属図書館, 2015).

二松学舎大学資料展示室運営委員会 편, 『三島中洲と近代 其4 ── 小特集戦争と漢学──』(二松学舎大学附属図書館, 2016).

河宇鳳, 『朝鮮王朝時代の世界観と日本認識』(明石書店, 2008).

濱野靖一郎, 『頼山陽の思想: 日本における政治学の誕生』(東京大学出版会, 2014).

日野龍夫, 『江戸人とユートピア』(朝日新聞社, 1977).

藤實久美子, 『武鑑出版と近世社会』(東洋書林, 1999).

藤塚鄰・藤塚明直, 『清朝文化東伝の研究─嘉慶・道光学壇と李朝の金阮堂』(国書刊行会, 1975).

夫馬進, 『朝鮮燕行使と朝鮮通信使』(名古屋大学出版会, 2015).

彭浩, 『近世日清通商関係史』(東京大学出版会, 2015).

堀勇雄, 『林羅山』(吉川弘文館, 2012년 신장판 2쇄).

眞壁仁, 『德川後期の学問と政治 —— 昌平坂学問所儒者と幕末外交変容』(名古屋大学出版会, 2007).

松田甲, 『朝鮮叢話』(朝鮮總督府, 1929).

松田甲, 『日鮮史話 第2編』(朝鮮総督府, 1931).

松本真輔, 『聖徳太子伝と合戦譚』(勉誠出版, 2007).

水田紀久, 『水の中央に在り——木村蒹葭堂研究』(岩波書店, 2002).

宮崎道生, 『新井白石の現代的考察』(吉川弘文館, 1985).

宮崎道生, 『新井白石 折たく柴の記』(NHK, 1993).

宗政五十緒, 『近世京都出版文化の研究』(同朋舎出版, 1982).

横山邦治, 『読本の研究一江戸と上方と一』(風間書房, 1974).

李元植, 『朝鮮通信使の研究』(思文画出版, 1997).

柳尚熙, 『江戸時代と明治時代の日本における朝鮮語の研究』(成甲書房, 1980).

Donald Keene, *The Japanese Discovery of Europe, 1720~1830* (Stanford Univ Pr; Revised, 1969).

Franz, Edgar, *Philipp Franz von Siebold and Russian Policy and Action on Opening Japan to the West in the Middle of the Nineteenth Century* (Deutsches Institut für Japanstudien, 2005).

R. Effert, *Royal Cabinets and Auxiliary Branches: Origins of the National Museum of Ethnology 1816~1883* (Leiden: Leiden University Press, 2008).

Stephen Morillo, Michael F. Pavkovic, *What is Military History?* (Polity, UK, 2006).

Terence Roehrig, *From Deterrence to Engagement: The U.S. Defense Commitment to South Korea* (Lexington Books, 2007).

北京大学朝鮮文化研究所; 中国社会科学院中国边疆史地研究中心, 『壬辰之役史料汇辑』(全国图书馆文献缩微复制中心, 1990).

羅振玉, 『罗氏雪堂藏書遺珍: 三韓紀略』(中华全国图书馆文献缩微复制中心, 2001).

[논문]

김동철, 「17세기 日本과의 交易-交易品에 관한 연구」, 『國史館論叢』 61(1995·6).

김명호, 「李彦瑱과 『虞裳傳』」, 『한국문화』 70(서울대학교 규장각 한국학 연구원, 2015.6).

김보성, 「19세기 조선 지식인의 일본,유구에 대한 인식 고찰 — 오주(五洲) 이규경(李圭景)의 『시가점등(詩家點燈)』을 중심으로—」, 『漢文學論集』 35(2012).

김성수, 「朝鮮時代 醫療體係와 『東醫寶鑑』」(경희대학교 대학원 사학과 2006년도 박사 학위 논문).

김소희, 「『朝鮮賦』의 한중일 간행과 유통」, 『장서각』 33(한국학 중앙 연구원, 2015).

김시덕, 「근세 초기 일본의 임진왜란 담론 형성과정」, 『일본학연구』 32(단국대학교 일본 연구소, 2011-1).

김시덕, 「『게이초 중외전』과 『에혼 다이코기』의 비교분석: 두 개의 근세 역사 소설에 보이는 임진왜란 전후사의 해석차를 중심으로」, 『일본 연구』 46(한국외국어대학교 일본 연구소, 2010-12).

김시덕, 「제주에 표착한 일본인 세류두우수는 누구인가 — 윤행임 『석재고』를 통해 보는, 조선 시대의 일본 임진왜란 담론 수용양상 —」, 『일본학보』 86(한국일본학회, 2011-2).

김시덕, 「조선 후기 문집에 보이는 일본 문헌 『격조선론』에 대하여」, 『국문학 연구』 23(국문학회, 2011-6).

김시덕, 「일본의 임진왜란 문헌 5 —『고려 해전기』」, 『문헌과 해석』 57(문헌과 해석사, 2011년 겨울).

김시덕, 「임진왜란의 기억 — 19세기 전기에 일본에서 번각된 조·일 양국 임진왜란 문헌을 중심으로 —」, 『동아시아한국학 연구총서 05 동아시아의 전쟁 기억 — 트라우마를 넘어서』(민속원, 2013).

김시덕, 「19세기 초 일본의 대(對) 러시아 전략과 전사(前史)로서의 임진왜란 —『북해이담』에서 전개되는 담론을 중심으로 —」, 『일본 역사 연구』 37호(일본사학회, 2013-6).

김시덕, 「근세 일본의 김성일 인식에 대하여」, 『남명학 연구』 41(경상대학교 남명학 연구소, 2014-4).

김시덕, 「호보스토프 사건과 『북해이담』 — 1806~1807년 러시아-일본 간 무력 충돌을 다룬 문헌의 형성과 근세 일본의 병학」, 『동양사학연구』 131(동양사학회, 2015-6).

김영호, 「『전등신화』(剪燈新話)의 전래와 동아시아 — 일본, 조선, 베트남의 번안과 금기의 극복」, 『日本文化研究』 38(2011·4).

김혜경, 「알렉산드르 발리냐노와 그의 조선 인식」, 『한국교회사 연구자 모임(9)』 (2016.8.19~20 발표).

노성환, 「일본 사가의 조선 포로 홍호연에 관한 연구」, 『일어일문학연구』 73-2(2010).

노영구, 「조선 증간본 『기효신서』의 체제와 내용 ── 현종 5년 재간행 『기효신서』의 병학사적 의미를 중심으로 ──」, 『군사사 연구 자료집 제6집 기효신서 상』(國防軍史研究所, 1998).

노영구, 「중앙 軍營과 지방군을 통해 본 조선 후기 국방체제의 변화 양상」, 『장서각』 33(한국학 중앙 연구원, 2015).

박경련, 「東醫寶鑑의 書誌學的 硏究」(전남대학교 대학원 문헌정보학과 2009년도 박사 학위 논문).

박금수, 「朝鮮後期 陣法과 武藝의 訓練에 관한 연구: 訓鍊都監을 중심으로」(서울대학교 대학원 박사 학위 논문 2013).

박현규, 「淸朝 학자의 日本 多胡碑 입수 과정과 분석」, 『일본어문학』 33(2006).

박현규, 「임진란 시기 명군(明軍)의 한국 문헌 수집과 편찬」, 『국문학회』 23(2011).

박훈, 「18세기말~19세기초 일본에서의 '戰國'적 세계관과 해외 팽창론」, 『東洋史學硏究』 104(동양사학회, 2008.9).

배우성, 「正祖의 軍事政策과 『武藝圖譜通志』 편찬의 배경」, 『진단학보』 91(진단학회, 2001·6).

베데원 C.A. 왈라번, 「千字文으로 보아온 韓國歌辭」, 『국어국문학』 92(국어국문학회, 1984).

스미요시 토모히코, 「일본 근세의 서적과 학문의 전파 ── 19세기 문인 다카이 고잔(高井鴻山)의 장서 연구」, 『한국문화』 72(서울대학교 규장각 한국학 연구원, 2015·12).

신로사, 「1811년 辛未通信使行과 朝日 문화 교류: 筆談─唱酬를 중심으로」(성균관대학교 박사 학위 논문, 2011).

심원섭, 「아베 미츠이에(阿部充家)의 생애 기초 연구」, 『한국학연구』 25(2011).

안대회, 「18,19세기 조선의 백과전서파(百科全書派)와 『화한삼재도회(和漢三才圖會)』」, 『大東文化硏究』 69(2010).

우경섭, 「조선 후기 『효경』─『충경』 이해와 효치론: 김육(金堉)과 영조(英祖)를 중심으로」, 『정신문화연구』 35(한국학 중앙 연구원, 2012).

유탁일, 「일본 강호 시대 간행 한국 문헌에 대하여」, 『退溪學論叢』 8(2002).

윤무학, 「朝鮮初期의 兵書編纂과 兵學思想」, 『東洋古典硏究』 49(2012).

이영미, 「그리피스(1843~1928)의 한국 인식과 동아시아」(인하대학교 대학원 2015년도 박사 논문).

이유리, 「17세기 일본 간행 조선본 연구」(한국학 중앙 연구원 고문헌관리학전공 석사 학위 논문, 2010년 12월).

이유리, 「『倭人求請謄錄』에 나타난 조선 서적의 일본 전래」, 『서지학보』 37(한국서지학회, 2011).

이종묵, 「17~18세기 中國에 전해진 朝鮮의 漢詩」, 『한국문화』 45(서울대학교 규장각 한국학 연구원, 2009·3).

이진호, 「17~18세기 병서(兵書) 언해 연구」(계명대학교 대학원 박사 학위 논문, 2009).

이효정, 「1881년 조사시찰단의 필담 기록에 보이는 한일 교류의 한 양상」, 『한국문학논총』 56(한국문학회, 2010).

이훈, 「1836년, 南膺中의 闌入사건 취급과 近世 倭館」, 『한일 관계사연구』 21(한일관계사학회, 2004·10).

정구복, 「16~17세기의 私撰史書에 대하여」, 『전북사학』 1(1977).

정응수, 「조선 후기의 해상진인과 정경(鄭經) 부자」, 『日本文化學報』 58(2013·8).

조영심, 「아라이 하쿠세키에 대한 정보 유입과 담론의 변화 ── 사행 기록에서 연구대상에까지 ──」, 『동아인문학』 35(동아인문학회, 2016·6).

조창록, 「『임원경제지(林園經濟志)』를 통해 본 서유구(徐有榘)의 일본 인식 ──『화한삼재도회(和漢三才圖會)』를 인용한 사례를 중심으로」, 『大東文化硏究』 78(2012).

차혜원, 「중국인의 〈南倭〉 체험과 壬辰전쟁(1592~1598)」, 『역사학보』 221(2014).

차혜원, 「중국 복건지역의 임진전쟁(1592~1598) 대응」, 『동방학지』 174(2016).

최형국, 「正祖의 文武兼全論과 兵書 간행: 認識과 意味를 中心으로」, 『역사민속학』 39(한국역사민속학회, 2012).

彭浩, 「도쿠가와 막부의 청조 인식 ── 청조의 지배 체제와 대외 관계에 대한 관심을 둘러싸고 ── (德川幕府の淸朝認識 ──淸朝の支配体制と対外関係への関心をめぐって──)」, 고려대학교 한국사 연구소 개최, 『동아시아 역사의 실체와 새로운 청사 연구의 방향을 찾아서』(2012년 10월 19일).

함영대, 「조선 후기 한일 양국의 학술 교류와 『童子問』」(문헌과 해석 연구회 2010년 12월 10일 발표문).

허경진,「유희해 장서 필사본 고려사의 성격과 의의」,『러시아와 영국에 있는 한국전적2 — 연구편: 자료의 성격과 가치』(국외소재문화재재단, 2015).

青木正児,「支那戯曲小説中の豊臣秀吉」,『黒潮』335-2(春陽堂, 1927).

猪飼隆明,「徳富蘇峰の生涯が現代に問うもの」, 熊本県立大学 편저,『蘇峰の時代』熊本日日新聞社, 2013).

石原道博,「中国史書日本関係記事の集録について」,『米寿記念石原道博選集』(国書刊行会, 1998).

井上泰至,「幕末絵本読本の思想的側面—鶴峯戊申校・歌川貞秀画『絵本朝鮮征伐記』を中心に—」(2016년 4월 2일「書物・出版と社会変容」研究会 발표).

揖斐高,「林家の危機: 林鵞峰と息子梅洞」,『成蹊國文』48(成蹊大学文学部日本文学科, 2015・3).

上野正芳,「江戸幕府紅葉山文庫旧蔵唐本兵書の輸入時期について」,『史泉』52(関西大学史学会, 1978・2).

大庭卓也,「李東郭筆七言律詩詩箋」,『文献探究』42(2004・3).

大庭卓也,「西日本に残される朝鮮通信使自筆資料」,『国文学研究資料館紀要 文学研究篇』32(2006).

小川三郎,「京書肆「柳枝軒」小川多左衛門—小川家後裔からの報告—」(京都大学総合博物館貝原益軒没後三百年記念展準備委員会, 2014).

奥田倫子,「日本語学者ヨハン・ヨーゼフ・ホフマン旧蔵日本書籍目録」,『書物・出版と社会変容』14(2013・3).

桂島音弘,「姜沆と藤原惺窩 —— 十七世紀の日韓相互認識」,『전북사학』34(2009).

康盛国,「朝鮮通信使の日本漢詩批評:『梅所詩稿』の申維翰序文をめぐって」,『語文』99(2012).

金時徳,「研究の新たな地平へ『葉隠』を読み直す」,『江戸の文学史と思想史』(ぺりかん社, 2011).

金時徳,「太閤記・朝鮮軍記物の近代—活字化・近代太閤記・再興記—」,『日本と〈異国〉の合戦と文学 —— 日本人にとって〈異国〉とは, 合戦とは何か』(笠間書院, 2012).

金時徳,「再発見された『新刊東国通鑑』の板木から近世軍記を考える」,『文学』2015年3・4月 (岩波書店, 2015・3).

木村八重子,「武者絵の側面 ——「絵本太閤記」の投影」,『東京都立中央図書館研究紀要』13(1981).

倉員正江,「『九州諸将軍記』掲載李玉峰・許蘭雪記事についての一考察」,『近世文芸研究と評論』82(近世文芸研究と評論の会, 2012・6).

斉藤信,「初期のオランダ語学習 ── 青木昆陽を中心として」,『金沢大学法文学部論集.文学篇』5(1958).

佐伯真一,「〈異国襲来〉の原像─塙保己一『蛍蝿抄』から」,『近世日本の歴史叙述と対外意識』(勉誠出版, 2016).

佐久間正,「経世済民と心学 ── 陶山訥庵の研究──」,『長崎大学教養部紀要 人文科学篇』24(1983).

桜沢亜伊,「『東国史略』の諸本について」,『資料学研究』3(新潟大学大学院現代社会文化研究科プロジェクト「大域的文化システムの再構成に関する資料学的研究」, 2006・3).

佐島顕子,「『朝鮮王朝実録』収載日本人名に見る豊臣政権」,『法令・人事から見た近世政策決定システムの研究』(東京大学史料編纂所研究成果報告, 2014・7).

佐藤環・皿田琢司・田中卓也・菱田隆昭,「日本の中等教育課程と教育法に関する基礎的研究(第1報) ── 近世藩学における文学教育を中心として ── 」,『常磐大学人間科学部紀要 人間科学』23-1(2005).

杉下元明,「朝鮮の学士李東郭」, 森川昭 編,『近世文学論輯』(和泉書院, 1993).

杉下元明,「俗文藝と通信使」, 劉建輝編,『前近代における東アジア三国の文化交流と表象─朝鮮通信使と燕行使を中心に─』(国際日本文化研究センター, 2011).

杉山清彦,「二つの新興軍事政権─大清帝国と徳川幕府」, 清水光明 編,『アジア遊学185「近世化」論と日本 ──「東アジア」の捉え方をめぐって』(勉誠出版, 2015・6).

鈴木健一,「特集朝鮮通信使 ── 李東郭の詩二題」,『季刊日本思想史』49(ぺりかん社, 1996).

塩村耕,「雨森芳洲と新井白石」,『文学』3-3(岩波書店, 2002・5) .

다사카 마사노리,「享保六(1721)年の陶山訥庵と雨森芳洲」,『일어일문학연구』88-2(한국일어일문학회, 2014).

徳田武,「中国講史小説と通俗軍談─上─読本前史」,『文学』52-11(1984・11).

徳田武,「中国講史小説と通俗軍談─下─読本前史」,『文学』53-2(1985・2).

徳田武 해제,『唐土名勝図会 1』(ぺりかん社, 1987).

仲尾宏,「전각가(篆刻家) 사와다 토코(澤田東江)와「다호비(多胡碑)」의 조선, 중국으로의 전파」,『동아시아 문화연구』49(2011).

中野等,「昭和戦前期にいたる「朝鮮出兵」関係文献目録(稿)」,『九州文化史研究所紀要』57(九州大学附属図書館付設記録資料館九州文化史資料部門, 2014・3).

中村完,「古義堂学派における朝鮮研究 ── ひとつの素描」,『朝鮮学報』49(朝鮮学会, 1968・10).

名越那珂次郎,「朝鮮に伝される徳川光國の二貴重史料について」,『朝鮮』

161(1928·10).

西中研二, 「林羅山と『東國通鑑』について: 林羅山の『年譜』にある『東國史記』は『三國史記』か『東國通鑑』か」, 『国際日本研究』5(筑波大学人文社会科学研究科国際日本研究専攻, 2013·3).

浜田啓介, 「幕末読本の一傾向」, 『近世文芸』6(1961·5).

藤田覚, 「近世後期の情報と政治: 文化年間日露紛争を素材として」, 『東京大学日本史学研究室紀要』4(東京大学大学院人文社会系研究科·文学部日本史学研究室, 2000).

藤本幸夫, 「宗家文庫蔵朝鮮本に就いて——「天和三年目録」と現存本を対照しつつ」, 『朝鮮学報』99·100(朝鮮学会, 1981·7).

堀川貴司, 「唐金梅所と李東郭 (特集 朝鮮通信使)」, 『季刊日本思想史』49(ぺりかん社, 1996).

松本真輔, 「韓国の予言書『鄭鑑録』と東アジアを駆けめぐった鄭経の朝鮮半島侵攻説」, 『アジア遊学』161(勉誠出版, 2013·3).

山口正之, 「徳川時代における朝鮮書籍の翻刻」, 『文教の朝鮮』22(1929).

山本純子, 「「武芸図譜通志」にみられる刀剣技の成立に関する一考察—主として日本·中国との関係から—」, 『武道学研究』23-1(1990~1991).

山本純子, 「『武藝圖譜通志』にみられる「隻手刀」に関する一考察—壬辰·丁酉倭乱期の分析から—」, 『武道学研究』24-1(1991~1992).

遊佐徹, 「小説に描かれた倭寇—明清「倭寇小説」概論」, 須田牧子編『「倭寇図巻」「抗倭図巻」をよむ』(勉誠出版, 2016).

吉沢義則, 「藤貞幹に就いて(四)」, 『文芸』第13年 第11号(京都文学会, 1922·11).

米谷均, 「『全浙兵制考』「近報倭警」에서 본 日本情報」, 『한일 관계사연구』20(2004).

ロナルド·トビ, 「松下見林の元禄型国際史学」, 『異文化理解の視座』(東京大学出版会, 2003).

Aston, W. 1887-9. 'Early Japanese history,' *Transactions of the Asiatic Society of Japan* 16(10).

Boudewijn Walraven (ed.), Frits Vos (transl.), 'Korean Studies in Early-nineteenth century Leiden,' *Korean Histories* 2.2, 2010.

C. B. Гришачев, 「一八～一九世紀の露日関係」, 『日ロ関係史 —— パラレル·ヒストリーの挑戦』(東京大学出版会, 2015).

Osterkamp Sven, 'Selected materials on Korean from the Siebold Archive in Bochum —— Preceded by Some General Remarks Regarding Siebold's Study of Korean,' *Bochumer Jahrbuch zur Ostasienforschung* 33(2009).

Osterkamp Sven, 「シーボルトの朝鮮研究———朝鮮語関係の資料と著作に注目して」, 『シーボルトが紹介したかった日本———欧米における日本関連コレクションを使った日本研究・日本展示を進めるために』(国立歴史民俗博物館, 2015).

주

서문　전쟁과 문헌

1 피터 C. 퍼듀 저, 공원국 역, 『중국의 서진 ── 청의 중앙유라시아 정복사』(길, 2014) 제1부 「중앙유라시아 국가들의 형성」을 참조.

2 B.I. 트카첸코 저, 『러시아-중국 문서와 사실에 나타난 동부 국경』(동북아 역사재단, 2010).

3 B.I. 트카첸코 저, 『쿠릴 문제 ── 역사, 법, 정책 그리고 경제』(동북아 역사 재단, 2014).

4 N. 게보르캰, N. 티마코바, A. 콜레스니코프 편저, 표윤경 역, 『푸틴 자서전』(문학사상사, 2001) 266쪽.

5 Stephen Morillo, Michael F. Pavkovic, *What is Military History?*(Polity, UK, 2006) 1쪽.

6 이준걸, 『조선 시대 일본과 서적교류연구』(홍익재, 1986), 「제7장 조선에 들어온 일본전적」 195쪽.

7 「国会図書館」. http://www.ndl.go.jp.

8 「国立公文書舘」. www.archives.go.jp.

9 「早稲田大学図書館古典籍総合データベース」. http://www.wul.waseda.ac.jp/kotenseki/index.html.

10 「京都大学電子図書館貴重資料画像」. http://edb.kulib.kyoto-u.ac.jp/exhibit/index.html.

11 「한국 고전 종합 DB」. db.itkc.or.kr.

12 「명지대학교 도서관 한국 관련 서양 고서 DB 검색 시스템」. e-coreana.or.kr/index.jsp.

13 「全國漢籍データベース」. kanji.zinbun.kyoto-u.ac.jp/kanseki.

14 「中國哲學書電子化計劃」. http://ctext.org.

15 「漢リポ Kanseki Repository」. http://www.kanripo.org.

16 Internet Archive. https://www.archive.org.

17 「Project Gutenberg」. http://www.gutenberg.org.

18 「The World Digital Library」. https://www.wdl.org/en/about.

19 「Retrodigitalisering bij het Huygens Instituut voor Nederlandse Geschiedenis」. http://resources.huygens.knaw.nl/retro.

제1부

제1장 『동국통감』과 일본

1 金時德, 「再発見された『新刊東国通鑑』の板木から近世軍記を考える」, 『〔文〕学』 2015年3·4月(岩波書店, 2015·3) 및 「『新刊東国通鑑』板木の現状に)ついて」, 金時德·濱野靖一郎, 『アジア遊学 198: 海を渡る史書 —— 東アジアの)「通鑑」」(勉誠出版, 2016).

2 정구복, 「16~17세기의 私撰史書에 대하여」, 『전북사학』 1 (1977) 47쪽.

3 박현규, 「임진란 시기 명군(明軍)의 한국 문헌 수집과 편찬」, 『국문학회』 23 (2011) 71~72쪽.

4 정구복, 「16~17세기의 私撰史書에 대하여」, 『전북사학』 1 (1977) 50~52쪽.

5 사고 전서에 수록된 조선 관계 문헌에 대하여는 卞麟錫, 『四庫全書朝鮮史料의 研究』(嶺南大學校出版部, 1977)를 참조.

6 박현규, 「임진란 시기 명군(明軍)의 한국 문헌 수집과 편찬」, 『국문학회』 23 (2011) 71쪽.

7 "『東國史略』六卷朝鮮古刻本, 成都楊氏重刻: 此書有二種, 一為國別體, 十二卷, 仿 『戰國策』; 一為編年體, 六卷, 仿『左氏春秋』, 即此本也. 二本皆不著撰人名, 而其中皆有史 臣論斷文, 語略同. 國別本題「菁川柳希齡編註」, 又間引金富軾論說, 此本則無之. 是此本 當為明初李成桂朝其國史臣所為, 柳希齡本則又從此改編者也. 此書自新羅, 百濟以前, 所 紀檀君, 箕子, 衛滿, 三韓, 高勾麗等, 皆寥寥數簡. 竊意朝鮮自古為文明之國, 彼土冊府,

必多逸聞, 逸事出於中土史書之外者. 今簡略乃爾. 此『四庫提要』所謂詳略不盡合體要者也. 然觀其序李成桂易代之際, 若鄭夢周, 李穡, 金震陽皆以忠義許之. 則知所紀皆實錄. 其書本名『史略』, 固亦不必以詳贍律之. 唯國別本論說稍多, 而序事或反少顚末. 注亦無甚發明, 固無如此本尚爲質實也. 方今朝鮮, 爲我外藩最要之區域, 俄人俯瞰於北, 日本垂涎於東, 英法各國又皆與之互市, 立約幾成蜂擁之勢. 則欲保我邊陲, 尤宜詳其立國本末, 而資我籌策. 此葆初大令所爲亟謀刻此書之意, 固不徒侈見聞, 爲考列史, 外傳之助也. 此書有明萬歷丁巳刻本, 易其款式, 頗有訛字, 又改稱『朝鮮史略』, 是以後來之國稱蒙屢代之名矣." 오타루 상과 대학(小樽商科大学) 도서관 소장본『일본방서지』권6.

8 白丞鎬,「朝鮮時代における『東国通鑑』の刊行と享受」, 金時德, 濱野靖一郎編,『アジア遊学 198: 海を渡る史書 —— 東アジアの,「通鑑』(勉誠出版, 2016) 64~66쪽.

9 長沢規矩也,『倭刻本漢籍分類目録』(汲古書院, 1978) 81쪽.

10 合山林太郎,『幕末·明治期における日本漢詩文の研究』(和泉書院, 2014) 13쪽에서는 19세기 전기 쇼헤이자카의 존재가 강조되고 있지만, 관판『조선사략』은 언급하지 않고 곧바로 아오야마 노부유키의『황국사략』에 대한 검토로 들어간다.

11 桜沢亜伊,「『東国史略』の諸本について」,『資料学研究』3 (新潟大学大学院現代社会文化研究科プロジェクト「大域的文化システムの再構成に関する資料学的研究」, 2006·3).

12 李裕利,「朝鮮本『東国通鑑』の日本での流伝及び刊行」, 金時德, 濱野靖一郎編,『アジア遊学 198: 海を渡る史書 —— 東アジアの「通鑑」』(勉誠出版, 2016).

13 白丞鎬,「朝鮮時代における『東国通鑑』の刊行と享受」, 金時德, 濱野靖一郎編,『アジア遊学 198: 海を渡る史書 —— 東アジアの「通鑑」』(勉誠出版, 2016) 56쪽.

14 藤本幸夫,「宗家文庫蔵朝鮮本に就いて——「天和三年目録」と現存本を対照しつつ」,『朝鮮学報』99·100 (朝鮮学会, 1981·7) 204쪽.

15 堀勇雄,『林羅山』(吉川弘文館, 2012년 신장판 2쇄) 63쪽.

16 堀勇雄,『林羅山』(吉川弘文館, 2012년 신장판 2쇄) 75~76쪽.

17 이와 관련한 한국어 선행 연구로는 米谷均,「『全浙兵制考』「近報倭警」에서 본 日本情報」,『한일 관계사연구』20 (2004), 차혜원,「중국인의〈南倭〉체험과 壬辰전쟁(1592~1598)」,『역사학보』221 (2014), 차혜원,「중국 복건지역의 임진전쟁(1592~1598) 대응」,『동방학지』174 (2016) 등을 참조.

18 『국사관일록』의 관련 언급에 관하여는 李裕利,「朝鮮本『東国通鑑』の日本での流伝及び刊行」, 金時德, 濱野靖一郎編,『アジア遊学 198: 海を渡る史書 —— 東アジアの「通鑑」』(勉誠出版, 2016) 83쪽에서 재인용하였다.

19 西中研二,「林羅山と『東國通鑑』について: 林羅山の『年譜』にある『東國史記』は『三

20 "先生標出日本事蹟見東國通鑑東文選等者且倭韓詩文書簡贈答者并記爲一卷罹丁酉之災序亦無副稿." 국립 공문서관 소장본『羅山林先生集』(263-0058) 권48, 16앞.

21 "漂海録全三冊. 備博観. 此等之書非急務. 雖然処事変. 窮理尽性. 亦在于此. 豈不爲学者一助乎哉." 국문학 연구 자료관 소장본『惺窩先生文集』(ナ6-8-11) 권11「与林道春」15앞.

22 박원호,『최부 표해록 연구』(고려대학교 출판문화원, 2006) 중 제5장「일역통속표해록과 언해본 표해록」.

23 다이텐 지음, 김문경 외 옮김,『평우록 ─ 18세기 일본 지식인, 조선을 엿보다』(성균관대학교 출판부, 2013) 171쪽.

24 林羅山,『梅村載筆』地卷「○雜」,『日本随筆大成』1 (吉川弘文館, 1928) 33~34쪽.

25 하야시 바이도의 요절이 린케의 존속에 미친 영향에 대하여는 揖斐高,「林家の危機: 林鵞峰と息子梅洞」,『成蹊國文』48 (成蹊大学文学部日本文学科, 2015·3) 참조.

26 "長橋云此書世ニ道春ノ選也ト称シテ文類政事ナトニモ羅山ノ作トテ視閣ノ所ヲ引ク尤誤ルナルヘシ書中ニ羅山子語ラレケルハトイヘル語アレハ道春ナラサル事明也" 국립 공문서관 소장본(211-0204)『梅村載筆』.

27 大川真,「水戸学と「正統」」, 金時徳, 濱野靖一郎編,『アジア遊学 198: 海を渡る史書 ── 東アジアの「通鑑」』(勉誠出版, 2016) 161쪽.

28 澤井啓一,「林家の学問と『本朝通鑑』」, 金時徳, 濱野靖一郎編,『アジア遊学 198: 海を渡る史書 ── 東アジアの「通鑑」』(勉誠出版, 2016) 128쪽.

29 大川真,「水戸学と「正統」」, 金時徳, 濱野靖一郎編,『アジア遊学 198: 海を渡る史書 ── 東アジアの「通鑑」』(勉誠出版, 2016) 163쪽.

30 "官庫有朝鮮紫陽君陣法圖書一卷. 一日備御覽, 乃使先生以倭字解說之."

31 "正保年中大明福州鄭之龍與韃虜戰而獻書請援兵於本邦, 時應敎而獻之."

32 "『吳子』以下五部併見前之『孫子』『三略』而七書備矣."

33 "先生標出日本事跡見於中華歷代史并詩文小說者以爲四卷罹丁酉之災序亦無副藁."

34 上野正芳,「江戸幕府紅葉山文庫旧蔵唐本兵書の輸入時期について」,『史泉』52 (関西大学史学会, 1978·2) 70~72쪽.

35 이유리,「동아시아『문헌통고』의 전파와 유통」, 이유리 외,『동아시아의 문헌교류 ── 16~18세기 한·중·일 서적의 전파와 수용』(소명출판, 2014) 178쪽.

36 李裕利,「朝鮮本『東国通鑑』の日本での流伝及び刊行」, 金時徳, 濱野靖一郎編,『ア

ジア遊学 198: 海を渡る史書 —— 東アジアの,「通鑑」(勉誠出版, 2016) 96쪽.

37　白丞鎬,「朝鮮時代における『東国通鑑』の刊行と享受」, 金時徳, 濱野靖一郎編,『ア
ジア遊学 198: 海を渡る史書 —— 東アジアの,「通鑑」(勉誠出版, 2016) 56쪽.

38　李裕利,「朝鮮本『東国通鑑』の日本での流伝及び刊行」, 金時徳, 濱野靖一郎編,『ア
ジア遊学 198: 海を渡る史書 —— 東アジアの,「通鑑」(勉誠出版, 2016) 94쪽.

39　秋山高志,「駿河御譲本について一水戸徳川家の場合」,『水戸の書物』(常陸書房,
1994) 8~12쪽. 李裕利,「朝鮮本『東国通鑑』の日本での流伝及び刊行」, 金時徳, 濱野靖
一郎編,『アジア遊学 198: 海を渡る史書 —— 東アジアの「通鑑」(勉誠出版, 2016) 94쪽에
서 재인용.

40　「再発見された『新刊東国通鑑』の板木から近世軍記を考える」,『文学』2015年3·4月
(岩波書店, 2015·3),「『新刊東国通鑑』板木の現状について」, 金時徳, 濱野靖一郎編,『ア
ジア遊学 198: 海を渡る史書 —— 東アジアの「通鑑」(勉誠出版, 2016).

41　이즈모지 이즈모노조의 활동에 대하여는 宗政五十緒,『近世京都出版文化の研
究』(同朋舍出版, 1982), 藤實久美子,『武鑑出版と近世社会』(東洋書林, 1999) 등에 자세
하다.

42　金時徳,「『新刊東国通鑑』板木の現状について」, 金時徳, 濱野靖一郎編,『アジア遊
学 198: 海を渡る史書 —— 東アジアの「通鑑」(勉誠出版, 2016) 106쪽.

43　"謹検国史, 則神功皇后征伐以来, 三韓悉服従於本朝, 来貢無闕. 故置日本府於彼,
質其王子于我, 且池有韓人, 寺有百濟, 郡有高麗. 況, 其豊璋復国乞援, 渤海尋旧受制之
類, 為我邦之附庸者昭々矣. 彼国亦世修其国史. 然其詳而可見者無若,『東国通鑑』. ……
(중략)…… 概見其書, 則粗雖載本朝之事, 至調庸貢献, 則悉略之. 蓋其為国諱之乎? 是亦
臣子之情, 不可咎焉." 구 하야시 가문 소장본인 국립 공문서관『신간동국통감』(285-
0029) 2앞~4뒤.

44　"又按日本人林義端著『榑桑名賢文集』. 日本弘文學士. 林春齋恕所著『東國通鑑
序』云. 就想泰伯至德而基我王跡. 箕子有仁以開後土. 鈞是先聖之所稱也云. 其說又以爲
泰伯後. 互相岐貳. 未可取信也."『오주연문장전산고(五洲衍文長箋散稿)』(한국 고전
종합 DB에 의함).

45　정구복,「16~17세기의 私撰史書에 대하여」,『전북사학』1 (1977) 50쪽.

46　"高麗開闢ノ時檀君ト云者出テ千余年不死ト旧記ニアリシヲ権近カ東国史ヲスルトキ書
改テ檀君死後千余年ハカリノ事クハシカラス箕子来テ朝鮮ヲ治ムト云リ又旧記ニハ新羅百済
高麗三国共ニ日本(ニ)帰服スルヤウニアル事日本記ノ説ニ違ハスソレヲモ権近キライテ敵対
ノ国ノヤウニイヒナス也聖武帝ノ時ニ高麗人数千人来貢シテ武蔵国ニ遷シツカハシケル其所
ヲ高麗郡ト云也." 국립 공문서관 소장본『매촌재필』(211-0204).

47 濱野靖一郎,「徳川時代に於ける漢学者達の朝鮮観 —— 朝鮮出兵を軸に」, 金時徳, 濱野靖一郎編,『アジア遊学 198: 海を渡る史書 —— 東アジアの「通鑑」』(勉誠出版, 2016) 196쪽.

48 井上泰至,「『東国通鑑』をめぐる逆説—歴史の歪曲と帝国的行動の中で」, 金時徳, 濱野靖一郎編,『アジア遊学 198: 海を渡る史書 —— 東アジアの「通鑑」』(勉誠出版, 2016) 211쪽.

49 "天は左旋し地は右旋す是天地の紀則なり天は日月星辰東より西に巡り地は千技万態みな西土より東漸す本朝上古は三韓より初て物を渡し其後東呉より舶来し唐に至りて往来しげく, 文華大に開け今阿蘭陀学行はる全地の右旋する自然なり天の枢は北辰にして地の枢は本朝なるべし蛮夷より年毎に舶来して衆星の拱に等し豈尊き国ならずや." 와세다 대학 도서관 소장본『東牖子』(文庫08 C0242) 권3, 14앞.

50 "東国通鑑五十六巻記三韓始終其間往々有日本事表章上文惟恨志近代小事煩雑於上世大事多闕如也昔我素盞烏尊帥其子五十猛神降到於新羅国居曾尸茂梨之処乃興言曰此地吾不欲居高麗曲有蘇志磨利[与曾尸茂梨訓近]或曰廻庭楽蓋素盞烏尊所作楽也遺音載在仁智要録三韓人不知之又百済王仁来大闡儒風仁其先漢人也崔豹古今注所謂千乗王仁者耶和泉国百舌鳥野北陵[反正天皇陵也]陵東池上[池名楯井池]号凡人中冢[泉姓出姓氏録]其地有王仁祠応神天皇皇子菟道稚郎子嘗師仁学其後受禅譲於兄大鷦鷯尊兄弟有夷齊之行皇子薨尊悲哀不已仁乃献和歌力勧即位於是尊即位此我朝野美談也必仁之教導所使乎亦可観百済有人矣然三韓人寥寥無聞豈惟悪己国悪不書而已哉雖美事不知此類也." 와세다 대학 소장본『이칭일본전』하지이권, 45뒤~46앞.

51 "八年夏四月日本国王遣使進黄金三百両明珠一十個 / 今按当日本陽成天皇元慶六年此年我無遣使于新羅事三代実録曰十二月二十七日乙未加賀国馳駅言今月十四日渤海国入覲使裴頲等一百五人著岸渤海国高麗別種也及高麗衰其地多入渤海三国史記自第十三至第二十二高麗本紀也一言無我国事粗略之甚也."『이칭일본전』하지삼권, 8뒤~9앞.

52 "總葉概録 佐倉 磯邊昌言子兪甫編 印西 香取明之子常校." 1829년(文化12)에 필사된 규슈 대학 하기노 문고(萩野文庫) 소장본. http://ci.nii.ac.jp/ncid/BA82647211.

53 이소베 마사노부에 대해 고찰하는 과정에서 게이오 대학 사도 문고의 이치노헤 와타루 교수와 사사키 다카히로 교수의 도움을 크게 받았다. 이 자리를 빌려 감사의 뜻을 표한다.

54 "『日本書紀』言新羅韓郷之名, 始見神代巻, 日槍来帰於垂仁之朝. 三韓征服於神功之時, 而毎国["毎" 글자의 양옆에 [「両」「百済任那」]] 置日本府, 而治以至地統本紀, 朝聘貢献送質乞援世不絶筆. 復如大加羅[할주: 彼作駕洛]·渤海[古粛慎也. 靺鞨部類]·耽羅

[或称耽牟羅]·任那·卓淳·伴跛諸国蓋其属国島嶼 [할주: 『東国通鑑』有渤海·加那·荇人·沃沮·濊泊·扶餘·駕洛·骨浦·漆浦·古浦·沙伐·鞨鞨·肅慎·伊西·于山·溝婁·挹婁·任那·耽羅等, 或侵或属, 蓋海涯島洲小国耳. 但卓淳·伴跛我言焉. 彼不言焉]而来貢乎我者歷々載記以『百済本紀』『百済新撰』二書為証者不可信. 其他在五国史亦有可見者矣. 頃閲『東国通鑑』, 不能無疑也. 夫其言我事, 自新羅始祖赫居世 [할주: 赫居世年是為漢宣帝甘露四年辛未, 当崇神天皇四十八年]始, 書中, 倭来冠辺, 聞王有神德乃還, 而降. 至王氏高麗滅, 凡千百九十余年間所記亦多, 而合我国史者却無有也. 国史亦不載彼之所録也. 蓋年代之邈, 邦域之逖, 告報疾書記之疏密, 或未免有失歳月之真出於輯録之遺耳. 如神功皇后之征則所以撃平其国之存亡. 凡事莫大焉而不書者何? 蓋顚覆之間図籍従喪之所致歟? 林羅山序以為其為国諱者. 雖似有謂, 然而凡編史之妻 [이 글자, 애매함] 捜索之不弘採輯之或脱. 若在邦之大事而可諱之則足為正史乎? 筆削無諱盍観於春秋, 其以通鑑為名, 果得効温公之顰耶. 今参考国史有徴于此而無載於彼者, 阿直岐読典, 王仁伝経, 王辰爾·殷親爾·高安茂, 諸博士之来所以為其美而不記焉. 亡邦於倭仏行酒於堂下, 王麗之遷於僧辛之類則所以揚其醜而具載焉. 可謂能為国諱乎? 以余見之, 滲漏, 猶可謂之有諱則不可矣. 但国史書百済王名始于肖古而竟于慈悲王, 数世連綿而其時世可疑者多矣. 考之皇代, 腆支·蓋鹵以下纏与我皇代並同其数耳. 然背古·阿花·直支·文洲等文字不克無同異. 蓋亦擊於訳舌之転殊俗之称不可深疑也. 然所謂『百済本紀』及『新撰』不伝於後, 則不足徴之惜矣哉. 自神功后以終持統本紀併按異同, 参稽有無以備於読史之査験云 [이하, 『동국통감』의 발췌 시작. 21장 뒤의 지어는 다음과 같다]国史参考止于地統天皇本紀. 如余史乃俟他日以竟之. 享保十九甲寅孟夏晦書於山城州淀上藤沢之堂源昌言子兪 / 享保甲寅秋七月下旬写之 増信 / 勤思堂邑井敬義蔵." 진구 문고 소장본『読東国通鑑』(신궁 문고 5문 1250)

55 "卑弥呼者神功皇后御名気長足姫尊故訛云然." 와세다 대학 소장본『이칭일본전』(リ05 02260) 상지일권, 6뒤~7앞.

56 "二十年夏五月倭女王卑弥乎遣使来聘 / 今按二十年当成務天皇四十年卑弥乎異邦訛称神功皇后也見前此年神功皇后降誕安得有生而遣使来聘乎甚謬." 와세다 대학 소장본『이칭일본전』상지삼권, 3앞.

57 "今按新羅始祖元年当日本垂仁天皇六年多婆那国在倭国東北一千里東国通鑑亦有之本出于此謂倭国東北則蝦夷之地也三国史記五十巻記新羅高麗百済三国事与東国通鑑有異同今並存之." 와세다 대학 소장본『이칭일본전』상지삼권, 1뒤~2앞.

58 阿部光麿, 「伊藤東涯と朝鮮―その著作にみる関心の所在」, 金時徳, 濱野靖一郎編『アジア遊学 198: 海を渡る史書 ―― 東アジアの, 「通鑑」』(勉誠出版, 2016) 186쪽.

59 "三韓史ノコト: ムカシハ『百済本紀』『百済新撰』ナド云書アリテ, 『日本紀』モ拠用ラル

ト見エタリ. 新羅, 百済, 高句麗ヲ三国ト云. 紀, 志, 伝アリテ『三国史』ト云. 高麗ノ時金富軾コ
レヲ撰ス. ソノ後『東国通鑑』ト云書アリ. 三国ヨリ高麗ノ末マデヲ編年ニセリ. 朝鮮ノ徐居正ガ作
ナリ."『秉燭譚』,『日本随筆大成』8 (吉川弘文館, 1928) 149~150쪽.

60 "阿直岐ノコト: 応神帝ノ時ニ, 百済国王ソノ王子阿直岐ヲ遣シテ良馬二疋ヲ貢セシム.
阿直岐ヨク経典ヲヨメリ. 仁徳帝時ニ太子トナリ, 大鷦鷯皇子ト称シ奉ル. コノ阿直岐ヲ師トシテ
モノ学タマフ. 翌年ニ又博士王仁ト云モノ来ル. コレ本朝学問ノ権輿ニテ, 人々ノヨクシリタルコ
トナレバ縷々セズ. ソノカミハ三韓ヨリ王子ヲ人質ニ遣ス. 阿直岐モ百済ノ王子ナリ. 事詳ニ『日
本書紀』ニノレリ. サテ三韓ノ記録『三国史記』, ナラビニ『東国通鑑』ヲ考ニ, 阿直岐ヲ腆支王
ニ作ル.『梁書』百済ノ伝ニハ名映ニ作ル. イヅレモ文字ノ転訛ニテ一人ナリ. 腆ハ不腆ノ腆ニ
テアツシト訓ス. 因テ日本ニテ阿直岐ト書キ, 腆ノ字映ノ字ニ似タルニ因テ,『梁書』ニハ名ヲ映
ト云, 又『古事記』ヲ考レバ, 中巻ニ亦コノ事アリ.「百済国主照古王(中略)」. 王仁ノ事三韓ノ史
ニハ見エズ. 王仁ヲソノカミ呉音ニテワニトヨメルナルベシ. サテコノ事韓史ニテハ晋安帝義熙
年中ニノセリ.『日本紀』ニノスル処ハ, 太康五年ニアタル. 年数百余年ノ相違アリ. 又『梁書』並
ニ三国ノ史記ニハ梁ノ世ニノセリ. 久遠ノ事ナレバ徴シガタキ事多シ. 予マタ『三韓紀略』ノ内
ニクハシクアラハセリ."『秉燭譚』,『日本随筆大成』8 (吉川弘文館, 1928) 145~146쪽.

61 井上泰至,「『東国通鑑』をめぐる逆説—歴史の歪曲と帝国的行動の中で」, 金時德,
濱野靖一郎編『アジア遊学 198: 海を渡る史書 —— 東アジアの「通鑑」』(勉誠出版, 2016),
211쪽.

62 "三韓朝貢. 不敢憚航海之遠. 而三国史記. 東国通鑑等所記. 一言不及此事何也.
是亦得阻王化者哉. 太閤之征朝鮮不得不然也." 해군 사관 학교 소장『絵本朝鮮征伐記』
권1 서문 중.

63 秋山高志,『近世日本の学府—水戸の文人』(ぺりかん社, 2009) 제12장「水戸藩士
の東洋史研究」참조.

64 藤田覚,「近世後期の情報と政治: 文化年間日露紛争を素材として」,『東京大学日本
史学研究室紀要』4 (東京大学大学院人文社会系研究科・文学部日本史学研究室, 2000)
49쪽.

65 "豊臣秀吉無名ノ師ヲ興シテ朝鮮ヲ征シ, 彼我百万ノ生霊ヲ殺生セシ事, 其罪論ズル
ニモ及バヌ事ナリ."『諼草小言』권4. 秋山高志,『近世日本の学府—水戸の文人』(ぺりかん
社, 2009) 제12장「水戸藩士の東洋史研究」281쪽에서 재인용.

66 大学資料展示室運営委員会 편,『三島中洲と近代 其4 —— 小特集戦争と漢学 ——』
(二松学舎大学附属図書館, 2016) 11쪽.

67 小川三郎,『京書肆「柳枝軒」小川多左衛門—小川家後裔からの報告—』(京都大学総
合博物館貝原益軒没後三百年記念展準備委員会, 2014) 및『貝原益軒没後三百年記念・

京都大学総合博物館平成26年度特別展―学ぶ楽しみを多くの人に―』. 이 자료를 입수하는 데 도움을 주신 다케나카 히데토시(竹中英俊) 선생님께 감사의 뜻을 표한다.

68 "三韓[又号朝鮮] 馬韓[号百済] 辰韓[号新羅又称斯盧或号鶏林] 弁韓[又作卞韓号高句麗又称高麗] 〇東国通鑑." 국립 중앙 도서관 소장본『和漢名数』권1, 14앞.

69 河宇鳳,「朝鮮時代後期の南人系実学派の日本認識」,『朝鮮王朝時代の世界観と日本認識』(明石書店, 2008) 291·298쪽.

70 "倭書有和漢名数爲名者二卷. 卽我肅廟庚午年. 貝原篤信之所著也. 轉借于奉使人家. 卽爲推去. 故不得納上. 伏歎. 倭初都太和州. 故盖以和爲國號. 猶淸人之指建州爲滿也. 其歷世篇云上世有天神七代. 地神五代. 盖謂君爲神也. 至狹野爲人皇始祖. 卽所謂神武天皇也. 以其書考之. 則其立距我肅廟庚午. 爲一百十四世. 二千三百四十年. 證以中國史. 則當周襄王之二年辛未矣. 一姓相傳. 至今不已. 是中國聖王之所不能者. 誠爲異事. 而封建之法能行焉. 且其器械之精妙. 制度之一定. 則不可以蠻夷忽之也. 若文之以禮樂. 則誠海中之樂土也."『순암 선생 문집』(한국 고전 종합 DB에 의함).

71 李元植,『朝鮮通信使の研究』(思文画出版, 1997) 355쪽.

72 "朝鮮の南秋月, 余に和する詩の後に, 甲申流頭日としるせり. 人に問ふに, 詳かならず. 後に『東国通鑑』を見るに, ……(중략)……. 此文にて, 六月十五日なる事明かなり."『秉穂録』,『日本随筆大成』10 (吉川弘文館, 1928) 726쪽.

73 "『東国通鑑』に, 魂堂とあるは, 今のたまやといふに符合す."『秉穂録』,『日本随筆大成』10 (吉川弘文館, 1928) 741쪽.

74 "日本の二字を用たるといふ事, 日本にては初めて天智天皇の時に用たると,『東国通鑑』[朝鮮の書なり] 則天武后, 倭国をいみて日本国とすと, 中華の書にいへり. されど神功皇后の時, 既に日本国と称せるにや."『異説まちまち』,『日本随筆大成』9 (吉川弘文館, 1928) 137쪽.

75 김시덕,『일본의 대외 전쟁』(열린책들, 2016) 432쪽.

76 日野龍夫,「偽証と仮託 ── 古代学者の遊び ── 」,『江戸人とユートピア』(朝日新聞社, 1977).

77 井上泰至,「朝鮮観の変転―近世の歴史叙述と対外認識を論ずるために」,『近世日本の歴史叙述と対外意識』(勉誠出版, 2016).

78 강석원,『上田秋成の研究 ── 朝鮮をめぐる秋成国学の世界』(제이앤씨, 2002) 중 제2장「「日の神」論争と朝鮮」.

79 吉沢義則,「藤貞幹に就いて(四)」,『文芸』第13年 第11号 (京都文学会, 1922·11) 50쪽.

80 우에다 아키나리와 도 데이칸의 관계에 대한 이상의 논설은 一戸渉,「秋成と好古

一天明・寛政期を中心に一」,『上田秋成の時代』(ぺりかん社, 2012)에 의거하여 기술하였다.

81　一戸渉,『上田秋成の時代』(ぺりかん社, 2012) 172쪽.

82　「東京都立図書館特別コレクション　第54回　特別文庫室所蔵・井上哲次郎旧蔵資料から」. http://www.library.metro.tokyo.jp/digital_library/collectionthe45/tabid/4131/Default.aspx.

83　"書之有厄, 豈特中國而已也. 書者古今之絶寶, 或爲造物之所猜, 故必其厄. 而我東國亦有書厄. 略約計之, 則十厄也. 唐李勣旣平高句麗, 聚束南典籍于平壤, 忌其文物不讓中國, 擧而焚之, 一也. 新羅之末, 甄萱據完山州, 輸置三國之遺書, 及其敗也, 蕩爲灰燼, 二也. 高麗之累經兵燹, 每多殘缺, 三也. 本朝明宗癸丑, 景福宮火, 思政殿以南皆焚, 歷代墳籍並燼, 四也. 宣祖壬辰倭奴之入寇也, 亂民與倭賊, 放火竟燒, 五也. 仁祖丙子淸軍來侵, 亂氓放火, 燒燼殆盡, 六也. 壬丙之亂, 皇明天將及倭虜, 搜括典籍之在於京鄕民間者, 並捆載而去, 七也. 仁朝甲子, 逆适以關西閫帥, 擧兵犯闕, 而如干遺燼, 復入消滅, 八也. 國俗不貴墳典, 毀爲還紙, 糊爲塗壁, 潛銷暗爍, 九也. 藏書家懸金購取, 什襲祕置, 而亦不自讀, 更不借人, 一入無出, 迷鬱積歲, 竟爲蠹鼠之所侵蝕, 傔隷之所竊賣, 書無完帙, 十也. 愚嘗感慨不已, 竊以爲書厄中藏書爲最者, 是也. 書之毀爲還紙, 糊爲塗褙, 當爲平時第一厄會, 而以收藏爲厄之最者, 其義甚切, 還紙則非本國楮紙, 不得還造, 塗壁亦然, 而至於藏書, 則艱購燕市, 乃是唐裝也. 紙品甚脆, 易受朽傷, 蠹鼠偏蝕, 一或毀破, 更難備置故云然, 東若收藏, 如中原范氏天一閣, 歷世兵火, 幸得無恙, 歸然獨存, 俾此書種, 傳于國內, 則豈敢以收藏經典爲書厄之最也哉. 人或歸之於妄, 然亦格言也." 『오주연문장전산고』(한국 고전 종합 DB에 의함).

84　"今按鴻嘉元年当日本垂仁天皇十年瓠公無所見蓋瓠公以瓠渡海者非也日本新羅之間大洋遥隔風濤蹴天豈一瓠之所抗乎乃伝会神功皇后征伐事也"(와세다 대학 소장『이칭일본전』하지일권, 2뒤).

85　김시덕,『일본의 대외 전쟁』(열린책들, 2016) 358~360쪽.

86　"崇神天皇雖不征新羅新羅得罪于我朝起於此際矣終至神功皇后得征之蓋爲任那之也" 와세다 대학 소장『이칭일본전』하지일권, 1뒤.

87　京都大学文学部国語学国文学研究室 編,『木村理右衛門著 朝鮮物語』(京都大学国文学会, 1970) 2쪽. 園田一亀,『韃靼漂流記の研究』(満鉄・鉄道総局庶務課, 1939)도 참고할 것.

88　『국사찬론』권1에는 야마가타 다이카가 인용한 저자의 명단이 실려 있다: 德川光国,『大日本史』, 林羅山,『羅山文集』, 林鵞峯,『鵞峯文集』, 朱舜水,『舜水文集』, 安東省庵,『三忠伝』, 藤井蘭斎,『本朝孝子伝』・『閑際筆記』・『国朝諫諍録』, 安積澹泊,『烈祖成績』・『湖亭渉筆』, 栗山愿,『保建大記』, 三宅観瀾,『中興鑑言』, 貝原益軒,『愼思録』, 新井

白石, 『読史余論』, 雨森芳洲, 『橘窓茶話』, 永井定宗, 『本朝通紀』, 巨[勢]正純, 『本朝儒宗傳』, 室鳩巣, 『鳩巣文集』, 村田𪡀庵, 『楠正成伝/楠河州伝』, 五井蘭洲, 『瑣語』, 中井竹山, 『逸史』, 中井履軒, 『通語』, 関義寧, 『国史綱目』, 尾藤二洲, 『素餐録』・『静寄余筆』・『冬読書余』, 古賀精里, 『精里文集』, 岩垣竜渓 "『国史略』所引", 巨勢卓軒 "『国史略』所引", 岩垣東園 "『国史略』所引", 青山拙斎, 『皇朝史略』正続編, 頼山陽, 『日本外史』・『日本政紀』, 安積艮斎, 『読史偶論』, (1앞~2뒤).

89 "禎曰. 我日本大海環之. 実天険矣. 能使沿海諸州. 防外寇之備莫懈焉. 明政教以能守邦域之中. 則土地膏腴百穀豊美. 金鉄魚塩. 糸絮竹木之産. 無所不瞻矣. 何必貪殊域異邦之土地財貨之為哉. 豊臣氏之征朝鮮. 可謂妄挙矣. 且太閤齢已高. 秀次不肖. 縦令克韓滅明. 一旦得其志. 徒以兵力取之. 而人心弗服. 太閤一旦暝目. 誰能守之. 其復失之必矣. 既失彼. 又必失此. 豊臣氏之鬼. 於是乎餒矣. 且踰海越韓. 以征明国. 安保其必勝哉. 太閤此挙狂妄亦甚哉." 와세다 대학 소장본 『国史纂論』(리04 04250) 권10, 18뒤~19앞.

90 "今按日本国遣四女子丹狄国其事不可考備五穀之種至耽羅之浜撿日本書紀曰天智天皇八年三月耽羅遣王子久麻伎等貢献丙申賜耽羅五穀種殆近似矣然日本書紀無我妻耽羅事神皇正統記曰昔桓武之朝有我与韓同種之文書出而帝悪去之如高氏譜説亦此類耶其不足信明矣." 『이칭일본전』 하지삼권, 54뒤~55앞.

91 "異朝ノ一書ノ中ニ, 「日本ハ呉ノ太伯ガ後也ト云」トイヘリ. 返々アタラヌコトナリ. 昔日本ハ三韓ト同種也ト云事ノアリシ, カノ書ヲバ, 桓武ノ御代ニヤキステラレシナリ. 天地開テ後, スサノヲノ尊韓ノ地ニイタリ給キナド云事アレバ, 彼等ノ国々モ神ノ苗裔ナラン事, アナガチニクルシミナキニヤ." 『日本古典文学大系 87 神皇正統記・増鏡』(岩波書店, 1965) 79쪽.

92 名越那珂次郎, 「朝鮮に伝される徳川光國の二貴重史料について」, 『朝鮮』161 (1928・10) 16쪽.

93 Aston, W. 1887-9. 'Early Japanese history,' *Transactions of the Asiatic Society of Japan* 16(10) 42쪽.

94 Aston, W. 1887-9. 'Early Japanese history,' *Transactions of the Asiatic Society of Japan* 16(10) 52쪽.

95 Aston, W. 1887-9. 'Early Japanese history,' *Transactions of the Asiatic Society of Japan* 16(10) 53쪽.

96 "a Corean history (not the Tongkam) quoted in the Ishō Ni hon den." Aston, W. 1887-9. 'Early Japanese history,' *Transactions of the Asiatic Society of Japan* 16(10) 64쪽.

97 "After this time the Tongkam has hardly any mention of Japan for a space of nearly 200 years. The following notices are from the Sam-kuk-să-kwi(三國史記), a Corean work which has been occasionally referred to in this paper." Aston, W. 1887-9. 'Early

Japanese history,' *Transactions of the Asiatic Society of Japan* 16(10) 70쪽.

98 "東国通鑑の序に文字の位置を顛倒せる誤あれども人いまだ視ざる事多し[東国通鑑は朝鮮国の史記なり順化王の朝鮮を征せられし時多く彼国の書を奪ひ来りし中に此書全部ありし故此方にて翻刻せり其後彼国より望請を以て新に搨りて賜られしなり全部五册より]." 오타 난포(大田南畝, 1749~1823)가 편찬하여 1789년(寬政元)에 간행한『난포 총서(南畝叢書)』수록본『도카이단(東海談)』(시즈오카 현립 도서관 아오이 문고) 38뒤.

99 金時德,「再発見された『新刊東国通鑑』の板木から近世軍記を考える」,『文学』2015年3·4月 (岩波書店, 2015·3), 쪽을 참조.

100 松田甲,『朝鮮叢話』(朝鮮總督府, 1929), 31~32쪽. 마쓰다 고의 저술은 도쿄 경제 대학 전자 도서관에서 열람할 수 있다. http://repository.tku.ac.jp/dspace/browse?type=author&value=%E6%9D%BE%E7%94%B0%E7%94%B2%E8%91%97.

101 두 사람의 관계에 대하여는 심원섭,「아베 미츠이에(阿部充家)의 생애 기초 연구」,『한국학연구』25 (2011)를 참조.

102 한국에서『도쿠토모 소호 관계문서(德富蘇峰関係文書)』전3권 (山川出版社, 1982~1987)을 입수할 수 없어서, 구마모토 대학 오시마 아키히데(大島明秀) 선생에게 서한집 내용의 열람을 부탁하였다. 감사를 표한다.

103 "三五四. 市村讚次 大正一三年 三月二〇日 京城滯在中の御厚待感謝 東国通鑑一部御恵贈下され感佩の至". 이 서한에 대한 정보를 제공하여 주신 구마모토 현 야쓰시로 시립 박물관(八代市立博物館) 미래의 숲 뮤지엄(未来の森ミュージアム)의 도리즈 료지(鳥津亮二) 선생님께 감사드린다. https://rnavi.ndl.go.jp/kensei/tmp/index_saitoumakoto_shokan1.pdf#search=%27%E9%98%BF%E9%83%A8%E5%85%85%E5%AE%B6+%E6%96%B0%E5%88%8A%E6%9D%B1%E5%9B%BD%E9%80%9A%E9%91%91.

104 名越那珂次郎,「朝鮮に伝される德川光國の二貴重史料について」,『朝鮮』161 (1928·10) 12쪽.

105 猪飼隆明,「德富蘇峰の生涯が現代に問うもの」, 熊本県立大学 편저,『蘇峰の時代』熊本日日新聞社, 2013) 10쪽.

106『근세일본국민사』의 전체 목록은 다음과 같다.

1. 織田氏時代 前篇 1918.12

[1919.3.1 삼일운동. 3.9 또는 3.19 신간동국통감 기증 조서 작성됨]

2. 織田氏時代 中篇 1919.6

3. 織田氏時代 後篇 1919.10

4. 豊臣氏時代 甲篇 1920.3

5. 豊臣氏時代 乙篇 1920.12

6. 豊臣氏時代 丙篇 1921.6

7. 豊臣氏時代 丁篇 朝鮮役上巻 1921.5

8. 豊臣氏時代 戊篇 朝鮮役中巻 1922.1

9. 豊臣氏時代 己篇 朝鮮役下巻 1922.5

10. 豊臣氏時代 庚篇 桃山時代概観 1922.9

11. 家康時代 上巻 関原役 1923.1

12. 家康時代 中巻 大阪役 1923.5

[1923.9.1 간토 대지진]

13. 家康時代 下巻 家康時代概観 1923.12

14. 徳川幕府上期 上巻 鎖国篇 1924.10

15. 徳川幕府上期 中巻 統制篇 1924.11

16. 徳川幕府上期 下巻 思想篇 1925.4

17. 元禄時代 上巻 政治篇 1925.6

18. 元禄時代 中巻 義士篇 1925.9

19. 元禄時代 下巻 世相篇 1925.11

20. 元禄享保中間時代 1926.2

21. 吉宗時代 1926.6

22. 宝暦明和篇 1926.9

23. 田沼時代 1927.1

24. 松平定信時代 1927.5

25. 幕府分解接近時代 1927.9

26. 雄藩篇 1927.11

27. 文政天保時代 1928.3

28. 天保改革篇 1928.6

29. 幕府実力失墜時代 1928.9

30. 彼理来航以前の形勢 1929.1

31. 彼理来航及其当時 1929.9

32. 神奈川条約締結篇 1929.12

33. 日露英蘭条約締結篇 1930.4

[1930.5.24 중앙 조선 협회 주최로 아요야마 회관에서 〈분로쿠·게이초 이후 일본에 대한 조선의 감화〉 강연]

34. 孝明天皇初期世相篇 1930.8

35. 公武合体篇 1930.11

36. 朝幕背離緒篇 1931.3

37. 安政条約締結篇 1931.8

[1931.9.18. 류조호사건. 만주사변]

38. 朝幕交渉篇 1931.12

[1932.3.1. 만주국 건국 선언]

39. 井伊直弼執政時代 1932.4

40. 安政大獄 前篇 1932.7

41. 安政大獄 中篇 1932.11

42. 安政大獄 後篇 1933.4

43. 桜田事変 1933.9

44. 開国初期篇 1933.12

45. 久世安藤執政時代 1934.4

46. 文久大勢一変 上篇 1934.7

47. 文久大勢一変 中篇 1934.11

48. 文久大勢一変 下篇 1935.4

49. 尊皇攘夷篇 1935.7

50. 攘夷実行篇 1935.10

51. 大和及生野義挙 1936.5

52. 文久元治の時局 1936.8

53. 元治甲子禁門の役 1936.12

54. 筑波山一挙の始末 1937.4

55. 内外交渉篇 1937.6

[1937.7.7 노구교사건]

56. 長州征伐 1937.9

57. 幕長交戦 1937.12

58. 幕府瓦解期に入る 1938.4

59. 倒幕勢力擡頭篇 1938.7

60. 長州再征篇 1938.11

61. 孝明天皇御宇終篇 1939.2

62. 孝明天皇崩御後の形勢 1939.9

63. 新政曙光篇 1940.2

64. 大政返上篇 1940.6

65. 皇政復古篇 1940.11

66. 皇政一新篇 1941.8

67. 官軍東軍交戦篇 1941.11

68. 官軍東下篇 1942.9

69. 新政内外篇 1943.2

70. 関東征戦篇 1943.3

71. 奥羽和戦篇 1943.6

72. 奥羽戦争篇 1943.10

73. 会津籠城篇 1943.11

74. 北越戦争篇 1944.3

75. 奥羽平定篇 1944.10

[1945.8.15 일본 패전]

76. 函館戦争篇 1945

77. 明治政務篇 1946

[공직추방처분을 받고 1946.2.23 귀족원 칙선의원 등을 사임, 칩거. 1951.2 집필 재개, 1952.4 전권 완성. 1957.11.2 사망]

78. 新政扶植篇 1960.10

79. 法度制定篇 1960.11

80. 薩長内政篇 1960.12

81. 内政統制篇 1961.1

82. 廃藩置県篇 1961.2

83. 廃藩置県後形勢篇 1961.3

84. 内政外交篇 1961.4

85. 欧米と東洋篇 1961.5

86. 征韓論 前篇 1961.6

87. 征韓論 後篇 1961.7

88. 征韓論分裂以後篇 1961.8

89. 佐賀の乱篇 1961.9

90. 台湾役始末篇 1961.10

91. 大阪会議の前後篇 1962.3

92. 外交雑事篇 1961.12

93. 萩秋月等の事変篇 1962.1

94. 神風連の事変篇 1962.2

95. 西南役緒篇 1962.3

96. 西南役出師篇 1962.4

97. 熊本城攻守篇 1962.5

98. 西南役両面戦闘篇 1962.6

99. 西南役終局篇 1962.1

100. 明治時代 1962.8

107 강연은 다음과 같은 소제목에 따라 이어졌다.

– 새로운 일본(新しき日本)

– 오래된 조선(旧き朝鮮)

– 조선의 역사적 환경(朝鮮の史的環境)

– 일본의 대륙 교섭과 조선(日本の大陸交渉と朝鮮)

– 일본 상대에 입은 조선의 감화(日本上代に於ける朝鮮の感化)

– 아시카가 시대의 교섭(足利時代の交渉)

– 일선 문화의 윤화(日鮮文化の輪廻)

– 쇼헤이판 논어(正平版論語)

– 여기부터 본 주제로 들어간다(之より本題に入る)

– 임진역이란 무엇인가(壬辰役とは何ぞや)

– 임진역이 일본 문화에 가져온 공헌(壬辰役の日本文化に齎らせる貢献)

– 조선본의 대수입(朝鮮本の大輸入)

– 활자 전래(活字の伝来)

– 〈구해서〉 얻은 각종 진귀한 문헌(「求めて」得たる珍書の数々)

– 포로 강항과 세이카(捕虜姜沆と惺窩)

– 주자학과 국민사상(朱子学と国民思想)

– 이퇴계의 성망(李退溪の声望)

– 조선 국민성의 일단(朝鮮国民性の一端)

– 일본 주자학과 이퇴계(日本の朱子学と李退溪)

– 역사를 읽어라 —— 일선동원의 관계(歴史を読め一日鮮同源の関係)

    108 『文録慶長以後日本に於ける朝鮮の感化』(朝鮮中央協会, 1930.9.18) 3~4쪽.

    109 『文録慶長以後日本に於ける朝鮮の感化』(朝鮮中央協会, 1930.9.18) 47쪽.

    110 『文録慶長以後日本に於ける朝鮮の感化』(朝鮮中央協会, 1930.9.18) 55쪽.

    111 山口正之,「徳川時代における朝鮮書籍の翻刻」,『文教の朝鮮』22 (1929)에는 다음 35종이 소개되어 있다:『東醫寶鑑』,『東國通鑑』,『啓蒙傳疑』,『東人詩話』,『朱子書節要』,『易學啓蒙補要解』,『응골방』,『三綱行實』,『千字文』,『千字類合』,『自省錄』,『聯

珠詩格』,『續蒙求』,『自警編』,『鬼神論』,『心氣理編』,『天命道說』,『入學圖說』,『懲毖錄』,
『擊蒙要訣』,『神應經』,『新編輯成馬醫方附牛醫方』,『馬經大全』,『朝鮮馬書』,『朱子行狀』,
『西銘考證講義』,『經筵講義』,『聖學十圖』,『小學集成』,『官板朝鮮史略六卷』,『隱峰野史
別錄』,『金鰲新話』,『漂海錄』,『陣法』,『百聯妙解』.

112 유탁일, 「일본 강호 시대 간행 한국 문헌에 대하여」,『退溪學論叢』8 (2002).

113 이유리, 「17세기 일본 간행 조선본 연구」(한국학 중앙 연구원 고문헌관리
학전공 석사 학위 논문, 2010년 12월), 동, 「동아시아『문헌통고(文獻通考)』의 전파
와 유통 ―『막부서물방일기(幕府書物方日記)』에 나타난 16세기 조선본『문헌통
고』,『동아시아의 문헌 교류 ― 16~18세기 한중일 서적의 전파와 수용』(소명출판,
2014)

114 阿部吉雄,『日本朱子学と朝鮮』(東京大学出版会, 1965) 제3편 제1장 「李退溪著
書の江戸時代刻本」.

115 田代和生,『江戸時代朝鮮薬材調査の研究』(慶應義塾大学出版会, 1999).

116 허지은,『왜관의 조선어통사와 정보유통』(경인문화사, 2013년 2쇄) 중 제
3장 「조선어통사의 정보수집 경로와 내용」을 참조.

117 이유리, 「17세기 일본 간행 조선본 연구」(한국학 중앙 연구원 고문헌관리학
전공 석사 학위 논문, 2010년 12월) 9쪽.

118 藤本幸夫, 「宗家文庫蔵朝鮮本に就いて−「天和三年目録」と現存本を対照しつつ」,
『朝鮮学報』99·100 (朝鮮学会, 1981·7) 205쪽.

119 濱野靖一郎, 「徳川時代に於ける漢学者達の朝鮮観―朝鮮出兵を軸に」, 金時德,
濱野靖一郎編,『アジア遊学 198: 海を渡る史書 ―― 東アジアの「通鑑」』(勉誠出版, 2016)
193쪽.

120 杉本つとむ 편저,『東雅』(早稲田大学出版部, 1994) 414쪽.

121 『新井白石全集』5 (国書刊行会, 1905~1907) 252쪽.

122 신로사,『1811년 辛未通信使行과 朝日 문화 교류: 筆談−唱酬를 중심으로』(성
균관대학교 박사 학위 논문, 2011) 117~118쪽.

123 藤本幸夫, 「宗家文庫蔵朝鮮本に就いて−「天和三年目録」と現存本を対照しつつ」,
『朝鮮学報』99·100 (朝鮮学会, 1981·7) 211쪽.

124 "烟草ノコト: タバコハ南蛮ノ産ナリ. 百年前ニ日本ニ来ル. ソノカミハ本草ノ莨宕ナリ
トイヘリ. 此ハアヤマリナリ. ソノ後沈穆カ,『本草洞詮』ト云書新ニ渡リ, ソノ九巻ニ烟草ヲ出ス.
曰, 「煙草一名相思草. 言人食之, 則時々思想不能離也ト, ソノ説甚詳ナリ. コレヨリ世間ノ人タ
バコハ烟草タルコトヲシル. 四五十年前ニ朝鮮人ノ撰スル『芝峯類説』ト云モノアリ. ソノ十九巻
ニ曰:「淡婆姑草名. 亦号南霊草. 近歳始出倭国云々. 或伝, 南蛮国有女人淡婆姑者, 患痰

疾積年, 服此草得瘳故名」ト. コノ書ハ朝鮮ニテ何人ノ撰ト云コトヲシラズ. 相国寺白長老ノ従
子ニ松村昌庵ト云老人アリ. 先子ノ旧キ門人ナリ. タタコノ一段ヲ写シテ伝フ. 全部ハ何ホトア
ルコトヲシラズ. 対馬ヨリ携ヘ来ルナルヘシ. 予弱年ノ時ニ写シヲケリ. コレヨリ淡婆姑ノ名世ニ
弘リ. 比日市店ヲミレハ招牌ニコノ字ヲ書ケリ. 近年清人陳淏子カ『花鏡』一套東来シ, 金絲烟,
担不帰等ノ名サマサマノセヲケリ. 担不帰モタハコノ唐音トミエタリ. 又『行厨集』ヲミレハ蔫ノ字
ヲ書ケリ. 是モ日本ニテマキノ木ヲ槙トカキ, ムロノ木ヲ榁トカクト同キコトニテ, 烟ノ音ヲカリテ草
冠ニ従ヒ蔫ノ字ヲ用タルトミエタリ. コノ外近年ノ本草ノ末疎ニハ種々詳ニ載ケリ. 又曾テ記
ス『唐詩紀』ノ内, 李白カ詩ニ「相思如烟草, 歴乱無冬春」ト云リ. 相思草ト名クルハコレヨリ出ル
ニヤ. 偶然ニ符合セルニヤ. 李カ詩ハ本ヨリ烟ト草トノコトナリ." 국회 도서관 소장본 『秉燭
譚』(847-147) 권4, 19앞~20앞.

125 "啟益按, 倭俗以莨菪訓多波古, 非也. 『芝峯類説』十九巻曰: 「淡婆姑草名. 亦号
南靈草. 近歲始出倭国. 採葉曝(조선본은 曝 대신 暴. 병촉담에는 없음)乾, 以火熱之,
病人用竹筒吸其烟, 旋即噴之, 其烟従鼻孔出. 最能祛痰湿下気, 且能醒(조선본은 醒 뒤
에 酒 글자 있음. 병촉담에는 없음). 今人多種之, 用其法有(조선본은 有 대신 甚. 병촉
담에는 없음)效. 然有毒不可軽試也. 或伝, 南蛮国有女人淡婆姑者, 患痰疾積年, 服此草
得瘳因(조선본・병촉담은 因 대신 故)名.」" 필자 소장본 『巻懐食鏡』 174쪽 앞・뒤.

126 田中健夫・田代和生 편, 『朝鮮通交大紀』(名著出版, 1978) 288쪽.

127 "世俗の児語に魚をトトといふ是韃靼の語也元朝の王美韋我国に来り学文を伝しより
日本人の物を読に韃靼音に謬る者多しとかや元大祖虜人なれは也. 此人来れるより魚をトト
と云来れるとそ. [두주] 或人云芝峰類説南人呼魚曰斗々云々." 국문학 연구 자료관 소장
본 『幽遠随筆』(96-968) 하권, 24뒤.

128 "東國通鑑, 三國史, 海東諸國記, 芝峰類説, 理學通錄, 朱書節要, 東醫寶鑑, 懲毖
錄, 晉山世稿, 退溪集, 栗谷集. 皆入日本. 戊辰信使之行也. 大坂人上月信敬字丹藏. 號專
菴. 問陽村入學圖説, 晦齋九經衍義, 退溪聖學十圖, 啓蒙傳疑, 朱書節要, 天命圖, 自省錄,
栗谷聖學輯要, 擊蒙要訣, 啓蒙補要解. 皆貴國儒書. 而此後又有何人著書衛道耶. 此等書.
亦已入於日本. 故丹藏之言如此. 其中啓蒙補解. 我國所未聞者也. 春官志 李孟休著 曰.
倭所求請書籍. 則五經, 四書大全, 朱子大全, 十三經注疏, 退溪集, 東醫寶鑑, 東文選之屬.
不可勝記. 而如楊誠齋集, 五經纂疏, 文體明辨, 周張全書, 文章辨體, 小學, 字訓, 呂東萊
續大事紀等書. 我國所無故. 不許." 『청장관전서』(한국 고전 종합 DB에 의함).

129 한국에서 이루어진 연구로는 정광, 『사역원 왜학연구』(태학사, 1988) 제4장
「왜학서」중 4.1 「초기의 왜학서」에서 이 문제가 상세히 검토된다.

130 한국 고전 종합 DB에 의함.

131 "藤原明衡は博達の人にて, 『本朝文粹』を編集し, 『明衡往来』を著して, 中古書法を

学ぶ人の文鑑とす. 又『新申楽記』一巻を著す. 其書を閲するに, 十二人の男子を持る人ありて, 官人, 武士, 僧, 医者より角力とりにまで産業をわかち, 其職分を附て, 器材伎能をしるしたてたり. 今按ずるに, 玄恵の編れし, 『庭訓往来』は, 『明衡往来』と『新申楽記』をとりあわせて, 文体を俗に通じやすき様に書たるものなり. 『庭訓往来』さのみの事なき様なる書なれ共, 容易に解すべからず. 諸道の事にわたらずしては, 得意しがたき事多かるべし. 此書朝鮮へもわたりしにや. 韓継僖(원래는 韓繼禧)撰ずる所の『經國大典』にものせり."『日本随筆大成』9 (吉川弘文館, 1928) 330~331쪽.

132 "朝鮮『經國大典』ニ『庭訓往来』ノコトヲ載タリ. 諸道ニワタラズシテハ, 輒ク解スベカラズト."『嘉良喜随筆』,『日本随筆大成』11 (吉川弘文館, 1928) 321쪽.

133 "按ずるに明の張居正等撰述の経国大典に倭学庭訓往来応永記雑筆富士とのせたり."『群書一覧』「和書部一」105앞 [『日本書目大成』1 (汲古書院, 1979) 179쪽].

134 藤本幸夫, 「宗家文庫蔵朝鮮本に就いて—「天和三年目録」と現存本を対照しつつ」, 『朝鮮学報』99・100 (朝鮮学会, 1981・7) 206쪽.

135 "朝鮮之事情を精ク知り不申候而ハ, 事ニ臨ミ何之了簡可仕様も無之, 浮言雑説ハいかほと有之候而も, 益無之候故, 『経国大典』『考事撮要』等之書並阿比留惣兵衛仕立候『善隣通交』, 松浦儀右衛門仕立候『通交大記』及『分類記事』『記事大綱』を常ニ熟覧いたし, 前後を考へ, 処置いたすへき事ニ候. 享保十三戊申年十二月二十日." 한일 관계사학회, 『교린제성』(국학 자료원, 2001) 71쪽.

136 "此記朝鮮の申叔舟選ひし所の海東諸国記の中に出づ. その日本国王の使を応接する儀のみを抄出して, 『経国大典』『故事撮要』等の[ご]とき彼国の諸書, 並我国五岳の僧の使たりし日しるせし紀行の諸書をあはせ考へ, 又本朝国史の蕃使応対の事例を按して粗其儀を釈して呈す." 궁내청 서릉부 소장『진테이 총서(椿亭叢書)』권18에 수록된『해동제국기초석』에 의거 (국문학 연구 자료관 소장 마이크로필름 20-83-1-70).

137 藤本幸夫, 「宗家文庫蔵朝鮮本に就いて—「天和三年目録」と現存本を対照しつつ」, 『朝鮮学報』99・100 (朝鮮学会, 1981・7) 222쪽.

138 阿部光麿, 「伊藤東涯と朝鮮―その著作にみる関心の所在」, 金時徳, 濱野靖一郎編,『アジア遊学 198: 海を渡る史書 —— 東アジアの「通鑑」』(勉誠出版, 2016) 186쪽

139 『新井白石全集』5 (国書刊行会, 1905~1907) 252쪽.

140 濱野靖一郎, 「徳川時代に於ける漢学者達の朝鮮観―朝鮮出兵を軸に」, 金時徳, 濱野靖一郎編,『アジア遊学 198: 海を渡る史書 —— 東アジアの「通鑑」』(勉誠出版, 2016) 197쪽.

141 濱野靖一郎, 「徳川時代に於ける漢学者達の朝鮮観―朝鮮出兵を軸に」, 金時徳, 濱野靖一郎編,『アジア遊学 198: 海を渡る史書 —— 東アジアの「通鑑」』(勉誠出版, 2016)

197쪽.

142 濱野靖一郎, 「德川時代に於ける漢学者達の朝鮮観——朝鮮出兵を軸に」, 金時德, 濱野靖一郎編, 『アジア遊学 198: 海を渡る史書 —— 東アジアの「通鑑」』(勉誠出版, 2016) 199쪽.

143 다이텐 지음, 김문경 외 옮김, 『평우록 —— 18세기 일본 지식인, 조선을 엿보다』(성균관대학교 출판부, 2013) 97쪽.

144 山岸德平, 『新編林子平全集 1 兵学』(第一書房, 1978) 82쪽.

145 "細力に思へば江戸の日本橋より唐, 阿蘭陀迄境なしの水路也." 山岸德平, 『新編林子平全集 1 兵学』(第一書房, 1978) 88쪽.

146 "近年, 唐山, 韃靼の人等, 欧羅巴人ト交親ト云リ. 愈親ば唐山, 韃靼の英雄豪傑等, 妙法を受べし. 妙法を受得ば侵掠の心起ルベし. 彼等侵掠の心を起シテ, 日本江来ル程ならバ, 海路ハ近シ, 兵馬ハ多シ. 此時に当て, 備無ンば如何ともする事なかるべし. 熟思へば, 後世必唐山, 韃靼の地より, 日本を侵掠する企を為ス者起ルベし. 怠ル事なかれ怠ル事なかれ." 山岸德平, 『新編林子平全集 1 兵学』(第一書房, 1978) 93~94쪽.

147 김시덕, 「19세기 초 일본의 대(對) 러시아 전략과 전사(前史)로서의 임진왜란——『북해이담』에서 전개되는 담론을 중심으로 ——」, 『일본 역사 연구』 37호 (일본사학회, 2013-6), 김시덕, 「호보스토프 사건과 『북해이담』—— 1806~1807년 러시아-일본 간 무력 충돌을 다룬 문헌의 형성과 근세 일본의 병학」, 『동양사학연구』 131 (동양사학회, 2015-6).

148 "対州大森氏話(中略)雨森東五郎が子は賢之丞, 孫は賢之助と云. 今は孫の代なり. 朝鮮の事をかける書に, 弘事撮要通, 文官志などいへる物有." 『増訂半日閑話』卷18, 『日本随筆大成』4 (吉川弘文館, 1928) 598쪽.

149 "盍:『弘事撮要』曰, ……(중략)……『弘事撮要』ハ, 朝鮮ノ魚权権ガ作にて, 明ノ嘉靖甲寅ノ歲ニ梓スル書ナレドモ, コレ和劑局方指南ノ説ナレバ明量にあらず." 『昆陽漫録』卷6, 『日本随筆大成』10 (吉川弘文館, 1928) 594쪽.

150 김성수, 「朝鮮時代 醫療體係와 『東醫寶鑑』」(경희대학교 대학원 사학과 2006년도 박사 학위 논문), 박경련, 「『東醫寶鑑』의 書誌學的 研究」(전남대학교 대학원 문헌정보학과 2009년도 박사 학위 논문), 신동원, 『동의보감과 동아시아 의학사』(들녘, 2015) 등.

151 藤本幸夫, 「宗家文庫藏朝鮮本に就いて-「天和三年目録」と現存本を対照しつつ」, 『朝鮮学報』99・100 (朝鮮学会, 1981・7) 210쪽.

152 田代和生, 『江戸時代朝鮮薬材調査の研究』(慶應義塾大学出版会, 1999).

153 "大口魚ノコト: タラノコト『本草諸書』ニ見レス. 従来鱈ノ字ヲ用ユレトモ和字ナリ. 雪

中ニ出ツルニ因テコノ字ヲ造リタルナルヘシ. 朝鮮ニコノ魚多シ. 大口魚ト云トキケリ.『東医宝鑑』ヲミレハ云ク,「夻魚俗名大口魚, 性平味醎, 無毒, 食之補氣, 腸与脂味尤佳. 生東北海ト. 日本ニテ北海三越ノ地ニ出ツ. 大口魚ノタラタルコト明ナリ.『字彙』ヲ考レハ, 乭ノ字アリ. 註ニ云,「胡卦切音話華也. 又魚之大口者曰夻. 従口下穴」トアリ. 夻魚ハコノ字ヲ訛伝スルナルヘシ. 然レトモ乭字モタタ魚ノ大ロトハカリアリテ, ソノ形状ヲ著サレハ鱸トモ鱈トモ定メカタシ. 三韓ノ郷談ニ大口魚ト云ニヨリテ, 幸ニ乭字アルニ因テ夻魚ト云ナルヘシ."국회 도서관 소장본『秉燭譚』권4, 20앞~뒤.

154 杉本つとむ 편저,『東雅』(早稲田大学出版部, 1994) 414~415쪽.

155 다이텐 지음, 김문경 외 옮김,『평우록 — 18세기 일본 지식인, 조선을 엿보다』(성균관대학교 출판부, 2013) 108쪽.

156 『한글대장경 152 한국고승 1·2 합본 사명대사집』(동국역경원, 1970) 460~461쪽.

157 『한글대장경 152 한국고승 1·2 합본 사명대사집』(동국역경원, 1970) 465쪽.

158 藤本幸夫,「宗家文庫蔵朝鮮本に就いて–「天和三年目録」と現存本を対照しつつ」,『朝鮮学報』99·100 (朝鮮学会, 1981·7) 217쪽.

159 김시덕,『일본의 대외 전쟁』(열린책들, 2016) 181쪽.

160 熊本県立美術館 編,『本妙寺歴史資料調査報告書 古文書篇·美術工芸品篇』(熊本県立美術館, 1981). 이 자료의 입수에 도움을 주신 구마모토 현 야쓰시로 시립 미래의 숲 박물관(八代市立博物館未来の森ミュージアム)의 도리즈 묘지 선생님께 감사의 뜻을 표한다.

161 "肥後本妙寺開山賜紫日真上人伝(中略)天正十三年乙酉豊臣家部将加藤主計頭清正築本妙寺於摂之難波請師為開山祖十六年戊子清正食肥後半国二十五万石其封内仏坂幸得勝地引本妙寺初山呼法性山師因瑞夢改発星山也文禄元年壬辰檀越清正御国命征朝鮮国師道契之余往而構信咒而護念覚有神助清正凱旋." (권20, 6앞~뒤), "肥後本妙寺第三代日遥上人伝 / 師諱日遥字学淵号本行院朝鮮国慶尚道河東人明朝神宗皇帝万暦九年辛巳而産丁本朝正親町帝天正九年也我文禄二年癸巳之秋豊臣家部将加藤主計頭清正朝鮮凱旋之時双渓洞普賢庵見一小児問其姓名黙而不対操觚書曰独上寒山石径斜白雲生処有人家児時甫十歳清正奇之携到本邦乃師也師天資伶利楷書有則人以珍之性重三宝知因果之理清正見之投于寂照乾師而出家乾師時主六条講院師夙撝所撼蚤通倭語 弁論無滞行有猛省乾公器許遂差総之飯高高談林居之十又余年一家指帰大率通暁矣清正逝去師修喪超礼十八年癸丑寺遭回禄師移攸於清正塚上振中興力永世便香華之役矣万治二年己亥二月二十六日感疾而化寿七十九師之父姓者余名者寿禧字天甲初父母在日互悲生別往復竭

懷其書存者海内伝之読者一字一涙." (권20, 7뒤~8뒤) 西尾市岩瀬文庫,『本化別頭仏祖統記』권20, 국문학 연구 자료관 소장 마이크로필름(214-298-2)에 의함.

162 국립 중앙 도서관 소장『모하당문집』(고3648-10-1)에 의거.

163 桂島音弘,「姜沆と藤原惺窩 —— 十七世紀の日韓相互認識」,『전북사학』34 (2009).

164 다이텐 지음, 김문경 외 옮김,『평우록 —— 18세기 일본 지식인, 조선을 엿보다』(성균관대학교 출판부, 2013) 227~228쪽.

165 김시덕,「근세 초기 일본의 임진왜란 담론 형성과정」,『일본학연구』32 (단국대학교 일본 연구소, 2011-1).

166 米谷均,「『全浙兵制考』「近報倭警」에서 본 日本情報」,『한일 관계사연구』20 (2004.4) 192~193쪽.

167 倉員正江,「『九州諸将軍記』掲載李玉峰・許蘭雪記事についての一考察」,『近世文芸研究と評論』82 (近世文芸研究と評論の会, 2012·6).

168 동양 문고 소장『난설헌시집』에 관하여는「고려대학교 해외 한국학 자료센터」에서 상세한 해제를 제공하고 있다. http://kostma.korea.ac.kr/dir/viewIf;jsessionid=49D45A293DE77C59BD80D82A8ADE1F62?uci=RIKS+CRMA+KSM-WC.1711.0000-20140421.TOYO_1476.

169『무비지』전체 목차.

[권1~권18 병결평]

권1『손자(孫子)』"已下俱兵訣評"

권2『오자(吳子)』

권3『사마법(司馬法)』

권4『삼략(三略)』

권5~7『육도(六韜)』

권8~9『울료자(尉繚子)』

권10~12『(당태종)이위공문대(唐太宗李衛公問對)』

권13~15『태백음경(太白陰經)』

권16~18『호령경(虎鈐經)』

[권19~권51 전략고]

권19 춘추(春秋) "已下俱戰略考"

권20 전국(戰國)

권21~22 서한(西漢)

권23~24 동한(東漢)

권182 육임직지(六壬直指)

권183 육임군장부(六壬軍帳賦)

권184 육임병장구현(六壬兵帳鉤玄)

권185 육임병점(六壬兵占)

권186 군중잡점(軍中雜占)

권187 선택(選擇)

권188 염양(厭禳)

권189~203 방여(方輿) "已下俱占度載 度"

권204~208 진수(鎭戍)

권209~218 해방(海防)

권219~222 강방(江防)

권223~239 사이(四夷)

권240 항해(航海)

170 大庭脩, 『江戸時代における唐船持渡書の研究』(関西大学東西学術研究所, 1981) 248~249쪽.

171 長沢規矩也, 『倭刻本漢籍分類目録』(汲古書院, 1978) 114쪽.

172 국회 도서관 소장본 『秉燭譚』 권1, 13앞~뒤.

173 山岸德平, 『新編林子平全集 1 兵学』(第一書房, 1978) 85쪽.

174 山岸德平, 『新編林子平全集 1 兵学』(第一書房, 1978) 88쪽.

175 山岸德平, 『新編林子平全集 1 兵学』(第一書房, 1978) 90쪽.

176 김시덕, 「호보스토프 사건과 『북해이담』—— 1806~1807년 러시아—일본 간 무력 충돌을 다룬 문헌의 형성과 근세 일본의 병학」, 『동양사학연구』 131 (동양사학회, 2015-6).

177 노영구, 「조선 증간본 『기효신서』의 체제와 내용 —— 현종 5년 재간행 『기효신서』의 병학사적 의미를 중심으로 ——」, 『군사사 연구 자료집 제6집 기효신서 상』(國防軍史研究所, 1998).

178 한명기, 『임진왜란과 한중관계』(역사비평사, 1999) 177~179쪽.

179 노영구, 「조선 증간본 『기효신서』의 체제와 내용 —— 현종 5년 재간행 『기효신서』의 병학사적 의미를 중심으로 ——」, 『군사사 연구 자료집 6 기효신서 상』(국방전사 연구소, 1998) 24쪽.

180 "今按戚繼光数立戦功宜乎以其功祀于功德祠祥見閫書其軍法可重故抄出一二条" 와세다 대학 소장본 『이칭일본전』 중지삼권, 12뒤.

181 "予嘗閲市而得『朝鮮賦』一本剞劂氏請壽梓乃加和點授之正德元辛卯歳上元日宇

圭齋書.”

182 이상, 長沢規矩也, 『和刻本漢詩集成』(汲古書院, 1977) 2쪽. 한국어 논문으로는 김소희, 「『朝鮮賦』의 한중일 간행과 유통」, 『장서각』 33 (한국학 중앙 연구원, 2015)이 있다.

183 김시덕 외, 『임진왜란 관련 일본 문헌 해제 — 근세편』(도서출판 문, 2010) 198~203쪽.

184 이상, 長澤規矩也, 『和刻本正史 諸史抄 附 和刻本漢籍史部目録』(汲古書院, 1983) 해설.

185 “七年之間明与我軍戰雖数次明軍六敗. 第一平壤敗績”『明史朝鮮傳』, 長澤規矩也, 『和刻本正史 諸史抄 附 和刻本漢籍史部目録』(汲古書院, 1983) 286쪽.

제2장 『징비록』과 세계

1 “『懲毖録』ノコト:『懲毖録』ハ朝鮮人ノ所作, 文禄壬辰ノ変ヲ記シテ上下二巻アリ. ソノカミ作者ノ姓名ヲ詳ニセズ. 天和中ニ鶏林ノ使来聘ス. 肥後ノ士宮原宗清ハ先考ノ門人ナリ. 聘使ニアヒテ作者ノ姓名ヲ問ル. 柳成龍と云ものの作と答へり. 柳は其時鶏林ノ宰相ナリ. 号ヲ西厓トモフ. 『西厓集』アリ. 壬辰ノ事モ記載ストキコエタリ. 未見其書. 或云『武備志』ニ所載, 柳承寵, 李徳馨トモノ両人, 国王李昖ヲ惑シテ, 日来国政不宣コトミエタ. コノ柳承寵ト云モノ, 即柳成龍ナリ. 承ト成トハ声相近シ, 龍ト寵トハ字相似タリ. 因テ誤リテ柳承寵ト云トサモアルベシ. 五六年前ニ朝鮮人ノ書簡ヲ得タリ. 即柳成龍ガ日本ノ佐々木大膳ト云ル人エ, 国事ニ因テツカハセル返簡ナリ. ソノ書柬別ニシルス. ユヘニココニ贅セズ.”『秉燭譚』, 『日本随筆大成』8 (吉川弘文館, 1928) 150쪽.

2 “朝鮮柳西厓復佐々木大膳書 一幅 万暦十二年十二月 柳成龍ノ佐々木大膳ニ送ル書簡, 裏ニ享保六年東涯ノ識語アリ.” 天理図書館, 『古義堂文庫目録』338쪽.

3 김시덕, 『교감 해설 징비록』(아카넷, 2013) 302~303쪽.

4 “『懲毖録』に「引出空冊子一巻, 先書來見者姓名」と空冊子は白紙のとち本なり.”『秉穂録』, 『日本随筆大成』10 (吉川弘文館, 1928) 746쪽.

5 “右懲毖録上下巻 朝鮮西崖柳成龍所撰也 明万暦中我国用兵朝鮮 西崖記其始末 最爲詳悉矣 嗚呼 此役也 彼我共失之矣 有国者其可不戒耶 古人有言 国雖大好兵必亡 天下雖安忘戦必危 豈不信 然昔漢武帝藉文景之富庶 縦己狥欲窮兵四夷卒速虚耗之禍 晋世祖狃平呉之捷 去州郡武備 遂使冠帶之邦 鞠為氈裘之城 故曰不可玩 玩則無威 兵不可廃 廃則召寇 易曰君子以除戎器 戎不虞 盖方是時也 彼承昇平之余 狃治安之規 專尚文事 武備

委地 我国属三百余年戦争之後 兵強卒武猛臣謀将雲集林会 豊公席累捷之積威 伐単虚之
弱国 奔潰蕩尽 望風靡散 然而吾師之西也 使彼有予備 豈至於此哉 由廃不可廃者也 吾師
雖奏一朝之捷 逞目前之忿而墳土未乾宗社顛覆 此由玩不可玩者也 猶之二者共失之矣 有
国者其可弗戒耶 欲伝之無窮而使後之人君有所監戒而淂免于二者之患也." 국문학 연구
자료관 소장본『紹述先生文集』(87-32) 권3, 2앞~3앞.

  6 "朝鮮一弾丸地為秦漢及唐所並適方中国多事有自王其地者然後不復入版図若金元
以下帝都迫近八道勢宜被呑滅而猶以属国待之豈非其柔弱善革面於興亡之際為先服後叛
之状大国欲取之而無名故邪及為豊臣氏所伐則不亡如綾明朝和好之議彼此齟齬為千載笑
柄而在韓則為天助矣是時＝明亡不遠豊臣氏之造攻自韓欲以取明尤為非策若使我養滅蓄
銳少遅応流賊内訌満虜外侵之機我之出師不於遼左而於呉会先取金陵両淮之地待彼内外
相弊徐起而収鷸蚌之利則中原可席巻而有之朝鮮焉往然是豈可易言哉我無内顧之患而後
可以及其外当是之時豊臣氏之禍伏蕭墻之内而徒務遠略豈非天奪之魂乎即使豊臣氏不死
十余年不審彼此之勢而頓師於万里之海外以我惰帰之兵犯満虜勃興之鋒則遑左呉会皆無
幸矣由此言之則和好之齟齬亦我百万生霊之天助也明清興亡与豊臣氏之末路不甚相遠而
参差不相値亦天也已." 국립 공문서관 소장본『精里全書』(206-0189)에 의함.

  7 中野等,「昭和戦前期にいたる「朝鮮出兵」関係文献目録(稿)」,『九州文化史研究所紀
要』57 (九州大学附属図書館付設記録資料館九州文化史資料部門, 2014·3).

  8 이 책에 실린 나가오 나오히코의「징비록의 역출에 관하여(懲毖錄の譯出に就
て)」는 부산대학교 정출헌 교수 연구팀의 번역을「한국학진흥사업단 성과포털」에서
열람할 수 있다. http://waks.aks.ac.kr/extdata/project/AKS-2011-EBZ-2101/AKS-
2011-EBZ-2101_DES/pdf/1_050.PDF.

  9 [일본 방서지 서문] "光緒庚辰之夏, 守敬應大埔何公使如璋之召, 赴日本充當隨
員. 於其書肆頗得舊本. 旋交其國醫員森立之, 見所著,『經籍訪古志』, 遂按錄索之. 會遵
義黎公使庶昌接任, 議刻,『古逸叢書』, 囑守敬極力搜訪. 而藏在其好古家者, 不可以金幣
得. 屬有天幸, 守敬所攜古金石文字, 乃多日本所未見者, 彼此交易. 於是其國著錄之書麕
集於篋中. 每得一書, 即略為考其原委, 別紙記之. 久之得廿餘冊, 擬歸後與同人互相考証,
為之提要. 既歸, 赴黃岡教官任, 同好者絕無其人, 此稿遂束高閣. 而遠方妮古之士, 嘗以
書來索觀其目, 因檢舊稿, 塗乙不易辨. 時守敬又就館省垣, 原書多藏黃洲, 未能一一整理,
乃先以字畫清晰者付書手錄之, 厘為十六卷. 見聞之疏陋, 體例之舛錯, 皆所不免. 又其中
不盡罕見之書, 而驚人秘笈尚多未錄出者. 良以精力衰頹, 襄助無人, 致斯缺憾. 倘天假之
年, 或當並出所得異本, 盡以告世人也. 辛丑四月 宜都楊守敬自記於兩湖書院之東分教堂
● 緣起 餘生僻陬, 家鮮藏書, 目錄之學, 素無淵源, 庚辰東來日本, 念歐陽公百篇尚存之
語, 頗有搜羅放佚之志. 茫然無津涯, 未知佚而存者為何本. 乃日游市上. 凡板已毀壞者皆

購之, 不一年遂有三萬餘卷. 其中雖無秦火不焚之籍, 實有翕然未獻之書. 因以諸家譜錄
參互考訂, 凡有異同及罕見者, 皆甄錄之. 夫以其所不見, 遂謂人之所不見, 此遼豕所以貽
譏, 然亦牐有秘文墜簡, 經餘表章而出者, 不可謂非採風之一助也. 日本舊有鈔本『經籍訪
古志』七卷, 近時澀江道純, 森立之同撰. 所載今頗有不可蹤跡者. 然餘之所得爲此志之所
遺, 正複不少. 今不相沿襲, 凡非目睹者別爲『待訪錄』. 『訪古志』所錄明刊本, 彼以爲罕見,
而實我國通行者, 如劉節之『藝文類聚』, 安國, 徐守銘之『初學記』, 馬元調之『元白集』之類,
今並不載. 亦有彼國習見, 而中土今罕遇者, 又有彼國翻刻舊本而未西渡者, 茲一一錄入.
『經義考』每書載序跋, 體例最善. 『愛日精廬藏書志』遂沿之. 茲凡『四庫』未著錄者, 宋元以
上並載序跋, 明本則擇有考証者載之. 行欵匡廓亦詳於宋元而略於明本. 日本古鈔本以經
部爲最, 經部之中, 又以『易』, 『論語』爲多. 大抵根原於李唐, 或傳鈔於北宋, 是皆我國所未
聞. 其見於『七經孟子考文』者, 每經不過一二種, 實未足概彼國古籍之全. 『考文』一書, 山
井鼎校之於前, 物觀又奉敕校之於後, 宜若彼國古本不複有遺漏. 不知『考文』刊於享保中,
當我康熙末, 其時彼國好古之士亦始萌芽, 故故所傳『易』單疏本, 『尚書』單疏本, 『毛詩』黃
唐本, 『左傳』古抄卷子本, 皆爲『考文』所未見, 其他遺漏何怪焉. 日本古鈔本, 經注多有虛
字. 阮氏『校刊記』疑是彼國人妄增. 今通觀其鈔本, 乃知實沿在隋唐之遺. 詳見陸氏『釋文』
中. 即其原於北宋者, 尚未盡刪削. 如志中所載『尚書』, 『毛詩』經注鈔本猶多虛字. 今合校
數本, 其漸次鎝除之跡猶可尋. 阮氏所見經注本, 大抵皆出於南宋, 故不信彼爲唐本. 日本
文事盛於延喜, 天平, 當唐之中葉. 厥後日尋干戈, 至明啟, 禎間, 德川氏秉政, 始偃武修文.
故自德川氏以前, 可信其無僞作之弊. 『古文孝經』固非眞孔傳, 然亦必司馬貞, 劉子元所共
議之本, 『提要』疑是宋以後人僞作, 未悉彼國情事也. 日本氣候, 固無我江南之多霉爛, 亦
不如我河北之少蠹蝕, 何以唐人之跡存於今者不可勝計? 蓋其國有力之家皆有土藏, 故雖
屢經火災而不毀. 至於鈔本皆用彼國繭紙, 堅韌勝於布帛, 故歷千年而不碎. 日本收藏家除
足利官學外, 以金澤文庫爲最古, 當我元, 明之間. 今日流傳宋本大半是其所遺. 次則養安
院, 當明之季世, 亦多宋, 元本, 且有朝鮮古本. 此下則以近世狩谷望之求古樓爲最富. 雖
其楓山官庫, 昌平官學所, 儲亦不及也. 又有市野光彥, 澀江道純, 小島尚質及森立之, 皆儲
藏之有名者. 餘之所得, 大抵諸家之遺. 日本醫員多博學, 藏書亦醫員爲多. 喜多村氏, 多
紀氏, 澀江氏, 小島氏, 森氏, 皆醫員也. 故醫籍尤收羅靡遺. 『躋壽館書目』多紀丹波元堅撰
所載, 今著錄家不及者不下百種, 今只就餘收得者錄之. 日本崇尚佛法, 凡有兵戈, 例不毀
壞古刹, 故高山寺, 法隆寺二藏所儲唐經生書佛經不下萬卷, 即經史古本, 亦多出其中. 今
茲所錄, 仿『舊唐書?藝文志』之例, 收諸家之爲釋氏而作者. 其一切經雖精妙絕倫, 皆別記
之. 日本頗多朝鮮古刻本, 皆明時平秀吉之役所掠而來, 如『姓解』, 『草堂詩箋』等書, 餘詢
之朝鮮使臣, 並稱無傳, 且雲秀吉之亂, 其國典籍爲之一空. 然則求朝鮮逸書者, 此地當得
半矣. 日本維新之際, 頗欲廢漢學, 故家舊藏幾於論斤估值. 爾時販鬻於我土者, 不下數千

萬卷. 猶憶前數年有蔡姓者載書一船, 道出宜昌. 友人饒季音得南宋板『呂氏讀詩記』一部, 據云宋, 元槧甚多. 意必有秘笈孤本錯雜於其中, 未知流落得所否. 今餘收拾於殘剩之後, 不能不爲來遲恨, 亦不能不爲書恨也. 餘之初來也, 書肆於舊板尚不甚珍重. 及餘購求不已, 其國之好事者遂亦往往出重値而爭之. 於是舊本日稀, 書估得一嘉靖本亦視爲秘笈, 而餘力竭矣. 然以餘一人好尚之篤, 使彼國已棄之肉複登於俎, 自今以往, 諒不至拉雜而摧燒之矣. 則彼之視爲奇貨, 固餘所厚望也. 近日則聞什襲藏之, 不以售外人矣. 日本學者於四部皆有撰述, 朝事丹鉛, 暮懸國門, 頗沿明季之風. 然亦有通材樸學卓然可傳者, 反多未授梓人. 如狩穀之『和名類鈔箋』, 丹波之『醫籍考』, 擬別爲日本著述提要, 故茲皆不錄入. 其有採錄古書不參彼國人論議者, 如『醫心方』, 『和名類聚』之類, 皆千年以上舊籍, 尤爲校訂之資, 故變例收之. 至若朝鮮爲我外藩, 『桂苑筆耕集』已見於『唐志』, 今茲亦隨類載入. 『醫方類聚』, 日本有活字本, 亦醫籍之淵藪也. 皇侃『論語疏』, 『群書治要』及『佚存叢書』久已傳於中土, 此錄似勿庸贅述. 然『皇疏』有改古式之失, 『治要』有鈔本, 活字二種, 他如『古文孝經』, 『唐才子傳』, 『臣軌』, 『文館詞林』, 『難經集注』皆在『佚存叢書』中, 彼國亦別本互出, 異同疊見, 則亦何可略之？日本收藏家, 餘之所交者, 森立之, 向山黃村, 島田重禮三人, 嗜好略與餘等. 其有絕特之本, 此錄亦多採之. 唯此三人之外, 餘罕所晉接, 想必有驚人秘笈什襲於金匱石室中者, 幸出以示我, 當隨時補入錄中, 亦此邦珍重古籍之雅談也. 『志』中爭宜刊布者, 經部之『易』單疏, 『書』單疏, 萬卷堂之『穀梁傳』, 十卷本之『論語疏』; 小學類之蜀本『爾雅』, 顧野王原本『玉篇』, 宋本之『隸釋』; 子部之台州本『荀子』, 類書之杜台卿『玉燭寶典』, 邵思『姓解』, 醫家之李英公『新修本草』, 楊上善之『太素經』; 集部之『文館詞林』十卷 『佚存叢書』所刻僅四卷, 是皆我久佚之籍, 亦藝林最要之書, 使匯刻為叢書, 恐不在『士禮居』, 『平津館』下也. 若釋慧林『一切經音義』百卷, 釋希麟『續一切經音義』十卷, 此小學之淵藪, 一部傳而漢唐宋文字, 音韻之書皆得以見崖略. 顧卷帙浩繁, 力不能贍. 世之高瞻遠矚者, 或亦有取於斯. 厥後黎公使多以刻入『古逸叢書』. 前人譜錄之書, 多尚簡要. 『敏求記』唯錄宋本, 『天祿琳琅』, 『愛日精廬』, 『拜經樓』藏書則兼採明本, 時代不同故也. 而張金吾論說尤詳. 餘之此書又詳於張氏, 似頗傷繁冗. 然餘著錄於兵燹之後, 又收拾於瀛海之外, 則非唯其時不同, 且其地亦不同, 苟不詳書, 將有疑其爲郢書燕說者. 且錄中之書, 他日未必一一能傳, 則存此崖略, 亦好古者所樂觀也. 凡習見之書, 不載撰人名氏. 其罕見之品, 則詳錄姓氏, 間考爵里. 古鈔本及翻刻本多載彼國題記, 其紀元名目甚繁. 若必一一與中土年號比較詳注, 則不勝其冗, 今別為一表, 以便考校. 光緒辛巳二月 宜都楊守敬記." 오타루 상과 대학(小樽商科大学) 도서관 소장본『일본방서지』권1, 1~7쪽. http://www.otaru-uc.ac.jp/htosyo1/siryo/kanseki/KR010013.htm.

10 "『懲毖錄』四卷日本元祿八年刻本: 朝鮮宰臣柳成龍撰. 明萬歷壬辰, 日本平秀吉發兵擾朝鮮, 浹旬之間, 八道幾盡. 成龍身當其間, 至戊戌亂後, 乃追爲此錄. 按『武備志』稱柳

成龍, 李德馨惑李公『平壤錄』亦直斥為倭臣. 而此書自序則稱「報國無狀, 深自悔責」, 似非
小人之口所有. 按『朝野別錄』見『征韓偉略』稱, 經筵官李珥啟李昖, 養兵以備緩急, 柳成龍
非之. 其後日本兵至, 遂至瓦解. 及平壤破後, 又自任前迎明師, 亦未免避難就易, 則謂之
為倭, 似非無因. 又以沈惟敬有膽略, 於其死也深致惋惜, 尤少知人之明. 但成龍本以文臣
當此艱鉅, 雖未能荷戈以衛社稷, 而忍辱含垢, 委曲求全, 如跪李如松之類, 其情可諒, 其
心可原. 故日本人所為『征韓偉略』大半以此書為藍本, 知其實錄為多, 不盡出事後之掩飾
者也. 書首有日本人貝原篤信序, 亦論事有識, 不為夸張語, 並錄之于原序之後. 『懲毖錄』
者何？記亂後事也. 其在亂前者, 往往亦記, 所以本其始也. 嗚呼！壬辰之禍慘矣, 浹旬之
間, 三都失守, 八方瓦解, 乘輿播越. 其得有今日, 天也. 亦由祖宗仁厚之澤, 固結於民, 而
思漢之心未已. 聖上事大之誠, 感動皇極, 而存邢之師屢出. 不然, 則殆矣.『詩』曰：「予其
懲, 而毖後患.」此『懲毖錄』所以作也. 若餘者, 以無似受國重任於流離板蕩之際, 危不持, 顚
不扶, 罪死無赦, 尚視息田畝間苟延性命, 豈非寬典？憂悸稍定, 每念前日事, 未嘗不惶愧
靡容. 乃於閒中粗述其耳目所逮者, 自壬辰至戊戌, 總若干言, 因以狀, 啟, 疏, 文移及雜錄
附其後. 雖無可觀者, 亦皆當日事迹, 故不能去. 既以寓畎畝惓惓願忠之意, 又以著愚臣報
國無狀之罪云.『傳』曰：「用兵有五, 曰義兵, 曰應兵, 曰貪兵, 曰驕兵, 曰忿兵.」五之中義
兵與應兵, 君子之所用也.『傳』又曰：「國雖大, 好戰必亡；天下雖安, 忘戰則必危.」「好」與
「忘」二者, 可以不戒乎哉！曩昔, 豐臣氏之伐朝鮮者, 可謂貪兵兼驕與忿, 不可為義兵, 又非
不得已而用之者, 所謂好戰者也. 是天道之所惡, 其終亡者, 固其所也. 韓人之脆弱而速敗
瓦解土崩者, 由教養無素, 守禦失道, 故不能用應兵, 是所謂忘戰者也. 嗚呼！朝鮮之國勢危
殆而幾亡者, 職此而已. 宜哉柳相國之作『懲毖錄』也. 是觀前車而戒後車之意也. 此書記事
簡要, 為辭質直, 非世之著書者誇多鬥靡之比. 談朝鮮戰伐之事者, 可以是為的據. 其他如
『朝鮮征戰記』, 雖書以國字, 亦足為佐証. 二書夕沙剖德家病Ｓ杞者偶客乎京師, 書坊之輩
刊此書於梓既成, 屬序於予. 予美此書之布行於世, 故本茲編之所由作而論著之者如是. 只
恐見笑於大方之家已矣. 元祿乙亥芒種後學築前州貝原篤信序." 오타루 상과 대학(小樽
商科大学) 도서관 소장본『일본방서지』권6, 24~26쪽. http://www.otaru-uc.ac.jp/
htosyo1/siryo/kanseki/KR010013.htm.

11 『일본방서지』에 수록된 문헌의 전체 리스트는 다음과 같다.
[권1]
足利活字本『七經』
『周易正義』十四卷舊鈔本
『伊川易解』六卷『系辭精義』二卷刻入『古逸叢書』
『尚書正義』二十卷北宋槧本
『尚書注疏』二十卷宋槧本

『尚書釋音』二卷影宋本, 刻入『古逸叢書』

『詩外傳』十卷明沈辨之刊本

『周禮鄭氏注』十二卷南宋槧巾箱本

『儀禮鄭注』十七卷

『春秋左傳集解』三十卷古鈔卷子本

『春秋左氏傳』殘卷舊鈔卷子本

『春秋左傳』三十卷舊鈔本

『春秋經傳集解』三十卷宋槧本

『春秋經傳集解』三十卷覆宋本

『春秋集傳釋義』十二卷元槧本, 有圖

『春秋穀梁傳』十二卷宋刊本, 刻入『古逸叢書』

[권2]

『論語集解』十卷古鈔卷子改摺本分為四冊

監本『論語集解』二卷宋刊本

『論語集解』十卷日本正平刊本

『論語注疏』十卷元槧本

『中庸集略』二卷朝鮮刊本

『中庸章句』一卷不記刊行年月

唐玄宗開元『注孝經』一卷享祿卷子本, 寬政十二年撫刊, 已刊入『古逸叢書』中.

唐玄宗天寶『重注孝經』一卷翻北宋本

『古文孝經孔氏傳』一卷附『直解』一卷鈔本

[권3]

『爾雅注』三卷影鈔蜀大字本

『爾雅注』三卷重翻北宋本

『爾雅注疏』十一卷元槧本

『爾雅注』三卷明景泰七年刊本

『說文五音韻譜』三十卷宋刊大字本

『漢隸字源』殘本有圖

『金薤琳琅』二十卷鈔本

『玉篇』殘本四卷刻入『古逸叢書』

『大廣益會玉篇』三十卷北宋槧本

『大廣益會玉篇』三十卷元刊本

『大廣益會玉篇』三十卷元刊本

『大廣益會玉篇』三十卷元刊本

『大廣益會玉篇』三十卷元刊本

『大廣益會玉篇』三十卷明刊本

『廣韻』五卷北宋刊本, 刻入『古逸叢書』中

『廣韻』五卷宋刊本

『廣韻』五卷元刊本

『廣韻』五卷元刊本

『唐韻』五卷元槧本

『廣韻』五卷明刊本

『廣韻』五卷明刊本

[권4]

『集韻』十卷宋刊本

『禮部韻略』五卷影宋元祐刊本

魁本排字『通併禮部韻注』五卷元刊本

增修互注『禮部韻略』五卷元刊本

『韻鏡』一卷日本舊刻本, 刊入『古逸叢書』

『龍龕手鑒』八卷朝鮮古刻本

『韻府群玉』二十篇元槧本

『經史通用直音』四卷明成化刊本

『一切經音義』一百卷日本藏『高麗藏』本

『一切經音義』二十五卷日本古鈔本

『一切經音義』二十五卷宋槧本

『篆隸萬象名義』三十卷舊鈔本

『新撰字鏡』十二卷影古鈔本

『弘決外典鈔』四卷寶永丁亥刻本

『景佑天竺字源』七卷有圖, 影宋本

『淨土三部經音義』四卷舊鈔本

『類聚名義鈔』十冊舊鈔本

[권5]

『國語』二十一卷明刊本

『國語補音』一卷

『晉書』一百三十卷明刊本

宋槧『五代史記』七十五卷

『史略』六卷宋槧本, 刻入『古逸叢書』

『帝範』二卷日本舊刊本

『臣軌』二卷寬文八年刊本

『唐六典』三十卷古鈔本

『唐律疏義』三十卷日本刊本

『貞觀政要』十卷古鈔本

『貞觀政要』十卷影舊鈔本

『貞觀政要』十卷舊鈔本

[권6]

『桂林風土記』一卷舊鈔本

『太平寰宇記』殘本宋刻本刻入『古逸叢書』

『方輿勝覽前集』四十三卷,『後集』七卷,『續集』二十卷,『拾遺』一卷宋槧本

『方輿勝覽』七十卷宋槧本

『大唐西域記』十二卷宋藏經刊本

『釋迦方誌』三卷南宋『藏』本

『朝鮮國大典通編』六卷朝鮮刊本

『大明律例附解』十二卷

『東國史略』六卷朝鮮古刻本, 成都楊氏重刻

『懲毖錄』四卷日本元祿八年刻本

『史質』一百卷明刊本

『華夷譯語』十三冊鈔本

古鈔『列仙傳』二卷古鈔本

『續仙傳』三卷古鈔本

徐幹『中論』二卷明嘉靖刊本

[권7]

『墨子』六卷萬歷辛巳書坊刊本

『莊子注疏』殘本宋刊本

『莊子南華真經』十卷日本刊本

『莊子郭注』殘本三卷古鈔卷子本

『孫子集注』十三卷明萬歷己丑刻本

『武經直解』十二卷明萬歷刊本

『孫子書』五卷明刊本

『荀子』二十卷宋刊本, 刻入『古逸叢書』

『文中子中說』十卷日本重刊北宋小字本

『齊民要術』殘本三卷

『夢溪筆談』二十六卷宋乾道本

『高似孫緯略』十二卷

『黃氏日鈔』九十七卷明刊本

『困學紀聞』二十卷元刊本

『道一編』六卷明弘治二年刊本

『乘除通變算寶』二卷『法算取用本末』一卷『續古摘奇算法』二卷『田畝比類乘除捷法』二卷朝
鮮刊本

『圖繪寶鑒』五卷日本舊鈔本

『書史會要』九卷『補遺』一卷明洪武九年刻本

『靈棋經』一卷古鈔本

[권8]

『世說新語』殘卷古鈔卷子本

『王子年拾遺記』十卷明翻北宋本

『王子年拾遺記』十卷明嘉靖甲午仿宋本

『古鈔本冥報記』三卷, 附『冥報記輯本』六卷,『冥報記拾遺輯本』四卷

『大唐新語』十三卷明刊本

『酉陽雜俎』二十卷『續集』十卷明刊本

『遊仙窟』一卷

『太平廣記』五百卷明刊本

『湖海新聞夷堅續志』前集十二卷後集七卷元刊本

[권9]

楊上善『黃帝內經太素』廿三卷又零殘一卷影古鈔卷子改摺本

『黃帝明堂』一卷卷子本

『千金翼方』三十卷校元本

『千金方』一卷日本刊本

『神農本草經』三卷漢學堂黃奭輯本

『神農本草經』五卷日本森立之輯本

『經史證類大觀本草』三十一卷元刊本

『本草衍義』二十卷,『目錄』一卷宋刊本

『傷寒論』十卷影北宋本

『脈經』十卷宋嘉定何氏本

『脈經』十卷影鈔元刊本

『脈經』十卷明刊本

蕭世基『脈粹』一卷永正五年鈔本

『鍼灸甲乙經』十二卷

『葛仙翁肘後備急方』八卷

『諸病源候論』五十卷『目錄』一卷

『諸病源候論』五十卷『目錄』一卷小島學古校本

『千金寶要』八卷明刊本

[권10]

『外臺秘要方』四十卷『目錄』一卷影北宋本

『醫心方』三十卷摸刊古卷子本

『太平聖惠方』一百卷『目錄』一卷舊鈔本

『普濟本事方』十卷舊鈔本

『新刊續添是齋百一選方』二十卷元刻本

『楊氏家藏方』二十卷影宋鈔本

『婦人大全良方』二十四卷舊鈔本

『御藥院方』十一卷朝鮮刊本

『醫方考』六卷明刊本

『錢氏小兒藥證直訣』三卷宋本

『嬰童百問』十卷

[권11]

『初學記』三十卷明宗文堂刊本

『初學記』三十卷明刊本

『幼學指南鈔』三十卷殘本

『古鈔蒙求』一卷卷子改裝本

『附音增廣古注蒙求』三卷古鈔本

『蒙求補注』三卷舊鈔本

標題『徐狀元補注蒙求』三卷活字本

『太平御覽』一千卷影宋鈔本

『事類賦』三十卷宋槧本

『秘府略』殘本二卷鈔本

『姓解』三卷刻入『古逸叢書』

『書敍指南』二十卷明萬曆刊本

『類篇群書畫一元龜』丁部殘本鈔本

『錦繡萬花谷』前集四十卷後集四十卷續集四十卷別集三十卷宋槧明印本

『事物紀原』二十卷

『事文類聚翰墨全書』殘本元槧巾箱本

『新編排韻增事類氏族大全』十卷日本五山版本

『新編群書類要事林廣記』九十四卷日本元祿十二年刊本

[권12]

『楚辭章句』十七卷明隆慶辛未刊本

『古鈔文選』一卷卷子本

古鈔『文選』殘本二十卷

『李善注文選』六十卷宋槧本

『文選』六十卷宋槧, 楓山官庫本

『文館詞林』十四卷刻入『古逸叢書』

『文館詞林』六卷鈔本, 成都楊氏重刊

『河岳英靈集』三卷元刊本

『唐詩極玄集』二卷元刊本

『中興間氣集』二卷何義門校本

『篋中集』一卷舊鈔本

[권13]

『文鏡秘府論』六卷古鈔本

『才調集』十卷舊鈔本

『皇朝文鑒』一百五十卷明天順刊本

『唐荊川批點文章正宗』二十五卷明刊本

『文章軌範』七卷朝鮮國刊本

『文章軌範』七卷翻元槧本

『瀛奎律髓』四十九卷

『皇元朝野詩集』前集五卷, 後集五卷元刊本

『古樂府』十卷明嘉靖刊本

『古樂苑』五十二卷鈔本.『衍錄』四卷

『中州集』

『唐詩鼓吹』十卷朝鮮活字本

『精選唐宋千家聯珠詩格』二十卷朝鮮刻本

『萬首絕句刊定』四十卷明萬歷刊本

『唐詩始音』一卷『正音』六卷『遺響』七卷明初刊本

『明詩選』十三卷明崇禎刊本

[권14]

『陳思王集』四卷明刊本

『蔡中郎集』十卷明刊本

『孟浩然詩集』三卷元祿庚午刻本

『須溪先生校本韋蘇州集』十卷元刊本

『分類補注李太白詩集』三十卷明郭云鵬本

『集千家注杜詩』二十卷,『文集』二卷元槧元印本

『增廣註釋音辯唐柳先生集』二十卷, 附『別集』,『外集』,『附錄』南宋刊本

『孫可之集』十卷明刊本

『劉蛻集』六卷明刊本

『樊川文集』夾注殘本二卷朝鮮刊本

『表制集』六卷

『李推官披沙集』六卷宋槧本

『歐陽文忠公文集』三十六卷

『王荊文公詩注』五十卷朝鮮活字本

『山谷詩注』二十卷,『目錄』一卷,『年譜』附『外集詩注』十七卷,『序目』一卷,『年譜』附『別集』
二卷

『後山詩注』十二卷明弘治刊本

『淮海文粹』十四卷舊鈔本

『竹友集』十卷宋槧本

『和靖先生詩集』二卷日本貞享丙寅刻本

『宗忠簡集』六卷

『誠齋詩集』四十二卷影宋鈔本

『晦庵先生朱文公詩集』十卷朝鮮刻本

『陳龍川文集』三十卷明萬歷刊本

『晞髮集』十卷明刊本

『靜修先生文集』三十卷『丁亥集』五卷『附錄』三卷『樵庵詞』一卷『遺文』,『遺詩』各六卷,『拾
遺』七卷『續』三卷

『吳淵穎集』十二卷『附錄』一卷

『新芳薩天錫雜詩鈔選槁全集』一冊

『犁眉公集』五卷明初刊本

『皇甫司勛集』六十卷明萬歷乙亥刊本

『朝鮮賦』一卷朝鮮刊本

[권15]

『大藏經』五千七百四十卷宋槧本

高麗刊本『大藏經』六千四百六十七卷

『貞元新定釋教目錄』三十卷日本享保刊本

[권16]

『續高僧傳』四十卷宋刊摺子本

『釋氏要覽』三卷日本刊本

『感山雲臥紀談』上卷, 附『雲臥庵主書』一卷日本貞和仿宋刻

『人天寶鑒』並前, 後序文八十四葉. 日本仿宋刻, 無年月

『無文印』二十卷宋咸淳九年癸酉刊本, 附『語錄』一冊, 杉本仲溫藏本

『禪苑蒙求』三卷寬文九年刊本

『碧岩錄』十卷元刊本

『須賴王經』一卷唐鈔卷子本

『佛說大孔雀咒王經』三卷唐鈔本

『古鈔王子安文』一卷卷子本"

12 "『論語集解』十卷日本正平刊本. 此本卷末跋云:「堺浦道祐居士重新命工鏤梓. 正平甲辰五月吉日謹誌.」案正平甲辰為日本後村上天皇正平十九年, 當元順帝至正二十四年也. 市野光彥云:「道祐居士, 足利義氏之四子, 幼喪父, 與其母居于堺浦, 遂剃染為僧, 更名道祐.」據所云重新鏤梓, 則猶有原本可知. 驗其格式, 字體, 實出於古卷軸, 絕不與宋槧相涉. 其文字較之『群書治要』, 『唐石經』頗有異同. 間有與『漢石經』, 『史』, 『漢』, 『說文』所引合, 又多與陸氏『釋文』所稱一本合. 彼邦學者皆指為六朝之遺, 並非唐初諸儒定本. 其語信不為誣. 案『日本國史』云, 應神天皇十六年, 百濟博士王仁齎『論語』十卷, 皇太子就而受之, 日本之有經典自是始. 即晉武帝太康六年也. 顧前代市舶罕載, 其流傳中土者, 唯錢遵王述古堂一通, 因得自朝鮮, 遂誤認為朝鮮刊本. 蓋彼時未知「正平」為日本年號也. 況其所得亦是影鈔逸人貫重鏤本, 並非原槧. 爾後展轉傳錄, 不無奪漏. 故陳仲魚, 阮文達諸人所校出者十不三, 四. 近世張金吾, 吳兔床輩, 始知此為出自日本. 然又不知幾經鈔胥, 愈失其真. 而此間所存舊本, 亦復落落如晨星. 又有無跋本界闌字形全同此本, 蓋後人鏟去跋文, 其實同出一版也. 文化間江戶市野光產以此本翻雕, 惜梓人未良, 失原本古健之致. 又印行不多, 板亦旋毀. 今星使黎公訪得原刊本上木, 一點一畫, 模範逼真, 非顯有訛誤, 不敢校改. 原『集解』單行之本, 宋人皆著于錄, 有明一代, 唯閩監, 毛之注疏合刊本, 別無重翻『集解』宋本者. 永懷堂所刊, 亦從閩本出, 非別有所承之經注本也. 故我朝唯惠定宇得見

相臺岳氏刊本, 至阮文達校『注疏』時, 並岳本不得見焉. 餘得南宋刊本『纂圖互注集解』, 頗足訂注疏本之脫誤, 然亦不載諸家之名. 餘以為此不足深惜也. 觀邢氏疏『集解?序』之語, 『序』云:「今集諸家之善, 記其姓名.」『邢疏』云:「注言『包曰』, 『馬曰』之類是也. 注但記其姓, 而此連言名者, 以著其姓所以名其人, 非謂名字之名也.」則知其所見唯存姓削名之本, 此本不知始於何時, 大抵長興刊布之本. 案『魏?王肅傳』注, 「周生烈」為複姓, 今但稱「周曰」, 其不學可知. 及朱子作『集注』, 沿其例, 盡削所引諸家之名, 遂致明道, 伊川不分. 並不悟何氏原本皆全載姓名, 唯包氏不名, 以何氏諱咸故. 望文曲解, 何殊郢書燕說乎!及南宋朱子作『集注』, 亦僅引『孟蜀石經』及福州寫本, 論者頗惜其隘於旁徵, 不知其互勘無從也. 良由長興版本既行, 宋初遂頒布天下, 收向日民間寫本不用, 雖有舛誤, 無由參校. 此晃公武所由致既者. 夫邢氏所據既如彼, 朱子所見又如此, 今之麋派脅蛔閿災ぁ犢成石經」, 何論陸氏『釋文』以上. 則讀此本者, 直當置身於隋, 唐之間, 與顏師古, 孔沖遠一輩人論議可也. 雖然流俗相習, 因仍已久, 自非眾證整鑿, 何能以海外孤本服窮經者之心? 猶幸此邦故家之所藏棄, 名山之所沈霾, 往往有別本為好事者物色以出, 其間勝文壞字, 得失參池, 固非鴻都, 石渠難盡依據, 要其根源皆在邢氏見本以前. 好學深思之士, 或以徵舊聞, 或以解疑滯, 拾其一字, 莫非環寶. 以餘披訪所及得目睹者, 亦二十餘通, 較之相臺之著『沿革』數猶過之. 岳氏參校諸本凡廿三通. 不可謂非千載一遇也. 乃匯集諸本, 較其異同別詳『札記』, 使天下學者讀此一本, 並得兼采日本諸古鈔之長, 又使知彼此錯互之中, 有源流變遷之漸, 而此本之可憑, 邢本之妄刪, 昭若日月, 或亦通經學古者所不嗤乎?光緒壬午十月二十八日記."

13 "『中庸集略』二卷朝鮮刊本. 宋石𢽷編, 朱子刪定. 此書『四庫』著錄者名「『輯略』」. 明嘉靖中, 呂信卿刊本. 首有乾道癸巳朱子序. 此本脫朱子原序, 末有「嘉靖二十五年朝鮮金光轍跋」, 跋中亦稱『輯略』. 蓋以近用互稱也. 按朱子『中庸序』稱, 以『輯略』, 『或問』附『章句』後, 則此書與『中庸章句』合為一書. 逮『章句』孤行, 而此書晦. 雖明人嘗刻之, 而今又晦. 時藝興, 經學廢, 名為尊朱, 而朱子手定之書, 且在若存若亡之間, 可慨也夫!"

14 "魁本排字通併禮部韻注五卷元刊本. 此本無序, 跋. 上, 下平各為十五, 上聲二十九, 去聲三十, 入聲十七, 蓋合併二百六部為一百六部也. 所併之韻, 韻首以「墨蓋」隔之. 如魚尾形. 『韻略』所載依字母為次第, 如「東」, 「通」, 「同」, 「籠」是也. 此本則「東」紐下次「同」, 而「籠」, 「通」隔越於後. 次第與『廣韻』多同, 訓解亦然. 向傳今韻之併, 始於平水劉淵, 錢竹汀跋王文郁刊本, 謂始於文郁, 詳見張金吾『愛日精廬藏書志』. 今以此本照之, 則金吾稱『韻會』所引平水韻與其本不合者, 皆與其合. 唯「泒」下云「水名」, 又音「遲」, 無「在常山」三字. 「筮」下文本只一「黃」字, 『韻會』本作「巫黃, 藥名」四字, 此本則不與文郁合, 而與『韻會』同. 然文郁本有「新添」, 「重添」之字, 此本無之, 是又出文郁之前. 又以歐陽德隆『釋疑』校之, 則所隸之字互有出入, 如「東」字紐下, 此本有「凍」字;「同」字紐下, 此本無

「𪎮」,「詷」,「𪍿」三字;「蟲」字下無「爞」字,「中」字下無「仲」字, 而「仲」字又別出一紐, 曰「敕中」切, 似又在歐陽之前也. 又「通」字紐下無「桐」字,「同」字紐下無「重」字,「先」字紐下無「西」字,「煙」字紐下無「殷」字, 是不從毛晃『增韻』之說, 或本又在毛氏前也. 然以元祐刊本校之, 而贏出之字為不少矣. 且元祐本兩音之字有圈以記之, 歐陽『釋疑』本同, 此本則無圈記, 當是坊刻去之. 此本每半葉十二行, 大字橫列排勻, 郭守正所刊『韻略』亦如此. 鐫刻頗精, 為日本寺田宏所藏, 每卷有「淺草源氏五萬卷樓圖書之記」印章, 末有天保甲辰長祚題跋. 其跋首錄張金吾跋, 以此本比勘, 又據錢竹汀跋, 定為金刊, 餘望而知為元版, 凡宋諱皆不缺筆. 而寺田奇貨居之, 堅稱金刻. 餘以中土此書頗少, 破慳得之, 惜不得金吾藏本一一校之也. 按併韻既不得主名, 其實原本『廣韻』目錄之注. 今以『禮部韻注』通用之韻, 與『廣韻』校之: 平聲,『廣韻』「鹽」字下注「「添」同用」,『禮部』注「「添」,「嚴」通」;『廣韻』「咸」字下注,「「銜」同用」,『禮部』注「「銜」,「凡」同用」;『廣韻』「嚴」字下,「「凡」同用」,『禮部韻』無注, 是較『廣韻』多併二部. 入聲,『廣韻』「葉」字下注「「帖」同用」,『禮部韻』注「「帖」,「業」通」;『廣韻』「洽」字下注「「狎」同用」,『禮部』注「「狎」,「乏」通」;『廣韻』「業」下注「「乏」同用」,『禮部韻』無注, 是又較『廣韻』多併二部. 今以『廣韻』二百六部注同用者合併算之, 已得一百十一部, 以『禮部韻』注同用者合併算之, 得一百七部. 至毛氏『增韻』, 歐陽氏『釋疑』皆然, 然只注「通用」, 尚未合併, 不知何時又以上聲之「迥」,「拯」通用, 遂為一百六韻而合併之. 或謂併「拯」入「迥」, 始於劉淵. 而王文鬱本已併之, 此本亦然, 遂為元明以來定制. 日本長祚跋: 此本經本邦人改裝, 脫許道真序, 又前後無鐫刻年月, 木記及錢氏所謂「聖朝頒降貢舉程式」,『御名廟諱』一條等, 而張金吾所考勘, 如「東」,「冬」,「江」,「支」四韻字註, 及全韻之數, 所并之韻字, 首以魚尾隔等, 悉相符矣. 但「肛」,「虛江」切, 作「許江」切;「泜」, 水名, 又音「遲」, 至「黃」字全註「「黃」, 䒞黃, 藥名」四字; 又所謂韻末標「新添」,「重添」者, 此本無有, 且諦審版式字樣, 與『琳瑯書目』所舉金版『貞觀政要』條下曰「字宗顏體, 刻印精良」者相似. 顧金版於西土流傳寔鮮, 耳目罕經, 譬諸吉光片羽. 今此本既非大德再刊者, 而異同板樣亦複如是, 雖難遽定其正大己丑初刻本即是此種, 然而其與張本則夐乎不侔, 是殆金版無容疑也. 嗚呼!張氏不夢知「排字通併」之舊本, 僅獲元大德「重添」新刊本, 而詫其有一無二秘籍, 若見此版, 鄭重驚奇當更何如也!且張氏所疑「新添」,「重添」者, 果係刊刻者所增, 此本可據而斷焉. 古刻之可尊如此, 豈可不「十襲」為寶愛之乎!餘又得朝鮮明天順八年黃從兄刊本, 首有盆城金孟子進序, 又有朝奉大夫知清道郡事, 兼勸農副使大丘道兵馬團練副使黃從兄跋, 蓋與『玉篇』,『直音』合刊者, 首題「排字『禮部韻略』」, 上平聲無「魁本」二字, 其隸字及注與前本十同八九, 唯前本以反切居前, 此本居後, 刊刻草率之極. 據金孟序, 是屬淄流所鐫. 餘以已有前精本, 故以此為次, 錄其『玉篇』,『直音』則全刪其解說, 但著音讀, 而又亂『玉篇』次第, 不足錄也. 又按此本訓解之字與『廣韻』多同, 而與元祐刊本『韻略』及歐陽『釋疑』本多異, 不第次第有參差也.”

15 "『龍龕手鑒』八卷朝鮮古刻本. 按智光原序稱「四卷」, 此分為八卷, 蓋緣書中每部多有「今增」字樣, 則非僧行均原書. 此朝鮮古刻本, 又有日本活字板本, 則又從朝鮮出者也. 今行世此書有二通, 一為張丹鳴刊本, 分四卷, 而每卷又分上, 下卷. 首弟四行題「金部第一」, 第五行即以「鏒」字頂格, 此必非行均之舊. 其中謬誤百出, 且有脫漏大字者. 如金部脫「鑒」字「鏘」字. 一為李調元『函海』刊本, 款式與此本合, 當為宋本之舊. 其中多空缺處, 此必原書有磨泐或蟲蝕之故. 其本偽謬尤甚, 如第一卷以第二十四之「巾部」為首, 第五葉「禾部」未終, 乃接目錄, 又脫目錄之第一葉, 而第一葉「毛部」之後, 忽接以「禾部」之後半, 而不悟首四葉之應在此處. 李氏『函海』固多不校勘, 若其錯亂至此, 是並未入目矣. 此本雖有後人屬入之字, 而其下必題以「今增」, 與原書不混. 至其文字精善, 足以訂正張刻本, 『函海』本不可勝數. 邇來著錄家雖有此書傳鈔舊本, 而無人翻雕. 得此本固足寶貴. 況其所增之字, 亦多經典常用之文, 不盡梵廟俗書, 異乎鄉壁虛造者矣."

16 "『朝鮮國大典通編』六卷朝鮮刊本. 乾隆五十年其國寄臣金致仁奉教纂輯. 先是明成化五年寧城府院崔恒等奉教撰『經國大典』. 至乾隆九年, 議政府領議政金在魯等, 又奉教為『續大典』. 至是致仁等以『經國大典』, 『續大典』合部而增補『續典』, 復受教及見行法例通為一編. 其書以吏, 戶, 禮, 兵, 刑, 工分為六編, 略如『唐會要』, 凡其國之典章制度皆在焉. 詳而有體, 簡而有要. 攷朝鮮之政治得失, 此其總匯焉. 國王『序』. 『大典通編凡例』. 李福源『序』. 金致仁纂輯銜名. 金致仁等『進〈大典通編〉箋』乾隆五十年. 徐居仁『經國大典序』成化五年. 崔恆『進經國大典箋』. 國王英廟題續大典二首. 元景夏『續大典序』. 金在魯等『進續大典箋』乾隆九年."

17 "『東國史略』六卷朝鮮古刻本, 成都楊氏重刻. 此書有二種, 一為國別體, 十二卷, 仿『戰國策』; 一為編年體, 六卷, 仿『左氏春秋』, 即此本也. 二本皆不著撰人名, 而其中皆有史臣論斷文, 語略同. 國別本題「菁川柳希齡編註」, 又間引金富軾論說, 此本則無之. 是此本當為明初李成桂朝其國史臣所為, 柳希齡本則又從此改編者也. 此書自新羅, 百濟以前, 所紀檀君, 箕子, 衛滿, 三韓, 高勾麗等, 皆寥寥數簡. 竊意朝鮮自古為文明之國, 彼土冊府, 必多逸聞, 逸事出於中土史書之外者. 今簡略乃爾, 『四庫提要』所謂詳略不盡合體要者也. 然觀其李成桂易代之際, 若鄭夢周, 李穡, 金震陽皆以忠義許之. 則知所紀皆寔錄. 其書本名『史略』, 固亦不必以詳贍律之. 唯國別本論說稍多, 而序事或反少顛末, 注亦無甚發明, 固無如此本尚為質實也. 方今朝鮮, 為我外藩最要之區域, 俄人俯瞰於北, 日本垂涎於東, 英法各國又皆與之互市, 立約幾成蜂擁之勢. 則欲保我邊陲, 尤宜詳其立國本末, 而資我籌策, 此葆初大令所為亟謀刻此書之意, 固不徒侈見聞, 為考列史, 外傳之助也. 此書有明萬曆丁巳刻本, 易其款式, 頗有訛字, 又稱『朝鮮史略』, 是以後來之國稱蒙厓代之名矣."

18 "『乘除通變算寶』二卷『法算取用本末』一卷『續古摘奇算法』二卷『田畝比類乘除捷法』二卷朝鮮刊本. 宋楊輝撰. 朝鮮翻雕明洪武刊本. 每半葉十六行, 行二十五字, 首有楊輝

自序三通. 『乘除通變』目錄題「乘除通變算寶」, 後有「洪武戊午冬至勤德書堂新刊」木記, 卷首題「算法通變本末」, 與總目稍異. 卷上次行題「錢塘楊輝編集」, 卷中省楊輝姓名, 題「乘除通變算寶」, 卷下題「算法取用本末」, 次行題「錢塘楊輝, 史仲榮編集」, 蓋二人之作. 上『乘除通變』為上, 中, 下三卷, 此亦編書罕見之例. 目錄後有「古杭餘氏勤德書堂刊行」木記. 『田畝比類』亦上, 下二卷, 目錄後木記與『算法通變』所題同, 卷末有宣德八年朝鮮朴彧跋, 跋後有刊板監刻人等官銜. 按陸氏『藏書志』則共為六卷, 郁氏『宜稼堂叢書』刊有此書六卷, 所據傳鈔本多殘脫, 宋景昌補之. 歸安陸氏又得毛鈔本, 較鬱本為完善, 然亦只六卷. 阮氏『研經室外集』作三卷, 尤誤. 非唯卷數行款陸氏本每葉二十二行與此不合, 即書之先後次第亦殊, 然則二本皆為後人所併. 其『續古嫡奇』二卷, 則郁, 陸兩本均缺上卷, 蓋脫佚已久, 郁氏據『算學啟蒙序』, 知朝鮮曾有此書, 顧終未傳來. 餘乃從日本得之. 序後有二印, 與陸氏說合. 而每種皆有總目, 則陸氏亦未言, 想亦缺也. 當重刊此是本, 以還楊氏之舊. 郁氏不載楊輝自序, 陸氏本有序而未載. 今列於左: 夫六藝之設, 數學居其一焉. 昔黃帝時大夫隸首創此藝, 繼續周公著『九章』, 戰國則有魏劉徽撰『海島』, 至漢甄鸞註『周髀』, 『五經』, 唐李淳風校正諸家算法. 自昔歷代名賢, 皆以此藝為重. 迄於我宋, 設科取士, 亦以『九章』為算經之首. 輝所以尊尚此書, 留意詳解. 或者有云無啟蒙之術, 約學病之. 又以乘, 除, 加, 減為法, 秤, 斗, 尺, 田為問, 目之曰『日用算法』. 而學者粗知加減歸倍之法, 而不知變通之用, 遂易代乘, 代除之術, 增續新條, 目曰『乘除通變本末』. 及見中山劉先生益撰『議古根源演段鎖積』, 有超古入神之妙, 其可不為發揚以裨後學？遂集為『田畝算法』. 通前共刊四集, 自謂斯願滿矣. 一日, 忽有劉碧澗, 丘虛谷攜諸家算法奇題及舊刊遺忘之文, 求成為集, 願助工板刊行. 遂添撰諸家奇題與夫繕本及可以續古法草, 總為一集, 目之曰『續古摘奇算法』, 與好事者共之. 觀者幸勿罪其僭. 時德祐改元冬至壬辰日錢塘楊輝謹識. 夫算之數, 起於九九; 制算之法, 出自乘除. 法首從一者, 則為加為減; 題式無乙者, 則乃折乃倍. 以上加名九歸, 以下損名下乘, 並副乘除, 羽翼算家之妙. 學者惟知有加減歸損之術, 而不知伸引變通之用. 『金科賦』曰「知非難而用為難」, 言不誣矣. 今將諸術衍盤取用, 標註圖草, 目之曰『乘除算寶』. 雖未盡前賢之閫奧, 亦可為後學之梯階. 敬錄梓以遠其傳. 咸淳甲戌夏至錢塘楊輝序. 為『田畝算法』者, 蓋萬物之體, 變段終歸於田勢; 諸題用術, 變折皆歸於乘除. 中山劉先生作『議古根源序』曰:「入則諸門, 出則直田.」蓋此義也. 撰成『直田演段百問』. 信知田體變化無窮, 引用帶從開方正員損益之法, 前古之所未聞也. 作術逾遠, 罔究本源, 非探賾索隱, 而莫能知之. 輝擇可作關鍵題問者, 重為詳悉著述, 推廣劉君垂訓之意. 『五曹算法』題術有未竊當者, 僭為刪改, 以便後學君子, 目之曰『田畝比類乘除捷法』, 庶少裨汲引之梯徑云爾. 時歲在乙亥德祐改元小暑節錢塘楊輝謹序.”

19 "『經史證類大觀本草』三十一卷元刊本. 元大德壬寅刊本, 不附寇宗奭『本草衍義』, 避孝宗『嫌』名, 蓋原于宋刻, 為慎徽原書. 按此書有兩本: 一名『大觀本草』, 三十一卷, 艾晟

所序, 刻于大觀二年者, 即此本也; 一名『政和本草』三十一卷, 以第三十一卷移於三十卷之前, 合為一卷, 而刪其所引十六家『本草義例』, 最謬. 政和六年曹孝忠奉敕校刊者. 二本皆不附寇氏『衍義』. 至元初, 平陽張存惠重刻政和本, 始增入『衍義』及藥有異名者, 注於目錄之下. 首有木記, 稱「泰和甲子下己酉冬南至晦明軒記」, 錢竹汀考為元定宗后稱制之年, 其說至確. 『提要』以為金泰和刻本, 誤. 餘別有詳考, 載入成化刻『政和本草』之首. 至明萬歷丁丑, 宣城王大獻始以成化重刻政和之本, 依其家所藏宗文書院『大觀』本之篇題, 合二本為一書, 卷末有王大獻後序, 自記甚明. 並去政和本諸序跋, 獨留「大觀艾晟序」及「宗文書院」木記, 按其名則「大觀」, 考其書則「政和」, 無知妄作, 莫此為甚. 又有萬歷庚子巡按兩淮鹽課御史彭端吾據王本重刊, 並去艾晟序, 「宗文」木記. 『提要』所稱大德本及錢竹汀所錄皆是此種. 『提要』見此本亦增入『衍義』, 遂謂元代重刊, 又從金本錄入, 而不知大德原本並無『衍義』也. 又有朝鮮國翻刻本, 一依宗文本, 不增改一字, 較明人為謹飭焉. 此書集『本草』之大成, 最足依據. 至李時珍『本草綱目』, 頗傷龐雜, 不為典要. 顧『大觀』, 『政和』兩本糅雜不清, 前人未見古本, 多不能分別, 故為之詳疏如此."

20 "『葛仙翁肘後備急方』八卷. 明萬歷二年李栻刊本. 按李栻刊有『通鑑紀事本末』, 亦好事者. 但此書既經中統楊用道附廣, 已非隱居之舊. 至元丙子又刊於烏氏. 至栻為之再刻, 又非皇統本之舊. 森立之『訪古志』云, 據朝鮮『醫方類聚』所引, 亦是用道附廣本. 而今本所無者十四門, 『醫心方』所引亦時多差互. 然則此為烏氏所刪歟? 抑李氏所刪歟? 今皇統本不可見, 至元本亦不聞有藏者, 甚可惜. 又此書有萬歷三年胡孟晉重刊本, 日本延享丙寅浪華沼晉文據以翻刻, 以『外台』, 『千金』, 『証類本草』所引, 校刊于界欄上, 頗為不苟. 唯沼晉不見『醫方類聚』及『醫心方』, 猶未盡善也. 小島春沂有補輯本, 攷訂極精. 程永培六醴齋所刊, 直據萬歷本, 無甚異同."

21 "『婦人大全良方』二十四卷舊鈔本. 影鈔朝鮮活字刊本. 首題『『新編婦人大全良方』卷之一」, 次行題「醫學臨川陳自明良甫編註」. 每半板十二行, 行十九字. 案朝鮮活字原本日本有二通, 皆缺自序, 此有自序, 或是從熊氏『補遺』本補鈔也. 卷末有跋云:「右『婦人大全良方』, 陳氏真本也. 從聿修堂所藏朝鮮活字鈔. 而借寫起於文化庚午冬十一月十日, 終于十二月初五下晡. 松章煥之識.」餘又得一鈔本, 體式與前本同, 無陳自明自序, 而卷首多『辨識修製藥法度』凡八葉, 目錄亦有此八字, 居卷之一前, 未知何以與前本互異, 當再詳之."

22 "『御藥院方』十一卷朝鮮刊本. 朝鮮國活字本. 不題撰人名氏, 首有高鳴序. 據序, 稱太醫提點榮祿許公所撰集, 日本多紀櫟窗攷為元許國楨, 當得其實. 首題『『癸巳新刊御藥院方』卷之第一」, 目錄末有鐘形木記曰「頤真堂記」; 又有琴形木記曰:「平陽府可家印」. 此本有日本寬政戊午醫官千賀芳久活字印行. 又按: 此書有元至元刊本, 有二十四卷, 舊為張月霄所藏, 今在歸安陸氏. 據『愛日精廬藏書志』跋, 稱: 卷五「檳榔圓」下, 注「泰和五年」云云; 卷七「半夏利膈丸」下, 注「崇慶元年」云云; 卷九「兩炒圓」下, 注「大安三年」云云; 卷十

「酸棗仁煎」下，注「興定五年」云云．今檢此書皆無之，而「半夏利膈丸」在第五卷，未知此為後來刪本與？抑彼為增入與？俟再詳考."

23 "『錢氏小兒藥證直訣』三卷宋本．按趙希弁『讀書後志』：「『錢氏小兒方』八卷，『閻孝忠方』附於後」，，『宋志』亦云「八卷」，陳振孫『書錄解題』則云「三卷」，太醫丞東平錢乙仲陽撰，宣教郎大梁閻孝忠集．上卷言證，中卷敘嘗所治病，下卷為方．孝忠亦頗附以己說．且以劉斯立所作『仲陽傳』附於末，宣和元年也．今按：此書一一與『解題』合，且閻氏序明言「三卷」，則『讀書志』所云「八卷」，當是傳寫之誤．『宋志』又沿其誤也．是書世罕流傳，唯明熊宗立注本及康熙間陳世傑刊本，薛已本則多所竄，非錢氏原書．今以此宋本校之，上卷尚無甚出入，中卷陳本缺「附馬子病目」一條，『醫方類聚』，熊本，薛本『證治準繩』並有此條，則為誤脫無疑．而多出「睦親宮中十大王」一條．按此條熊宗立注本無之，『幼幼新書』及『醫方類聚』亦不援引．此條前半即前第十條「一九王病瘡疹篇」文而小異耳．後半即上卷「瘡疹候篇」文，其為誤衍無疑．緣此書目錄中卷記嘗所治病二十三証，陳本既缺「王附馬子」一條，遂雜鈔本書之文湊合成篇，以充原數．下卷則甚多差異，如「瀉黃散」後有閻孝忠附語數百字，「羌活膏」後有閻附一百七十七字，「蟬蛻散」有閻附語六十八字．熊宗立本亦有之．陳本皆脫．又如「導赤散」宋本只「治小兒心熱」五字，陳本有「視其睡」云云三行，全錄上卷「心熱證治」之文．「瀉心湯」宋本只「實熱宜服」四字，陳本「小兒心氣」云云，亦全錄上卷文．「生犀磨汁」宋本「治消毒氣，解內熱」，又有「磨汁之法」，陳本則云「治瘡疹不快，吐血，衄血」，而制法，用法全脫．又宋本有「木瓜丸」，陳本無之．按本書上卷「生下吐證治」明有「木瓜丸方」，則為陳本誤脫無疑．又宋本有「兩大黃丸方」，一兩味，治鼻塞纏 開；一四味，治風熱云云，陳氏無「治風熱」一方．考朝鮮國『類聚』有此方．其他方名雖同，而證治，製法，藥味多寡之異，難以枚舉．宋劉昉『幼幼新書』引此書幾十之七八，『醫方類聚』則全部載入．今以此本校之，一一相合，則此為宣和本無疑．又閻氏附方五十五條本在錢氏之後，宋本及陳本皆劃然分明，而宋元以下方書，引閻說並方，皆混稱錢氏．餘意宋時必有以閻氏附方併入錢氏方中之本，故諸家不能別出．然則錢氏書在宋時傳本既多，已有異同，陳氏所得，又是傳鈔本，故不免有奪爛．陳本目錄後有『無為軍新刊錢氏方後序』目，下卷卻無此序，此奪爛之明徵．其以上卷文錄入中，下卷，蓋苟以充數，決非宋本所有．其他或有與熊宗立，薛已，□□，王宇泰諸人所引同者，當是別本如是，未必盡陳氏臆造．精斯術者，自能決擇之．餘年來累失孫男女數人，今細讀此書，乃知短折非命，悔痛何及．迺盡發宋元以下嬰兒方書，一一互校，當謀精槧以傳之，庶天札者少廖云."

24 "『附音增廣古注蒙求』三卷古鈔本．此本缺李良『表』，李華『序』，首題「『附音增廣古注蒙求』卷上」，下題「安平李澣撰注」，以「滕公佳城」為中卷，「陳遵豪爽」為下卷，與徐子光本不同，烏絲欄格，每半葉十三行，行二十字．又有層欄補釋注中名物．相其紙質，筆跡，當為五，六百年間物．末有粘條云：「于時天文廿三年乙卯初秋下汗，一日大貫興福禪寺於南

窗下書■〈已上下下〉矣. □□年五十.」按天文乙卯當明嘉靖三十四年, 此條紙色甚新, 字體亦不類, 必後來校者之筆. 餘得此書於向山榮, 有「向黃村珍藏」印. 其注多不著書名, 蓋亦舊注本經後人節刪者. 篇中亦間引『補注』. 以享和元年日本所刻朝鮮本照之, 雖不盡同, 大致同出一源, 蓋又在龜田興所祖本之後. 然其所據, 終多李浣原注, 故亦往往有異聞勝於徐子光『補注』本. 今就中, 下二卷校之, 上卷已見卷子本.「董永自賣」注文出『搜神後記』. 徐氏不知所出, 引『後注』刪後字.「翟湯隱操」注文出『晉中興書』. 見『世說』注, 徐氏改引『晉書』, 與標題不合.「相如題柱」注文出『華陽國志』. 徐氏不知所出.「老萊斑衣」引『高士傳』, 徐云舊注引『列女傳』無「斑衣」事, 知所見為誤本.『列女傳』安得有此事.「不占殞車」注引『韓詩外傳』, 今但見『新序』.『外傳』不載, 然不得謂舊注為誤. 大抵李氏所注, 皆根據於故書雅記. 龜田興所云:「李瀚注『蒙求』時, 如謝承, 華嶠等之『後漢書』, 王隱, 虞預等之『晉書』尚存, 不得以范蔚宗之『後漢書』, 唐太宗之『晉書』校之.」其語誠是. 特以傳鈔者省其書名, 徐氏以其與所見之書不合, 遂謂傳記無見, 皆以見存易之, 往往有與標題不合者. 日本元化中, 天瀑山人以活字收入『佚存叢書』, 即此種也. 然「呂望非熊」注引『六韜』, 已改作「非虎」. 按古鈔舊注本皆作「非龍非彲非虎非熊非羆」, 天瀑亦據鈔本, 而與今本『六韜』同, 又引『補注』以正之, 抑天瀑所為耶? 按王觀國『學林』云,『後漢?黃香傳』不載扇枕事. 陶淵明作『士孝傳贊』曰:「黃香九歲失母, 事父竭力, 以致孝養, 暑月則扇床枕.」李瀚『蒙求注』引『東觀漢記』:「黃香事母至孝, 暑月扇枕.」今按『士孝傳贊』出淵明本集.『御覽』四百一十二引『東觀漢記』云:「黃香字文疆, 父況. 舉孝廉, 貧無奴僕, 香躬勤苦, 盡心供養. 冬無被褲, 而親極滋味. 暑即扇枕, 寒即以身溫席.」據王觀國所見『蒙求』, 是引此文. 觀國稱『漢記』香字文孺, 又謂事母, 與『御覽』亦不合. 蓋觀國所見『蒙求注』亦有誤. 而此『蒙求』舊注不書名, 其所引乃淵明『士孝傳贊』之文, 可知南宋之初觀國所見, 尚是李浣原注. 至徐子光所見舊注, 已經後人改易. 徐子光既知舊注為陶淵明之說, 又複漫引『後漢書』本傳. 林天瀑, 龜鵬齋並稱舊注皆李瀚原文, 亦未審. 又一通舊鈔本首有『薦蒙求表』, 次行題『光祿大夫行右散騎常侍臣徐賢等奉敕撰』, 再下頂格「臣良言」云云. 表後有『蒙求序』而不題李華名. 烏絲界欄上亦有層欄, 無鈔寫年月, 紙質, 筆跡當又在前本之後. 篇中亦間引『補注』文字, 亦略與前本同. 三卷共裝為一冊. 首有「迷庵」印, 又有「林下一人」印. 按迷庵, 市野光彥字也. 又有「福山岡西氏藏書記」楷書印. 市野, 岡西皆日本好古士. 按此本篇首題「徐賢」名, 不可曉. 據龜田興刊本言, 三春朝鮮本俱有徐賢名. 森立之『訪古志』所稱容安書院本, 寶素堂本亦有之, 而享和所刊朝鮮本則無之. 龜田興疑徐賢為朝鮮人, 所云「附音增注」即出於其人. 又疑徐賢即徐子光之名, 皆未詳也."

25 "『李善注文選』六十卷宋槧本. 宋尤延之校刊本, 缺第一至第十二卷, 即鄱陽胡刻祖本也. 唐代『文選李善注』及『五臣注』並各自單行, 故所據蕭選正本亦有異同. 至五代孟蜀毋昭裔始以『文選』刊板.『傳』記雖未言何本上木, 然可知為五臣本. 按今行袁刻六臣本於

李善『表』後有國子監准敕節文, 云:「『五臣注文選』傳行已久, 竊見李善『文選』援引賅贍, 典故分明, 若許雕印, 必大段流布. 欲乞差國子監說書官員校定淨本後, 鈔寫板本, 更切對讀, 後上板就三館雕造.」云云. 據此可見善注初無刊本. 此云「校定淨本後鈔寫板本」, 是淨寫善注, 又鈔寫五臣板本合刊之證. 唯不著年月, 故自來著錄家有北宋『六臣文選』, 即袁氏所原之裴本是也. 北宋『五臣文選』, 即錢遵王所收之三十卷本是也, 見『讀書敏求記』. 而絕無有北宋『善注文選』者. 良由善注自合五臣本後, 人間鈔寫卷軸本盡亡, 故四明, 贛上雖有刊本, 當在南宋之初. 皆從六臣本抽出『善注』. 故尤氏病其有裁節語句之弊. 然以五臣混『善注』之弊, 亦未能盡除. 詳見胡刻『文選考異』. 元時張伯顏刊『善注』, 則更多增入五臣注本. 明代弘治間, 唐藩刊本, 嘉靖間汪諒刊本, 崇禎間毛氏汲古閣刊本, 又皆以張本為原, 而遞多謬誤. 各本餘皆有之. 國朝嘉慶間, 吳中黃蕘圃始得尤氏宋本聞于世, 鄱陽胡氏倩元和顧澗蘋影摹重刻, 論者謂與原本豪髮不爽. 餘從日本訪得尤氏原本照之, 乃知原書筆力峻拔, 胡刻雖佳, 未能似之也. 此本後有尤延之, 袁說友, 計衡三跋, 胡刻本只有尤跋, 袁跋則從陸敕先校本載于『攷異』後, 然亦損末二十餘字. 此則袁跋全存, 計跋稍有缺爛, 猶為可讀. 余嘗擬以胡刻本通校一過, 顧卒卒未暇; 會章君碩卿酷愛此書, 欲見推讓, 乃隨手抽第十三卷對勘. 如『風賦』,「激颺熛怒」,「熛」誤作「漂」; 又「陷齰嗽獲」注,「中風口動之貌」, 胡本「口」上擠一「人」字,『考異』亦以為誤, 此本並無「人」字, 不知胡本何以誤增. 以斯而例, 則胡本亦未可盡據. 又原本俗字, 胡本多改刊. 原本中縫下有刻工人姓名, 胡氏本則盡刊削, 是皆足資考證者. 餘在日本時, 見楓山官庫藏宋贛州刊本, 又見足利所藏宋本, 又得日本慶長活字重刊紹興本及朝鮮活字本, 皆六臣本. 餘以諸本校胡氏本, 彼此互節善注, 即四明, 贛上所由出, 乃知延之當日刻此書, 兼收眾本之長; 各本皆誤, 始以書傳校改. 胡氏勘尤本, 僅據袁本, 茶陵本凡二本, 與尤本不同者, 皆以為尤氏校改, 此亦臆度之辭. 如『西都賦』「除太常掌故」, 袁本, 茶陵本並作「固」, 尤作「故」.『考異』謂尤氏校改, 不知紹興本, 朝鮮本及翻刻茶陵本並作「故」, 非尤氏馮臆也."

26 "『文章軌範』七卷朝鮮國刊本. 首無目錄. 本書款式略同前本, 圈抹處亦悉合, 唯篇幅較大. 每半葉九行, 行二十三字, 批注皆雙行. 其書校讎精審, 相傳為疊山原本. 按此書每卷既無子目, 則應有總目. 若以為原於王淵濟本, 則不應刪其總目. 且其中勝于王者, 不可勝數, 諒非坊賈所能為. 豈此本原有目錄, 歷久而脫之與? 日本文政元年其國學嘗據此本重刊, 板毀於火, 故傳本亦漸希云. 按: 日本甚重此書, 坊間翻刻, 或意改, 或重加批評, 不可勝數. 唯此二本, 猶存舊式, 而購求之者頗少. 原謝氏本為初學而作, 已覺多費言詮, 今又從而增益之, 論說愈多, 而學文之根底愈淺. 中外皆然, 可勝浩歎!"

27 "『文章軌範』七卷翻元槧本. 首有目錄. 本書首行題「疊山先生批點『文章軌範』卷之一」, 行下陰文題「『侯』字集」. 次行題「廣信疊山先生謝枋得君直編次」. 第三行墨蓋下大書「放膽文」三字. 每半葉十行, 行二十二字, 四周雙邊. 批注字居行右, 惟首篇「請自隗始, 左

引『史記』作雙行. 目錄『歸去來辭』後云:「古此集惟『送孟東野序』,『前赤壁賦』係先生親筆批點, 其它篇僅有圈點, 而無批注. 若夫『歸去來辭』, 則與『種』字集『出師表』一同, 併圈亦無之, 蓋漢丞相, 晉處士之大義清節, 乃先生之所深致意者也. 今不敢妄自增益, 姑闕之以俟來者. 門人王淵濟謹識.」又柳子厚『箕子廟碑陰』首俱記云:「此篇係節文, 今一依元本刊行如左.」然則此本為疊山門人王淵濟據謝氏手定之本入木, 當為最初刻本.『四庫提要』所載, 亦略與此同. 唯彼前有王守仁序, 蓋已為明代重刻之本矣. 但此書雕鏤雖精, 脫謬頗多, 日本嘉永壬子松崎純儉以此本重刊, 據朝鮮本及戴本多所訂正, 庶幾善本云.」

28 "『瀛奎律髓』四十九卷. 朝鮮重刊明成化本. 首方回自序, 序後有「成化三年仲春吉日紫陽書院刊行」木記. 有圓點, 注文雙行. 末有皆居士跋. 據其印章, 知為龍遵敘. 末又有成化十一年朝鮮府尹尹孝孫跋, 蓋即據成化本翻雕也. 據龍敘, 知虛穀此書以前未有刊本. 此雖非成化三年原本, 而款式毫無改換, 較吳之振本之移龍敘於卷首者, 亦有間焉."

29 "『唐詩鼓吹』十卷朝鮮活字本. 不記刊行年月, 前有「養安院」圖記, 蓋亦明時所印行也. 按通行本有趙孟俯序, 此本佚之. 而此本有姚燧一序, 則又通行本之所無. 據都印『三餘贅筆』, 此書至大戊申江浙儒司刊本, 舊有姚燧, 武一昌二序. 此本亦無武一昌序, 想重印時刪之. 然其原在至大本固無疑也. 每半葉九行, 行十七字, 注雙行, 載於每句之下. 卷首題『唐詩鼓吹』卷第一, 次行題「資善大夫中書左丞郝天挺註」.『注唐詩鼓吹』序: 鼓吹, 軍樂也. 大駕前後設之, 數百人. 其器惟鉦, 鼓, 長鳴, 中鳴, 觱栗, 皆金, 革, 竹, 無絲, 惟取便於騎. 作大朝會, 則置案於宮懸間, 雜而奏之, 最聲之宏壯而震屬者也. 或以旌武功, 而殺其數. 取以名書, 則由高宗退居德壽, 嘗纂唐宋遺事, 為『幽間鼓吹』, 故遺山本之. 選唐近體六百餘篇, 亦以是名, 豈永歌之其聲, 亦可匹是宏壯震屬者乎? 嘗從遺山論詩, 於『西昆』有「無人作鄭箋」之恨, 漫不知何說, 心切易之. 後聞高吏部談遺山誦義山『錦瑟』中四偶句, 以為寓意於適怨清和, 始知謂「鄭箋」者殆是事也. 遺山代人, 參政郝公新齋視為鄉先生, 自童子時嘗親幾杖, 得其去取之指歸, 恐其遺忘, 以易數寒之勤, 既輯所聞, 與奇文隱事之雜見它書者, 悉附章下. 則公可當元門忠臣, 其又「鄭箋」之『孔疏』與? 公, 將種也, 父兄再世人數皆長萬夫, 於鼓吹之陪, 㜿矟之導繡幰者, 似已飫聞. 晚乃同文人詞士, 以是選為後部, 寂寂而自隨, 無已大希聲乎? 其亦宏壯而震屬者, 有時乎為用也.『兵志』有之:「不恃敵之不我攻」. 走聞江南詩學, 壘有元戎, 壇有精騎, 假有詩敵, 挑戰而前, 公以元戎, 握機於中, 無有精騎, 孰與出禦? 走頗知詩, 或少數年, 使得備精騎之一曲, 橫槊於筆陳間, 必能攟壘得焦而還. 惜今白首, 不得從公一振凱也. 公由陝西憲長以宣撫奉使河淮之南, 欲序, 故燧書此. 按: 序稱以「鼓吹」命名, 本於宋高宗之「幽間鼓吹」,『提要』駁之, 謂本於『世說』「三都, 二京, 五經鼓吹」之語, 其說良是. 獨怪姚氏既嘗與遺山論詩, 何以有此附會語? 至郝天挺之為遺山門人, 以材武世家, 由陝西憲長宣撫河南, 則燧序中明明言之. 而陸敕先補注此書, 乃以為遺山師之郝天挺當之, 反嗤趙松雪之誤, 可謂疏矣. 又未詳攷『元史』, 且元有兩

「郝天挺」, 明陳霆『兩山墨談』已辨之, 敕先以藏書名一時, 而補註此書曾未見姚氏此序, 宜其所補注無足取也."

30 "『精選唐宋千家聯珠詩格』二十卷朝鮮刻本. 元於濟, 蔡正孫同篇. 濟與正孫事迹, 無所考見. 顧嗣立『元詩選』亦無其人. 王淵濟為謝疊山門人, 曾刻『文章軌範』. 據序, 於濟初編僅三卷, 正孫乃增為二十卷, 凡三百類, 千有餘篇, 附以評釋. 按: 其書皆選七言絕句, 唯前三卷為「絕句要格」, 以下皆拈詩中一, 二虛字以相比校, 頗嫌繁碎, 稍遠大雅. 然其中逸篇秘句, 為諸家全集及選本之所不見者, 往往在在. 是固當與『瀛奎律髓』共珍也. 其注, 據後序, 為明成化間朝鮮達城徐居正所撰. 後朝鮮國王又命其臣安琛及成人見, 蔡壽, 權健, 申徒濩就徐重加補削, 亦頗詳贍. 於宋詩則多載逸聞逸事, 尤有資於考證. 而日本之重刻是書者, 皆失載後跋, 遂不知增注為何人. 此本為弘治壬戌朝鮮刊本, 前有「弘治醫官澀江氏藏書」印, 又有森氏「開萬冊府之印」. 按: 澀江氏, 森氏『經籍訪古志』不載此書, 當以得此在成書之後也."

31 "『樊川文集』夾注殘本二卷朝鮮刊本. 存一, 二兩卷, 無序文及刊行歲月, 亦不知注者為何人. 審其字體, 紙質, 的為朝鮮人刻板. 卷首題『『樊川文集』卷一, 下記「夾注」二字, 次行題「中書舍人杜牧」, 旁注「牧之」二字. 每半葉八行, 行十七字, 注亦十七字, 注頗詳贍, 卷末又附添注, 注中引北宋人詩話, 說部, 又引『唐十道志』, 『春秋後語』, 『廣志』等書甚多, 知其得見原書, 非從販鬻而出, 當為南宋人也. 自來著錄家無道及者, 豈即朝鮮人所撰與? 惜所存僅二卷, 不得詳證之耳. 森立之『訪古志』稱為寶素堂舊藏. 顧無小島印記, 當是偶未鈐押耳."

32 "『王荊文公詩注』五十卷朝鮮活字本. 首有大德辛丑劉須溪之子劉將孫序, 次大德丙午毋逢辰序, 次『年譜』六葉, 不題撰人名氏. 首題「王荊文公詩」卷第, 二行題「雁湖李璧注」, 三行題「須溪劉辰翁評點」, 蓋與明嘉, 隆間海鹽張宗松刻本同出一原, 張本刪須溪評語耳. 唯張本缺前劉, 毋二序, 又缺『年譜』. 其第三十卷及第五十卷均缺尾葉, 今並鈔於後. 據將孫序, 知須溪於雁湖注亦略有刪節, 故盧抱經所注長塘鮑氏宋槧十七卷殘本宋本存第一至三卷, 十五至十八卷, 二十三至二十九卷, 四十五至四十七卷. 尚有魏鶴山一序, 注中每有多至數條者. 然宋本亦無第三十卷, 五十卷, 則此二葉獨賴此本以存, 殊足貴也."

33 "『山谷詩注』二十卷, 『目錄』一卷, 『年譜』附『外集詩注』十七卷, 『序目』一卷, 『年譜』附『別集』二卷. 右朝鮮活字版. 首山谷黃㙉序, 次許尹敘. 據『敏求記』言, 舊藏『山谷詩注』, 目錄首缺二版, 此本有之, 則知是從宋本出也. 每半版十行, 行十七字, 注雙行, 行十七字. 有「養安院藏書」記."

34 "『晦庵先生朱文公詩集』十卷朝鮮刻本. 無序跋. 首有「奭疑齋藏書圖記」, 末有「嘉靖庚申至月慶州府尹龜岩李公剛而所贈, 此書板在是府」, 當亦朝鮮人所題. 首行題「晦庵先生朱文公詩集卷第一」. 每半葉十行, 行十八字. 字體古樸, 當是明初所刻. 每卷後附『考

異』, 知非苟付剞劂者."

35 "『朝鮮賦』一卷朝鮮刊本. 明董越撰. 弘治九年, 越以右庶子兼翰林侍講使朝鮮, 歸而為此賦. 初刻於江西泰和, 此為朝鮮太斗南重刻者. 所載山川風土頗略, 文辭亦質實有餘環麗不足. 然越留其國僅浹月, 宜其不能賅備. 且採風問俗, 意存徵實, 固有資於考核, 正不必以『三都』,『兩京』相誇擬也."

36 "高麗刊本『大藏經』六千四百六十七卷. 今藏日本東京三緣山增上寺. 當宋至道間, 高麗國王以其國前本, 國後本, 中本, 丹本, 東本, 北本, 舊宋本飭諸大德校正刊行. 日本舊有二部, 一建仁寺本, 為永嵩禪師由高麗齎歸. 天保八年九月廿六日毀于火, 今僅存四十九卷. 一為大和國忍辱山圓成寺所藏, 系後土御門天皇文明年間寺主榮弘所請, 慶長十四年大將軍德川家康移貯增上寺, 償以食邑百五十石, 即今本也. 余嘗就三緣山寺中見之, 字大如錢, 紙堅白, 摺疊式, 校宋, 元『藏』篇幅稍大, 其中多宋, 元, 明『藏』所不載者. 而希齡『續一切經音義』十卷, 慧琳『一切經音義』百卷, 尤為特出至寶. 黎星使嘗使人以西法照出擬刻, 卒未就也. 今列其為宋, 元, 明『藏』所不載諸經目於左. (이하, 목록은 생략)"

37 참고로,「일본도가」의 전체 구절은 다음과 같다. "昆夷道遠不復通, 世傳切玉誰能窮. 寶刀近出日本國, 越賈得之滄海東. 魚皮裝貼香木鞘, 黃白閒雜鍮與銅. 百金傳入好事手, 佩服可以禳妖凶. 傳聞其國居大島, 土壤沃饒風俗好. 其先徐福詐秦民, 採藥淹留丱童老. 百工五種與之居, 至今器玩皆精巧. 前朝貢獻屢往來, 士人往往工詞藻. 徐福行時書未焚, 逸書百篇今尚存. 令嚴不許傳中國, 舉世無人識古文. 先王大典藏夷貊, 蒼波浩蕩無通津. 令人感激坐流涕, 繡澀短刀何足云."

38 이에 대하여는 王勇, 「佚書と華刻本」, 『日中文化交流史叢書 9 典籍』(大修館書店)을 참조.

39 「木村嘉平と其門下」, 木村嘉次, 『字彫り版木師木村嘉平とその刻本』(青裳堂書店, 1980) 8~14쪽.

40 "此盖傳聞之誤也我國壤地與日本接近其國所行之書往往得之如陳北溪性理字義不得扵中國而得扵彼又如我國李相國集失扵本國而傳扵彼然其俗崇武備而後文藝至近時極欲誇張詞藻猶不見有古經之存焉若或有之則彼必不待求而衒售者久矣其令嚴不傳是甚謀計而若此之綢繆乎中國與之絶域流傳易惑如此甚可笑也."『星湖僿說』(한국 고전 종합 DB에 의함).

41 "靑泉申維翰之入日本也. 問雨森東. 案雨森姓. 東名. 日本對馬州書記. 曰. 徐福入海. 在秦皇燔書之前. 故世傳日本有古文眞本. 至今數千年. 其書不出於天下者. 何也. 東曰. 歐陽子亦有所言. 皆不近理. 聖賢經傳. 自是天地間至寶. 鬼神之所能祕. 故古文尚書. 或出於魯壁. 或見於舫頭. 日本雖在海中. 自有不得不出之理. 日本人心好夸耀. 若有先聖遺籍. 獨藏於此. 而可作千萬歲奇貨. 則雖別立邦禁. 當不能遏其轉賣. 況初非設禁者

平. 日本人之言如是明白. 則足爲公案. 恨不使中原人知此."『청장관전서』(한국 고전 종합 DB에 의함).

42 大庭修,「日本における中国典籍の伝播と影響」,『日中文化交流史叢書 9 典籍』(大修館書店, 1996) 70~71쪽.

43 "淸阮元『摯經室集-刻七經孟子考文序』曰. 『四庫全書』新收日本人山井鼎所撰『七經孟子考文』竝物觀『補遺』共二百卷. 元在京師僅見寫本. 及奉使浙江. 見揚州江氏隨月讀書樓所藏. 乃日本元板. 苔紙印本. 攜至杭州. 校閱群經. 頗多同異. 山井鼎所稱宋本. 往往與漢, 晉古籍及『釋文』別本, 岳珂諸本合. 所稱古本及足利本. 以校諸本. 竟爲唐以前別行之本. 物茂卿序所稱唐以前王, 段, 吉, 備諸氏所齎來古博士之書. 誠非妄語. ……(중략)…… 山井鼎等. 惟能詳記同異. 未敢決擇是非. 皆爲才力所限. 然積勤三年. 成疾幾死. 有功聖經. 亦可嘉矣. 景愚按山井鼎之苦心經學. 島夷之最傑者. 而日本有先秦古書云者. 蓋緣秦徐市之入海. 止于倭也. 歐陽公『日本刀歌』作俑. 我王考靑莊公. 於所撰『盎葉記』. 已破歷代傳疑. 而山井鼎之所藏. 亦非先秦古經也."『오주연문장전산고』(한국 고전 종합 DB에 의함).

44 "韓無咎云高麗進六經不曾焚者神宗即欲頒行王介甫恐壞他新經奏止之本亦不傳朱子以為未必有此然尤延之云孟子仁也者人也章下高麗本云義也者宜也禮也者履也智也者知也信也者實也者實也合以言之道也朱子扵此却云此說近是今註中採而錄之以此觀之高麗眞本未必不有其書也今不可得見可勝歎哉."『성호사설』(한국 고전 종합 DB에 의함).

45 "或曰, 外國本, 人也之下, 有"義也者宜也, 禮也者履也, 智也者知也, 信也者實也"凡二十字. 今按如此, 則理極分明, 然未詳其是否也."

46 "但嘗聞尤延之云:『孟子』「仁也者人也」章下, 高麗本云:「義也者, 宜也. 禮也者, 履也. 智也者, 知也. 信也者, 實也. 合而言之, 道也」, 此說近是."

47 "今『孟子集註』載之, 而今無其本. 本國之書, 例多沒. 實可歎."『동사강목』(한국 고전 종합 DB에 의함).

48 "丙午 李資義等還自宋. 奏云, "帝聞我國書籍多好本, 命館伴, 書所求書目錄, 授之乃曰, '雖有卷第不足者, 亦須傳寫附來.'"『百篇尙書』-『荀爽周易』十卷-『京房易』十卷-『鄭康成周易』九卷-『陸績注周易』十四卷-『虞飜注周易』九卷-『東觀漢記』一百二十七卷-『謝承後漢書』一百三十卷-『韓詩』二十二卷-『業遵毛詩』二十卷-『呂悅字林』七卷-『古玉篇』三十卷-『括地志』五百卷-『輿地志』三十卷-『新序』三卷-『說苑』二十卷-『劉向七錄』二十卷-『劉歆七毗』七卷-『王方慶園亭草木疏』二十七卷-『古今錄驗方』五十卷-『張仲景方』十五卷-『元白唱和詩』一卷-『深師方黃帝鍼經』九卷-『九墟經』九卷-『小品方』十二卷-『陶隱居效驗方』六卷-『尸子』二十卷-『准南子』二十一卷-『公孫羅文選』-『水經』四十卷-『羊祐老子』二卷-『羅什老子』二卷-『鍾會老子』二卷-『阮孝緒七錄』-『孫盛晉陽秋』三十三

卷-『孫盛魏氏春秋』二十卷-『于寶晋記』二十二卷-『十六國春秋』一百二卷-『魏澹後魏書』一百卷-『魚豢魏略』-『劉璠梁典』三十卷-『吳均齊春秋』三十卷-『元行冲魏典』六十卷-『沈孫齊紀』二十卷-『楊雄集』五卷-『班固集』十四卷-『崔駰集』十卷-『汲冢紀年』一十四卷-『謝靈運集』二十卷-『顔延年集』四十一卷-『三敎珠英』一千卷-『孔道文苑』一百卷-『類文』三百七十卷-『文館詞林』一千卷-『仲長統昌言』-『社恕體論』-『諸葛亮集』二十四卷-『王羲之小學篇』一卷-『周處風土紀』一卷-『張揖廣雅』四卷-『管絃志』四卷-『王詳撰音樂志』-『蔡邕月令章句』十二卷-『信都芳撰樂書』九卷-『古今樂錄』十三卷-『公羊墨守』十五卷-『穀梁廢疾』三卷-『孝經劉邵注』一卷-『孝經韋昭注』一卷-『鄭志』九卷-『爾雅圖贊』二卷-『三蒼』三卷-『埤蒼』三卷-『衛宏宮書』一卷-『通俗文』二卷-『凡將篇』一卷-『在昔篇』一卷-『飛龍篇』一卷-『聖皇章』一卷-『勸學篇』一卷-『晋中興書』八十卷-『古史考』二十五卷-『伏侯古今注』八卷-『三輔黃圖』一卷-『漢官解詁』三卷-『三輔決錄』七卷-『益部耆舊傳』十四卷-『襄陽耆舊傳』五卷-『稽康高士傳』三卷-『玄晏春秋』三卷-『于寶搜神記』三十卷-『魏名臣奏』三十一卷-『漢名臣奏』二十九卷-『今書七志』十卷-『世本』四卷-『申子』二卷-『隋巢子』一卷-『胡非子』一卷-『何承天性苑』-『高士廉氏族志』一百卷-『十三州志』十四卷-『高麗風俗紀』一卷-『高麗志』七卷-『子思子』八卷-『公孫尼子』一卷-『愼子』十卷-『晁氏新書』三卷-『風俗通義』三十卷-『氾勝之書』三卷-『靈憲圖』一卷-『大衍曆』-『兵書接要』七卷-『司馬法漢圖』一卷-『桐君藥錄』二卷-『黃帝大素』三十卷-『名醫別錄』三卷-『曹植集』三十卷-『司馬相如集』二卷-『桓譚新論』十卷-『劉琨集』十五卷-『盧諶集』二十一卷-『山公啓事』三卷-『書集』八十卷-『應璩百一詩』八卷-『古今詩苑英華集』二十卷-『集林』二十卷-『計然子』十五卷."『고려사』(한국 고전 종합 DB에 의함).

49 유향 저, 임동석 역,『설원』하권(동문선, 1996) 927~928쪽.

50 大學資料展示室運營委員會 편,『三島中洲と近代 其2』(二松学舎大学附属図書館, 2014) 8-9, 37~38쪽.

51 "敎日:"信使行中所來冊子, 淸使所傳, 而厚意甚於日本矣. 其冊子, 大臣亦見之乎?" [金弘集, 以修信使, 在日本, 遇淸國公署參贊黃遵憲. 贈以私擬『朝鮮策略』一冊. 齎歸入乙覽.] 最應日:"日本猶此欵曲, 況淸人乎? 必有耳聞, 故俾我國備之, 而我國人心本來多疑, 將掩卷而不究矣." 敎日:"見其冊子, 則果何如乎?" 最應日:"臣果見之, 而彼人諸條論辨, 相符我之心筭, 不可一見而束閣者也. 大抵俄國, 僻在深北, 性又忌寒, 每欲向南. 而他國之事, 則不過興利而已, 俄人所欲, 則在於土地人民. 而我國白頭山北, 卽俄境也. 雖滄海之遠, 一帆, 風猶可往來, 況豆滿江隔在兩境乎? 平時亦可以呼吸相通, 而成氷則雖徒涉可也. 方今俄人聚兵船十六隻, 而每船可容三千人云矣. 若寒後, 則其勢必將向南矣. 其意固不可測, 則豈非殆哉岌岌乎?" 敎日:"見日本人之言, 則似是渠之所畏在俄, 而要朝鮮備之. 其實非爲朝鮮而爲渠國也." 最應日:"其實似爲楚非爲趙, 而朝鮮若不備,

則渠國必危故也. 雖然, 我國則豈可諉以俄人之意在日本而視若尋常哉? 見今城郭, 器械, 軍卒, 不及於古, 而百無一恃. 終雖無事, 目前之備, 寧容少緩乎?" 敎曰: "防備之策何如乎?" 最應曰: "防備之策, 自我豈無所講磨? 而淸人冊中論說, 若是備盡, 旣給於他國, 則甚有所見而然也. 其中可信者信之而可以採用. 然我國人必不信之, 將爲休紙而已. 六月米利堅人來東萊, 本非讎國矣. 彼若以書契呈萊府, 則自萊府受之, 未爲不可. 呈禮曹, 自禮曹受之, 亦可也. 而謂之洋國, 拒而不受, 仍爲播傳於新聞紙, 終爲羞恥見侮矣. 米利堅, 有何聲聞之及, 而謂以讎國乎? 其在柔遠之義, 恐不可生釁矣.'"" (국사 편찬 위원회 조선 왕조 실록 사이트에 의함).

52 大学資料展示室運営委員会 編, 『三島中洲と近代 其4 ── 小特集戦争と漢学 ──』 (二松学舎大学附属図書館, 2016) 24쪽.

53 大学資料展示室運営委員会 編, 『三島中洲と近代 其2』(二松学舎大学附属図書館, 2014) 33쪽.

54 그 밖에 『阿芙蓉彙聞』, 『海防或問』, 『隔鞾論』, 『孫子読本』, 『通商利害論』, 『丙丁鑑古編』, 『北門私議』, 『防春或問』, 『山田長政戦艦図記』, 『陸闘』 등을 집필.

55 그 밖에 『遠西紀略』, 『外蕃年表』, 『西洋新史』, 『西洋年表』, 『辺警雑記』 등을 집필.

56 그 밖에 『西侮紀事』(페이튼 호 사건 관련) 등을 집필.

57 이들 필사본에 대하여는 大学資料展示室運営委員会 編, 『三島中洲と近代 其4 ── 小特集戦争と漢学 ──』(二松学舎大学附属図書館, 2016)에서 상세히 검토되고 있다.

58 大学資料展示室運営委員会 編, 『三島中洲と近代 其4 ── 小特集戦争と漢学 ──』 (二松学舎大学附属図書館, 2016) 5쪽.

59 大学資料展示室運営委員会 編, 『三島中洲と近代 其4』(二松学舎大学附属図書館, 2016) 11쪽.

60 大学資料展示室運営委員会 編, 『芳野金陵と幕末日本の儒学』(二松学舎大学附属図書館, 2015) 42~43쪽.

61 大学資料展示室運営委員会 編, 『三島中洲と近代 其2』(二松学舎大学附属図書館, 2014) 38쪽.

62 大学資料展示室運営委員会 編, 『三島中洲と近代 其4 ── 小特集戦争と漢学 ──』 (二松学舎大学附属図書館, 2016) 9쪽.

63 大学資料展示室運営委員会 編, 『三島中洲と近代 其2』(二松学舎大学附属図書館, 2014) 38쪽.

64 大学資料展示室運営委員会 編, 『三島中洲と近代 其4 ── 小特集戦争と漢学 ──』 (二松学舎大学附属図書館, 2016) 8쪽.

65 大学資料展示室運営委員会 編, 『三島中洲と近代 其1』(二松学舎大学附属図書館,

2013) 70~71쪽. 이 필담에 대한 연구로는 이효정, 「1881년 조사시찰단의 필담 기록에 보이는 한일 교류의 한 양상」, 『한국문학논총』 56 (한국문학회, 2010)이 있다.

66 「第二十一 毅 貴國正史爲何, 記制度者爲何.」「第二十二 成大 弊國有『国朝宝鑑』. 此非一人作也.」「第二十三 毅 宝鑑蓋記制度. 如君臣言行, 無記述之乎.」「第二十四 成大 非特言行而已. 凡百事為隨有隨記者.」「第二十五 毅 卷数若干.」「第二十六 成大 三十許卷.」「第二十七 毅 始何時, 終何時.」「第二十八 成大 建國今為五百年. 所記載者三百余年.」「第二十九 毅 上木賣之乎.」「第三十 成大 或有之.」「第三十一 毅 外邦人見之亦許之乎.」「第三十二 成大 (掉頭)」「第三十三 毅 書肆公賣歴史, 爲何.」「第三十四 成大 経史諸子百家及本國文章書稿, 以至俚語野談諺書等属.」「第三十五 毅 貴國文章大家, 古今推何人.」「第三十六 成大 不可勝記. 近日則無超越.」「第三十七 毅 先生見此書乎(指黄遵憲新著『日本雑事詩』).」「第三十八 成大 来此復見之.」「第三十九 成大 此人現居何地面(指雑事詩跋撰者石川英).」「第四十 毅 弟与此人交疎, 不知其居.」「第四十一 成大 悉網羅無遺云者, 果然乎(指跋中語).」「第四十二 毅 蓋諛言耳.」「第四十三 毅 清客好諛言. 故我邦人交之者亦效顰.」「第四十四 成大 蓋與黄氏阿好也.」「第四十五 成大 然則何以能刊行於貴國乎.」「第四十六 毅 世人喜新聞. 故書肆刻之射利耳.」……(중략)……「第八十 毅 有弊國之書, 傳于貴國者乎.」「第八十一 成大 非日無之, 僕之固陋, 曽未得見也.」……(중략)……「第百二十九 毅 僕欲呈日本史. 先生賜『国朝宝鑑』否.」「第百三十 成大 事因旧事. 但無碍與否, 現無朝令, 今不可特言質對. 如其無碍, 則釜港自在. 何難之有.」

67 青木正児, 「支那戯曲小説中の豊臣秀吉」, 『黒潮』 335-2 (春陽堂, 1927), 遊佐徹, 「小説に描かれた倭寇—明清「倭寇小説」概論」, 須田牧子編, 『『倭寇図巻』「抗倭図巻」をよむ』(勉誠出版, 2016) 등.

68 遊佐徹, 「小説に描かれた倭寇—明清「倭寇小説」概論」, 須田牧子編, 『『倭寇図巻』「抗倭図巻」をよむ』(勉誠出版, 2016) 407~410쪽.

69 德田武, 「中国講史小説と通俗軍談-上-読本前史」, 『文学』 52-11 (1984·11), 「中国講史小説と通俗軍談-下-読本前史」, 『文学』 53-2 (1985·2).

70 바바 노부노리와 통속 군담의 관계에 대하여는 井上泰至, 『近世刊行軍書論』(笠間書院, 2014) 제3장 제1절 「通俗刊行軍書作家馬場信意の執筆態度—『朝鮮太平記』を例に」를 참조.

71 두 사람의 협업 결과 탄생한 19세기 중기의 『에혼 조선 정벌기』에 대하여는 井上泰至, 「幕末絵本読本の思想的側面—鶴峯戊申校·歌川貞秀画, 『絵本朝鮮征伐記』を中心に—」(2016년 4월 2일 「書物·出版と社会変容」 研究会 발표)를 참조.

72 국립 공문서관에 원본 『華夷変態』(184-0273)가 소장되어 있다.

73 "番文騒押取ツて, さらさらと読下タし, 「ヤアラ事おかしや此文ン言の趣, 我国より彼倭

国へ. 貢物を献ぜよとの書翰. 凡倭国朝鮮は同じ九夷の一つにて. なかんづく我国は中華に
統理学を尊ぶ聖の国. 侮つたる此使. 早く誅戮有べし」と事も. なげに相述れば. 柳成竜頭を
ふり.「イヤイヤそれは一チ概の云分. 彼倭国は神ン国にて. 伊弉諾伊伊弉册の二神開き初.
正直キを本トとする君子国と日本ン紀に記したり. さればこそ中華にも. 千ン里の萍校絶る事
なく. 日チ輪出る国なれば迚. 唐の則天皇后始て日本と名付ケ給ふ. かかる尊き隣国に. 交り
を結ばん事我国の誉. 急キ聘文を通ぜられ然るべし」と奏せらる. 成宗帝聞し召シ.「昔三韓と
いひし時. 倭朝の神功皇后我都を犯し. 日本の犬也と石に彫付ケし程の猛国. 周の薫鬻漢の
匈奴. 其例なきにもあらず. ヤアヤア木曽官. 汝釜山浦に駕を馳せて. 窺ひ見よ」."『山城の
国畜生塚』,『近松半二浄瑠璃集』2 (国書刊行会, 1987) 381~382쪽.

74 "凡此国ヲバ君子不死ノ国トモ云也. 孔子世ノミダレタル事ヲ歎テ,「九夷ニヲラン.」トノ
給ケル. 日本ハ九夷ノ其一ナルベシ."『日本古典文学大系 87 神皇正統記・増鏡』(岩波書
店, 1965) 71쪽.

75 김시덕,『한 경계인의 고독과 중얼거림』(태학사, 2012) 24쪽.

76 木村八重子,「武者絵の側面 ——「絵本太閤記」の投影」,『東京都立中央図書館研究
紀要』13 (1981) 86~88쪽.

77 浜田啓介,「幕末読本の一傾向」,『近世文芸』6 (1961・5) 35쪽.

78 大島昭秀,『『鎖国』という言説ーケンペル著・志筑忠雄訳,『鎖国論』の受容史ー』(ミネ
ルヴァ書房, 2009)를 참조.

79 Николай Петрович Резанов 저, 大島幹雄訳,『日本滞在日記 —— 1804年
-1805年』(岩波文庫, 2008년 제2쇄) 참조.

80 菊地英明,『太平天国にみる異文化受容』(山川出版社, 2010년 1판 2쇄) 1~5쪽.

81 하정식,『태평천국과 조선 왕조』(지식산업사, 2008)를 참조.

82 김시덕,「임진왜란의 기억 —— 19세기 전기에 일본에서 번각된 조·일 양국 임
진왜란 문헌을 중심으로 ——」,『동아시아한국학 연구총서 05 동아시아의 전쟁 기
억 —— 트라우마를 넘어서』(민속원, 2013) 및『일본의 대외 전쟁』제1부 제1장 제1절
「초기 문헌과『다이코기』」를 참조.

83 横山邦治,『読本の研究ー江戸と上方とー』(風間書房, 1974) 751쪽

84 神戸大学附属図書館 2006년 전시회「東アジアのなかの日本」(2006)을 참조.
http://lib.kobe-u.ac.jp/www/html/tenjikai/2006tenjikai/catalog/kindai-1.html.

85 高橋博巳,『草場佩川』(佐賀県立佐賀城本丸歴史館, 2013) 98~100쪽.

86 이들 문헌에 대하여 한국어로 된 참고 문헌으로는 박양자,『일본 키리시탄 순
교사와 조선인』(도서출판 순교의 맥, 2008), 김혜경,「알렉산드르 발리냐노와 그의
조선 인식」,『한국교회사 연구자 모임(9)』(2016.8.19~20 발표) 등을 들 수 있다.

87 ［大航海時代叢書 第Ⅰ期 1965年7月〜70年10月］

1. コロンブス アメリゴ ガマ バルボア マゼラン 航海の記録 (1965年7月刊)

1-1.「クリストーバル・コロンの四回の航海」〈林屋永吉: 訳〉

1-2.「アメリゴ・ヴェスプッチの書簡集」〈長南実: 訳 / 増田義郎: 注〉

1-3.「ドン・ヴァスコ・ダ・ガマのインド航海記」〈野々山ミナコ: 訳 / 増田義郎: 注〉

1-4.「バルボアの太平洋発見」〈野々山ミナコ: 訳 / 増田義郎: 注〉

1-5.「マガリャンイス最初の世界一周航海」〈長南実: 訳 / 増田義郎: 注〉

2. アズララ カダモスト 西アフリカ航海の記録 (1967年1月刊)

2-1. アズララ「ギネー発見征服誌」〈長南実: 訳 / 川田順造: 注〉

2-2. カダモスト「航海の記録」〈河島英昭: 訳 / 山口昌男: 注〉

3. アコスタ 新大陸自然文化史 上〈増田義郎: 訳〉(1966年1月刊)

4. アコスタ 新大陸自然文化史 下〈増田義郎: 訳〉(1966年7月刊)

5. トメ・ピレス 東方諸国記〈生田滋・池上岑夫・加藤栄一・長岡新治郎: 訳〉(1966年10月刊)

6. ゴンザーレス・デ・メンドーサ シナ大王国誌〈長南実・矢沢利彦: 訳〉(1965年11月刊)

7. モルガ フィリピン諸島誌〈神吉敬三: 訳 / 箭内健次: 訳・注〉(1966年4月刊)

8. リンスホーテン 東方案内記〈岩生成一・渋沢元則・中村孝志: 訳〉(1968年9月刊)

9. ジョアン・ロドリーゲス 日本教会史 上〈江馬務・佐野泰彦・土井忠生・浜口乃二雄: 訳〉
(1967年10月刊)

10. ジョアン・ロドリーゲス 日本教会史 下〈池上岑夫・伊東俊太郎・佐野泰彦・長南実・土井
忠生・浜口乃二雄・藪内清: 訳〉(1970年3月刊)

11. アビラ・ヒロン 日本王国記 / ルイス・フロイス 日欧文化比較 (1965年9月刊)

11-1. アビラ・ヒロン「日本王国記」〈佐久間正: 訳・注 / 会田由: 訳 / 岩生成一: 注〉

11-2. ルイス・フロイス「日欧文化比較」〈岡田章雄: 訳・注〉

別巻 大航海時代 概説 年表 索引〈飯塚浩二・井沢実・泉靖一・岩生成一・増田義郎・箭内
健次〉(1970年10月刊)

［大航海時代叢書 第Ⅱ期 1979年6月〜92年9月］

1. ブーチェ カミーニャ マガリャンイス ピガフェッタ ヨーロッパと大西洋 (1984年12月刊)

1-1. ブーチェ「カナリア諸島征服記」〈細川哲士: 訳・注〉

1-2. カミーニャ「国王宛て書簡」〈池上岑夫: 訳・注〉

1-3. マガリャンイス「ブラジル誌」〈池上岑夫: 訳・注〉

1-4. ピガフェッタ「コンゴ王国記」〈河島英昭: 訳 / 松園万亀雄: 注〉

2. ジョアン・デ・バロス アジア史 1〈生田滋: 訳・注 / 池上岑夫: 訳〉(1980年3月刊)

3. ジョアン・デ・バロス アジア史 2〈生田滋: 訳・注 / 池上岑夫: 訳〉(1981年3月刊)

4. アルヴァレス エチオピア王国誌〈長島信弘: 注・解説 / 池上岑夫: 訳〉(1980年1月刊)

5. モンセラーテ ムガル帝国誌 / パイス・ヌーネス ヴィジャヤナガル王国誌 (1984年2月刊)

5-1. モンセラーテ「ムガル帝国誌」〈清水廣一郎: 訳・解説 / 池上岑夫: 訳 / 小谷汪之: 注・解説〉

5-2. パイス・ヌーネス「ヴィジャヤナガル王国誌」〈浜口乃二雄: 訳 / 重松伸司: 注・解説〉

6. イエズス会と日本 1〈高瀬弘一郎: 訳・注〉(1981年1月刊)

7. イエズス会と日本 2〈岸野久: 訳 / 高瀬弘一郎: 訳・注〉(1988年2月刊)

8. リッチ 中国キリスト教布教史 1〈矢沢利彦: 注 / 平川祐弘: 解説 / 川名公平: 訳〉(1982年11月刊)

9. リッチ セメード 中国キリスト教布教史 2〈川名公平: 訳 / 矢沢利彦: 訳・注〉(1983年11月刊)

10. ハウトマン ファン・ネック 東インド諸島への航海〈生田滋: 注 / 渋沢元則: 訳〉(1981年12月刊)

11. フーンス フリート コイエット オランダ東インド会社と東南アジア (1988年7月刊)

11-1. ファン・フーンス「ジャワ旅行記」〈生田滋: 訳・注〉

11-2. ファン・フーンス「ジャワ島の短い記述」〈生田滋: 訳・注〉

11-3. ファン・フリート「シアム王国記」〈生田滋: 訳・注〉

11-4. ファン・フリート「シアム王統記」〈生田滋: 訳・注〉

11-5. フレデリク・コイエット「閑却されたるフォルモサ」〈生田滋: 訳・注〉

12. サアグン コルテス ヘレス カルバハル 征服者と新世界〈増田義郎: 解説〉(1980年10月刊)

12-1. サアグン(編)「メシコの戦争」〈小池佑二: 訳・注・解題〉

12-2. コルテス「報告書翰」(伊藤昌輝: 訳 / 増田義郎: 解題・注)

12-3. ヘレス「ペルーおよびクスコ地方征服に関する真実の報告」(増田義郎訳・注)

12-4. カルバハル「アマゾン川の発見」(大貫良夫: 訳・注 解題)

13. ソリタ ヌエバ・エスパニャ報告書 / ランダ ユカタン事物記 (1982年7月刊)

13-1. ソリタ「ヌエバ・エスパニャ報告書」〈小池佑二: 訳・注〉

13-2. ランダ「ユカタン事物記」〈林屋永吉: 訳 / 増田義郎: 注〉

14. モトリニーア ヌエバ・エスパーニャ布教史〈小林一宏: 訳・注〉(1979年10月刊)

15. シエサ・デ・レオン(スペイン語版, 英語版) インカ帝国史(スペイン語版)〈増田義郎: 訳・注・解説〉(1979年6月刊)

16. ペドロ・ピサロ オカンポ アリアーガ ペルー王国史 (1984年10月刊)

16-1. ペドロ・ピサロ「ピルー王国の発見と征服」〈増田義郎: 訳・注〉

16-2. オカンポ「ビルカバンバ地方についての記録」〈旦敬介: 訳・注〉

16-3. アリアーガ「ピルーにおける偶像崇拝の根絶」〈増田義郎: 訳・注〉

17. ジェンキンソン ドレイク ランカスター スコット ホーキンズ イギリスの航海と植民 1〈越智武臣: 解説〉(1983年2月刊)

17-1. ジェンキンソン「モスクワからブハラへの船旅」〈朱牟田夏雄: 訳・注 / 越智武臣: 解題・注〉

17-2. ランカスター「東インドへの航海」〈朱牟田夏雄: 訳・注 / 越智武臣解題・注〉

17-3. スコット「ジャワ滞留記」〈朱牟田夏雄: 訳・注 / 越智武臣: 解題・注〉

17-4. ホーキンズ「西インドへの航海」〈朱牟田夏雄: 訳・注 / 越智武臣: 解題・注〉

17-5. ドレイク「サ・フランシス・ドレイク: 再評価」〈中野好夫訳・注 / 越智武臣: 解題・注〉

18. ハクルート ローリ スミス バーロー レーン ハリオット イギリスの航海と植民 2 (1985年9月刊)

18-1. ハクルート「西方植民論」〈越智武臣: 訳・注〉

18-2. バーロー「アメリカ海岸への最初の航海」〈平野敬一: 訳・注 / 川北稔: 解題・注〉

18-3. レーン「ロアノーク島入植記」〈平野敬一: 訳・注 / 川北稔: 解題・注〉

18-4. ハリオット「ヴァージニア報告」〈平野敬一: 訳・注 / 川北稔: 注 / 川島昭夫: 解題・注〉

18-5. 付「ホワイトによる水彩画」〈川島昭夫: 解題〉

18-6. スミス「ヴァージニア入植についての真実の話」〈平野敬一: 訳・注 / 川北稔: 解題・注〉

18-7. ローリ「ギアナの発見」〈平野敬一: 訳 / 増田義郎: 解題・注〉

19. カルチエ テヴェ フランスとアメリカ大陸 1〈二宮敬: 解説〉(1982年3月刊)

19-1. ジャック・カルチエ「航海の記録」(西本晃二: 訳)

19-2. アンドレ・テヴェ「南極フランス異聞」(山本顕一: 訳・注)

20. レリー ロードニエール ル・シャルー フランスとアメリカ大陸 2 〈西本晃二ほか: 訳〉(1987年9月刊)

20-1. ジャン・ド・レリー「ブラジル旅行記」〈二宮敬: 訳・注〉

20-2. ロードニエール / ル・シャルーほか「フロリダへの航海」〈宮下志朗・高橋由美子: 訳・注〉── ロードニエール『フロリダ航海記』, ル・シャルー『フロリダ殉難記』, 作者不詳『フロリダ奪還記』より構成.

21. ラス・カサス インディアス史 1〈長南実・増田義郎: 訳〉(1981年9月刊)

22. ラス・カサス インディアス史 2〈長南実・増田義郎: 訳〉(1983年9月刊)

23. ラス・カサス インディアス史 3〈長南実: 訳〉(1987年3月刊)

24. ラス・カサス インディアス史 4〈長南実: 訳〉(1990年2月刊)

25. ラス・カサス インディアス史 5〈長南実: 訳〉(1992年9月刊)

[大航海時代叢書 エクストラ・シリーズ]

1. インカ・ガルシラーソ・デ・ラ・ベーガ インカ皇統記 1〈牛島信明: 訳〉(1985年11月刊)

2. インカ・ガルシラーソ・デ・ラ・ベーガ インカ皇統記 2 〈牛島信明: 訳〉(1986年8月刊)

3. ベルナール・ディーアス・デル・カスティーリョ メキシコ征服記 1 〈小林一宏: 訳〉(1986年2月刊)

4. ベルナール・ディーアス・デル・カスティーリョ メキシコ征服記 2 〈小林一宏: 訳〉(1986年6月刊)

5. ベルナール・ディーアス・デル・カスティーリョ メキシコ征服記 3 〈小林一宏: 訳〉(1987年3月刊)

[17・18世紀大旅行記叢書 第Ⅰ期 1990年11月～94年3月]

1. ダンピア 最新世界周航記 〈平野敬一: 訳〉(1992年11月刊)

2. ブーガンヴィル 世界周航記 〈中川久定: 解説 / 山本淳一: 訳・解説〉(1990年11月刊)

3. クック 太平洋探検 上 〈増田義郎: 訳〉(1992年5月刊)

4. クック 太平洋探検 下 〈増田義郎: 訳〉(1994年3月刊)

5. ベルニエ ムガル帝国誌 〈小名康之: 注 / 赤木昭三: 解説 / 関美奈子・倉田信子: 訳〉(1993年8月刊)

6. シャルダン ペルシア紀行 〈羽田正: 解説 / 佐々木康之: 訳・解説 / 佐々木澄子: 訳〉(1993年3月刊)

7. ショワジ タシャール シャム旅行記 (1991年5月刊)

7-1. ショワジ「シャム王国旅日記」〈二宮フサ: 訳〉

7-2. タシャール「シャム旅行記」〈鈴木康司: 訳〉

8. ウリョーア フワン 南米諸王国紀行 〈増田義郎: 注 / 牛島信明: 訳〉(1991年11月刊)

9. シャップ シベリア旅行記 〈渡辺博: 解説 / 永見文雄: 訳・解説〉(1991年8月刊)

10. ブルース ナイル探検 〈長島信弘・石川由美: 訳〉(1991年2月刊)

[アンソロジー新世界の挑戦 1992年～95年]

1. ラス・カサス 裁かれるコロンブス 〈長南実: 訳〉(1992年5月刊)

2. ペドロ・マルティル 新世界とウマニスタ 〈清水憲男: 訳〉(1993年3月刊)

3. ゴマラ 拡がりゆく視圏 〈清水憲男: 訳〉(1995年3月刊)

4. オビエード カリブ海植民者の眼差し 〈染田秀藤・篠原愛人: 訳〉(1994年9月刊)

5. シエサ・デ・レオン(スペイン語版, 英語版) 激動期アンデスを旅して 〈染田秀藤: 訳〉(1993年6月刊)

6. ビトリア 人類共通の法を求めて 〈佐々木孝: 訳〉(1993年10月刊)

7. セプールベダ 征服戦争は是か非か 〈染田秀藤: 訳〉(1992年5月刊)

8. ラス・カサス インディオは人間か 〈染田秀藤: 訳〉(1995年10月刊)

9. サアグン 神々とのたたかい Ⅰ 〈篠原愛人・染田秀藤: 訳〉(1992年8月刊)

10. ドゥラン 神々とのたたかい Ⅱ〈青木康征: 訳〉(1995年1月刊)

11. アコスタ 世界布教をめざして〈青木康征: 訳〉(1992年11月刊)

12. マチューカ 未知の戦士とのたたかい〈青木康征: 訳〉(1994年6月刊)

13. ラス・カサス 歴史の発見〈長南実: 訳〉(1994年2月刊)

[ユートピア旅行記叢書 1996年〜2002年]

1.「17世紀フランス編」、シラノ・ド・ベルジュラック『別世界または日月両世界の諸帝国 月の諸国諸帝国・太陽の諸国諸帝国』赤木昭三訳

2.「17世紀イギリス編」、フランシス・ゴドウィン『月の男』大西洋一訳

2-1. マーガレット・キャヴェンディッシュ『新世界誌 光り輝く世界』川田潤訳

3.「ヨーロッパ精神の危機の時代編」、フォワニー『アウステル大陸漂流記』倉田信子・鈴木康司訳

4.「ヨーロッパ精神の危機の時代編」、フォントネル『哲学者の国またはアジャオ人物語』赤木昭三訳

4-1. フェヌロン『テレマコスの冒険』二宮フサ訳

4-2. ラオンタン『未開人との対話』川合清隆訳

5.「ヨーロッパ精神の危機の時代編」、ジルベール『カレジャヴァ物語』永瀬春男訳

5-1. ティソ・ド・パソ『ジャック・マセの航海と冒険』小西嘉幸訳

5-2. ティソ・ド・パト『ピエール・ド・メザンジュの生涯と冒険とグリーンランド旅行』鈴木田研二訳

6.「18世紀イギリス編」、ジョナサン・スウィフト『ガリヴァー旅行記』冨山太佳夫訳

7.「18世紀イギリス編」、ポルトック『ピーター・ウィルキンズの生涯と冒険』高橋和久訳

8.「18世紀ドイツ編」、ヴェーツェル『ベルフェゴール』桑原ヒサ子・轡田収訳

8-1. ハラー『ウーゾング』木村高明・轡田収訳

8-2. ヴィーラント『黄金の鏡』新井皓士訳

9.「東欧・ロシア編」、クラシツキ『ミコワイ・ドシフィヤトチンスキの冒険』沼野充義訳

9-1. シチェルバートフ『オフィル国旅行記』井桁貞義・草野慶子訳

9-2. スマローコフ『〈幸福な社会〉の夢』井桁貞義訳

9-3. リョーフシン『ベリョフ市民の月世界旅行』井桁貞義訳

10.「啓蒙の時代初期編」、テラソン『セトス』永見文雄訳

10-1. リュスタン・ド・サン=ジョリ『女戦士』永見文雄訳

10-2. コワイエ『軽薄島の発見』永見文雄訳

11.「哲学者たちのユートピア フランス・ドイツ編」

11-1. シャルル・ド・モンテスキュー『トログロディット人の寓話』井田進也訳

11-2. ヴォルテール『エルドラド』佐々木康之訳

11-3. アベ・プレヴォー『ブリッジの物語』永見文雄訳

11-4. ジャン・ジャック・ルソー『クララン共同体』佐々木康之訳

11-5. ブリケール・ド・ラ・ディスメリー『タヒチの野生人からフランス人へ』中川久定訳

11-6. ドニ・ディドロ『ブーガンヴィル航海記 補遺』中川久定訳

11-7. クニッゲ『クリストフ・ハインリヒ・ブリックの手稿』轡田収・鷲巣由美子 訳

11-8. ハインゼ『アルディンジェロと至福の島々』轡田収・鷲巣由美子訳

12.「海底の国と地底の国編」,ホルベリ『ニコラス・クリミウスの地下世界への旅』多賀茂訳

12-1. マイエ『テリアメド』多賀茂・中川久定訳

13.「共有のユートピアと科学のユートピア編」

13-1. モレリ『バジリアッドまたは浮き島の難破』鈴木峯子訳

13-2. ティフェーニュ・ド ラ・ロシュ『ジファンティー』田中義廣訳

14.「奇想と転倒のユートピア編」,マリヴォー『奴隷の島』佐藤実枝訳

14-1. マリヴォー『理性の島』鈴木康司訳

14-2. マリヴォー『新天地』井村順一訳

14-3. カサノーヴァ『イコザメロン』川端香男里訳

15.「18世紀末編」,レチフ・ド・ラ・ブルトンヌ『ポルノグラフ』植田祐次訳

15-1. ル・メルシエ・ド・ラ・リヴィエール『幸福な国民またはフェリシー人の政体』増田真訳

[17・18世紀大旅行記叢書 第Ⅱ期 2001年12月〜2004年7月]

1. フランソワ・ルガ インド洋への航海と冒険 / ベルナルダン・ド・サン゠ピエール フランス島
への旅 (2002年10月刊)

1-1.「インド洋への航海と冒険」〈中地義和: 訳〉

1-2.「フランス島への旅」〈小井戸光彦: 訳〉

2. ロベール・シャール 東インド航海日誌〈塩川浩子・塩川徹也: 訳〉(2001年9月刊)

3. ヤコプ・ハーフナー インド東岸の冒険と旅〈栗原福也: 訳〉(2002年6月刊)

4. クロード・ダヴヴィル マラニャン布教史 / イヴ・デヴルー マラニャン見聞実記 (2004年
3月)

4-1.「マラニャン布教史」〈大久保康明: 訳〉

4-2.「マラニャン見聞実記」〈大久保康明: 訳〉

5. ジャン・バティスト・ラバ 仏領アンティル諸島滞在記〈佐野泰雄: 訳〉(2003年12月刊)

6. ウッズ・ロジャーズ 世界巡航記〈平野敬一: 訳〉(2004年7月刊)

7. ゲオルク・フォルスター 世界周航記 上〈三島憲一・山本尤: 訳〉(2002年3月刊)

8. ゲオルク・フォルスター 世界周航記 下〈三島憲一・山本尤: 訳〉(2003年5月刊)

9. アレクサンダー・フォン・フンボルト(エンゲルハルト・ヴァイグル編) 新大陸赤道地方紀行

上〈大野英二郎·荒木善太: 訳〉(2001年12月刊)

10. アレクサンダー·フォン·フンボルト(エンゲルハルト·ヴァイグル編) 新大陸赤道地方紀行 中〈大野英二郎·荒木善太: 訳〉(2002年12月刊)

11. アレクサンダー·フォン·フンボルト(エンゲルハルト·ヴァイグル編) 新大陸赤道地方紀行 下〈大野英二郎·荒木善太: 訳〉(2003年9月刊)

[シリーズ世界周航記 2006年～07年]

1. バイロン ロバートソン カートレット 南太平洋発見航海記〈原田範行: 訳〉(2007年2月刊)

2. ブーガンヴィル 世界周航記〈山本淳一: 訳〉/ ディドロ ブーガンヴィル航海記補遺〈中川 久定: 訳〉(2007年4月刊)

3. クック 南半球周航記 上〈原田範行: 訳〉(2006年4月刊)

4. クック 南半球周航記 下〈原田範行: 訳〉(2006年6月刊)

5. フォルスター 世界周航記 上〈服部典之: 訳〉(2006年12月刊)

6. フォルスター 世界周航記 下〈服部典之: 訳〉(2007年6月刊)

7. ラペルーズ ラペルーズ太平洋周航記 上〈佐藤淳二: 訳〉(2006年8月刊)

8. ラペルーズ ラペルーズ太平洋周航記 下〈佐藤淳二: 訳〉(2006年10月刊)

9.(別巻)石原保徳 原田範行 新しい世界への旅立ち (2006年4月刊)

88 박철, 『16세기 서구인이 본 꼬라이』(한국외국어대학교 출판부, 2011년 수정판) 241~242쪽.

89 김시덕, 「일본의 임진왜란 문헌 5 ——『고려 해전기』」, 『문헌과 해석』 57 (문헌과 해석사, 2011년 겨울) 72쪽.

90 Luis Frois, 『日本史』 2 (中央公論社, 1977-80) 212~216쪽.

91 지명숙·왈라번, 『보물섬은 어디에 —— 네델란드 고문서를 통해 본 한국과의 교류사』(연세대학교 출판부, 2003) 83쪽.

92 이상, 지명숙·왈라번, 『보물섬은 어디에 —— 네델란드 고문서를 통해 본 한국과의 교류사』(연세대학교 출판부, 2003) 제1장 「꼬레 섬과의 통상」.

93 지명숙·왈라번, 『보물섬은 어디에 —— 네델란드 고문서를 통해 본 한국과의 교류사』(연세대학교 출판부, 2003) 185쪽.

94 비천의 『북동 타타르지』의 네델란드어 원본과 현대 러시아어 번역은 「Nicolaas Witsen: Noord en Oost Tartarye」에서 열람할 수 있다. http://resources.huygens.knaw.nl/witsen.

95 와세다 대학 도서관에서 열람할 수 있다. http://www.wul.waseda.ac.jp/kotenseki/html/bunko08/bunko08_b0249.

96 구글 북스에서 열람할 수 있다. http://books.googleusercontent.com/books/cont

ent?req=AKW5QafjqmV4jlOzS7HumZR4NeBiB_NW4hY26lHlZLwvNV4uPrcp-YYRS
VzwEMNsLie0xCFf4IVSyAjWapAURcX2nRoV7Oe9XmZxG7NFqim3wh4iLJRJ1E00LN
6v1_DuJ6wZsnctCbhXMvRUru_49X_vB_tNtGTYI7GPN2GOyT_ua21Qmv4jWDpg6qb
rphS4s7knB1xJHmplPhG7RoqWLKlYuFHUQ229TI5UBTR8oDNhuerQktGUSnIBhibbxO
38amKKB7ClxfheOBcK9gemcWgr7twFMwYJqLXvPGMMblcAZAtXEEnRw_4.

97 「Nicolaas Witsen: Noord en Oost Tartarye」에서 제공하는 근세 네덜란드어 원문을 아래에 첨부한다.

"Volgt het geen Arnoldus Montanus, in zijne Japansche beschryving, van Korea melt.

Hoewel Taicosama nu Japan verheert had, zoo stond hy nochtans beducht voor wederspannigheden; alzoo verscheide Koningen, uit doorluchtige stammen, voor een Keizer van minder herkomst, niet licht buigen zouden. Wanneer slechts weinige ter been stapten, mogte andere voorts gaende werden. Zulks hy in een algemeene opstand te kort konde schieten. Hier was deswegen voorzichtigheit noodig, om zich van dusdanige vrees te ontlasten. Na diepzinnig overslag vind Taicosama niet raedzamer als de magtigste Vorsten, welke hy meest t'ontzien had, verre van honk te verzenden.

Hier toe leverde 't nabuurig Korea bequame gelegentheit. Dit hangend Eiland word verdeelt in acht Landschappen, namentlijk Kinki, Hoanchai, Kyangyuen, Ciuenlo, Kingxan, Changoing, Caokiuli, en Pingan. Ten Noorden is 't vast aen 't Tartarische Ryk Niuche: Zuidwaerd af leid 't magtig Eiland Fungma: Westelijk valt de stroom Yalo: 't overige bespoelt d'Oceaen. In de lengte strekt het zich uit tot twee honderd en zeventig Duitsche mylen, in de breedte tot dartig. 't Gewest Kinki pronkt met d'hoofdstad Pingjang. 't Gansche Land is zeer volkryk. De steden zijn zeer veel: leggen meest vierkant, en gebouwt na de wyze der Sineezen: welker Dragt, Tael, Letteren, Godsdienst en Land-bestier de Koreërs genoegzaem volkomen navolgen. En geen wonder; dewyl bereeds voor twee honderd jaer door den Sineeschen Keizer Hiaovus t'onder gebragt zijn.

De verhuizing der zielen in allerlei lichamen grypt ook alhier stand. Hunne lijken worden kostelijk gepronkt, en binnen doodkisten beslooten, en op 't derde jaer eerst ter aerde bestelt. Tegen d'uitwaezemende stank zijn alle de reeten met gom, Cie genaemt, zorgvuldig bestreken. De Sineezen houden de Koreërs voor ongeschikt: ter oorzaek de Koreesche wyven zoo veel vryheit genieten: dat ze na haer welgevallen te straet betreden, en zelf in gezelschap van mannen mogen verschynen: als ook, dewyl alle houwelijken, buiten kennis van bloedvrienden of ouders, aen 't enkel goedvinden des Bruidegoms en Bruids staen. De grond is zeer vruchtbaer, en brengt tweemaels 's jaers Tarw en Rys voort. Nergens valt beter

Papier, ende Gom, Cie by de Sineezen genaemt, een slag van Sandaracha of Vernis, als hier. Deze Gom heeft groot gebruik by de Sineezen en Japanders, als de welke met dezelve hun huisraed vernissen.

Vorders is Korea verscheidemael afgestroopt. Onlanks op 't jaer zeven en twintig gevoelde het de verwoede handen der bondgenooten en vyanden. De Sineesche Veldoverste Maovenlung had alhier, de Tartars ontwykende, een inleegering. Zijn krygsvolk, leggende wyd en zyd verspreid, begonde by leedigheit den Koreërs overlast te doen. Dit liep zoo hoog, datze den Tartar te hulp riepen. Greetig greep deze d'aenbod aen. Een aerdige krygsvond gelukte hem; want 't Tartarische Heir quam in de voorspits met de Koreërs trekken, om Maovenlung te misleiden. En deze wanende uit de spits van 't Leger, het alle bondgenooten te zijn, wierd eerlang onvoorziens overvallen. Hy had nu bereeds een vinnige neep gekregen: wanneer te mets de verstrooiden ten slagordre schaerde. Thans verhief de stryd, niet zonder twyfelachtige uitkomst. Eindelijk drong de Tartar zoo vinnig toe, dat Maovenlung voetslaekte, doch zoo wanordentelijk geenzints, of kreeg de strand, en aldaer zijn meeste volk scheep. Den overwinnaer stond de zeegen duur: en was te meer misnoegt, dat Maovenlung, wiens moedige krygskunde dapper ontzag, weg raekte. Hy verkeert dan dit misnoegen in list, en valt den Koreërs op 't lijf.

De vier Noorder-landschappen, naest grenzende aen Tartarye, had hy ellendig afgestroopt: wanneer de Koreaensche Koning 't harnas aengespte, om den Tartar, die 't nu op de Hooftstad Pingjang gemunt had, de stuiten. Hy lag ten dien einde gelegert tusschen een engte, waer de doortogt was. Hier op gaet de Tartar los. Heevig wierd wederzyds gevochten: zoo nochtans dat de kans met de Koreër begonde te verkeeren, alzoo meer en meer slabakte. En buiten twyfel had hy de nederlaeg gehad, ten zy Maovenlung schielijk op donderde: en den Tartar in de achterhoede aenviel. En deze rondom beklemt, wederzyds van ontoegankelijke bergen, voorwaerds bestreden by de Koreërs, achter door de Sineezen, verlier evenwel in zulk een hagchelijken toestand zich zelf niet. De wanhoop maekt hem moedig. Hy zag geen uitkomst, als die de Sabel konde verschaffen. Naeuwelijks gewagen ergens eenige gedenkschriften van bloediger gevecht. De Tartar eindelijk maekt ruimbaen door de Sineezen, en wykt Noordelijk na 't Koningrijk Niuche. Op de plaets des Vedslags [?lees: Veldslags] liet hy vyftig duizend man (na men zegt) zitten. Ook hadden de Sineezen noch Koreërs hunne zeege geenzints voor niet: als die d'eerste kochten met t' negentig duizend mannen, en d'andere met zeventig duizend: zulks beide diervoegen waren afgemat, dat geen lust hadden, om den wykenden Tartar na te jagen.

Dit zelfde hangend Eiland stelde Taicosama, op 't jaer vyftien honderd een en tnegentig, tot een oorlogs zetel der Japanders: om alzoo binnens lands zich te ontlasten van de magt der Koningen, welke anderzints hunne krachten konden zamen spannen: en hem, uit kleinder stamme herkomstig, van den Keizerlijken Throon lichten.

Hy geeft dan door, hoe Japan byzonderen luister zoude ontfangen, indien Korea aen die kroon gehecht wierd: en zulk een wichtig werk was lichtelijk ter uitvoering gebragt, alzoo hy magt genoeg konde op de been brengen, om een verwyfden Koreër onder de knie te krygen.

De Koningen dan, voor welke hy het meeste ontzag had, worden op ontboden, zestig duizend mannen ingescheept, en gelast aen Korea te landen. Alhier uitgestapt, vonden meer te doen, als dachten: zulks de oorlog van een lang vertrek bleef. Ondertusschen zond Taicosama althans vriendelijke brieven, en nieuwe hulpbenden. 't Was hen allen zeer tegen de borst, zoo lang buiten Japan, en 't gezicht van wyf en kinderen onder vyanden te vertoeven, zonder ooit afgehaelt te worden.

Na de eerst gezondene zestig duizend man, volgden daer op noch hondend en veertig duizend man.

Deze magt, op Korea geland, liep gezwint alles voor de voet af: zulks het grootste gedeelte, en de Hooftstad Pingjang, binnen korten tijd in de handen der Japanders verviel: te mets nochtans wierdenze gestuit in den ren van hunne zegenen: want de Sineezen bragten zware Heirlegers af, tot hulp der Koreërs: en, na verloop van ruim zes jaren, den oorlog zoo verre, dat de Japanders zeewaert te rugge deisden. Ten laetsten is de vrede getroffen, op voorwaerden, dat Korea aen 't Sineesche Keizerryk zoude gehecht blijven. En aldus liep de Koreaensche oorlog ten einde. Het verlies der Japanders beliep wel op honderd duizend man. Dus verre Montanus."

98 Engelbert Kaempfer, *History of Japan*의 영어판은 Internet Archive에서 열람할 수 있다. https://archive.org/details/historyjapantog05kaemgoog.

99 大島昭秀, 『「鎖国」という言説ーケンペル著・志筑忠雄訳『鎖国論』の受容史ー』(ミネルヴァ書房, 2009) 37쪽.

100 한국어로 번역한 62~64쪽을 포함하여, 『일본사』에 보이는 관련 항목 전체를 아래에 수록하였다.

II. Corey, or Coræa, is a Peninsula, which stands out from Tartary, runing towards Japan, opposite to the coasts of China. It hath been, as the Japanese relate, divided of old into three Provinces. That which is lowest, and nearest to Japan, is by the Japanese call'd Tsosijn , the second, which makes up the middle part of the whole Peninsula, Corey, and the third and uppermost, which confines upon Tartary, Fakkusai. Sometimes the name of either of these Provinces is given to the whole Peninsula. The natives according to the account of the Japanese are of Chinese extraction. They served often and under different Masters. Their neighbours the Tartars sometimes enter'd into alliances with them, at other times they invaded and subdued them. Mikaddo Tsiuu Ai, Emperor of Japan, prosecuted them with war, but he dying before he could put an end to this enterprize, Dsin Gu his Relict, a Princess of great parts and personal bravery, pursued it with the utmost vigour, wearing the arms of the deceas'd Emperor her Husband, till at last she made them tributary to Japan about the year of Christ 201. Sometime after they enter'd into fresh alliances with their neighbours the Tartars, and so continued unmolested by the Japanese, till Taiko possess' d himfelf of the Secular throne of Japan. This valiant Prince, reading the histories of his Empire, found it recorded, that the Coreans had been subdued by one of his predecessors and made tributary to Japan: As in the mean time he was but lately come to the throne, he doubted not, but that he should get time fully to settle and to secure himself in the possession thereof, if he could send some of the most powerful Princes of the Empire abroad upon some such military expedition, and by this means remove them from Court and Country. He therefore gladly seiz'd this opportunity, and resolv'd to renew and support his pretensions to the Kingdom of Corea, and through this kingdom, as he gave out his main design was, to open to himself a way to the conquest of the great Empire of China it self. Accordingly he sent over some Ambassador's to Corey, to desire the Natives to acknowledge the supremacy of the Japanese Emperor, and to give tokens of their loyalty and submission. But the Coreans, instead of an answer, killing the Emperor's Ambassador, by this hostile act gave him just reasons to prosecute them with war. Accordingly a numerous army was sent over, without further delay, under the command of such of the Princes of the Empire, whose presence he had the most reason to be apprehensive of. This war lasted seven years, during which time his Generals with much a do broke at last: through the strong opposition made by the natives, and their allies the Tartars, and after a brave defence made the Country again tributary to Japan. Taiko dying about that time, and the army returning, Ijejas his successor order'd, that they should once in three years send an embassy to Court, to acknowledge his sovereignty. Since that time they relapsed by degrees under the domination of the Tartars, and drove the Garrisons left by the Japanese, down to the very coasts of the Province Tsiosijn, the only thing they have now remaining of all their

주 473

conquests in Corea. As things now stand, the Emperor of Japan seems to be satisfied, for the security of his own dominions, to be master of the Coasts, the care and Government whereof he committed to the Prince of the Islands Iki and Tsusima, who keeps there a Garrison only of fifty Men under the command of a Captain, or :Bugjo, as they are here call'd. And the Inhabitants are order'd to send an embassy to Court, and to take the oath of allegiance and supremacy only once at the beginning of every new Emperor's Reign. The Coasts of Corea are about forty eight Japanese Water Leagues, or fixteen German Miles, distant from the Island of Tsussima, and this as much from the continent of Japan. Numbers of Rocks and small Islands lie between them, which tho' they be for the most part uninhabited, yet the Japanese keep strong Garrisons in some of the chief, to watch what Ships fail by, and to oblige them to shew what commodities they have on board, as claiming the sovereignty of those Seas. The Commodities brought from Tsiosijn are the best Cod, and other Fish, pickled, Wallnuts, scarce medicinal Plants, Flowers and Roots, particularly the Ninseng, so. famous for its excellent Virtues, which grows in great plenty in the Provinces of Corea and Fakusai, as also in Siamsai, a Province of the neighbouring Tartary; this Plant, tho' it be found elsewhere, yet that growing in the Provinces abovesaid, is believ'd far to excel others in Goodness and Virtues. The Natives have also some few Manufactures. Among the rest, a certain sort of earthen Pots, made in Japij and Niuke, two Tartarian Provinces, were brought over from thence by the Coreans, which were much esteem'd by the Japanese, and bought very dear. But of late it was order'd by the Emperor, that there should be no more imported for the future. The Boats made use of by the Tsioneese are very bad indifferent Structures, which one scarce would venture further then Tsussima. (62~64쪽)

SINGUKOGU, or Dsin Guukwoo Guu, succeeded him in the year of Synmu 861, of Christ 201, and the thirtieth of her age. She was the deceased Emperors relict, and besides entituled to the Succession, by the relation she bore, in the fifth degree, to the Emperor Keikoo.

She carried on war against the Coreans, and at the very beginning of her reign went over with a numerous Army, which she commanded in person, but finding herself with child in a foreign Country, she hasten'd back to Japan, and was brought to bed (in Tsikusen, in the Province Mikassa, where‐ she then resided) of a Son, who was in his younger years call'd Wakono Oosi, but when he came of age, and to the throne, Oosin Ten Oo, and after his death Jawatta Fatzman, which is as much as to say, the Mars of Jamatta, having been for his heroic and virtuous actions related among the Gods of the Country. She resided in

Tsikusen, but frequently remov'd her Court from one place of that Province to another. She died after a glorious reign of seventy years, in the hundredth year of her age, and was after her death related among the Goddesses of the Country by the name of Kassino Dai Miosin. (164~165쪽)

The last of his Grandfather's Nengo's was continued during the five first years of his reign, after which the following were appointed, Bunroku of four years, and Keitsjo, which subsisted nineteen, or three years after his death. In the third year of his reign, Fidetsugi (a nephew of the Secular Monarch Taiko, by whom he was declar'd his Successor, though afterwards disgraced and commanded to rip open his belly) a cruel and sanguinary Prince, kill'd Foodsjo, in the Province Sagami, and extirpated all his family, pursuant to the rules of War observ'd in Japan, which advise by this means to root out at once, and to destroy the very cause of the evil. In the fifth year, the title of Quanbuku was given to the said Fide Tsugi. In the sixth year, which was the year of Christ 1592, Taiko declared war against the Coreans, and sent over a numerous army under a pretext, as he gave out, of making by the conquest of this Peninsula his way to the conqueft of the Empire of China it self. This war lasted seven years. In the seventh year died Ookimatz, the Emperor's Grandfather and Predecessor. In the eleventh year Jejias, a great favorite of Taiko's, and his first minister of state, was by the Emperor honour'd with the title of Nai Dai Sin. The same year, on the twelfth day of the seventh month, happen'd several violent Earthquakes, and the trembling continu'd by fits for a whole month. About that time it rain'd Hair, four to five inches long, in several parts of the Empire. This Phoenomenon is often mention'd in their Histories. In the twelfth year, which was the year of Synmu 2258, of Christ 1598, on the eighteenth day of the eighth month, Fide Josi took the name of Taiko, which signifies a great Lord. This great Monarch died the same year, (on the sixteenth of December, N. S.) early in the morning, leaving the secular government to his only Son Fide Jori, whom he committed to the care and tuition of Jejas. In the fourteenth year, Josijda Tsibbu, who had a place at Fide Jori's Court, rebell'd against the Emperor. The rebels were soon defeated, and their chief with all his family exterminated. In the seventeenth year, the title of Sei Dai Seogun, which belongs to the Crown General, was given to Jejas, Tutor of the hereditary Prince Fide Juri, Taiko's only Son. The same year Fide Juri himself was honour'd with the title of Nai Dai Sin. (194~195쪽)

XXIX. FIDE JOSI, afterwards call'd Taiko, and Taiko Sama. This celebrated Monarch was a Peasant's Son, and in his younger years Butler to a Nobleman. But by his courage and merit, he rais'd himself to be Emperor of Japan. He reduced all the Provinces of Japan, which were then as yet divided, and govern'd by particular Princes, under his Power and Sovereignty, and became the first absolute Secular Monarch. He was after his death, according to the custom of the country, related among the Gods, and honour'd by the Dairi with the divine title Tojokuni Daimiosin. His temple, where his urn is kept, stands at Miaco, but is at present almost decay'd, the Secular Empire being gone over into another Family.

XXX. FIDE TSUGU, alias Quabacundono, who was the Son of Joo in Iziro, and Taicosama's Nephew, reign'd under his Uncle, tho' but a little while.

XXXI. FIDE JORI, Taicosama's Son, being under age, when his Father died, was by him committed to the care and tuition of Ijejas Sama, one of his favourites and counsellors of state, who oblig'd himself by a solemn oath, sign'd with his own blood, that as soon as the young Prince should come of age, he would quit the regency, and deliver the Empire into his hands. On this condition Jejas his daughter was married to the Hereditary Prince, who enjoy'd the Empire, or at least the title of Emperor, under his tutor and father-in-law fourteen years.

XXXII. JEJASSAMA, otherwise Ongosio, and Daisusama, ufurp'd the throne upon Fide Jori his Son-in-law. He granted the Dutch East India Company a free commerce to Japan, in the year of Christ 1611. He was after his death deify'd according to custom, and call'd Gon-gensama. He lies buried at Niko, near Miaco, the burial place of this family. He reign'd in all fourteen years, taking in some of his regency. However some authors pretend, that he reign'd but four or five years, on a supposition, that he seventy years old, when he became possess'd of the throne. (201~202쪽)

101 지볼트의 전기로서는 吳秀三, 『シーボルト先生: 其生涯及功業』(吐鳳堂, 1926년 제2판) 및 板沢武雄, 『シーボルト』(吉川弘文館, 1988) 등이 저명하다.

102 Franz, Edgar, *Philipp Franz von Siebold and Russian Policy and Action on Opening Japan to the West in the Middle of the Nineteenth Century* (Deutsches Institut für Japanstudien, 2005) 제2장「Siebold as a diplomat」.

103 Boudewijn Walraven (ed.), Frits Vos (transl.), 'Korean Studies in Early-nineteenth century Leiden,' *Korean Histories* 2.2, 2010.

104 尾崎賢治 역, 『日本』 5 (雄松堂書店, 1978) 148쪽, 159~160쪽. https://ia800307.us.archive.org/20/items/nipponarchivzur00siebgoog/nipponarchivzur00siebgoog.pdf.

105 尾崎賢治 역, 『日本』 5 (雄松堂書店, 1978) 141쪽.

106 奥田倫子,「日本語学者ヨハン・ヨーゼフ・ホフマン旧蔵日本書籍目録」,『書物・出版と社会変容』14 (2013·3).

107 "Hoffmann also spent a great deal of effort on the next chapter, a survey of "Japan's relations with the Korean peninsula and China, based on Japanese sources," preceded by an outline history of Korea. He began with the myth of Tan'gun, on the basis of the account of the Tongguk t'onggam 東國通鑑 Comprehensive Mirror of the Eastern Country, which he could not consult directly but found quoted in Japanese sources, and concluded his account with the Manchu campaign against Chosŏn in 1637." Boudewijn Walraven (ed.), Frits Vos (transl.), 'Korean Studies in Early-nineteenth century Leiden,' *Korean Histories* 2.2, 2010. 77쪽.

108 尾崎賢治 역,『日本』5 (雄松堂書店, 1978) 160쪽. https://ia800307.us.archive.org/20/items/nipponarchivzur00siebgoog/nipponarchivzur00siebgoog.pdf.

109 *Collected works of William George Aston vol.1 Collected Papers* (Ganesha Publishing Ltd. & Oxford University Press Japan, 1997) 103쪽.

110 William George Aston, 増田藤之助訳,『豊太閤征韓史』(隆文館, 1907)는 일본 국회 도서관에서 원본을 열람할 수 있다. http://dl.ndl.go.jp/info:ndljp/pid/993642.

111 "The great Taikō …… a son of peasants, an untrained genius who had won his way to high command by shrewdness and courage, natural skill of arms, and immense inborn capacity for all the chess-play of war..... He had proved himself one of the greatest soldiers ever born. Perhaps the issue of the war in Korea would have been more fortunate, if he could have ventured to conduct it himself."

112 김시덕 역,『일본괴담집』(도서출판문, 2010)으로 번역 출간되었다.

113 이영미,「그리피스(1843~1928)의 한국 인식과 동아시아」(인하대학교 대학원 2015년도 박사 논문).

114 신복룡 역주,『은자의 나라 한국』(집문당, 1999) 94쪽.

115 신복룡 역주,『은자의 나라 한국』(집문당, 1999) 87~88쪽.

116 신복룡 역주,『은자의 나라 한국』(집문당, 1999) 201, 205쪽.

117 곤차로프,『전함 팔라다』(동북아 역사 재단, 2014).

118 블라디미르(제노네 볼피첼리) 지음, 유영분 옮김,『구한말 러시아 외교관의 눈으로 본 청일 전쟁』(살림, 2009). Internet Archive에서 원본을 열람할 수 있다. https://archive.org/details/chinajapanwarco00volgoog.

119 바츨라프 세로셰프스키,『코레야 1903년 가을』(개마고원, 2006).

120 심국웅 역,『러일 전쟁 — 러시아 군사령관 쿠로파트킨 장군 회고록』(한국

외국어대학교 출판부 지식출판원, 2007).

121 블라디미르의 *Russia on the Pacific, and the Siberian railway*(London: S. Low, Marston & company, limited)는 Internet Archive에서 열람할 수 있다. https://archive.org/details/russiaonpacifics00volp.

제2부

제1장 일본 지식인 집단과 임진왜란·조선 정보

1 김시덕, 「조선 후기 문집에 보이는 일본 문헌 『격조선론』에 대하여」, 『국문학 연구』 23 (국문학회, 2011-6).

2 "伝曰, 用兵有五. 曰義兵, 曰応兵, 曰貪兵, 曰驕兵, 曰忿兵. 五之中, 義兵与応兵, 君子之所用也. 伝又曰, 国雖大, 好戦必亡. 天下雖安, 忘戦則必危. 好与忘二者, 可以不戒乎哉. 曩昔豊臣氏之伐朝鮮也, 可謂貪兵, 兼驕与忿. 不可為義兵. 又非不得已而用之者, 所謂好戦者也. 是天道之所悪. 其終亡者固其所也. 韓人之脆弱而速敗瓦解土崩者, 繇教養無素守禦失道, 故不能用応兵. 是所謂忘戦者也. 嗚呼, 朝鮮之国勢危殆而幾亡者職此而已. 宜哉, 柳相国之作 『懲毖録』也, 是観前車而戒後車之意也."

3 "司馬法曰. 天下雖安. 忘戦必危. 國雖大. 好戦必亡. 胡氏曰. 兵不可好. 好兵者. 必有不戦自焚之災. 亦不可悪. 悪兵者必有授人以兵之禍." 번역은 윤무학, 「朝鮮初期의 兵書編纂과 兵學思想」, 『東洋古典研究』 49 (2012) 332쪽, 원문은 한국 고전 종합 DB에 의거.

4 "豊臣太閤の素生は知れざることなるを, 『真顕太閤記』などに, 母は持萩(もちはぎ)中納言の女と書たれど, あとかたもなきそらことなり. 持萩と家号をいえる公卿はかつてなきものをや. 『豊鑑』は豊太閤まだ世にいましたる時にしるしたる書なるに, 父母は知られざるよしかけり. 生たちのことは『遺老物語』に収めたる『太閤出生記』やや実に近かるべし. さて朝鮮を攻て後に大明を攻取んと欲したるは器量大なる人とて, 称美する人多かれど, 安斎の論に, 器量の大なるにはあらず. 器量少くして, 欲心ふかく大なる人なり. 器量と云は才智なり. 豊太閤は無学文盲なる人にて, 悪才邪智あり. 善才正智はなし. 唯虎狼のごとく, 武威をはりて人を怖畏せしめて, 国を治めんとす. 仮令朝鮮を抜き取りたりとも, 何の徳ありてか, その後をよく治平ならしめんや. いはんや大明をや. 治術を知らずして, 大国を得んことをのみおもふは, 是欲心限りなく広大にして, 器量は甚だ小き人なりといへり. この論実にしかり. はやく已に貝原篤信の『懲毖録』の序にも, 朝鮮征伐は所謂忿兵貪兵なりといへり." 『世事百談』, 『日本随筆大成』 9 (吉

川弘文館, 1928) 457~458쪽.

5 "文武は天下の大徳にして偏廃すへからず, 礼楽, 刑政, 摠て国家を経済する事, 文に
あらされは程よき事を不得. 暴逆を討伐して国家の害を除ク事ハ, 武にあらされは叶難シ. 夫
国家を経済する者ハ刑を設て非を禁ス. 蓋我神武帝, 始て一統の業を成て人統を立給しより,
神功皇后, 三韓を臣服せしめ, 太閤の朝鮮を討伐して, 今の世迄も本邦に服従せしむる事な
ど, 皆武徳の輝ル所也. 然ルに物本末あり. 文は武の本なり. 文を知されば武の本躰を会得し
かたし. 近頃今川了俊が不知文道而武道遂不得勝利と云ルは, 文武一致の趣を呑込たる言
にして, 俗見の上にハ殊勝也. 抑兵に二あり. 国家を安する為に兵を用ル者あり. 利欲を恣に
する為に兵を用ル者あり. 夫暴乱の者出て民を悩ミ, 国家を動乱する時ハ兵を出シ, 威武を
示シて暴客を討伐シ, 国家の害を除ク. 是政の為に兵を用ル也. 其外一揆の徒, 出て干戈起
ル事あり. 或は恨に因て不意の軍を起シ, 又は外国より来リ襲事もあり. 惣て不慮の動乱ある
が為に, 平生武を不忘は国家に主たる者の慎にして, 是兵の正面, 武備の真中也. 故に司馬
法に天下雖安, 忘戦則必危卜云リ. 是を以て思へば武ハ天下の大徳なる事必セリ. 此趣を呑
込て, 各其禄に応シて, 備ヲ不弛を真の武将卜云也. 亦利欲を恣にして人の土地を貪リ, 或ハ
私の恨に干戈を動シ, 又は人の富貴を羨て, 妄リに兵を出シ, 徒に人を殺戮シ, 国家の患をな
す, 是を国賊卜云也. 此二を能会得して主たる者, 武の本躰を失フべからず. 扨武の本躰を会
得するには武に因へし. 文は書を読を本トス. 広ク書を読時ハ, 和漢古今の事情に達シ, 損益
特質を呑込故, 誰伝授するともなく, 自然卜文武の本躰を会得する也. 是小子が杜撰にあらず,
和漢英雄の教訓也. 此理に因て思へば, 一国一郡にも主たる者, 文武の道に暗キは尸位, 素
餐(ただぐい)卜いふ者也. 慎へし." 山岸徳平, 『新編林子平全集 1 兵学』(第一書房, 1978)
259~260쪽.

6 Osterkamp Sven, 'Selected materials on Korean from the Siebold Archive in Bochum
— Preceded by Some General Remarks Regarding Siebold's Study of Korean,' *Bochumer
Jahrbuch zur Ostasienforschung* 33 (2009) 및 「シーボルトの朝鮮研究———朝鮮語関係の
資料と著作に注目して」, 『シーボルトが紹介したかった日本———欧米における日本関連コ
レクションを使った日本研究・日本展示を進めるために』(国立歴史民俗博物館, 2015).

7 尾崎賢治 역, 『日本』(雄松堂書店, 1978) 중 『유합』은 96~139쪽, 『천자문』은
251~292쪽.

8 베데윈 C.A. 왈라번, 「千字文으로 보아온 韓國歌辭」, 『국어국문학』 92 (국어국
문학회, 1984).

9 呉秀三, 『シーボルト先生: 其生涯及功業』(吐鳳堂, 1926년 제2판) 331~332쪽에
서 재인용.

10 "日本圖書錄 Bibliotheca Japonica, sive selecta quaedam opera Sinico-Japonica in

usum eorum, qui literi Japonicis vacant. In lapide exarata a Sinensi Ko Tsching Dschang et edita curantibus Ph. Fr. de Siebold et J. Hoffmann Libri sex. Annexo systemate scripturae Japonicae et Koraianae ac librorum catalogo. Lugduni Batavorum, ex officina lithographica editoris. 1835~1841. Impressa C. exempl.

제1집 『신증자림옥편(新增字林玉篇)』(라틴어 설명 생략)

제2집 『화한음석 서언자고(和漢音釋書言字考)』(라틴어 설명 생략)

제3집 『천자문(千字文)』 Liber tertius. Tsian dsu wen, sive milli literae ideogrophicae, opus Cinicum origine cum interpretatione Kooraiana, in peninsula Koorai impressum in lapide exaratum a Sinensi 郭成章 Ko Tsching Dschang et reditum curante Ph. Fr. de Siebold. (Annexo systemate scripturae Kooraianae.) Lugdini Batavorum. Ex officina lithographica Editoris. 1833. Impressa CXXV exempl. Gr. in-4, 18 lith et I pl.

제4집 『유합(類合)』 Liber quartus. Lui ho, sive vocabularium Sinense in Koraianum conversum, opus Sinicum origine in peninsula Korai impressum in lapide exaratum a sinensi Ko Tsching Dschang et redditum curante Ph. Fr. de Siebold. (Annexa appendice vocabulorum Koraianorum, Japonicorum et Sinensium comparativa.) Lugdini Batavorum, ex officina lithographica editoris. 1833. Impressa C. exempl. Gr. in-4, pp. 10+8 lithog.

제5집 『일본여지노정도전도(日本輿地路程度全圖)』(라틴어 설명 생략)

제6집 왜년계『倭年契』 Liber sextus. Wa nen kei, sive succincti annales Japonici. (Opus originale cum interpretatione Germanica.) In-4, pp. 25 lithog. et 5 pl."

11 板沢武雄, 『シーボルト』(吉川弘文館, 1988) 31~36쪽에 그 내역에 소개되어 있다.

12 宮崎克則·古賀康士, 「シーボルト門人によるオランダ語論文」. http://archive.fo/YumS.

13 이상, 板沢武雄, 『シーボルト』(吉川弘文館, 1988) 34~35쪽.

14 板沢武雄, 『シーボルト』(吉川弘文館, 1988) 90~91쪽.

15 김시덕, 이노우에 야스시 공저, 『秀吉の対外戦争 変容する語りとイメージ 前近代日朝の言説空間』(笠間書院, 2011) 제5장 「諜報活動から朝鮮にもたらされた『撃朝鮮論』── 情報収集径路の謎」.

16 井上泰至, 『近世刊行軍書論 教訓·娯楽·考証』(笠間書院, 2014) 제3부 제3절 「軍学の学問化と軍書制作──文禄·慶長の役関係軍書における小早川隆景像」.

17 함영대, 「조선 후기 한일 양국의 학술 교류와 『童子問』」(문헌과 해석 연구회 2010년 12월 10일 발표문).

18 김시덕, 「조선 후기 문집에 보이는 일본 문헌 『격조선론』에 대하여」, 『국문학연구』23 (국문학회, 2011-6).

19 『甲斐叢書』9(甲斐叢書刊行会, 1934). http://dl.ndl.go.jp/info:ndljp/pid/1209128/8?tocOpened=1.

20 「九州大学図書館竹田文庫」. https://www.lib.kyushu-u.ac.jp/ja/collections/takeda.

21 "木貞榦. 號順菴. 博學能詩. 門人鳩巢. 以理學名. 源璵. 號白石. 雨森東. 號芳洲. 貞榦. 欲變國俗. 不剃髮. 不火葬. 從華制. 言不行而流放以死. 源璵. 有才膚淺. 遵師說而矜己傲物. 亦見廢以死. 雨森東. 亦失所悒悒. 終於馬州記室. 林信篤與源璵. 分門相角. 信篤. 溫厚愛人. 璵. 剛愎自用. 欲奪林氏之權. 由此而敗." 『청장관전서』 「청령국지 1」(한국 고전 종합 DB에 의함).

22 조영심, 「아라이 하쿠세키에 대한 정보 유입과 담론의 변화 —— 사행 기록에서 연구대상에까지 ——」, 『동아인문학』 35 (동아인문학회, 2016·6).

23 "日本源璵, 號白石, 幼以神童稱, 與源家宣, 學於木貞幹. 我曾伯祖翠虛公, 入日本, 璵贄詩而謁, 翠虛序其卷, 許之以太白之才. 於是, 璵名喧國中, 關白遂倣太白金鑾殿故事召焉. 然日本官, 並世襲, 而璵源氏庶也, 官則未有以階也. 及家宣入爲關白, 不次用璵, 置諸帷幄. 璵雖才藝絶人, 然暴升專權, 衆皆嫉之. 林道春始爲日本文職, 子孫世執其柄, 一國文士, 盡出其門, 而亦失柄於璵, 莫之尤也. 趙泰億奉使入日本, 璵償焉, 與之筆談, 泰億亦遜其敏. 談間, 適中其忌, 怒而去, 遂爲使事梗. 我國書契, 偶犯源諱, 璵乃故犯我諱以相當. 泰億爭之, 則我書契以抵之, 仍迫之行. 泰億遂以辱國抵罪. 家宣死, 璵亦廢斥終身, 林氏復專文柄, 然璵之徒, 並才子也. 至今推璵爲宗, 誦之不衰. 其集之至於我, 李槎川秉淵, 亦愛其唐調, 而甞效之." 『청성잡기』(한국 고전 종합 DB에 의함).

24 "此乃辛卯使臣所得來日東源璵之作也. 語多卑弱. 差有聲響. 君今與此人相對. 可以褊師敵之." 『해유록』(한국 고전 종합 DB에 의함).

25 康盛国, 「朝鮮通信使の日本漢詩批評: 『梅所詩稿』の申維翰序文をめぐって」, 『語文』 99 (2012).

26 仲尾宏, 「전각가(篆刻家) 사와다 토코(澤田東江)와 「다호비(多胡碑)」의 조선, 중국으로의 전파」, 『동아시아 문화연구』 49 (2011).

27 杉下元明, 「俗文藝と通信使」, 劉建輝編, 『前近代における東アジア三国の文化交流と表象—朝鮮通信使と燕行使を中心に—』(国際日本文化研究センター, 2011).

28 杉下元明, 「朝鮮の学士李東郭」, 森川昭 編, 『近世文学論輯』(和泉書院, 1993) 42~43쪽.

29 松田甲, 『朝鮮叢話』(朝鮮總督府, 1929년) 「祇園南海と李東郭」, 松田甲, 『日鮮史話 第2編』(朝鮮総督府, 1931) 「日本に名を留めたる李東郭」, 이혜순, 『조선 통신사의 문학』(이화여자대학교 출판부, 1996) 118~122쪽, 鈴木健一, 「特集朝鮮通信使 —— 李

東郭の詩二題」,『季刊日本思想史』49 (ぺりかん社, 1996), 堀川貴司, 「唐金梅所と李東郭 (特集 朝鮮通信使)」,『季刊日本思想史』49 (ぺりかん社, 1996), 杉下元明,『江戸漢詩: 影響と変容の系譜』(ぺりかん社, 2004)「第一部 第四章 朝鮮の学士李東郭」, 大庭卓也, 「李東郭筆七言律詩詩箋」,『文献探究』42 (2004-03), 大庭卓也, 「西日本に残される朝鮮通信使自筆資料」,『国文学研究資料館紀要 文学研究篇』32 (2006) 등.

30 濱野靖一郎,「徳川時代に於ける漢学者達の朝鮮観—朝鮮出兵を軸に」, 金時德, 濱野靖一郎編,『アジア遊学 198: 海を渡る史書 —— 東アジアの「通鑑」』(勉誠出版, 2016) 195쪽.

31 "韓地の諸国 本朝に服属せし後に及びては, 彼土の人等, 此に来れるのみにもあらず, 彼国に置かれし官府をしりて, 其政を掌どれる, 本朝の人々も多かりしほどに, これかれの方言相雑らざる事を得べからず." 杉本つとむ 편저,『東雅』(早稲田大学出版部, 1994) 12쪽.

32 田中健夫 주,『海東諸国紀』(岩波書店, 1991) 416~417쪽

33 "此記朝鮮の申叔舟選ひし所の海東諸国記の中に出づ. その日本国王の使を応接する儀のみを抄出して,『経国大典』『故事撮要』等の[ご]とき彼国の諸書, 並我国五岳の僧の使たりし日しるせし紀行の諸書をあはせ考へ, 又本朝国史の蕃使応対の事例を按して粗其儀を釈して呈す."『진테이 총서』본『해동제국기초석』(국문학 연구 자료관 소장 마이크로필름 20-83-1-70)

34 朝川鼎,『善庵随筆』巻1,『日本随筆大成』5 (吉川弘文館, 1928) 791~792쪽.

35 "近比対州ノ儒官雨森伯陽氏ニ対話セシガ, コノコトニテ三韓ノ人, 今ニ至テ金誠一ガ義烈ヲ称シ, 専対ノオヲホメリトナン."『乗燭譚』,『日本随筆大成』8 (吉川弘文館, 1928) 148~149쪽.

36 "芳洲雨森氏, 名ハ誠清, 字ハ伯陽, 通称東五郎, 木下順庵ノ門に遊て, 新井白石, 室鳩巣, 祇園南海の諸老とともに名を天下に成せり. 京師の人にして, 対馬の文学となり, 漸くに昇進す. 音をよくして唐音, 韓音ともに通ず. 韓人, 此翁と話して, 公三国の音のうちにはとに日本よしといへるもをかしきが, これにて異邦の音, 其国人に彷彿たるを知べし. 篤実ノ碩儒なれば, 其遺言政治の助となること多しとなん. 近年上木せる橘窓茶話, たはれぐさのごときは, 一時消閑の随筆といへども, 其気概はた博聞を見るべきの一旦也. 又萬蹊ことに感心せる一件は, 嵯峨天竜寺, 翠巌長老, 同松ノ翁長老へ贈られし俗牘, 二師の自坊三秀院にあり. 極老の後, 国歌に志て精を尽されし旨也. おのれが好む道なるが故に嘆美せるにはあらず, 老てはますます壮成べし, といへる古人の心ばへに似て, 朝に道を聞て夕に死すとも可也, といへる聖語にも恊へるもの歟. 此一条により, まして其本色の漢学におきて若きよりの格勤押て知べし. 書牘左に掲ぐ. 吾友, 春日亀蘭州話に, 此先生, 荘子をも千遍読せらしとなん. 然らば経書はまして然らん. 読書千遍義自通の意にや. 旧歳ノ御状相達シ御返書未仕ラ候内, 新

歳之法翰又々相達シ, 忝ク拝見仕リ候. 弥御堅固御重歳被成サ候由, 欣慰此御事ニ奉リ存ジ候. 此元不相替ラ私義無為ニ罷在候. 両度共々御佳作御為セ見被下サ, 扨々御上京以後別シ而御精被出サ候御事ニ御座候哉, 各別に御上達被成サ候様に奉リ存ジ珍重不過ギ之ニ候. 詩者做多ク, 看多ク, 商量多シ, と申候. 兎角多ク御作被成サ上手に御成リ可ク被成サ候. 商量の字先ヅは人と相談する事を申候へども, 人と相談いたす斗リにては無ク之, 以テ心ヲ問ヒ心ニ, 我心にて思案する事をも商量と申候. 俗話にも, 人の申事を承り思案いたし御返事可シ申スと申候時は, 待ツ我商量シテ回話スルヲと申候. 和韻いたし遣シ進申候様に被仰下サ. 此元御逗留中は, 一時の御挨拶と存ジ, めったに詩も作リ申候へども, 上方まではづかしく御座候而登ぜがたく御座候. 夫故和韻をば仕リ不申サ候. 御宥恕可ク被下サ候. 此に一つをかしき咄御座候故書付掛ケ御目ニ候. 御笑ヒ可ク被下サ候. 去年より繁右衛門方久, 対馬の国老, 古川氏. 後にも見ゆ. など皆々寄合, 歌の会をいたし, 間には私其座へ参候事も候へば, 私にも是非歌をよみ候へと申候へども, 詩迄は平仄なりと習覚居候へども, 歌は終に百人一首の講訳をさへ承りたる事も無ク御座, かな, けり, らん, 一つも埒は明キ不申サ候. 其上, 歌ことばとては猶々存ジ不申サ候に付, 兎角, 古今をひたと読候はゞ, 歌ことばにても覚え候はんやと存候に付, 古今千遍読と申願を心に立テ申候而, 最早百五十遍は昨日迄によみおほせ申候. 今迄の積りにいたし候へば, 八十四の七月に千遍の数満申候積りに御座候. 其間に老耄いたし候か又は閻羅王より勾死鬼など遣し被申サ候へば, 可キ仕ル様も無ク之候得共, 先は願を満候心に御座候. 右千遍読済候而, さて歌をよみかゝり申候心に御座候. 是は寿命の事はわきにのけをきての分別に御座候へば, さりとはをかしき事に御座候. しかし私最早世間に望ある者にもなく候へば, かくいたし死を待チ候も一奇事と存ジ立候事に御座候. 此段書付掛ケ御目ニ候ば, 老人さへかく存候事に御座候故, 皆様にも御年少に被成御座候へば猶々むだに御くらしなされますなと申上度, 如ク此ノ御座候. 桂淵師, 大愚師, 岱宗師, 同志の御面々へ御参会之節, 此旨御伝へ被成サ可ク被下サ奉リ頼ミ候. 申シ度キ事も御座候へども, 老筆難ク堪へ早々及ビ貴答ニ候. 余ハ期シ後音ヲ候. 恐々謹言. 二月十五日 雨森東五郎 誠清 宣蔵主様私云, 後, 松翁長老にて翠巌長老の弟子なり. 又一通はは同年の事にはあらず. 猶, 後にくはしく論ず. 歳首ノ法札被下シ置カ忝ク拝誦仕リ候. 先ヅ以テ新歳万福御清勝之由欣慰此事に奉リ存ジ候. 歳首歳暮之御詠被下サ之, 方久方へも早速遣シ之同前に拝吟仕リ候. 古川繁右衛門只今は束髪いたし方久と申候. 歌に今稽古仕候へども元より不才之上, 老後の所作に御座候故, 少も埒明キ不申サ候. 歌に今と云よりは自己の事と聞ゆ. 謙遜甚しく, 傍輩ながら方久のことは見えず. 猶, 後に論ず. 元来八十一歳の時, 古今千遍, 歌万首と申ス所願を立候而, 千遍読は二年かゝり相済, 一万首は去年こしらへ仕舞申候. 前文八十四の七月に千遍の数満申候と有て, こゝに八十一歳の時願をたて, 千遍読は二年かゝり相済, 一万首は去年こしらへ仕舞申候とあるをみれば, あらかじめはかられしは八十四の七月

までの積りにてありしにおもひのほかにはやく業成りて, 二年にて千遍読は満, そのゝち一万首も亦ニ三年にて終りしにや, 年歴のつもりかくのごとし. 前の文と年数愜ざる故に是は方久のことかと疑あれど, 全く自己のこと成べし. 小児の円機活法を見候, 同前なる和歌に御座候故, よむとは申がたくこしらへ候と申候. 如ク此ノ仕候へども歌は申に不及バ, 歌にゝたるものも出来不仕ラ, 但老後の消遣と存ジ候までにて御座候. こゝまでのつづきにて, 自己の事にて, 方久をいふにあらざるを知べし. 当和尚様へは御縁御座候歟一月に一度ほどは碁も御参会仕リ候. 当和尚とは対馬当番の和尚なり. 是もひと負ケ申候. 何をいたし候ても老人は役に立チ不申サ候. 必々和尚様にも御年よられまじく候. 一, 祇園与市方へ被借サ候橘窓茶話は, 彼方より如ク期ノ御返し申上候哉, 彼方へ書状遣し候へども, 于今返書無ク之候, 老人の事故若も病気哉と気遣申候に付, 何とぞ康健不健康之事, 彼方屋舗へ乍269外御尋被下サ候へと, 是等の趣, 去年申上候へ共, 終に其の返事承知不仕ラ. 若は中途にて浮沈仕候哉, 何とぞ与一事御聞被下度ク, 後便を相待罷在候. 一, かなづかひ, 御大事の御書物御借被下サ, 写仕廻候に付, 去年指上申シ候. 是は定而御請取可ク被下サと奉リ存ジ候得共, 此度之尊書にも其事相見え不申サ候に付, 御尋申上候. 此外申上度事山々に御座候へ共, 年ましに書状相認候事難儀に御座候故, 省略仕リ候. 但御懐敷奉リ存ジ候. 情意御遠察被成サ可ク被下サ候. 再拝稽首, 謹此不備. 三月三日 雨森東五郎 誠清 三秀院老大和尚 貌座下私云, 翠巌堅長老なり. かくて易簀は八十八歳の正月六日とぞ. 先に挙し僧衆の宗旨につき, 堂社の建立に付, 生涯の力を用られしも, 此老の学術に精を入られしも, 畢竟同じく我分を尽して天地の恩に背かずといふべし. おのれらがごとき, 暖に着, 飽まで食ひて, 犬馬の齢を積りしものは恥るに余りあり. 人も亦此風を聞て興起あれとぞおもふ.「日文研データベース 近世畸人伝(正・続)」에 의함. http://tois.nichibun.ac.jp/database/html2/kijinden/index_appearance.html.

37 "韓人嘗戱謂曰, 君善操諸邦音, 而殊熟日本." 국문학 연구 자료관 소장본『先哲叢談』7뒤.

38 "島中有雨森東者. 號芳浦. 能詩文. 善解三國之語. 與白石源璵爲同門生. 曾在關白家宣之時. 源璵得志. 而與森東慨然有變俗之意. 高鶩一世. 自許以國中人豪. 及源璵敗. 森東歸于故鄕. 落拓不遇. 馬島守以交隣責重. 欲得文士而置之府中. 奏聞江戶. 延爲記室. 森東遂移家焉. 常有鬱鬱不樂之意. 凡於吟咏之間. 多有悲慨之語. 而用事島中. 爲人險陂. 島人甚惡之. 以文字爲島中之師長. 設一廳. 謂之崇信. 而使門生弟子居焉. 受食廩料者. 至於十餘人. 今雖老退家居. 島中之事關文簿者. 則尙皆與之. 或云森東是長崎島娼女之産. 而唐人之遺種云. 今番之赴宴于島主府中時. 路過森東之家. 而見其人立在門內. 長幾七尺. 面貌豐長. 足可謂島夷中偉人也."『봉사일본시문견록』(한국 고전 종합 DB에 의함).

39 다이텐 지음, 김문경 외 옮김,『평우록 ── 18세기 일본 지식인, 조선을 엿보다』(성균관대학교 출판부, 2013) 121쪽.

40 "朝鮮国を礼儀の国と申, 又は弱国なりと日本人の申習し候に心得違ひ有之候歟と被存候. 天地の間何レの国にても礼なく義なく候而は, 国内治平成へ様無之候得は, 朝鮮に限, 礼儀万国に勝れ可申様も無之候. 元来夷狄の内ニ而朝鮮斗り古来より漢土を尊ひ, 明朝ニ至り候而は取分始終君臣の礼を廃し不申候故, 漢土よりの言葉に朝鮮より礼儀なるはなしと称美仕たる事ニ御座候. 尤冠婚葬祭の礼, 上下共に文公家禮の法を用ひ, 学文を好み文字を嗜み候類, 外の夷狄には勝れ候得とも, 諸事の礼儀・風俗阿ながち万国に増りたりとも被申間布候. 又弱国と申習し候は, 豊臣太閤朝鮮攻撃の時, 多の朝鮮人を殺され候事を聞伝候而申事ニ候得共, 其節彼は治平日久ク人々武備を忘れ, 我国は乱世打続キ国内の諸将諸士武事功者の至極に成り居候処, 不意に攻戦に及候故, 一旦は無人の境に入るがことし敗北に及候得共, 夫さへ殺傷相当ルと申候得者彼此共に死傷の者多, 帰陣の節には日本人も甚難儀致したると相見候. 総躰朝鮮人は其姓しぶとく謀を好み候故, 手詰の戦ひ日本に不及候共, 久を持たるの謀ニ成り候而は, 日本人は却而相当リ申間布候. 王代の時, 新羅より毎度日本を攻候而我国の難儀に成り候段, 古日本の記録に有之候は偏ニ其性しぶとく, 謀を好み候故ニも候哉. 総躰何レの国ニ而も, 是は強キ国, 是は弱キ国と, いつ迄も定リたる国は無之者に候へは, 日本の武備衰へ候節に成リ候はは, 必は其侮弄を受候事可有之と存候." 『朝鮮風俗考』, 泉澄一・中村幸彦・水田紀久編, 『関西大学東西学術研究所資料集刊 11-3 芳洲外交関係資料・書翰集 ── 雨森芳洲全書三 ──』(関西大学出版部, 1982) 43~44쪽.

41 "重而之信使には, 大仏ニ被立寄候事, 兼而朝鮮へも被仰通達, 御無用ニ被成可然候. 其訳ハ委細享保信使之御記録ニ相見へ候. 明暦年日光ヘ参詣仕候様ニと被仰出候ハ, 御廟制之華美を御見せ可被成との事と相聞へ, 大仏ニ被立寄候様ニとの事も, 一つハ日本ニ珍敷大仏有之と申事を御しらせ被成, 一つハ耳塚を御見せ被成, 日本之武威をあらはさるへくとの事と相聞へ候とも, 何も飄逸なる御所見に候. 廟制ハ節倹を主といたし候故, 其楹ニ丹ぬり, 其栭ニ刻候事, 『春秋』ニそしられ候へ, 御廟制之華美, 朝鮮人之感心いたらすへき様無之, 仏の功徳ハ大小ニよるましく候処ニ, 有用之財を費し, 無益之大仏を被作候事, 是又あさけり候一端ニ而, 耳塚とても豊臣家無名之師を起し, 両国無数之人民を殺害せられたる事ニ候へハ, 其暴悪をかさねて可申出事ニ候而, いつれも華燿之資には成不申, 却而我国之不学無識をあらはし候のみに而御座候. 正徳年信使大仏ヘ被立寄候節, 耳塚をかこはれ, 享保年ニも其例を以朝鮮人の見申さぬ様ニ被成候. 是ハ誠ニ盛徳之事たるへく候. 此段も, かね而新井筑後守様ヘ御内意被仰上, 御聞通有之, かこはれ候様ニ成たる事ニ候. 右之次第ニ候故, 重而之信使ニハ, 京都之止宿並ニ大仏ヘ被立寄候事, 御止被成可然事ニ候." 한일 관계사학회 옮김, 『교린제성』(국학 자료원, 2001) 40~42쪽에 의거하여 일부 수정.

42 "畢竟用に立儒者にては無之候, 繕ひ者に候." 塩村耕, 「雨森芳洲と新井白石」, 『文学』3-3 (岩波書店, 2002・5) 10쪽.

43 "于今失念不致候者, 炎暑之節坂之下より罷帰り習ひ候言葉なと書写候時, 目之くらみ候事も有之候へとも, 命を五年縮候と存候ハ成就せさる道理やあるへきと存, 昼夜無油断相勤候." 「詞稽古之者仕立記録」, 泉澄一・中村幸彦・水田紀久 편, 『芳洲外交関係資料集 書翰』(関西大学出版部, 1982) 308쪽.

44 塩村耕,「雨森芳洲と新井白石」, 『文学』3-3 (岩波書店, 2002・5) 12쪽.

45 対馬芳洲会, 『雨森芳洲先生』(芳洲会事務局, 2004) 6쪽. 이 자료를 입수해 주신 고려대학교 국문과의 허인영 선생님께 감사의 뜻을 표한다.

46 김시덕, 『한 경계인의 고독과 중얼거림』(태학사, 2012) 150쪽.

47 "城制は日本, 異国其制殊也. 其制殊なる故, 籠城の仕形も殊也. まづ異国の制ハ上にも云如ク, 郭を丈夫に構て民を守ル所トして, 郭外に人家無. 然ル故に籠城に及ても, 城下の地下人, 商賈等柳浪して逃隠る事なく, 上ト共に郭を守レり. 日本流ハ外川ト云ものなし. たとひ郭ありト云とも, 民を守ル所以なる事を重ぜざる故, 城下の町屋を夥ク広大にする故, 郭外に人家多クして, 籠城の時ハ城下の地下人, 商賈の類をば棄物にするゆへ, 逃亡の者夥ク出来して逃迷, 其上, 天を怨ミ君を怨て啼泣の声, 街に満. 是外川なき故也ト知べし." 山岸徳平, 『新編林子平全集 1 兵学』(第一書房, 1978) 192쪽.

48 泉澄一・中村幸彦・水田紀久 편, 関西大学出版部 간행, 『縞紵風雅集』(1979), 『芳洲文書』(1980), 『芳洲外交関係資料集 書翰』(1982), 『続芳洲外交関係資料集』(1984).

49 泉澄一, 『対馬藩藩儒雨森芳洲の基礎的研究 (関西大学東西学術研究所研究叢刊 10)』(関西大学出版部, 1997).

50 上垣外憲一, 『雨森芳洲 元禄享保の国際人』(中公新書, 1989).

51 김시덕, 『한 경계인의 고독과 중얼거림』(태학사, 2012).

52 塩村耕,「雨森芳洲と新井白石」, 『文学』3-3 (岩波書店, 2002・5) 12쪽.

53 김시덕, 『한 경계인의 고독과 중얼거림』(태학사, 2012) 32쪽.

54 "林白湖悌氣豪不拘檢病將死諸子悲號林曰四海諸國未有不稱帝者獨我邦終古不能生於若此陋邦其死何足惜命勿哭又常戲言若使吾値五代六朝亦當為輪遞天子一世傳笑及壬辰之變漢陰李相伴接天將天將獎許之至有不敢言之說事雖非情亦不自安李白沙善詼諧一日夜對閭巷俚俗無不奏陳以為樂仍及林事上為之發笑白沙又自云近世更有可笑之人上曰誰也對曰李德馨擬扵王望矣上大噱白沙仍自曰非聖上之大徳深仁渠安敢容貸覆載之間乎上曰吾豈置懷耶遂促召錫爵盡歡而罷詩云善戲謔兮白沙有焉." 『성호사설』(한국 고전 종합 DB에 의함).

55 『성소부부고』(한국 고전 종합 DB에 의함).

56 『매천집』(한국 고전 종합 DB에 의함).

57 스미요시 토모히코,「일본 근세의 서적과 학문의 전파 ── 19세기 문인 다카

이 고잔(高井鴻山)의 장서 연구」,『한국문화』72 (서울대학교 규장각 한국학 연구원, 2015·12)에서 검토되는 다카이 고잔의 경우도 마치주샤였다.

58 「板木閱覽システム」. http://www.dh-jac.net/db/hangi/results.php?f2=T1116&-format=results-1.htm&-max=10&enter=default.

59 "[金元淸詩類選序] 元人之詩, 更新宋季之弊, 淸麗可喜, 而稍流纖弱. 淸人亦更新明季之弊, 將超乘繼唐人之遺響, 而尙其靈鬆, 故不免纖弱, 較之元詩, 互有短長. 如金遼, 餘分閏位, 或可接武元人. 要之, 其間非無儔永比肩唐宋者焉. 世之撰詩者多采唐宋明, 而及元金遼淸者蓋尠矣. 維緝有此編意在于玆乎. 維緝字仲熙, 父資衡字稢圭, 從龍宁明學, 頗有詩名. 有二子. 兄維翰夙有出藍之譽, 惜哉, 中道而亡. 維緝亦相繼而沒. 今玆壬申, 書肆獲此編, 將上之梓, 請余題辭. 余少識稢圭. 今傷大江氏之書香已湮, 慨然書, 與之. 文化七年冬十有二月己未 / 村瀬栲亭源之熙撰"

60 附言

一 唐宋明詩, 諸家精選, 詔武盡矣. 予又何言. 其詩之與代轉移, 不竢予言. 然金元之所以爲金元, 淸之所以爲淸作家不可不知, 故今有此選.

一 自金元淸及朝鮮中山安南, 徧採佳作, 分類釐爲八卷. 至其詩之與題奇僻, 世所緝錄止一斑而已. 斯編或謂全貌亦可.

一 雖多纂近體, 亦古體之奇僻而靈活者, 十存一二, 以爲後來之模楷矣.

一 近體詩中間有用同字者似犯非犯. 古人不必拘. 勿謂微玷非完璧也.

一 蠅頭其字, 巾箱其本, 以備騷客遠行之資.

大江維緝識

61 이종묵, 「17~18세기 中國에 전해진 朝鮮의 漢詩」,『한국문화』45 (서울대학교 규장각 한국학 연구원, 2009.3).

62 屬國[僬遜]回鶻人初名百遼世居僬葷河因以為氏元末中進士應奉翰林歷端本堂正字避兵高麗恭愍王七年封高昌伯改封富原侯有近思齋逸藁[鄭夢周]字達可高麗迎日縣人初名夢蘭又名夢龍恭愍王九年應擧擢第一累官政堂文學進三司左使改進賢館大提學知經筵春秋館事兼成均大司成領書雲觀事守門下侍郎累封益陽郡忠義君為李成桂所害後贈大匡輔國崇祿大夫領議政府事益陽府院君謚文忠有圃隱集[李穡]字穎叔高麗人中征東省鄕試第一明年赴元廷試擢二甲進士應奉翰林累官政堂文學封韓山府院君進門下侍中李成桂放之韓州再放衿州徙&KR0784興尋封韓山伯謚文靖有牧隱集[李崇仁]字子安高麗京山府人恭愍王時登第官至簽書宓直司事同知春秋館事坐鄭夢周黨削籍遂流有陶隱集[李詹]高麗洪州人恭愍王時及第授藝文簡閣累進正言歷知申事[權近]初名晉字可逺一字思叔高麗秀才有應制集[權遇][金九容]初名齊閔字敬之高麗安東人中進士拜三司左尹坐言事竄竹州召為左司議大夫終成均大司成尋流大理衞有惕若齊集[趙云仡]高麗豐壤縣人恭

愍王六年登第累拜僉書宓直司事升同知出為雞林府尹授江陵大都護府使辭拜檢校政堂
文學[成石磷]朝鮮人[鄭道傳]朝鮮人官右軍總制使授奉化郡忠義君[曹庶]朝鮮人使明流
金齒國[金訢][白元恒][南孝溫][鄭希良]朝鮮人[朴原亨]朝鮮人官戶曹判書調刑曹判書
[申叔舟]朝鮮人自右弼善歷禮曹判書積官至議政府領議政以功封高靈君有汎翁集[權摯]
朝鮮人由吏曹判書累遷右議政[尹子雲]朝鮮人官都承旨[李克堪]朝鮮人官左承旨[徐居
正]字剛中朝鮮人官議政府左參贊有北征稾[申從濩]高靈君叔舟孫官成均直講[許琮]字
宗卿朝鮮安興人由進士為吏曹判書積官至參政府議政有尚友堂詩集[成俔]朝鮮西京觀察
使見皇華集[成侃]朝鮮人[盧公弼]朝鮮安州人官戶曹判書[李荇]字擇之朝鮮議政府右贊
善[李希輔]字和宗朝鮮人由禮賓寺輔正歷官同知中樞府事有安分堂詩[蘇世讓]字彥謙朝
鮮人官成均館司成遷戶曹判書歷議政府左贊成有清心堂詩集[鄭士龍]字雲卿朝鮮鼎津人由
內資寺正遷刑曹判書歷漢城府判尹改戶曹判書再改吏曹判書階資憲大夫有湖陰草堂詩
集[金安老]字頤叔朝鮮人歷官議政府左議政領議筵監春秋館事兼弘文館藝文館大提學知
成均館事階榮祿大夫有明虛軒集[尹仁鏡]朝鮮人由禮曹判書改戶曹積官至議政府領議政
[金麟孫]朝鮮議政府左參贊[沈彥光]字子求朝鮮吏曹判書[許洽]參政琮孫官至議政府右
參贊[金謹思]朝鮮人官議政府領議政[尹殷輔]朝鮮人官至議政府領議政[黃琦]朝鮮人由
承政院右副承旨遷都承旨[金安國]字國卿朝鮮人官刑曹判書至領議政有慕齋集[申光漢]
字漢之朝鮮人由吏曹判書官至正憲大夫議政府左參贊兼知成均館事弘文藝文館大提學同
知書筵春秋館事有企齋集[林百齡]朝鮮議政府右議政[李潤慶]朝鮮成均館大司成[李澯]
朝鮮開成府留守[徐敬德]朝鮮生員有花潭集[辛應時]朝鮮人官挍書館挍理[朴淳]朝鮮吏
曹判書[李珥]朝鮮德水人官議政府右贊善[金瞻]朝鮮吏曹佐郎[高敬命]朝鮮司瞻寺僉正
[柳根]字晦夫朝鮮狀元有西坰集[李好閔]字孝彥朝鮮人探花樞相有五峯書巢集[許筍]朝
鮮人舉進士第一萬歷壬午官成均司成[許筠]筍弟舉進士第一[金尚憲]字叔度朝鮮人有朝
天錄[崔澱]字彥沉朝鮮海州人進士有楊浦集[李廷龜]號栗谷朝鮮人[林悌]以下二十六人
見朝鮮采風錄[白光勳][崔壽城][趙希逸][林億齡][帝邁][金墾][申欽][權韠][趙昱][李
孝則][柳永吉][魚無迹][李嶸][金宗直][李承召][鄭磧][朴文昌][李達][李植][姜克誠]
[鄭之升][姜渾][金淨][鄭知常][李仁老][李子敏]以下皆朝鮮人[梁亨遇][崔孤竹][洛師
浪客][李秀才][藍秀才][無名氏][宏演]朝鮮釋氏[月山大君婷]朝鮮女子見吳子魚朝鮮詩
選[成氏][俞汝舟妻][李氏]自號玉峰主人朝鮮學士承宣趙瑗妾[德介氏][許景樊]字蘭雪
筍筠之女弟適進士金成立夫殉其國難遂為女道士有集[安南國王黎灝]一字思成天順四年
立[黎景徽]安南文職大頭目左僕射[阮直]安南人[黃淸]安南吏曹侍郎[黎念]安南大頭目
[阮澤民]安南人[安南使臣][占城貢使][嗏哩嘛哈]日本貢使[答里麻]日本貢使[普福]宣
德間日本貢使[日本貢使][全俊]姓神氏字秀崖日本國北陸道信濃州高井縣人出家善應寺
見宋濂集[左省]號鈍牛日本僧[天祥]日本僧以下見沐僖滄海遺珠集[機先]日本僧入貢謫

居滇南.

63 이 자료의 입수에 도움을 주신 한국학 중앙 연구원 이유리 선생님께 감사의 말씀을 드린다.

64 이훈, 「1836년, 南膺中의 闌入사건 취급과 近世 倭館」, 『한일 관계사연구』21 (한일 관계사학회, 2004.10) 123쪽.

65 藤本幸夫, 「宗家文庫蔵朝鮮本に就いて–「天和三年目録」と現存本を対照しつつ」, 『朝鮮学報』99·100 (朝鮮学会, 1981·7) 220쪽.

66 이유리, 『『倭人求請謄錄』에 나타난 조선 서적의 일본 전래」, 『서지학보』37 (한국서지학회, 2011) 및 李裕利, 「朝鮮本『東国通鑑』の日本での流伝及び刊行」, 金時徳, 濱野靖一郎編, 『アジア遊学 198: 海を渡る史書 ── 東アジアの「通鑑」』(勉誠出版, 2016).

67 김시덕, 「근세 일본의 김성일 인식에 대하여」, 『남명학 연구』41 (경상대학교 남명학 연구소, 2014–4)에서 이를 상세히 검토하였다.

68 "両間の事, 其考証たる彼国の書にしくはあらすといへとも, 其謬妄たるかの趙重峰集のこときは拠るへからさるところなり." 田中健夫·田代和生 편, 『朝鮮通交大紀』(名著出版, 1978) 49쪽.

69 田中健夫·田代和生 편, 『朝鮮通交大紀』(名著出版, 1978) 25쪽.

70 藤本幸夫, 「宗家文庫蔵朝鮮本に就いて–「天和三年目録」と現存本を対照しつつ」, 『朝鮮学報』99·100 (朝鮮学会, 1981·7) 218쪽.

71 田中健夫·田代和生 편, 『朝鮮通交大紀』(名著出版, 1978) 25쪽.

72 "日本伝ニ弸中ハ東海碩昕禅師の上足にして, 道徳禅師と号したりしと見へたり." 田中健夫·田代和生 편, 『朝鮮通交大紀』(名著出版, 1978) 90쪽.

73 田中健夫·田代和生 편, 『朝鮮通交大紀』(名著出版, 1978) 148쪽.

74 田中健夫·田代和生 편, 『朝鮮通交大紀』(名著出版, 1978) 148쪽.

75 田中健夫·田代和生 편, 『朝鮮通交大紀』(名著出版, 1978) 156, 163쪽.

76 田中健夫·田代和生 편, 『朝鮮通交大紀』(名著出版, 1978) 161쪽.

77 田中健夫·田代和生 편, 『朝鮮通交大紀』(名著出版, 1978) 182쪽.

78 김시덕, 「근세 일본의 김성일 인식에 대하여」, 『남명학 연구』41 (경상대학교 남명학 연구소, 2014–4)

79 田中健夫·田代和生 편, 『朝鮮通交大紀』(名著出版, 1978) 312쪽.

80 田中健夫·田代和生 편, 『朝鮮通交大紀』(名著出版, 1978) 328쪽.

81 "誠一か人となり黄許か類ひにあらすといへとも, また甚た高慢に過て自ら是なりとし, 人言を納るることなくもって事情に疎かなるに至りしなり, 其の功罪相当れりといひつへし." 田中健夫·田代和生 편, 『朝鮮通交大紀』(名著出版, 1978) 368쪽.

82 다사카 마사노리, 「享保六(1721)年の陶山訥庵と雨森芳洲」, 『일어일문학연구』 88-2 (한국일어일문학회, 2014).

83 佐久間正, 「経世済民と心学 —— 陶山訥庵の研究——」, 『長崎大学教養部紀要 人文科学篇』 24 (1983) 41~41쪽.

84 佐久間正, 「経世済民と心学 —— 陶山訥庵の研究——」, 『長崎大学教養部紀要 人文科学篇』 24 (1983) 63~66쪽.

85 최근, 이토 진사이의 저술 3편이 최경열의 번역으로 그린비라이프에서 출간되었다. 『동자문: 주자학 아닌 유학을 묻는다』(2013), 『논어고의』(2016), 『맹자고의』(2016).

86 河宇鳳, 『朝鮮王朝時代の世界観と日本認識』(明石書店, 2008).

87 夫馬進, 『朝鮮燕行使と朝鮮通信使』(名古屋大学出版会, 2015) 제3부 제9장 「朝鮮通信使による日本古学の認識」.

88 함영대, 『성호학파의 맹자학』(태학사, 2011) 제5장 「성호학파 맹자학의 동아시아적 지평」.

89 함영대, 『성호학파의 맹자학』(태학사, 2011) 363~364쪽.

90 "日本近者, 名儒輩出, 如物部雙柏號徂徠, 稱爲海東夫子, 其徒甚多. 往在信使之行, 得篠本廉文三度而來, 文皆精銳. 大抵日本本因百濟得見書籍, 始甚蒙昧, 一自直通江, 浙之後, 中國佳書, 無不購去, 且無科擧之累, 今其文學, 遠超吾邦, 愧甚耳. 翁覃溪經說, 略見一二, 頗似疏闊. 其徒葉東卿, 爲學亦主考據, 如〈太極圖〉, 〈易九圖〉, 『皇極經世書』, 五行說, 皆剖析明白, 蓋其淹博, 不在毛西河之下, 而精研則過之矣." 『다산시문집』(한국고전 종합 DB에 의함).

91 『日本大百科全書』 「堀川学派」(石田一良).

92 中村完, 「古義堂学派における朝鮮研究--ひとつの素描」, 『朝鮮学報』 49 (朝鮮学会, 1968·10) 234~235쪽.

93 天理図書館, 『古義堂文庫目録』(天理大学出版部, 1956) 「범례」.

94 天理図書館, 『古義堂文庫目録』(天理大学出版部, 1956) 106쪽.

95 天理図書館, 『古義堂文庫目録』(天理大学出版部, 1956) 106쪽.

96 天理図書館, 『古義堂文庫目録』(天理大学出版部, 1956) 106쪽.

97 天理図書館, 『古義堂文庫目録』(天理大学出版部, 1956) 108쪽.

98 天理図書館, 『古義堂文庫目録』(天理大学出版部, 1956) 108쪽.

99 天理図書館, 『古義堂文庫目録』(天理大学出版部, 1956) 108쪽.

100 天理図書館, 『古義堂文庫目録』(天理大学出版部, 1956) 109쪽.

101 天理図書館, 『古義堂文庫目録』(天理大学出版部, 1956) 109쪽.

102　天理図書館,『古義堂文庫目録』(天理大学出版部, 1956) 109쪽.

103　天理図書館,『古義堂文庫目録』(天理大学出版部, 1956) 110쪽.

104　天理図書館,『古義堂文庫目録』(天理大学出版部, 1956) 110쪽.

105　天理図書館,『古義堂文庫目録』(天理大学出版部, 1956) 110쪽.

106　天理図書館,『古義堂文庫目録』(天理大学出版部, 1956) 110쪽.

107　天理図書館,『古義堂文庫目録』(天理大学出版部, 1956) 110쪽.

108　天理図書館,『古義堂文庫目録』(天理大学出版部, 1956) 119쪽.

109　天理図書館,『古義堂文庫目録』(天理大学出版部, 1956) 119쪽.

110　天理図書館,『古義堂文庫目録』(天理大学出版部, 1956) 119쪽.

111　天理図書館,『古義堂文庫目録』(天理大学出版部, 1956) 119쪽.

112　天理図書館,『古義堂文庫目録』(天理大学出版部, 1956) 120쪽.

113　天理図書館,『古義堂文庫目録』(天理大学出版部, 1956) 120쪽.

114　天理図書館,『古義堂文庫目録』(天理大学出版部, 1956) 120쪽.

115　天理図書館,『古義堂文庫目録』(天理大学出版部, 1956) 120쪽.

116　天理図書館,『古義堂文庫目録』(天理大学出版部, 1956) 131쪽.

117　天理図書館,『古義堂文庫目録』(天理大学出版部, 1956) 261쪽.

118　天理図書館,『古義堂文庫目録』(天理大学出版部, 1956) 261쪽.

119　天理図書館,『古義堂文庫目録』(天理大学出版部, 1956) 275쪽.

120　天理図書館,『古義堂文庫目録』(天理大学出版部, 1956) 302쪽.

121　天理図書館,『古義堂文庫目録』(天理大学出版部, 1956) 340쪽.

122　"柳成龍号西崖豊大閤伐韓入郭時為其国幸臣官議政武備志所謂柳所寵即是甞著懲毖録二巻此書先壬辰之役十年所其体殆如中国待蕃臣礼嗚呼不自務其徳而妄自尊大于辞令之間宜其及也旹享保六年辛丑夏五月伊藤長胤題." 天理図書館,『古義堂文庫目録』(天理大学出版部, 1956) 131쪽.

123　天理図書館,『古義堂文庫目録』(天理大学出版部, 1956) 78쪽.

124　『盍簪録』권1, 히로시마 현 光藤益子 소장본 (국문학 연구 자료관 소장 마이크로필름을 이용).

125　天理図書館,『古義堂文庫目録』(天理大学出版部, 1956) 59쪽.

126　天理図書館,『古義堂文庫目録』(天理大学出版部, 1956) 59쪽.

127　天理図書館,『古義堂文庫目録』(天理大学出版部, 1956) 45쪽.

128　柳尚熙,『江戸時代と明治時代の日本における朝鮮語の研究』(成甲書房, 1980) 66~68쪽

129　『日本古典文学大辞典』「朝鮮文学」(中村幸彦).

130 "朝鮮諺文: 朝鮮諺文左ノ如シ. 用ヒ様ハ, 朝鮮諺文字母(*伊藤東涯)ニ詳ナリ. サテ朝鮮ニテ俗ノ読ミヤスキタメニ, 諺文ヲ以テ書ヲ訳ス. 我国伊呂波ニテ書籍ヲ訳シテ, 諺解トイフハ, アヤマリナルベキカ." 『昆陽漫録』, 『日本随筆大成』 10 (吉川弘文館, 1928) 462쪽.

131 濱野靖一郎, 「徳川時代に於ける漢学者達の朝鮮観—朝鮮出兵を軸に」, 金時徳, 濱野靖一郎編, 『アジア遊学 198: 海を渡る史書 ── 東アジアの「通鑑」』 (勉誠出版, 2016) 198쪽.

132 "〈藩学における使用経書一覧〉"出石藩 山陰道 但馬国 兵庫県. 学問所(安永4年; 仙石政辰)→弘道館(天明2年) [明治二年三月文学校学規]四書·五経·家語·説苑·蒙求·左伝·公羊伝·穀梁伝·国語·戦国策·十八史略·元明史略·清三朝事略·大統歌·荀子·国史略·皇朝史略·日本政記·史記·前漢書·後漢書·三国志·綱鑑易知録·歴史綱鑑補·呉子·本朝通鑑·日本外史·日本外史補·三王外紀·続三王外紀·資治通鑑·宋元通鑑·皇明通紀·東華録·司馬法·尉繚子·呂氏春秋·群書治要·地球説略·大日本史·晋書·宋書·毛詩·尚書·異称日本伝·瀛環史略·北島志·南島志·日本書紀·続日本紀·南斉書·梁書·陳書·魏書·韓子·賈誼新書·陸宣公奏議·東坡策·通議·新策·日本後紀·続日本後紀·北斉書·周書·隋書·南史·海国図志·魯西亜志·三韓紀略·大英国誌·万国公法·令義解·職原抄·法曹至要抄·唐六典·唐律·文徳実録·三代実録·北史等."" 佐藤環·皿田琢司·田中卓也·菱田隆昭, 「日本の中等教育課程と教育法に関する基礎的研究(第1報) ── 近世藩学における文学教育を中心として ── 」, 『常磐大学人間科学部紀要 人間科学』 23-1 (2005) 13쪽.

133 〈松浦一雄氏寄贈(2004年)に係る松浦武四郎関係資料一覧〉
[説明] 松浦武四郎の人物と業績を研究する上での資料としてまとまったものは, ①東京松浦家寄託に係る国文学研究資料館保管の, 「松浦家文書」, ②松阪市小野江の松浦家寄贈に係る松浦武四郎記念館収蔵資料, ③北海道立文書館等収蔵松浦武四郎関係資料の三つである. 松浦武四郎研究はこれら資料の刊行·検討·分析のうえに進められてきたのであるが, このたび新資料が公開されて, さらなる発展が期待されることとなった. その新資料とは, ④東京松浦家に長く秘蔵され, 2004年松浦武四郎記念館に寄贈された資料である. ④の資料は, すでに2000年に松浦一雄氏から松浦武四郎記念館に寄託されていたが, 2003年, 2004年の2年にわたる調査と目録刊行を経て旧三雲町に寄贈され, 記念館の収蔵資料となったものである. ①の「松浦家文書」は武四郎の自筆資料(稿本·野帳類)が中心であり, ②の記念館収蔵資料は家郷宛武四郎書簡と刊本が中心である. ③の在北海道の資料は地図や蝦夷地関係資料が多い. ④の資料は以上のものとは異なり, 交友のあった人びとからの武四郎宛書簡, 蔵書とその写本, 幕末から明治維新にかけて活躍した画家や書家の書画, 武四郎が収集

した美術工芸品といったものである．武四郎の多方面にわたる活躍と交友がわかり，同時代の歴史資料としても価値が高い．松浦一雄氏寄贈(2004年)に係る松浦武四郎関係資料を，資料名と資料番号のみであるが，ここに示すことにする．詳細は松浦武四郎記念館まで問い合わせられたい．

[書簡の部]題箋[林子平併姪良伍書翰]九三，[林子平書簡]九三一一，[林入道書簡]九三一二，[林入道書簡]九三一四，[藤田東湖書簡]九四一三，[藤田東湖書簡]九五一三，[吉田松陰書簡]九五一六，[黒河春村書簡]九五一七，[齋藤拙堂書簡]九五一九，[表忠崇義集切紙]九六一一，[齋藤順治(竹堂)書簡]九六一二~一一，[豊田彦次郎(豊田天功)書状]九七，[大村益次郎書簡]一〇二一七~一〇，[十返舎一九書簡]一〇五一八，[大久保利通書簡]一一〇一一，[木戸孝允漢詩]一一〇一二，[木戸孝允書簡]一一〇一三，[江藤新平書簡]一一〇一五，[齋藤拙堂跋文]一一二一一，[拙翁書簡]一一二一二，[小野湖山(愿)漢詩]一一二一五，[藤田東湖新葉集跋]一一三一一

[書籍の部]蝦夷一揆興廃記 一八五，蝦夷竹枝・等 二五四，畢山一件・等 一七〇，畢山先生一件類書 二三九，鎖国論 二〇二，三韓紀略伊藤長胤輯 二二五，暹邏記 二二六，拓殖博覧会樺太協会出品目録並解説 二五八，竹島図説 一八〇，多気志楼年譜 二六一，朝鮮賦 二二七，東夷物産志稿 一八六，西蝦夷行程記 一八三，西蝦夷道中便覧千代のためし 二七五，林子平家系 二二一，東蝦夷行程記 一八七，武備目睫・等 一九五，北夷考証一九〇，

[絵画の部]阿蘭陀船図 一幅 〇四七，陳化成図 一幅 〇六二，劉国表図 一幅 〇六四，新田義貞図 一幅 〇六五，楠正成図 一幅 〇六六，蝦夷闌境山川地理取調大概図原稿 一枚 二七三，蝦夷人舞踏之図 一幅 〇七六，蝦夷人舞踏之図 一幅 〇七七，蝦夷国 一枚 二七四，千島一覧図原稿 一枚 二六七，蝦夷人酒宴之図 一幅 〇二四，熊狩図 一幅 〇二二

[書跡の部]斎藤拙堂書「石のかみ」詠草軸 〇八五，斎藤拙堂書「梓弓」詠草軸 〇八六，東湖書「玉ほこの」詠草軸 〇一二，蝦夷図寄書軸 〇七〇，韓天寿書七言絶句 二九〇，韓天寿書宗延清七言絶句懐紙 二九三

134 "允恭帝之初，徵醫於新羅，新羅王遣金武來始知醫方．其後欽明帝時，百濟國遣醫博士奈卒王有棱陀，採藥師施德潘量豐，固德丁有陀齎書籍藥品來．考『三韓紀略』，魏景元元年百濟設官十六品，第六品曰奈卒，第八品曰施德，第九品曰固德．"『日本國志』．http://ctext.org/wiki.pl?if=gb&chapter=281614．

135 羅振玉，『罗氏雪堂藏書遺珍：三韓紀略』(中华全国图书馆文献缩微复制中心，2001)．http://www.lib.cam.ac.uk/mulu/fb7805145160.html．

136 天理図書館，『古義堂文庫目録』(天理大学出版部, 1956) 56쪽．

137 天理図書館，『古義堂文庫目録』(天理大学出版部, 1956) 93쪽．

138　阿部光麿, 「伊藤東涯と朝鮮―その著作にみる関心の所在」, 金時徳, 濱野靖一郎 編, 『アジア遊学 198: 海を渡る史書 ―― 東アジアの, 「通鑑」』(勉誠出版, 2016).

139　국회 도서관 소장본 『鶏林軍記』(189-242)에 의함.

140　宮崎道生, 「新井白石と洋学者」, 『新井白石の現代的考察』(吉川弘文館, 1985).

141　최근 김성수의 번역으로 『해체신서』의 한국어 번역본이 간행되었다(한길사, 2014).

142　斉藤信, 「初期のオランダ語学習――青木昆陽を中心として」, 『金沢大学法文学部論集. 文学篇』5 (1958).

143　"これによりて文字を習ひ覚る事出来西善三郎等先つ「コンストウヲールド」といふ辞の書を和蘭人より借り得しを三通りまで写せしよし和蘭人これを見て其精力に感し, 其書を直に西氏に与へしよし斯ありし事等自然達 上聞けると見へ和蘭書と申もの是まて御覧遊されし事なき者なり何なりとも一本差し出し候様 上意ありしにより何の書なりしにや図入の本指出せしに御覧遊されこれは図ばかりも至て精密のものなり此内の所説を読得るならは亦必す委しき要用の事あるべし江戸にても誰そ学ひ覚へなは然るへしとの事にて初て御医師野呂玄丈老御儒者青木文蔵殿との両人へ蒙 仰候よしなりこれより此両人この学を心かけられたり然れとも毎春一度つゝ拝礼に来る阿蘭陀人に付添ひ来る通詞ともより僅の滞留中開給ふ事殊に繁雑寸暇もなき間の事なれはしみゝ学ひ給ふへき様もなし数年を重ね給ひし事なれとも漸く「ソン」日「マーン」月「ステルレ」星「ヘーメル」天「アールド」地「メンス」人「ダラーカ」龍「テキゲル」虎「プロイムボーム」梅「バムブース」竹と云ふ位の名より彼二十五字を書習ひ給へる事のみなり然れとも是ぞ江戸にて阿蘭陀事学び初めし濫觴なりき." 와세다 대학 소장본(文庫08 A0212) 『蘭学事始』7뒤~8뒤.

144　이에 대하여는 졸고 「호보스토프 사건과 『북해이담』―― 1806~1807년 러시아―일본 간 무력 충돌을 다룬 문헌의 형성과 근세 일본의 병학」, 『동양사학연구』 131 (동양사학회, 2015-6)을 참조.

145　杉本つとむ, 『西洋文化事始め十講』(スリーエーネットワーク, 1996) 104쪽에서 재인용.

146　杉谷昭, 『鍋島直正』(佐賀県立佐賀城本丸歴史館, 2012년 2쇄) 38쪽에서 재인용.

147　시즈오카 현립 도서관 소장본 『충주구황절요』의 마이크로필름본이 국문학 연구 자료관 홈페이지에 공개되어 있다. 김영진, 『농림수산고문헌비요』(한국농촌경제연구원, 1982) 261~264쪽에 해제가 실려 있다.

148　鶴園裕, 『日本近世初期における渡来朝鮮人の研究―加賀藩を中心に―』(1990年度科学研究費助成金研究成果報告書, 1991·3).

149　"『衿陽雑録』[朝鮮ノ書]ニ穀品ヲ載テ我 国ナキモノアリ朝鮮ヨリ貢セシメテ作リ試ミは

民ノ益ニナルモノアルヘシ其文左ノ如シ. (하략)" 사카타시 고큐 문고 소장본『곤요만록』의 마이크로필름본이 국문학 연구 자료관 홈페이지에 공개되어 있다.

제2장 조선 지식인 집단과 임진왜란·일본 정보

1 「中国史書日本関係記事の集録について」, 『米寿記念石原道博選集』(国書刊行会, 1998) 43~45쪽.

2 ロナルド·トビ, 「松下見林の元禄型国際史学」, 『異文化理解の視座』(東京大学出版会, 2003).

3 林子平, 『海国兵談』 山岸徳平, 『新編林子平全集 1 兵学』(第一書房, 1978) 282~283쪽.

4 "今按嘉靖四十三年倭寇熄歷二十八年豊臣秀吉起有囊括四海之意併呑八荒之心将事于明堂々之陣不可与前海寇鳥集之衆同日而語矣用干戈於朝鮮将渡鴨緑江一挙入明其志豈区々哉明人曰南倭北虜又曰中外洶々有畏蜀如虎之意亦非過情乎秀吉不屑朝鮮故不以四道為采邑其大度可知矣然年老無長子亦無股肱心膂之人晩年有赤子欲以為嗣殺猶子秀次不幾而身亦瘁死此役也諸士暴露万民汗血杭骸遍于野功不補患反失天下人心乃秀吉之失計不学之誤也明亦雖不破遂為大釁." 『이칭일본전』 중지오권, 24뒤~25앞.

5 佐島顕子, 「『朝鮮王朝実録』収載日本人名に見る豊臣政権」, 『法令·人事から見た近世政策決定システムの研究』(東京大学史料編纂所研究成果報告, 2014·7) 참조.

6 ロナルド·トビ, 「松下見林の元禄型国際史学」, 『異文化理解の視座』(東京大学出版会, 2003) 62쪽.

7 『이칭일본전』 사지하권, 50앞~뒤.

8 『이칭일본전』 중지일권, 30뒤~31앞.

9 국회 도서관 소장본『仙巣稿』(詩文-2203)를 이용하였다.

10 "譯官等以兩卷書册來示. 名曰南浦文集. 卽薩摩州僧人大龍玄昌所著也. 博覽諸書. 文辭燁燁. 非如日本諸僧之比也. 觀所著鐵砲記. 鳥銃本非日本所創. 七八十前. 學得於南蠻人. 因傳妙技云. 集中極贊秀吉功業. 有征伐朝鮮. 八道盡屬封疆. 而獨全羅一道革面. 而不心服. 大興師討賊之語. 其說極悖. 且於戰場文有云. 西征士卒. 死於戰場者. 不知其幾萬. 以此觀之. 我國雖到處敗衄. 而倭人死者亦多. 可見物故之相當也." 『東槎錄』 (한국 고전 종합 DB에 의함).

11 국문학 연구 자료관 소장본『搏桑名賢文集』(国文研鵜飼 96-375)을 이용하였다.

12 김영호, 「『전등신화』(剪燈新話)의 전래와 동아시아 — 일본, 조선, 베트남의

번안과 금기의 극복」,『日本文化硏究』38 (2011·4) 참조.

13 "日本人『南浦文集』云. 天文癸卯. [倭皇後奈良院天文十二年也]蠻船漂著種子島. 時有大明儒生名五峯者. 知南蠻賈胡. 長有二人. 手攜一物. 長二三尺. 中通外直. 其旁有一穴. 通火之路也. 入妙藥其中. 添以小團鉛. 先置一小白於岸. 眇其目. 目其一穴放火. 則立無不中焉. 島主兵部丞時堯懇望之. 以爲稀世之珍. 而不知其何名. 人呼曰鐵砲. 且求得蠻種之二鐵砲. 時堯使鐵匠. 新製數十. 益究其蘊奧焉. 又有橘屋又三郎者. [泉州堺人之商人]來於種子島習之云. [遇嘗見『扶桑名賢集』. 卽倭人所輯國人文集也. 有種子島傳銃製之文. 卽『南浦集』所記也.]"『오주연문장전산고』(한국 고전 종합 DB에 의함).

14 "世傳南師古望氣. 知平秀吉之生. 預測壬辰之運運.『武林傳』[倭人所撰] 天文五年丙申正月朔日丁巳. 日光出東海時生. 故名日吉丸. 案卽大明嘉靖十五年也. 今推步其四柱. 則爲丙申庚寅丁巳癸卯."『靑莊館全書』서울대학교 규장각 한국학 연구원 소장본에 의거한 한국 고전 종합 DB 원문 서비스 및 번역. 奎4917 1900년대 전기 필사 67권 31책 21.9×16.2cm.

15 모리오카 시 중앙 공민관 소장본『本朝武林伝』(1393). 국문학 연구 자료관 소장 마이크로필름에 의함.

16 안대회,「18,19세기 조선의 백과전서파(百科全書派)와『화한삼재도회(和漢三才圖會)』」,『大東文化硏究』69 (2010), 김보성,「19세기 조선 지식인의 일본, 유구에 대한 인식 고찰 ― 오주(五洲) 이규경(李圭景)의『시가점등(詩家點燈)』을 중심으로―」,『漢文學論集』35 (2012), 조창록,「『임원경제지(林園經濟志)』를 통해 본 서유구(徐有榘)의 일본 인식 ―『화한삼재도회(和漢三才圖會)』를 인용한 사례를 중심으로」,『大東文化硏究』78 (2012) 등.

17 "周宏爲余購倭漢三才圖會." 국립 중앙 도서관 소장본『日觀記』(古2707-1) 권 8, 121쪽.

18 김시덕,「제주에 표착한 일본인 세류두우수는 누구인가 ― 윤행임『석재고』를 통해 보는, 조선 시대의 일본 임진왜란 담론 수용양상 ―」,『일본학보』86 (한국일본학회, 2011-2).

19 시마네 대학 소장본『和漢三才図会』를 이용하였다. 홈페이지에서 원문 이미지를 열람할 수 있다. http://www.lib.shimane-u.ac.jp/0/collection/da/da.asp?mode=vt&id=1317.

20 "元和元年東照神君天下統一以来朝鮮乞和公方家嗣世嘉儀必三韓来聘其贈答書翰大法准足利之時風矣宗対馬守司朝鮮国." 시마네 대학 소장본『和漢三才図会』16뒤.

21 "蘭室譚叢日本滿洲將帥: 凡制勝之策. 先知敵帥姓名官爵年紀顔貌勇怯然後. 可以應變. 我國全不解兵. 日本之入寇. 滿洲之來侵. 茫然不知其將帥誰某. 亦安知騎步爲幾何.

今考日本良安尙順所記及淸一統志所載. 錄于此. (하략)"『研經齋全集』(한국 고전 종합 DB에 의함).

22 "凡制勝之策. 多用間諜. 先知敵國將帥姓名官爵年紀顔貌勇猛才畧. 然後可以應變. 我國全不知兵. 日本之入寇. 滿洲之來侵. 茫然不知其將帥之誰某. 則亦安知騎步之爲幾何耶. 今考日本良安尙順所記及大淸一統志所載. 錄于此. ○太閤秀吉公以爲我苟掌天下獨步. 雖至極位. 未究中華也. 急欲滅大明. 爲異國皇帝. 仍以朝鮮爲導. 諭事於朝鮮. 朝鮮不肯. 秀吉大憤. 先伐朝鮮. 文祿元年. 擧諸將. 陳于肥前名古屋. 十萬人相從. 案倭之官號姓名. 相混難辨. 故皆用圈以別之. ○一番宗對馬侍從義智. ○小西攝津守行長. ○松浦刑部卿. ○有馬修理大夫. ○大村新八郞. 合一萬八千七百餘人. ○二番加藤主計頭淸正. ○鍋島加賀守直茂. ○相良宮內大輔長安. 合一萬八百人. ○三番黑田甲斐守長政. ○大友豊後侍從義統. 合一萬一千人. ○四番毛利壹歧守元康. ○島津薩摩侍從義弘. ○高橋九郞. ○秋月三郞. ○伊藤民部太輔. ○島津又七郞. 合一萬四千人. ○五番福島左衛門大夫正則. ○戶田民部少輔. ○長曾我部土佐守. ○蜂須賀阿波守. ○生駒雅樂頭. ○來島兄第. 合二萬五千人. ○六番小早河侍從隆景. ○久留米侍從秀包. ○立花飛驒守宗茂. ○高橋主膳. ○筑紫上野介. 合千一萬五千百人. ○七番安藝宰相. 合三萬人. ○八番備前宰相. 合一萬人. 陳于對馬. ○九番岐阜宰相. ○丹波小將. 合一萬一千五百人. ○陳于對馬. ○都合十五萬八千七百人. 案人數不相合. ○四月十二日. 出舡. 三奉行增田長盛. 石田三成. 大谷吉隆. 案此三人. 不相混. 故不圈. 一番舡早到. 小西行長. 宗義智. 先取釜山浦城. 次拔東萊城. 取忠州城. 二番舡淸正等會于忠州. 淸正遲而愼. 不會戰. 自忠州行王城有二道. 一道通于南門而險難. 一道通東門而平易. 淸正等向南門. 行長義智向東門. 三日前大王奔義州. 王子臨海順和君. 走兀良哈. 淸正欲擒之. 向咸鏡道. 鍋島直茂相繼. ○行長. 義智. 屯平壤. 大友義統陳鳳山. 黑田長政陳白川. 小早川隆景. 久留米秀包等陳于其次. ○明祖承訓. 史儒. 率兵三千. 屯平壤安定舘. 行長進征. 明軍敗走. 淸正. 直茂行至開城. 六月十八日. 到安邊. 兩將分二歧. 淸正向兀良哈. 直茂行吉州. 先屠平壤城. 斬首六百. 畧北丹 案北靑之譌. 洪原. 而陳安平府. 案平安城與府. 卽定平之譌. 以鍋島五郞茂里. 置于洪原. ○淸正到兀良哈. 俘兩王子大臣. 將歸于安邊. 七月廿四日. 兀良哈人. 漢南人. 追人. 且吉州之大勢相加. 淸正乞援於直茂. 乃使成富. 持永二士救之. 到咸興. 謁直茂. 謝援兵之禮. 成富茂安 案不言持永. 而忽稱茂安. 可訝. 之勇. 聞于異國. 旣而淸正直茂. 討平咸鏡道二十二郡. 鍋島直茂. 陳于永岡山. 本註咸興之邊. 有梅天梅白兄弟. 起兵. 直茂討之. 獲首千五百級. 又兀平山. 本註咸興之北八十里. 有觀察使起數萬兵. 直茂以三千餘騎討之. 斬首千三百餘. 鹹耳送于日本. ○明將軍李如松. 以兵五萬到安定舘. 合朝鮮軍共二十萬. 行長居平壤. 兵僅五千. 退于王都. 敵追之. 黑田長政殿之. 直茂所獲八城者. 德源. 文川. 高原. 永興. 定平. 洪原. 金山. 咸興. 李如松率十萬兵. 屯開城府. 小早川隆景. 立花. 宗

茂. 毛利元康敗之. ○二年四月. 明沈惟敬. 徐一貫. 謝用梓三使. 來於名古屋. 講和. 太閤諾. 謝俘送王子於淸正. 仍留血書于淸正. ○慶長元年九月. 明正使楊方亨. 副使遊擊等. 來貢. 爲和義之禮. 神宗皇帝之書. 令僧承兌讀之. 有敎秀吉封日本國王之文. 太閤怒曰. 予如成王也. 何用渠儂力乎. 於是. 和義忽變. ○二年二月. 復遣大軍. 伐朝鮮. 幷大明敵. 亦以兵船數百艘拒之. 倭軍甚危. 鍋島勝茂. 本註. 直茂之男號信濃守. 大敗之. 斬首七百餘. 淸正直茂勝茂. 攻全羅道伽倻山之城. 明邢玠率數萬兵來襲. 合戰於金溝金堤. 斬首三千三百六十九. 劓之送日本. ○加藤淸正. 淺野幸長. 本註. 長政之子幼而有勇. 在蔚山城累月. 明兵圍之. 幸長等斬首數千級. 於是. 後藤家信乘馬涉大河. 士卒潰涉. 黑山長政. 馳加竟破一方. ○三年三月. 明陳璘寄數百兵舡於唐島. 藤唐高虎. 福島正則. 九鬼脇坂等大戰. 加藤左馬介力戰有功. ○島津義弘及忠恒等. 在泗州新塞. 明董一元以兵數十萬圍之. 義弘解圍討敵. 三萬八千. 劓送日本. 異國人呼島津曰. 鬼思曼子. 呼淸正曰鬼將軍. 旣而太閤薨. 日本兵卒歸朝. 以所獲耳鼻. 埋大佛殿畔. 本註. 今云耳塚是也. ○元和元年. 東照神君. 天下統一以來. 朝鮮乞和. 公方家嗣世嘉儀必三使來聘. 其贈答書翰. 大法準足利之時風矣. 案文多僭僞. 詞或爽失. 狀往往有記宗處. 故善錄其槩. 而想像當日. 不覺心怦."
『청장관전서』(한국 고전 종합 DB에 의함).

23 "임진년의 전역에 참여한 군사 수효는 16만 1천5백 명 [갑졸(甲卒)이 이와 같고, 고졸(蒿卒)은 들어가지 않음]이고, 왜장(倭將)으로는 모리 데루모토[상주에 있던 자] 모리 히데모토[데루모토의 양자] 우키타 히데이에[남별궁에 들어갔던 자] 고바야카와 히데아키, 마시타 나가모리[서울에 들어갔던 자] 다테 마사무네[먼저 진주성에 올라간 자로, 눈 하나가 멀었으나 극히 용감함] 와키사카 야스하루, 호소카와 다다오키, 도다 지부노다이후[해서(海西)에 들어갔던 자로, 싸우고 돌아와 죽음] 이시다 미쓰나리, 시마즈 요시히로, 비전주지주 용장사(肥前州地主藏寺, 고토 이에노부(後藤家信)?], 아사노 나가마사, 아사노 유키나가[아사노 나가마사의 아들] 이코마 지카마사, 이코마 가즈마사[이코마 지카마사의 아들]. 조소카베 모리치카, 하치스카 이에마사, 이케다 히데오, 도도 다카토라, 오타니 요시쓰구, 가토 요시아키, 오가스 스케시게, 미야베 나가후사, 후쿠하라 나가타카(福藁右馬助)["福藁"는 더러 "福原"로도 되어 있음] 나카가와 히데나리, 가토 기요마사[일명은 도라노스케(虎介)이며, 함경도에 들어갔던 자] 고니시 유키나가, 구로다 나가마사, 모리 가쓰노부, 모리 다카마사, 마쓰라 시게노부, 다케나카 하라노스케(竹中原介?), 하야카와 나가마사, 다치바나 무네시게, 데라사와 히로타카, 소 요시토시 등이었습니다.
정유년 전역에는 군인이 절반으로 줄어, 그 수효가 10만 4천5백명이었고, 왜장으로는, 모리 히데모토, 모리 히데이에[능성·화순에 들어갔던 자] 고바야카와 히데아키, 아사노 유키나가, 시마즈 요시히로[사천에 주둔했던 자] 비전주지주 용장사(고토

이에노부?) [그의 가신(家臣)인 나베시마 나오시게가 대행(代行)하였음] 가토 기요
마사, 고니시 유키나가[순천에 주둔했던 자] 구로다 나가마사, 하치스카 이에마사
[배로 무안에 갔던 자] 이코마 가즈마사, 조소카베 모리치카[나주에 들어갔던 자]
가토 요시아키, 후쿠하라 나가타카[배로 무안에 갔던 자] 하야카와 나가마사, 나카
가와 히데시게[배로 무안에 갔던 자] 모리 데루모토, 모리 히데모토[배로 무안에 갔
던 자] 다치바나 무네시게, 도도 다카토라[배로 무안에 갔던 자] 데라사와 히로타
카, 이카다 히데오[광주에 들어가서 죽이고 노략질하기를 더욱 심히 하였음. 배로
진도에 갔다가 배 위에서 죽었음] 가키미 가즈나오, 마쓰라 시게노부, 구마가이 나
오시게, 소 요시토시, 구루시마[이순신에게 패하여 죽음] 등이었습니다. 안코쿠지
(安國寺)라는 사람은 왜승인데, 처음에 모리 데루모토에게 몸을 의탁하고 있었습니
다. 데루모토가 적괴와 틈이 벌어지자, 안코쿠지가 왕래하며 중간에서 조정하여,
마침내 사이가 좋아졌습니다. 적괴가 많은 토지를 상으로 주었으나, 굳이 사양하여
받지 않고 단지 2만 석의 토지만을 받았습니다. 두 차례의 침략에 군사 참모가 되어
자못 기략(機畧)을 가지고 자부하므로, 왜승들이 모두 그가 먼저는 정직하다가 뒤
에는 더러워졌다고 비웃었습니다. 그러나 힘껏 강화를 주장하여 처음부터 지금까
지 이르러 왔다고 합니다. 태장로(兌長老, 쇼타이)란 사람은 문자(文字)로써 자부하
고 있는데, 적괴를 곡진하게 섬겨 만여 석의 토지를 받기에 이르렀습니다. 신이 그
왜승을 인연하여 적괴가 지은 『학문기(學問記)』 및 심 유격(沈游擊)과 문답한 『서기
(書記)』를 얻어 보았는데, 오로지 과장하기만 힘써, 심지어 말하기를, "대명(大明) 같
은 것은 소문을 듣고 와서 조회하고, 조선 같은 것은 불의(不義)하기 때문에 치는 것
이다" 하였으니, 진실로 마음이 쓰라려 뼈에 사무치옵니다. 또 안코쿠지 에케이(安
國寺西堂) [우리나라에서 현소(玄蘇)라고 부르는 자임]이라는 사람은 소 요시토시의
모주(謀主) 노릇을 하는데, 자못 문자(文字)에 능하여, 우리나라를 조롱하고 업신여
긴 문자가 그 손에서 많이 나왔다고 합니다."

"自壬辰長番屯守. 壬辰之役. 軍數十六萬一千五百名. 甲卒如是薹卒不與 將倭則安藝中
納言輝元 在尙州者其養子安藝宰相秀元備前中納言秀家 入南別宮筑前中納言金吾增田
衛門正長盛 入京城者中將政宗 先登晉州者眇一目勇悍脇坂中長岡越中守戶田治部大輔
入海西者役還死石田治部少輔薩摩守島津兵庫頭義弘肥前州地主龍藏奇淺野彈正其子淺
野左京大夫生駒雅樂正其子讚岐守一正長曾我部土佐守盛親蜂須賀阿波守家政池田伊豫
守秀雄藤堂佐渡守大谷刑部少輔加藤左馬助小川佐馬助宮部兵部少輔福薹右馬助 福薹或
作福原中川修理大夫秀成加藤主計淸正 一名虎介入北道者小西攝津守行長黑田甲斐守毛
利壹岐守毛利民部大輔松浦法印竹中原介早川主馬頭長政楊川立橘左根寺澤志摩守正成
羽柴對馬守義智丁酉之役. 軍人減半. 其數十萬四千五百名. 將倭則安藝宰相守元備前中

納言秀家 入綾城和順筑前中納言金吾淺野左京大夫島津兵庫義弘 鎭泗川者肥前龍藏寺
其家臣錫島加賀守代行加藤主計淸正小西攝津守行長 鎭順天者黑田甲斐守阿波守家政
舟至務安生駒讚政守一正土佐守盛親 入羅州加藤左馬助福蒿右馬助 舟至務安早川主馬
頭長政中川修理大夫 舟至務安毛利壹岐守毛利民部大輔 舟至務安楊川立橘左根藤堂左
渡守 舟至務安寺澤志摩守正成伊豫守秀雄 入光州殺掠尤甚舟至珍島死於舟上垣見和泉
守一直松浦法郎熊谷內藏允直茂羽柴對馬守義智來島守 爲李舜臣所敗死有安國寺者. 倭
僧也. 初托身於輝元. 輝元與賊魁有隙. 安國寺往來調劑. 遂得相懽. 賊魁多賞以土地. 則
固讓不受. 止受二萬石之地. 兩番入寇爲軍謀. 頗以機略自許. 倭僧皆笑其先貞後黷. 然力
主講和. 自始至今云. 有兌長老者. 以文字自負. 曲事賊魁. 至受萬餘石之地. 臣因倭僧. 得
見其賊魁所作學問記. 及與沈游擊問答書記. 則專務誇張. 至曰如大明者. 聞風來朝. 如朝
鮮者. 以不義征之云. 誠可痛心切骨. 又有安國寺西堂 我國之所謂玄蘇者也 者. 爲義智謀
主. 頗能文字. 譏侮我國文字. 多出其手云矣."『看羊錄』(한국 고전 종합 DB).

24 "六十五年秋七月任那国遣蘇那曷叱知令朝貢也任那者去筑紫国二千余里北阻海
以在鷄林之西南."『新編日本古典文学全集 2 日本書紀 1』(小学館, 1994) 294쪽.

25 "(垂仁天皇二年)是歳任那人蘇那曷叱智請之欲帰于国蓋先皇之世来朝未還畋故敦
賞蘇那曷叱智仍齎赤絹一百匹賜任那王然新羅人遮之於道而奪焉其二国之怨始起於是時
也 [一云御間城天皇之世額有角人乗一船泊于越国笥飯浦故号其処曰角鹿也]."『新編日
本古典文学全集 2 日本書紀 1』(小学館, 1994) 300쪽.

26 『唐土名勝図会 1』(ぺりかん社, 1987) 도쿠다 다케시(德田武) 해제. 참고로,
와세다 대학에는 오카다 교쿠잔의『당토명승도회 원고(唐土名勝図会原稿)』(ル05
01995)가 남아 있어서 중요한 자료가 된다.

27 水田紀久,『水の中央に在り――木村蒹葭堂研究』(岩波書店, 2002).

28 大阪歷史博物館,『特別展没後200年記念: 木村蒹葭堂――なにわ知の巨人』(思文閣
出版, 2003).

29 水田紀久·野口隆·有坂道子,『蒹葭堂日記: 完本』(藝華書院, 2009).

30 다이텐 지음, 김문경 외 옮김,『평우록 ―― 18세기 일본 지식인, 조선을 엿보
다』(성균관대학교 출판부, 2013) 18~19쪽.

31 다이텐 지음, 김문경 외 옮김,『평우록 ―― 18세기 일본 지식인, 조선을 엿보
다』(성균관대학교 출판부, 2013) 191~192쪽.

32 "余入中國. 沿道二千里之間. 時方夏秋之交劇暑. 常晝日四五下馬. 入人家休憩而
去. 丈二芭蕉. 太湖石. 茶蘼架子. 斑竹欄干. 往往而有. 護階綠竹. 滿簾翠梧. 到處多見. 高
麗時. 宋商舶頻年來泊於禮成江. 百貨湊集. 麗王待之以禮. 故當時書籍大備. 中國器物無
不來者. 我國不以水道通南貨. 故文獻尤貿貿. 不識三王事者. 全由此也. 日本通江南. 故

明末. 古器書畫書籍藥料輻輳于長崎島. 今兼葭堂主人木氏弘恭. 字世肅. 有書三萬卷. 多交中國名士云."『열하일기』(한국 고전 종합 DB에 의함).

33 정민, 『18세기 한중 지식인의 문예 공화국』(문학동네, 2015) 690~695쪽.

34 다이텐 지음, 김문경 외 옮김, 『평우록 — 18세기 일본 지식인, 조선을 엿보다』(성균관대학교 출판부, 2013) 36~37쪽.

35 Donald Keene, *The Japanese Discovery of Europe, 1720~1830* (Stanford Univ Pr; Revised, 1969) 237쪽.

36 R. Effert, *Royal Cabinets and Auxiliary Branches: Origins of the National Museum of Ethnology 1816~1883* (Leiden: Leiden University Press. 2008) 120쪽.

37 이시이 겐도가 수집한 에도 시대의 표류기 컬렉션의 일부는 현재 도쿄 해양대학 도서관에 소장되어 있다. 「石井研堂漂流記コレクション」. lib.s.kaiyodai.ac.jp/library/daigakushi/kendo.

또한 이들 문헌은 『江戸漂流記総集: 石井研堂これくしょん』 전 6권 (日本評論社, 1992~1993)로 간행되었다. 그 목차는 아래와 같다.

[권1]

『元和漂流記』

『讃州船島国脱航談』

伊藤東涯, 『唐国漂着記事』 2편

『韃靼漂流記』

『勢州船北海漂着記』

『馬丹島漂流記』

『阿州船無人島漂流記』

『薩州船清国漂流談』

『十三夜丸台湾漂流記』

『津軽船朝鮮江陵漂着記』

曽槃, 『日州船漂落紀事』

『遠州船無人島物語』

『無人島漂着八丈島浦手形』 등

曽槃, 『無人島談話』

『鳥島物語』

『寛政無人島漂民浦賀番所口書』 등

『土州人長平漂流日記』

『山田仁左衛門渡唐録』

『徳兵衛天竺物語』

『じゃがたら文』,『阿蘭陀文』

[권2]

『志州船台湾漂着話』

『奥州荒浜船南通州漂着始末』

『吹流れ天竺物語』

青木定遠,『南海紀聞』

『安南国漂流物語』

『奥州人安南国漂流記』

『南瓢記』

『薩州人唐国漂流記』

『一葉丸福州漂流記』

『松前船松栄丸唐国漂流記』

児玉南柯,『漂客紀事』

大田南畝,『難船奇聞』

[권3]

『大黒屋光太夫ロシア漂流一件』

『竹内徳兵衛魯国漂流談』

『享和漂民記』

『永寿丸魯国漂流記』

『督乗丸魯国漂流記』

池田寛親,『舩長日記』

『松前人韃靼漂流記』

『青森港儀兵衛漂流始末口書』

大槻玄沢,『芸州善松異国漂流記』

『文化十三丙子歳薩州漂客見聞録』

『豊長筑三領唐船漂流の記』

[권4]

西田直養,『ペラホ物語』

『越前船宝力丸清国漂着覚書き』

『融勢丸唐流帰国記』

『神力丸馬丹漂流口書』

『漂客寿三郎庄蔵手簡』

松本斗機蔵,『漂民送還ニ就テノ上書』

大槻磐渓,『呂宋国漂流記』

酒井順蔵·前川文蔵,『亜墨新話』

『阿州船幸宝丸漂流記』

宇田川興斎,『乙巳漂客記聞』

『嘉永船便加羅物がたり』

大槻玄沢,『広東漂船雑記』

[권5]

『中浜万次郎漂流一件』

『満次郎漂流記』

『紀州船米国漂流記』

『紀州天寿丸露国漂流記』

浜田彦蔵,『漂流記』

『播州人米国漂流始末』

『銚子湊御城米荷打ち吟味一件』

[권6]

志村弘強·大槻玄沢,『環海異聞』

38 藤塚鄰·藤塚明直,『清朝文化東伝の研究—嘉慶·道光学壇と李朝の金阮堂』(国書刊行会, 1975).

39 정민,『18세기 한중 지식인의 문예 공화국』(문학동네, 2015)

40 高橋博巳,『東アジアの文芸共和国—通信使·北学派·蒹葭堂—』(新典社, 2009).

41 夫馬進,『朝鮮燕行使と朝鮮通信使』(名古屋大学出版会, 2015).

42 박희병,『저항과 아만 — 호동거실 평설』(돌베개, 2009), 김명호,「李彦瑱과『虞裳傳』」,『한국문화』70 (서울대학교 규장각 한국학 연구원, 2015.6) 등을 참조.

43 정민,『18세기 한중 지식인의 문예 공화국』(문학동네, 2015) 391쪽.

44 박제가 저, 안대회 역,『북학의』(돌베개, 2013) 253~260쪽.

45 송기호 역주,『발해고』(홍익출판사, 2013년 7쇄) 9쪽.

46 『정본 여유당전서(定本 與猶堂全書)』수록『아방강역고(我邦疆域考)』를 이용하였다(한국 고전 종합 DB).

47 사카타시 고큐 문고 소장본『和漢歷代備考』를 이용하였다. 국문학 연구 자료관 소장 마이크로필름에 의함(26-111-1).

48 "和漢三才圖會. 日本良安尙順撰. 曰. 大淸皇帝韃靼人. 案韃靼. 蒙古也. 日本人. 不能辨. 搆城於北京. 案搆城二字太生疎. 稱淸皇帝. 僭年號改順治. 剃南京民鬢髮. 爲韃

麤風俗. 永曆十五年. 清帝薨. 太子卽位. 統天下. 今號康熙. 案日本人. 始許康熙統一. 和漢歷代備考 撰人俟考. 曰. 辛丑大清皇帝. 巡狩殂落. 太子卽位. 時年五歲. 案非五歲. 卽八歲. 爲臣所殺. 按鄭成功. 據臺灣. 通日本. 播言以眩島俗軼. 又備考列書大明諸帝至思宗. 下低一字. 附驩麤大清. 又上行列書福王唐王. 唐王下書皇帝. 蓋指永曆也."『청장관전서』(한국 고전 종합 DB에 의함).

49 "吾妻鏡. 日本史名. 看羊錄 姜沆撰 曰. 吾妻鏡者. 吾之得失. 卽形于吾妻. 觀於吾妻. 可見吾之得失. 故以爲史名云. 案吾妻. 又有日本縣名."『청장관전서』(한국 고전 종합 DB에 의함).

50 "『吾妻鏡』. [日本史名. 史之別善惡. 如吾妻鏡之辨姸媸也. 或曰君名.]"『오주연문장전산고』(한국 고전 종합 DB에 의함).

51 "[유구] 유구는 본국(本國)에 반드시 사책이 있으련만 중국에 흘러 들어온 것은 보지 못하였고, 다만 중국 사신들이 기록한 것으로 충분히 근거가 될 만한 것이 있으니, 서보광(徐葆光)의『사유구기(使琉球記)』, 장학례(張學禮)의『사유구기략(使琉球記畧)』, 청나라 주황(周煌)의『유구국지략(琉球國志略)』4권, 청나라 왕사진(王士禛)의『유구세찬도(琉球世纘圖)』이다. 우리나라에서는 신숙주의『해동제국기』와 내가 지은『유구교빙지(琉球交聘志)』가 있다. 대개 유구가 개국하던 초기에 천손씨(天孫氏)라는 자가 있어 25대를 전해 왔는데, 홍황(洪荒) 을축년에서부터 시작하여, 송나라 순희(淳熙) 13년(병오)에 이르러 역신(逆臣) 이용(利勇)이 임금을 시해하고 스스로 즉위하자 순천(舜天)이 그를 토벌하여 죽였다. 이용이 죽고 나자 중의(衆議)에 의해 순천이 왕으로 추대되고 천손씨는 망하였는데, 모두 1만 7천8백2년이었다. 순천은 순천으로부터 의본(義本)에 이르기까지 5대 만에 망하였는데, 모두 73년이다. 이때 천손씨의 후예인 영조(英祖)라는 자가 있어, 송나라 경정(景定, 1260~1264) 원년에 의본의 양위(讓位)를 받아 즉위하였으나, 7대 만에 망하고 말았다. 그리고 찰도(察度)라는 자가 있어 고려 창왕(昌王) 2년에 처음으로 고려와 통하면서 표(表)를 올려 신(臣)이라 칭하였고, 국조에 들어와서는 태조 정축년에 유구왕 무령(武寧)이 사신을 보내어 표를 올려 신하라 칭하였으며, 광해군 1년에도 유구국에서 내빙(來聘)하였으며, 인조 6년에는 북경에 가 있는 우리 사신 편에 그들의 자문(咨文)을 체송(遞送)하였다. 세상에서는 "선조 때에 유구의 세자(世子)가 제주에 표류한 것을 제주 목사 이기빈(李箕賓)이 쳐 죽이고 물화를 빼앗음으로써 그들과 국교가 끊어졌다"라고 하는데, 이는 근거 없는 말이다. 찰도에서부터 상목(尙穆)에 이르기까지는 24세이고, 찰도에서부터 사소(思紹)에 이르기까지는 성씨를 상고할 수가 없다. 상파지(尙巴志)에서부터 상목에 이르기까지는 상(尙)으로 성을 삼았는데, 상목은 건륭(乾隆, 1736~1795) 때에 해당한다. 이종덕(李鍾德)의『표해록』에 "우

리 순종 13년에 사쓰마 도주(薩摩島主)가 유구국의 왕을 사로잡아 항복을 받고 칭신(稱臣)하게 함으로써, 지금은 일본 "사쓰마 도주 내 유구 국왕(薩摩島州內琉球國王)"이라는 직함으로 한다" 하였다.

[일본(日本)] 일본은 신라·고구려·백제에서부터 조선에 이르기까지 계속 국교를 맺어 왔는데, 선조 25년에 대거 입구한 것은, 관백 평수길(平秀吉)이 명나라를 치기 위해 우리나라에 길을 빌리려는 데 대해, 우리나라에서 들어주지 않고 물리쳤기 때문이다. 왜황(倭皇)은 아무 권리도 없이 허수아비처럼 앉아만 있을 뿐이고, 오늘날에 이르도록 관백이 나라를 손아귀에 쥐고 제멋대로 하는 실정인데, 임진년에는 명 신종(明神宗)이 특별히 중국 군사를 풀어 우리나라를 구원하여 왜구들을 쳐서 쫓아냈다. 이때 평수길이 천벌을 받아 곧 죽자 도쿠가와 이에야스(源家康)가 평씨의 족속들을 다 없애 버리고는 곧이어 다시 귀순함으로써 국교가 성립되었다. 그런데 우리나라는 비록 그들의 참람함을 알지만 그 풋내기에게 명분을 정하기가 어려워서 다만 미적거리며 그대로 두고 있다가, 그들이 사신을 요청한 뒤에야 비로소 신사(信使)를 보냈다. 그러나 순종 11년에 우리 신사가 쓰시마 섬에서 저지되어 에도(江戸)에 들어가지 못한 것은 관백과 도주(島主)의 간계로 인한 것이다. 그들의 나라를 세운 사실과 세대에 대해서는 그들의 역사가 있을 것이므로, 이제 다만 그들의 사첩(史牒) 및 중국과 우리나라에서 편찬한 책들을 기록할 뿐이다. 일본사(日本史)는 본서(本書) 3부(部)가 있는데, 『구사기(舊事記)』는 스이코 덴노(推古天皇) 28년에 우마야도 오지(廄戸皇子, 쇼토쿠타이시)와 소가노 우마코(蘇我馬子)가 찬한 것으로, 개벽(開闢) 연대에서부터 당대에 이르기까지의 사실이 모두 10권이고, 『고사기(古事記)』는 겐메이 덴노(元明天皇) 와도(和銅) 5년에 야스마로(安萬侶)가 찬한 것인데, 신대(神代)로부터 스이크 덴노에 이르기까지의 사실로 모두 3권이고, 『일본기(日本記)』는 야스마로가 찬하였는데, 신대로부터 지토 덴노(持統天皇)까지의 사실이다. 또 일본의 육국사(六國史)가 있는데, 『일본기』 30권은 야스마로가 찬한 것으로 진무 덴노(神武天皇)에서부터 지토 덴노에 이르기까지 모두 9백 63년간의 사실이고, 『속일본기(續日本紀)』 40권은 스가노노 마미치(菅野眞道), 후지와라노 쓰구타다(藤原繼繩) 등이 찬한 것으로 몬무 덴노(文武天皇) 원년에서부터 시작하여 간무 덴노(桓武天皇) 엔랴쿠(延曆) 10년에 이르기까지 모두 95년간의 사실이고, 『일본후기(日本後紀)』 40권은 후지와라노 오쓰구(藤原緒嗣)가 찬한 것으로 간무 덴노 엔랴쿠 11년에서 시작하여 준나 덴노(淳和天皇) 덴초(天長) 10년에 이르기까지 모두 42년 간의 사실인데, 전서(全書)는 지금 없고, 초본(抄本) 20권만이 있는 것을 아울러 1권으로 편찬하였다. 『속일본후기(續日本後紀)』는 후지와라노 요시후사(藤原良房), 하루스미노 요시타다(春澄善繩) 등이 찬한 『닌묘 실록(仁明實錄)』인데, 덴초 10년에서 시작하

여 가쇼(嘉祥) 3년에 이르기까지 모두 18년간의 사실이고,『몬토쿠 실록(文德實錄)』
10권은 미야코노 요시카(都良香)가 찬하였는데, 가쇼 3년에서 시작하여 덴안(天安)
2년에 이르기까지 모두 9년 간의 사실이고,『삼대실록(三代實錄)』50권은 오쿠라노
요시유키(大藏善行)가 찬하였는데, 덴안 2년에서 시작하여 닌나(仁和) 3년에 이르기
까지 모두 30년의 사실이다.『성황본기(聖皇本紀)』는 지은이를 알 수 없고, 이 밖에
『제왕편년기(帝王編年紀)』,『호조구대기(北條九代記)』,『겐페이 성쇠기(原平盛衰記)』,
『신계도(神系圖)』,『야마토본기(大和本紀)』,『왕년대기(王年代紀)』1권,『동무보감
(東武寶鑑)』,『화한합운(和漢合運)』2권이 있다.『아즈마카가미(吾妻鏡)』는『동감(東
鑑)』이라고도 하는데, 청나라 죽타(竹垞) 주이준(朱彝尊)의『아즈마카가미』발(跋)에
"『아즈마카가미』52권을『동감』이라고도 하는데, 지은이의 성명은 알 수 없다. 앞에
는 게이초(慶長) 10년에 쓴 서(序)가 있고, 뒤에는 간에이(寬永) 3년에 그 나라 사람
하야시 도슌(林道春, 하야시 라잔)이 쓴 후서가 있으니, 바로 출간하던 해이다. 글
가운데 월일(月日)과 기후를 반드시 썼고, 다음에는 쇼군(將軍)들의 집권(執權)의 차
서와 회사(會射)의 절차를 기록하였는데, 그 문의(文義)가 답답하다. 또 곁에다 왜훈
(倭訓)으로 점(點)을 찍어 놓았는데, 해석하기가 쉽지 않고, 국가의 큰 일에 대해서
는 도리어 간략하였으니, 이른바 "현명하지 못한 사람은 적은 것밖에는 모른다"는
것이다. 일본은 직공(職貢)을 받지 않았기 때문에 그 군장(君長)들의 수수(授受)하는
차서가 조넨(奝然)이 기록한 것 이외에는 서로 전하면서 자못 달라진 것이 있다. 임
회후(臨淮侯) 이언공(李言恭)이『일본고(日本攷)』를 찬하였는데, 그들의 국서(國書)
와 토속(土俗)을 적은 것은 자못 상세하지만, 국왕의 세전(世傳)에 대해서는 명확하
지 못하니, 이 책을 가지고 신숙주의『해동제국기』와 비교한다면 요점을 얻은 신숙
주의 것만 못할 것이다. 게이초 10년은 명나라 만력(萬曆, 1573~1619) 32년이고 간
에이 3년은 명나라 천계(天啓, 1621~1627) 4년이다" 하였다. 강항의『간양록』을 상
고해 보니 "『아즈마카가미』란 나의 득실(得失)이 곧 나의 아내에게 나타나기 때문
에 나의 아내만 살펴보면 나의 득실을 알 수 있으므로 이로써 사서(史書)의 이름으
로 한 것이다" 하였다. 그러나 아즈마는 또 일본의 현명(縣名)이기도 하다. 또 주이
준이『해동제국기』뒤에 쓴 글에 의하면 "내가 늦게야 조선 사람인 신숙주의『해동
제국기』를 보니, 비록 완서(完書)는 아닐지라도 일본 군장(君長)들의 수수(授受)와
개원(改元)에 있어, 주대(周代)로부터 명나라 초기에 이르기까지 구슬을 꿰놓은 듯
이 관통하였다. 그로써 광한(廣漢, 청나라 종연영(鍾淵映)의 자)의『역대건원고(歷代
建元考)』를 보충하고 보니, 8도(道)에 66주(州)나 되는 그 넓은 땅덩이가 마치 앞에
서 쌀을 모은 것[聚米] 같아서 산천이 일목요연하게 드러나니, 장홍(張洪), 설준(薛
俊), 후계고(候繼高), 이언공(李言恭), 정약증(鄭若曾)이 기술한 것에 비교하면 더욱

명료하기가 마치 손바닥을 가리키는 것과 같다" 하였다. 일본의 기어(寄語)를 우리 나라 사람이 기록한 것으로는 신숙주의 『해동제국기』, 허목(許穆)의 『흑치열전(黑齒列傳)』, 신유한(申維翰)의 『청천해유록(青泉海遊錄)』, 김세렴(金世濂)의 『동사록(東槎錄)』, 성대중의 『일본기』, 원중거의 『화국기』, 이청장관(李青莊館)의 『청령국지』, 이서구의 『하이국기』인데 하이는 일본의 속국이다. 관백의 세계(世系)는 다음과 같다. 도요토미 히데요시(平秀吉)를 멸한 후, 우리 효종 6년에 도쿠가와 이에야스(源家康)가 섰고, 우리 숙종 8년에는 요시무네(吉宗)가 섰고, 숙종 37년에는 이에노부(家宣)가 섰고, 숙종 45년에는 요시무네가 섰고, 우리 영조 23년에는 요시무네의 아들 이에시게(家重)가 섰고, 영조 39년에는 이에시게의 아들 이에하루(家治)가 섰고, 정조 11년에는 이에하루의 아들 이에나리(家齊)가 섰다. 쓰시마 도주(對馬島主)의 세계는 다음과 같다. 소 요시나리(平義成)가 우리 인조 14년에 예조(禮曹)에 글을 올렸는데 우리 효종 8년에 죽었고, 요시쓰구(義倫)는 우리 숙종 2년에 글을 올린 바 있는데 숙종 21년에 죽었고, 요시나가(義暢)는 알 수 없으며, 요시나가의 아들 요시카쓰(義功)는 우리 정조 39년에 섰다.

[안남(安南)] 안남은 주(周) 나라 때의 월상씨(越裳氏)인데, 역대로 내려오면서 서로 엇갈리는 고증이 있다. 거기에는 진(陳)·여(黎)·막(莫) 3성(姓)이 그 지역에 점거하고 있었는데, 막씨는 청나라 순치(順治, 1644~1661) 연간에 습봉(襲封)된 후로는 소식이 없다. 여씨는 여리(黎利)로부터 서로 전하여 25대에 이르러 여유기(黎維祈)라는 사람이 청 고종(清高宗) 건륭(乾隆) 54년에 광남(廣南) 사람인 완광평(阮光平)에게 공격을 받아 패하자 청 고종에게 내부(內附)하여 곧 3품 작위에 봉해져서 중국에 머물게 되었고, 완광평은 뇌물을 쓰고 끝내 안남국왕(安南國王)에 봉해져서 입조(入朝)하여 사은(謝恩)하므로 사람들이 불평심을 가졌다. 이 후로는 중국의 문적(文蹟)이나 우리나라 기사(紀事)에도 전연 볼 수가 없으니, 고증이 되는 대로 기록하겠다. 안남국사(安南國史)인 『안남지략(安南志畧)』 20권은 국인(國人)인 봉의대부 첨귀화로 선무사사 애주 여측 경고(奉議大夫僉歸化路宣撫司事愛州黎崱景高)가 찬하였는데, 청나라 죽타 주이준의 발문에 "한(漢) 나라가 교주(交州)·일남(日南)·구진(九眞) 3군(郡)을 설치함으로부터 역대의 연혁(沿革)이 달라졌으나, 여측이 사전(史傳)을 참고하여 그 산천(山川)·풍토(風土)·인물(人物) 및 서명(書命)의 왕복(往復), 군려(軍旅)의 출입(出入), 시문(詩文)의 수화(酬和) 등을 자세하게 일일이 기록하였으니, 대개 그가 청 나라에 내부한 후로 한양(漢陽)에 한가히 있으면서 유유자적하게 저술할 수 있었던 것이다. 천력(天曆 원 문종(元文宗)의 연호. 1328~1329) 연간에 『경세대전(經世大典)』을 수찬할 적에 태학사(太學士) 하영증(何榮曾)이 『안남지략』을 상에게 바치자, 서국(書局)에 넣으라고 조서하므로 곧 『안남록(安南錄)』 1권을 작

성하여 붙여 넣었다" 하였다. 그리고 이선근(李仙根)의 『안남잡기(安南雜記)』, 반정가(潘鼎佳)의 『안남기유(安南紀遊)』와 우리나라에서 기록한 이수광(李睟光)의 『안남사신문답록(安南使臣問答錄)』·『조완벽전(趙完璧傳)』, 내가 편찬한 『남교역고(南交繹攷)』가 있다.

[회부(回部)] 청나라 건륭(乾隆) 어제집(御製集)의 회부사(回部史)에서 타리극(陀犂克)이라고 이름하였다.

외국 오랑캐로서 역사가 있는 곳이 몇 나라나 되는지는 알 수 없고 내가 본 것은 이뿐이다. 만일 외국의 사실을 두루 상고하려면 역대사첩(歷代史牒)이 있고, 또는 『통고(通考)』·『통지(通志)』와 『통략(通略)』 및 『청삼통(淸三通)』·『명일통지(明一統志)』·『청일통지(淸一統志)』등이 있어 상고할 만하다."

"外國. 亦有史者. 蓋被同文之化. 則不可以夷裔棄之也. 外國史. 亦不可不知者. 讀正史. 或有參考處. 故復載其有據者. 琉球. 則本國必有史策. 而未見流入中國者. 但有中原使价所記. 足爲可據者. 有徐葆光『使琉球記』, 張學禮『使琉球記略』, 淸周煌『琉球國志略』四卷, 淸王士禎『琉球世續圖』. 我東則申叔舟『海東諸國記』. 愚有『琉球交聘志』. 疑其開國厥初. 有天孫氏. 傳二十五代. 起洪荒乙丑. 至宋淳熙十三年丙午. 逆臣利勇. 弑君自立. 舜天討之. 利勇死. 衆奉舜天爲王. 天孫氏亡. 凡一萬七千八百二年. 自舜天至義本. 歷五代而亡焉. 共七十三年. 有英祖者. 天孫氏裔. 宋景定元年. 受義本讓位而立. 歷七代而亡. 有察度者. 高麗辛昌壬巳. 始通高麗. 奉表稱臣. 入國朝. 我太祖丁丑. 琉球王武寧. 遣使奉表稱臣. 至我光海君己酉. 琉球國來聘. 仁祖六年戊辰. 因我赴京使臣. 遞送咨文. 世以宣祖朝. 濟州琉球世子漂泊. 而州牧李箕賓擊殺奪貨. 而相絶也. 乃無據之說也. 自察度至尙穆. 爲二十四世. 而自察度至思紹. 無姓氏可考. 自尙巴志至尙穆. 以尙爲姓. 而尙穆當乾隆世. 李種德『漂海錄』. 我純宗癸酉. 薩摩島主擊擒琉球國王. 受降稱臣. 今以日本薩摩州內琉球國王爲衛云. 〔日本〕日本則自羅. 麗. 濟. 以至國朝通聘. 我宣廟壬辰. 大擧入寇. 關伯平秀吉欲假道犯明. 而我國不聽斥之故也. 倭皇則失權尸位. 關伯自專一國. 以至于今. 而壬辰. 皇明神宗. 特發天下兵東援. 討逐倭寇. 秀吉受天戮卽斃. 源家康盡滅平氏之族. 仍復納款通好. 我國雖知其僭. 而難於正名生梗. 但依違羈縻之. 請使後. 始送信使. 而純宗辛未. 信使止於馬島. 不入江戶者. 墜於關伯及島主之姦計也. 其立國世代. 自有其史. 今但錄彼國史牒及中原與我東所纂而已也. 日本史. 有『三部本書』. 曰. 『舊事記』. 推古二十八年. 廐戶皇子. 蘇我馬子撰. 凡十卷. 自開闢迄當代. 『古事記』. 元明和銅五年. 萬安侶撰. 自神代迄推古. 凡三卷. 『日本記』. 安麻呂撰. 自神代至持統. 又有『日本六國史』. 曰. 『日本記』. 三十卷. 安麻呂撰. 自神武至持統十一年. 凡九百六十三年. 『續日本紀』. 四十卷. 菅野眞道. 藤原繼繩等撰. 起文武元年丁酉. 至桓武延曆十年. 凡九十五年. 『日本後紀』. 四十卷. 藤原緖嗣撰. 起桓武延曆十一年. 止淳和天長十年. 凡四十二年. 而全書今亡. 只有抄略

二十卷. 竝纂一卷.『續日本後紀』. 良房後, 春澄善繩等撰. 仁明實錄也. 起天長十年. 止嘉祥三年. 凡十八年.『文德實錄』. 十卷. 都良香撰. 起嘉祥三年. 訖天安二年. 凡九年.『三代實錄』. 五十卷. 大藏善行撰. 起天安二年. 訖仁和三年. 凡三十年.『聖皇本紀』. 闕撰者.『帝王編年紀』.『北朝九代記』.『源平盛衰記』.『神系圖』.『大和本紀』.『王年代紀』一卷.『東武寶鑑』.『和漢合運』二卷.『吾妻鏡』. 一名『東鑑』. 淸朱竹垞彝尊『吾妻鏡跋』曰.『吾妻鏡』五十二卷. 亦名『東鑑』. 撰人姓名未詳. 前有慶長十年序. 後有寬永三年國人林道春後序. 則鏤版之歲也. 編中日月陰晴必書. 餘紀將軍執權次第. 及會射之節. 其文義鬱輔. 又點倭訓于旁. 繹之不易. 而國之大事反略之. 所謂不賢者識其小者而已. 日本職貢不修. 故其君長授受次第. 自奝然所記外. 相傳頗有異同. 臨淮侯李言恭撰『日本考』. 紀其國書土俗頗詳. 而國三世傳未明晰. 合是編以勘申叔舟『海東諸國記』. 則不若叔舟之得其要矣. 慶長十年者. 明萬曆三十二年. 寬永三年者. 明天啓四年也. 按姜沆『看羊錄』曰.『吾妻鏡』者. 吾之得失. 卽形於吾妻. 觀於吾妻. 可見吾之得失. 故以爲史名云. 吾妻. 又有日本縣名. 又據朱竹垞『書海東諸國記後』. 予晩得朝鮮人申叔舟『海東諸國記』. 雖非完書. 而此邦君長授受改元. 由周至于明初. 珠連繩貫. 因取以補廣漢遺書. 至其分壤之廣. 八道六十六州. 若聚米于前. 山川在目. 比于張洪, 薛俊, 侯繼高, 李言恭, 鄭若曾所述. 尤瞭如指掌矣.『日本寄語』. 我東人所記. 申叔舟『海東諸國記』. 許穆『黑齒列傳』. 申維翰靑泉『海游錄』. 金世濂『東槎錄』. 成大中『日本記』. 元重擧『和國記』. 李靑莊『蜻蛉國志』. 李書九『蝦夷國記』. 蝦夷者. 日本屬國也. 關伯世系. 滅平秀吉之後. 我孝廟六年乙未. 源家康立. 我肅廟八年壬戌. 吉宗立. 我肅廟三十七年辛卯. 家宣立. 我肅廟四十五年己亥. 吉宗立. 我英廟二十三年丁卯. 吉宗子家重立. 我英廟三十九午癸未. 家重子家治立. 我正廟十一年丁未. 家治子家齊立. 對馬島主世系. 平義成. 我仁廟丙子奉書禮曹. 我孝廟八年丁酉死. 義倫. 我肅廟二年書契. 義倫. 我肅廟二十一年乙亥死. 義暢俟考. 義暢子義功. 我正廟三年己亥立. 〔安南〕周時爲越裳氏. 歷代互有反據. 有陳, 黎, 莫三姓. 遞據其地. 莫姓則淸順治時襲封後無聞. 黎氏則自黎利相傳. 至二十五傳. 有黎維祈者. 淸高宗乾隆五十四年. 爲廣南人阮光平所攻. 兵敗. 內附. 高宗仍封三品爵. 留中國. 阮光平以略竟封安南國王. 入朝謝恩. 人心未平. 自此以後. 中原文蹟. 東人紀事. 一無所見. 俟考隨錄. 安南國史.『安南志略』二十卷. 國人奉議大夫僉歸化路宣撫司事愛州黎崱景高撰. 淸朱竹垞彝尊跋曰. 漢自設交州, 日南, 九眞三郡. 歷代沿革不同. 崱參考史傳. 能詳其山川風土人物. 及書命之往復. 軍旅之出入. 篇章之酬和. 一一悉之. 蓋自內附後. 閑居漢陽. 得以優遊著述. 天曆中. 修『經世大典곤011』. 大學士何榮曾以『志略』上進. 詔付書局. 乃作『安南錄』一卷附入. 李仙根『安南雜記』. 潘鼎珪『安南紀遊』. 我東所紀. 李睟光『安南使臣問答錄』.『趙完璧傳』. 愚所編『南交繹考』. 〔回部〕淸乾隆『御製集』. 回部史名『陀犂克』. 外夷之有史. 未知有幾國. 而愚之所見者. 惟此而已. 如遍考外國事實. 有歷代史牒. 又有『通考』,『通志』與『通略』及『淸三通』,

『明一統』,『淸一統』等志. 從可考矣."『오주연문장전산고』(한국 고전 종합 DB에 의함).

52 "신이 그 국사(國史)의 편년(編年) 및 이른바 오처경(吾妻鏡) [나의 잘잘못이 곧 나의 아내에게 나타나므로, 나의 아내를 관찰하면 나의 잘잘못을 알 수 있다. 그러므로 국사의 명칭을 삼는다 하였습니다]이라는 것을 얻어 보았더니, 4백 년 전까지도 이른바 왜의 천황(天皇)이 오히려 그 위복(威福)을 잃지 않았고, 전세(前世)로부터 대신 한 사람을 선택하여 나라 정사를 총괄하게 하였던 것입니다.(臣得見其國史編年. 及所謂吾妻鏡者. 吾之得失卽形于吾妻觀於吾妻可見吾之得失故以爲史名云 則四百年前所謂倭天皇者. 猶不失其威福. 自前世擇大臣一人. 摠攝國政)"『간양록』(한국 고전 종합 DB에 의함).

53 다코비 문제에 대한 최근 10여 년 간의 주요한 연구 성과로는 杉仁,『近世の地域と在村文化: 技術と商品と風雅の交流』(吉川弘文館, 2001) 중 제4장「在村文化における東アジア」, 박현규,「淸朝 학자의 日本 多胡碑 입수 과정과 분석」,『일본어문학』33 (2006), 仲尾宏,「전각가(篆刻家) 사와다 토코(澤田東江)와「다호비(多胡碑)」의 조선, 중국으로의 전파」,『동아시아 문화연구』49 (2011) 등을 거론할 수 있다.

54 허경진,「유희해 장서 필사본 고려사의 성격과 의의」,『러시아와 영국에 있는 한국전적2 —— 연구편: 자료의 성격과 가치』(국외소재문화재단, 2015) 129쪽.

55 朱彝尊,『曝書亭集』卷第44 跋3「書海東諸國紀後」, "屬國惟高麗有史有通鑑有史略其次則安南國人有志略若日本之東鑑卽吾/妻鏡鳥言侏離辭不能達往時亡友鍾廣漢撰歷代建元考自生民以來迄于明外極重譯凡有借寫靡不書之旣獲東鑑喜劇著之于錄然東鑑止紀其國八十七年事中間闕漏尙多予晚得朝鮮人申叔舟海東諸國紀雖非完書而此邦君長授受改元由周至于明初珠連繩貫因取以補廣漢遺書至其分壤之廣八道六十六州若聚米于前山川在目比于張洪薛俊侯繼高李言恭鄭若曾所述尤瞭如指掌矣叔舟字汎翁仕朝鮮官至議政封高靈君書成于成化七年十二月." (Kanripo 漢籍リポジトリ).

56 朱彝尊,『曝書亭集』卷第44 跋3「跋吾妻鏡」, "吾妻鏡五十二卷亦名東鑑撰人姓氏未詳前有慶長十年序後有寬永三年國人林道春後序則鏤版之歲也編中所載始安德天皇治承四年庚子訖龜山院天皇文永三年七月凡八十有七年歲月日陰晴必書餘紀將軍執權次第及會射之節其文義鬱轕又點倭訓于旁繹之不易而國之大事反略之所謂不賢者識其小者而已外藩惟高麗人著述往往流入中土若鄭麟趾高麗史申叔舟海東諸國紀以及東國通鑑史略諸書多可攷證日本職貢不修故其君長授受次第自喬然所紀外相傳頗有異同臨淮侯李言恭撰日本考紀其國書土俗頗詳而國王世傳未明晰合是編以勘海東諸國紀則不若叔舟之得其要矣康熙甲辰獲覩是書于郭東高氏之稽古堂後四十三年乃歸插架惜第六第七二卷失去慶長十年者明萬曆三十二年寬永三年者明天啓四年也." (Kanripo 漢籍リポジトリ).

57 大庭脩・王勇共編,『日中文化交流史叢書 9 典籍』(大修館書店, 1996) 제3장「中

国における日本漢籍の流布」第6節「清代における日本典籍西伝の全盛期」(王勇) 및 王勇, 『中国史のなかの日本像』(農文協, 2000) 제2절 4 「청대」.

58 정민, 『18세기 한중 지식인의 문예 공화국』(문학동네, 2015) 113, 115쪽.

59 노대환, 「18세기 동아시아의 백과전서 『고금도서집성古今圖書集成』」, 『서울대 뉴스』(서울대학교 홍보팀, 2015·8·24). http://www.snu.ac.kr/news?bm=v&bbsidx=121997&.

60 일본의 『고금도서집성』 유입 상황에 대하여는 大庭脩, 「江戸時代の中国典籍交流」, 『日中文化交流史叢書 9 典籍』(大修舘書店, 1996) 144~149쪽을 참조.

61 "西土今ノ清編集アリシ図書集成卜号スル書一万巻アリ. 新渡ニテ其部ノ内, 図書輯勘卜云ヘル百三十巻アリ. 清帝自ラ序ヲ製作アリ. 其略文トテ, 朕姓源義経之裔, 其先出清和, 故号清国トアリ. 清卜号スルハ清和帝ノ清ナリ卜云々." 『国学忘貝』 국문학 연구 자료관.

62 "韃靼部の中の主に, 祖の皇国より出たるが有りといふを, かへざまにききひがめたる伝へなるにもやあらむ." 『中外経緯伝』2 (近藤活版所, 1881) 242~3쪽.

63 다이텐 지음, 김문경 외 옮김, 『평우록 ─ 18세기 일본 지식인, 조선을 엿보다』(성균관대학교 출판부, 2013) 193~194쪽.

64 그리샤초프(С. В. Гришачев) 「一八~一九世紀の露日関係」, 『日ロ関係史 ─ パラレル·ヒストリーの挑戦』(東京大学出版会, 2015) 31~32쪽.

65 이들 해외 팽창론자들의 정치적 스탠스에 대하여는 박훈, 「18세기말 ─ 19세기초 일본에서의 '戰國'적 세계관과 해외 팽창론」, 『東洋史學研究』 104 (동양사학회, 2008.9)을 참조.

66 헨리 키신저, A World Restored: Metternich, Castlereagh And The Problems Of Peace, 1812~1822, 박용민 역, 『회복된 세계』(북앤피플, 2014)를 참조.

67 히젠 히라도번의 제9대 번주였던 마쓰라 세이잔(松浦静山, 1760~1841)은 『갑자야화 속편(甲子夜話続編)』 권21에서 1828년(文政11)에 일어난 지볼트 사건을 기록하면서, 지볼트가 러시아인이라는 소문을 언급한다.

68 李元植, 『朝鮮通信使の研究』(思文閣出版, 1997) 제8장 「文化度(1811)の使行」.

69 『대마도 종가문서 한글서간 국제학술대회』(국립 한글 박물관 주최, 2015. 9.11). 이 대회의 프로시딩을 입수하는 데 도움을 주신 고려대 국문과 허인영 선생님께 감사드린다.

70 金時徳, 「太閤記·朝鮮軍記物の近代─活字化·近代太閤記·再興記─」, 『日本と〈異国〉の合戦と文学 ─ 日本人にとって〈異国〉とは, 合戦とは何か』(笠間書院, 2012).

71 『경천아일록』(학고방, 2012) 50~51쪽.

72 이상, 국립 공문서관 소장 『精里全書』(206-0189)에 의함.

73 生馬寛信,『佐賀偉人伝 15 古賀穀堂』(佐賀県立佐賀城本丸歴史館, 2015) 참조.

74 眞壁仁,『徳川後期の学問と政治 —— 昌平坂学問所儒者と幕末外交変容』(名古屋大学出版会, 2007).

75 정민,『18세기 한중 지식인의 문예 공화국』(문학동네, 2015) 701쪽.

76 신로사,『1811년 辛未通信使行과 朝日 문화 교류: 筆談−唱酬를 중심으로』(성균관대학교 박사 학위 논문, 2011).

77 『2010 국제교류전 —— 임진왜란 조선인 포로의 기억』(국립 진주 박물관, 2010)에 홍호연의 유물과 후손, 고가 가문과의 관계 등이 개괄되어 있다.

78 金時徳,「研究の新たな地平へ『葉隠』を読み直す」,『江戸の文学史と思想史』(ぺりかん社, 2011), 노성환,「일본 사가의 조선 포로 홍호연에 관한 연구」,『일어일문학연구』73-2 (2010).

79 「佐賀大学電子図書館: 津島日記」. http://www.dl.saga-u.ac.jp/OgiNabesima/tusima.htm.

80 신로사,『1811년 辛未通信使行과 朝日 문화 교류: 筆談−唱酬를 중심으로』(성균관대학교 박사 학위 논문, 2011).

81 高橋博巳,『草場佩川』(佐賀県立佐賀城本丸歴史館, 2013).

82 정민,『18세기 한중 지식인의 문예 공화국』(문학동네, 2015) 695~700쪽.

83 신로사,『1811년 辛未通信使行과 朝日 문화 교류: 筆談−唱酬를 중심으로』(성균관대학교 박사 학위 논문, 2011) 60~61쪽.

84 "韓児還冤 豊臣氏之征韓也, 佐賀侯之先日峰公, 屢有功, 其老多久大夫実従, 多久臣副島某, 生擒韓人児以帰, 児性聡穎伶俐, 嗜学能文, 博綜衆技, 某極鐘愛之, 養以為己子, 児稍長大, 恃才驕肆, 好凌忽人, 其寝悪而疎之, 児亦自知失愛於父, 居常怏々, 其慮其桀黠駴弗已, 終必為己累, 夜乗其甘寝, 以被纏縈其身, 刺以刀而殺之, 由是為祟, 連三世早死, 曽孫嗣家, 一日日中, 鬼自外至, 排戸而入, 視之, 宛然韓児也, 蓬髮被背, 面目青黧, 身猶衣見殺時被, 血淫々滴地, 謂主人曰, 吾即汝祖所殺韓児也, 吾冤枉罔極, 己殺汝父祖三人, 然惟殺人而無明々之徴, 恐人或不信, 以為狐狸百鬼之為, 不足以白我心於天下, 明日吾将再来, 汝当揀取一人以為尸, 吾将憑其身以陳中心不平之憤, 言卒, 翻然而去, 挙家大駭懼, 恐忤其意, 或重致禍祟, 詰朝遍会族姻, 取采邑民家子最憃愚顓蒙一者人, 以為尸, 衆環列嚮之, 俄爾童子眉軒皆裂, 志気激昂, 具説昔年之冤, 雄弁如流, 全非前日田家子, 少選童子憤歎軼日已, 吾積怨深怒, 非口語所能悉, 其速具筆研, 家人恐懼惟命, 童子握筆疾書, 滔々数百千言, 投以示衆, 衆取而観之, 筆勢飛動, 語意悲壮, 皆訟怨陳冤之言, 大意以為吾眇然三韓之累臣, 面縛来此, 固無心草間求活, 且人孰不死, 吾豈畏一死者邪, 所可恨者, 一養我為子, 又詭計誘而殺之, 其鷙忍不仁, 曽犬彘之不若, 果欲殺我, 何不予我以一剣, 使得

自裁於前, 不肯為磊々落々大丈夫之事, 而乃為此反覆陰險機窄変詐之謀, 罪信不容乎死, 吾得訴於帝, 既斃汝家三世, 未足快吾忿, 某年某月某日某時, 吾必戮死主人公, 使副島之後永無一塊余肉, 読方半, 而童子懵愚如故, 都不記前事, 家人怖懼, 計無所出, 至期, 主人果死, 共子其孫, 皆不得其寿, 因養螟蛉子以承家, 令副島氏猶在, 而某之後絶久矣, 初童子所訟冤書, 久蔵副島家, 邑中父老猶或及見之, 中間遺火被焚, 多久人草場諱説, 辛未三月上巳後二日記, 〈此事甚占, 而不刪去, 亦第三巻録杜若怪之意也〉." 高橋明彦, 「翻刻·古賀侗庵『今斉諧』(乾)」, 『金沢美術工芸大学紀要』44 (2000·3) 53~54쪽.

85 『아라사기문』에 수록된 문헌들의 목록은 다음과 같다.

[1편 1책]

『采覧異言』

『増補華夷通商考』西川求林斎輯

『三国通覧』

『三国通覧補遺鈔』

『葛模西葛杜加風土事実記』

『喨察加志』前野良沢訳述

『魯斉亜国記聞』

[1편 2책]

『魯西亜寄語』森島中良筆記

『島原筆記鈔』

『栗山日記』

『源七等招状』

[1편 3책]

『光大夫物語』

[1편 4책]

『邊要分界図考抄』近藤守重輯

『邊要分界図考巻之4』近藤守重輯

[1편 5책]

『桜庄氏家記』

『俄羅斯入貢記』

『仙台漂流人口書』

『禦狄日記』

『魯西亜風土記』

[1편 6책]

『魯西亜志』桂川甫周訳

『魯西亜国志世紀巻之1』山村昌永翻訳

[1편 7책]

『魯西亜本紀畧草稿巻之1-2』

[1편 8책]

『訂正増訳采覧異言』

『魯西亜世代略(清朝入聘記附)』

『万国夢物語』

『北邉紀聞鈔』

[1편 9책]

『泰西図説巻之12』

『漂民紀事』

『別本題噴揚私記』桂川甫周撰

『幸太夫口語筆受被』川口三省記

『北槎畧聞』

『束砂葛記』

『加模西葛杜加国風説考』

[1편 10책]

『北邉探事』

『五郎次招状』

『魯西亜来貢本末襟記』大槻元沢著

『魯西亜紀略』

『華夷一覧図説』

『蝦夷草紙』

[2편 1책]

『捕影問荅前編』

『文化癸酉邉報』

『俄羅斯歴朝纂弑撮録(戦死者附)』

『沿海異聞』

『蝦夷風土記』新山質著

[2편 2책]

『北邉探事補遺巻之1,2-3抄』

『蝦夷草紙附録』

[2편 3책]

『寒灯推語』

『幸大夫帰朝記』

[2편 4책]

『赤蝦夷風説考』最上徳内著, 本田利明訂

『巡周蝦夷秘談』

『蝦夷拾遺』

『蝦夷拾遺別巻』

[2편 5책]

『邉策私弁』

『陥北聞見録』

『蝦夷陣中日記鈔』樋口光大撰

『骨董録』

『西洋水戦聞略』本木正栄訳述

『文化戊寅英機黎舶繋泊記』今泉伝蔵書

[2편 6책]

『輯秘録』

『沿海異聞附録』

[2편 7책]

『北海漂民見聞録』

[2편 8책]

『蝦夷拾遺』本多利明撰

『北裔備攷』山田聯著

『松前志』源広長撰

『西洋銭譜』

『嘆詠余話』

[2편 9~10책]

『模烏児獄中上書』村上貞助訳

『異人雑話荒井平兵衛誌』

[3편 1~6책]

『釣遠探隠要録巻之1-3』

[3편 7책]

『魯西亜国誌』馬場貞歴訳述

[3편 8~9책]

『帝爵魯西亜国誌交易篇第13訳説巻之上,下』勃盧埀尓撰, 馬場貞由訳

[3편 10책]

『平々策』

『沿海予防』

『拝師氏意見』林祭酒撰

『両鎮撫上書』河尻肥後守, 荒尾但馬守撰

『草場生書翰』(草場瑳助→土屋七郎 丑10月17日付の写)

[4편 1~3책]

『魯西亜新記聞』

『魯西亜国漂流記』

『五郎次話』

『地学示蒙』

『十吉談記』

『北邊探事補遺抄』

[별편 1~3책]

『野叟独語』

『或問防海漫記』

『漫書』

『交易論』

『互市奸闌論』

『日本島又帝国日本』

『日本志』

『附天下事非一人所知説』

『附記』

『末次忠助書牘鈔』

『戊戌夢物語』

『夢ゝ物語』

『危言』

『虜情問苔』

『海防論』

[속편 1~2책]

『払菻新聞』浦野元周誌

『丙戌紀聞』高橋景保記

『別勒㗎律安設戦記』青地盈訳

『払郎察国王「ボロウルボン」氏世系』

『「ボナパルテ」伝』

『輿地誌略』青地林宗訳

『泰西図説』

『諳厄利亜人大津上陸略説』

86 도시샤 대학의 『해표이문』 해제(滋賀大学·岩崎奈緒子)에 따르면, 서문에 "철상토인(徹桑土人)"이라는 이름이 적혀 있으나 이 사람에 대하여는 알 수 없고, 총서에 포함된 가장 늦은 시기의 문헌이 1847년(弘化4)에 성립되었으며, 79책 전부에 찍힌 장서인 "문봉당인(文鳳堂印)"은 북방 탐험가 마쓰우라 다케시로(松浦武四郎)와 친교가 있던 에도의 상인으로서 안세이 연간(安政, 1854~1860)까지 생존한 인물로 추정된다고 한다. 79책은 자(子)가 에조치(蝦夷地)·사할린·만주 관련 36책, 축(丑)이 중국·타이완 관련 10책, 인(寅)이 오가사와라(小笠原) 관련 2책, 묘(卯)가 유구 관련 6책, 진(辰)이 에조치 관련 2책, 사(巳)가 러시아·조선 관련 22책으로 이루어져 있다.

[제1책]「총목록」

[제2~7책]「蝦夷図説」

[제8책]「松前蝦夷行程記」

[제9책]「西蝦夷行程記」

[제10책]「蝦夷方言」(内題「蝦夷人言葉集」)

[제11책]「三国通覧説」

[제12책]「三国通覧図」

[제13책]「蝦夷風土記」

[제14책]「蝦夷談筆記」

[제15책]「北海随筆」

[제16~18책]「夷諺俗話」

[제19책]「蝦夷開墾策」(内題「蝦夷土地開発成就して良国と可成事」)

[제20책]「唐太以西見聞」(内題「唐太白主と申所より西方見聞仕候処左之通御座候」)

[제21책]「蝦夷雑記」

[제22책]「蝦夷乱記并勢州松坂七郎兵衛船エトロフ漂流記」

[제23책]「赤人乱妨一件」

[제24책]「千葉政之進筆記」

[제74~76책]「仙臺太平津太夫漂流」

[제77책]「太三郎の記」

[제78~79책]「朝鮮人来聘記」

http://library.doshisha.ac.jp/ir/digital/komuro_sawabe_kinen_bunko/kaihyo_detail.html.

87 彭浩, 『近世日清通商関係史』(東京大学出版会, 2015). 또한, 한국어로 된 펑하오의 연구 성과로는「도쿠가와 막부의 청조 인식 ── 청조의 지배 체제와 대외 관계에 대한 관심을 둘러싸고 ──(徳川幕府の清朝認識 ──清朝の支配体制と対外関係への関心をめぐって──)」, 고려대학교 한국사 연구소 개최『동아시아 역사의 실체와 새로운 청사 연구의 방향을 찾아서』(2012년 10월 19일)를 참조.

88 그리샤초프(С. В. Гришачев), 「一八～一九世紀の露日関係」, 『日ロ関係史 ── パラレル·ヒストリーの挑戦』(東京大学出版会, 2015) 27쪽.

89 일본 국립 공문서관「旗本御家人II ── 27. 満文強解」. http://www.archives.go.jp/exhibition/digital/hatamotogokenin2/contents/27.html.

90 구범진, 『청나라, 키메라의 제국』(민음사, 2012) 제4장「청제국과 러시아」참조.

91 澤井啓一, 「林家の学問と『本朝通鑑』」, 金時德, 濱野靖一郎編, 『アジア遊学 198: 海を渡る史書 ── 東アジアの「通鑑」』(勉誠出版, 2016) 127쪽.

92 김시덕, 『일본의 대외 전쟁』(열린책들, 2016) 292~295쪽.

93 다이텐 지음, 김문경 외 옮김, 『평우록 ── 18세기 일본 지식인, 조선을 엿보다』(성균관대학교 출판부, 2013) 39~40쪽.

94 一戸渉, 『上田秋成の時代 上方和学研究』(ぺりかん社, 2012).

95 최근, 라이 산요 연구의 최신 성과로 濱野靖一郎, 『頼山陽の思想: 日本における政治学の誕生』(東京大学出版会, 2014)이 간행되었다.

제3장 일본 병학과 조선

1 第1巻『海防問答』平山子竜著. 『海防備論』藤森弘庵著. 『海備全策』山鹿素水著. 『海国兵談』林子平著. 『海防論』赤井東海著. 『海防弁』赤松源則陽著. 『海辺防禦私考』.
第2巻『近時海国必読書』. 『日本防考略』. 『海防彙議』塩田順庵編.
第3巻『海防彙議』·『海防続彙議』塩田順庵編.
第4巻『海防策』松浦武四郎著. 『海警妄言』吉田敏成著. 『南蛮阿蘭陀之敵舶乗捕行法』. 『一品流水学集海上湊之記』. 『海辺廻見物語』. 『海岸備要』本木正栄著. 『海防私議』長山

貫著.『海防四百首』山脇正準著.『海中法螺物語』.

第5巻『東奥沿海日誌』·『佐渡日誌』松浦武四郎著.『海防試説』.『海戦布策』窪田清音著.
『海軍所伝達帳』『鹿角日誌』松浦武四郎著.『辺論合璧』永田賛典著.

2 "茅子曰武經總要所載刀凡八種而小異者猶不列焉其習法皆不傳今所習惟長刀腰刀
腰刀非團牌不用故載於牌中長刀則倭奴所習世宗時進剿東南故始得之威小保於辛酉陣上
得其習法又從而演之并載於後此法未傳時所用刀制略同但短而重可廢也."『이칭일본전』
중지육권, 1앞.

3 "今按戚少保戚繼光辛酉明嘉靖四十年当日本正親町天皇永禄四年影流日本劍術者
流名也影当作陰凡日本自古雖多敦劍者源義経称絶軌鞍馬寺有僧正谷寂寞無人之境也昔
権僧正壱演嘗修行佛道于此故名僧正谷[出真言伝]世伝義経少年避平治之乱到僧正谷逢
異人異人教以劍術, 義経善習刺撃之法其後剣客居多及乎足利氏之季有日向守愛洲移香
磨霜刃年久詣鵜戸権現祈業精夢神顕猿形示奥秘名著于世名家日陰流其徒上泉武蔵守藤
原信綱用心損益之号新陰流有猿飛猿回山影月影浮船浦波覧行松風花車長短徹底礒波等
手法茅氏挙猿飛猿回山陰虎飛青岸陰見之名而収入国字伝写之誤潦草有欠画."『이칭일
본전』중지육권, 9앞.

4 다이텐 지음, 김문경 외 옮김,『평우록 — 18세기 일본 지식인, 조선을 엿보다』
(성균관대학교 출판부, 2013) 175쪽.

5 다이텐 지음, 김문경 외 옮김,『평우록 — 18세기 일본 지식인, 조선을 엿보다』
(성균관대학교 출판부, 2013) 176쪽.

6 『中村幸彦著述集 10 舌耕文学談』(中央公論社, 1983) 제2장「実録, 講談につい
て」, 高橋圭一,『実録研究 — 筋を通す文学 —』(清文堂出版, 2002), 菊池庸介,『近世実
録の研究 成長と展開』(汲古書院, 2008) 등.

7 「『게이초 중외전』과『에혼 다이코기』의 비교분석: 두 개의 근세 역사 소설에 보
이는 임진왜란 전후사의 해석차를 중심으로」,『일본 연구』46 (한국외국어대학교 일
본 연구소, 2010-12),「19세기 초 일본의 대(對) 러시아 전략과 전사(前史)로서의 임
진왜란 —『북해이담』에서 전개되는 담론을 중심으로 —」,『일본 역사 연구』37호
(일본사학회, 2013-6),「호보스토프 사건과『북해이담』— 1806~1807년 러시아-
일본 간 무력 충돌을 다룬 문헌의 형성과 근세 일본의 병학」,『동양사학연구』131
(동양사학회, 2015-6).

8 "日本所傳八陣. 一曰魚鱗. 二曰鶴翼. 三曰雁行. 四曰彎月. 五曰鋒矢. 六曰衡軛. 七
曰長蛇. 八曰方圓. 天平寶字四年. 令習諸葛亮八陣. 孫子九地. 及結営向背. 吉備. 傳中
國軍法奥旨. 大江匡房. 最長軍術. 源義家. 得其口授. 源義経. 楠正成. 亦得其妙. 源義
經. 爲劍術中興之祖. 學於異人. 世稱神道流. 日向守愛洲移香者. 嘗詣鵜戸権現. 祈業. 夢

現猿形. 以敎祕術. 號曰陰流. 俗自兒時. 以木刃. 學習擊刺之法. 與力者. 騎兵也. 同心
者. 步軍也. 國中勿論. 內官外職. 有祿者. 皆得自廩. 其從人. 皆習用槍劒. 有急則皆爲家
兵. 步軍一人. 歲食米二十五石. 一石. 二十四斗. 每月六次組練. 江戶大坂. 別置武職. 如
八王子. 千人頭. 旗鑓. 奉行. 弓筒. 鐵砲頭等官. 是也. 甲斐之騎士. 薩摩之劒術. 陸奧之
馬. 二豐之鐵. 皆其著名者也. 大抵國中諱兵. 平時不敢露兵刃出砲聲. 戰有功者. 賞以土
地. 或連數州數城. 其次專一城一州. 無功則貶削其土地. 不齒人類. 故戰不勝. 則不俟誅戮
而自引決. 戰亡. 子弟襲其職. 忿爭鬪鬩. 刺殺其仇敵. 又從以刎頸決腹. 則衆莫不嗟惜. 曰
眞丈夫也. 其子孫. 輒得貴婚. 食土者. 又分其土. 以給部曲之有功者. 部曲. 又以其土之
穀. 收養銳勇. 戰裝. 多以虎皮鷄尾. 爲衣. 金銀假面. 裝馬首人面. 極其詭駁. 戰時. 人人
各持新磨鏡. 向日揮霍. 眩奪人目. 元世祖. 下詔日本. 通和. 日本無答禮. 元於是遣都元帥
忽敦. 副元帥洪茶丘等. 兵船九百艘. 軍二萬五千. 高麗金方慶等. 將高麗兵八千. 梢工水
手六千七百. 船發合浦. 至壹歧島. 夜大風雨. 戰艦觸岩崖. 兵皆遁去. 其沒死不還者. 無慮
一萬三千五百餘人. 時宇多文永十一年也. 翌季建治元年. 元又使杜世忠. 來鎌倉. 倭人梟
之. 四年. 元阿刺罕. 范文虎. 率蠻軍十萬. 茶丘率蒙麗漢四萬軍. 征日本. 俱陷沒. 只有三
人還于元. 仲哀八年. 親討熊襲. 到筑紫而死. 僞神功皇后. 率武內宿禰. 從鰐浦襲新羅. 新
羅臣. 有復以之者. 拒之. 倭將建稻種. 大戰殺數百人. 新羅王講和. 遂以徵叱己知波珍于
歧. 爲質. 常以八千艘. 聘日本. 四十九年. 新羅久不通信. 以荒田別及鹿香別. 爲將軍. 以
百濟久氏等. 爲導. 擊新羅破之. 因以平比自炑南加羅喙國安羅多羅卓浮加羅七國人. 廻西
至古奚津. 而屠南蠻忱彌多禮. 以與百濟. 其王肖古及王子貴須等. 來會將軍於古奚津. 時
比利辟中布彌友半古四邑降. 翌年春. 將軍歸日本. 百濟久氏等. 來聘. 神功大喜. 賜多沙
城. 爲往還驛. 以任那王爲宮倉. 以七國四邑. 依於任那爲宮藏. 應神二十二年. 新羅兵深
入明石浦. 距大坂百里. 日本人請和. 刑白馬. 盟于赤關之東. 尙有白馬塚. 欽明時. 新羅擊
日本. 滅任那. 先是. 宣化二年. 新羅與任那戰. 日本遣挾手彥鎭之. 任那者. 加洛國也. 齊
明時. 百濟王子豐璋. 質留日本. 齊明六年. 新羅討百濟. 虜其王. 百濟臣福信. 遣使請還王
子. 且救援兵. 齊明. 送還王子. 爲王. 使大將軍阿曇比邏夫. 率兵船百七十艘. 到百濟. 其
後豐璋. 與福信有隙. 遂殺福信. 新羅與唐兵. 入百濟. 百濟人數千. 逃至日本. 遂居之. 慶
長十四年. 島津家立. 言于關東. 遣數千兵. 擊琉球. 禽尙寧王以歸. 在薩摩三年. 而赦還琉
球. 明萬曆四十年. 尙寧. 移書福建軍門. 爲日本. 請許商船往來. 互爲交易. 景行時. 日本
武尊. 討蝦夷國. 齋明時. 及桓武時. 連討蝦夷. 齊明四年. 遣阿部比羅夫. 討肅愼國. 獲生
羆二隻. 幷羆皮七十張. 明弘治二年. 大明鄭舜侯等. 三使至博多津時. 豐前州大友義鎭之
兵. 寇中國. 故舜侯認義鎭. 爲日本國王. 遂入豐前府內. 傳璽書于義鎭. 其大旨以爲. 中華
與日本. 勘合相通久矣. 近失交好. 且比年倭賊. 屢侵邊境. 希欲禁止剽掠. 令衆民安寧. 復
修舊好. 義鎭曰. 所稱日本王. 乃王畿之君. 吾卽領西州之藩屛也. 然吾邦積年兵革. 爲將

帥者. 不遑戰爭. 不暇出兵於異域. 海島之群賊. 出爲菑害者. 不過鼠竊狗偸. 非可制止者.
亦非必達我朝廷者也. 舜戎等. 恐有變. 不復向倭京而徑歸. 其後倭奴之寇. 中國者. 亦被
兪大猷所擊逐. 明嘉靖中. 倭奴屢侵邊境. 大抵日本. 其時大亂. 諸州交爭. 治兵相攻. 不遑
出兵於外邦. 而伊豫州海賊能島氏. 爲巨魁. 密誘諸州賊船. 出外洋侵掠者. 皆是薩摩. 肥
前. 肥後. 博多. 長門. 石見. 伊豫. 和泉. 紀伊之賊. 西南裔之人之所爲也.”『청장관전서』
(한국 고전 종합 DB에 의함).

9 이진호,「17~18세기 병서(兵書) 언해 연구」(계명대학교 대학원 박사 학위 논
문, 2009), 박금수,「朝鮮後期 陣法과 武藝의 訓練에 관한 연구: 訓鍊都監을 중심으
로」(서울대학교 대학원 박사 학위 논문 2013), 김영호,『조선의 협객 백동수』(푸른역
사, 2011) 등

10 山本純子,「「武芸図譜通志」にみられる刀劍技の成立に関する一考察─主とし
て日本・中国との関係から─」,『武道学研究』23-1 (1990~1991), 山本純子,「『武
藝圖譜通志』にみられる「隻手刀」に関する一考察─壬辰・丁酉倭乱期の分析から
─」,『武道学研究』24-1 (1991~1992) 등. https://www.jstage.jst.go.jp/article/
budo1968/23/1/23_25/_pdf.

11 다이텐 지음, 김문경 외 옮김,『평우록 ── 18세기 일본 지식인, 조선을 엿보
다』(성균관대학교 출판부, 2013) 72쪽.

12 “日本今無憂也. 余讀其所謂古學先生伊藤氏所爲文及荻先生太宰純等所論經義.
皆燦然以文. 由是知日本今無憂也. 雖其議論間有迂曲. 其文勝則已甚矣. 夫夷狄之所以難
禦者. 以無文也. 無文則無禮義廉恥以愧其奮發驚悍之心者也. 無長慮遠計以格其貪婪攫
取之慾者也. 如虎豹豺狼. 怒則齧之. 饑則啗之. 復安有商度可否於其間哉. 斯其所以爲難
禦也. 斯其所以可畏也. 昔我邦之無文也. 隋煬頓百萬之師. 而不得尺寸之地. 太宗傾中國
之力. 眇一目以去. 高麗之世. 臣服女眞. 威制琉球. 自文物寢盛. 禮義相尙. 而有外寇至.
唯知拱手而奉獻. 此其明驗也. 日本之俗. 喜浮屠尙武力. 唯剽掠沿海諸國. 奪其寶貨糧
帛. 以充其目前之慾. 故我邦爲患. 自新羅以來. 未嘗數十年無事. 中國江浙之間. 連年攻
刦. 至大明之末. 其患不息. 今我邦州縣不輿交兵. 已二百餘年. 中國互相市貨. 舟航絡續.
苟非有禮義文物. 有以大變其輕窕貪賊之俗. 何累千百年莫之或改者. 能一朝而帖然寧息
如此哉. 有欲興兵者. 其左右諫之曰得其地不可守. 竊其財有盜賊之名. 有欲興師者. 其左
右諫之曰某時興師伐之. 片甲不還. 某時興師伐之. 國隨以亡. 於是乎止. 此皆文勝之效也.
文勝者. 武事不競. 不妄動以規利. 彼數子者. 其談經說禮如此. 其國必有崇禮義而慮久遠
者. 故曰日本今無憂也.”『다산시문집』(한국 고전 종합 DB에 의함).

13 “一大世界九臟の如く区別分置したる物なれば, 一旦他国を掠略得たりとも, 終に吾
有に非れば, 亦離れて自然の分置に復るべし. 神功の三韓を襲取たまひてより, 天智之御

代に至り遂に離れたり．……(중략)……今の清国の明宗を滅して本国を合せ跋扈すれども，必ず幾千歳を保持すべきこととも思へず." 『安安言』, 『上田秋成全集』(国書刊行会, 1923) 486쪽.

14 "平秀吉動百萬之衆. 竭十州之力. 再擧大事. 一鏃不還. 國隨以亡. 百姓至今怨之. 其不宜蹈轍審矣. 此日本之無可憂一也. 嶺南歳輸米數萬斛. 以活一州之命. 今雖大行刦掠. 必不能當此米之利. 而盟約必敗. 其不欲生釁審矣. 此日本之無可憂二也. 淸人以我邦爲左臂. 而我之北界. 又與其根本之地. 逼近而相附. 淸人決不使慓悍習兵之虜. 據其左臂. 日本之知得之而不能有之也審矣. 此日本之無可憂三也. 日本舊未統合諸洲. 亡賴之徒. 各以其意治兵行刦. 故羅麗之際. 爲患頻數. 今一島一嶼. 莫不統轄於國君. 其不敢擅起戎禍審矣. 此日本之無可憂四也. 日本未通中國. 凡中國之錦繡寶物. 皆從我得之. 又其所孤陋. 我人之詩文書畫. 得之爲奇珍絶寶. 今其舟航直通江浙. 不唯得中國之物而已. 並得其所以製造諸物之法. 歸而自造而裕其用. 又安肯刦掠鄰境. 取竊盜之名. 而僅得其粗劣苦惡之物哉. 此日本之無可憂五也. 若夫覘國力之虚實. 察武備之疎密. 量度於勝敗之數. 而爲之權而已. 則彼已百來. 我已百敗. 無噍類矣. 豈至今安然無事哉." 『다산시문집』(한국 고전종합 DB에 의함).

15 河宇鳳, 「朝鮮時代後期の南人系実学派の日本認識」, 『朝鮮王朝時代の世界観と日本認識』(明石書店, 2008) 281~314쪽

16 "明の世祖, 元を滅シて唐山を再興シ, 其政事柔弱ならず, 能一統の業を成せり. 此代, 日本を侵掠するの議ありといへども, 北種の大敵日々月々に襲懸りしゆへ, 遠海を絶て来ルに遑なし. 其上太閤の猛威, 朝鮮を陥して北京江入べき勢ヒに辟易して, 侵シ伐べき隙なかりし間に, 亦韃靼に亡されて, 康凞(ママ)以来唐山, 韃靼, 亦一体に成て, 今は愈能一統シ, 北辺愈能太平に成レリ. 此故に遠ク兵馬を出スにもあとの心碍りなし. 其上康凞, 雍正, 乾隆の三主各文武剛敵にして, 能時勢に達シ, 能唐山を手に附たり. 必明迄の唐山卜想フ事なかれ. まづ今の清を以て古の唐山に竸レは, 土地も古の唐山に一倍し, 武芸も北風を伝へて能修練シ, 情慾も北習を承て剛強に移り行故, 終に北狄貪[貝+咨]の心根次第に唐山に推移りて, 其仁厚の風儀も漸々に消滅シ且亦世々の書籍も次第に精々成行. 亦, 日本卜往来も繁ク其上, 人心日々月々に発明すれバ, いまは唐山にも, 日本の海路国郡等も微細に知得たり. 窃に憶へば若クハ此以後の清主無内患の時に乗シ, 且ツ元の古業を思イ合せて如何なる無主意を起ス間じきにもあらず. 其時に至ハ貪慾を本卜すれば, 日本の仁政にも不可懐. 又兵馬億万の多キを恃メば日本の武威にも不可畏. 是明迄の唐山と同シからざるわけ也. 又近頃, 欧羅巴の莫斯哥未亜其勢ヒ無双にして, 遠ク韃靼の北地を侵掠シ, 此ころは室韋の地方を略シて, 東の限リ加模西葛杜加[함주:即カムサスカ也蝦夷ノ東北ニ存]迄押領したり. 然ルに加模西葛杜加より東にハ此上, 取べき国土なし. 此故に又西に顧ミて蝦夷国の東なる, 千島を手に入ルべき幾シありト

聞及べり. 既に明和辛卯の年, 莫斯哥未亜より加模西葛杜加江遣シ置ル豪傑, バロンマオリッ
ツ・アラアダルハン・ハンベンゴロウといふ者加模西葛杜加より舩を発シて, 日本江押渡り港々
江下縄して, 其深サを計りながら, 日本を過半, 乗廻シたる事あり. 就中土佐の国に於ては日本
国に在合, 阿蘭陀人江と認シ書を遺置たる事もある也. 是等の事其心根可憎可恐. 是海国な
るがゆへに, 来ル間敷舩も乗ル人の幾転次第にて心易ク来ルるるなり. 察スベし. さて海国のわ
けト唐山の時勢トを弁シ得たる上に, 又一ツの心得あり. 其心得トいふハ, 偏武に不陥して文武
両全なるべき事を欲シ願フべし. 偏武なれバ野也無智也. 元より兵者凶器也. 然レとも死生存
亡の係ル所にして, 国の大事是に過ルものはなきゆへ, 野にして無智なる偏武の輩に任セ難キ
事也." 山岸徳平, 『新編林子平全集 1』(第一書房, 1978) 82~3쪽.

17 이 여행기는 미국 국회 도서관이 제작한 「세계 디지털 도서관(The World
Digital Library)」 홈페이지에서 열람할 수 있다. https://www.wdl.org/en/item/2547.

18 "朝鮮, 琉球, 蝦夷, 及ビ小笠原島[即伊豆ノ無人島也]等(中略)夫此三国ハ壤ヲ本邦
ニ接シテ実ニ隣境ノ国も蓋本邦ノ人, 無貴賤無文武知ヘキモノハ此三国ノ地理也." 林子平,
『三国通覧図説』山岸徳平, 『新編林子平全集 2 地理』(第一書房, 1979) 19쪽.

19 『日本思想大系 20 寺社縁起』(岩波書店, 1978년 제4쇄) 수록『八幡愚童訓 甲』.

20 松本真輔, 「海を渡った来米皇子―中世太子伝における新羅侵攻譚」の展開」, 『聖徳
太子伝と合戦譚』(勉誠出版, 2007), 「古代・中世における仮想敵国としての新羅」, 『日本と
〈異国〉の合戦と文学』(笠間書院, 2012).

21 佐伯真一, 「〈異国襲来〉の原像―塙保己一『蛍蝿抄』から」, 『近世日本の歴史叙述と
対外意識』(勉誠出版, 2016).

22 "遣渤海使小野朝臣田守等奏唐國消息曰 天寶十四載歲次乙未十一月九日 御史大
夫兼范陽節度使安祿山反 舉兵作亂 自稱大燕聖武皇帝 改范陽作靈武郡 其宅爲潛龍宮 年
號聖武 留其子安鄕緒 知范陽郡事 自將精兵廿餘万騎 啓行南往 十二月 直入洛陽 署置百
官 天子遣安西節度使哥舒翰 將卅萬衆 守潼津關 使大將軍封常清 將十五萬衆 別圍洛陽
天寶十五載 祿山遣將軍孫孝哲等 帥二萬騎攻潼津關 哥舒翰壞潼津岸 以墜黃河 絶其通
路而還 孝哲鑿山開路 引兵入至于新豊 六月六日 天子遜于劍南 七月甲子 皇太子璵卽皇
帝位于靈武郡都督府 改元爲至德元載 己卯 天子至于益州 平盧留後事徐歸道 遣果毅都
尉行柳城縣兼四府經略判官張元潤 來聘渤海 且徵兵馬日 今載十月 當擊祿山 王須發騎
四萬 來援平賊 渤海疑其有異心 且留未歸 十二月丙午 徐歸道果鴆劉正臣于北平 潛通祿
山 幽州節度使史思明謀擊天子 安東都護王玄志仍知其謀 帥精兵六千餘人 打破柳城斬徐
歸道 自稱權知平盧節度 進鎭北平 至德三載四月 王玄志遣將軍王進義 來聘渤海 且通國
故曰 天子歸于西京 迎太上天皇于蜀 居于別宮 彌滅賊徒 故遣下臣來告命矣 渤海王爲其
事難信 且留進義遣使詳問 行人未至 事未「至」可知 其唐王賜渤海國王勅書一卷 亦副狀進

於是 勅大宰府曰 安祿山者 是狂胡狡竪也 違天起逆 事必不利 疑是不能計西 還更掠於海
東 古人曰 蜂蠆猶毒 何況人乎 其府帥船王 及大貳吉備朝臣眞備 俱是碩學 名顯當代 簡在
朕心 委以重任 宜知此狀 預設奇謀 縱使不來 儲備無悔 其所謀上策 及應備雜事 一一具錄
報來." 續日本紀 卷第廿一 廢帝 淳仁天皇 天平寶字二年 十二月(758년 12월 10일(음)).
http://db.history.go.kr/item/level.do?levelId=jm_002_0220_0040.

　23 "半開ロワキ「抑これは. 唐の太子の賓客. 白楽天とは我が事なり. 詞「扨も是より東に
当つて国あり. 名を日本と名づく. 急ぎ彼の上に渡り. 日本の智恵を計れとの宣旨に任せ. 唯
今海路に赴き候.

ワキ, ワキツレ二人次第「舟漕ぎ出でて日の本の. ／＼. 其方の国を尋ねん.

道行三人「東海の. 波路遥に行く舟の. ／＼. 跡に入日の影残る. 雲の旗手の天つ空. 月ま
た出づる其方より. 山見えそめて程もなく. 日本の地にも着きにけり. ／＼.

ワキ詞「海路を経て急ぎ候ふ程に. 是ははや日本の地に着きて候. 暫く此処に碇をおろし. 日
本のやうを眺めばやと存じ候.

シテツレ真ノ一セイ「不知火の. 筑紫の海の朝ばらけ. 月のみのこる. けしきかな.

シテ「巨水漫漫として碧浪天を浸し.

二人「越を辞せし范蠡が. 扁舟に棹をうつすなる. 五湖の煙の波の上. かくやと思ひ知られた
り. あらおもしろの海上やな.

下歌「松浦潟. 西に山なき有明の.

上歌「月の入る. 雲も浮むや沖つ舟. ／＼. 互にかゝる朝まだき. 海は其方か唐土の. 船路の
旅も遠からで. 一夜泊と聞くからに. 月も程なき. 名残かな ／＼ 月も程なき名残かな.

ワキ詞「我万里の波涛を凌ぎ. 日本の地にも着きぬ. 是に小船一艘浮めり. 見れば漁翁なり.
如何にあれなるは日本の者か.

シテ「さん候是は日本の漁翁にて候. 御身は唐の白楽天にてましますな.

ワキ「不思議や. 始めて此土に渡りたるを. 白楽天と見る事は. 何の故にてあるやらん.

ツレ「其身は漢土の人なれども. 名は先立つて日本に聞ゆ. 隠なければ申すなり.

ワキ「たとひ其名は聞ゆるとも. それぞとやがて見知る事. あるべき事とも思はれず.

シテツレ二人「日本の智恵を計らんとて. 楽天来り給ふべきとの. 聞えは普き日の本に. 西を眺
めて沖の方より. 船だに見ゆれば人毎に. すはやそれぞと心づくしに.

地歌「今や ／＼ と松浦舟. ／＼. 沖より. 見えて隠なき. 唐土舟の唐人を. 楽天と見ることは
何か空目なるべき. むつかしや言やぐ. 唐人なれば御詞をもとても聞きも知らばこそ. あらよ
しな釣竿の暇をしや. 釣垂れん暇をしや釣たれん.

ワキ詞「なほ ／＼ 尋ぬべき事あり舟を近づけ候へ. 如何に漁翁. さて此頃日本には何事を歎
ぶぞ.

シテ「さて唐土には何事を. 翫び給ひ候ふぞ.

ワキ「唐には詩を作つて遊ぶよ.

シテ詞「日本には歌をよみて人の心を慰め候.

ワキ「そも歌とは如何に.

シテ「それ天竺の霊文を唐土の詩賦とし. 唐土の詩賦を以て我が朝の歌とす. されば三国を
和らげ来るを以て. 大きに和ぐと書いて大和歌と読めり. しろし召されて候へども. 翁が心を御
覧ぜんため候ふな. ワキ「いや其儀にてはなし. いでさらば目前の景色を詩に作つて聞かせう.
青苔衣をおびて巌の肩にかゝり. 白雲帯に似て山の腰をめぐる. 心得たるか漁翁.

シテ「青苔とは青き苔の. 巌の肩にかゝれるが衣に似たるとかや. 白雲帯に似て山の腰をめぐ
る. おもしろし／＼. 日本の歌もたゞこれさふらふよ. 苔衣着たる巌はさもなくて. 衣着ぬ山の
帯をするかな.

ワキ「不思議やなその身は賎しき漁翁なるが. かく心ある詠歌を連ぬる. 其身は如何なる人や
らん.

シテ「人がましやな名もなき者なり. されども歌を詠む事は. 人間のみに限るべからす. 生きとし
生ける物毎に. 歌をよまぬは無きものを.

ワキ「そもや生きとし生ける物とは. さては鳥類畜類までも.

シテ「和歌を詠ずるその例.

ワキ「和国に於て.

シテ「証歌多し.

地歌「花に鳴く鴬. 水に住める蛙まで. 唐土は知らず日本には. 歌をよみ候ふぞ翁も. 大和歌
をばかたの如くよむなり.

クセ「そも／＼鴬の. 歌をよみたる証歌には. 孝謙天皇の御宇かとよ. 大和の国. 高天の寺に
住む人の. しきねんの春の頃. 軒端の梅に鴬の. 来りて鳴く声を聞けば. 初陽毎朝来. 不遭還
本栖と鳴く. 文字に写してこれを見れば. 三十一文字の. 詠歌の詞なりけり.

シテ「初春の. あした毎には来れども.

地「あはでぞ帰る. もとのすみかにと聞えつる鴬の声を初として. その外鳥類畜類の. 人にたぐ
へて歌をよむ. 例は多くめりみ海の. 浜の真砂の数数に. 生きとし生ける物何れも歌をよむなり.

ロンギ地「実にや和国の風俗の／＼. 心有りける蜑人の. 実にありがたき習かな.

シテ「とても和国の翫. 和歌を詠じて舞歌の曲. そのいろ／＼を顕さん. 地「そもや舞楽の遊と
は. その役々は誰ならん.

シテ「誰なくとても御覧ぜよ. 我だにあらば此舞楽の.

地「鼓は波の音笛は竜の吟ずる声. 舞人は此尉が老の波の上に立つて. 青海に浮みつゝ. 海
青楽を舞ふべしや.

シテ「芦原の.

地「国も動かじ万代までに.

来序中入間「.

後シテ「山影の. うつるか水の青き海の.

地「波の鼓の. 海青楽.

真ノ序ノ舞「.

シテワカ「西の海. 檍が原の波間より.

地「現れ出でし住吉の神. 住吉の神住吉の.

シテ「現れ出でし住吉の.

地「住吉の神の力のあらん程は. よも日本をば. 従へさせ給はじ. 速に浦の波. 立ち帰り給へ 楽天.

地「住吉現じ給へば／＼. 伊勢石清水賀茂春日. 鹿島三島諏訪熱田. 安芸の厳島の明神 は. 娑竭羅竜王の第三の姫宮にて. 海上に浮んで海青楽を舞ひ給へば. 八大竜王は. 八り んの曲を奏し. 空海に翔りつ. 舞ひ遊ぶ小忌衣の. 手風神風に. 吹きもどされて. 唐船は. こ ゝより. 漢土に帰りけり. 実に有難や. 神と君. 実に有難や. 神の君が代の動かぬ国ぞ久しき動 かぬ国ぞ久しき." 野々村戒三校訂, 『日本名著全集 謡曲三百五十番集』(日本名著全集刊 行会, 1928) 수록「白楽天」에 의함. http://www.kanazawa-bidai.ac.jp/~hangyo/utahi/ text/yo014.txt.

24 高橋博巳, 『草場佩川』(佐賀県立佐賀城本丸歴史館, 2013) 45~47쪽.

25 高橋博巳, 『草場佩川』(佐賀県立佐賀城本丸歴史館, 2013) 49~56쪽.

26 국문학 연구 자료관 소장본, 『颿川詩鈔』(国文研日本漢詩文 87-365) 권1, 24뒤.

27 合山林太郎, 『幕末・明治期における日本漢詩文の研究』(和泉書院, 2014) 20쪽.

28 "朝鮮征伐: 太閤朝鮮の軍に, 明朝の大臣, 其天子急報を奉り, 倭王関白, 大軍をお こし, 十万を入広, 十万は入閩, 十万は入淮, 十万は入山東, 十万は入天津. いかがせんと奉 するを聞, 君臣色を失ひしに, 一人がいへらく, 関白, 六十余州に主となりながら, 獣何離穴即 擒. 思ふても見よ. 一州より壱万づつの人数を出さば, 守城の兵, 看家の男, 田地の耕作を誰 かはする. 難道孟浪に, 発六十万人, 海を渡り来らんやといひし. 敵ながらもこざかしき計量様 なり. 太閤開給はば, 口惜しうおもい給はんかし [湧幢小品]. 又其時一人有て, 朝鮮は朝鮮に して, 我は軍船二千余艘を造り, 精兵二十万を選び, 彼が空虚に乗り, 彼が不意に出て, 軍を 要地に会し, 直に関白が居所へ向はんと乞ひし. 実に批亢擣虚の策にして, 敵ながらもこざか しきいひ様なり. 太閤, きき給はば, 心にくくおもい給はんかし [図書編]. 此時明朝には, 我が 兵勢に恐れ, 君臣驚愕, 不知所出, 京師戒厳など, 彼国の書にあまた見えたり. [割注: 戒厳と

は, 敵の攻来る用心に, 城門をとぢ, 兵卒守備するほどの事なり]唐土はおろか, 此兵威は, 欧羅巴諸国へも鳴り轟きしと見え, 近年来たりし彼国の人も, 此公の威名を申出で, 尚其詳なる事を聞かせ給へと乞ひしよしなり. 公の大武はいと遠き事なり. [割注: 此は朝鮮より韃靼へ震動し, 韃靼より欧羅巴東偏の諸国へ震動せしならん]"『一宵話』, 『日本随筆大成』10 (吉川弘文館, 1928) 408·9쪽.

29 『국역 해상기문: 러시아의 첫 외교 문서(1854)』(세종대학교 출판부, 1988) 23~24쪽.

30 河宇鳳, 「朝鮮時代後期の南人系実学派の日本認識」, 『朝鮮王朝時代の世界観と日本認識』(明石書店, 2008) 304~305쪽

31 박훈, 『메이지 유신은 어떻게 가능했는가』(민음사, 2014).

32 "During both of these wars, the United States did very little to aid Korea in retaining its independence, despite Korean hopes in the Shufeldt. President Theodore Roosevelt was much more concerned with halting what he perceived to be the growing imperialist threat of Russia than with any worrires over Korea's sovereignty. In fact, Roosevelt was quite admiring of the political, economic, and military accomplishments of the Japanese, hopeful that they could check Russian expansion in Asia. "I should like to see Japan have Korea. She will be a check upon Russia, and she deserves it for what she has done." Furthermore, Roosevelt had a very low opinion of the Koreans, based partially on reports he received from U.S. ministers there. In a handwritten note at the bottom of a letter to John Hay, the president's secretary of state, Roosevelt noted, "we cannot possibly interfere for the Koreans against Japan. They [the Koreans] couldn't strike one blow in their own defence." Terence Roehrig, *From Deterrence to Engagement: The U.S. Defense Commitment to South Korea*(Lexington Books, 2007) 115쪽.

33 "國朝名卿. 以功業顯者. 惟金公宗瑞. 公之功業之盛. 莫過於建置六鎭. 今觀此疏. 布置宏遠. 論議恢張. 使世之庸夫孺子小智淺慮. 取辦口頭. 沮敗人家國事者. 氣索而不敢容其喙. 亦可謂一代之奇才. 而實世廟之善任. 有以致之也. 至於末年相業. 無補顚危. 徒然一死. 何歟. 語云尺有所短. 寸有所長. 信矣. 然使公之才在今日. 必有可觀. 三復遺編. 有九原難起之歎. 嗚呼悲夫. 萬曆戊戌五月十八日. 雲巖居士題于漢陽之寓舍." 『서애 선생 문집』(한국 고전 종합 DB에 의함).

34 조선 시대의 병학서와 관련된 사항은 『한국전통병서의 이해』(國防部軍史編纂研究所, 2004)에 잘 정리되어 있다.

35 고려대학교 민족문화연구원 만주학센터 만주실록 역주회 지음, 『만주실록 역주』(소명출판, 2014) 참조.

36 『군사 문헌집(1) —— 병장설·진법』(국방부 전사 편찬 위원회, 1983) 162~169쪽.

37 "聖人一文一武, 禮樂以化導之, 兵刑以懲討之, 闕其一則罔以成治功. 是故古昔帝王率皆文武竝用, 以致隆平, 後世中主, 罕由是道, 守文之主則優柔有餘, 黷武之君則仁義不足, 使天下治日常少. 吁可惜哉. 惟我聖上, 允文允武, 英猷炳幾, 再靖內難, 治化旣成, 威德廣被, 多方嚮風, 政當泮奐優游講禮論道之日, 猶且眷眷於詰兵訓戎之道, 嘗親撰兵要, 又註兵書, 又作陣說兵政, 無人不學, 無兵不練, 以至閱兵講武, 親自指揮, 諸將之寄閫外, 雖在千里之遠, 御札尺牘, 爲之指畫, 動合機要. 今又御製二說, 就事而作, ……(중략)…… 是固道與天合, 自然而然, 發諸語言, 施諸行事, 動而爲帝王之文武者也. 夫陰陽本一理, 文武非二政, 聖人之文, 卽聖人之武也." 『병장설』, 『군사 문헌집 1 병장설·진법』(국방부 전사 편찬 위원회, 1983) 4-6, 282쪽.

38 윤무학, 「朝鮮初期의 兵書編纂과 兵學思想」, 『東洋古典硏究』 49 (2012) 참조.

39 "•『무오병법(武烏兵法)』과 『화령도(花鈴圖)』: 신라 원성왕(元聖王) 때에 대사(大舍) 무오(武烏)가 병법 15권과 화령도 2권을 바치므로, 이내 굴압(屈岬) 현령을 제수하였다. •『김해병서(金海兵書)』: 고려 정종(靖宗) 때에 서북로 병마사(西北路兵馬使)가 아뢰기를, "『김해병서』는 무략(武略)의 요결이니, 연변(沿邊)의 여러 고을과 진(鎭)에 각각 한 벌씩 하사하소서" 하고 청하므로, 그 말을 따랐다. •『역대병요(歷代兵要)』: 세종이 명하여 편찬하였는데, 단종조에 비로소 완성하였다. 세조가 서문을 지었다. 세종조에 상세하다. •『진설(陣說)』: 세종이 명하여 편찬하였는데, 행진(行陣), 결진(結陣), 좌작(坐作), 진지(進止)하는 절차와 군중 복색과 교련장의 보수(步數) 및 쟁, 북, 깃발의 사용까지 마련하고, 정하지 않은 것이 없게 하여 훈련, 사열하는 법에 대비하였다. •『동국병감(東國兵鑑)』: 문종이 명하여 편찬하였다. •『오위진법(五衛陣法)』: 문종이 세조에게 명하여 편찬하였다. 세조가 서문을 지었고, 영종이 그 서문 뒤에 또 서문을 지었다. •『무경칠서주해(武經七書註解)』: 세조가 명하여 편찬하였다. 세조가 서문을 지었고, 최항(崔恒)이 발문을 지었다. •『병정(兵政)』: 세조가 명하여 편찬하였고, 신숙주(申叔舟)가 발문을 지었다. •『병장설(兵將說)』: 세조가 지었고, 신숙주가 발문을 지었다. •『유장편(論將篇)』: 세조가 지었고, 최항이 발문을 지었다. •『병법대지(兵法大旨)』: 세조가 지었다. •『속병장도설(續兵將圖說)』: 영종이 명하여 편찬하였다. 임금이 서문을 짓고 오영(五營)을 친히 사열하는 의식을 정하였다. •『위장필람(爲將必覽)』: 영종이 지었다. •『훈장차록(訓將箚錄)』: 영종이 지었다. •『제승방략(制勝方略)』: 육진(六鎭)을 방어하고 지키는 것에 대해 논하였다. 김종서(金宗瑞)가 지었고, 이일(李鎰)이 증보하였다. •『행군수지(行軍須知)』: 김석주(金錫胄)가 뽑아서 간행하였다. •『연기신편(演機新篇)』: 안명로

(安命老)가 지었고, 김득신(金得臣)이 서문을 지었다."『연려실기술』(한국 고전 종합 DB에 의함).

40 "世宗御製兵將設, 訓勵諸將. 又以昇平日久, 則武備必弛, 月再閱陣, 春秋講武. 嘗曰: '兵陣家業也. 不可不知'. 以黃石公等書, 親授世子."『연려실기술』(한국 고전 종합 DB에 의함).

41 한명기,『정묘 병자호란과 동아시아』(푸른역사, 2009) 중 3장 「병자호란과 조청관계」를 참조.

42 김동철, 「17세기 日本과의 交易 ─ 交易品에 관한 연구」, 『國史館論叢』61 (1995·6) 253~256쪽.

43 노영구, 「중앙 軍營과 지방군을 통해 본 조선 후기 국방체제의 변화 양상」, 『장서각』33 (한국학 중앙 연구원 2015).

44 우경섭, 「조선 후기 『효경』-『충경』 이해와 효치론: 김육(金堉)과 영조(英祖)를 중심으로」, 『정신문화연구』35 (한국학 중앙 연구원, 2012).

45 배우성, 「正祖의 軍事政策과 『武藝圖譜通志』 편찬의 배경」, 『진단학보』91 (진단학회, 2001·6), 최형국, 「正祖의 文武兼全論과 兵書 간행: 認識과 意味를 中心으로」, 『역사민속학』39 (한국역사민속학회, 2012) 등.

46 막스 베버 지음, 이상률 옮김, 『직업으로서의 학문』(문예출판사, 2004) 71쪽.

47 배우성, 『조선과 중화』(돌베개, 2014) 제3부 1장 「국제질서와 만주 지리의 중요성」을 참조.

48 松本真輔, 「韓国の予言書『鄭鑑録』と東アジアを駆けめぐった鄭経の朝鮮半島侵攻説」, 『アジア遊学』161 (勉誠出版, 2013·3), 정응수, 「조선 후기의 해상진인과 정경(鄭經) 부자」, 『日本文化學報』58 (2013·8) 등을 참조. 이들 논문의 존재를 가르쳐 주신 서울대 국사학과 이재경 선생님께 감사드린다.

49 Stephen Morillo, Michael F. Pavkovic, *What is Military History?* (Polity, UK, 2006) 91쪽.

50 石井慎二, 『[異説]もうひとつの川中島合戦—紀州本「川中島合戦図屏風」の発見—』 (洋泉社, 2007) 183~185쪽.

51 杉谷昭, 『鍋島直正』(佐賀県立佐賀城本丸歴史館, 2012년 2쇄) 51쪽.

52 후지와라 아키라 저, 서영식 역, 『일본군사사 상』(제이앤씨, 2013) 27~29쪽.

53 하정식, 『태평천국과 조선 왕조』(지식산업사, 2008).

54 清水光明 편, 『アジア遊学 185 「近世化」論と日本 ─ 「東アジア」の捉え方をめぐって』(勉誠出版, 2015·6).

55 杉山清彦, 「二つの新興軍事政権—大清帝国と徳川幕府」, 清水光明 편, 『アジア遊

学 185「近世化」論と日本 ——「東アジア」の捉え方をめぐって』(勉誠出版, 2015·6).

56 대청 제국의 지배 원리를 팔기 체제에서 찾는 논리에 대하여는 마크 엘리엇 지음, 이훈, 김선민 옮김, 『만주족의 청제국』(푸른역사, 2009)를 참조.

찾아보기

지은이 **김시덕** 1975년 서울 출생. 고려대학교 일어일문학과 학부·석사 졸업. 일본의 국문학 연구 자료관(총합 연구 대학원 대학) 박사. 현재 서울대학교 규장각 한국학 연구원 교수. 주요 저서로『異国征伐戦記の世界 —— 韓半島·琉球列島·蝦夷地』(笠間書院, 2010), 『그들이 본 임진왜란』(학고재, 2012), 『교감·해설 징비록』(아카넷, 2013), 『동아시아, 해양과 대륙이 맞서다』(메디치 미디어, 2015), 『일본의 대외 전쟁』(열린책들, 2016) 등이 있다.

전쟁의 문헌학

15~20세기 동중국해 연안 지역의 국제 전쟁과 문헌의 형성·유통 과정 연구

발행일　2017년 2월 28일 초판 1쇄

지은이　김시덕
발행인　홍지웅·홍예빈
발행처　주식회사 열린책들

경기도 파주시 문발로 253 파주출판도시
전화 031-955-4000 팩스 031-955-4004
www.openbooks.co.kr

Copyright (C) 김시덕, 2017, *Printed in Korea.*
ISBN 978-89-329-1824-2 93910

이 도서의 국립중앙도서관 출판예정도서목록(CIP)은 서지정보유통지원시스템 홈페이지(http://seoji.nl.go.kr)와 국가자료공동목록시스템(http://www.nl.go.kr/kolisnet)에서 이용하실 수 있습니다.(CIP제어번호: CIP2017004983)